중국 고대 선비들의 생활사

중국 고대 선비들의 생활사

쑨리췬 지음
이기흥 옮김

인간사랑

《中國古代的士人生活》 by 孫立群

Copyright © 2014, The Commercial Press
Korean translation copyright © 2014, In-Gan-Sa-Rang Publishing Company

This translation is published by arrangement with The Commercial Press, Beijing.

이 책은 저작권자와의 독점계약으로 도서출판 인간사랑에 한국어판 저작권이 있습니다.
신 저작권법에 의해 한국 내에서 보호를 받는 저작물이므로 무단전재와 복제를 금합니다.

차례

1장 중국의 고대 선비

1. 선비의 형성과 분화

'선비'[士]는 고대 중국의 지식인에 대한 일종의 호칭으로 '유생儒生'이나 '문인文人'이라고도 했다. 선진先秦 시기에 선비라는 말은 자못 광범위한 뜻을 가지고 있었으니, 아래에 주요한 몇 가지를 들어본다.

가. 젊은 남자를 가리켰다.

『시경詩經』「위풍·맹衛風·氓」에는 이렇게 노래하고 있다.
"아, 여자들이여, 남자[士]들의 꾐에 빠지지 말지니!"[1]
『정풍鄭風』「여왈계명女曰鷄鳴」에는 이렇게 노래하고 있다.
"'닭이 우네요.', 여자의 이 말에 남자는 '아직 밝지 않았소.'라고 말했네."[2]

공영달孔穎達은 이렇게 주해했다."

"선비란 남자를 이른다."[3]

원래는 귀족 부녀자도 선비라고 함께 칭할 수 있었다. 그런데 『시경』에 자주 나오는 애정을 읊은 시에서는 오로지 청년 남자만을 가리켰다.

나. 군사, 특히 무장한 병사를 가리켰다.

상商과 주周 시대에 선비가 종사한 직업은 주로 무사武士 및 각종 관직이었다. 춘추시대 이전의 전쟁은 병거兵車를 위주로 했다. 『사마법司馬法』[4]에 따르면, '병거 한 대에는 세 명의 무장한 병사가 탔다.'고 한다. 가운데가 마차꾼, 좌우에 한 명씩은 각각 활과 창을 들었으니, 이들이 무장한 병사, 곧 무사이다. 또 병거마다 뒤쪽으로 몇 명의 보병이 따랐다. 그러니까 무사는 적진을 향해 돌진하는 말단 장교였던 셈이다.

다. 각급 귀족에 대한 통칭通稱이었다.

『상서尙書』「다사多士」에는 '성왕成王의 명령으로 은상殷商의 옛 귀족들에게 이르노니'(用告商王士), 그리고 '그대, 은상의 옛 귀족들이여!'(爾殷遺多士)라는 구절이 있다. 그러나 많은 경우, '선비'는 분봉제도에서의 한 가지 등급을

---

1 于嗟女兮, 無與士耽!

2 女曰鷄鳴, 士曰昧旦.

3 士者, 男子之大號.

4 춘추시기 말엽 제齊나라의 군사 전문가인 사마양저司馬穰苴가 저술한 병서. 전국시대에 와서 산일되었다.

가리켰다. 분봉제도에 따르면 천자天子, 제후諸侯, 경대부卿大夫는 자기의 서자나 종족의 형제를 다시 작은 종파로 세워 나누는 방법으로 하나씩 분봉해야 했다. 선비는 이런 종법에 의한 귀족의 등급 가운데 가장 말단에 위치한 등급이다. 한漢나라 때 가의賈誼는 『신서新書』「계급階級」에서 이렇게 말했다.

> 옛적에 성왕은 차례와 등급을 정했으니, 안으로는 공公, 경卿, 대부大夫, 사士가 있었으며, 밖으로는 공公, 후侯, 백伯, 자子, 남男이 있었다. …… 이들의 등급은 분명하였으니, 그것은 바로 천자가 주었기 때문이다.

선비는 또 상사上士, 중사中士, 하사下士, 이렇게 세 등급으로 나뉘었다. 이들 수많은 선비는 왕실과 말단 행정 기관에서 각종 공무를 담당했다. 『주례周禮』에 따르면, 왕실을 위해 직접 공무를 담당하는 관리도 몇 십 종이 되었으며, 제후의 공실公室에서 근무하는 선비도 그 수가 적지 않았다. 게다가 수많은 선비가 경대부卿大夫의 채읍采邑[5]에서도 갖가지 관직을 담당했다. 그 가운데 지위가 비교적 높은 이를 읍재邑宰, 가신家臣이라 했으며, 이들은 채읍 안의 각종 일을 관리했다. 그러기에 고염무顧炎武는 『일지록日知錄』 권7 '선비는 어떤 일을 하는가' 항목에서 이렇게 결론지었다.

"춘추시대 이전의 선비는 거의 직업을 가진 이였다."

이렇게 공무를 담당하는 관리 가운데, 우리는 후세의 선비들의 원시적인 형태를 발견할 수 있다. 그 당시, 정부 안에는 제사, 예의, 점술, 기록 등의 활동을 관장하는 문관, 즉 '작책作冊', '무巫', '복卜', '축祝', '사史' 등이 있

---

5 고대에 제후가 경대부에게 내어준 토지나 전답.

었다. 이들은 교양과 지식 등 선비의 특징을 두루 가지고 있었다. 하지만 이들은 춘추 전국 시대에 활약하던 선비 계층과는 아직 커다란 차이가 있었고, 독립된 지식 집단도 아니었으며, 이들이 가진 지식은 이론적인 뒷받침도 없는데다 그 지식을 자본으로 삼아 사회에서 교환할 만한 정도에도 이르지 못했다.

종합적으로 볼 때, 상商과 서주西周 시기에 분봉제는 선비 등급의 안정과 끊임없는 확충을 보장했으나, 엄격한 등급 제도는 선비가 지식과 기능을 두루 갖췄어도 이를 충분히 펼칠 방법이 없도록 했다. 이런 면에서 본다면, 상商과 주周 시대의 선비는 지식을 가진 주체로서의 자주성이 모자랐으며, 신분도 자유롭지 못했다.

하지만 춘추 전국 시대의 격렬한 사회 변혁의 한 가운데에서 선비는 종교적인 등급의 속박을 벗어나 비교적 크게 인신人身의 자유를 획득했다. 비종법적인 선비의 출현은 정치와 사상 그리고 문화 방면에서 매우 활기찬 계층을 형성했다.

선비 계급의 분화를 조성한 원인은 근본적으로 분봉제와 등급제가 느슨하게 된 데 따른 결과이다. 그 구체적인 원인으로 다음의 몇 가지를 들 수 있다.

첫째, 사회 발전과 변혁으로 지능과 지식에 대한 요구가 급격히 높아졌다. 부국강병을 위하여 각국은 정도의 차이는 있지만 개혁을 진행했으며, 세습 제도를 약화시키고 '현명하고 유능한 사람을 천거하여 임용한다.'는 방침을 내세워 주장했다. 이런 일들은 '선비를 예우하고, 선비를 귀히 여기며, 선비를 소중히 하는' 사회적 기풍을 조성했다. 이것이 바로 선비에게는 등급제의 속박을 깨뜨리고 자기의 재능을 펼칠 수 있는 멋진 환경이 되었다.

둘째, 사학의 융성은 전통적인 관학의 교육 방식을 깨뜨리고 새로운 모습의 선비가 두각을 나타내게 했다. 주대周代의 교육 제도는 '학교는 관청 안에'였다. 오직 선비와 귀족의 자제만이 교육을 받을 권리를 누렸으며 교육의 목표는 귀족의 종법 등급제를 공고히 하는 데 있었다. 그런데 춘추 시대 사회의 대변혁 가운데 '학교는 관청 안에'도 변화가 일어났으니, 일반인도 학문을 공개적으로 강의하고 설명했으며 교육할 수 있었다. 공자 이전에도 이미 일반인이 학문을 강의하고 설명했던 적이 있었으나 공자는 이 점을 한 단계 끌어올렸다. 『사기史記』「공자세가孔子世家」에는 이렇게 기록하고 있다.

> 공자는 시, 서, 예, 악으로 가르쳤으니 제자가 3천에 이르렀으며, 육예六藝에 뛰어난 재능을 가진 자도 일흔둘이나 되었다.

공자의 제자 가운데는 갖가지 인재들이 있었다. 어떤 이는 벼슬길에 나서서 관리가 되었으며 어떤 이는 장사를 하여 부자가 되기도 했다. 또 다른 이는 교육과 학술 활동에 종사하며 사회에 광범위하게 영향을 끼치기도 했다. 공자는 사학을 일으켜 '누구에게나 차별 없이 교육을 실시한다.'는 원칙을 세워 원래는 귀족들만이 독차지했던 문화와 지식을 민간에도 전하여 독립된 지식인의 형성을 촉진했다.

공자강학도孔子講學圖

사회 변혁의 거대한 물결 속에서 선비들은 신속하게 발전하여 큰 힘을 가지게 되었으며, 그들은 등급제의 속박을 벗어나 상대적으로 독립된 지식 계층을 형성했다. 정치 지형이 이리저리 복잡하게 뒤얽혀 전쟁이 잦았던 전국 시대에 수많은 선비들의 이상을 『논어論語』「태백泰伯」에서는 이렇게 말한다.

> 선비는 강직하고 의연하지 않을 수 없으며, 그 책임이 무겁고 가야 할 길도 멀고 아득하다.

자기의 정치적인 주장을 펼치기 위하여 그들은 오늘은 이 나라, 내일은 저 나라로 바쁘게 다니며 뜻에 맞으면 머물고 그렇지 않으면 떠났다. 그들은 도의를 굳게 지켰으며 개성이 분명했고 임금을 대수롭지 않게 여겼음은 물론 권세 앞에 무릎을 꿇지도 않았다. '도에 뜻을 두고 좇았지 임금을 좇지 않았으며', 또 그들이 추구하는 것은 '부귀도 그의 마음을 어지럽힐 수 없고 빈천도 그의 뜻을 바꿀 수 없으며 어떤 힘도 그의 무릎을 꿇릴 수 없는'[6] 대장부의 정신이었다. 이것이 전국 시기 선비들이 가졌던 특유의 정신적인 풍모였으며, 도덕적인 지조로서 후세의 선비들에게 큰 영향을 끼쳤다.

전국 시기에 선비들은 비교적 큰 인신의 자유를 획득함과 동시에 사상의 해방도 얻었다. 그들은 사상의 성역을 깨뜨리고 자기의 견해와 정치적인 주장을 다투어 펼쳤다. 유가, 묵가, 도가, 법가, 음양학, 명가, 병가 등 수많은 유파가 서로 상대방의 의견에 공격을 퍼부었으며 새로운 이론을 세우며 백가쟁명의 상태를 만들어냈으니 중국의 사상과 문화는 절정을 향해 발전해

6 富貴不能淫 貧賤不能移 威武不能屈. 『맹자孟子』「등문공하滕文公下」에 나오는 구절.

나아갔다. 전국시대의 특수한 역사적 환경은 선비들에게 그들의 재능을 펼칠 수 있는 커다란 무대를 제공했다. 이 시기에 선비들 가운데서 걸출한 정치가, 사상가, 군사 전문가, 문학가들이 대량으로 배출되어 중국의 사상, 문화, 과학 기술의 발전에 지울 수 없는 공헌을 했다.

진秦이 중국을 통일한 뒤, 선비들의 형편에 커다란 변화가 발생했다. 이때, 황제의 권한은 사회의 모든 것을 압도했으며 사회의 모든 것을 지배했다. 전제적인 황제의 권한과 사상·문화의 다양한 발전은 피할 수 없는 충돌을 일으켰다. 이런 모순을 해결하기 위하여 역대의 봉건 통치자는 갖가지 수단과 규범으로 이들의 사상과 행동을 속박했다. 진시황제의 '분서갱유焚書坑儒'와 한무제漢武帝가 백가를 배척하고 펼친 '독존유술獨尊儒術' 및 수당隋唐 이후 과거를 통해 선비들 가운데 골라서 벼슬을 주는 제도는 모두가 형식은 다르지만 선비에 대한 규제였다. 게다가 역대의 통치자는 여러 가지 조처로 선비에 대하여 경계를 펼쳤으니, 한나라 초기의 선비들에 대한 유세 활동 금지나 명청明清 시기에 크게 일으킨 필화 사건 등을 예로 들 수 있다. 전국 시기에 비해 진한秦漢 이후 선비들의 자유는 대폭 축소되었다.

중국 고대 선비를 구성하는 주체는 생감生監[7], 수재秀才, 그리고 거자擧子 등 여러 학교에서 공부한 학생과 각종 과거에 참가한 응시생이었다. 또 갖가지 문화 활동에 종사하는 교사나 작가 등도 있었다. 중국 고대의 수많은 관리들은 유생 출신으로 일정한 정도의 문화적 소양이 있었기에 그들은 사회에서 이중의 역할을 담당했다. 그들은 국가의 관리이며 사회 문화의 계승자로서 경사經史를 깊이 연구하고 국가 관리에도 참여할 수 있었으며 시와 부 등 뛰어난 문학 작품을 후세에 전할 수도 있었다. 일반적으로 유학자와 문관과 시인은 삼위일체로서 중국 고대 선비의 전형적인 품격을 이루

---

7 생원生員과 감생監生.

었다.

중국 고대 선비의 구성은 복잡하다. 선비는 독립된 계급이 아니었으며 관리와 민간인 사이에서 위아래로 다 통할 수 있었기에 그들의 활동은 문화 전파와 사회관계의 활성화를 촉진시켰다. 선비들의 내부 구성의 복잡함과 직업의 다양화는 그들의 생활수준과 생활 방식을 서로 다르게 했을 뿐만 아니라 그 인품과 덕성, 그리고 성격도 제각각 다르게 만들었다. 선비 가운데는 국가를 뜨겁게 사랑함은 물론 자못 정의로워서 마음에 거리낌이 없는 군자도 있었다. 또 사상이 심오하고 박학다재한 지자智者도 있었으며, 멋을 알고 소탈하며 퍽 감상적인 재주꾼도 있었다. 당연히 선비 가운데는 영혼을 팔아먹고 인격을 상실한 변절자도 있었다. 중국 고대 선비 및 그들의 사회생활에 관한 연구는 중국 사회와 중국 문화에 대한 이해를 깊게 하는 데 도움이 될 것이다.

공자주유열국도孔子周遊列國圖

2. 중국 고대 선비의 품격

가. 역사에 대한 강한 사명감과 우환의식

중국 고대 선비의 생활을 논하기에 앞서, 선비의 품격에 대한 소개가 필요하다. 선비가 추구하는 이상, 가치관, 생활의 흥취, 사회적 품위 등은 자신의 품격의 지배를 받지 않는 게 없기 때문이다. 품격은 '인품'이나 '인격'과 서로 통하는 말로 특정한 역사적 환경 속에서 그 행동으로부터 반영되는 정신적인 면모를 가리킨다. 중국 고대 선비의 품격을 말하는 데 있어서 가장 두드러진 특징은 역사에 대한 강한 사명감과 우환의식이다.

역사에 대한 사명감은 곧 사회에 적극적으로 참여하려는 정신이다. 고대에 선비는 국가 정치 참여를 자기의 '천직天職'으로 여겼으며, '치국평천하治國平天下'를 숭고한 이상으로 삼았다. 그들은 사회 현실에 큰 관심을 가져, '바람소리, 빗소리, 책 읽는 소리 등 모든 소리에 귀를 기울였으며, 집안일, 나랏일, 온갖 세상 일 등 모든 일에 관심이 있었다.' 적지 않은 선비들은 벼슬길에 나선 뒤 국가 관리에 직접 참가해 청렴하고도 공정하게 법을 집행하여 현명한 재상, 깨끗한 관리로 지금까지 사람들의 칭송을 받고 있다. 어떤 이는 비록 폄적貶謫을 당했어도 나라와 나라님에게 충성을 다하려는 마음을 버리지 않고 국가와 민족이 위급하고 어려울 때는 떨쳐 일어나 죽음을 두려워하지 않고 태연하게 그 어려움에 뛰어들었으니, '정의를 그르치며 살기를 도모하지 않고 자기의 이상을 위해 기꺼이 목숨을 바친다.'[8]는 말은 선비들의 사회에 대한 책임감과 용감한 헌신의 정신을 충분히 드러

8 無求生以害仁 有殺身以成仁. 『논어論語』「위령공衛靈公」에 나오는 구절임.

내고 있다.

이른바, '우환의식憂患意識'은 민족과 국가 또는 인류가 처한 곤경에 대한 인식 및 이로부터 생긴 갖가지 걱정을 말한다. 이것은 현실과 미래가 어둡다는 사람들의 인식을 비교적 크게 나타낸 것이며 현실 속에 잠복한 위기를 반영한다. 이런 우환의식은 지식인 특유의 역사에 대한 강렬한 사명감과 그들의 사회와 민족과 국가의 앞날에 대한 깊은 사랑에서 비롯되었다. 범중엄范仲淹이 『악양루기岳陽樓記』에서 말한 그대로이다.

> 조정에 있으니 백성이 걱정되고 저 멀리 자연에 묻히니 나라님 걱정이라. 벼슬살이를 해도 걱정, 물러나도 걱정이라.

> 어려운 일에는 자기가 앞장서고 즐거운 일에는 다른 이의 뒤에 선다.

범중엄상范仲淹像

고대 선비의 우환의식은 언제나 사물의 발전에 대한 예측의 표현이었다. 예컨대, 왕조가 평화롭고 안정된 때에는 그들은 조그마한 단서만 보고도 일의 전반적인 추세를 알아챘으며, 잠복한 위기와 눈앞에 닥친 곤경을 알아챘고, 장차 나타날 사회 문제를 미리 느껴 '시대를 예감하는 의식'이나 '위기감'을 표현했다. 한漢 문제文帝 때 가의賈誼는 상소를 올려, 흉노의 융성과 제후 세력의 팽창을 겨누어 한 왕조가 절름발이 같다고 여기며 다음과 같이 문제를 제기했다.

> (지금 천하의 모습은) 다리 하나가 허리만 하고 손가락 하나가 넓적다리만하여 평상시에도 굴신을 할 수 없습니다. 한두 손가락에 경련이 일어나도 온 몸이 쓰러질까 걱정입니다.[9]

당시 사회는 평온하게 발전하고 있어서 가의가 말한 '위기감'은 고의로 과격한 말을 하여 충격을 주려는 것이었다지만, 훗날 이 말은 사실로 증명이 되었으니, 그의 예감은 틀림이 없었던 셈이다.

한 경제景帝 때, 조조晁錯는 너무 강대해지는 제후의 세력을 겨냥하여 '삭번削藩'[10]을 힘껏 주장하다가 '오초칠국의 난吳楚七國之亂'을 야기시켰다. 『사기史記』「오왕비열전吳王濞列傳」에는 그가 다음과 같이 앞날을 내다보았다고 기록하고 있다.

> 지금 제후의 세력을 줄여도 그들은 들고 일어날 것이고, 줄이지 않아도 들고 일어날 것입니다. 그들의 세력을 줄이면 자주 일어나더라도 화가 적을 것이나, 그들의 세력을 줄이지 않으면 나중에 오히려 화가 더 클 것입니다.

조조는 비록 경제에게 죽임을 당했으나 그의 정확한 판단은 한 왕조를

---

9 一脛之大幾如腰, 一指之大幾如股, 平居不可屈伸, 一二指搐, 身慮亡聊. 『한서漢書』「가의전賈誼傳」에서.

10 유방이 한을 건국한 초기에는 유씨를 각지의 번왕으로 봉했다. 그러나 지방 세력이 점점 강해지면서 중앙과 지방 사이에 힘의 균형이 깨지는 경우가 생겨서 전쟁이 일어날 가능성이 높아졌다. 이에 조조는 한 경제에게 '삭번책'을 올린다.

공고히 했다.

명나라 초기 지방의 교관敎官이었던 엽백거葉伯巨는 주원장朱元璋이 여러 아들을 분봉하여 왕으로 만듦으로써 장차 '커진 꼬리를 잘라내지 못할 만큼 큰 세력'이 되어 골육상잔을 면키 어려울 것이라는 견해를 조정에 올렸다. 과연 주원장이 세상을 떠난 뒤, 황제의 자리를 차지하기 위하여 전쟁이 일어났다. 엽백거의 예언이 정확했음을 역사가 증명하고 있다. 그러나 당시, 주원장은 오히려 그가 이간질하려 한다고 여겼으며, 적지 않은 대신들도 그가 터무니없이 말을 만들어낸다고 생각했다. 엽백거는 잡혀서 감옥에서 목숨을 잃었다고 『명사明史』「엽백거전葉伯巨傳」은 기록한다.

조조나 엽백거는 모두 지식인으로서 문제를 예리하게 내다보는 특유의 민감성으로 비교적 분명하게 사태의 발전 추세를 예견했기 때문에 죽임을 당했다. 그런데 현실 속에서 시대를 앞서 내다보는 위기감은 종종 권력을 잡은 자의 동의를 얻지 못했으며, 심지어는 무슨 꿍꿍이가 있을지도 모른다는 의심을 받게 마련이어서 숱한 사람들에게 비극을 안겨 주었다.

왜 중국의 고대 선비들은 이처럼 역사에 대한 강렬한 사명감과 우환의식을 가졌을까?

먼저, 선비가 만들어낸 사회적 배경과 관계가 있다. 앞에서 이야기한 바와 같이, 선비는 서주 때에 분봉 등급 서열 가운데 가장 끝자리를 차지했으며, 그들이 종사한 직업도 무사 및 갖가지 직업 관리로 어떤 이는 경대부의 채읍에서 각종 직무를 담당했다. 선비는 상급 귀족과 엄격한 등급을 가진 종속 관계로 맺어져, 정치적으로는 든든한 지위를 차지했으며 경제적으로도 보장되었다. 그러기에 그들은 오늘날 제도를 지키는 것을 자기의 주요한 사명으로 삼았으나 문화적인 면에서는 창조성과 진취성의 결여를 가져왔다. 그런데 춘추시대 이후, 요동치는 사회 속에서 예악禮樂은 허물어지고 종법에 의한 등급제도도 와해되는 과정에 수많은 선비들이 원래의 지위와 직장을 잃어버리고 살던 곳을 떠나 곳곳으로 떠돌아야 했으며, 심지어는 생계도 문제였다. 그러나 전국시대의 다원화된 정치 판도와 여러 제후국 사이의 격렬한 경쟁은 선비들에게 자기의 재능을 펼칠 기회를 제공했다. 각국은 실질적인 힘을 증강하기 위하여 정치, 군사, 외교 등 여러 방면에 인재를 필요로 했으며, 이는 선비들이 정치에 참여할 수 있는 유리한 조건을 제공했다. 이때, 제후들뿐만 아니라 권문權門에서도 선비를 보호했다. 선비의 입장에서 보면, 그들의 정치적인 이상을 실현하고 개인적인 생활 문제의 해결을 위하여 기꺼이 정치에 참여하여 벼슬살이를 하였다. 자기의 일을 위하여 선비를 필요로 하기도 했지만 다른 한 편으로는 개인의 가치를 힘껏 실현하기를 바랐기에 선비를 얻고 선비를 돌보려는 기풍이 일어났으며, 인재들의 경쟁도 자못 격렬했다. 이런 상황은 고염무가 『일지록日志錄』권7 「선비는 왜 일하는가?」에서 말한 그대로이다.

> 춘추시대 이후 여기저기 떠돌아다니며 유세하는 선비가 날로 불어났다. 『제어齊語』에 의하면 환공은 여든 명이나 되는 이들에게 거마車馬와 옷, 그리고 돈까지 듬뿍 주어 천하를 떠돌며 현명한 선비들을 불러 모으게 했다. 그리고 전국 시대의 나라님은 이들의 경중을 따져 글을 하는 이는 유儒라 했으며 무武를 하는 이는 협俠이라고 했다. 아! 이런 이들이 흥했으니 선왕이 세운 법은 허물어지고 말았도다![11]

객관적인 환경의 필요든 주관적인 필요든, 전국 시대에는 선비들의 정치에 참여하려는 열정은 더욱 강해져서, 그들은 잇달아 정치의 소용돌이 속으로 뛰어들었다. 어떤 이는 나라님을 위하여 뒤에서 일을 꾸미며 모사

---

11 春秋以後, 游士日多. 『齊語』言桓公爲游士八十人奉以車馬衣裘, 多其資幣, 使周游四方, 以號召天下賢士, 而戰國之君遂以士爲輕重, 文者爲儒, 武者爲俠. 嗚呼! 游士興而先王之法壞矣!

謀士 노릇을 했으며, 어떤 이는 책을 쓰고 이론을 세우며 새로운 학파를 만들어 정치적인 주장을 널리 펼쳤다. 또 다른 이는 외교사절로 여러 나라를 누비며 합종연횡을 꾀하기도 했다. 이렇게 하여 전국 시대 선비들 가운데서 걸출한 정치가, 사상가, 군사전문가, 문학가들이 쏟아져 나왔다.

선비 계층은 요동치는 사회와 정치 투쟁이 예리하고 복잡한 전국 시대에 형성되었기에 그들이 생각하여 행동으로 옮기고자 하는 바는 어떻게 천하를 통일할 것인가, 어떻게 국가를 부강하게 할 것인가, 어떻게 국민을 통치할 것인가 등의 문제에 모아졌다. 맹자가 『맹자孟子』「공손축하公孫丑下」에서 말한 '이제 이 세상을 다스리는 데 나 아니면 또 누가 있겠는가?'[12]는 당시 선비들의 염원이요 외침이었다.

다음으로, 유가를 주체로 한 전통 문화의 영향을 들 수 있다. 유학儒學은 전국 시대 제자백가 가운데 커다란 유파였다. 유가儒家·도가道家·법가法家는 전국 시대 사상에 가장 영향력이 큰 유파였다. 한 무제武帝는 유학을 높이 끌어올리며 '백가를 배척하고 오로지 유가를 홀로 높였으니'[13], 유학은 경서를 연구하는 학문과 왕실의 철학으로서 점차 중국 문화 속에서 주도적인 위치를 차지하게 되었다. 유학은 적극적으로 사회에 뛰어들기를 주장하는 학설로 창시자인 공자와 맹자도 모두 선비들은 벼슬을 하고 정치에 참여해야 한다는 주장을 힘써 펼쳤다. 공자는 '정신노동을 하는 자는 남을 다스리고 육체노동을 하는 자는 남의 다스림을 받는다.'[14]고 했다. 그는 '치인治人', 즉 남을 다스리는 것을 최고의 도리로 보았으며, 선비라면 남을 다스리는 일에 종사해야 한다고 믿었다. '학문을 하여 여유가 있으면 벼슬길에

12 如欲平治天下, 當今之世, 舍我其誰也? '나 아니면 또 누가 있겠는가?'는 참으로 자신이 가득차거나 건방진 태도일 수 있다.

13 罷黜百家, 獨尊儒術.

14 勞心者治人 勞力者治于人. 『맹자孟子』「등문공상滕文公上」에 나오는 구절.

나서야 한다.'[15]는 말이다.

하지만 '치물治物'은 최하의 술수로 보아 육체노동을 하는 사람이나 할 짓이라고 보았다. 맹자는 『맹자孟子』「등문공하滕文公下」에서 이렇게 말했다.

> 선비의 벼슬은 농부의 농사와 같다. 또 선비가 벼슬에서 물러난다면 제후가 나라를 잃은 것과 같다.[16]

맹자가 볼 때, 선비로서 벼슬을 하는 것은 너무나 당연한 일이었다. 선비는 제왕을 보좌하고 군주를 위하여 나라를 다스릴 계책을 세워야 하며 천자를 대신하여 자신의 의견을 정립하고 제왕의 생각을 실행해야 했다. 유가에서 선비들이 정치에 참여해야 한다는 생각은 역대 문인 학자들에게 커다란 영향을 끼쳤다. 수많은 이들이 '치국평천하治國平天下'의 이상을 품고 벼슬을 하고 정치에 참여하기 위하여 각고의 노력으로 학문에 매진했으며 온 세상을 바쁘게 뛰어다녔다.

마지막으로 고대 선비들의 강렬한 참정 의식은 봉건 통치자들이 관직과 작위, 녹봉으로 이들을 유인한 것과 관계가 있다. 중국 봉건사회에서 사회적 지위의 높낮이는 재물 분배의 많고 적음, 그리고 관작官爵과 깊은 관련을 맺는다. 관작이 높으면 높을수록 사회적 지위와 얻게 되는 재물은 더욱 높고 많아진다. 『관자管子』「명법해明法解」는 이렇게 말하고 있다.

> 맡은 바 벼슬이 크면 작위도 높고 봉록도 넉넉했으며, 관작이 낮으면 봉록도 변변치 못했다.

---

15 學而優則仕. 『논어論語』「자장子張」에 나오는 구절.

16 士之仕也, 猶農夫之耕也. 士之失位也, 猶諸侯之失國家也.

『사기史記』「상군열전商君列傳」에서는 상앙商鞅의 변법에는 등급에 따라 재산을 분배한다는 조항이 있음을 전하고 있다.

> 관작의 높낮이를 명확히 하여 서로 차등을 두어 토지를 포함한 부동산을 분배하고, 가신과 노비의 의상, 그리고 복식도 등급에 따라 결정한다. 공로가 있는 자는 높은 지위에 올라 영광을 누려야 할 것이며 공로가 없는 자는 비록 부유하더라도 영광을 누릴 수는 없다.

관자管子는 '녹봉과 상금'을 내릴 수 있는 권한을 나라님이 국가를 다스리는 세 가지 큰 보물 가운데 하나라고 보았다. 세 가지 큰 보물이란 '죄인을 처형할 수 있는 권한', '사형시킬 수 있는 권한', '녹봉과 상금을 내릴 수 있는 권한'을 말한다(『관자管子』「중령重令」).

춘추전국시대 이래 역대 왕조를 통하여 정권을 잡은 자는 한결같이 관작과 녹봉으로 선비들의 정치 참여를 유도했다. 한무제 때는 태학太學을 설치하고 경서를 공부하여 벼슬길에 나서도록 권유했다. 수당 이후에는 과거를 통하여 선비를 골라 쓰는 제도가 점차 완벽해져서 여러 무리의 선비들이 관리사회로 진출해 방대한 국가기구가 보존될 수 있도록 활력을 불어넣었으며, 관료들의 모습을 더욱 새롭게 만들었다. 또한 벼슬길은 선비의 사회적 지위와 그들의 삶의 모습을 변화시킬 수 있었다.

전국시대의 선비 요고姚賈는 출신이 미천했으나 진을 위하여 계략을 내놓아 큰 공을 세웠기에 진왕은 크게 기뻐하며 그를 천호千戶에 봉하고 상경上卿으로 대접했다.

소진蘇秦은 벼슬에 나서기 전에는 생활이 곤궁하여 초라하기 짝이 없었으며 부모형제조차 거들떠보지 않았으나 유세에 성공하여 금의환향하자 부모는 집과 길을 청소하고 30리 밖까지 나아가 그를 맞았다. 고대에는 선비들이 과거에 급제하여 벼슬살이하는 것을 최고의 영광으로 알았다. 일단 향시鄕試에 합격하든지 전시殿試에 급제하여 진사가 되면 고향의 마을에 야단이 났다. 가문의 영광은 물론이고 이웃 마을까지도 영광으로 여겼던 것이다.

주밀周密의 『제동야어齊東野語』 권16에는 송대宋代에 진사에 급제하여 고향에 돌아올 때, '깃발을 든 사람, 북을 울리는 사람, 선물을 올리려고 나온 사람, 그리고 영접하려고 나온 사람에다 오가며 구경하는 사람들로 길 양쪽이 모두 담을 친 듯 빽빽했다. 시집갈 처녀를 둔 집안에다 피붙이, 친구에다 문객들까지도 축하하려고 몰려들었다.'고 했으며, 심지어는 원한이 있는 자도 부끄러움을 무릅쓰고 축하와 사죄를 함께 하려고 나섰다.'고 기록하고 있다. 이런 사회 풍조는 선비들에게 사명감과 정치에 참여하려는 의식을 더욱 강화시켰다.

위에서 말한 바를 종합하면, 우리는 고대 선비들의 역사에 대한 강렬한 사명감과 적극적으로 벼슬길에 나서려는 정신을 아래와 같이 평가할 수 있다.

먼저 이런 정신은 고대 선비들의 뛰어난 품격으로 인정해야 한다. 이러한 품격이 있었기에 중국의 지식인은 자강불식의 정신으로 사회의 발전과 진보를 위하여 자기의 재능과 지혜를 바쳤다. 그런데 또 다른 각도에서 보면 역사에 대한 이런 강렬한 사명감과 적극적으로 벼슬길에 나서려는 정신은 고대 선비들이 비극을 맞은 원인 가운데 하나이기도 했다. 이런 비극은 선비들이 국가 정치에 뛰어들다가 조성된 갖가지 불행과 비애지만 다음 몇 가지 특징도 보여 준다.

첫째, 벼슬길에 오르려는 생각을 강화했다. 고대 선비들이 자기의 이상을 실현하기 위한 유일한 길은 벼슬이었다. 일반 백성들은 국가 정치에 참여할 권한이 없었다. 벼슬을 해야만 국가 관리에 참여할 수 있었으니, 그야말로 '책임 있는 지위에 오르지 않으면 나랏일을 할 수 없다.'[17]는 말 그대로였다. 사회에 뛰어든다는 것은 바로 벼슬을 하는 것이요, 벼슬자리는 한정되어 있었기에 무수한 선비들이 '배워서 뛰어난 자는 벼슬길에 나선다.'는 말 그대로 이 좁은 길에 뛰어들어 온갖 고생을 참으며 학문을 닦았으며 백발이 되도록 경서를 파고들기도 했다. 그들은 또 벼슬길에 올라서도 자기 자리를 지키며 총애를 받으려고 서로 다투어 아첨을 했다. 심지어는 서로 알력을 일으키다가 마침내 봉건 통치자에게 순종의 도구나 노리갯감이 되기도 했다.

둘째, 고대 선비들은 벼슬길에 미련을 가지고 정치에 참여하려는 간절한 마음을 가졌으며, 역대 봉건 통치자들은 자연과학을 경시하고 '언론이나 문장의 내용과 이치를 따지는 학문'을 숭상했다. 또 '도를 중시하고 예藝를 경시하는' 관념이 지배했다. 게다가 사람들은 일반적으로 과학기술을 그저 '도구'에 지나지 않는다고 여겼으며, 예藝도 그것보다 못한 것으로 쳤다. 소위 '치국평천하治國平天下'의 큰 도리야말로 가장 가치 있는 학문으로 보았다. 그러기에 중국 고대에 관직이 없는 자연과학자나 발명가의 사회적 지위는 높지 않았다. 그들은 기껏해야 정사正史에 곁달린 '방기전方技傳'으로 몇 줄 기록되었을 뿐, 정치가와 함께 논할 수 있는 자격조차 없었다. 과학 기술을 경시하는 이런 태도는 중국 고대 선비들의 지식 구조를 불합리하게 만든 것은 물론 중국 고대 사회의 발전을 느리게 만들었다.

셋째, 특수한 역사적 배경으로 인하여 고대 선비들은 그들이 형성될 때부터 독립된 경제적 지위를 차지하지 못했다. 그들은 그저 통치 계급에 빌붙어서 존재할 수밖에 없었기에, 만약 통치자에게 종속되지 않는다면 그들에게는 사회적인 지위도 없을 뿐만 아니라 생계조차도 문제가 되었다. 우리들이 잘 아는 공자는 한 평생 뜻을 이루지 못한 삶을 살았다. 그는 간절한 마음으로 벼슬을 하려고 했지만 몇 차례의 벼슬살이도 여의치 않았다. 그

---

17 不在其位, 不謀其政. 『논어論語』「태백泰伯」에 나오는 구절.

가 가장 마음먹은 대로 됐던 시기도 노魯나라에서 중도재中都宰, 사공司空, 대사구大司寇를 맡았던 서너 해에 불과했다. 그가 생각하고 하고자 했던 바가 당시의 사정에 맞지 않았기에 노나라에 더 이상 머무를 수 없었다. 나이 쉰다섯에 그는 제자들을 이끌고 여러 나라를 주유하며 권력을 쥔 자에게 의탁하려고 했으나 곳곳에서

공자상孔子像

장벽에 부딪치며 환영을 받지 못했다. '상갓집 개꼴'처럼 비참한 처지에 빠지고 말았던 것이다. 선비가 권세 있는 자에게 굽실대지 않으면 얼마나 가련한 꼴이 되는지 잘 알 수 있다.

인격적인 면에서 볼 때, 전국시대의 선비를 뒷날의 문인과 비교하면, 그들의 인격은 상대적으로 독립적이었다. 그들은 사회에서 이리저리 옮겨 다닐 수 있는 자유가 있었으며, 직업을 선택할 자유도 있었다. 게다가 독립적으로 사유思惟할 수 있는 자유도 있었다. 이것은 전국시대의 정치가 다원화되었고 제후들이 서로 자웅을 겨루며 많은 인재를 필요로 했던 특수한 환경이 그렇게 만들었기 때문이다. 그러나 이런 자유도 정치적으로 보호와 승인을 받지는 못했다. 진한의 봉건 왕조가 통일을 이루고 나자 군주의 전제는 한층 강화되었지만 상대적으로 독립적인 선비들의 인격은 거의 상실되고 말았다.

나. 유가儒家의 이상적인 인격

역사에 대한 강렬한 사명감 때문에, 중국 고대 선비들은 이상적인 인격에 대하여 특별히 관심을 기울였다. 그들은 이상적인 인격의 틀을 본보기로 만들어 제시했을 뿐만 아니라 보다 더 높은 인생의 경지에 도달하기 위하여 쉬지 않고 이상적인 인격을 추구했다. 이상적인 인격이란 무엇인가? 대만의 학자 차이밍텐蔡明田은 이렇게 풀이했다.

> 이상적인 인격이란 정신문화나 그 가치를 표현할 수 있어서 사람들이 숭배하며 본받고자 하는 인격을 말한다.
>
> 『이상과 현실』, 삼련서점, 1991년판

중국 고대 선비들의 마음속엔 이상적인 인격이 몇 가지 모습으로 나타나고 있다. 공자는 선비의 모습을 묻는 자로子路의 질문에 이렇게 답한다.

> 정성을 다하여 구석구석 힘쓰며 즐거운 마음을 가지면 선비라고 할 수 있느니라. 벗과는 정성을 다하고 온 힘을 다할 것이며 형제 사이에는 화목할지니라.[18]
>
> 『논어論語』「자로子路」

'구석구석 힘쓴다.'는 말은 서로 격려하며 용기를 북돋운다는 뜻이니, 이것은 선비들이 서로 토론하고 연구하며 상대방을 면려해야만 한다는 말이다. 형제간에도 화목해야 했다. 이것이 바로 선비들의 인격에 대한 최소한

18 切切偲偲, 怡怡如也, 可謂士矣. 朋友切切偲偲, 兄弟怡怡.

의 요구였다.

공자는 자공子貢이 위와 똑같은 질문을 했을 때 이렇게 대답했다.

> 행동을 함에 예의와 염치를 알아야 하며 외교사절로서 외국을 방문했을 때는 나라님을 욕되게 하지 말아야 선비라고 할 수 있느니라.[19]

여기서 말하는 선비는 개인으로서 도덕적으로 수양이 되었고 나랏일도 능히 맡을 수 있어야 하니, 한층 더 높은 인격의 표준을 제시한 것이다. 자기의 도덕적인 면모를 한 단계 한 단계 높여서 완전하게 할 수 있고 자기의 가치관을 밀고나갈 수 있다면 가히 선비라 일컬을 만하다. 더 높은 단계의 선비의 모습은 자기의 가치관을 사회에서 실현하고, '백성들에게 널리 베풀어서 대중을 편안하게' 한다면 선비에게 요구되는 이상적인 인격의 가장 높은 단계인 성인聖人의 경지에 도달한 것이다. 공자는 성인은 더 오를 수 없이 높아서 말로 할 수는 있지만 이르기는 힘들다며 이렇게 말했다.

> 내가 성인을 만나리라고 기대하지 않는다. 군자라도 만날 수 있다면 족하리라.[20]

그는 제자들이 자기를 성인으로 모시려고 하자 손을 저으며 이렇게 말했다.

---

19 行己有恥, 使于四方不辱君命, 可謂士矣.

20 聖人, 吾不得而見之矣. 得見君子者, 斯可矣. 『논어論語』「술이述而」.

만약 성聖과 인仁을 말해야 한다면 내 어찌 낄 수 있겠는가? 그러나 이를 향해 쉬지 않고 노력하고 다른 이를 가르치기를 게을리 않는다면 성과 인에 이를 수 있으리라.[21]

『논어論語』「술이述而」에 나오는 말이다.

공자가 세상을 뜬 뒤 그의 제자들과 후세의 유학자들은 그를 성인으로 떠받든다. 맹자는 이렇게 말했다.

성인도 백성 가운데 있어 그들과 다름이 없으며 그들 가운데서 나오고 그들 가운데서 뛰어난 자일 따름이다.[22]

『맹자孟子』「공손축상公孫丑上」에 나온다.

유가에서 성인으로 신격화할 때, 성인에게는 초인적인 품격을 부여함과 동시에 성인과 보통사람과의 거리를 최대한 단축시켜 보통사람도 성인을 본받음으로써 요순堯舜과 같은 성인이 될 수 있다고 주장한다. 맹자도 (『맹자孟子』「고자상告子上」)에서 '순舜도 사람이고 나도 사람이다.'라고 말했지만 주희朱熹는 『주자어류朱子語類』권8에서 이를 더욱 명확하게 지적했다.

성현聖賢의 타고난 품성도 보통사람과 같다. 보통사람과 같은데 어찌 성현이 되는 것을 자기의 맡은 바 책임으로 여기지 않겠는가?[23]

---

21 若聖與仁, 則吾豈敢? 抑爲之不厭, 誨人不倦, 則可謂云爾已矣. 『논어論語』「술이述而」.

22 聖人之于民也, 亦類也, 出乎其類, 拔乎其萃.

23 聖賢秉性與常人一同, 旣與常人一同, 又安何不以聖賢爲己任?

이러함에도 옛날부터 지금까지 성인이라 부를 만한 사람은 겨우 손가락으로 꼽을 정도이니, 이것은 성인의 조건이 너무 높아서 보통사람은 성인이 되길 바라며 성인을 흠모하긴 하지만 성인이 되기는 정말 어려웠기 때문이다. 성인과 비교해서 군자君子의 품격은 실제적인 의의를 갖추고 있다. 유가 문화에서는 군자에 관한 견해가 내용면에서 매우 풍부한데, 요점을 간추리면 아래와 같다.

맹자상孟子像

첫째, 군자는 수많은 도덕을 책임지고 실현하는 자로서 이상적인 도덕의 화신化身이다. 군자의 도덕 체계 가운데 가장 중요하면서도 가장 권위를 갖춘 인격의 표준은 '인仁'이다. 인은 군자와 소인을 구분하는 경계선이며 군자의 인격을 구성하는 꿋꿋한 기둥이다. 공자는 '군자가 인을 버리면 어찌 명성을 얻을 수 있겠는가?[24]'라고 『논어論語』「이인里仁」에서 말했으며, 또 같은 책 「헌문憲文」편에서는 '군자이면서도 인을 행하지 못할 때가 있는 이는 있지만 소인이면서 인을 행하는 자는 없다.'[25]고 하였다. 인은 군자가 갖추어야 할 인격의 가장 본질적인 도덕의 지표이며 인격의 확인이기도 하다.

둘째, 군자는 자기의 사상과 언행을 바르게 하려고 늘 생각해야 하며

---

24 君子去仁, 惡乎成名?

25 君子而不仁者有矣夫, 未有小人而仁者也.

도덕을 몸으로 행해야 한다. 자기를 다스리는데 엄격해야 하며 예의와 도덕을 일상생활 가운데 통달시켜야 한다. 자공이 그의 스승인 공자에게 어떻게 해야 군자가 될 수 있느냐고 물었을 때, 공자는 '말에 앞서 행하고, 행한 뒤에 그것을 말하여라.'[26]라고 『논어論語』「위정爲政」에서 대답하고 있다.

셋째, 군자의 인격은 도덕적으로 변함이 없어야 한다. 어떤 환경이나 조건에도 가장 멋진 도덕적 풍모를 지녀야 한다. '높은 자리에 앉아서도 교만하지 않고 낮은 곳에 있어도 근심 걱정이 없어야 한다.'[27]고 『역易』「건괘·문언乾卦·文言」은 말하고 있다. 또 순자荀子도 『순자荀子』「군도君道」에서 '군자는 가난하여 생활이 어려워도 구속됨이 없고 재산이 많고 사회적 지위가 높아도 교만하지 않는다.'[28]고 말했다. 또 같은 책 「수신修身」편에서는 '군자는 가난하여 생활이 어려워도 뜻을 높게 가지며, 부귀해도 공손하게 행동하며, 평안할 때에도 마음 가꾸기를 게을리 하지 않으며, 피로에 지쳤을 때에도 기운을 잃고 풀이 죽지 않으며, 화를 내야 할 때에도 다른 사람에게 지나치게 벌을 내리지 않으며, 즐거울 때에도 다른 사람에게 지나치게 상을 내리지 않는다.'[29]고 하였다. 뿐만 아니라 군자는 처음부터 끝까지 활달한 도량과 낙관적인 인생관을 잃지 말아야 했다. 순자는 『순자荀子』「자도·子道」에서 이렇게 말했다.

> 군자는 벼슬을 얻지 못했을 때에도 자기 자신을 멋지게 수양함으로써 기쁨을 느끼고 벼슬을 얻은 뒤에는 나랏일을 훌륭하게 처리함

---

26 先行其言而後從之.

27 居上位而不驕, 在下位而不憂.

28 貧窮而不約, 富貴而不驕.

29 君子貧窮而志廣, 富貴而體恭, 安燕而血氣不惰, 勞倦而容貌不枯, 怒不過奪, 喜不過予.

으로써 즐거움을 느낀다. 그러므로 군자는 언제나 기쁨과 즐거움 속에 살며 근심 걱정에 젖는 날은 하루도 없다.[30]

정치 문화의 시각에서 보면, 유가 문화에서 설정한 군자의 인격은 실질적으로는 정치적인 인격이다. 군자의 도덕적인 품행이 완전하면 완전할수록 그 정치적인 행동도 완전하여, 이런 군자의 인격으로 빚은 사람은 모두가 전형적인 충신과 온순한 백성이었다. 하지만 군자의 인격은 고대 선비들의 일상생활 속에서 중요한 지표의 역할을 했다. 한 세대 한 세대 지나면서 선비들은 군자의 품격을 귀감으로 해서 경건하고도 정성스럽게, 그리고 온갖 애를 쓰면서 '수신修身, 제가齊家'하고, '치국治國, 평천하平天下'를 실현함으로써 인생의 이상을 달성하고자 했다. 군자의 품격을 추구하는 것은 선비들의 일상생활 곳곳에 스며들어 있었다. 군자의 품격은 이미 중화 민족 전통문화의 일부가 되었고, 오늘날의 정신문화 구축에도 일정한 거울의 역할을 하고 있다.

다. 도가道家의 이상적인 인격

도가는 중국 전통 문화와 사상 속에서 중요한 위치를 차지한다. 도가 사상은 고대 선비들의 품격을 구성할 때 빼놓을 수 없다. 또 유가와 도가의 상보相補는 고대 선비들의 생활에 중요한 특징이 된다. 이상적인 인격이라는 점에서 도가와 유가는 분명 다른 면이 있으니, 도가는 자연주의적인 인격을 이상으로 한다.

도가에서는 유가에서 설정한 성인이나 군자가 지녀야 할 갖가지 미덕

30 君子, 其未得也則樂其意, 旣已得之, 又樂其治. 是以有終身之樂, 無一日之憂.

에 대해 단연 부정적인 태도를 견지한다. 세상살이가 혼란한 근원도 유가에서 말하는 성인이 인의仁義를 숭상하는 데서 연유한다고 여겼다. 왜냐하면 이것이 바로 '자연'을 위배하는 것이며 '도덕 본래의 모습이 아닌 것'은 사회라는 유기체에서 부스럼이나 사마귀처럼 쓸데없는 것이라고 생각했기 때문이다. 도가의 심중에 있는 이상적인 인격은 유가의 도덕을 버린 사람에게서 찾을 수 있다. 노자老子는 '성인불인聖人不仁'하니 '절인기의絶仁棄義'해야 한다고 말한다. 또 장자莊子도 『장자莊子』「천도天道」에서 '인의仁義를 물리치고 예악禮樂도 버려야 성인의 마음도 무사태평하여 명예나 이익을 탐내지 않고 마구 어지럽게 뒤섞이지 않는다.'[31]고 말한다. 유가의 입장에서 본다면 이런 '성인'은 덕德이라고는 없는 사람이지만 노자와 장자는 이런 사람이야 말로 덕이 없는 사람이 아니라 최고의 덕을 가진 사람이라고 보았다. 왜냐하면 자연에 맞게 행하는 것이 덕이요, 자연을 떠나는 것이 덕을 망친다고 보았기 때문이다. 노자는 '최상의 덕은 덕을 의식하지 않으므로 덕이 있는 것이고 정도가 낮은 덕은 덕에 얽매이기 때문에 덕이 없다.'[32]고 했다. 최상의 덕은 자연에 따라 행해서 덕을 추구하려고 고심하지 않으

노자상老子像

31 退仁義, 擯禮樂, 聖人之心有所定矣.

32 上德不德, 是以有德. 下德不失德, 是以無德. 『노자老子』「도덕경道德經」.

며 허위에 빠지지 않기에 덕이 있는 것이며, 정도가 낮은 덕은 온 힘을 다해 덕을 추구하고 행동에서도 덕을 잃지 않으려고 하지만 허위에 빠지지 않을 수 없기에 덕이 없게 된다. 성인은 '덕이 없으면서도 덕에 이른 사람'이다.

도가에서 말하는 이상적인 인격은 자연주의적임을 알 수 있다. 즉 자연계 본래의 모습으로 자연을 설명하고 사람을 설명해야 한다고 주장한다. 그들이 추구하는 바는 자연에 순응하는 자유로서 유가의 윤리 도덕에 반대한다. 공적을 세우지 않아야 한다고 주장하고 끝까지 좇아 캐내려 하지 않으며, 심지어는 '팔다리와 몸도 잊고 듣는 것도 보는 것도 멀리하며 형태도 벗어나고 지식도 버려 큰 도에 이른 좌망의 상태'를 힘써 말한다. '좌망'은 사람과 자연 사이의 틈을 없애고 천지만물과 혼연일체가 된 신비로운 정신세계에 이를 수 있게 한다.

중국 고대에 도가의 이상적인 인격과 유가의 이상적인 인격은 선비들의 인격 구성의 중요한 성분으로 선비들이 추구하는 인생, 가치, 그리고 행동과 생활방식 모두 정도는 다르지만 이들의 지배와 영향을 받았다. 유가와 도가라는 두 가지 서로 다른 이상적인 인격은 서로 충돌하지 않고 보완하면서 선비들의 정신세계에 평형을 이루게 했으니, 뜻을 이루면 세상 사람을 두루 구제하고 여의치 않으면 홀로라도 자기 수양을 했다. 또 이들 유가와 도가가 추구하는 서로 다른 이상적인 인격은 선비들의 생활을 더욱 다양하고 개성 있게 했으며 생활의 내용도 더욱 풍부하게 만들었다.

3. 중국 고대 선비의 생활

중국 고대 선비들의 생활을 살펴보면, 이들 선비들의 생활 방식이 사회 제도와 사회 환경의 제약을 받았을 뿐만 아니라 선비들의 품격과 그들의 처지와도 직접적인 관계가 있음을 발견하게 된다.

중국 고대 선비들은 천하의 일을 자기의 맡은 바 소임으로 여겼기에 강렬한 참여의식과 사회에 대한 책임감이 있었다. 그러기에 자기의 이상과 포부를 실현하기 위해 지식수준을 쉬지 않고 높여야만 했다. 그래서 고대 선비들은 거의가 온갖 고생을 하며 독서를 한 경력을 가지고 있다. 독서는 선비들의 생활 속에서 중요한 위치를 차지한다. 당연히 대다수 선비들은 벼슬을 위해 독서를 했으니 공리적인 성격이 매우 강하다고 할 수 있다. 그러나 그들이 온갖 고생을 하면서도 독서를 그치지 않았던 정신은 후세 사람들에게 끊임없이 노력하여 높은 곳에 이를 수 있다고 격려했다.

생활에 대한 생각에서도 중국 고대의 많은 선비들은 '귀적의貴適意'의 생활관을 받들어 행동으로 옮겼다. '귀적의'란 문제를 생각하고 일을 결정함에 있어서, 자기의 간절한 뜻에 맞는지부터 출발하여 일단 자기 뜻에 맞지 않으면 조금도 주저함 없이 다른 계획을 세운다는 뜻이다. 이런 생활관은 위진 시대에 유행했다. 이때, 사회는 요동치고 정치적인 투쟁은 날카롭고 격했으며 사회의 변화가 심해 선비들의 의식이 각성하게 되었다. 유가가 정한 명분과 도덕관념에 대하여 고개를 끄덕이던 그들의 생각은 약해지고 노자와 장자의 무위자연사상을 신봉했다. 그리하여 '숭무崇無'를 특색으로 한 현학玄學이 한때 유행했으며, 이것이 생활에서는 '귀적의'로 표현되었다. 『세설신어世說新語』「식감識鑑」에는 이런 기록이 있다.

> 장계응張季鷹[33]이 제왕齊王의 동조속관東曹屬官으로 전임되었다. 그

는 수도인 낙양에서 가을바람이 부는 것을 보자 고향땅 오중吳中의 나물요리와 농어회가 먹고 싶었다. '마음대로 할 수 있는 것을 삶의 머리로 삼아야 할진대, 내 어찌 고향을 멀리 떠나 천 리 밖에서 벼슬을 하며 명성과 감투를 탐하랴!'라고 말하면서 수레에 올라 고향으로 돌아갔다.[34]

'귀적의' 생활관의 특징은 유가에서 전통적으로 추구하는 출세에 대한 욕구가 개인적인 욕구인 자족自足에게 자리를 내주고 생명과 가치에 대한 방향이 자기 자신에게 치우쳤다는 데 있다.

위진 선비들은 자기의 마음과 뜻에 맞는 개성적인 생활 방식을 좋아했다. 예컨대 화교和嶠의 전벽錢癖[35], 왕제王齊의 마벽馬癖[36], 두예杜預의 '좌전벽左傳癖'[37], 환충桓冲의 '구의벽舊衣癖'[38] 등을 들 수 있다. 이 밖에도 왕희지王羲之는 거위 기르기를 좋아했으며, 장잠희張湛喜는 집 앞에 소나무와 잣나무를 심고 구관조 기르기를 좋아했다.

이런 갖가지 취미는 사실 내 멋대로 산다는 인생의 원칙을 구체적으로 실현한 것이다. 위진 시대의 선비들의 이런 행동거지는 보통사람의 눈으로 볼 때 그렇게 사리에 맞는 일이 아니었지만 그들은 오히려 이런 일에 익숙하였으며 예사롭다고 생각했다. 바로 제 뜻에 맞았기 때문이다. 손통孫統 같

33 장한張翰을 가리킨다.

34 張季鷹齊王東曹掾, 在洛, 見秋風起, 因思吳中菰菜羹鱸魚膾, 曰:'人生貴得適意爾, 何能羈宦千里以要名爵!' 遂命駕便歸.

35 돈을 탐욕스럽게 모으거나, 지나치게 아끼는 버릇.

36 말에 지나치게 몰두하는 버릇.

37 좌전 읽기를 특별히 좋아한 버릇.

38 새 옷 입기를 싫어하며 한사코 헌옷만 입으려는 버릇.

은 이는 산수풍경을 유람하고 감상하기를 좋아하여 가는 곳마다 몹시 즐거워했다. 때로는 돌아오는 길에 갑자기 흥취가 미진하다 싶으면 오던 길을 되돌아가서 한 번 더 감상해야만 했다. 그들은 벗을 사귀는 데도 이와 같아서, 『세설신어世說新語』「간오簡傲」에는 '혜강嵇康과 여안선呂安善은 그리운 마음이 들면 천 리나 되는 길도 마다 않고 달려갔다.'는 기록이 있다. 또 『세설신어世說新語』「임탄任誕」에는 왕자유王子猷가 눈 내리는 한밤에 벗을 찾아간 이야기가 실려 있다.

> 왕자유가 산음山陰[39]에 살 때다. 어느 날 깊은 밤 큰 눈이 내렸다. 그는 잠에서 깨어 방문을 열고 하인에게 술을 올리라 했다. 눈빛으로 환한 주위에 방황하며 좌사左思[40]의 『초은시招隱詩』를 읊다가 문득 대안도戴安道[41]가 그리웠다. 그 때, 대안도는 섬剡[42]에 살고 있었으나 왕자유는 밤이었지만 즉시 작은 배를 타고 그곳으로 향했다. 하룻밤이나 걸려서 문 앞에 이르렀으나 뱃길을 돌렸다. 어떤 이가 그 까닭을 묻자 이렇게 대답했다.
>
> "내 흥이 나서 달려왔소만, 이제 흥이 다했는데 무슨 까닭으로 그를 만난단 말이오!"[43]

---

39 오늘날 저장浙江성 소흥紹興시.

40 서진의 문학가.

41 대규戴逵를 가리키며 박학다식했으나 벼슬길에 오르지 않았음.

42 오늘날 저장浙江성 성嵊현.

43 王子猷住山陰, 夜, 大雪, 眠覺, 開室命酌酒. 四望皎然, 因起彷徨, 詠左思『招隱詩』. 忽憶戴安道, 時戴在剡, 卽便夜乘小船就之. 經宿方至, 造門不前而返. 人問其故, 王曰:'吾本乘興而行, 性盡而返, 何必見戴!'

왕자유는 눈보라를 무릅쓰고 친구를 만나기 위해 한밤중에 길을 떠났으나 문 앞에 이르러서는 발길을 돌렸다. 흥이 다했다는 것이었다. 참으로 제 마음대로다. 왕자유의 행동거지는 일반적인 도리에는 맞지 않은 점이 있지만 자연스럽고 솔직하여 조작한 흔적이 없으니, 이로써 위진 시기 선비들의 내재한 마음에 기탁하여 조금도 꾸밈이 없는 호방한 품격과 생동감 있는 생활태도를 넉넉히 볼 수 있다.

옥천품다玉泉品茶

'귀적의'의 생활관은 고대 선비들의 생활방식에 참으로 큰 영향을 끼쳤으니, 수많은 선비들이 생활에서 멋을 중시했으며 생활에서의 품위를 늘 염두에 두고 각자의 생활을 개성화하고 다양화했다. 예컨대 고대 선비들은 술을 좋아했는데, 술은 선비들의 생활에 즐거움을 더했으며, 그들은 술로 감정을 조절하고 기분을 멋지게 풀었으며 근심 걱정까지 해결하였다. 특별한 경우, 술은 재앙을 피하게도 해 주었다. 때로는 술이 예술 창작의 영감을 불러일으키기도 하여, 술을 마신 뒤 시를 읊고 붓글씨를 쓰거나 그림도 그렸으니, 이것은 선비들의 생활에 커다란 즐거움이요 멋이었다. '귀적의'의 생활관이 선비들의 음주 중에 생기 있게 실현된 것이다.

산천을 두루 돌아다니며 노는 것도 고대 선비들의 생활을 가장 기분 좋게 하는 일이었다. 선비들은 조국의 빼어난 자연경관을 보며 심신을 수련하고 정서를 도야했다. 그들이 쓴 여행기와 자연을 읊은 수많은 시를 우리들은 오늘날에도 읽고 읊조린다.

금기서화琴棋書畵, 이 네 가지는 고대 선비들의 생활에 고상함과 운치를 더했다. 유유자적하게 타는 거문고, 긴장된 대국을 벌이는 바둑, 구속 받지 않고 한가롭게 쓰는 붓글씨와 그림 그리기는 선비들의 고아한 정신적 즐거움이었으며, 그들은 이것을 통해 자기의 재능과 지혜를 마음껏 펼쳤다. 또 선비들이 금기서화를 통해 남긴 일화와 재미있는 이야기는 오늘날에도 우리들에게 흥미진진한 이야깃거리를 제공하고 있다.

고대 선비들의 생활을 말하면서, 청루靑樓 여자들과의 교제를 꺼내지 않을 수 없다. 청루 여자란 기녀妓女를 말한다. 고대 선비들이 기녀와 함께 놀았다는 말은 돈을 내고 육체적인 색정을 주고받았다는 뜻은 결코 아니다. 고대의 기녀들 가운데는 자색이 뛰어난데다 재능과 기예까지 갖춘 이들이 적지 않았다. 온유하고 아름다운 모습에 총명하고 이지적인 말투, 그리고 보통사람을 뛰어넘는 재예才藝는 선비들에게 대단한 흡인력이 되었다. 심지어는 로맨틱한 이상 속에 그리는 반려로서 배짱이 맞기도 했다. 고대 선비들 중에는 비교적 높은 교양에 풍부한 감정을 가진 남자일수록 여자와 사귀면서 육체적인 욕망을 적게 가졌다. 그들이 바라는 것은 우정이며 마음의 이해였고 즐거운 말장난이었다. 기녀와 그들의 관계는 일종의 감정의 공명共鳴이요 즐거움을 나누는 것이었다. 또한 그들과 기녀와의 사귐은 이성을 뛰어넘는 자유의 표현이었지 잠자리를 함께 하는 일만은 결코 아니었다.

중국 고대 선비들은 생활 속에서 정신적인 자유와 문화적인 품위를 좇는 것을 비교적 중시했다. 그러기에 그들의 생활은 멋과 취미가 다양했으며 고아하고 충실하여 그 의의가 컸다. 하지만 고대 선비들의 생활이 온통 근심 걱정 하나 없이 '한적하고 편안한 즐거움'으로 가득하지만은 않았음을 알아야 한다. 많은 선비들의 생활은 뜻과 같지 않았다. 벼슬길이 순조롭지 않아서, 아니면 정치적으로 배척을 받아서, 그것도 아니면 사회 현실에 대한 불만 따위들 때문에 그들은 정치적 포부를 실현할 수 없어서 체념하고 자포자기에 빠져 생활 속에서 즐거움을 찾아야만 했다. 선비들이 구속 받지 않고 얽매임 없이 멋진 생활을 할 수 있었던 이면에는 실의와 끓어오르는 화와 어쩔 수 없었던 환경이 있었다. 완적阮籍의 음飮, 사영운謝靈雲의 유遊, 유영柳永의 사詞, 그리고 팔대산인八大山人의 화畵를 보면 고대 선비들의 복잡한 속마음을 깊이 느낄 수 있다. 실의에 빠진 선비들로 말하자면, 이른바 '한적하고 편안한 즐거움'은 '눈물 섞인 미소'일 뿐이다.

2장 선비의 독서 생활

책은 지식인이 창조한 정신적인 자원이자 사회 문명의 기록이며 인류 진보의 디딤돌이다. 옛날부터 지금까지 선비들은 책과 떼려야 뗄 수 없는 인연을 맺어왔다. 중국 고대에도 수많은 선비들이 평생 책을 벗으로 삼았고, 책을 생명의 한 부분으로 여겼다. 그들은 온갖 고생을 참으면서도 책을 읽었고 부지런히 글을 썼으며 마음을 다해 책을 보호했다. 피와 땀을 쏟으면서 문화의 발전과 진보에 기여했던 것이다.

1. 독서의 괴로움

옛 사람들의 독서에 관한 이야기를 하면, 집집마다 잘 알고 있는 고사를 떠올리지 않을 수 없다. 광형匡衡이 벽에 구멍을 뚫어 이웃집의 불빛을 빌어 책을 읽었다는 일화에서부터 손강孫康이 가난하여 언제나 눈빛에 비추어 독서를 했다는 이야기, 그리고 차윤車胤은 반딧불을 주머니에 모아 그 불빛으로 책을 읽었고, 소진은 공부를 하다가 쏟아지는 잠을 쫓기 위해 송곳으로 자기 넓적다리를 찔렀으며, 손경孫敬도 잠을 떨치려고 자기 머리를 끈으로 들보에 팽팽하게 연결해 공부한 이야기에 이르기까지 모두 옛 사람들이 꿋꿋한 의지로 온갖 어려움에 맞서 열심히 공부한 정신을 생생히 반영하고 있으며, 오늘을 사는 우리에게도 분명 교육적인 의의가 있는 이야기로 전해진다.

사실 옛 사람들이 책을 읽는 목적은 서로 달랐지만, 상당히 많은 이들에게 강렬한 공리적인 색깔이 있었다. 유가 문화의 영향으로, 고대 선비들은 '수신, 제가, 치국, 평천하'를 가장 이상적인 삶으로 받들고 있었고, 이러한 이상을 실현하려면 공부를 해서 벼슬길로 나서야만 했다. 바로 '학이우즉사學而優則仕'였던 것으로, 아래의 옛 시가 읊은 그대로였다.

> 젊은이는 부지런히 공부해야만
> 글로써 영달할 수 있네.
> 온 조정 가득한 고관대작은
> 모두가 책을 읽은 선비들일세.

> 少年須勤學,
> 文章可立身.
> 滿朝朱紫貴,
> 盡是讀書人.

역대의 통치자들은 온갖 방법으로 선비들이 정치에 참여하도록 했다. 한漢의 무제武帝 때에는 태학을 세워 경서를 공부해야 벼슬길에 오를 수 있도록 했다. 독서와 벼슬길을 한데 묶었으니, 『한서漢書』「하후승전夏侯勝傳」에 나오는 '자식에게 황금 백 광주리를 물려주는 것보다는 경서 한 권을 가르치는 게 낫다.'[1]는 말이 그래서 한대漢代에 널리 퍼졌다. 수당 이후 실행된 과거제도는 출신을 따지지 않고 시험을 통과하면 모두 관리에 임명하였다. 과거제도가 관리로 나아가는 길이 되자 사람들의 독서 열정은 크게 자극을 받았다. 더욱이 집안 살림이 몹시 가난한 이도 밤을 낮 삼아 각고의 노력으로 공부하여 벼슬길에 올라 자신의 사회적 지위를 바꾸고 이로써 인생의 가치를 실현했다.

옛 사람들은 독서로 운명을 바꾸고 풍성한 이득까지 얻을 수 있다고 조금도 거리낌 없이 솔직히 말했다. 송宋의 진종眞宗 조항趙恒이 쓴 『권독시勸讀詩』에는 독서의 공리성을 구체적으로 묘사하고 있다.

> 부자 되려고 기름진 밭 사지 말게,
> 책 속에 천 가마 곡식 있네.
> 편안하게 살려고 멋진 집 짓지 말게,
> 책 속에 황금으로 지어진 집 있네.
> 훌륭한 중매쟁이 없다고 탓하지 말게,
> 책 속에 백옥처럼 예쁜 아가씨 있다네.
> 먼 길 나서는데 따르는 이 없다고 한탄하지 말게,
> 책 속에 수레와 말이 떼 지어 있다네.
> 사내의 평생 뜻을 이루려면
> 책상머리에서 오경을 부지런히 읽게.

---

1 遺子黃金百籯 不如教子一經.

富家不用買良田, 書中自有千鍾粟.
安居不用架高堂, 書中自有黃金屋
娶妻莫恨無良媒, 書中有女顔如玉.
出門莫恨無人隨, 書中車馬多于簇.
男兒欲遂平生志, 五經勤向窓前讀.

또한 원元나라 사람 공제孔齊는 『지정직기至正直記』에서 독서의 공리적인 작용을 이렇게 말했다.

옛말에 '하루에 천 개의 동전이 들어오는 것보다 한 가지 기술을 익혀 제 몸을 지키는 게 낫다.'고 했다. 기술을 익힌 사람은 평생 그것으로 먹고 살 수 있다는 말이다. 하지만 기술이 아무리 큰 사람도 독서를 하여 지식을 익히고 넓힌 사람만은 못하나니, 독서를 하여 성공을 하면, 나라님을 받들어 백성들에게 은혜를 베풀어 이름을 후세에 널리 전할 수 있고, 실패를 해도 공부한 것으로 제자를 모아 가르치면 이름을 널리 남길 수 있기 때문이다. 다음으로는 농사를 짓는 것과 양잠업을 하는 것이 가장 좋으니, 이들에게는 영화도 치욕도 없지만 오로지 부지런히 일하는 것으로 받들어질 뿐이다. 그 다음으로 공업이나 상업도 모두 기대어 제 몸을 유지할 수 있다. 자손의 생계를 위해, 이 밖의 것으로 적당히 힘을 쓰며 부에 이르고자 한다면 비록 하루에 천 개의 동전이 들어와도 쇠퇴하여 영락을 면할 수 없는 것이 필연적인 이치이다. 그러므로 '독서야말로 만 배나 이익을 주는 것이다.'는 말을 하는 것이다.[45]

공리적인 목적의 강렬한 힘 때문에 고대의 수많은 선비들은 갖은 어려움을 무릅쓰고 독서에 매진했다.

서한西漢의 예관倪寬은 태학에 들어갔으나, 가난한 집안 형편으로 학자금을 대기 어려워 학우들에게 밥을 지어주며 자력으로 공부를 했다. 게다가 다른 사람을 대신하여 농사일까지 했다. '경서를 끼고 호미로 밭을 매며, 쉬는 시간에는 책을 읽었다.'[3]는 기록이 『한서漢書』「예관전倪寬傳」에 있다. 그는 훗날 한무제의 눈에 들어 어사대부御史大夫에 임명된다.

광형도 공부하기를 좋아했으나 집안이 가난하여 책을 읽기 위해 '착벽차광鑿壁借光'[4]했음은 물론 '학자금 마련을 위해 삯꾼 노릇도 했다.'는 기록이 『한서漢書』「광형전匡衡傳」에 전한다. 그는 한원제漢元帝 때에 박사博士에 올랐으며, 뒤에 승상丞相에 임명된다.

인생의 이상을 실현하기 위하여, 고대의 수많은 선비들은 온갖 역경을 견뎌야 했다. 『후한서後漢書』「승궁전承宮傳」은 이렇게 기록하고 있다.

> 승궁承宮은 어려서 부모를 여의고 어른을 대신하여 여덟 살 때 돼지를 기르는 일을 했다. 돼지를 몰고 서당 앞을 지날 때, 그는 돼지무리를 팽개치고 남몰래 수업에 끼어들었다. 주인이 이 사실을 알자 화를 내며 회초리로 그를 때렸다. 훈장이었던 서자성徐子盛이 통사정을 하여 위기를 모면할 수 있었다. 승궁은 훈장에게 학비 대신 땔나무

2 諺云: '日進千文, 不如一藝防身.' 蓋言習藝之人可終身得托也. 藝之大者, 莫如讀書而成才廣識, 達則敬君澤民, 流芳百世; 窮則隱學受徒, 亦能流芳百世. 其次農桑最好, 無榮無辱, 惟尙勤力耳. 其次工, 次商, 皆可托而養身. 爲子孫計, 舍此之外, 惟務假勢力以取富, 雖日進千文之錢, 亦不免于衰敗零落者, 此理之必然也. 故曰:'讀書萬倍利', 此之謂也.

3 帶經而鋤, 休息則讀誦.

4 벽에 구멍을 뚫어 이웃집의 불빛을 빌어 책을 읽었다는 일화가 있다.

를 해주고 일하는 짬짬이 학생들 틈에 끼어 공부하기로 허락을 얻었다. 이때부터 승궁은 온갖 고생을 참으며 몇 년 동안이나 공부를 게을리 하지 않았다. 그는 훗날 온 나라에 이름을 날린 학자로서 한명제漢明帝 때에는 박사가 되었다.

남조南朝의 고환顧歡은 가난한 집안 형편으로 서당에 입학하여 공부할 수가 없었다. 어쩔 수 없이 서당 담 뒤에 붙어 서서 귀 기울이며 훈장의 가르침을 들었다. 그는 한낮에는 일을 하고 깊은 밤에야 관솔불로 글을 읽었으나 게으름을 피우지 않았다. 마침내 그는 이름난 학자가 되었다. 이 이야기는 『남제서南齊書』「고환전顧歡傳」에 기록으로 남아 있다.

강비江泌도 집안이 가난해 낮에는 일하고 밤에야 책을 읽었다. 돈을 아끼기 위해 달 밝은 밤이면 달빛 따라 책을 들고 지붕 위로 올라가서 달빛으로 책을 읽었다는 기록이 『남제서南齊書』「강비전江泌傳」에 있다.

옛 사람들의 독서는 객관적인 가난의 극복 외에도 끊임없이 자기와의 싸움에서 이겨야 했고, 심지어는 육체적인 고통까지도 참으며 의지를 담금질해야 했다.

명조明朝의 장부張溥는 남달리 총명하고 식견이 넓었다. 그는 책을 읽을 때마다 필사를 한 뒤 소리 내어 읽고는 태워버렸다. 이렇게 읽고 베끼고 태우기를 일곱 차례 반복하여 책을 완전히 외우곤 했다. 장부가 밤낮으로 필사를 하면서 생긴 손가락의 굳은살이 겨울이면 터지고 갈라져서 새빨간 피가 흐르곤 했다. 그러면 뜨거운 물에 잠시 담갔다가 베끼기를 계속했다. 이런 학습 경력으로 그의 공부방은 '칠록재七錄齋'라는 이름이 붙었고, 그가 쓴 글은 『문록재집文錄齋集』이라는 이름을 얻게 되었다는 기록이 『명사明史』「장부전張溥傳」에 전한다.

고대에는 책의 수량도 적었지만 가난한 집에서는 책을 갖기가 더욱 힘들었다. 책을 좋아하는 사람은 온갖 어려움을 무릅쓰고 골골샅샅이 책을 빌려 읽었다. 동한東漢의 저명한 사상가 왕충王充은 낙양洛陽에서 공부할 때 가난한 집안 형편에 책을 살 수 없자 책방으로 달려가 책을 읽곤 했다. 그는 얼마나 진지하게 공부했던지 한 번만 읽으면 암송할 수 있었다. 『후한서後漢書』「왕충전王充傳」에는 '그가 얼마나 박식했던지 그 많은 학자의 말에 통하지 않음이 없었다.'고 기록하고 있다.

동한의 역사학자 순열荀悅도 집안이 가난해 책이 없었기에 걸핏하면 책이 있는 사람에게 가서 글을 읽었다. 그는 한 번 훑어보기만 해도 외울 수 있었다고 한다.

서진西晉의 황보밀皇甫謐도 책을 몹시 좋아하여 침식을 잊기 일쑤였다. 사람들은 그를 '책벌레'라고 불렀다. 그는 일찍이 진무제晉武帝에게 책을 빌려 보려고 했다. 그러자 진무제는 한 수레나 되는 책을 그에게 보냈다는 기록이 『진서晉書』「황보밀전皇甫謐傳」에 전한다.

부신독서負薪讀書

청조淸朝의 염정형閻正衡도 책을 대단히 좋아했으나 사는 곳이 궁벽하고 가난한 마을이라 읽을 만한 책을 구할 수가 없었다. 어느 날, 친구에게 『문선文選』이라는 책을 빌리게 되자 보배처럼 여기며 밤낮으로 깊이 연구하더니 몇 달 뒤에는 전부 암기했다. 또한 고향 사람 가운데 『사기史記』가 있다는 것을 알고는 빌려 읽고자 했다. 그 사람이 빌려주려고 하지 않자, 그는 그 사람 집에 와서 읽으면 안 되느냐며 사정을 했다. 그래도 그 사람은 거절했다. 염정형은 그 집에 땔나무가 필요한 것을 알고는 날마다 나무 한 짐을 해다 주고 『사기』를 읽게 해 달라고 다시 사정했다. 그제야 그 사람은 승낙했다. 이 날부터 염정형은 매일 아침 나무 한 짐을 지고 갔다. 그리고 『사기』를 읽으면서 함께 가지고 간 필묵으로 베끼기 시작해 몇 달 뒤에는 몽땅 다 베낄 수 있었다는 기록이 『청조야사대관淸朝野史大觀』 10권에 전한다.

고대에는 수많은 사람들이 청소년 시기에 온갖 고통을 견디며 책을 읽은 경력이 있었다. 이런 경력은 훗날 그들이 쓸모 있는 그릇으로 크게 일어서는 데 튼튼한 바탕이 되었다. 한대의 대학자 동중서董重舒는 꽃피고 새 지저귀는 농원을 십 년 동안이나 거들떠보지도 않고 책을 읽었다 한다.

당대唐代의 유명한 시인 원진元稹은 『회질등서誨侄等書』에서 열다섯부터 온 마음을 다해 책을 읽으며 꽃피는 정원이나 바깥 구경도 거의 하지 못한 채 십 년이 지나서야 글을 잘 한다는 소리를 듣게 됐다고 회고한다.

당대의 대문학가 한유韓愈도 박학다식했으니, 그의 손에서 책이 떠날 때가 평생 한 번도 없었다. 한유는 세 살 때 아버지를 여의고 형수의 손에 컸다. 일곱 살 때부터 책을 읽기 시작했는데, 뼈를 깎는 노력을 기울였으니, 지치고 피곤한 가운데 책을 베개 삼기도 했으며, 책을 읽으면서 밥을 먹기도 일쑤였다. 그는 날마다 몇 백 자에서 몇 천 자나 되는 문장을 외우며 공부에 매진하여 오경五經에 정통했음은 물론 빌릴 수 있는 갖가지 책을 몽땅 빌려서 두루두루 공부했다. 한유는 조정에 들어가서도 책을 가까이 하는 버릇을 버리지 않았다. 해가 지면 등불을 켜고 한 해 내내 언제나 그곳에서 쉬지 않고 부지런히 평생을 공부했으니, 그는 오직 한 마음으로 학문을 함으로써 젊은이들과 후배들에게 용기를 북돋워 주었다. 그가 『진학해進學解』에서 '학문은 부지런해야 진보하고 놀고 있으면 퇴보하느니라. 또 일은 신중히 생각해야 성공하고 마구하면 실패하느니라.'[5]라고 한 말은 학문을 권하는 명언이 되었다.

북송의 정치가 범중엄은 어려서 아버지를 여의고 형편이 어려워 남군南郡으로 가서 공부를 했지만 생활은 말이 아니었다. 그는 이곳에서 다섯 해나 스스로 학비를 벌며 고생스럽게 공부했다. 옷을 벗고 편안하게 잠을 잔 적이 한 번도 없었으며, 밤이 깊도록 공부하다 지치면 찬 물로 세수를 했다. 또 날마다 죽으로 요기를 하며 공부해 마침내 당대의 명신이 되었다.

옛 사람들이 책을 읽으며 학문에 매진한 것은 공리적인 목적 말고 한가하고 편안한 마음으로 즐기기 위한 목적도 있었다. 이런 독서를 모두 그저 흥이 나는 대로 즐겼으며, 독서에서 목적이 아니라 과정을 중요시했다. 선비들은 생활 속에서 공리적인 독서와 즐기기 위한 독서를 모두 실천했다. 젊은 시절에는 공리적인 독서를 위주로 사회에 나가 자기의 포부를 펼치고자 한다. 나이가 들어서, 또는 공도 세우고 명성도 떨친 다음에, 아니면 벼슬살이가 순조로울 때, 혹은 모든 것에 희망을 잃고 귀향해서 하는 독서는 정신을 수양하고 지식을 보태는 등 정신생활을 풍요롭게 하는 수단이었다. 고대의 수많은 선비들은 젊은 시절 온갖 어려움을 견디며 공부했을 뿐만 아니라 늘그막에도 손에서 책을 놓지 않았다.

삼국 시대의 향랑向朗은 '전적典籍에 파묻혀 쉬지 않고 공부하였으니 나이 여든을 넘기고도 여전히 책을 서로 견주고 비교하여 오류를 바로잡은 뒤 정본定本을 만들었으며, 그 당시 가장 많은 책을 모았다.'는 기록이 『삼국지三國志』「촉서·향랑전蜀書·向朗傳」에 전한다.

남제南齊의 심인사沈驎士는 어려서 집안이 가난했으나 독서를 몹시 좋아하여 언제나 일을 하면서도 책을 읽었다. 그는 해박했으나 벼슬길에 나서기를 원치 않았으며, 생활에서 가장 큰 취미는 조용하게 책을 읽는 것이었

5 業精于勤荒于嬉, 行成于思毁于隨.

다. 여든 살이 넘었을 때, 불행하게도 집에 불이 나서 온 정성을 다해 보존해오던 수천 권의 책을 모두 불태우고 말았다. 그는 몹시 상심했으나 손수 베껴서 잃어버린 책을 메우기로 결심한다. 몇 년 동안 쉬지 않고 노력한 결과, 생각 외로 몇 천 권을 베끼니, 수 십 광주리나 되었다는 기록이 『남사南史』「심인사전沈驎士傳」에 남아 있다.

양조梁朝의 저명한 학자 왕균王筠은 어려서부터 총명하여 열여섯에는 사람을 감동시킨 아름다운 『작약부芍藥賦』를 지어 유명한 문인 심약沈約의 칭찬을 받았다. 왕균은 독서를 아주 좋아하였으니, 『양서梁書』「왕균전王筠傳」에는 이런 기록이 있다.

> 나는 어려서도 책을 좋아했으며 늙마에는 더욱 그러하였다. 어려서 오경五經을 읽었는데 모두 칠팔십 번에 달했다. 좌씨춘추左氏春秋를 좋아해 늘 입에 달고 살면서 여러 차례 요약하고, 다섯 차례나 베끼기도 했다. 또 주관周官, 의례儀禮, 국어國語, 이아爾雅, 산해경山海經, 본초本草 등도 읽었으며 두 번 베꼈다. 그리고 제자백가와 역사서를 모두 베꼈다. 다른 사람의 손을 빌린 적이 없었으며 손수 베끼며 기록했으니 모두 백여 권이나 되었다.[6]

또한 그는 같은 글인 『양서』「왕균전」에서, 이렇게 한 것은 자기 이름을 날리기 위해서가 아니라 책을 좋아하기 때문이었다고 고백했다.

명청을 함께 살았던 이름난 사상가 고염무도 손에서 책이 떠날 때가 없었다. 만년에도 여행을 떠나면서 노새에 책을 싣는 것을 잊지 않았다. 변경

---

6 余少好書, 老而彌篤,……幼年讀『五經』, 皆七八十遍, 愛『左氏春秋』, 吟諷常爲口實, 廣略去取, 凡三過五抄. 余經及『周官』,『儀禮』,『國語』,『爾雅』,『山海經』,『本草』幷再抄. 子史諸集皆一遍. 未嘗倩人假手, 幷躬自抄錄, 大小百餘卷.

고염무상顧炎武像

의 관문에 이르면 병사를 불러 길가 선술집으로 함께 가서 술을 마시며 그곳의 풍토와 지리를 자세히 물으며 살피기도 했다. 그는 말을 타고 가면서도 마음을 다하여 읽은 책의 글귀를 외웠다. 얼마나 정신을 집중했던지 잘 아는 친구가 불러도 이름을 잊을 정도였다. 심지어는 말을 발길 닿는 대로 가게 내버려 두어 구렁텅이에 빠지기도 했다.

2. 독서의 즐거움

고대 선비들은 숱한 고난과 어려움을 겪으면서도 쉬지 않고 책을 읽으며 공부에 매진했다. 이는 무슨 까닭일까? 강렬한 공명심이 물론 중요한 원인이지만, 독서가 그들의 생활에 가져오는 끝없는 즐거움도 또 하나의 중요한 원인이었다. 그들은 독서가 처세, 즉 생존을 위해 필요하다고 생각했다.

북송北宋의 저명한 시인 황정견黃庭堅은 '사대부가 사흘이나 책을 읽지 않으면 사람이 마땅히 지켜야 할 바른 길이 가슴속에 솟지 않고 거울 앞에 서면 보이는 제 얼굴이 지긋지긋한 모습이며 사람 앞에서 말을 해도 재미가 없다.'고 말했다.

북송의 화가 미불米芾도 '하루라도 책을 읽지 않으면 생각이 매끄럽지 못하다.'고 했다. 생각이 매끄럽지 못하다는 말은 생각의 맥락이 순조롭지 못하다는 뜻이다. 옛 사람들은 독서의 좋은 점을 언제나 절실히 느끼고 있었다.

황정견상黃庭堅像

공자는 즐거움이 바로 책 속에 있다고 믿었다. 전하는 바에 의하면, 공자는 『역경易經』을 읽으면서 '신이 나면 밥 먹는 것도 잊고, 그 즐거움으로 근심 걱정도 잊었으며, 나이 드는 것도 알지 못했다.'고 한다.

도연명陶淵明도 독서가 시야를 넓혀 줄 수 있다고 생각하여, '옛 사람의 책을 읽으면 천 년 전 일도 알 수 있다.'고 하였다. 또한 독서를 하면 번뇌에서 벗어나 영혼을 맑게 하는 정신적인 즐거움을 누릴 수 있다. 도연명은 『독산해경讀山海經』에서 독서의 즐거움을 이렇게 노래했다.

> 사월이라 초목도 푸르고
> 집을 둘러싼 나무도 무성하네.
> 온갖 새들은 즐겁게 이곳을 찾고
> 나 또한 내 오두막을 사랑하나니.
> 밭도 갈고 씨도 뿌렸으니
> 이제 내 책을 읽을 때 왔네.
> ……

주왕전도 두루 살펴보고
산해경도 훑어보네.
마침내 우주를 보았으니
이보다 더한 즐거움 어디 있으랴?

孟夏草木長,
繞屋樹扶疏.
衆鳥欣有托,
吾亦愛吾廬.
旣耕亦已種,
時還讀我書.
……
泛覽周王傳,
流觀山海圖.
俯仰終宇宙,
不樂復何如?

도연명은 『목천자전』과 『산해경』을 읽으면서, 마치 몇 천 년의 긴 역사와 한없이 넓고 넓은 우주 공간을 두루 돌아다닌 듯, 잠깐 사이에 우주의 비밀을 알아낼 수 있었으니, 그야말로 즐거움의 극치이다.

남송南宋의 유명한 여류 시인 이청조李淸照는 조명성趙明誠과 사랑 넘치는 한 쌍의 부부로서 책을 몹시 좋아하였다. 그들은 책 속의 내용에 대하여 맞히기 내기를 수시로 했다. 이청조는 이렇게 회고한다.

밥상을 물리고 나면 귀래당歸來堂에서 차를 끓이며 가득 쌓인 책을 가리키며 어느 책 몇 권 몇 쪽 몇째 줄에 어떤 내용이 있는지 맞히기 내기를 하여 차를 마시는 순서를 정했다. 맞히면 잔을 들고 소리 높여 웃다가 기울어진 찻잔에 가슴을 적시기도 하여 마시지도 못하고 일어서기도 했으니 ……, 그 즐거움은 성색견마聲色犬馬[7]보다 나았다.[8]

『수옥집주漱玉集注』「금석록후서金石錄後序」에 전하는 이야기로, 이야말로 책 속에 흠뻑 취한, 고상하고 운치 넘치는 취미이다.

도연명상陶淵明像

북송의 전유연錢惟演은 부귀한 집안에서 태어났으나 귀공자들의 빈둥거리는 생활에 물들지 않고 생활 속에서 독서를 취미로 삼았다. 그는 일찍이 『귀전록歸田錄』 권2에서 이렇게 말했다.

나는 한 평생 별달리 즐기고 좋아하는 게 없었으나 책 읽기만은 좋아했다. 앉으면 경서經書와 사서史書를 읽었으며, 침상에 누우면 갖

---

7 가무, 여색, 개 사육, 승마로, 옛날, 지배 계층의 부패하고 음탕한 생활.

8 每飯罷, 坐歸來堂烹茶, 指堆積書史, 言某事在某書某卷第幾頁第幾行, 以中否決勝負, 爲飮茶先後, 中, 卽擧杯大笑, 至茶傾覆懷中, 反不得飮而起. …… 樂在聲色犬馬之上.

가지 야사와 소설을 읽었다. 또 변소에 앉아서는 유행하는 사곡詞曲을 읽었으니, 어느 때라도 책을 떠난 적은 없었다.

책은 선비들에게 정신적인 만족을 줄 뿐만 아니라, 그들의 생활에 견줄 수 없는 즐거움을 더해 주었다. 선비들의 귀에 가장 듣기 좋은 소리는 책 읽는 소리였다. 송의 예사倪思는 『경서당잡지經鉏堂雜誌』에서 이렇게 말했다.

> 솔잎 바람에 흔들리는 소리, 시냇물 흐르는 소리, 멧새 지저귀는 소리, 풀벌레 우는 소리, 학이 우는 소리, 거문고 소리, 바둑돌 놓는 소리, 빗방울이 섬돌에 듣는 소리, 창문에 눈 내리는 소리, 이 모든 소리가 그지없이 맑지만 책 읽는 소리가 제일이다.[9]

선비들의 마음속엔 천 권의 책을 가지는 것이 진정으로 넉넉하고 많은 재산을 가지는 것이었다.

남송 말기에 저장浙江의 가난한 선비 허민許旻은 집안이 비록 가난했으나 책을 읽고 책을 좋아하는 것을 생활의 즐거움으로 여겼다. 그는 자기가 사는 집 주위에 매화를 심고 스스로 호를 매옥梅屋이라 했다. 『매옥서목梅屋序目』에 스스로 쓴 서문에는 이런 이야기가 실려 있다.

> 내 집안은 가난했으나 책을 좋아하여 일찍이 천여 권의 책을 모았고, 지금은 그것보다 배나 되지만 아직 만족을 모른다. 책방에 새 책이 나왔다는 걸 알면 곧장 달려가 사야만 한다. 만약 누가 신기한 책을 가지고 있으면 반드시 베꼈다. 그러다 보니 내 집엔 온통 책이다.

---

9 松聲, 澗聲, 山禽聲, 野蟲聲, 鶴聲, 琴聲, 棋子落聲, 雨滴階聲, 雪灑窓聲, 皆聲之至淸者也, 而讀書聲爲最.

어떤 이가 이렇게 말했다.

"책을 지나치게 탐하고 재물을 지나치게 탐하는 이를 모두 욕심꾸러기라 하지요. 책을 탐하면 굶기 딱 알맞지요. 그것보다는 재물을 탐하여 배라도 부른 게 낫지요. 책을 탐하여 고생하느니 재물을 탐하여 편안한 생활을 하는 게 낫소이다. 사람의 삶, 백 년도 안 되는데 어찌 이렇게 책을 탐하여 고생한단 말이오?"

나는 이렇게 대답했다.

"요즘 사람들은 어떤지 난 모르겠소. 하지만 예부터 부유하지만 모진 사람이 책 속에서 그래도 생각의 가닥을 잡을 수 있었다면, 그 결과 어떻게 됐겠소? 나는 어린 시절, 가난해도 마음 편하게 보냈으며, 장년이 되어서도 가난 속에서 즐거움을 찾았으며, 늙마에도 가난을 몰랐소. 사람들은 가난하다고 나를 얕보지 않았으며 귀신들도 가난하다고 나를 비웃지도 않았소이다. 이건 모두 책이 그렇게 만든 것이지요. 당신 말처럼 재물을 탐하며 한 평생 보냈더라면 이런 즐거움이 어찌 있겠소?"[10]

이렇게 허민은 책을 탐하는 것과 재물을 탐하는 것을 정신적인 부유와 물질적인 빈곤으로 비교하였으니, 그는 차라리 재물을 버릴지라도 책을 택하였으며, 물질적인 빈곤을 선택하더라도 정신의 부유함을 추구했다. 그리하여 온 집을 책으로 채웠던 것이다. 허민의 선택은 생활 속에서 차지하는

---

10 余貧喜書, 舊積千餘卷, 今倍之. 肆有新刊, 知無不市; 人有奇編, 見無不錄, 故環室皆書也. 或曰, '嗜書, 好貨均爲一貪. 食書而饑, 不若食貨而飽; 貪書而勞, 不若貪貨而逸. 人生不百年, 何自苦如此?' 答曰: '今人予不知之, 自古不義而富貴者, 書中略可考也, 竟何如哉? 予少安于貧, 壯樂于貧, 老忘于貧, 人不鄙夷予之貧, 鬼不揶揄予之貧, 書之賜也. 如彼百年, 何樂之有哉!'

선비들의 가치 취향을 반영한다는 데 큰 뜻이 있다.

남송의 저명한 시인 육유陸游는 자기가 살고 있는 집을 '서소書巢'라 이름 붙였으니, 이것도 정신적인 부유함을 추구한 예라 하겠다. 그는 『서소기書巢記』에 이에 관해 기록했다. 또 『위남문집渭南文集』 18권에는 이런 이야기가 나온다.

> 육유는 늘그막에 병에 걸렸으나 여전히 쉬지 않고 책을 읽었으며, 자신의 서재를 '서소書巢'라 이름 지었다. 어떤 사람이 이를 두고 물었다.
>
> "당신이 거처하는 방을 왜 소굴을 뜻하는 '소'라고 이름 붙였소이까?"
>
> 육유는 이렇게 대답했다.
>
> "당신 말도 일리가 있소만, 당신은 내 서재에 와서 한 번도 보지 않았소이다. 내 서재엔, 탁자 위든 침대 곁이든 궤짝 위든 어디를 봐도 모두 책뿐이오. 먹고 자는 일, 그리고 앓는 소리에다 슬픔과 탄식조차도 모두 책과 함께 하오. 당신이 서재에 오지 않았으니 내 아내도 못 보았을 거요. 창 밖에 비바람 사나운 날씨도 모를 때가 많소. 외출을 하고 싶을 때도 마른 나뭇가지처럼 흩어진 책 때문에 몸을 빼지 못할 지경이오. 그런 서재를 어찌 소굴을 뜻하는 '소'라 이름 붙이지 못하겠소?"

육유가 자기의 서재를 '서소書巢'라 이름 붙인 것은 자못 장난기가 있긴 하지만, 선비들이 책을 가치 있는 물건으로 여겨 마음을 의탁하며 잠시도 책을 떠날 수 없음을 표현하고 있다. 예부터 지금까지 수많은 선비들이 모두 책을 가짐으로써 생활 속에서 정신적으로 의탁했으며 즐거움으로 삼았다.

당대의 시인 두순학杜荀鶴은 『서재즉사시書齋卽事詩』에서 이렇게 노래했다.

> 문전옥답 한 마지기 땅 다 팔아서
> 창 아래 책상 가득 책을 쌓으리.
>
> 賣却屋邊三畝地,
> 添成窓下一床書.

밥줄이 되는 땅을 팔아서라도 책만 가지면 된다는, 책을 중요시하는 선비들의 생각을 알 수 있다.

육유도 '인생에 갖가지 질병 때가 되면 낫지만, 오로지 책 좋아하는 버릇 고칠 수 없어라.'[11]라고 노래했다. 또 어떤 이는 책을 간직하는 것을 큰 벼슬을 얻거나 왕이 되는 것으로 여기기도 했다. 북조北朝의 이밀李謐은 '대장부가 이 많은 책 가지고 있는데, 어찌 수많은 고을 관장하는 큰 벼슬을 탐하리오?'[12]라고 늘 노래했다는 기록이 『북사北史』「이밀전李謐傳」에 전한다. 명明의 이정李鼎도 그의 『우담偶談』에서 '창가엔 대나무로 만든 책상, 만 권 책 있어 온 고을 내 앞에 늘어서는데 임금인들 이것과 바꾸랴.'라고 했다.

옛날 선비들이 이렇게 책을 사랑한 것은 독서야말로 번뇌를 없애고 생활을 더욱 충실하게 한다는 점을 그들이 깊이 깨달았기 때문이다. 명나라 때 도본준屠本畯은 평생 책 읽기를 좋아하여 늙어서도 손에서 책을 놓지 않자 어떤 이가 '어르신, 왜 사서 고생을 하시오?'라고 물었다. 그러자 그는

---

11 人生百病有已時, 獨有書癖不可醫.

12 丈夫擁書萬卷 何假南面百城?

'책만 있으면 배가 고파도 밥이 되고, 목이 말라도 마실 물이 되며, 잠이 오면 잠자리가 되고, 울적할 땐 북돋우는 씩씩한 기운이 되니 고생이라 할 수 없소이다.'라고 대답했다.

진계유陳繼儒도 『소창유기小窓幽記』에서 '인생에서 가장 멋진 만남은 좋은 책, 좋은 친구만한 게 없으며, 한 평생 제일 큰 행복은 차 마시는 일과 부처님 예배만한 게 없다.'[13]고 말했다.

우겸于謙은 『관서觀書』라는 시에서 독서의 즐거움을 멋지게 노래하여 우리를 감동시킨다.

책은 다정하기 친구와 같아서,
온 종일 슬픔과 즐거움 같이하네.
눈앞에 펼쳐진 책을 보니,
마음에 한 점 티끌 전혀 없네.
맑은 물 그치지 않고 흘러들 듯,
동풍에 꽃 벌고 버들 푸르러지듯 언제나 새롭네.
귀공자가 훌륭한 사람 찾으나,
우리 집에 별천지 있는 줄 아직 안 믿네.

書卷多情似故人, 晨昏憂樂每相親.
眼前直下三千字, 胸次全無一點塵.
活水源流隨處流, 東風花柳逐時新.
金鞍玉勒尋芳客, 未信我廬別有春.

---

13 千載奇逢, 無如好書良友; 一生淸福, 只在茗碗爐烟.

선비들은 평생 책을 벗 삼았으니, 책은 이들의 마음에서 일어나는 온갖 감정을 순화하고 영혼을 맑게 했으며, 마음을 의탁하는 가장 멋진 정신적 즐거움이었다. 명明의 진계유도 '우리 집 어디냐에 웃으며 가리키니, 조그마한 연못에 연꽃다리 하나 걸쳐 있네. 창호지엔 등불로 길게 자란 대나무 어리는 곳에 책 읽는 소리 들리네.'[14]라고 읊었다. 연못의 연잎, 비스듬히 놓인 작은 다리, 그리고 창호지, 길게 잘 자란 대나무와 책 읽는 소리가 멋지게 어우러진 이곳이 참으로 훌륭한 느낌을 준다.

진홍수陳洪綬의 〈송정독서도松亭讀書圖〉

명의 오종선吳從先도 『소창자기小窓自紀』에서 의하각漪霞閣 누각에 올라 책을 읽는 남다른 흥취를 말하고 있다.

> 의하각에 올라 달 밝은 밤에 책을 읽으면, 계곡에 피어오르는 안개, 비 내리려는 산의 모습, 하늘을 나는 까마귀에 멀리서 돌아오는 돛단배, 기슭을 비추는 어촌의 등불, 흰 물결 일렁이는 강물, 어깨를 나란히 마주한 초가집들, 이렇게 여섯 가지를 누릴 수 있다. 먼 곳 풍경 묘사할 수 없으나 멋진 모습이 한 폭의 그림이다.

14 笑指吾廬何處是, 一池荷葉小橋橫修, 燈火紙窓修竹裏, 讀書聲.『攤破浣溪沙』.

누각에 올라 책을 읽으면, 문 두드리는 소리에 놀랄 일 없으니 즐겁고, 먼 곳 바라볼 수 있으니 또한 즐겁고, 눅눅한 기운이 책상 위에 없으니 즐겁고, 나뭇가지와 댓가지를 오가며 지저귀는 새소리 역시 즐겁고, 처마에 걸린 꽃구름에 붉은 놀이 즐겁다. 여기, 이렇게 다섯 가지 즐거움이 있다.[15]

계절이 바뀌면 또 다른 책을 읽어야 느낌도 다르다. 청淸의 장조張潮는 『유몽영幽夢影』에서 이렇게 말하고 있다.

경서는 겨울에 읽어야 좋다. 그래야 온 마음을 다 기울일 수 있다. 역사는 여름에 읽어야 좋다. 여름날의 해가 길기 때문이다. 제자백가는 가을에 읽기 좋다. 마음으로 깨닫고 이해할 수 있기 때문이다. 시가, 문장 등을 모은 서책은 봄에 읽기 좋다. 민첩함과 통쾌함이 있기 때문이다.[16]

진계유는 『소창유기小窓幽記』「집초集峭」에서 '가을바람 불면 문을 닫아 잠그고, 밤비엔 등불 심지를 돋우고 누워서 『이소離騷』를 읽으며 눈물 흘리네. 눈비 그치고 맑은 날엔 꽃을 찾아 나서네. 봄밤엔 술자리를 마련하여 『악부樂府』를 노래하면 마음이 즐거워지네.'라고 했다.

---

15 讀書漪霞閣, 月之淸享有六: 溪雲初起, 山雨欲來, 鴉影帶帆, 魚燈照岸, 江飛匹練, 村結千茅. 遠景不可象描, 適意常如披畫.
讀書宜樓, 其快有五: 無剝啄之驚, 一快也; 可遠眺, 二快也; 無濕氣浸床, 三快也; 木末竹顚與鳥交語, 四快也; 雲霞宿高檐, 五快也.

16 讀經宜冬, 其神專也; 讀史宜夏, 其時久也; 讀諸子宜秋. 其致別也; 讀諸集宜春, 其機暢也.

홍수첨향야독서紅袖添香夜讀書
〈아름다운 여인과 함께 벗이 되어 밤에 책을 읽는 모습〉

명의 오종선은 다른 상황에서 읽는 글에서 책의 내용을 더욱 잘 깨달을 수 있으며 한없는 즐거움까지 얻을 수 있다고 믿었다. 그는 『상심낙사賞心樂事』에서 이렇게 말했다.

> 역사는 눈빛[雪光]에 읽어야 그 맑고 깨끗하기로 거울삼을 수 있다. 제자백가는 달빛을 벗 삼아 읽어야 정교하고도 신기함을 맛볼 수 있다. 불교 서적은 아가씨를 앞에 두고 읽어야 헛됨에 빠지지 않을 수 있다. 『산해경』과 『수경水經』, 그리고 총서나 간단한 역사는 화초나 청죽, 바위, 그리고 푸른 이끼를 곁에 두고 읽어야 끝없이 넓고 가없어 구속됨이 없는 여행의 맛에 빠질 수 있다. 충신과 열사의 전기는 그들의 이름을 드날리기 위하여 북 치고 피리 불며 읽어야 좋지만 간신배들 이야기는 칼 차고 술잔 들어 분을 풀며 읽어야 한다. 『이소離騷』는 인적 드문 쓸쓸한 산에서 슬피 울며 읽어야 골짜기를 놀라게

> 할 수 있다. 부賦는 미친 듯 큰 소리로 외치며 읽어야 회오리바람이 인다. 또 시詩와 사詞는 노래하는 아이의 박자에 맞추어 읽어야 좋으며 잡필雜筆 따위는 촛불 켜놓고 고요함을 깨버리며 읽어야 좋다. 이렇게 경우가 다르면 그 운치도 하나같지 않다.[17]

갖가지 독서 환경 가운데서 선비들이 가장 좋아한 것은 야독夜讀이었다. '눈 내리는 밤, 문을 걸어 잠그고 금서를 읽는 것'[18]은 옛날 선비들에게는 언제나 즐거운 일이었다.

명의 사조제謝肇淛는 '비바람 마구 몰아치는 밤, 흔들리는 등불을 끌어안고 책을 읽으면, 때때로 종이로 바른 창문 밖에서 파초 잎 사르르 부딪치는 소리 들리니, 이 또한 별다른 맛이다. 이곳에서 이렇게 깨달으니 이보다 더한 감흥은 없다.'고 『오잡조五雜俎』에 기록하고 있다.

막응룡莫應龍도 『필주筆麈』에서 '인생에서 가장 즐거운 일은 추운 겨울밤 책을 읽는 것이다. 난로 가까이 촛불을 켜니 문득 밀려오는 고독하고 적막함에 그리움은 뼛속까지 스며든다. 오랫동안 앉아서 차 한 잔 곁들이니 마음은 더욱 아름다워진다.'고 말했다.

중국 옛 선비들의 독서 생활은 온갖 어려움에 괴롭기도 했지만 즐거움이 하나 가득이었다. 그들은 독서를 통하여 지식을 얻고 마음의 지혜를 깨쳤음은 물론 근심 걱정과 고적함을 몰아내었으니, 생활은 더욱 알차고 가치

---

17 讀史宜映雪, 以瑩玄鑒. 讀子宜伴月, 以寄遠神. 讀佛書宜對美人, 以免墮空. 讀『山海經』,『水經』, 叢書小史宜倚疏花瘦竹, 冷石寒苔, 以收無垠之游而約縹緲之論. 讀忠烈傳宜吹笙鼓琴以揚芳, 讀奸佞論宜擊劍提灑以銷憤, 讀騷宜空山悲號可以驚壑, 讀賦宜縱水狂呼可以旋風, 讀詩詞宜歌童按拍, 讀鬼神雜錄宜燒燭破幽, 他則遇境旣殊, 標韻不一.

18 雪夜閉門讀禁書.

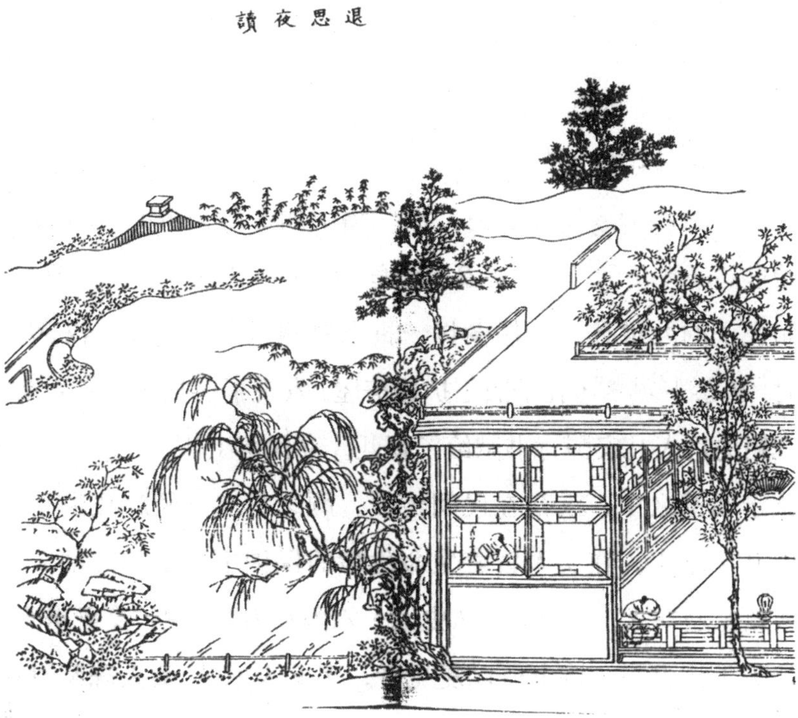

퇴사야독退思夜讀

있게 되었다.

3. 부지런한 장서가藏書家

중국의 옛 선비들은 책을 사랑했으며, 책은 선비들의 생활에서 중요한 위치를 차지했다. 선비들은 책 읽기를 좋아했을 뿐만 아니라 적지 않은 선비들이 널리 책을 모아 간직하여 중국의 문화 전적을 보존하는 데 기여했다. 장서도 이들 선비의 생활에 즐거움을 보탰다. 명의 오종선은 『소창자기小

窓自紀』에서 이렇게 말하고 있다.

> 내 평생 탈 없이 건강하기를 바라는 것 네 가지가 있으니, 그 하나는 청산青山이오, 또 하나는 친구요, 다른 하나는 장서藏書요, 나머지 하나는 아름다운 꽃이다.[19]

책을 모아 보관하기를 좋아하는 선비들은 각 왕조마다 있었다. 춘추시대 말기에 예악禮樂이 붕괴되고 귀족들의 등급제도가 와해되자 관아에서 가르치던 교육이 타파되었다. 귀족의 전유물이던 책도 민간으로 넘어와 전국시대가 되자 처음으로 장서가가 출현했다. 혜시惠施는 다섯 수레나 되는 책이 있었으며 소진도 장서가 몇 십 궤짝이나 되었다 한다.

진은 중국을 통일한 뒤, 문화 전제주의를 실행하여 민간인의 장서를 금지하고 민간인이 소장한 『시』, 『서』, 백가의 책을 다 내놓도록 명령하여 태워 없앴으며, 은닉하거나 내놓지 않으면 엄벌에 처했다. 그러나 책을 목숨처럼 아끼는 선비들은 진시황의 폭정에도 놀라지 않았다. 그들은 생명의 위험을 무릅쓰고 별의별 방법을 다 써서 책을 보존했다.

공자의 9세손 공부孔鮒는 남몰래 한 더미나 되는 서적을 방안의 벽 속에 감추어 두었다. 그 뒤, 한무제 때에 노의 공왕恭王 유여劉余가 공자의 옛 집을 허물고 새로 넓혀 지으면서 이 책을 발견하게 되었다. 훗날, 공부의 자손인 공안국孔安國은 이 책을 모두 조정에 바쳤다.

진대秦代의 박사 복생伏生도 『상서尙書』를 담벼락에 감추어 두었는데, 한漢 초기에 민간의 손에 들어갔다. 안지顔芝도 『효경孝經』을 은닉했다가 훗날 그 아들이 내놓았다. 생명의 위험을 무릅쓴 선비들의 보호로 이런 문화

---

19 生平願無恙者四, 一曰青山, 二曰故人, 三曰藏書, 四曰名卉.

전적들이 진대에 화를 면할 수 있었다. 사마천司馬遷은 『사기史記』 「6국연표六國年表」에서 '진은 세상을 얻자 천하의 경서를 불태웠다.…… 이런 책을 다시 보게 된 것은 사람들이 감추어 두었기 때문이었다.'라고 기록하고 있다. 청의 진공윤陳恭尹은 『독진기讀秦記』라는 제목의 시에서 이렇게 노래한다.

장량이상수서張良圯上受書
〈장량張良이 다리 위에서 병서를 받는 모습〉

헐뜯는 소리 그치게 하기 쉬워도 원한일랑 없애기 힘드나니,
신나라 법이 비록 엄할지라도 성글기 한이 없네.
한밤에 다리목에서 젊은이를 부른 것은
여기 아직 불태우지 못한 책이 있음일세.[20]

謗聲易彌怨難除, 秦法雖嚴亦甚疏.
夜半橋邊呼孺子, 人間猶有未燒書.

20 한의 개국 공신인 장량張良이 진시황을 피해 하비下邳에서 숨어 지낼 때, 황석黃石이라는 노인으로부터 '태공병법太公兵法'을 건네받았다는 고사.

서한 시대에 정부는 소장하고 있는 책에 대하여 엄격하게 통제해 황제의 허가를 얻지 않고는 개인이 빌리거나 베껴서 부본으로 가지지 못하게 했다. 이를 어길 때에는 모진 처벌을 받아야 했다. 이렇게 되자 책을 좋아하는 선비들은 어쩔 수 없이 자기 자신이 책을 소장해야만 했다. 서한의 창공倉公, 유덕劉德, 유향劉向, 반유班斿, 두업杜鄴, 복규卜圭 들은 모두 상당량의 책을 소장하고 있었다.

동한 이후, 종이로 만든 책이 유행하여 책을 베끼고 휴대하고 보존하기 편리해졌으며, 책을 소장하기 좋아하는 선비들도 부쩍 늘었다. 『후한서後漢書』에 의하면, 두림杜林, 반고班固, 유량劉梁, 왕화평王和平, 채옹蔡邕, 화타華陀 들은 모두 집안에 책이 가득했으며, 그 중에 채옹이 가장 많아 거의 1만 권이나 되는 책을 가지고 있었다 한다.

삼국시대 장서의 명가에는 건안칠자 중 하나인 왕찬王粲을 꼽을 수 있다. 그는 일찍이 채옹이 준 수천 권의 책을 받은 적이 있다. 왕찬이 세상을 떠난 뒤, 그의 아들이 보존하던 책은 다시 손자 왕업王業에게 전해졌다는 기록이 『태평어람太平御覽』 권619에 있다. 삼국시대 왕수王修는 집안이 몹시 가난하여 양식이라곤 몇 톨 남지 않았으나 책은 수백 권에 이르렀다. 조조曹操는 이에, '선비라는 이름이 헛되지 않도다!'라고 찬탄했다는 기록이 『삼국지三國志』「위서·왕수전魏書·王修傳」에 전한다. 서진의 유명한 문인 장화張華는 학문이 깊고 넓었다. 그는 '책을 좋아하는 멋스런 취미를 가지고 있었는데, 세상을 떠날 즈음 집안엔 재물 하나 없었으나 책장엔 문학과 역사에 관한 책이 가득했으며', 그가 집을 옮길 때는 책만 해도 '서른 수레'나 되었다는 기록이 『진서晉書』「장화전張華傳」에 전한다.

당대엔 경제적인 번영은 물론 문화도 발달했다. 특히 종이의 보편적인 사용과 조판雕版 인쇄의 출현은 선비들의 독서에 편리함을 더했으며 선비들의 장서도 크게 성행하여 1만 권이 넘게 소장한 이만도 열대여섯 명이나 되었다.

당나라 초기의 저명한 학자 안사고顔師古는 '고서화, 기물器物, 서첩書帖 따위를 많이 소장했다.'고 한다. 『정관정요貞觀政要』의 저자 오긍吳兢은 집안에 장서가 1만 3천 4백여 권이었으며, 『오씨서재서목吳氏西齋書目』을 스스로 편찬했다는 기록이 『군재독서지郡齋讀書志』 권9에 전한다.

사학자 위술韋述은 장서가 2만 권이었는데, 모두 자기가 교정을 했다는 기록이 『구당서舊唐書』「위술전韋述傳」에 전한다. 당대에 장서가 1만 권을 넘은 이는 이 밖에도 소변蘇弁, 전홍정田弘正, 위처후韋處厚, 유중영柳仲郢 등이 있었다. 당대에 장서가 가장 많은 이는 덕종德宗 때 재상을 지냈으며 나중에 업현후鄴縣侯로 봉해진 이비李泌였다. 이비의 장서는 3만여 권에 달했으며, 경사자집經史子集 등 갖가지 서적을 두루 가지고 있었는데, 이들을 빨간, 파란, 하얀 표지를 써서 각각 구별하였다. 한유는 『송제갈각왕수주독서送諸葛覺往隨州讀書』에서 이렇게 읊고 있다.

> 업후 댁에 책도 많아서,
> 시렁에 꽂힌 책 삼만 권이네.
> 한 권 한 권 빠짐없이 표지를 붙여,
> 손 하나 대지 않은 새 책 같네.
>
> 鄴侯家書多, 挿架三萬軸.
> 一一皆牙籤, 新若手未觸.

장서를 얼마나 아름답고 깨끗하게 보관했는지 알 수 있다.

송대엔 조판과 활자 인쇄가 왕성하게 일어나 도서의 양도 크게 늘었으며 저명한 장서가가 수두룩하게 나왔다. 송수宋綬와 송민구宋敏求 부자의 장서는 3만 권에 달했고, 왕흠신王欽臣의 장서는 4만 3천 권, 영종英宗의 형제인 영왕榮王 종작宗綽의 장서는 7만여 권에 달했다.

남송 때, 유명한 장서가인 엽몽득葉夢得은 평생 책 모으기를 좋아해 10만 권이 넘는 책을 소장했다. 그는 또 장서루藏書樓를 지어 모은 책을 보관했는데, 대단히 화려하고도 정교했다는 기록이 『휘주록揮麈錄』에 전한다.

『군재독서지郡齋讀書志』의 저자인 조공무晁公武의 장서는 2만 4천 5백 권이었다.

송대에는 대를 이은 장서가도 있었으니, 여음汝陰[21] 사람 왕췌王萃와 그의 아들 왕질王銍, 왕질의 아들 왕렴청王廉淸과 왕명청王明淸 형제, 이렇게 삼대에 걸쳐서 함께 모은 책이 1만 권에 이르렀다. 훗날 왕명청王明淸은 자기 아버지가 남긴 자료를 이용해 『휘주록揮麈錄』을 썼다.

명청 시기는 학술 문화의 번영과 인쇄업의 발달로 사대부들의 장서 기풍은 더욱 보편화되었으며 개인이 소장한 도서의 총수량은 벌써 궁중에서 소장한 도서의 양을 크게 앞질렀다. 명과 청, 이 두 시기에 저명한 장서가와 장서루가 수도 없이 많이 출현했다.

예컨대 장쑤江蘇 곤산昆山 사람 엽성葉盛은 벼슬이 이부좌시랑吏部左侍郞에 이르렀는데, 평생 책을 좋아해 손에서 책이 떠날 때가 없었다. 그의 관저는 정말로 평범하였으나 그가 고용한 사람은 한 해 내내 그를 위해 책을 베끼는 일을 해야만 했다. 이사를 갈 때면 짐은 별로 많지 않았으나 책을 옮길 수레와 말, 책을 베낄 사람은 항상 있어야 했다. 그는 늘그막에 4천 6백여 책冊, 2만 2천 7백 권이 넘는 도서를 소장하게 되었다.

명대에 장서가로 가장 유명한 이는 범흠范欽이다. 범흠의 자는 광경光卿, 호는 동명東明으로 저장 은현鄞縣[22] 사람이다. 가정嘉靖 11년(1532년), 진사에 합격했으며 벼슬은 병부우시랑兵部右侍郞에 이르렀다. 범흠은 한평생 도서

21 오늘날 안후이 푸양阜陽.

22 오늘날 저장 닝보寧波.

소장을 취미로 삼았다. 그는 책을 구하기 위하여 저장의 장서가와 책방을 샅샅이 방문했으며 이본異本이라면 빠지지 않고 모두 사들였다. 그의 장서는 7만여 권에 달했으며, 또 고향인 은현의 월호月湖 서편에 '천일각天一閣'이라는 장서루를 세우기도 했다. 천일각은 목조 여섯 칸의 2층집으로 화재를 방지하기 위하여 집 앞엔 연못을 팠다. '천일각'이라는 이름은 한대에 경서를 연구한 대학자 정현鄭玄이 주注를 단 『역경』의 '천일생수天一生水, 지륙성지地六成之'[23]란 말에서 취했으니, 불을 물리치는 데 길하고 도서의 보존에도 이롭기를 바라는 마음이 나타나 있다.

저장 난계蘭溪 사람 호응린胡應麟은 한 평생의 모든 힘을 장서와 책의 교정 그리고 저술에 쏟았다. 그는 젊은 시절 아버지를 따라 북경에 거주했는데, 그곳에 있는 책방을 샅샅이 뒤지며 좋은 책을 적지 않게 사들였다. 뒤에 고향으로 돌아와서는 가산을 팔아서라도 도서를 구입하다보니 아버지가 남긴 재산도 몽땅 다 날리고 마침내는 입던 옷도 전당포에 잡히며 그가 좋아하는 책을 사야만 했다. 어느 날, 항주杭州의 어느 집에서 송대 장문잠張文潛이 쓴 『가산집柯山集』 사본이 날인된 인장도 예스럽고 장정도 품격을 갖춘 채 보관된 것을 본 그는 지극히 귀중한 보물을 얻은 듯 당장 몸에 지니고 있던 두 필의 귀한 비단과 윗몸에 걸치고 있던 직철直裰[24]을 책 주인에게 맡기고 이튿날 아침 돈을 주고 책을 찾아가기로 약속했다. 이 날 밤, 그는 흥분으로 잠을 이룰 수 없었다. 다음 날 이른 아침 흥에 겨워 즐거운 마음으로 책을 가지러 갔으나, 한밤에 이 집에 불이 났을 줄 누가 알았으랴. 손에 다 들어온 좋은 책이 한 줌의 재로 변했으니. 호응린은 매우 상심하여 오랫동안 답답한 마음에 울적한 시간을 보내야 했다는 일화가 있다.

---

23 '以水制火', 즉 물로써 불을 제압한다는 뜻.

24 등의 솔기가 옷단까지 이어지고, 소매나 품이 낙낙한 옷으로, 고대에는 퇴근 후 가정에서 입는 옷이었지만, 나중에는 승려나 도사의 옷이 되었음.

명말明末의 사학자 왕세정王世貞은 송판宋版 『한서漢書』와 『후한서後漢書』를 사들이기 위해 자기가 소유하고 있던 장원莊園을 팔기까지 했다. 아홉 가지 판본의 『한서』를 보배로 여겨 깊이 간직하기 위하여 그는 특별히 『구우재九友齋』를 지었으니, 이로써 사람들의 깊은 성망을 한 몸에 받았다.

기승엽祁承㸁도 명대의 저명한 장서가였다. 기승엽의 자는 이광爾光으로 저장 산음山陰[25] 사람이다. 어려서부터 책을 좋아해 항주나 도성에 갈 때마다 항상 책방을 샅샅이 뒤졌다. 명나라 만력萬曆 32년(1604년), 전시에 합격했으며 벼슬이 강서우참정江西右參政에 이르렀다. 본래 장서가 1만여 권에 달했으나 나중에 화재로 몽땅 다 태우고 만다. 그는 결코 실망하지 않고 다시 책을 모으기 시작하여 장서가 십만여 권에 달하게 되었다. 그는 고향인 소흥에 광원曠園을 세우고, 원림 한가운데 『담생당澹生堂』을 지어 장서루로 삼았다. 기승엽은 소장한 도서에 대하여 대단한 관심과 애정을 기울였으며, 또한 장서를 감별할 수 있는 안목을 가져야 한다고 생각했다. 그는 '책을 찾는 일은 골동품을 찾는 일과 같아서 먼저 감별력이 있어야만 수집 애호가라 할 수 있다. 아무리 많이 소장하고 있다고 해도 십상팔구 모두 가짜라면 많아도 어찌 많다고 하겠는가?'라고 말했다. 그는 『담생당장서약澹生堂藏書約』을 저술했다. 이 책은 「취서훈聚書訓」, 「장서책략藏書策略」, 「독서훈讀書訓」 등 세 편으로 이루어졌는데, 각각 도서 탐방, 편찬목록 그리고 열독閱讀에 대하여 의견을 진술했다.

명조 후기의 저명한 개인 장서가로는 진제陳第, 조기미趙琦美, 서발徐㶿 등이 있다.

진제의 자는 계립季立, 푸젠福建 연강連江 사람으로 '책이라면 무조건 좋아해', '책만 보았다 하면 그 자리에서 샀으며', '각본인지 사본인지 따지지

---

25 오늘날 저장 사오싱紹興.

않고 가격도 묻지 않았다.'고 한다. 이렇게 3~40년이 지나자 장서가 1만여 권에 이르렀다.

조기미는 자가 현애玄愛이며, 명말 상숙常熟의 유명한 장서가이다. 명말 청초의 이름난 학자인 전겸익錢謙益이 그를 가리켜 '책을 좋아하는 데 친밀하고도 진지했으며, 책을 읽는 데 특별히 부지런했으니 이런 이가 아직까지는 없었다.'는 기록이 『초학집初學集』 권66 「형부랑중조군묘표刑部郞中趙君墓表」에 전한다. 그 많던 장서는 그가 세상을 떠난 뒤 모두 전겸익에게 돌아갔다.

서발의 자는 유기惟起, 푸젠 민현閩縣 사람으로 이름난 시인이기도 하다. 책 읽기를 몹시 좋아해 돈을 아끼지 않고 대량으로 책을 사들여 장서가 5만 3천여 권이나 되었다.

명청 시대에 어떤 선비는 장서뿐만 아니라 많은 도서를 찍어서 세상에 널리 퍼뜨렸으며 문화의 발전도 촉진시켰다. 명말 청초의 모진毛晋도 장서가로서 도서까지 찍어 문단에 이름을 날렸다. 모진은 장쑤 상숙 사람으로 어려서부터 책을 정말 좋아해 가격을 따지지 않고 사들였다. 그는 대문에 이렇게 써 붙이기도 했다.

> 송판본宋板本을 가지고 오는 자는 쪽수에 따라 계산해 한 쪽당 2백 냥, 옛 사본을 가지고 오는 자는 한 쪽당 40냥, 선본善本[26]을 가지고 오는 자는 상고商賈에게는 일천 냥, 주인에게는 1천 2백 냥을 주겠노라.

---

26 고대古代 서적 중 학술적 가치와 예술적 가치가 일반 판본版本보다 매우 뛰어난 각본刻本이나 사본寫本.

그러자 멀리서 책 장사치들이 수도 없이 찾아왔으며, 그의 집 근처에 있는 호주湖州에는 책을 실은 선박까지 몰려들었다. 이렇게 몇 년이 지나자 장서는 8만 4천여 책에 이르렀다. 그는 특별히 '급고각汲古閣'과 '목경루目耕樓'를 지어 책들을 보관했다. 또한 그는 '급고각'을 책을 간행하는 곳으로 삼았으며, 여기서 찍어낸 경서와 역사서는 거의가 송원선본宋元善本으로, 서판은 몇 차례의 교정을 거쳐 근거가 확실하지 않은 것이라도 간단히 바꾸거나 변경하지 않았다. 게다가 종이와 잉크를 가장 우수한 것으로 썼으며 장정도 정교하고 아름다웠기에 급고각에서 찍어낸 서적은 널리 이름을 날려 전국 각지로 판매되었다. 심지어는 '만 리 먼 곳 운남雲南의 벼슬아치도 돈을 보

장서도藏書圖

내 모진이 찍은 책을 사려고 했으며', '모진이 찍은 책은 천하에 없는 곳이 없다.'는 명예를 얻었다는 기록이 『목재유학집木齋有學集』 권31 「은호모군묘지명隱湖毛君墓誌銘」에 전한다.

청대清代에는 선비들의 장서 열기가 일찍이 볼 수 없을 만큼 왕성했다. 엽창치葉昌熾가 쓴 『장서기사시藏書紀事詩』의 통계에 의하면, 역대 장서가는 모두 1,175명인데 거의 반이나 되는 497명이 청대에 몰려 있다. 이렇게 많은 장서가 가운데 숱한 인물이 저명한 문학가, 사학자이자 목록과 판본을 연구하는 학자였다. 황종희黃宗羲, 전겸익, 전조망全祖望, 항세준杭世駿 그리고 주이존朱彝尊 같은 이들은 모두 장서가 1만 권 이상이었으며, 이들은 서적의 수집과 보관을 위하여 아예 장서루를 지었다. 황종희의 『속초당續抄堂』, 전겸익의 『강운루絳雲樓』, 전조망의 『쌍구산방雙韭山房』, 항세준의 『도고당道古堂』, 주이존의 『폭서정曝書亭』이 바로 그 예이다.

고대의 수많은 장서가들은 광범위하게 도서를 수집했을 뿐만 아니라 판본, 목록, 교열과 감정, 가짜 감별, 유실된 부분에 대한 수집과 보완, 그리고 고증 등 여러 방면에 걸쳐 깊고 넓은 학식이 있었다.

송대 장서가인 송민구의 장서는 모누 몇 차례의 교정과 정리를 거쳤다. 그는 '책의 교정은 먼지를 떨어내는 것과 같아서 한번 하고나서 다시 보면 또 있다.'고 말했다.

남송의 누약樓鑰은 평생 모은 책이 1만여 권이었는데, 소장한 책들을 모두 손수 교정해 세상 사람들이 이 책들을 선본善本으로 평가했다.

송대의 저명한 여류시인 이청조와 그녀의 남편 조명성은 책을 몹시 좋아했다. 조명성은 두 차례나 지주知州를 지냈는데 봉급은 몽땅 책을 사는 데 썼다. 책 한 권을 얻으면 두 사람이 함께 교정을 보고 정집整集[27]했으며

27 정리하여 책으로 엮음.

첨제簽題[28]까지 했다.

청대의 장서가 황비열黃丕烈은 송대의 판각본板刻本을 전문적으로 모으기를 즐겼다. 따라서 그의 장서루도 『백송일전百宋一廛』이라고 이름을 붙였다. 그는 송대의 판각본을 수집하여 간직했을 뿐만 아니라 판본의 원류, 편찬 목록의 다소, 음훈의 같음과 다름을 비롯하여 행과 행 사이의 성금과 빽빽함, 인쇄 판식板式과 용지 그리고 수장인감收藏印鑑에 이르기까지 깊이 연구했다. 황비열은 북송과 남송의 두 가지 『도연명집陶淵明集』 판본을 손안에 모두 넣자 뜻밖의 성과에 크게 기뻐하며 신바람이 나서 장서실을 『도도거陶陶居』라 명명했다.

고대 선비들의 장서에 대한 태도는 크게 두 가지였다. 그 하나는 책을 꼭 묶어둔 채 다른 사람에게 절대로 보이지 않는 태도였다. 당대의 두섬杜暹은 장서를 자못 소중히 여겨 손에 넣은 책마다 서명을 하고 이렇게 적었다.

> 청렴하게 일하여 받은 봉록으로 사서 손수 교정을 보았으니, 자손들은 이 책을 읽고 성현의 도리를 알리라. 또 이 책을 팔거나 남에게 빌려주는 일은 불효가 되느니라.[29]

이러한 '가훈'은 너무 이기적이라고 말하지 않을 수 없다.

'천일각'을 지어 도서를 보관한 범흠은 가규家規를 이렇게 정했다.

> 자손대대로 책을 나누지 말 것이며, 천일각 밖으로 책을 내보내지

28 책에 표제를 붙임.

29 淸俸買來手自校, 子孫讀之知聖道, 鬻及借人爲不孝.

도 말 것이니라.[30]

책장의 열쇠도 방마다 각기 배분하여 관리케 했으니, 각방의 자손들이 다 모이지 않으면 자물쇠를 열 수 없었다. 이 집안의 자손 중에서 만약 이 가규를 어기고 친한 사람을 이끌고 장서루로 들어가 함부로 책장을 열고 책을 밖으로 빌려준 자는 조상을 모시는 제사에 세 해나 참여하지 못하는 벌을 내렸으며, 남몰래 책을 팔아넘기는 자는 가문에서 영원히 축출해 범씨 집안의 자손으로 취급하지 않았다.

기승엽도 자손들에게 이렇게 약정했다는 기록이 『담생당서약淡生堂書約』에 남아 전한다.

> 친구 중에 빌려보려는 자에게는 부본이 있으면 빌려주고, 부본이 없을 때는 사양해라. 정본을 집 밖으로 내보내서는 안 되느니라.[31]

엄격한 가규로 진귀한 서적들은 물론 잘 보존되었지만 서적의 유통을 제한하여 바깥사람은 말할 것도 없이 집안사람들도 책을 통하여 얻을 것을 제대로 얻지 못했으니 참으로 유감스러운 일이었다.

장서에 대한 선비들의 또 다른 태도는 다른 사람에게 책을 빌려줘 읽힘으로써 즐거움을 얻는 진정으로 탁 트인 태도이다.

서진의 범위范蔚는 장서가 7천 권이었다. 사람들이 그의 명성을 사모하며 집으로 찾아와 책을 보고자 했다. 그는 마음을 다해 이들을 초대하였다. 더구나 먹을 음식과 입을 옷까지 준비하여, '멀리서 책을 보기 위하여 오는

---

30 代不分書, 書不出閣.

31 親友借觀者, 有副本則以應, 無副本則以辭, 正本不得出家園外.

이가 언제나 백여 명이나 되었다.'는 기록이 『진서晋書』「범위전范蔚傳」에 전한다.

남조의 육징陸澄과 최위조崔慰祖는 모두 1만 권이나 되는 책을 가지고 있었는데, 다른 사람이 빌리러 오면 사양하는 법이 없었다. 장솔張率은 육징의 아들 소현少玄과는 친구 사이였다. 장솔은 날마다 이 집에 와서 책을 모두 읽었다는 이야기가 『남사南史』「장솔전張率傳」에 전한다. 최위조는 자기 집에 찾아와 책을 읽는 동네 아이들을 정말로 따스하게 맞아 '손수 책을 골라 주었으며, 아이들을 물리치는 일이 한 번도 없었다.'는 기록이 『남사南史』「최위조전崔慰祖傳」에 전한다.

송대의 저명한 장서가 송민구는 진본珍本을 많이 가지고 있기로 소문이 자자했다. 주변朱弁의 『곡유구문曲洧舊聞』에는 '명춘방明春坊에 거주하는 송민구 집 주변에는 책을 좋아하는 선비들이 많이 머물렀다. 책을 빌리기 위해서였다.'는 기록이 남아있다. 이때문에 이 일대의 셋방이 다른 곳에 비하여 비쌌다는 기록도 있다. 대문학가인 구양수歐陽修도 일찍이 송민구에게 『구국사九國史』를 빌렸다. 송민구는 그에게 책을 기꺼이 내어주었으며, 구양수도 정말로 기뻐했다. 유서劉恕는 『자치통감資治通鑑』 편찬을 위하여 걸핏하면 송민구 집으로 찾아가 책을 뒤지고 베꼈으며, 송민구도 정성을 다해 그를 맞았다.

청대의 저명한 시인 원매袁枚도 장서가 참으로 많았지만 자기만의 소유물로 여기지 않고 흔쾌히 책을 빌려주었을 뿐만 아니라 나눠주기까지 했다는 아름다운 이야기가 유전된다. 건륭乾隆 38년(1773년), 청나라 정부는 사고관四庫館을 열고 천하의 이서異書를 널리 구했다. 이때 원매는 적지 않은 진본과 깊이 간직하고 있던 보기 드문 서적들을 내놓았다. 평소에도 친구들이 빌리러 오면 기꺼이 청하는 바를 들어주었던 그였다. 그가 쓴 『산서기散書記』에는 책을 나누어 주었을 때의 느낌과 태도를 적고 있다. 그는 '천하에 나누지 않을 게 어디 있겠는가? 나누면서 제자리를 찾게 하려는 것이다.'라고 말하며 책이 자기 손안에 들어와도 때로는 한 쪽으로 밀쳐놓고 깊이 들여다보지 않으려 했다. 다른 이가 이 책을 갖고자 하면 그 때야 이 책이 그래도 한번 읽어볼 만하다고 여겼다. 그리고 책을 나누어 줄 때면 책과 헤어지는 것을 안타까워했다. 그래서 그는 먼저 책을 찬찬히 읽고 멋진 내용을 가슴에 담아두곤 했다. 이렇게 해야 책이 비록 다른 사람 손에 넘어가도 자기가 진정 그 책을 소유한 자가 되었기 때문이다.

청대의 유명한 장서가 마왈관馬曰琯과 마왈로馬曰璐 형제의 장서는 10만여 권이었다. 건륭 연간에 『사고전서四庫全書』를 편찬할 때, 마씨 형제는 776종의 책을 내놓아 『사고전서』를 위해 모아들인 책의 5분의 1을 넘게 차지했다. 마씨 형제는 책을 읽기 위해 찾아온 이들과 함께 서재에서 학문을 논하고 문헌을 고정考訂했으며 시가를 서로 주고받으며 읊었다. 당시 학계의 여악厲鶚, 항세준, 전조망, 대진戴震 같은 명류들이 마씨 형제의 서재를 드나들었다.

고대의 선비들은 자기의 장서를 기꺼이 빌려주며 서적의 유통과 문화의 전파에 크게 기여했음은 물론 그들의 미덕도 보여주었다. 도서의 수장은 고대 선비들의 삶을 더욱 충실하고 늣있게 만들었다. 그들은 물질적으로 가난해도 책만 있으면 크게 만족했다. 명의 진계유가 『암서유사岩栖幽事』에서 말한 그가 추구하는 삶을 보자.

> "나는 진기한 책 만 권을 모아 멋진 비단으로 책을 씌우고 아름다운 향기로 책을 쬐면서 띠 이엉에 갈대로 결은 발, 그리고 종이로 바른 창호지에 흙으로 만든 집에서 살면서 평생 무명옷 입어도 그 속에서 시가를 읊조리며 살고 싶소."
>
> 그러자 곁에 있던 손이 웃으며 말했다.
>
> "과연 이 세상에 하나뿐인 신선이외다."[32]

4. 정성을 다한 베끼기와 보관

많은 고대의 선비들은 책을 모아 보관하기를 좋아했고 꿋꿋한 의지와 끈기로 부지런히 책을 베꼈으며, 정성을 다해 책을 지켰다. 이로써 독서 생활을 더욱 푸지게 했음은 물론 문화와 서적의 보존에도 크게 이바지했다.

인쇄술 발달 이전의 도서 유통 방식은 주로 베끼기에 의존했으니, 책을 손에 넣어 읽기 위하여 수많은 선비들은 모두 베끼기의 경험이 있었다.

남조의 원준袁峻은 일찍 부모를 여의고, '온 마음을 쏟아 공부하기를 좋아했으나 가난한 집안에 읽을 책이 없어서 다른 집에서 책을 빌려다 하나도 빠짐없이 베꼈다. 하루에 쉰 장을 베껴 쓰지 않으면 쉬지도 않았다.'는 기록이 『양서梁書』「원준전袁峻傳」에 전한다.

북조의 선비들은 잦은 전란으로 책을 손에 넣기가 참으로 쉽지 않았기에 어쩔 수 없이 책을 베껴야만 했다. 『북사北史』「사마자단전司馬子端傳」에 의하면, 사마자단은 '천하의 책을 읽기를 원하여 책을 보기만 하면 베껴서 결국은 많은 책을 모은 사람이 되었다.'고 한다. 또한 배한裴漢은 '진기한 책을 보면 빌려서 빠지지 않고 몸소 베꼈으나, 오랜 세월이 지나 병이 날 지경에 이르러서도 손에서 책을 놓은 적이 없었다.'고 『주서周書』「배한전裴漢傳」은 말한다.

옛 사람들이 책 읽기를 간절히 바란 나머지, 부지런히 책을 베낀 예는 일일이 셀 수 없을 정도로 많다. 몇 가지 예만 보자.

당대의 장서가 중에서 가장 부지런히 책을 베낀 이는 유중영이다. 『구

---

32 余每欲藏萬卷書, 襲以異錦, 薰以異香, 茅屋蘆簾, 紙窓土壁, 而終身布衣, 嘯詠其中. 客笑曰: 此亦天壤一異人.

당서舊唐書』「유공작전柳公綽傳」의 덧붙임에는 이런 기록이 있다.

> 유중영은 예법을 잘 지키는 것을 자랑으로 삼아서 자기 집에서도 두 손을 가지런히 가슴에 모으지 않은 적이 없었으며, 안방에서도 매무새를 흩뜨린 적이 없었다. 큰 도시 세 개를 아우르는 벼슬을 했으나 마구에는 좋은 말이 없었으며 옷에서는 향내를 풍기지 않았다. 하지만 그는 벼슬에서 물러나서도 책 읽기에 밤낮을 가리지 않았다. 『구경九經』과 『삼사三史』는 한 차례, 위진魏晋에서 남북사南北史는 두 차례나 베꼈다. 손으로 직접 베낀 갖가지 책이 서른 권으로 『유씨자비柳氏自備』라 불렀으며, 또 불경 『유가瑜珈』, 『지도대론智度大論』은 모두 두 차례나 베꼈다. 나머지 불서佛書도 중요한 줄거리를 손으로 기록했다. 작은 해서체로 전심을 다해 썼으며 한 글자라도 제멋대로 쓰지 않았다.[33]

송의 서도徐度는 『각소편却掃篇』에서 조준趙晙이 책을 베낀 이야기를 기록하고 있다.

> 조준의 자는 덕진德進으로 송성宋城 사람이다. 어려서 『역경易經』을 공부했다. 이때 공심보龔深甫가 『역해易解』를 새로 내놓았으나 쉽게 찾아보기 어려웠다. 고성考城 어떤 선비 댁에 이 책이 있다는 소식을 듣고 그것을 보기 위해 걸어서 갔다. 홀로 떡 열 몇 개를 가지

33 仲郢以禮法自持, 私居未嘗不拱手, 內齋未嘗不束帶. 三爲大鎭, 廐無名馬. 衣不熏香. 退公布卷, 不舍晝夜. 『九經』, 『三史』一鈔, 魏晋已來南北史再鈔, 手鈔分門三十卷,, 號『柳氏自備』, 又精釋典, 『瑜珈』, 『智度大論』皆再鈔, 自餘佛書, 多手記要義. 小楷精謹, 無一字肆筆.

고 갔다. 그 집 문 앞에 이르러 주인을 뵙고 책을 빌리러 온 뜻을 아뢰었으나 자못 난처한 표정을 지었다. 그러나 밥상은 차려 내왔다. 이에 조준은 사양하면서 이렇게 말했다.

"이 집에 온 자는『역경』을 보려고 왔을 따름이지 밥 빌어 먹으로 온 건 아니외다."

이 말에 주인은 그 뜻을 가상히 여겼다. …… 문을 닫아걸고 밤낮으로 베끼다가 배가 고프면 가지고 온 떡으로 요기를 했다. 며칠이 지나 베끼기가 끝나자 책을 주인에게 돌려주면서 큰절을 하고 돌아왔다.[34]

명나라 말기 청나라 초기의 저명한 사상가 황종희는 온갖 책을 두루두루 읽었다. 그는 집안에 있는 책을 다 읽자 책을 빌려서 베끼며 읽었다. 게다가 사방을 돌아다니며 좋은 책을 찾아 사들여서, 이 집의 시동은 거의 매일 책을 한 짐씩 지고 집으로 돌아오곤 했다. 그는 밤을 새워 책을 베끼고 그 이튿날엔 다시 책을 사러 나갔다. 늙마에도 여전히 책을 사들여 보관하며 베끼기를 게을리 하지 않았다.『청패류초清稗類鈔』「감상류鑑賞類」에는 그가 제자들에게 '마땅히 책을 읽음으로써 마음을 맑고 깨끗하게 해야 하느니라. 즐겁게 노는 일로 뜻을 버려서는 안 되느니라.'라고 일렀다는 이야기가 실려 있다.

청대의 장서가로 이름난 조용曹溶은 책을 빌리고, 베끼고, 건사하는 어려움에 느끼는 바 있어서 여러 장서가들에게 책을 베끼는 좋은 방법을 서

---

34 趙晙字德進, 宋城人, 少治『易』. 時龔深甫『易解』新出, 世未多見. 聞考城一士人家有之, 則徒步往見. 獨携餠十數枚以行. 旣至其門, 求見主人, 問以借書之事, 意頗以爲難. 而命之飯, 晙辭曰: '所爲來者, 辱見『易解』耳, 非乞食也.' 主人嘉其意. ……闔戶晝夜寫錄, 饑則啖所携之餠. 數日而畢, 歸書主人, 長揖而別.

로 나누자고 제안했다. 그는 『유통고서약流通古書約』에서 책을 베끼는 방법으로 이렇게 제안했다.

> 무릇 책을 갈무리한 자는 장서목록을 편찬하여 결손이 난 책을 게시할 것이며, 책을 종류에 따라 정렬하기로 서로 약정하고 유무를 서로 통보하여 꼼꼼하게 옮겨 베끼고 잘못이 없도록 교정하고 검사한 뒤에 교환하도록 하자. 이렇게 하면 좋은 점이 적지 않으니, 좋은 책을 집 밖으로 내보내지 않아도 되고, 그 공은 옛 사람에게 돌아가고, 이미 소장했던 기간도 오래 되었다면, 이 나라 안에서 모두 실행 가능할 것이다.

조용의 생각은 책을 보존하고 전하는데 분명 적극적인 의미가 있다.

고대에는 책을 구하기가 쉽지 않았기에 선비들은 책을 정말로 아끼고 보호했다. 책을 얼마나 아끼고 보호하는가로 선비의 인품의 높낮이를 가늠하기도 했다.

북조의 안지추顔之推는 『안씨가훈顔氏家訓』「치가治家」에서 '다른 사람에게 빌린 책은 정말로 아끼고 보호해야 하니, 먼저 책에 이지러지거나 흠이 난 곳이 있으면 깁고 펴야 한다. 이것도 사대부가 해야 할 여러 가지 일 가운데 하나이다.'라고 말했다.

당대의 이비의 아버지는 모아서 보존했던 서적이 2만여 권이었다. 그는 책이 망가질까 염려하여 친구들에게도 특별히 만든 열람실에서만 읽도록 했으며, 친구들을 초대하여 식사는 대접할망정 책은 빌려주지 않았다.

송대의 저명한 역사학자 사마광司馬光도 책을 정말로 아끼고 사랑했다. 책을 읽을 때 책에 땀자국이 날까 걱정해 손으로 책장을 넘기는 일이 없었다. 책을 읽을 때 탁자가 있으면 먼저 탁자를 깨끗이 닦은 뒤 천으로 만든 받침을 깔고야 그 위에 책을 펼쳤다. 탁자가 없으면 책을 읽기 위해 만든 사각 판을 써서 책을 받쳤다. 책장을 넘길 때에도 훼손될까 두려워 한껏 조심했다. 해마다 날을 잡아 햇볕에 책 말리기를 하여 습기를 막고 책을 해치는 벌레도 쫓았다.

명대의 이름난 장서가 엽성도 책을 참으로 아끼고 사랑하였다. 그는 『녹죽당서목서菉竹堂書目序』에서 '내가 보기에 이 세상 만물 가운데 얻기는 힘들지만 잃기는 쉬운 것으로 책이 으뜸이라. 내가 지난날 겪은 바 모두가 그러했노라.'고 말했다. 이런 생각을 가졌기에, 그는 자손들에게 책에 대하여 '부지런히 읽고, 자물쇠는 단단하게 잠그고, 갈무리는 빈틈없이 하고, 장서루는 높은 곳에 지어라. 너희는 자손들에게 오로지 이렇게 가르치고 이끌어야 하며, 그렇게 하지 않는 자는 모두 불효이니라.'고 덧붙이기도 했다.

명나라의 학자 호응린은 『소실산방필총少室山房筆叢』 네 번째 권에서 조자앙趙子昻의 책을 잘 돌보고 지키는 방법을 소개하고 있다.

> 책을 모으고 간직하기란 틀림없이 쉬운 일은 아니다. 책을 잘 보는 자는 오로지 마음을 깨끗하고 바르게 하며, 깨끗한 책상에 향을 피운다. 그리고 책을 말거나 책장의 귀를 접지 말 것이며, 또 손톱으로 글자에 자국을 내지도, 손가락에 침을 묻혀 책장을 넘기지도 말 것이며, 게다가 책을 베개 삼지도 말 것이며 자르고 찌르지도 말 것이니라. 훼손되면 바로 손을 보고, 책을 볼 때는 펼치고 보지 않을 때는 덮어 놓아야 한다.[35]

책을 해치는 주된 원인은 좀과 재해이다. 이에 대해 옛 사람들은 벌써

35 聚書藏書, 良匪易事. 善觀書者, 澄神端慮, 淨几焚香, 勿卷腦, 勿折角, 勿以爪侵字, 勿以唾揭幅, 勿以作枕, 勿以夾刺, 隨損隨修, 隨開隨掩.

부터 주의를 기울였다. 북위北魏의 가사협賈思勰은 그가 쓴 『제민요술齊民要術』에서 책을 파먹는 좀을 방지하는 방법을 기록했다. 이 책 세 번째 권에서 그는 이렇게 일렀다.

> 책궤 속엔 사향麝香이랑 모과木瓜를 넣어두어야 책에 좀이 생기는 것을 막을 수 있다. 5월, 날씨가 뜨겁고 습하면 좀이 생기기 쉽다. 만약 여름 내내 책에 바람을 한 번도 쏘이지 않으면 틀림없이 좀이 생긴다. 5월 15일부터 7월 20일 사이에 책을 세 차례 반드시 바람을 쏘여야 한다. 맑은 날 통풍이 잘 되고 서늘한 곳에, 그것도 햇볕이 들지 않는 곳이어야 한다. 햇볕에 쏘이면 색이 바랠 수 있다. 아직 뜨거울 때 책을 거두어들이면 좀이 더 빨리 생긴다. 흐리거나 비 오는 날에 바람을 쐬면 안 될 일이다. 이렇게 조심해서 책을 보호한다면 능히 몇 백 년은 갈 것이니라.

명대 장서가들은 선인들이 책을 갈무리하던 경험에다 새로운 방법을 써 먹었다. 사곤謝堃의 『춘초당집春草堂集』에는 이런 기록이 있다.

> 범씨范氏의 천일각엔 장서가 정말로 많았다. 그 안에는 세상에 드문 책도 꽤 있었다. 또 그곳엔 운초蕓草 한 포기가 있었는데, 색깔은 연두로 심하게 마르지는 않았다. 3백 년이 되어도 책에 좀이 생기지 않은 것은 바로 이 풀 때문이었다.[36]

36 范氏天一閣藏書甚富, 內多世所罕見者, 兼藏蕓草一本, 色淡綠而不甚枯, 三百年來書不生蠹, 草之功也.

운초란 운향초蕓香草로 '칠리향七里香'이라고도 한다. 이 풀은 벌레를 막고 균을 죽이는 물질을 분비한다.

푸젠의 장서가인 사조제는 책을 잘 갈무리해 보호하려면 부지런히 뒤집으며 통풍을 자주해야 한다고 생각했다. 그는 『오잡조』 권9에서 이렇게 일렀다.

> 책에 생기는 좀은 막아낼 물건이 없다. 오로지 때 맞춰 뒤집어 줘야 할 따름이다. 책을 정돈해 둔 곳은 통풍이 잘 되어야 하나 보관이나 포장할 때 꼭 피해야 할 것은 걸쭉한 풀이나 두터운 벽지 따위를 쓰는 것이다. 송나라 서적에 좀 먹은 책이 거의 없는 것은 물로 표장表裝했기 때문이다. 햇볕에 쪼이고 불로 말리면 물론 좋지만 반드시 기온이 서늘하고 차게 된 뒤에 서고에 넣어야 한다. 만약 뜨거운데도 그대로 보관하면 오히려 좀이 생긴다.[37]

책이 재해로 파손되는 것을 방지하기 위하여, 옛 사람들은 장서루를 지을 때에 특별히 신경을 썼다. 명대의 장서가 호응린의 장서루는 '양쪽 문기둥의 위쪽은 단단하게 고정했으며 아래쪽은 불룩하게 만들었다. 습기를 방지하기 위해서였다. 또 창문은 모두 열어서 햇볕을 충분히 받아들이도록 했다.'고 했으니, 이런 설계는 습기를 방지하고 곰팡이의 발생을 막으며 좀을 없애는데 도움이 되었다.

기승엽도 천계天啓 3년(1623년), 아들에게 보낸 편지에서 장서루는 견고함은 물론 통풍이 잘 되도록 지어야 한다고 말했다.

---

37 書中蠹蛀, 無物可辟, 惟逐日翻閱而已. 置頓之處, 要通風日, 而裝潢最忌糊漿厚裱之物. 宋書多不蛀者, 以水裱也. 日灑火焙固佳, 然必須陰冷而後可入, 若熱而藏之, 反滋蠹矣.

장서루로 유명한 천일각은 재해를 방비할 수 있도록 특별히 주의를 기울여 설계했다. 담장 주위엔 부엌을 멀리했으며 장서루 앞엔 연못을 파서 언제라도 쓸 물을 비축했다. 장서루는 남향으로 앉혔으며 앞뒤에 창문을 달았다. 장서루 안에 놓인 책궤에도 앞뒤에 문을 달아 통풍이 잘 되도록 했다. 지붕의 용마루엔 기와를 높이 쌓아 올려 빗물이 새는 것을 방지하고 단열까지 했다. 장서루의 앞뒤에 만든 통로는 햇볕을 차단하고 단열에 방진 효과까지 노린 것이다. 천일각이 갖가지 재해를 방지하기 위하여 주도면밀하게 설계되었음을 알 수 있다.

중국 고대의 선비들은 책을 보전하고 널리 퍼트리기 위해 부지런히 책을 베꼈다. 또 마음을 다해 책을 아끼고 보호했으며 책에 온갖 심혈을 기울였다. 책은 그들 삶에서 없어서는 안 될 중요한 부분이었다. 그들의 노력으로 고대 중국의 수없이 많은 우수한 책들이 보존되어 지금까지 전해지고 있다.

5. 지칠 줄 모르고 베낀 선비

고대 선비들의 생활 속에서 글을 쓰고 읽는 일은 똑같이 중요했다. 수많은 선비들이 평생 그치지 않고 책을 베꼈으니, 이것은 후세에 대량의 서적을 물려주었음은 물론 중국 문화의 보고를 더욱 풍요롭게 했으며, 그들의 굽히지 않는 정신은 다음 세대의 사람들에게 분발하고 발전하도록 격려의 역할을 하고 있다.

중국 고대의 선비들은 모두 사회에 대한 강렬한 책임감과 함께 우환의식을 가지고 있었다. 그들은 풍부한 감정으로 삶을 뜨겁게 사랑했다. 또 작품을 통해 정치적인 견해를 표현하고 개인의 감정을 토로하며 정의를 널리 떨쳤으나 추악한 것에는 채찍질하기를 좋아했다. 생활이 순조로울 때에도 선비들은 좋은 작품을 쓸 수 있었지만 역경에 처한 숱한 선비들도 타락하지 않고 작품을 계속 썼으니, 수많은 걸작이 이들의 손에서 나왔다. 사마천은 『보임안서報任安書』에서 그 경위를 이렇게 말하고 있다.

> 서백西伯[38]은 구금되었을 때 『주역周易』을 지었으며, 중니仲尼는 어려움 속에서 『춘추春秋』를 썼습니다. 굴원屈原은 벼슬을 삭탈 당하고 쫓겨났을 때 『이소離騷』를 노래했으며, 좌구左丘는 두 눈이 먼 뒤에 『국어國語』를 지었습니다. 손자孫子는 종지뼈가 잘리는 형벌을 받고서야 『병법兵法』을 손보았습니다. 불위不韋는 촉蜀으로 쫓겨났기에 『여람呂覽』[39]이 세상에 전해 내려오게 되었습니다. 또 한비韓非는 진秦에 묶이게 되자 『세난說難』과 『고분孤憤』을 남겼습니다. 『시詩』 3백 편은 대부분 성현이 발분하여 쓴 것입니다. 이들은 모두 가슴에 울분이 맺혀 이를 해소하기 위하여 글을 써서 앞날에 희망을 건 것입니다.[40]

고대 선비들의 삶 속에 나타난 숱한 불행으로 그들은 인생의 의미를 더 깊이 깨달았으며 이를 창작의 영감으로 삼아 불후의 명작을 남겼다. 수많은 선비들은 작품을 쓰고 시가를 읊조리는 것을 천성을 드러내고 생활의 체험을 나타내는 방식으로 삼았다. 그들은 작품을 쓰는 과정에서 기교

---

38 주문왕周文王을 지칭.

39 여씨춘추呂氏春秋

40 西伯拘而演『周易』; 仲尼厄而作『春秋』; 屈原放逐, 乃賦『離騷』; 左丘失明, 厥有『國語』; 孫子臏脚, 『兵法』修列; 不韋遷蜀, 世傳『呂覽』; 韓非囚秦, 『說難』,『孤憤』; 『詩』三百篇, 大抵賢聖發憤之所爲作也. 此人皆意有所郁結, 不得通其道 , 故述往事, 思來者.

뿐만 아니라 그들의 사상과 품격까지도 나타냈다. 작품의 창작은 고생스러운 창조적 노력으로, 넘치는 열정과 왕성한 정력을 요구할 뿐만 아니라 몸과 마음을 다 쏟아 부어야 했다. 심지어 죽음 앞에서도 다른 마음이 없어야 했다.

송의 갈립방葛立方은 『운어양추韻語陽秋』에서 '예부터 선비들은 온갖 어려움과 괴로움 속에서도 글을 쓰는 일을 잊지 않았으며, 제 좋아서 하는 일이라 큰 솥에 넣고 삶아 죽이는 혹형 앞에서도 겁내지 않았으니, 하물며 이보다 못한 경우임에랴?' 라고 말했다.

서한의 사마천은 흉노에 투항한 한나라 장수 이릉李陵을 변호하다가 한무제의 노여움을 사서 궁형宮刑을 받는다. 몸도 마음도 극도로 손상되고 모욕을 받은 사마천은 살고 싶은 생각이 조금도 없었다. 하지만 고대 선현들의 역경 속에서도 꿋꿋하게 글을 쓴 정신이 그를 격려하며 힘을 돋웠다. 사마천은 아버지의 일을 이어받아 여러 자료를 모아 역사를 저술하기로 결심했다. 그는 온갖 수치와 모욕을 견디면서 초인적인 굳센 의지로 글을 쓰기 시작하여 마침내 불후의 역사서 『사기』를 완성한다. 사마천이 『사기』를 쓰는 과정에 나타난 꿋꿋한 의지와 고결한 성품은 우리를 탄복케 한다. 사마천은 중국 지식인의 찬란한 거울로서 그의 성품은 민족 문화를 끊이지 않게 하는 거대한 뿌리이다.

사마천상司馬遷像

고대의 수많은 선비들은 작품을 쓰기 위하

좌사左思의 초은시招隱詩

여 시간을 황금처럼 아끼며 깊이 사색했으니, 빛나는 작품들에는 이들의 온갖 정성이 엉기어 맺히지 않은 것이 하나도 없다.

진대晉代의 문인 좌사左思는 『삼도부三都賦』를 쓸 때 자료를 널리 모았으며, 거실과 정원, 변소까지 여기저기에 종이와 붓을 준비하여 좋은 구절이 떠오르면 그 자리에서 써내려갔다. 이렇게 십 년의 노력 끝에 드디어 인구에 회자되는 『삼도부』를 완성했다. 이 작품이 세상에 나오자 당장 큰 반향을 일으켰으니, 사람들이 다투어 필사를 하는 바람에 많은 종이가 필요하게 되어 한때 낙양의 종이가 품귀 현상을 빚기도 했다.

당대의 문인 한유는 『진학해』에서 '나는 평소에도 입으로는 육예六藝를 읊지 않은 적이 없었으며, 손에서는 백가의 글이 떠난 적이 없었다.'고 기록하고 있다.

시인 백거이도 공부하고 작품을 쓰는 어려움을 토로했다. 『백거이집전교白居易集箋校』권45에서 '스무 살부터 지금까지 낮에는 부賦를 공부하고 밤에는 서예를 익혔으며 틈틈이 시를 쓰느라 제대로 잠을 자고 쉴 겨를이 없었다. 입안에 부스럼이 생기고 손과 팔꿈치에는 굳은살이 박였으며 강하긴 했지만 피부는 보기 좋게 살지지 않았고 아직 늙은이도 아닌데 치아는 쇠하고 머리카락은 셌다.'고 기록했다.

작품을 쓰는 과정은 비록 고달프고 고생스러워도 작품의 성공은 무한

한 즐거움을 주었다. 당대의 문호 소동파蘇東坡는 『춘저기문春渚紀聞』에서 '내 평생 즐거운 일 없었으나, 오직 글을 쓰는 일에 마음이 닿으면 시문의 기세에 변화를 일으켜 생각을 펼치지 못함이 없으니 세상에 이보다 더 즐거운 일은 없느니라.'고 했다. 원나라의 여성呂誠도 『독서사부군자지소락讀書舍賦君子之所樂』에서 '선비의 즐거움이 어디에 있으랴, 언덕 위에 초가집 짓고 책 속에 뜻을 두는 것이네.'라고 했다.

좋은 작품을 위하여 수많은 이들이 온갖 어려움을 참으며 숱한 피와 땀을 쏟아 부었다. 문학사에서 중당中唐 이후 한유 주위에는 한 무리의 시인들이 모여 들었다. 그들은 온종일 시를 읊고 글을 쓰며 사색에 잠기곤 했다. 이들을 사람들은 '고음파苦吟派'라 불렀는데, 그들은 시를 읊는 어려움을 토로하기도 했다.

예컨대 가도賈島는 '시구 둘을 세 해 걸려 얻은 뒤, 소리 내어 읊으니 두 줄기 눈물 흐르네.'[41]라고 노래했으며, 이창부李昌符는 '밤마다 모자란 머리를 짜내었으니, 어찌 살쩍이 세지 않으랴?'[42]라고 읊었으며, 방간方干은 '다섯 자 시구를 읊조리려고, 평생의 심력을 다 바쳤네.'[43]라고 노래했다.

평범한 문인들은 시작詩作을 생활의 소일거리나 자기를 돋보이게 하려는 장식쯤으로 여겼지만, 그들은 시작을 삶의 전부로 보았다. 가도는 『희증우인戲贈友人』에서 이렇게 노래했다.

> 하루라도 시를 읊지 않으면,
> 마음은 못쓰게 된 우물과 같네.
> 붓과 벼루는 우물물 긷는 도르래요

---

41 兩句三年得, 一吟雙淚流.

42 夜夜冥搜苦, 哪能鬢不衰?

43 吟成五字句, 用破一生心.

시문을 읊는 건 두레박줄일세.
아침이면 또 길어 올리니,
여전히 맑고 서늘함을 얻는구나.
마음에 둔 이에게 글을 보내니,
시 속엔 이토록 큰 고생이 있었네.

一日不作詩, 心源如廢井,
筆硯爲轆轤, 吟詠作縻綆.
朝來重汲引, 依舊得清冷.
書贈同懷人, 詞中多辛苦.

가도상賈島像

시는 가도에게 그야말로 목숨과 같아서 아름다운 시구를 얻기 위하여 이제는 거의 술에 취한 듯 깊이 빠져든 상태가 되었다. 어느 날, 그는 당나귀를 타고 장안長安의 주작대가朱雀大街를 지나고 있었다. 때는 깊은 가을, 설렁설렁 가을바람이 위하渭河에서 불어와 오동과 회나무 낙엽을 쓸어가고 있었다. 그는 신의 계시를 받은 듯 번득이는 생각이 떠올라 이렇게 읊었다.

떨어진 나뭇잎 장안에 가득하니,
落葉滿長安,

그러나 짝이 되는 시구가 떠오르지 않아 한참이나 고심한 끝에 마침내 '가을바람 위수에서 불어오네.'[44]를 떠올렸다. 가도는 너무 기쁜 나머지 경조윤京兆尹 유서초柳棲楚의 의장대와 부딪혀 하룻밤을 붙들려 있어야 했다. 또 다른 날, 나귀를 타고 가던 그는 두 구절의 시구가 떠올랐다.

새들은 연못가 숲으로 잠자리 찾아들고
스님은 달빛 아래 문을 민다.

鳥宿池邊林,
僧月下推門.

처음엔 '퇴推'자를 쓰기로 했으나 한참을 곰곰이 생각해보니 '퇴推'자 대신 '고敲'자를 쓰면 어떨까 하는 생각이 들었다. 이리저리 생각하며 아직 결정을 짓지 못하고 나귀 등에서 두 글자를 번갈아 넣어서 반복하여 읊으며 손으로는 두 글자를 허공에 쓰는 자세를 취하다가 그만 움켜쥔 고삐를 놓치고 말았다. 그러다가 경조윤 한유의 의장대 앞으로 뛰어든 나귀 때문에 호위하는 이에게 잡힌 가도는 한유 앞으로 끌려가게 되었다. 어찌된 상황인지 캐묻던 한유는 이 시에 자못 끌려 한참을 낮은 소리로 읊조리더니 '고敲자를 쓰는 게 더 멋있겠소.'라고 말했다. 가도는 기쁨을 누를 수 없었

44 秋風吹渭水.

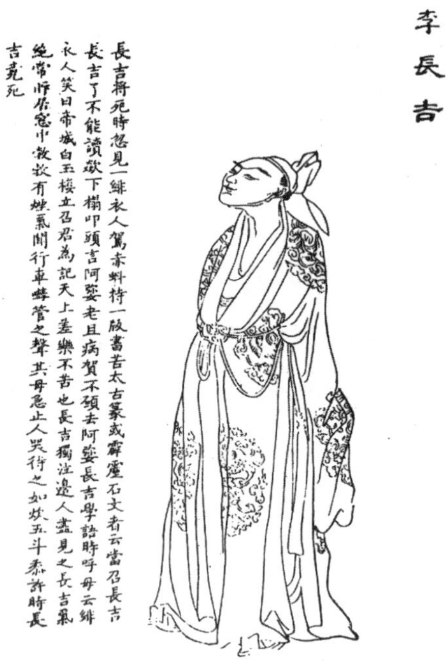

이하상李賀像

다. 이리하여 두 사람은 함께 나란히 고삐를 잡고 가게 되었다. 이후 그들은 서로 친구가 되었다는 이야기가 『당재자전唐才子傳』 권4에 전한다.

이름난 시인 이하李賀는 열 몇 살에 시를 지어 이름을 떨쳤다. 그에게 가장 큰 취미는 시를 쓰는 것이었다. 『구당서舊唐書』「이하전李賀傳」에는 그가 '붓글씨를 빠르게 썼으며', '그가 쓴 시의 구조는 깎아지른 듯한 커다란 바위가 만 길 낭떠러지 위에 우뚝 솟은 듯했다.'고 기록하고 있다. 그는 나귀를 타고 먼 길을 떠날 때면 낡아빠진 '비단주머니'를 등에 지고 갔다. 그러고는 산천의 경치를 관상하면서 이런저런 새로운 시구를 떠올리기에 골똘했다. 좋은 구절이 떠오르면 얼른 종이에 기록해 비단주머니 속에 집어넣었다. 그러다가 집으로 돌아오면 흩어져 있던 종이쪽을 끄집어내어 완전한 시로 손을 보았다. 이하는 이렇게 고통스러워도 시 짓기를 게을리 하지 않았다. 마침내 그가 쓴 시의 수준은 대단히 독자적인 경지에 이르렀으며, 당시의 시인들이 흉내조차 낼 수 없었다 한다.

송의 문학가 구양수는 자기는 문장을 '삼상三上', 즉 세 가지 위에서 썼다고 했다. '삼상'이란 '말, 베개, 변소 위에서'를 말하니, 이를 통해 그가 얼마나 부지런히 공부했는지 알 수 있다.

사마광은 『자치통감』을 전후 열아홉 해나 걸려서 썼다. 그는 정사正史를 참고하는 외에 참고로 읽은 잡사雜史를 비롯한 온갖 책만 해도 2백여 종에 달했으며, 초벌 원고만도 두 칸 방에 가득했다. 사마광은 추위와 더위를 가리지 않고 거의 온 정력을 다 쏟아 부었다. 그는 『진서표進書表』에서 '뼈가 다 드러날 만큼 여위고 눈은 침침해졌으며 이는 몇 개나 빠졌고 정신은 쇠약해졌다.'고 기록했다. 온 마음을 다해 글을 쓰느라 생활은 간소했으며 집 안에는 책을 담은 궤짝 외에는 간단한 일용품밖에 없었다. 여기에 반질거리는 나무토막이 하나 있었으니, 이것은 그가 글을 쓰다가 지치고 고단하면 잠을 잘 때 베기 위하여 필요한 물건이었다. 한번 몸이라도 뒤척이면 나무토막은 그만 바닥으로 구르며 소리를 냈다. 그러면 그 소리에 깜짝 놀라 다시 몸을 일으켜 글쓰기를 계속했다. 그는 이 나무토막을 '경침警枕'[45]이라 불렀다.

괘각공서掛角攻書
〈소를 돌보면서도 열심히 공부에 매진하는 모습〉

45 게으름을 경계하는 베개라는 뜻.

사마광상司馬光像

명말청초의 사학자인 담천談遷은 어려서부터 부지런하고 학문을 좋아했다. 그는 진실하고 믿을 만한 역사책을 쓰리라 마음을 굳게 먹었다. 그는 스물아홉에 이 일을 시작해 27년 동안 명조의 편년체 역사책인 『국각國榷』을 썼다. 하지만 5백만 자가 넘는 이 책의 초벌 원고는 하룻밤에 도둑을 맞고 말았다. 이때 담천의 나이가 벌써 예순이었는데, 반평생의 피와 땀이 물거품이 되었던 것이다. 그는 몹시 마음이 아팠지만 마음을 굳게 먹고 힘을 내어 다시 쓰기로 하여, 6년이란 세월이 지나 두 번째 원고를 완성했다. 원고는 완성이 되었지만 숭정崇禎 시대의 역사적 사실이 아직 풍부하지도 정확하지도 않다는 것을 발견한 그는 중앙으로 올라가 현지 조사를 하여 충실을 기한 뒤에야, 『국각』은 정식 원고가 되었다. 담천은 전후 서른 해가 넘는 세월에 이 책을 썼으니, 한평생의 피와 땀을 쏟아 부은 셈이다.

청나라 때의 학자 염약거閻若璩는 박학다식했으나 학문 연구에 멈춤이 없었다. 그가 『고문상서古文尙書』를 공부할 때, 이 책이 아마도 진대晉代 매색梅賾이 위조했으리라는 의문을 품고 철저히 진상을 밝히기로 결심했다. 이리하여 밤낮을 가리지 않고 몇 십 년을 하루 같이 연구에 몰두했다. 이렇게 서른 해를 쉬지 않고 노력한 결과 매색의 『고문상서』가 위조된 책이라고 단정할 수 있는 충분한 증거를 확보했다. 염약거의 연구 성과는 학계의 인정을 받았다.

책을 읽고, 갈무리하고, 베끼고, 글을 쓰는 일은 고대 선비들의 생활에 중요한 내용이 되었다. 선비와 책의 관계는 사람과 공기, 사람과 햇볕과도 같아서 일단 분리되면 살아갈 수 없었다. 고대 선비들의 독서 생활을 훑어보면서, 우리는 중국 문화가 끊임없이 크게 발전해온 것은 그들의 부지런한 정신과 노력, 그리고 그침이 없는 개척 정신과 떼려야 뗄 수 없음을 알게 된다.

3장 선비와 벼슬길

중국 고대 선비들은 특수한 사회적 무리였다. 그들은 관과 민 사이에서 독립된 계급의식도 갖지 않았다. 단지 왕권에만 의지하고 따르며 국가 관리에 참여했으니, '학문을 익혀서 문이나 무에 통달하면 제왕에게 부림을 받을 수 있다.'는 말이야말로 선비로서 가장 완전한 자아실현이었다. 이런 이상을 실현하는 단 하나의 길은 바로 과거를 통하여 벼슬길에 나서는 것이었다. 중국 고대에 절대 다수의 선비들이 책을 가까이 하며 학문을 탐구하는 주된 목적은 벼슬길에 나서기 위해서였으니, '배워서 뛰어나면 벼슬길에 나선다.'는 말도 이와 관련된다. 벼슬길에 나서면 '치국평천하治國平天下'라는 삶의 이상을 실현할 수 있을 뿐만 아니라 자신의 사회적 지위와 생활 형편까지 바꿀 수 있었다. 벼슬은 선비들 마음속을 맴도는 첫 번째 큰일이었다.

송나라의 홍매洪邁는 『용재수필容齋隨筆』에 당시에 전해오던 「득의시得意詩」와 「실의시失意詩」를 실었다.

「득의시」

오랜 가뭄 끝에 내리는 단비,
타향에서 만난 옛 친구.
신방에 화촉을 밝힌 밤,
과거에 합격했을 때.

久旱逢甘雨, 他鄕遇故知.
洞房花燭夜, 金榜題名時.

「실의시」

아이 손잡고 가는 홀어미의 흐느낌,
적에게 붙잡힌 장수.
사랑 잃은 궁녀의 얼굴,
과거에 떨어진 선비의 마음.

寡婦携兒泣, 將軍被敵擒.
失恩宮女面, 下第擧子心.

이 두 편의 시는 고대의 세상 모습을 그대로 반영한다. 인생 최대의 바람은 과거에 합격하여 벼슬길에 나서는 것이요 인생 최고의 실의는 과거에 낙방하는 것이었으니, 과거가 선비들의 삶에서 중요한 위치를 차지하고 있었음을 알 수 있다. 이때문에, 중국 고대 선비들의 생활을 이해하기 위하여 그들과 벼슬길의 관계, 그리고 과거가 그들의 생활에 가져온 갖가지 희비극을 눈여겨보지 않을 수 없다.

1. 벼슬길에 나선 선비의 생활

중국 고대 선비들의 벼슬길은 춘추전국시대의 사회 변혁과 관계가 있다. 은주殷周 시대 임관의 기본 제도는 세경세록제世卿世祿制였다. 왕실과 귀족은 종법宗法과 혈통 관계에 따라 높은 벼슬을 대대로 세습했다. 고대의 문헌에는 주대에 시험을 거쳐 인재를 선발하고 지방에서 조정에 인재를 추천했다는 기록이 있지만, 뒷날 '이吏'라 불린 하급 관직에 제한되어 있었다. 관官과 이吏의 차이는, 관은 이에 비하여 지위나 신분이 높고 법으로 정한 권한도 있었으나, 이吏는 관의 부림을 받아 자질구레한 사무만 처리했을 뿐 정책을 결정할 권한은 없었다. 서주의 수많은 선비들이 맡은 것은 이吏의 직무였다.

춘추전국시대에는 사회 변혁에 따라 귀족 통치를 유지시키던 종법혈연 제도가 타격을 받는다. 각국은 변법變法과 개혁을 거치며 세경세록제를 폐지하고 새로운 관리 선발 방법을 채택한다. 전투에서 세운 공을 높이 샀으며, 능력이 있는 인재를 널리 뽑아 쓰면서 선비들은 재능을 펼칠 수 있게 되었음은 물론 사회에서 가장 눈부시게 활동하는 계층이 되었다. 이때, 선비들 자신의 가치를 실현할 수 있는 제일 좋은 길로 벼슬길에 나서는 것보다 나은 것은 없었다. 선비를 뜻하는 '사士'와 벼슬을 가리키는 '사仕'는 서로 다른 글자이지만 같은 의미로도 쓰였다. 맹자는 『맹자』「등문공하」에서 '선비가 벼슬을 하는 것은 마치 농부가 농사짓는 것과 같다.'[89]고 말했으며, '선비가 지위를 잃는 건 제후가 나라를 잃는 것과 다름이 없다.'[90]고도 했다. 벼슬길에 나선 대다수의 선비들로 말하자면, 대체로 사회적 지위와 경제생활에 변화를 가져왔다. 공자는 벼슬을 하지 못했을 때 생활을 위해 곳곳을 바쁘게 뛰어다녔지만 생활에는 아무런 보장이 없었으며, 노나라에서 사구司寇라는 벼슬을 받은 뒤, 해마다 연봉이 곡식으로 6만 곡斛이나 되었을 뿐만 아니라 생활도 넉넉해졌기에 '식량은 정미할수록 좋고, 고기는 잘게 썰수록 좋다.'[91]는 말을 했다. 맹자는 『맹자孟子』「만장하萬章下」에서 '빈곤을 극복하기 위해서 벼슬을 하는 것은 아니지만, 때로는 빈곤을 극복하기 위해서다.'[92]라고 조금도 숨기지 않고 말했다.

전국시대에 각국에서는 관료 제도를 보편적으로 널리 시행했으며, 이는 선비들이 벼슬길에 나서는 길을 열었다. 관료 제도의 기본적인 특징으로 세경세록제의 폐지는 선비들의 유동, 곧 좋은 자리로의 이동이나 승진에 유리했다. 그리고 작록제爵祿制의 시행은 벼슬살이를 하는 이들이 보통 사람들의 사회적 지위나 경세직 이익과 다른 점을 누리게 했다. 묵자墨子는 나라를 다스리는 데 '반드시 필요한 세 가지 바탕'을 내놓았다. 이른바 '세 가지 바탕'이란 '작위가 높지 않으면 백성들이 공경하지 않으며, 봉록이 넉넉하지 않으면 백성들이 믿지 않으며, 나라에서 내리는 명령이 끊임이 없으면 백성들이 두려워 않는다.'[5]라고 『묵자墨子』「상현중尙賢中」은 기록하고 있다. 전국시대에 각국의 군주들은 높은 자리와 넉넉한 봉록을 유능한 선비들을 불러들이는 기본 수단으로 삼았다. 『사기史記』「진본기秦本紀」에 의하면, 진의 효공孝公은 유능한 이를 구하며 '기묘한 계책으로 진을 강하게 할 수 있는 자가 있으면, 나는 그에게 높은 벼슬은 물론 분봉分封도 할 것이다.'라고 선

---

1 士之仕也, 猶農夫之耕也.

2 士之失位也, 猶諸侯之失國家也.

3 食不厭精, 膾不厭細. 『논어論語』「향당鄕黨」.

4 仕非爲貧也, 而有時乎爲貧.

5 爵位不高, 則民不敬也; 蓄祿不厚, 則民不信也; 政令不斷, 則民不畏也.

언했다. 연燕의 소왕昭王은 심지어 국경에 황금을 쌓아놓고 인재를 불러들이기까지 했다.

빛나는 지위와 후한 대우는 수많은 선비들을 벼슬길에 나서게 했으며, 이들을 하루아침에 아주 대단한 부자로 만들었다. 소진은 각지를 돌아다니며 자기의 의견을 펼치는데 열중했으나 생활은 곤궁하여 실의에 빠지고 의기소침하여 이제는 부모 형제조차도 그를 거들떠보지 않았다. 훗날, 여러 나라를 돌아다니다 요직에 올라 금의환향하자 온 가족은 기쁨에 넘쳐 그의 부모는 잔치를 준비하고 삼십 리 밖까지 마중을 나갔으며 그의 형수는 땅바닥에 엎드렸다. 소진은 형수에게 이렇게 물었다.

> "형수님, 어찌하여 그 전엔 그렇게도 뻐기시더니 이젠 이렇게 굽실거리십니까?"
>
> 형수는 이렇게 말했다.
>
> "도련님께서 높은 자리에 올랐으니 돈도 많을 것이기 때문입니다."
>
> 소진은 감탄하며 말했다.
>
> "아! 가난하면 부모도 아들로 여기지 않더니 부귀하게 되니 가까운 이도 두려워하는구나. 인간 세상에서 힘 있는 자리와 부귀를 어찌 소홀히 하랴!"

이 이야기는 『전국책戰國策』「진책1秦策一」에 실려 있다.

벼슬길에 오르면 부귀해진다는 커다란 매력 때문에 많은 선비들은 분투했다. 진한 이후, 선비들이 벼슬길에 오르는 길은 봉건 통치자에 의해 한층 더 규범에 맞게 강화되어 삶의 귀천과 영욕을 헤아리는 유일한 기준이 되었다. 청대의 이름난 소설 『유림외사儒林外史』에는 이런 말들이 수도 없이 많다. 예컨대 시어사施御史가 '자질이 있는 자가 결국 과거에 합격한 자를 따라야지.'라는 말, 노편수魯編修가 '공부를 그렇게 했으면서 왜 급제를 못했어?'라는 말, 마순상馬純上이 '인간 세상에 이 일을 제외하면 어떤 일을 해도 고통을 벗어날 길이 없단 말이야.'나 '재주만 있다면 공부를 해서 과거에 합격하여 진사가 되면 당장 조상을 영광되게 할 수 있지.'라는 말 등이 모두 그렇다.

선비를 벼슬길로 끌어들이기 위하여 한무제는 태학을 설립하여 경서를 공부한 뒤 벼슬길에 오르게 하는 제도를 시행했고 규범화했다. 태학은 도성에 설립한 관학官學으로 여기에는 오경박사五經博士를 두어 엄격하게 선발된 학생들에게 유가의 경전을 가르치도록 했다. 이들 학생은 한 해를 공부한 뒤 시험을 치러서, 경서에 정통한 자에게는 벼슬을 주었다. 학생들이 열심히 공부하도록 격려하기 위하여 이들에게는 '복기신復其身', 즉 부역을 면제해 주었다. 한 선제宣帝 때의 박사 하후승夏侯勝은 학생들에게 '선비의 결함은 경서에 밝지 않음이라, 만약 경서에 환하다면 높은 벼슬을 얻는 것이 엎드려 지푸라기 줍는 것보다 쉬운 일이다.'[6]라고 말했다는 기록이 『한서漢書』「하후승전夏侯勝傳」에 전한다. 한대에 태학에 적을 둔 학생들의 숫자는 끊임없이 늘어났다. 한무제 때는 겨우 쉰 명이었으나 동한 이후 태학의 규모는 점점 커져서 한순제漢順帝 때는 학생들이 3만여 명에 달했다. 태학을 설치하여 경서를 공부하면 벼슬을 주는 제도는 선비들이 공부를 통해 벼슬을 하려는 생각을 크게 강화시켰다. 그리하여 수많은 선비들이 머리가 희끗해지도록 경서에 매달려 온갖 고생을 하며 공부하자 경서를 연구하는 학문은 더욱 번성했다. 『한서漢書』「유림전儒林傳」은 다음과 같이 말하고 있다.

> 한나라 무제 때 오경박사를 둔 이래 국가에서는 태학생을 모집하여 여러 과목을 두고 갖가지 책략을 가르쳤다. 벼슬과 녹봉 따위로

---

6 士病不明經術, 經術苟明, 其取青紫如俯拾地芥耳.

> 선비들을 매료시켜 이 제도가 시작될 때부터 평제平帝 때인 지금까지 벌써 백 년 남짓 되었다. 강의하는 선생님도 많았지만 공부하려는 학생도 참 많았다. 경서 한 권에서 백만 마디가 넘는 말을 할 수 있어서 권위를 인정받는 선생님도 이미 천 명이 넘었다. 세상 사람들이 부귀와 권세를 추구하는 까닭으로 이렇게 되었다.[7]

위진남북조시대에는 구품중정제九品中正制가 관리를 선발하는 중요한 제도였다. 구품중정제는 조曹씨 천하였던 위魏나라 때 생겼으니, 중앙에 의해 지방에 중정관을 두었으며, 이들은 현지 선비들을 품평하는 책임을 졌다. 또한 이들은 현지의 선비들을 9등급으로 나누어 이부吏部로 보고하여 관리를 뽑아 쓰는 바탕으로 삼았다. 구품중정제를 처음 시작할 때에는 현명한 이들을 뽑아 쓸 작정이었지만 뒤에 중정관은 힘 있는 문벌에 의해 정권을 독차지하는 도구로 전락하고 말았다. 그래서 '높은 벼슬하는 이들 가운데 지체가 낮은 집안 출신이 없고, 낮은 벼슬하는 이들 가운데 권세가 있는 겨레붙이가 없다.'고 할 만한 국면에 이르자 수많은 가난한 평민들은 벼슬길과 인연이 멀어졌다. 이때, 관학은 때에 따라 생겼다가 없어지기도 하는 등 일정한 규칙도 없어서 학교에서 시험을 통해 벼슬길에 오르는 사람은 많지 않았다. 그렇지만 선비들은 공부를 해서 벼슬길에 오르려는 생각을 버리지 않았다. 북조의 안지추가 쓴 『안씨가훈顔氏家訓』「면학勉學」에는 자녀들에게 공부에 힘쓰도록 격려하는 말이 실려 있다.

> 기근이 일어나 사회가 혼란스러우면 사로잡힌 이들을 많이 볼 수 있다. 비록 오랜 세월 소인이었을지라도 『논어』와 『효경』을 공부하여

---

7 自武帝立『五經』博士, 開弟子員, 設科射策, 勸以官祿, 訖于元始, 百有餘年, 傳業者寖盛, 枝葉蕃滋, 一經說至百餘萬言, 大師衆至千餘人, 蓋祿利之路然也.

알고 있는 자는 또한 스승이 될 수 있다. 하지만 오랫동안 벼슬을 할지라도 책을 읽고 깨치지 못한 자는 예외 없이 밭 갈고 말 돌보는 일을 한다. 이로 볼 때, 어찌 스스로 힘써 공부하지 않을 수 있겠느냐? 수백 권의 책을 늘 가지고 있을 수만 있다면, 언제든지 소인은 되지 않느니라.[8]

수隋는 중국을 통일한 뒤, 중앙 집권을 강화하기 위하여 수많은 관리를 보충해야 했다. 이런 상황 때문에 과거제도가 시대의 요구에 따라 생겨났다. 과거제도, 즉 공개적인 시험을 거쳐 인재를 선발하는 제도는 일정한 한도 안에서 평등한 경쟁으로 우수한 인재를 뽑아 벼슬을 주는 데 의의가 있었다. 사회 여러 계층의 사람들이 모두 시험에 참가할 수 있었으므로 봉건 통치의 사회적 바탕을 확대했다. 수와 당에서 명을 거쳐 청에 이르기까지 과거제도는 끊임없이 발전해서 완벽해졌다. 선비들은 한 단계 또 한 단계 엄격한 시험을 거쳐 과거에 급제해야만 관리 사회에 진입해 인생의 이상을 실현할 수 있었다. 여러 단계를 거쳐야 하는 시험은 선비들에게는 하나 또 하나의 아름다운 꿈을 갖게 했으며, 그들이 온 힘을 다해 오르도록 격려했다. 또 선비들의 사회적 지위와 경제생활도 꿈의 실현에 따라 변화를 가져왔다. 명청 시기에는 과거 시험을 모두 네 단계로 구분했다.

첫 번째 단계는 동시童試, 즉 예비 시험이다. 수험생은 나이의 많고 적음을 떠나서 모두 '유생儒生' 또는 '동생童生'이라 불렀다. 이들이 먼저 주州나 현縣에서 치르는 시험에 참가하여 합격하면 '생원生員' 또는 '상생庠生'이라 불렀으며, 흔히 '수재秀才'라고 일컬었다. 수재의 자격을 얻은 뒤에야 이

8 自荒亂以來, 諸見俘虜. 雖百世小人, 知讀『論語』,『孝經』者, 尙爲人師; 雖千載冠冕, 不曉書記者, 莫不耕田養馬. 以此觀之, 安可不自勉耶? 若能常保數百卷書, 千載終不爲小人也.

제 한 단계 높은 시험에 참가할 수 있었다. 생원은 과거를 보려는 선비들이 반드시 거쳐야 하는 단계로, 일단 그 신분을 얻기만 하면 다른 사람보다 한 수 위에서 평민 계급을 벗어나 사회적 지위도 보통 사람보다 높아져, 지현知縣을 만나도 무릎 꿇지 않아도 되었으며, 관청에서도 멋대로 형법을 적용할 수 없었다.

『유림외사』 제3회에는 범진范進이 수재로 합격하자, 그의 장인 호도호胡屠戶는 '네가 이제 상공相公이 되었으니, 만사에 체통을 세워야 하느니라. 만약 문 앞에 밭이나 갈고 쓸데없는 헛소문이나 퍼뜨린다면 보통 백성일 뿐이니라. 네가 만약 이들과 두 손을 가슴 앞에 움켜잡고 허리를 앞으로 공손히 구부렸다 펴면서 인사를 나누며 동등한 자격으로 대한다면 학교에서 정한 규칙을 허무는 일이니라. 게다가 내 체면도 서지 않느니라.'라고 이른다.

송나라와 원나라 때부터는 봉건정부에서 선비들이 마음을 다해 과거시험에 집중하도록 생원 이상인 자에게는 요역의 부담을 면제했다. 『송사宋史』 「선거지選擧志」에는 송대에 '주와 현의 학생으로 공적이나 사적으로 시험에 합격한 자는 부역과 세금을 면한다.'는 규정이 있었다. 『원사元史』 「세조기世祖紀」에도 문학에 우수한 선비 가문에는 요역을 면해 주었다는 기록이 있다. 명나라 홍무洪武 초년에는 '부府, 주州, 현縣의 학생들에게는 국가의 토목 공사에 부역자로 징발되는 것을 면해 준다.'는 규정이 있었다.

또 청나라 때도 가난하고 불쌍한 선비에게는 인두세를 면제해 주었다. 예컨대, 순치順治 5년(1648년)에는 면제 사례를 규정했으니, 감생監生[9], 거인擧人[10], 그리고 생원生員[11]에게는 각각 곡물로 내는 농업세 두 석石을 면제 해

9 명청 시대 국자감 학생.

10 명청 시대 향시에 합격한 사람.

11 명청 시대에 가장 낮은 과거시험에 합격하여 부학府學이나 현학縣學에서 공부할 수 있는 사람. 생원은 향시에 응시할 자격이 있었음.

주는 제도가 있었다.[12] 게다가 생원과 감생은 나라에서 제공하는 생활비도 받았다. 홍무 15년 4월, 주원장은 학교의 교사와 학생들에게 녹미祿米 여섯 말씩을 상으로 내리고 여기에 약간의 소고기를 더 주었다. 선비들을 우대하는 정책으로 선비들의 생활은 개선되었고 사회적으로도 이들의 생활은 더욱 안정되었다.

두 번째 단계는 향시였다. 이것은 지방 행정 단위인 성省에서 치르는 시험으로 3년마다 한 차례 거행했으며 '대비大比'라고도 불렀다. 향시에 합격한 자를 '거인'이라고 불렀으며, 거인은 중앙에서 열리는 전국 규모의 회시會試에 참가할 수 있었을 뿐만 아니라 회시에 떨어져도 벼슬을 할 수 있는 자격이 주어졌다. 통계에 의하면, 청대에는 거인으로 벼슬길에 오른 자가 거의 반이었으며, 나머지 반은 그 지방에서 학문과 덕망이 높은 유지로서 생애를 마쳤다. 거인은 성이라는 가장 큰 지방 행정 구역에서 선발되었기에 인원수도 한정되어 여기에 뽑힌 자는 그리 많지 않았다. 따라서 그들은 지방에서 사람들의 특별한 관심을 받았으며, 거인으로 합격된 자는 백성들의 숭배와 자랑의 대상이 되었다.

『유림외사』 제3회에는, 범진이 거인이 된 다음 장향신張鄕紳이 '새로 합격된 범도령'에게 즉시 인사를 올리며 은 50냥을 축의로 내놓고 집도 한 채 범진에게 주었다는 이야기가 있다. 또 '이때부터 과연 수많은 이들이 찾아와 알랑거렸다. 어떤 이는 전답을 바쳤으며, 어떤 이는 가게를 바쳤다. 게다가 몰락한 집안의 부부 두 사람은 하인으로 몸을 내놓으며 보호를 받으려고 했다. 두세 달이 지나자 범진의 집에는 사내종과 계집종이 다 생겼으나 돈이나 쌀은 모자라는 일이 없었다.'라는 기록이 있다.

세 번째 단계는 회시와 전시이다. 이것은 중앙에서 치르는 최고 수준

12 이것을 인정이정人丁二丁이라고 한다.

전시殿試 '삼갑三甲'

의 시험으로, 일반적으로 향시를 치른 이듬해 거행된다. 회시는 예부禮部에서 주관하며, 회시에 참가하는 자는 전국 각지에서 온 거인들이다. 회시에 합격하면 '공사貢士'라고 일컬으며, 1등에 오른 자는 회원會元이라 부른다. 회시 뒤에 전시를 치르며 황제가 친히 주관한다. 전시는 책문策問[13] 한 차례만 치렀으며, 여기서 떨어지는 일은 결코 없었다. 전시에 참가한 공사는 몽땅 다 진사의 자격을 주었다. 전시를 통과하는 시험을 '갑과甲科'라고 불렀으며, 합격자 명단은 세 부류로 나누었다. 진사로 급제한 자격이 주어지는 단 세 명을 일갑一甲이라 했다. 이들 세 명은 순서에 따라 장원壯元, 방안榜眼, 탐화探花라 했으며, 모두를 삼정갑三鼎甲이라 불렀다. 또 두 번째 부류인 이갑二甲에서 1등을 차지한 진사는 전려傳臚라고 불렀다. 세 번째 부류인 삼갑은 진사 출신인 몇 명에게 내렸다. 이들 일갑, 이갑 그리고 삼갑

13 문과 시문試問의 하나. 경의經義 또는 정치에 관해 출제하고 해답을 구하거나 논문을 작성하게 한다.

三甲에 든 사람을 모두 진사라고 일컬었다. 진사는 과거제의 정점에 위치하여 전국 시험 가운데 두드러진 존재였으며 고대 고급 관료의 주요 공급원이었다.

봉건 사회에서 선비가 과거에 급제한다는 것은 사회적 신분의 변화를 의미하며, 일단 벼슬길에 오르면 품계에 따라 다양한 대우를 받았다. 예컨대, 당대의 여러 벼슬아치들의 봉록은 9품 18등급에 의해 처리했으며, 봉록은 실물實物과 화폐 그리고 토지 등 세 가지를 포함했다. 실물은 대체로 녹미를 가리킨다. 이것은 정1품 7백 석에서부터 종9품 3십 석까지 해마다 등급에 따라 지급되었다. 화폐는 월봉을 말하며 과전科錢이나 봉료俸料라고도 불렀다. 당대 관리들의 등급에 따라 딸린 종들의 숫자에 차이가 있었다. 1품에서 5품까지의 관리를 '방각防閣', 6품에서 9품까지의 관리는 '서복庶僕', 주현州縣의 벼슬아치들은 '직백直白'이라고 일컬었다. 이들의 수당은 모두 정부에서 지급했다. 이 밖에 관리들의 매월 주식과 부식도 '식료食料'라는 이름으로 조정에서 공급했다. 당대 관료들은 토지를 직분전職分田과 영업전永業田으로 나누어 차지했다. 직분전에 관해서는 『신당서新唐書』「식화지5食貨志五」에 이렇게 기록되어 있다.

> 1품에게는 직분전 12경頃[14], 2품은 10경, 3품은 9경, 4품은 7경, 5품은 6경, 6품은 4경을 주었다.

지방의 관리에게는 최고 12경, 최저 1경 50무畝[15]를 주었다고 한다. 영업전도 관리의 등급에 따라 몫몫이 나누어 주었다.

---

14 1경은 약 2만여 평.

15 100무는 1경.

송조宋朝 이후, 상품 경제가 발전히면서 관리들의 봉록도 화폐 위주로 직위에 따른 봉록과 경력에 따라 수당도 포함되었다. 이밖에도 갖가지 구실을 붙여 보조금을 지급했다. 예컨대, 관리에게 딸린 종들이 많고 적음에 따라 '의복과 양식을 살 돈'을 지급했으며, 여기에 '심부름꾼에게 줄 밥값'도 따로 지급했다. 이들 모두 등급에 따라 달리 지급했다. 송대에는 관리들의 봉록이 후하기로 유명해, 각급 관리들은 자기가 맡은 권한을 이용해 많은 재산을 차지했다. 조익趙翼이 쓴 『입이사찰기廿二史札記』「송제록지후宋制祿之厚」에는 송대 관료들이 받은 갖가지 보수의 수준이 열거되어 있다.

> 차와 술, 그리고 주방에서 쓰이는 물품 등을 공급했으며, 또 땔감, 향료, 숯, 소금 따위도 공급했다. 게다가 말에게 먹일 사료도 공급했으며, 아울러 쌀과 밀가루, 그리고 갖가지 육류도 공급했다.
>
> 외지에 나가서 벼슬을 하는 이들에게는 이 밖에 또 다른 보조금이 지급되었다. 절도사에서부터 승상 이하는 이만 관에서 칠천 관까지 네 등급으로 나누어 지급했다. 관찰사에서 방단防團 이하는 등급에 따라서 차등을 두어 지급했다.
>
> 공적으로 내리는 보조금 외에도 직전職田 제도가 있었다. 양경兩京의 대번부大藩府엔 40경頃, 차번진次藩鎭에는 35경의 땅을 주었으며 방단 이하는 직급에 따라 다르게 내렸다. 선인選人이나 사신使臣 등에게는 직전을 내리지 않았으나 차탕전茶湯錢을 지급했다.[16]

---

16 有茶酒廚料之給, 薪蒿炭鹽諸物之給, 飼馬芻粟之給, 米麵羊口之給. 其官于外者別有公用錢, 自節度使兼使相以下二萬貫至七千貫凡四等, 節度使自萬貫至三千貫凡四等, 觀察防團以下以是爲差. 公用錢之外, 又有職田之制, 兩京大藩府四十頃, 次藩鎭三十五頃, 防團以下各按品級爲差. 選人使臣無職田者別有茶湯錢.

송대에는 때에 따라 공이 있는 관리들에게 나라님이 직접 상을 내리기도 했다. 상을 받는 사람의 범위도 매우 넓어서 집정대신執政大臣과 공신功臣 그리고 지방의 관리도 포함되었으며, 때로는 벼슬길에 나섰다가 병으로 세상을 떠난 관리도 있었다. '이항李沆이 병들자 은 5천 냥을 내렸으며, 왕단王旦, 풍증馮拯, 왕흠약王欽若 등이 세상을 뜨자 모두 은 5천 냥씩을 하사한 것이 예이다.'는 구절과 '왕한충王漢忠이 양주襄州 지현을 나가자 정상적인 봉록 외에도 2백만 냥을 더 주었다.'는 구절이 『입이사찰기廿二史札記』「송은상지후宋恩賞之厚」에 실려 있다. 심지어는 공을 세우지 못한 대신에게도 상을 내렸다. 더욱이 봉건시대의 관리는 세금과 요역이 면제되는 특권을 누렸다. 뿐만 아니라, 온 조정의 권한을 손에 쥐고서 규정된 봉록 이외의 금전과 실물, 미녀들을 모을 수 있었다.

여기에서 고대 선비들이 각종 과거에 참가해 합격해도 등급이 높아야 벼슬길에 올라 감투를 쓸 수 있다는 점을 지적하고 싶다. 송대 이후에는 선비들이 진사에 급제만 하면 모두 관직을 얻을 수 있었기 때문에 진사는 선비들에게는 가장 큰 매력이었다. 『신당서新唐書』「선거지選擧志」에는 '무릇 여러 시험 가운데 진사는 특히 중히 여겨서 이런 사람을 자기편으로 만드는 일이 매우 성행했다.'는 기록이 있다. 진사로 합격한 사람도 그렇지만 그 밑의 거인, 감생, 공생 등도 이름을 떨쳤으며, 이들도 벼슬길에 오르기 전에는 '금사衿士'라고 통칭했다. 금사는 관官과 민民 사이에 있는 특수한 계층이었다. 역대 봉건 통치자는 선비들이 과거에 참가하도록 격려하기 위하여 금사들에게도 특별한 대우를 해 주었다. 법률상으로도 금사는 일반인과는 지위가 달랐다. 금사는 소송을 당했을 때에도 구금을 당하지 않았다. 또 옹정擁正 때의 규정에 의하면 이들에게 '마음대로 태형笞刑과 장형杖刑을 가할 수 없다.'고 했다. 가볍게 죄를 저지른 자에게는 과태료만 내면 형을 면했고, 유배형으로 멀리 보내도 유배지를 봐주었고 노복으로 내몰리지 않게 했다.

진사는 금사 가운데 지위가 가장 높았다. 진사와 관직과의 거리가 가장 가까웠기 때문이다. 당대 이후에는 고위 관료의 주요한 원천은 진사였다. 통계에 의하면, 재상 524명 가운데 진사 출신이 232명으로 44.27%를 차지했다. 송대에는 진사의 지위가 당나라 때보다 더 대단했다. 『송사宋史』「재보표宰輔表」에 의하면, 133명의 명재상 가운데 123명이 과거 출신으로 92.48%를 차지했으며, 그 가운데 진사 출신이 가장 많았다. 명청 시대에도 진사가 중간 관리 이상 고급 관리에 이르기까지 가장 많은 비율을 차지했다. 명나라 천순天順 이후 진사는 한림원의 한림이 될 수 있는 유일한 후보자였으며, 또한 한림원은 고급 관리의 주요한 원천이었다. 『명사明史』「선거지2選擧志二」에는 '남북예부상서南北禮部尙書와 시랑侍郎 그리고 이부吏部의 우시랑右侍郎은 한림이 아니고는 임명하지 않았다.'[17]고 하였으며, '통계에 의하면, 명대의 재상 170여 명 가운데 한림 출신이 19명을 차지했다.'는 기록이 펑얼캉馮爾康이 1994년 허난河南의 인민출판사에서 펴낸 『중국 사회구조의 변천』에 있다.

사회적으로 빛나는 지위와 경제적으로 두터운 이익에다 관리가 되었을 때 얻을 수 있는 헤아릴 수 없을 만큼 많은 이점으로 선비들은 공부를 해서 관리가 되려는 욕망을 버리지 못했으며, 허다한 고대 문학 작품 가운데도 선비들의 이런 가치 지향이 표현되고 있다.

당나라 때의 전기傳奇인 백행간白行簡의 『이왜전李娃傳』과 심기제沈旣濟의 『침중기枕中記』에서 전형적인 인물 두 사람을 만날 수 있다. 바로 정생鄭生과 노생盧生이 그들이다. 이들의 경력을 통하여 과거와 선비들의 생활이 얼마나 밀접한 관계에 있었는지 알 수 있다. 『이왜전』의 남자 주인공 정생은 산둥山東의 문벌 좋은 선비 집안 형양滎陽 정씨의 후예로 어렸을 때부터 '시문에 재주가 있어 다른 사람보다 확연히 뛰어났기에 당시 유명 인사들의

---

17 南北禮部尙書, 侍郎及吏部右侍郎, 非翰林不任.

칭찬을 한 몸에 받았다.'고 했으며 그의 아버지도 그를 사랑하고 소중히 해 천리마로 여겼다고 한다. 그리하여 정생을 도성으로 보내 그가 과거에 합격해 뜻을 이루고 가문을 빛내기를 바랐다. 하지만 정생은 장안에 온 뒤 주색에 빠지게 된다. 그는 창기 이왜에게 푹 빠져 날이면 날마다 잔치판을 벌이다가 한 해 쓸 돈을 몽땅 날리고 상엿소리를 메기는 상두꾼으로 전락하고 말았다. 아버지는 나중에 이를 알고는 가문을 욕되게 했다고 꾸짖으며 혼절할 만큼 매질을 한 뒤 그를 내다 버린다. 정생은 길거리를 떠돌다가 우연히 다시 이왜를 만난다. 이왜는 정생을 동정한다. 그녀는 돈을 지불하고 자유의 몸이 된 뒤 정생이 공부에 매진해 과거에 응시하도록 배려한다. 3년이나 고생을 하며 공부한 뒤 정생은 단 한 번에 진사에 급제해 도부참군都府參軍이라는 벼슬을 받는다. 마침 그의 아버지도 도윤都尹이 되어 부자는 검문劍門에서 만난다. 아버지는 '우리 부자는 모든 게 옛날과 같아졌다.'고 말하며 창기였던 이왜를 며느리로 맞아들이며 혼례를 올려준다.

『침중기』의 주인공 노생은 정생과는 달랐다. 그는 남루한 옷에 검은 당나귀를 타고 다니는 농사나 지을 평민이었다. 무슨 대단한 집안 출신도 아니었고 벼슬을 한 조상도 없었다. 그런데 그는 뜻을 세워 자기의 형편을 바꾸었다. 그는 '사람이 이 세상에 태어났으면 마땅히 공을 세워 이름을 날려야 하며 전장에 나가 장수가 되고 조정에 들어가면 재상이 되어 진수성찬으로 살아야 한다.'고 말했으며, 또 '온 집안에도 도움이 되고 가문에도 이익이 된 다음에야 말하기도 좋다.'고 했다. 노생이 가졌던 삶의 목표는 자기의 재능을 살려 과거에 합격해 벼슬을 하며 공을 세워 이름을 날려 집안을 부유하게 하고 가문의 융성을 꾀하는 것이었다. 훗날 노생은 꿈에도 그리던 청하淸河 최씨 집안의 딸을 아내로 맞고 과거에 진사로 급제하여 벼슬길에 오르게 된다. 그 사이에 뜻을 이루지 못하여 애를 먹기도 했지만 결국은 중서령中書令으로 불림을 받았으며 연국공燕國公에 봉해진다. 그의 다섯 아들도 진사나 아버지의 연줄로 벼슬길에 오르게 된다.

『이왜전』의 정생과 『침중기』의 노생은, 한쪽은 명문 사족의 자제요, 다른 쪽은 보통 백성이었다. 문벌제도가 성행하던 위진남북조 시대라면 이들에게 펼쳐질 앞날은 서로 달랐을 것이다. 정생은 가문 덕택에 아마 별다른 노력도 기울이지 않고 단번에 높은 지위에 올랐을 것이다. 그러나 가난한 집안 출신인 노생은 사회의 하층에 오랫동안 파묻혀 곤경을 벗어날 길이 없었을 것이다. 하지만 수당 이후의 과거제도는 문벌이 벼슬길에 벌이는 농단을 타파했다. 문벌 좋은 선비 집안이든 보통 백성이든 따지지 않아 벼슬길에 올라 관리가 되려는 자는 반드시 과거 시험을 통과해야 했다. 『침중기』는 비록 작가가 만들어낸 꿈속의 세계라 할지라도 노생과 같이 평민으로서 단번에 벼슬을 한 예가 당나라 때엔 현실 속에 분명 존재했다.

『구당서舊唐書』「위지고전魏知古傳」에는 위지고魏知古가 평민 출신으로 선대에 아무런 벼슬을 하지 못했지만, 진사로 급제한 뒤 승진에 영전을 거듭하여 양국공梁國公에 봉해지고 황문감黃門監에다 자미령紫微令에 임명된다는 이야기가 실려 있다. 또 비슷한 책인 『장열전張說傳』을 보면, 장열의 조부는 어떤 벼슬도 하지 않았으며 아버지 장즐張騭도 홍동승洪洞丞으로서 겨우 8품 내지는 9품의 작은 벼슬을 했을 뿐이었다. 하지만 장열은 과거에 급제해 벼슬길에 올라 당나라 현종玄宗 때에는 벼슬이 중서령에 이르러 연국공에 봉해졌다. 장열의 벼슬길도 일찍이 가시밭길이었으니, 『침중기』에서 노생이 꿈꾼 한평생과 매우 비슷하다. 이 책들은 비록 문학적인 형상에 불과해도 평민이 과거를 통하여 운명을 바꿀 수 있다는 사실을 진실하게 반영했다.

2. 과거에 합격한 선비의 영광

중국 고대의 과거 시험은 흡인력이 매우 강한 스네이크 큐브 같아서 수많은 선비들이 과거 때문에 대량의 피와 땀 그리고 재능과 지혜를 쏟아 부었다. '십 년 동안의 고생스런 공부에 찾아오는 이 없더니, 단 한 번 과거 합격으로 이름 떨치니 온 세상이 다 아는구나.'[18]라는 노래처럼 온갖 괴로움을 다 참고 견디며 분투에 분투를 거듭한 선비가 일단 자기 이름이 과거 합격자 명단에 든 것을 알았을 때, 환호작약하지 않을 수 없었을 것이며 흥분을 금하지 못했을 것이다. 당대의 시인 원호袁皓는 당 의종懿宗 함통咸通 연간에 진사에 급제하자 『급제후작及第後作』이라는 시를 써서 자기의 기쁜 마음을 드러냈다.

> 높이 걸린 합격자 명단에 내 이름 있구나,
> 분명 월궁의 계수나무 가지 하나 꺾었네.
> 봉래 영주의 신선이 나를 반기니,
> 밭 갈고 고기 잡던 옛 시절 회상하네.
> 구만 리 높은 하늘 맴도는 날개 펼쳤으니,
> 십 년 동안의 고생으로 어려움 넘었도다.
> 이 좋은 태평 시절 정의로운 길 만났으니,
> 등용의 길 험난한 줄 이제는 모르겠네.

> 金榜高懸姓字眞, 分明折得一枝春.

---

18 十年寒窓無人問,一擧成名天下知. 원나라 때 고명高明의 『琵琶記』에 나오는 구절.

蓬瀛乍接神仙侶，江海回思耕釣人.
九萬摶扶排羽翼，十年辛苦涉風塵.
昇平時節逢公道，不覺龍門是險津.

시인은 높이 걸린 진사 합격자 명단에 자기 이름이 있는 것을 보자 비길 데 없는 행운에 월궁月宮의 계수나무 가지 하나를 꺾은 것 같다고 한다. 게다가 그는 자신이 대붕大鵬이 되어 구만 리 높은 하늘에 날개를 펼친 듯하다. 하지만 그는 용문 통과가 매우 험난한 고비였다는 사실을 이제는 느끼지 못한다.

시견오施肩吾는 당나라 헌종憲宗 원화元和 10년(815년)에 진사에 급제한 뒤 고향인 홍주洪州[19]로 돌아가는 길에 양자강을 건너며 『급제후과양자강及第後過揚子江』이란 시를 읊었다.

지난 날 공생貢生이었던 시절 돌아보니,
이 강가에서 시름에 겨웠었네.
어룡은 서로 보이다 말다하고,
검은 물결은 하늘보다 높이 일렁였네.
이제 봄 길을 걸어,
이 길로 다시 돌아왔네.
강에 사는 신령도 세상 물정 알아,
나를 위해 산들바람 불어주네.

憶昔將貢年，抱愁此江邊.

19 오늘날 장시江西 난창南昌.

魚龍互閃爍, 黑浪高于天.
今日步春草, 復來經此道.
江神也世情, 爲我風色好.

이 시를 통해 우리는 과거 시험 합격 여부가 선비의 마음과 밀접한 관계가 있음을 알 수 있다. 시견오가 공생 신분으로 진사 시험에 참가했던 그 해, 강변에 선 그는 걱정이 태산이었다. 강물은 검은 파도로 일렁거렸다. 이제 다시 강변에 서니 봄빛 아름다운 계절에 푸른 풀을 밟으며 걷게 되었다.[20] 강에 사는 신령도 세상 사람들의 마음을 아는 듯, 이 시인을 영접하기 위하여 바람도 물결도 재운다. 급제한 선비의 마음도 상쾌하여 그의 눈앞에 펼쳐진 경치도 아름답게 변한다.

원화 14년(819년), 저장에 사는 장효표章孝標도 진사 시험에 합격한 뒤, 시를 읊었다.

진사 급제가 관리로 임명되는 것보다 더 영광인데,
나 지금 급제하여 고향으로 가는 길이오.
길은 벌써 양주에 다다랐으니,
사람들에게 알려 눈 씻고 나를 보라 하소.

及第全勝十政官, 金鞍鍍了出長安,
馬頭漸入揚州郭, 爲報時人洗眼看.

신문방辛文房은 『당재자전』에서 급제를 도금에 비유했으니, 만족한 마

20 당나라 때는 과거 시험의 합격자를 음력 2월에 발표했으니, 바로 봄날이다.

음의 일단을 볼 수 있다. 주광물周匡物도 진사에 합격한 뒤 시를 써서 기쁜 마음을 드러냈다.

> 원화 천자 병신년에,
> 서른셋이 함께 급제를 했네.
> 관복은 은자銀子와 같고 글은 비단과 같으니,
> 서로 어울리면 한낮에도 푸른 하늘 오르리.
>
> 元和千子丙申年, 三十三人同得仙.
> 袍似爛銀文似錦, 相得白日上青天.

어떤 이는 과거에 합격한 뒤 너무 흥분한 나머지 즐거움을 넘어 슬픔을 맞이하기도 했다. 심지어는 말 위에서 바닥으로 떨어지기도 했다. 북송 개보開寶 초년에, '과거에 응시한 제유齊愈는 급제를 하자 한달음에 백문白門까지 내달으며 껄껄 웃음을 그치지 못하다가 그만 말 위에서 바닥으로 떨어지고 말았다. 말을 부리는 이가 돌보았으나 한참만에야 깨어났으니, 너무 기쁜 나머지 이렇게 되자 더욱 이름을 날리게 되었다.'는 이야기가 『강남여재江南餘齋』 상권에 실려 있다. 고대 선비들이 과거에, 그것도 진사에 합격하는 것은 한달음에 하늘에 오르는 것만큼이나 큰 영광이었다. 그래서 정부에서 민간에까지 갖가지 경축 활동을 잇달아 거행해 널리 알리고 표창하여 대단한 효과를 낼 수 있었다. 온 사회의 주목을 끌었음은 물론 수많은 선비들을 과거의 길로 끌어들이기도 했다. 『개원천보유사開元天寶遺事』에는 당나라 때, '새로 진사에 합격한 사람에게는 모두 금으로 입힌 책을 주어 집안에 두도록 했으며, 외딴 구석에 사는 친척까지도 와서 노래를 부르며 서로 축하하는 것이 관례가 되었으니, 이를 일러 『희신喜信』이라 했다.'는 기록이 있다.

당나라 때는 새로 진사로 급제한 이는 각종 의식 및 환영 연회에 참가해야 했다. 먼저 시험관의 인솔로 상서성尙書省 도당都堂으로 가서 재상에게 인사를 올렸다. 이를 '과당過堂'이라 불렀다. 이어서 장원한 자의 인솔로 새로 진사가 된 이는 시험관 집으로 가서 사은謝恩했다. 시험관은 '좌주座主', '좌사座師'라고 했으며 새로 진사가 된 이는 '문생門生'이라 자칭했다. 찾아뵙는 일이 끝나면 이제 명승고적 유람, 연회 등의 갖가지 활동을 거행해야 했다. 그 중 가장 규모가 크고 사람들의 주목을 많이 받은 것은 '곡강연曲江宴'이었다. 곡강은 곡강지曲江池라고도 부르는 오늘날 산시陝西 시안西安 교외에 있는 곳이다. 이곳 못의 물은 맑았으며 아름다운 꽃과 좋은 나무들이 못을 에워싸고 있었다. 못의 남쪽에는 황제가 올라 경치를 바라볼 수 있는 자운루紫雲樓와 채하정彩霞亭이 있었으며, 못의 서쪽에는 살구나무 동산이 있었다. 게다가 곡강 주위에는 개인이 지은 수많은 누각과 정자가 있어서 장안에서는 풍광이 가장 멋진 명소로서 놀기 좋고 술잔치 벌이기 좋은 곳이었다. 당대에 진사로 급제한 이를 위해 황제는 여기서 성대한 잔치를 베풀어 축하의 뜻을 표시했다. 잔치가 열리는 날, 새로 진사가 된 이들은 흰색 마포麻布 두루마기를 입고 곡강의 잔치에 참가했다. 황제는 친히 자운루에 올라 발을 드리우고 특별히 참관했다. 왕실의 높은 벼슬아치들도 이들을 눈여겨보았으며, 집안에 아직 혼인을 하지 않은 딸이 있는 부잣집에서도 이곳으로 와서 좋은 사윗감을 가만히 눈여겨보았다. 일반 시민들도 밀물처럼 밀려와서 새로 진사가 된 이들의 의젓한 모습을 살폈다. 이때 '장안 시내는 거의 반이 비었을 정도였다.'고 『당척언唐摭言』권3은 전하고 있다. 이들 새로 진사가 된 이들은 만인이 주시하는 가운데 의기양양하게 한껏 기쁨을 맛보며 물 위에 배를 띄우고 더할 수 없는 즐거움에 푹 빠졌다.

곡강에서 잔치가 끝나면 새로 진사가 된 이들은 살구나무 동산으로 자리를 옮겨 '행림연杏林宴'을 벌였다. 잔치 중에 뽑힌 두 명의 나이 어리고 재능이 뛰어난 새 진사는 '탐화사探花使'가 되어 말을 타고 곡강 부근이나 장안 각처의 이름난 동산을 두루 돌아다니며 아름다운 꽃을 꺾으며 영광을 드러냈다. 당唐 건녕乾寧 2년(895년), 옹승찬翁承贊은 진사에 급제하여 행림연에서 탐화사로 뽑혔다. 그는 『탁탐화사이수擢探花使二首』를 써서 뜻을 이룬 마음을 표현했다. 그 가운데 한 수를 보자.

신선 홍애洪崖[21]가 인간 세상에 보낸 탐화사,
뭇사람 초대하여 맛있는 술 꽃 속에서 마음껏 마시네.
자줏빛 짙은 향기 삼백 송이 꽃,
내일 아침엔 나를 위해 한꺼번에 피어나리.

洪崖差遣探花使, 撿点芳叢飮數杯.
深紫濃香三百朶, 明朝爲我一時開.

송대 이후, 과거제도의 발전에 따라 과거에 합격한 영광을 드러내는 예절과 의식, 축전이 잇달아 나타났다. 그 가운데 주요한 것은 다음과 같다.

가. 전려 대전傳臚大典

황제가 전시에 새로 뽑힌 진사들을 친히 만나 보는 행사이다. 차례에 따라 이름을 불러 호출하는 것을 '전려傳臚'라고 했다. 송나라의 심괄沈括은 『몽계필담夢溪筆談』에 이렇게 기록했다.

진사가 집영전에서 큰 소리로 불리는 날, 황제께서는 친히 임하시

21 홍애는 헌원軒轅 황제의 악관樂官으로 도를 닦아 신선이 되었다고 한다.

어 재상이 가지고 들어온 1갑에 든 세 명의 시험 답안을 훑어보고 이들의 이름을 보며 '아무개'하고 부르면 합문사가 이를 받아 계단 아래에 전하고, 근위병 예닐곱 명이 한 목소리로 그 이름을 다시 전하여 불렀다.[22]

황제가 친히 귀한 입을 열어 이름을 부르며 급제를 알리니, 선비들로서는 인생 최대의 영광인 셈이다. 송나라 이후, 전려 대전은 장중한 의례로 행해졌으며, 청나라에 와서는 가장 완벽한 모습이 되었다. 청대에는 이 전려 대전이 장엄하고 화려한 황궁의 정전인 태화전太和殿에서 거행되었다. 새로 합격한 진사, 그리고 왕공王公과 백관百官이 이곳에서 질서 있게 늘어서고, 북소리와 음악, 여기에 의장용儀仗用 채찍소리가 울리는 가운데 그 해에 급제한 진사가 자리에 나타나서 황제의 하사품과 검열을 받았다. 이때 진사 가운데 1등인 장원이 가장 큰 영광을 차지했다. 자기 이름이 불리면, 장원은 즉시 태화전 붉은 계단 아래 중간, 비룡飛龍이 조각된 커다란 돌 앞, 황제가 타는 수레가 지나가는 곳으로 나아가 선다. 장원의 몸에는 좌우로 교차하여 두 가닥 붉은 비단을 걸치고 모자에는 박동엽薄銅葉으로 정교하게 만든 황금빛 꽃을 두 송이 꽂았으니, '십자十字 모양으로 붉은 띠 걸치고 꽃 두 송이 꽂았다'고 아름답게 표현했다. 황제가 지켜보고 다른 사람들도 선망의 눈으로 바라보는 가운데서 홀로 남다른 영광을 안은 이의 심경을 미루어 짐작할 수 있다. 엄아사嚴我斯는 강희康熙 3년(1664년)에 장원을 했다. 그는 『갑진전려일기은시甲辰傳臚日紀恩詩』에서 이렇게 노래했다.

막 솟은 아침 해 투각 병풍에 고운 빛으로 떠오르자,

---

22 進士在集英殿唱第日, 皇帝臨軒, 宰相進一甲三名卷子, 讀畢拆視姓名, 則曰某人, 由是閣門承之以傳于階下, 衛士凡六七人皆齊聲其名而呼之.

홍려[23]의 목소리 쩌렁쩌렁 궁전을 울리네.
향연香煙 모락모락 황제의 탁자 앞에서 처음 받는 성지,
천상에서 빚은 술 내리시니 술잔 높이 치켜드네.
오색 깃발 가물가물 아름다운 노랫소리 울리고,
널따란 큰길엔 늘어진 의장대 종종걸음.
이런 영광에도 아무런 재략 올리지 못한 부끄럼 크고,
가난했던 지난 날 내 처지 평생 잊지 못하리.

旭日罘罳霽色昇, 鴻臚聲徹殿頭來.
香飄禦案初承詔, 酒賜天廚正擧杯.
彩仗氤氳喧鳳吹, 康衢蹀躞走龍媒.
自慙拜獻無長策, 敢忘終生舊草萊.

나. 은영연恩榮宴

당대에 진사들은 경축연에 드는 비용을 각자 똑같이 준비해 마련하였다. 송대 이후에는 정부에서 낸 자금으로 성대하게 잔치를 치렀다. 개보 6년(973년), 송 태조는 20만 냥을 하사하여 경축연을 성대하게 거행했다. 급제한 이들이 거리를 걸어갈 때, '구경꾼들이 큰 거리에 넘쳐 어깨를 부딪치면서도 지날 수 없었으며, 멋지게 치장한 말들은 서로 앞을 다투었다. 집에 올라 굽어보는 자도 있었고, 급제하지 못한 선비들은 마음을 다하여 사모하였으니, 온 성이 즐거움으로 출렁였다.'고 『유림공의儒林公儀』 상권은 기록하고 있다. 그리고 나면 황제는 상례에 따라 잔치를 베풀었다. 송대에는 황제

23 조정에서 의식을 관장하던 관리.

가 베푸는 잔치를 도성에 있는 경림원瓊林苑에서 거행했기에 '경림연瓊林宴' 이라고 부르다가 휘종徽宗 때에 '문희연聞喜宴'이라고 바꾸어 불렀다. 명대에는 '은영연恩榮宴'이라 했으며, 청대에도 이 제도를 그대로 따랐으니, 이 잔치에 참여하는 자는 그 해에 과거에 합격한 진사 외에도 시험 답안을 채점했던 대신과 황제의 의장을 맡아보던 관리, 그리고 예부상서시랑 등 많은 벼슬아치들이 있었다. 강희 6년(1667년), 진사 무동繆彤은 『여전기사臚傳紀事』에서 그가 은영연에 참여했던 정경을 이렇게 기술하고 있다.

> 삼월 스무닷새, 예부로 가서 은영연에 참가했다. 독권관讀卷官 중에서 만주족이든 한족이든 대학사大學士 이하, 그리고 수권관收卷官과 장권관掌卷官은 한림원의 각과 각부 이하, 게다가 감고監考 인원과 순사巡查 인원도 모두 잔치에 참가했다. 황상께서는 내척대신內戚大臣을 보내어 함께 식사를 하도록 했다. 나는 따로 한 상, 2위 3위는 함께 한 상을 받았다. 그 밖에 진사에 합격한 사람은 네 사람이 한 상을 차지했다. 모두가 만주족이 쓰는 은쟁반을 사용했다. 갖가지 과일에다 먹을거리가 마흔 가지 남짓 되었다. 거의가 맛보기 어려운 진귀한 것들이었다. 술과 안주도 모두 뛰어난 제품이었다. 황상께서 친히 내리신 맛 나는 술을 장원은 금으로 만든 잔에 부어 마셨다. 모두들 마음껏 신나게 마시고 취했다. 저마다 궁화宮花 한 가지를 들었으며, 자그마한 비단 조각 위쪽엔 '은영연', 이 세 글자가 새겨졌다. 장원은 은으로 만든 표찰을 사용했다.[24]

24 (三月)二十五日到禮部與恩榮宴. 讀卷官司自滿漢大學士以下, 收卷官, 掌卷官自翰林科部以下, 監試御史及巡緝, 供給各官, 俱與宴. 皇上遣內大臣佟國舅陪宴, 彤一席, 榜眼探花一席, 諸進士四人一席, 用滿洲桌銀盤, 果品食物四十餘品, 皆奇珍異味, 極天廚之饌. 御賜酒, 三鼎甲用金碗, 隨其量盡醉無算. 官花

잔치 사이사이엔 궁중의 아악을 자주 울려 흥을 돋우었다.

다. 어사御賜

황제가 내리는 의관衣冠, 돈 그리고 물건을 말한다. 청나라 순치 15년(1658년)의 규정에는 '전려 대전이 끝나고 닷새 뒤 급제자에게는 오문午門 앞에서 상을 준다. 장원 6품에게는 조관朝冠, 조의朝衣, 예복禮服, 대화帶靴를 내린다. 합격한 진사 모두에게는 아름다운 꽃과 패방은牌坊銀 30냥을 내리며, 1갑 세 명에게는 각각 50냥씩을 다시 더 준다.'고 했다. 『여전기사』에 의하면, 강희 정미丁未 과거에는 더욱 화려해서 장원에게는 수정으로 만든 윈남성 차양모자 하나에 이무기를 새겨 넣은 쪽빛 관복 한 벌, 그리고 대모로 만든 은빛 띠 하나와 지갑 하나, 여기에 상아로 만든 붓통 한 개와 작은 칼 일습, 말가죽으로 만든 신발 한 켤레 등을 내렸다. 방안, 탐화 이하에게는 순도가 낮은 은 5냥씩을 모두 같이 내렸다.

라. 석갈釋褐

'갈褐'이란 고대에 평민들이 입던 옷을 말한다. 그러니까 '석갈釋褐'은 평민의 옷을 벗어버리고 관복官服으로 갈아입는 것을 가리켰다. 청대에 이루어진 '석갈 의식'은 공자孔子에 대한 추모 의식을 포함하여 평민들이 입던 옷을 관복으로 갈아입고 제주와 사업司業 등에게 인사를 올리는 의식이다. 이날 홍려사관鴻臚寺官은 새로 진사에 합격한 이들을 데리고 국자감國子監으로 가서 공자와 여러 선현들의 신위에 제사를 올렸다. 이들은 예가 끝나

一枝, 小絹牌一面, 上有"恩榮宴'三字, 壯元用銀牌.

면 평민 복장을 벗어버리고 관복으로 갈아입었다. 그런 다음 국자감의 제주와 사업을 배알하고, 제주와 사업은 인사를 받은 뒤 1갑으로 합격한 자(장원, 방안, 탐화)에게 당堂에 올라 각각 술을 한 잔씩 올리고, 황금꽃 한 가지를 꽂게 했는데, 이것을 '잠화簪花'라 했고 축하의 뜻을 나타내기 위해서였다.

당나라 때부터 그 해에 새로 진사로 합격한 이들은 곡강曲江에서 잔치가 끝난 뒤에 안탑雁塔[25]에 자기 이름을 써 넣는 안탑제명雁塔題名이라 불리는 행사를 치렀다. 송대 이후에는 국자감에 이들의 이름을 써 넣은 비석, 곧 제명비題名碑를 세웠다. 청대에는 석갈 의식 뒤 예부에서 공부工部에 은 1백 냥을 건네 국자감에 급제자의 이름을 새겨 넣을 비석을 세우게 했다. 이로써, '급제를 하지 못한 선비들이 이를 보고 공부를 하면 영예를 얻을 수 있음을 알게 하고 스스로 열심히 하여 자기의 뜻을 이루도록 더욱 부추겼다.'는 기록이 '『흠정대청회전사례欽定大淸會典事例』 권 361, 「예부禮部 · 공거貢擧」에 있다.

과거 급제는 도성에서도 많은 사람들을 뒤흔드는 사건이었지만 급제자의 고향에서도 대단한 일이었다. 송대에는 진사로 급제해 고향에 돌아올 때면, '깃발을 든 사람, 북을 두드리는 사람, 선물을 들고 나선 사람, 마중 나온 사람, 오가는 구경꾼 등 길을 가득 메우며 늘어선 사람들로 담을 쌓은 듯하였다. 게다가 규방에서 나온 축하객에다 겨레붙이들의 축하 행렬, 여기에 인척들과 친구들, 그리고 손님들까지도 축하하기 위하여 나왔다. 또 앙심을 품고 미워하던 사람조차 부끄러움을 무릅쓰고 나와서는 축하를 겸하여 미안함을 표하기도 했다.'고 주밀은 그의 『제동야어齊東野語』에 기록하고 있다. 심지어 급제한 자의 출신이 어떤지 따지지 않고 신분이나 지위가 높은

25 당대 현장법사를 위해 세운 탑으로 샨시성 시안西安의 자은사慈恩寺 안에 있음.

사람이나 벼슬아치들이 서로 다투어 이들과 혼인을 맺으려고 하였다. 청대에는 진사에 합격했다는 소식이 고향에 알려지면 '관리가 깃발을 올려 기쁜 소식을 근처에 알렸으며', 이 깃발을 올린 다음 날엔 말과 사람을 보내 영접케 했으니, 관리는 양산을 올리고 나팔과 북을 울리며 도로를 깨끗이 정비하는 등 온갖 장식으로 치장한 뒤 맞으러 나갔으니 자못 정중하고도 엄숙했다.

과거 급제로 선비들의 사회적 지위는 하루아침에 근본적인 변화가 발생했으니, 인정의 변덕스러움과 염량세태를 모두 과거를 통하여 체험할 수 있었다. 『옥천자玉泉子』에는 당나라 때의 두고杜羔가 과거에 연달아 낙방하여 집으로 돌아오자 아내 유씨劉氏가 남편을 조롱하며 비웃은 시가 실려 있다.

그대는 공연히 뛰어난 재주 있다지만,
어째서 해마다 떨어져 돌아오나이까?
이제는 아내도 남편 얼굴 부끄러워하니,
그대도 돌아올 때 밤을 타서 오는구려.

良人白白有奇才, 何事年年被放回?
如今妾已羞君面, 君到來時近夜來.

두고는 이런 신랄한 풍자에도 용기를 잃지 않고 더욱더 노력하여 마침내 과거에 급제한다. 이 소식이 전해지자 온 집안은 한없이 기뻐했다. 유씨는 이제 이렇게 노래했다.

장안에 간 지 오래 되지 않아,
울울창창 상서로운 기운 올랐네.

남편은 뜻을 이루니 이제 젊은 나이,
오늘밤엔 술에 취해 어느 집에서 주무실꼬?

長安此去無多地, 鬱鬱葱葱佳氣浮
良人得意正年少 今夜醉眠何處樓?

유씨가 쓴 두 편의 시는 선비들이 과거에 급제하기 전후의 마음의 변화를 구체적으로 표현했다.

당나라 대종代宗 때의 재상 원재元載가 겪은 일도 대단히 전형적이다. 원재의 아내 왕온수王韞秀는 대장 왕충사王忠嗣의 딸이었다. 원재는 장인 집에 얹혀살았는데, 과거에 합격하지 못했다는 이유로 처가 식구들에게 업신여김을 받았다. 그가 처가를 떠나 장안으로 가서 과거 시험을 치르려고 결심하자, 아내는 그에게 '뜻이 있는 사나이는 당연히 자립해야 합니다.'라고 격려하며 남편과 함께 떠나기로 결정한 뒤 읊은 시가 『동부유진同夫遊秦』이다.

가는 길 배고픔과 추위 있을 테지만,
하늘도 패기 있는 젊은이 가엾이 여길 겁니다.
이별의 눈물 그치고,
손 마주 잡고 장안으로 갑시다.

路掃飢寒跡, 天哀志氣人.
休零離別淚, 攜手西入秦.

원재는 장안으로 온 뒤 노력 끝에 마침내 진사에 합격하였으며, 나중에는 재상에 오르게 된다. 이때 지난날 그를 업신여겼던 처가붙이들이 줄을 지어 그를 찾아와 더욱 친해지려고 했다. 왕온수는 『부입상기이매夫入相寄姨妹』를 써서 그들을 비웃었다.

남편 관직 상국相國이라 따라서 고귀해진 우리 집,
가풍도 아름답고 훌륭함을 중히 여깁니다.
시집오던 해 베 짜는 여자라 내 가난을 비웃더니,
소진처럼 부귀해진 내 남편 보기 부끄럽겠지요.

相國已隨麟閣貴, 家風第一右丞詩.
笄年解笑鳴機婦, 耻見蘇秦富貴時.

선비들이 과거에 급제하면 몸값이 배로 치솟아 사람들도 눈을 비비고 쳐다보았다. 『유림외사』에는 이 점을 정말로 생동감 있게 묘사하고 있다.

주진周進은 수염도 희끗희끗한 예순이 넘은 늙은이다. 하지만 잇달아 수재에도 들지 못하여 어쩔 수 없이 사숙私塾에서 아이들을 가르쳐야 했다. 그보다 몇 십 년 어린 매구梅玖는 자기가 수재라며 그를 비웃었다. 왕혜王惠도 자기가 거인擧人이라며 주진을 우습게 알았다. 왕혜는 사숙에서 진탕 먹고 마시고는 닭 뼈에 오리날개, 물고기 뼈, 해바라기 씨 등으로 어질러 놓았다. 주진은 그를 위하여 이른 새벽에 청소를 했다. 어느 날, 주진은 시험장을 참관하다가 만감이 교차함을 금하지 못하여 그 동안 억눌렸던 감정을 다스릴 수 없었다. 모르는 사이에 눈이 시큰해지며 깊은 한숨을 쉬다가 그만 빈지에 부딪혀 인사불성해서 뻣뻣하게 굳고 말았다. 훗날, 주진에게도 때가 되어 좋은 운이 생겼으니, 바로 진사로 급제한 것이다. 원래 그를 얕보던 매구는 태도를 당장 바꾸어 주진의 제자라고 사칭했다. 주진이 지난날 사숙에서 되는 대로 썼던 한 폭의 대련對聯까지도 조심조심 내려서 표구를 해 잘 간수했다.

범진도 거의 한 평생을 과거에 매달린 늙은이였다. 그는 자기가 거인으로 합격했다는 소식을 듣자 그만 너무 기쁜 나머지 정신을 잃고 손뼉을 치며 큰 소리로 '아! 좋구나, 나도 합격했어!'라고 외치며 장터로 내달았다. 주진이나 범진이 향시에 급제하자 그들의 모습도 이에 따라 높고 커졌다. 그 즉시 사람들이 알랑거리며 선물을 보냈다.

청나라 왕사진王士稹의 『지북우담池北偶談』에서 아재비와 조카가 장원으로 합격한 이야기를 기록하며 선비가 이런 특별한 영광을 차지한다는 것이 얼마나 의기양양한 일인지 엿볼 수 있다. 저장 덕청德淸 사람 채계준蔡啓僔은 강희 9년 경술년에 장원을 한다. 그가 아직 거인이었을 때, 회시를 치르려고 도성으로 올라가는 길에 산양현山陽縣을 지나게 되었다. 그는 같은 고향의 소邵 아무개가 이곳 현령으로 있다는 것을 알고는 찾아가 문안했다. 그러나 소 아무개는 거만하게 상대하지도 않았을 뿐만 아니라 이 사실을 밝혀 보고하도록 아랫사람에게 명령했다. 채계준은 이런 치욕을 당하자 분을 삼키며 자리를 떠야 했다. 도성에 온 그는 단번에 영광의 수석 합격을 차지했다. 소 현령은 이 소식을 듣고 후회막급이었다. 그는 한 뭉치의 돈을 보내 사과하려 했다. 그러나 채계준은 부채에 이런 시 한 편을 적어 보낸다.

> 지난겨울 눈보라 속에 도성으로 왔소만,
> 이 세상에 범숙[26]의 가난을 누가 가엾이 여겼나요.
> 산양의 똑똑한 집정관에게 말씀 전하노니,
> 뒷조사하려거든 합격자 명단부터 봐야 하오.

---

26 범저范雎, 숙叔은 자. 전국시대 위魏나라 사람으로 가난한 가정환경 때문에 고통을 겪었다. 뒷날, 상앙商鞅, 장의張儀, 이사李斯 등의 앞뒤로 진秦나라의 승상을 지냈으며, 진의 번성과 천하통일에 이들과 함께 큰 역할을 했다.

去冬風雪上長安，擧世誰憐范叔寒.
寄語山陽賢令尹，查名須向榜頭看.

열두 해 뒤, 채계준의 조카 채승원蔡升元이 또 장원에 급제했다. 채승원은 이렇게 노래했다.

조정에서 낸 문제에 온갖 계책 써 올렸더니,
전려傳臚하는 높은 소리 황제께서 임하셨습니다.
나라님 은혜 우리 집에만 두텁게 내리셨으니,
열두 해 동안에 장원이 두 명이옵니다.

入對彤廷策萬言，句臚高唱帝臨軒.
君恩獨被臣家渥，十二年間兩壯元.

과거제도와 선비들의 사회적 지위는 관계가 서로 밀접했다. 사회적 지위의 변화는 또 선비들에게 인정의 냉혹함과 따스함을 두루 맛보게 했다. 과거 합격과 불합격은 그야말로 하늘과 땅이었다.

고대 선비들은 과거를 통과해 벼슬길에 오르면 더할 수 없는 영광에 두터운 이익을 얻을 수 있었다. 또 봉건 통치자도 사회에 필요한 인재를 과거를 통해 관료 대오에 보충하기를 원했다. 당태종은 '천하의 영웅이 모두 내가 친 올가미 안으로 들어왔다.'고 말한 바 있다. 그런데 고대 선비들이 오른 벼슬길은 수많은 난관이 기다리는 고통의 길이었다. 벼슬길을 향해 붐비는 무리 가운데 극소수의 행운아만이 과거에서 최종적으로 합격할 뿐, 대다수의 선비로 말할 것 같으면 벼슬길은 그저 한낱 허황된 꿈일 뿐이었다.

3. 고생스런 벼슬길

중국 민간에는 '용문에 오르는 잉어' 이야기가 있다. 황하에 사는 수없이 많은 잉어 가운데 기개가 가장 꿋꿋하고 굳센 놈이라야 용문으로 뛰어오를 수 있다. 용문으로 뛰어오르는 순간, 천둥 번개가 우르릉 번쩍하며 잉어의 꼬리는 타버린다. 이제 용문으로 뛰어든 잉어는 또 불길에 뛰어드는 시험을 거치고 나서야 구름을 들이마시고 안개를 내뿜을 수 있는 자랑스러운 용이 된다.

고대 선비들이 과거에 합격하여 벼슬길에 오르는 것은 '용문에 오르는 잉어'와 참으로 흡사하다. 국가 관료 기구에서 벼슬살이를 하는 이의 숫자는 한정되었고 벼슬을 하려는 이는 매우 많았기에 몇 차례의 탈락을 거쳐 최종적으로 벼슬길에 오르는 이는 얼마 되지 않았다. 그러기에 민간에서는 과거에 급제하는 길을 일러 '등용문登龍門'이라고 했다.

당대에는 해마다 수도 장안으로 과거에 응시하러 올라온 거자가 2~3천이 넘었다고 한다. 하지만 진사로 급제하는 이는 불과 일이십 명이었다. 당나라 덕종 정원貞元 18년(802년) 5월, '지금부터 해마다 시험을 통해 받아들일 수 있는 숫자가 명경과明經科는 1백 명을 넘어서는 안 되고, 진사도 스무 명을 넘을 수 없다. 만약 그런 인물이 없다면 그 숫자를 꼭 채울 필요는 없다.'고 칙령으로 내렸다. 『문헌통고文獻通考』에 기록된 '당등과기총목唐登科記總目'의 통계를 보면 당대에는 진사를 뽑는 시험이 모두 260번, 그 가운데 서른 명 이상 뽑은 적은 겨우 79번, 아무리 많이 뽑아도 쉰 명을 넘지 않았다. 적을 때는 겨우 몇 명만 뽑았을 뿐이다. 당대 200여 년 동안 진사로 등과한 자는 불과 3,000명 남짓, 장원에 이른 자는 더욱 얼마 되지 않았다. 당나라 고조高祖 무덕武德 원년(622년)에 최초로 장원에 오른 손복孫伏부터 청나라 광서光緖 30년(1904년) 마지막으로 장원을 한 유춘림劉春霖까지 전후

무려 1,300년 동안 겨우 504명의 장원이 나왔을 뿐이다. 그런데 장원을 하려고 꿈꾸던 이가 어찌 수천만뿐이었겠는가! 과거를 향해 몰려든 대군과 극히 제한된 합격자수는 강렬한 대조를 이루어, 선비들 사이에서 치열하고도 잔혹한 경쟁을 일으켰으니, 벼슬길은 벌써부터 어려움과 괴로움으로 가득했던 것이다.

고대의 수많은 선비들은 모두 여러 번의 시험을 통과해야만 성공에 이를 수 있었다. 당나라 때 이민구李敏求는 여덟 번이나 과거에 응시했으나 번번이 뜻을 이루지 못했다.

만당 시인 서인徐夤은 17년 동안 응시했다. 그는 『증수광동년贈垂光同年』에서 이렇게 읊었다.

> 열일곱 해나 한결같이 공명을 추구하다가,
> 오늘에야 마침내 희망을 보았네.
>
> 丹桂攀來十七年,
> 如今始見茜抱新.

허당許棠은 30여 년 동안 스무 차례 넘게 과거에 참가하다가 함통 12년(871년)에야 비로소 진사로 급제했다. 공승억公乘億도 거의 30년을 과거에 응시했는데, 한 번은 장안에서 큰 병에 걸린 적이 있었다. 고향 사람이 벌써 세상을 떴다고 잘못 전하는 바람에 그의 아내는 당나귀를 타고 상복을 입은 채 죽은 이를 맞으러 나갔다가 그만 중간에서 공승억을 만나 두 사람은 끌어안고 통곡을 했다. 나중에 공승억은 기어이 진사에 합격했다는 기록이 『당척언』권8에 전한다.

당대에는 한 평생 과거에 매달린 이도 적지 않았다. 조송曹松은 일흔이 넘었는데도 시험에 참가하자 정부에서 그의 나이를 보아서 특별히 합격시켜 주었더니, 그는 감격한 나머지 뜨거운 눈물을 줄줄 흘리며 '이제 나라님 찬상 얻고 보니 지난 날 겪은 어려움 생각나 눈물 그치지 않네.'라고 읊었다는 기록이 『당시기사唐詩紀事』에 전한다. 조송과 동시에 합격한 이로는 왕희우王希羽, 유상劉象, 가숭柯崇, 정희안鄭希顏 등 일흔이 넘는 늙은이가 네 명이나 더 있었는데, 당시 사람들은 이들을 '오로방五老榜'[27]이라 불렀다.

조송처럼 과거 시험을 위한 공부로 백발이 되어 과장에 나타난 경험 많고 박학한 늙은이는 대대로 그치지 않았다. 송나라 신종神宗 때는 일흔이 넘는 늙은이가 시험에 참가하여, '신은 늙었나이다. 글도 쓸 수 없고 다만 엎드려 비오니, 폐하께서는 만세를 누리소서!, 만세! 만만세!'라고 외쳤다. 이 늙은이는 과거에 얼마나 많이 참가했는지 모를 정도였지만 여전히 원을 풀지 못했으니, 그 애타는 마음을 미루어 짐작할 수 있다. 그러니 이렇게 정상을 벗어난 구호를 외칠 수밖에 없었던 것이다. 『평주가담萍洲可談』권1에는 황제가 이 사실을 알고 그에게 특별히 관직을 내리고 평생 녹봉을 주었다는 기록이 있다.

청나라 때, 광둥廣東 순덕順德에 사는 황장黃章은 나이 마흔이 되어서야 동시에 통과하여 생원이 되었다. 강희 38년, 그는 백 살이 다 된 나이에 광둥에서 중앙으로 올라와 과거에 응시했다. 과장에 들어설 때, 그는 초롱을 만들어 '백세관장百歲觀場', 이 네 글자를 크게 써서 올리고 자기의 증손이 이를 들고 앞서서 길을 인도하게 해 선풍을 일으켰다. 또 다른 광둥 사람 사계조謝啓祚도 아흔여덟이나 되는 나이에 향시에 참가했다. 물론 백 살이 넘는 노인도 시험에 참가했다는 기록이 있다.

도광道光 6년 봄에 북경에서는 회시가 치러졌는데, 수많은 거자 가운데 양쪽 살쩍이 허연 103세의 노인이 참가해 사람들의 눈길을 끌었다. 광주부

27 급제한 다섯 늙은이라는 뜻.

廣州府 삼수현三水縣에서 온 육운종陸雲從이라는 사람이었다. 감독관은 즉시 황제에게 이 사실을 보고했고, 도광황제는 '덕행이 있어 특별히 오래 산 사람'이 나타났으니 좋은 일이 일어날 징조로 보아 그 자리에서 국자감 사업이라는 직책을 그에게 내렸다.

광시廣西 심주潯州의 막여원莫如瑗은 102세에 그가 살고 있는 성의 향시에 응하여 금품도 받고 거인으로도 뽑혔다. 건륭이 장저江浙, 푸젠, 후난湖南 등 남쪽 지방을 순행할 때, 어가를 영접한 백 살이 넘는 생원이나 거인들은 하나같이 황제가 베푼 편액과 재물을 받았다고 상옌리우商衍鎏는 『청대과거고시술록清代科擧考試述錄』에 기록하고 있다. 이처럼 고령의 늙은이가 과장에서 죽을힘을 다해 끝까지 분투하는 것을 보면 선비들이 벼슬길에 얼마나 연연했는지 알 수 있으며, 또 한 편으로는 벼슬이 결코 쉽지 않았음도 알 수 있다. 이들 늙은이는 한 평생 과거 시험에 참가해 마침내 이름을 날리거나 말단 관직을 얻긴 했으나, 누구나 나이가 들면 침침한 눈에 한갓 공명은 무엇이며 감투는 또 무엇인가! 참으로 가엾고 불쌍하기 짝이 없다.

고대 선비들은 벼슬의 꿈을 실현하기 위하여 뼈를 깎는 고통을 견디며 공부해 얻은 시험을 치를 수 있는 숙달된 능력 외에도 필요한 로비 활동을 할 줄 알아야 했다. 전국시대의 이른바 '유학遊學'이란 자기 지식을 제후들에게 알리고 관직을 구하려는 활동이었다. 『사기史記』「진시황본기 秦始皇本紀」에는 '옛날, 제후들은 서로 다투어 유세자를 너그러이 받아들였다.'는 기록이 있다. 동한 말년, 정치는 부패하고 조정에서는 환관과 외척이 번갈아 정권을 독차지하며 자기 무리만을 관리로 쓰자 선비들의 벼슬길은 막히게 되었다. 그러자 그들은 벼슬을 구하기 위하여 사방으로 바쁘게 뛰어다닐 수밖에 없었다. 유명한 『고시19수古詩十九首』 가운데 몇몇 시는 먼 곳으로 떠도는 선비가 아내와 고향을 그리워하는 갖가지 이별의 슬픔과 한을 노래하고 있다. 예컨대 『행행중행행行行重行行』이 그렇다.

가고 또 가고 다시 가고 또 가니,
그대와 생이별이구려.
만여 리나 서로 떨어져,
각각 하늘 저 편에 있게 되었구려.
길은 험하고도 머니,
다시 만날 날 어찌 알 수 있겠소!

行行重行行, 與君生離別.
相去萬餘里, 各在天一涯,
道路阻且長, 會面安可知!

당대에는 권력을 쥔 관료에게 청탁하는 풍속이 성행하여, 과거에 응시할 선비들은 이들 권력을 쥔 관료가 시험관에게 자기를 추천해야만 급제할 수 있다는 희망을 가질 수 있었다. 당대의 과거 시험 답안지는 일반적으로 응시자의 이름을 가리지 않아서 채점을 담당하는 관리는 답안지를 평가하는 것 말고도 응시자가 평시에 쓴 작품과 그의 명성도 참고할 수 있었다. 이때문에 응시자는 정치적인 지위가 높고 권세가 있는 이에게 자기 작품을 건네며 청탁을 했으니, 당시에는 이것을 일러 '투권投卷'이라 했다. 예부에 제출한 것은 '공권公卷'이라고 불렀으며, 권력자에게 건넨 것은 따로 '행권行券'이라 불렀다. 그러기에 선비들은 실제 시험을 치르기 전에 삼공구경 높은 벼슬아치를 찾아다니며 인사를 드리고, 글을 올리고, 선물을 바치는 등 정말 바쁘게 보내야 했다. 이런 일을 모두 '구지기'[28]라고 했으며 '간알'[29]이라고도 했다. 어떤 선비는 관료가 탄 수레 앞으로 재빨리 뛰어가 자기가 쓴 글을 올리며 정성스러운 마음을 표시하기도 했다. 『문헌통고文獻通考』「선거2選擧二」에는 "천하의 선비들은 여럿이 떼를 지어 낡은 모자를 쓰고 절룩거리는 나귀를 타고 오다가 그 집 문 앞 저 멀리에서 얼른 내려, 돈을 올리고 고개를 숙이며 접대를 담당하는 자에게 자기가 쓴 글을 건넸으니, 이런 것이 바로 '구지기', 다른 말로 '간알'이었다. 그래도 거들떠보지 않으면 다시 앞서와 같이 했으니, 이를 또 '온권溫卷'[30]이라 했다. 그래도 거들떠보지 않으면 말 앞으로 직접 들고 나아가 '아무개 인사 올립니다.'라고 제 스스로 추천했다."고 강릉江陵 항項씨의 말을 빌려 전하고 있다. 선비들이 벼슬을 위하여 권력자 앞에서 굽실거리며 타락한 모습, 참으로 가련하기 짝이 없다.

어떤 선비는 이렇게 해서 권력자의 추천을 받아 벼슬을 하려는 꿈을 이루기도 했다. 왕유王維는 스무 살에 진사 시험을 준비하면서 태평공주太平公主의 연줄을 잡을 생각을 하고 있었다. 그러나 태평공주는 이미 장구고張九皐라는 다른 선비를 진사 수석 합격자로 내정해 추천했기에 왕유는 기왕岐王 이융범李隆範과 암암리에 내통하기로 작정한다. 이융범은 태평공주가 거행한 연회를 이용하여 왕유를 악공과 함께 분장시켜 들어오도록 한다. 왕유는 젊은 나이에 재능이 뛰어나고 풍채도 말쑥하여 태평공주의 눈길을 끌었다. 기왕은 이 기회에 왕유에게 태평공주를 위하여 새로운 곡조의 비파곡을 연주하게 하여 큰 칭찬을 받게 한다. 왕유가 이제 태평공주에게 시를 지어 올리자, 시를 읽은 공주는 '이것이 모두 내 아들이 외우고 다니면서 옛날 사람이 쓴 좋은 작품이라고 하던데, 알고 보니 그대가 쓴 것이란 말이오?'라고 물었다. 기왕은 이 틈을 타서 왕유를 진사 시험에 참가시켜 장원으로 뽑히기를 바란다고 아뢰었다. 태평공주는 한껏 기분이 좋던 차라 그 자리에서 선뜻 그러기로 약속했다. 태평공주는 사람을 시험관에게 보내 왕유를 반드시 첫 번째로 뽑으라고 일렀다. 왕유는 과연 이 해에 진사

---

28 자기를 알아주기를 바란다는 뜻.

29 목적이나 요구가 있어서 고관이나 권력자를 방문하거나 면회를 청한다는 뜻.

30 시험 전에 시험관에게 제출하는 글.

에 장원으로 합격하였다는 기록이 『태평광기太平廣記』 권179에 실려 있다.

왕유처럼 권력을 가진 자와 교분을 맺어 벼슬길에 오른 선비는 사실은 극소수니, 『태평광기』에 실렸다고 반드시 믿을 만한 일은 아니다. 대다수의 선비로 말할 것 같으면, 권력 있는 자에게 접근하여 시문을 건네기도 어려웠을 뿐만 아니라 벼슬아치를 찾아보고 한 자리 차지하기란 더욱 쉬운 일이 아니었다.

두보杜甫 같은 이는 시에서 크게 성공하여 그와 어깨를 견줄 수 있는 자가 당대에는 매우 드물었다. 그러나 두보는 과거에서 번번이 실패를 맛보았다. 개원開元 23년(735년), 스물넷의 두보는 주현州縣의 추천으로 진사를 뽑는 과거에 참가했으나 그가 쓴 글은 높은 평가를 받지 못하고 낙방하고 말았다. 그러나 그는 기죽지 않고 천보天寶 5년(746년), 장안으로 올라와서 몇 차례나 권력을 가진 자에게 시문을 건넸으나 여전히 어떤 호응을 얻지 못했다. 두보는 이제 장안을 떠나 멀리 여행을 하려 했으나, 벼슬에 대한 한 가닥 미련 때문에 오언시 한 수를 써서 상서좌승尙書左丞 위제韋濟에게 올리며 자기를 추천하도록 도와 달라는 희망을 전했다. 시 속에서 두보는 자기가 '만 권이 넘는 책을 읽고 나니, 붓만 들면 신들린 듯합니다. 부賦는 양웅揚雄에 맞서고, 시詩는 자건子建에 가깝습니다.'[31]라고 말했다. 참으로 굉장한 인재로서 마땅히 중요한 관직에 올라 황제가 요순처럼 천하를 다스려 다시 한 번 민속도 순박하여 천하가 태평하도록 보좌해야 했다. 그런데 위제는 두보를 거들떠보지도 않았다. 두보의 꿈은 또 물거품이 되고 말았다. 벼슬길도 이렇게 되자 두보의 생활은 그야말로 구차할 수밖에 없었다. 그는 '저자에 나가 약초를 팔며 친구들 집에 빌붙어 먹었다.'는 말을 『진삼대례부표進三大禮賦表』에서 하고 있다. 또한 『봉증위좌승우이십이운奉贈韋左丞又

---

31 讀書破萬卷, 下筆如有神. 賦料揚雄敵, 詩看子建親.

二十二韻』에서는 굴욕스럽게도 '아침이면 부잣집 문을 두드리고, 저물면 살찐 말 뒤를 따르네. 마시다 남은 술과 식어빠진 고기 조각뿐이니, 가는 곳마다 슬프고 가슴 쓰리네.'[32]라고 노래했으니, 참으로 가련하기 짝이 없다.

천보 10년(751년), 당나라 현종은 태청궁太清宮과 왕실의 종묘에 제사를 드리고 남쪽 교외로 나가서 하늘에도 제를 올리는 큰 의식을 거행했다. 벼슬길에 나서기를 애타게 바라던 두보는 이 틈을 타서 『대례부大禮賦』 세 편을 지어 황제에게 올렸다. 두보의 글재주는 마침내 현종의 눈길을 끌었다. 현종은 그의 문장을 시험하고는 집현원集賢院 대조待詔로 명하기로 했다. 두보는 이를 한없는 영광으로 여겼다. 그가 쓴 『막상의행莫相疑行』을 보자.

> 세 편의 부를 봉래궁에 올린 것을 생각하면,
> 하루아침에 이름이 눈부시게 빛났음을 이상하게 여겼다네.
> 집현전 학사들이 담장처럼 둘러앉아서,
> 내가 중서당에서 시 짓는 걸 바라보았었네.
>
> 憶獻三賦蓬萊宮, 自怪一日聲輝赫.
> 集賢學士如堵牆, 觀我落筆中書堂.

그런데 두보는 그가 쓴 시가 황제의 마음에 든 것 말고는 여전히 어떤 벼슬도 받지 못했다. 천보 14년(755년), 마흔네 살이 되어서야 두보는 우위솔부병조참군右衛率府兵曹參軍에 임명되었다. 이 자리는 병기를 관리하는 지위가 낮은 관리였다. 그러나 자리를 맡은 지 몇 달도 되지 않아서 안사安史의 난이 일어나자 장안은 함락되고 두보는 또 떠돌이 생활을 시작해야 했다.

---

32 朝扣富兒門, 暮隨肥馬塵, 殘杯與冷炙, 到處潛悲辛.

남송의 시인 육유는 두보가 장안에서 당한 불행에 마음 아파하며 『제두소릉상도題杜少陵像圖』를 한 수 남겼다.

장안성에 어지러이 싸인 낙엽이야 쓸 수 있지만
거리마다 불어오는 북풍은 말도 쓰러뜨리네.
두보는 마흔에도 이름 얻지 못했지만,
가슴엔 지금도 넘치는 재능 있네.
수레 끄는 말울음이 객사에 든 두보를 깨우니
삼백 냥 꺼내들고 주점으로 달려가 술을 마시네.
잔은 비고 안주조차 다하니 슬픔에 쓰린 가슴,
궁중엔 투계에 비단 내리기 바쁘다네.

長安落葉紛可掃, 九陌北風吹馬倒.
杜公四十不成名, 袖裏空餘三賦草.
車聲馬聲喧客枕, 三百青銅市樓飮.
杯殘炙冷止悲辛, 仗内鬪雞催賜錦.

두보는 위대한 시인이었지만 과거에는 불운한 자였다. 그러나 중당 시인 맹교孟郊는 과거 시험은 실패했지만 어려움을 겪으며 고생을 참은 끝에 마침내 성공하였다. 맹교의 젊은 시절 반평생은 자포자기할 만큼 가난하여 그가 쓴 시 가운데도 가난에 쪼들려 외로운 고통을 호소한 작품이 적지 않다. 벼슬길에 오르기 위해 맹교는 몇 차례나 진사를 뽑는 시험에 참가했다. 그의 친구인 한유와 이고李翶 등이 그가 쓴 시문을 높이 평가하여 추천했지만 몇 번이나 낙방했다. 슬픔을 금할 수 없었던 그는 『낙제落第』라는 시를 썼다.

보고도 못 본 체 또 보고도 못 본 체해도,
마음은 칼에 벤 것 같구나.

棄置復棄置, 情如刀劍傷.

맹교는 과거에 낙방한 뒤의 괴로운 심정을 『재하제再下第』에서 드러냈다.

하룻밤에도 아홉 번 일어나 한숨짓느라,
꿈도 짤막짤막 고향땅 가지 못하누나.
두 차례나 장안에 발 디뎠는데,
한갓 눈물 속에 꽃을 바라볼 줄이야.

一夕九起嗟, 夢短不到家.
再度長安陌, 空將淚見花.

두 번이나 과거에 실패하자 맹교는 아름다운 꽃을 보아도 눈물만 흐를 뿐이었다. 그러나 맹교는 결코 포기하지 않고 다시 응시해 마침내 마흔여섯에 진사에 합격한다. 시인은 솟아오르는 격정을 이기지 못하고 『등과후登科後』를 노래한다.

지난 날 궁색하여 자랑할 것 없더니,
오늘은 우쭐하여 생각도 거칠 것 없구나.
과거 급제 득의하니 마음껏 말 달려서,
오늘 하루 장안의 꽃 다 보고 말리라.

昔日齷齪不足夸, 今朝放蕩思無涯.

春風得意馬蹄疾, 一日看盡長安花.

고대 선비들이 과거에 낙방한 까닭도 다양하다. 합격자 수가 제한되었거나 자기의 능력이 부족했거나 하는 이유였다. 그러나 권세를 잡은 신하가 조정을 독차지하며 합격자를 조정하고 유능한 선비를 억지로 누른 것도 건성으로 보아 넘길 수 없는 원인이었다.

『신당서新唐書』「이림보전李林甫傳」에는 천보 6년(747년)에 당나라 현종이 '천하의 선비 가운데 재주가 있는 자를 직접 뽑아 쓰려 했다.'는 기록이 있다. 이렇게 황제가 친히 인재를 추려 뽑는 것을 '제거制擧'[33]라고 했다. 간악한 재상 이림보는 '이렇게 뽑힌 선비들이 자기를 배척할까 두려워', 직접 앞으로 나서서 막으며 '선비란 모두 야인으로서 꺼려야 할 것도 잘 모르고, 공연히 실제와 맞지 않는 말로 천자의 덕을 어지럽히니, 바라옵건대 상서성 장관이 알아서 처리하도록 하옵소서.'라고 건의했다. 이림보의 고집으로 그 해에는 결국 한 사람도 뽑지 못했다. 이림보는 황제에게 축하를 올리며, '야인 가운데는 인재가 없습니다.'라고 아뢰었다. 그 해에 두보도 낙방하였다.

권신이 선비들을 억제하면서 오히려 자기와 친한 사람을 끌어들여 벼슬을 주려고 대책을 찾기도 했다. 어느 해, 재상 양국충楊國忠의 아들 양훤楊暄이 명경과明經科에 응시했으나 성적이 형편없어 예부시랑 달해순達奚珣은 불합격시킬 작정을 했다. 그러나 감히 마음대로 할 수 없어서 자기 아들을 보내 양국충의 생각을 알아보았다. 양국충은 '내 아들이 귀하지 않단 말이냐? 어찌 이렇게 소인배 취급을 한단 말이냐!'라며 버럭 화를 내면서 꾸

33 제과制科라고도 했다.

짖었다. 달해순의 아들이 이 말을 그대로 알리자 달해순은 깜짝 놀랐다. 달해순은 양국충의 권세가 두려워 양훤을 급제시켰다. 당대 관리 사회의 부패와 권세를 쥔 신하들의 부정행위는 과거 시험을 불공정하게 만들었으며, 이에 따라 선비들은 벼슬길에 오르는 데 더 많은 고통을 받아야 했다. 백거이가 『견윤공량신시見尹公亮新詩』「우증절구偶贈絶句」에서 읊은 대로였다.

남몰래 새로 지은 시 십여 수,
읊조려보니 하나하나 아름다운 옥이로다.
이것을 높은 어른께 어떻게 올릴까,
삼공구경께 아직 한 수도 드리지 못했구려!

袖裏新詩十餘首, 吟看句句是瓊琚.
如何持此將干謁, 不及公卿一字書!

고대 선비들은 벼슬길에 오르기 위해 과거라는 관문을 반드시 거쳐야 했다. 몇 년에 걸친 학업의 고통이 결국 마음먹은 대로 풀릴 것인가는 과거 급제 한 판에 달려 있었다. 그랬기에 과거에 응시하는 선비는 과장에서의 갖가지 고통도 참아야만 했다.

당나라 때는 과거에 응시하는 선비가 대개 새벽 6시 전후로 과장에 들어가서 오후 6시 전후 시험지를 제출할 때까지 그야말로 하루 종일 시험을 치러야 했다. 예부에서 시행하는 시험은 일반적으로 2월에 진행되었기에 날씨가 아직 쌀쌀한데다 때로 눈발도 휘날렸다. 또 시험은 늘 실외 복도에서 진행되어 수험생은 추위에 긴장되어 정말 고통스러웠다. 송대 문학가 소순蘇洵은 세 차례나 진사를 뽑는 과거에 모두 낙방하여 맥이 빠지고 마음이 상했다. 훗날 그는 마음이 통하는 친구 매요신梅堯臣에게 보낸 편지에서 일찍이 시험 때문에 겪었던 고통스런 정경을 이렇게 회상하고 있다.

> 한밤에 일어나 앉아 밥을 싸고 떡을 챙긴 뒤 동화문東華門 밖에서 날이 밝기를 기다렸다가 무리를 따라 들어가서 무릎을 꿇고 자리에 앉아 시험지 앞에 놓고 모든 생각을 집중하니 마음도 떨리고 몸도 오싹하였소.[34]

명나라와 청나라 때에는 성省마다 성城의 동남쪽에 공원貢院[35]을 지어서 향시를 치르는 과장科場으로 삼았다. 예컨대 북경에는 공원을 숭문문崇文門 안 관성대觀星臺 서북쪽에 남향으로 짓고, 대문 한가운데에 '공원貢院'이라는 커다란 편액을 걸었다. 그리고 중문中門 가운데에는 '용문龍門'이라는 금빛으로 쓴 편액을 걸었다. 용문 북쪽엔 2층으로 지어진 명원루明遠樓가 있었다. 시험 중에 감독과 시찰을 위해 순찰 관리가 이곳에 올라 사방을 살폈다. 높은 곳에서 아래를 내려다보니 과장이 한 눈에 들어왔던 것이다. 과거에 응시하는 수험생들의 부정행위를 살피고 방지하기 위하여 공원 안에는 방을 하나씩 붙여서 한 줄로 지었는데, 이곳에서 수험생들은 시험도 치르고 숙박도 했다. 늘어선 방들은 『천자문千字文』에 쓰인 글자의 차례에 따라 배치했다. 모든 방은 세 면이 벽이었고, 높이 약 여섯 자, 깊이 넉 자, 너비 석 자였다. 동서 양쪽의 벽엔 한 자 남짓 되는 곳과 두 자 남짓 되는 곳에 각각 ㄷ자 모양의 홈을 팠다. 위쪽 홈에 걸쳐진 몇 장의 널빤지는 자유롭게 옮길 수 있었으니, 한낮에는 이를 분리하여 위아래에 하나씩 놓으면 위쪽은 탁자, 아래쪽은 등받이가 없는 의자가 되었다. 밤에는 위에 있던 널빤지를 아래로 옮겨 잇대어 놓아 침상으로 잠자리가 되었다. 시험 기간에

34 中夜起坐, 裹飯携餅, 待曉東華門外, 逐隊而入, 屈膝就席, 俯着据案, 其後每思至此, 卽爲寒心.

35 옛날, 과거 시험장.

과장에 배정된 방

북경공원北京貢院

수험생은 몸에 필묵筆墨, 침구, 양초, 먹을 음식 등을 가지고 한밤에 방으로 들어가 요기를 하고 잠을 잤는데, 글을 써도 이 나무판자가 없어서는 안 될 정도로 참으로 생활하기가 어렵고 힘들었다. 속담에 '과거 시험 고통에 귀신이 되고, 공명이란 두 글자에 사람 죽는다.'고 말한 그대로였다.

명나라 영종英宗 천순 7년(1463년), 회시가 거행되던 때는 날씨가 제법 추워 순찰을 돌던 병사가 추위를 녹일 작정으로 불을 피웠다가 그만 화재가 발생하고 말았다. 수험생들이 머물던 방에도 불이 번져 순식간에 불바다가 되었다. 방으로 드나드는 문을 모두 잠갔기에 수험생들은 빠져 나올 도리가 없었다. 당시 불에 타 죽은 자가 아흔 명을 넘었고, 부상자도 헤아릴 수 없을 만큼 많았다.

수험생들은 시험을 칠 때면 세 차례나 과장으로 들어갔으며, 한 번 들어가면 2박 3일을 머물렀다. 과장에 들어갈 때는 엄격하게 몸수색을 당해 두꺼운 옷이나 겹이불은 가지고 들어가지 못하게 하였다. 만약 매우 심한 더위나 큰비를 만나면 수험생들의 고통은 견디기 어려울 지경이었다. 어떤 선비는 이렇게 노래했다.

한 번 과거에 즐거움은 삼 할뿐,
아흐레 과거에 온갖 시름.

의자 등에 지고 바구니 들었으니 거지꼴이요,
복도 지나며 이름 부르니 바로 죄수 꼴이네.

一名科擧三分幸, 九日考場萬種愁.
負凳提籃混似丐, 過堂唱名直如囚.

과장으로 들어오는 선비들

명나라 만력 연간의 선비 애남영艾南英이 일찍이 생원을 뽑는 세시歲試[36]와 과시科試[37]에 참가했던 정경을 회상한 내용이 『청대과거고시술록清代科擧考試述錄』에 기록되어 있다.

36 3년마다 치르는 향시, 회시, 전시의 예비 시험으로 매년 실시.

37 과거 시험에서, 향시에 응시하려는 사람이 치르는 예비 시험.

만약 추운 겨울에 시험을 치르게 되면, 아문衙門에서 세 번 북을 울린 뒤 감독은 등불 밝은 곳에 단정하게 앉고, 벌겋게 단 난로가 있는 정청政廳엔 주임 시험관이 오른다. 이제 수많은 수험생들은 손에 붓과 벼루 등을 들고 옷을 벗은 채 서서 관리들이 부르는 이름을 들은 뒤, 감독관 앞으로 다가가면 두 명의 병사가 머리에서 발끝까지 낱낱이 살핀다. 몸도 얼어서 마비되고 이빨도 얼어서 덜덜 떨리는 소리가 들린다.

만약 찌는 듯 더운 여름에 시험을 치르게 되면, 감독관은 비단옷을 입고 대나무로 만든 의자에 단정하게 앉아 향기로운 차를 맛보고 있지만, 수험생은 붐비며 과장으로 들어가게 된다. 과장은 좁고 수험생은 많다보니, 땀 냄새에 악취가 코를 찌르고 수험생들은 입이 마르고 혀가 탄다. 과장에는 차와 끓는 물이 있다 해도 감히 앞으로 나아가 마실 수 없다. 만약 앞으로 나아가 한 잔 마시기라도 하면, 감독관은 아예 답안지 위에 붉은 도장을 찍어 버린다. 부정행위를 의심하는 부호로, 이런 표시가 있으면 문장을 아무리 잘 써도 한 등급 아래로 내려가야 했다. 눈이 좀 나빠서 감독관이 제시한 시험 문제를 잘못 보아도 감히 옆에 있는 수험생에게 물을 수 없었다. 고개를 돌려서 알려주는 자에게도 답안지 위에 붉은 도장을 찍어 버리기 때문이었다. 허리가 쑤시고 등이 아픈 자나 대소변을 보려는 자도 감히 함부로 행동하거나 자리를 뜨지 못했다. 수험생이 쓰는 책걸상은 관리가 책임을 지고 다른 사람에게 맡겨서 만들며 품을 덜 들이고 재료를 적게 넣어 제작하였기 때문에 너무 좁아서 다리를 펼 수가 없었다. 또 부러질까 염려되어 함부로 앉지도 못했다. 편안하고 느긋하게 앉으려면 같은 줄에 앉은 수험생은 할 수 없이 등받이 없는 의자 위에 긴 대나무 쪽을 연결하여 깔았다. 그러나 사람이 조금만 움직여도 곁에 있던 다른 사람은 편안하게 앉아 있을 수 없었다. 만약 운수가 나빠서 비가 새는 곳에 앉았다가 비라도 내리면 옷으로 막고 재빨리 답안을 작성해야 했다. 두루마리로 된 답안지를 감독관이 우열을 판정한 뒤에 수험생은 감독관 책상 앞으로 다가가서 무릎을 꿇고 가르침을 받았으며, 그 동안은 숨 한 번 크게 쉬지 못했다. 이런 고통을 다 겪은 뒤 과장을 빠져나온 수험생은 벌써 몸과 마음이 모두 파김치가 되어 마치 죄수처럼 머리카락은 어지러이 헝클어졌고 얼굴은 지저분했다.

서한 이후에는 봉건 통치자들이 과거를 통해 인재를 선발하는 목적이 선비들을 황제의 통치 도구로 만들기 위해서였다. 따라서 선비들의 사상도 필연적으로 억압을 받을 수밖에 없었다. 한무제가 태학을 설립하여 경서를 공부해야만 벼슬길에 오를 수 있도록 한 다음부터 유가 경전은 선비들이 벼슬길에 오르는 필독서가 되었다. 수많은 선비들이 그들의 지혜와 재주를 경서를 읽고 경서를 해석하는 데 쏟아 부었으며, 심지어는 늘그막에도 부지런히 쉬지 않고 매달렸다.

당대에 거행한 명경과의 내용도 유가 경전에 대한 주석의 숙련도였다. 먼저 '첩경帖經'을 치르는데, 이것은 출제자가 경서의 어떤 줄 가운데 세 글자를 종이로 가리면 응시자는 가려진 글자를 맞춰야만 되었다. 이렇게 열 차례를 해 여섯 번 이상 맞춰야 합격이었다. 그 다음에 치르는 것이 '묵의墨義'였다. 시험관이 경전에 나오는 문장에 주석을 달기를 요구하는 열 문제를 내서 여섯 문제를 맞추면 합격이었다. 마지막으로 '책문'을 치른다. 이것은 '시무책時務策'이라고도 하는데, 그때그때 세상의 정세와 정치에 관한 문제를 해결하는 시험이었다. 이렇게 세 차례의 시험을 모두 합격해야 비로소 합격 통지를 받을 수 있었다.

과거 시험이 선비에 대한 사상 통제로 가장 준엄했던 것은 명청 시기의

강남공원江南貢院

팔고문八股文이었다. 팔고문은 일종의 특수한 문체로 『사서』와 『오경』에서 내용을 모두 가져와 제목을 정하고 주석은 반드시 정주程朱의 성리학을 따라야 하며 마음대로 해서는 안 되었다. 한 편의 글은 '기고起股', '중고中股', '후고後股', '속고束股'라는 네 단락으로 이루어져야 했다. '고股'는 대우對偶를 말한다. 그러기에 고股마다 일반일정一反一正, 일허일실一虛一實, 일천일심一淺一深을 요구했다. 한 편의 팔고문에는 글자 수도 제한하였으며, 부분과 부분 사이에는 고정된 허사虛辭를 써서 연결해야 했다. 팔고문은 형식은 융통성 없이 틀에 박혔고, 내용도 무엇 하나 없이 텅 비었을 뿐이었다. 작가는 단지 고대 성현들의 사상과 말투를 그대로 문자로 늘어놓을 뿐 실제 사회와 연결해서도, 자기의 생각을 늘어놓아서도 안 되었다. 이런 경직되고 틀에 박혀 학술적 가치도 실용적인 가치도 없는 문장에 수많은 선비들이 정력을 쏟아 부었다. 이렇게 선비들을 케케묵어 융

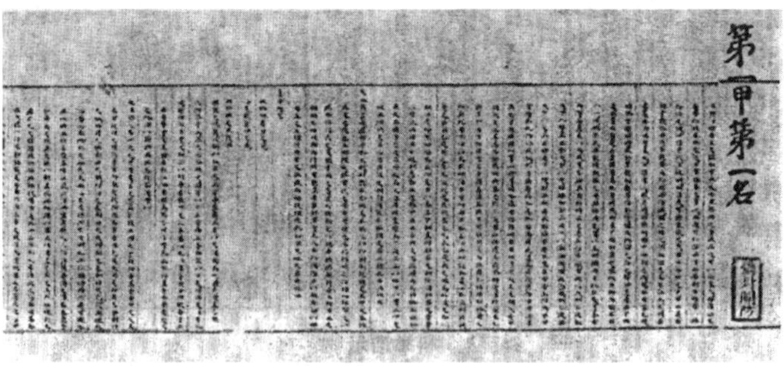

명나라 때의 과거 답안지

통성이라고는 하나 없는 미련한 바보로 만들었던 것이다. 청대의 유명한 사상가 고염무는 『일지록』에서 '그러기에 나는 팔고문이 분서焚書와 같다고 생각한다.'고 했다.

고대 선비들은 갖가지 고생과 역경을 겪었지만 그 가운데 불과 몇 사람만이 과거에 급제하여 벼슬길에 올랐다. 비록 한없는 영광이기는 했지만 잃어버린 것은 사상의 자유와 인격의 독립이었다. 그리고 이들은 봉건 통치자의 예스맨으로서 한낱 도구로 전락하고 말았으니, 이것이 바로 선비들이 나선 벼슬길의 필연적인 결말이기도 했다.

4. 낙방한 선비가 갈 길

그 옛날, 과거에 응시했던 수많은 선비들 가운데 마침내 벼슬길에 오른 자는 극히 소수였다. 절대다수의 선비들은 죽을힘을 다해 공부했지만 벼슬과는 인연이 없어서 애타게 벼슬을 원했던 선비는 한없는 슬픔에 빠져야만

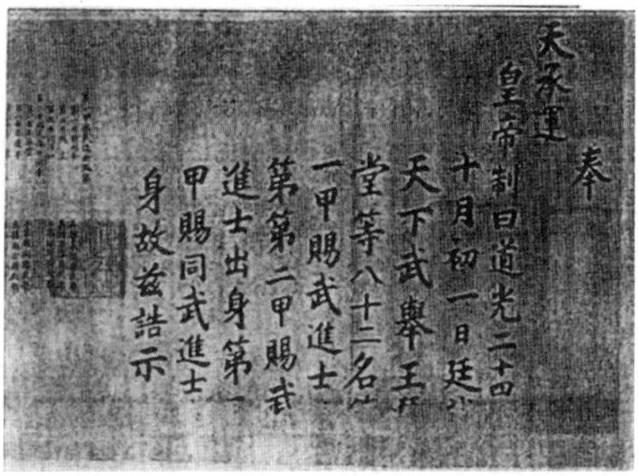
奉
天承運
皇帝制曰道光二十
十月初一日廷試
天下武擧
堂等八十二名
一甲賜武進士
第第二甲賜武
進士出身第一
甲賜同武進士
身故玆誥示

과거고시科擧誥示

했다. 당나라 때는 해마다 봄에 합격자를 발표했다. 이때 새로 합격한 진사들의 미친 듯 기뻐하는 모습과 선명하게 대조되는 것이 낙방한 선비들의 슬픔과 처량함이었다. 당시唐詩 중에는 '낙방'을 제재로 한 작품들이 적지 않다. 두로복豆盧復은 『낙제귀향류별장안주인落第歸鄕留別長安主人』에서 이렇게

노래했다.

타향에서 시름겨워 봄인 줄 모르다가
꾀꼬리 탄식 들으니 버들가지 새롭습니다.
해마다 낙방하여 집으로 돌아가려니
장안의 옛 주인 보기 부끄럽습니다.

客里愁多不記春, 聞鶯始嘆柳條新.
年年下第東歸去, 羞見長安舊主人.

가도도 『하제下第』에서 이렇게 읊었다.

낙방하니 빈털터리일 뿐,
어떻게 장안에 머무르랴.
살구꽃 핀 동산에 우는 때까치,
누가 취하여 꽃 곁에 있을까?
눈물이 앞을 가려 고향 산천 멀고,
병드니 창밖으로 보이는 것은 잘 자란 봄풀들.
마음 알아주는 친구 만나기 어찌 쉬우랴,
빈 배 홀로 상강湘江을 지키는구나.

下第唯空囊, 如何住帝鄕.
杏園啼百舌, 誰醉在花旁.
淚落故山遠, 病來春草長.
知音逢豈易, 孤棹負三湘.

어떤 선비는 과거에 낙방한 뒤 아픈 마음을 달래지 못하고 목숨을 버리기도 했다. 당나라 때 범터范攄는 그가 펴낸 『운계우의雲溪友議』「명의사名義士」에서 이렇게 기록하고 있다.

당나라 헌종憲宗 때, 요유방廖有方이란 이가 촉蜀으로 여행을 떠나는 길에 보계寶鷄를 지나다가 여관에 머물게 되었다. 그런데 어디서 신음소리가 들리기에 자세히 살펴보니 컴컴한 방안에 큰 병을 앓고 있는 사나이가 있는 게 아닌가. 요유방은 그 까닭을 캐물었다. 그러자 그 사나이는 정신을 가다듬더니 이렇게 말했다.

'저는 몇 차례나 과거에 응했으나 지금까지 내 작품을 알아주는 사람을 만나지 못했소이다.'

그는 자기가 중병에 걸려 고향에 돌아가기 힘들다는 것을 알고는 온 힘을 다해 요유방에게 깊이 고개를 숙이며 자기의 주검을 안장해 달라고 부탁을 하며 숨을 거두었다. 요유방은 자기가 타고 다니는 말을 헐값에 팔아 관을 사서 알지도 못하는 이 선비를 장사지내고 비석까지 세워 주었다. 그리고 비석엔 이렇게 글을 써서 새겼다.

그대 텅텅 빈 주머니 외엔 아무것도 없이 이 세상 떠나는구려,
고된 세월 마음 아파하기 여러 해 모두 과거 때문.
그대와 잠깐 만난 인연에 그대 고통 슬퍼하오,
그대 고향 어디인지 나도 알지 못하오.

嗟君沒世委空囊, 几度勞心翰墨場.
半面爲君申一慟, 不知何處是家鄉.

훗날, 요유방은 여행을 마치고 돌아오는 길에 동천東川에 들렀는데,

한 역참에서 그를 맞아주는 어떤 집에 이르니, 한 여인이 소복을 입고 그를 찾아와 인사를 했다. 죽은 선비가 그녀의 오라비라는 것도 알게 되었다. 그녀는 요유방의 도움에 감사하며 후한 선물을 건네려고 했으나 요유방은 거절했다.

또한 당나라 때 조린趙璘이 쓴 『인화록因話錄』 권6에도 이런 기록이 있다.

진존陳存은 거의 반평생을 과거에 매달렸지만 급제하지 못했다. 뒷날, 주시험관이 잘 아는 사람이라는 사실을 겨우 알아낸 그는 주시험관이 그를 끌어올릴 방법을 생각하겠다는 데까지 손을 썼다. 진존은 한 편으로는 기뻤지만 다른 한 편으로는 두려웠다. 기쁜 것은 몇십 년 동안이나 이름 떨치기를 바라던 일이 이제 이루어지게 되었기 때문이며, 두려운 것은 옛날 그 때처럼 또 무슨 일이 일어나 헛일이 될까 염려되었기 때문이다. 과장에 들어가기 전날 밤, 이것저것 곰곰이 생각하느라 잠을 이루지 못하다가 그만 말 한 마디 못하고 중풍으로 쓰러져 침대에서 일어나지 못했다. 이리하여 앉으나 서나 그렇게도 바랐던 공명功名은 끝내 물거품이 되고 말았다.

고대 선비들은 과거 급제에 온갖 희망을 걸었다. 부귀영화와 가문의 영예를 모두 과거에 걸었다. 따라서 과거 낙방이 선비에게 주는 충격은 가히 치명적이어서, 이들이 받는 슬픔과 절망, 심리적 아픔은 형언하기도 힘들었다.

당나라 헌종 때 선비 이곽李廓은 몇 차례나 거듭 낙방하자 『하제下第』라는 제목으로 이렇게 노래했다.

합격자 명단 앞에서 눈물 몰래 삼키며,
여러 사람 가운데서 홀로 이 몸 부끄러워하네.

榜前潛制淚, 衆裏獨嫌身.

이런 시구도 있다.

온통 슬픔 더할 뿐이니,
집에만 틀어박혀 봄이 가길 바라네.

盡是添愁處, 深居乞過春.

속맘에 슬픔과 쓸쓸함이 가득하다. 포송령蒲松齡은 『요재지이聊齋志異』의 「왕자안王子安」 항목에서 과거에 낙방해 실의에 빠진 선비의 고통을 이렇게 구체적으로 묘사했다.

기쁜 소식을 나르는 파발꾼이 자기 이름을 부르지 않으면 돌연 얼굴이 노랗게 변하며 독약을 마신 파리처럼 곧 죽을상이 되어 곁에서 집적거려도 깨닫지 못한다. 이렇게 뜻을 이루지 못하자 의욕을 잃고 기가 꺾인 나머지 이제는 채점하는 관리가 눈이 멀었다면서 욕하기도 하고, 자기가 쓴 문장에 담긴 사상이 영험을 잃었다며 중얼거리기도 한다. 책상 위에 놓인 것들 죄다 태워버리고 말리라, 태워버리기도 하고, 밟아 조각내리라, 밟아 조각내기도 하며, 그리고 흙탕물에 던져버리고 …… 하지만 오래지 않아 다시 기운이 돌아오면 온몸이 근질근질 참을 수 없어 결국 다음 과거를 준비하는 것이 알을 깨어버린

비둘기가 어쩔 도리 없이 새 둥지 틀고 새 알을 품는 모습과 같다.[38]

과거에 낙방한 선비는 몹시 낙담해 자기의 무능을 한탄하다가는 불공평한 과장을 탓하기도 한다. 더구나 과장에서 사사로운 이익을 위해 남을 기만하는 무리들이 일으킨 더러운 소문을 알고 나면 불 위에 기름을 끼얹은 듯 때로는 일을 일으키기도 했다. 『구오대사舊五代史』「화응전和凝傳」에는 '방을 내건 날에는 문에 가시 울타리를 설치하고 마당 입구의 문을 막았다. 낙방한 자들이 반역적인 행동을 못하게 하기 위해서였다.'라고 기록하고 있다. 오대五代 후한後漢 건우乾祐 2년(949년)에는 과거를 보러 온 선비들이 큰 소동을 일으켰다. '어떤 선비가 공원문貢院門에서 시끄럽게 소리 지르자, 소봉길蘇逢吉은 시위사侍衛司를 보내 심하게 매질하고 묵형墨刑을 집행하라고 명했다.'는 기록이 『자치통감』 권 288에 전한다.

청나라 강희 44년(1705년)에는 합격자 선정이 불공정했다고 믿은 낙방생들이 주임 시험관 앞으로 우르르 몰려와 짚으로 만든 인형을 베어 죽이며 분풀이를 했다. 또 강희 50년(1711년)에는 강남 향시에서 주임 시험관인 좌필번左必蕃과 부시험관 조진趙晋이 결탁하여 양강兩江 총독 갈례噶禮에게 뇌물을 받고 소금장수의 자제를 몇 사람이나 합격시켰다. 소문이 퍼지자 수험생들은 끓어오르는 의분을 참지 못하고 천여 명이 현묘관玄妙觀에 모였다. 이곳에서 어떤 선비는 공원貢院에 걸린 편액 위에 풀로 종이를 붙이고, '공원貢院'이라는 두 글자를 '매완賣完'[39]이라고 고쳐 썼다. 선비들이 이렇게 항

38 忽然而飛騎出人, 報條無我, 此時神色猝變, 嗒然若死, 則似餌毒之蠅, 弄之亦不覺也. 初失志, 心灰意敗, 大罵司衡無目, 筆墨無靈, 勢必舉案頭物而盡炬之, 炬之不已, 而碎踏上, 踏之不已, 而投之濁流, ……無何日漸遠, 氣漸平, 技又漸癢, 遂似破卵之鳩, 只得銜木營巢, 從心另抱矣.

39 돈에 다 팔려 버렸다는 뜻.

의한 사건은 강희제를 깜짝 놀라게 했다. 몇 차례의 심사 끝에 갈례와 주임 시험관 좌필번은 파면시켰고, 부시험관 조진 등 여러 명은 처형했다.

낙방한 선비들이 과거 시험의 불공평과 시험관의 부정행위에 대한 분노로 마음이 편치 않다고는 하지만 낙방했다는 현실에 대해서는 어찌할 도리가 없어서 제 갈 길을 스스로 찾아야만 했다. 그들이 가야 할 방향은 대체로 다음과 같았다.

첫째, 실패에 무릎 꿇지 않고 계속 과거 시험에 참가한다. 수많은 선비들이 과장에서의 패배를 인정하기를 원치 않고, 두순학이 『장안춘성長安春城』에서 노래한 것처럼 '이제 오늘부터 내년을 기대하노라.'[40]며 한 가닥 희망을 가지는 것이다. 당대에는 해마다 봄에 합격자를 발표했다. 많은 선비들이 합격자 명단에 자기 이름이 없는 것을 보면 곧장 이듬해에 응시할 준비에 들어갔다. 예컨대, 이관李觀은 과거에 떨어진 뒤 '맹세한 마음 공연히 돌이키지 않으려고 장안에서 구차하게 살면서도 이름난 글들을 공부하길 하루도 빠지지 않았다.'고 했다. 수도 장안은 먹고 입는 데 필요한 물가도 비쌌기에 보통 집안 출신의 선비들에게는 부담이 매우 컸다.

손초孫樵는 여러 차례 낙방하고도 장안에 오랫동안 머무르면서 쓸 돈이 모자라면 곳곳에서 돈을 빌렸기에 친구들도 그를 멀리했다. 한낮엔 배가 고파서 눈이 퀭하고 침침했으며, 밤이면 추워서 잠들 수 없었다는 이야기가 『손초집孫樵集』 권7에 전한다.

당나라 때의 이름난 시인 전기錢起는 개원 말년부터 천보 연간까지 몇 차례나 줄곧 진사를 뽑는 시험에 참가했으나 거듭 낙방했다. 그가 쓴 『장안낙제長安落第』에는 그의 괴로운 심정이 잘 나타나 있다.

40 更從今日望明年.

꽃은 흐드러지고 버들은 짙푸르러도 궁궐은 멀기만 한데,
슬픈 노래 마음에 품으니 눈물이 옷깃을 적시네.
요 며칠 꾀꼬리는 깃을 떨어뜨리고 꽃은 시들었으니
봄이 돌아와도 마음은 또 아프네.

花繁柳暗九門深, 對飮悲歌淚滿襟.
數日鶯花皆落羽, 一回春至一傷心.

끊임없는 노력 끝에 전기는 마침내 천보 9년(750년) 진사에 합격해 오랜 소원을 이루었다.

송대의 문학가인 소순은 세 차례나 진사를 뽑는 과거에 응해 모두 낙방하자 맥이 빠지고 의기소침해 다시는 과거에 응시하지 않기로 결심했다. 그러나 그는 자기의 소망을 두 아들 소식蘇軾과 소철蘇轍에게 걸었다. 두 형제는 열심히 책에 매달린 끝에 송나라 인종仁宗 가우嘉祐 연간에 한꺼번에 급제하였다. 기쁨에 들뜬 소순은 낙방했던 자기 자신을 떠올리자 감개무량하여 시를 읊는다.

급제하기 쉽다고 말하지 마오,
이 몸에게는 불가능한 일이었소.
급제하기 어렵다고 말하지 마오,
아들에게는 누워서 떡 먹기였소.

莫道登科易, 老夫如登天.
莫道登科難, 小兒如拾芥.

둘째, 내 갈 길 내 멋대로 인생을 즐기겠다는 선택이다. 과장에서 뜻을 이루지 못한 선비들은 사회와 인생을 꿰뚫어보고 그들의 공명심에 관심을 두지 않고 구속 없는 자유로운 생활을 추구하기도 했다.

당나라 때 원교袁郊의 『감택요甘澤謠』에는 "위추韋騶라는 자는 오음五音에 밝고 휘파람을 잘 불어 스스로 '뛰어난 귀공자'라고 칭했으나, 진사 시험에 불합격하자 즉시 그만 두었다. 그리고는 이르기를 '사나이 큰 뜻이 어찌 세상 속된 일에 구속되랴?'고 했다."는 기록이 있다.

당나라 말기의 시인 나은羅隱은 스물아홉에 진사를 뽑는 과거에 응시하기 시작해 쉰다섯까지 열 차례 이상 과장에 나아갔으나 처음부터 끝까지 뜻을 이루지 못했다. 첫 번째 장안에서 낙방한 뒤, 그는 사방을 아무리 살펴보아도 어찌할지 몰라 『투소사投所思』를 써서 자기의 고뇌를 털어놓았다.

> 여위고 파리한 몸 장안에서 무슨 일 하나,
> 혼을 잃고 실의에 빠져 자신마저 잃었네.
> 바라보면 푸른 산 맑은 물이지만 돌아갈 기약 없어,
> 잠깐 동안의 변화 돌이키며 자꾸만 눈물 흘리네.
> 멋진 그릇은 영도郢都[41]의 장인만이 만들 수 있는 일,
> 깊이 병든 이 몸 돌팔이 의사가 잘못 고칠까 두렵네.
> 덧없는 인생 칠십 년에 벌써 서른 해 지났네,
> 이제 몸 둘 데 없는 세월 언제나 끝날까?
>
> 憔悴長安何所爲, 旅魂窮命自相疑.

41 옛 초楚 나라 수도.

滿川碧嶂無歸日, 一榻紅塵有淚時.
雕琢只應勞郢匠, 膏肓終恐誤秦醫.
浮生七十今三十, 從次淒惶未可知.

훗날, 나은은 벼슬살이에 뜻을 이루지 못한 친구와 마음을 터놓고 이야기를 나누게 되었다. 둘은 곧장 의기투합하였다. 그는 인생은 자연의 순리를 따라야 한다는 것을 깨닫고 그 자리에서 『자견自遣』이라는 시를 써서 친구에게 보냈다.

얻으면 목청껏 노래 부르고 잃으면 그만,
쌓인 근심 깊은 시름에도 마음 넉넉.
오늘 술 있으면 오늘 취하고,
내일 시름은 내일 시름이로다.

得卽高歌失卽休, 多愁多恨亦悠悠.
今朝有酒今朝醉, 明日愁來明日愁.

당나라 헌종 때의 선비 두공竇鞏은 많은 책을 두루 읽어 박학한데다 천성도 활달했다. 그는 과거에서 뜻을 이루지 못하자 벼슬길에 싫증을 느끼고 자유로운 생활을 하기로 마음먹으며 『방어放魚』를 지었다.

다른 사람 잡은 고기 돈으로 사서 죽음 면하게 하니
도를 깨달은 물고기도 은혜에 감사할 줄 안다네.
풀려나 장강 천만리 길을 기분 좋게 가나니
힘들게 용문에 오를 필요 없다네.

金錢贖得免刀痕，聞道禽魚亦感恩.
好去長江千萬里，不須辛苦上龍門.

북송의 유명한 시인 유영은 사곡詞曲에 능하여 세상에 그의 작품이 널리 전한다. 그러나 진사를 뽑는 과거 합격자 명단에는 그의 이름이 없었다. 그는 맥이 빠지고 실망하여 세상에 널리 알려진 『학충천鶴沖天』을 노래했다.

영광의 합격자 명단을 보니,
갑자기 장원의 희망 사라졌네.
현명하신 나라님 계신 이때에,
이 몸처럼 유능한 인재를 잠시 빠뜨렸으니,
어찌 할꼬?
내 큰 뜻을 펼치지 못할 바에야,
내 마음 닿는 대로 노닐지 않으랴?
득실을 따질 필요 무어 있으랴,
재주 뛰어난 시인은
포의布衣라도 재상 대접 받는 것을.

노래하고 춤추는 여인 있는 곳,
어렴풋이 보이는 단청에 병풍.
내 맘에 드는 아가씨라도 있으면,
가서 한번 찾아볼 일.
잠시라도 그녀와 농하고 떠들며
풍류 인생 즐겨야지,
평생 즐겨야지.

젊음도 한 순간,
헛된 명성 부여잡을 일이야
술 마시고 노래하는 일로 바꾸어야지.

黃金榜上, 偶失龍頭望.
明代暫遺賢, 如何向?
未遂風雲便,
爭不恣狂蕩?
何須論得喪.
才子詞人,
自是白衣卿相.

煙花巷陌, 依約丹青屛障.
幸有意中人, 堪尋訪. 且恁偎紅翠,
風流事, 平生暢.
青春都一餉. 忍把浮名,
換了淺斟低唱.

이 시는 마치 유영의 인생 선언인 듯 이렇게 이르고 있다.

"나는 재주는 있지만 좋은 때를 만나지 못하여 '백의白衣의 재상'으로 머물 수밖에 없노라!"

"공명은 뜬구름과 같아서 한 푼의 가치도 없노라. 나는 이미 청루에서 마음이 통하는 벗을 만나서 기녀와 함께 노닐고, 한가롭게 술잔 기울이며 나지막하게 노래를 부르노라!"

이 얼마나 멋이 넘치는 흐뭇한 일이랴! 이 시는 세상에 빠른 속도로 전파되어 황제까지도 알게 되었다. 훗날, 유영은 또다시 진사를 뽑는 과거에 응했지만 송 인종은 합격자를 차례로 늘어놓은 명단을 미리 살피며 유영의 이름을 특별히 삭제하면서, '한가롭게 술잔 기울이며 나지막하게 노래나 부를 일이지 실속 없이 왜 이름을 날리려는가?'라고 말했다. 유영은 또 낙방했다. 이 이야기는 오증吳曾이 쓴 『능개재만록能改齋漫錄』에 기록으로 전한다.

셋째, 속세를 떠나 불가에 귀의하여 수행을 했다. 낙방한 몇몇 선비들은 다시 도전할 생각을 버린 채 머리를 깎고 스님이 되어 촛불과 불상을 벗으로 삼았다. 그렇지 않으면 출가하여 수도하며 죽을 때까지 마음을 다스렸다.

당나라 때의 시인 육구몽陸龜蒙의 친구 후동侯彤은 십 년이나 연이어 급제하지 못하자 과거에 합격하여 벼슬길로 나서겠다는 생각을 접고 장안 서쪽에 있는 태백산太白山으로 들어가 도사道士[42]가 되었다. 육구몽은 『송후도사태백산서送侯道士太白山序』에서 이 일들을 기록으로 남기고 있다.

당나라 때 증인增忍은 몇 차례나 과거에 응했으나 모두 실패하자, 그만 선비들이 쓰던 관을 내던지고 바로 스님이 되었다. 또 『태평광기』 권413에는 난릉蘭陵에 사는 소蕭 아무개라는 선비가 '진사를 뽑는 과거에 낙방하자 바로 책을 불살라 버리고 늪 위에 은거하며 도사에게 신선처럼 사는 법을 공부했다.'는 기록이 있다. 그리고 같은 책 권 24에는 소정지蕭靜之가 과거에 낙방한 뒤 도사가 되어 곡기를 끊고 호흡을 가다듬으며 장하漳河 가에 초막을 짓고 은거했으나 오히려 생활이 너무 깨끗해 가난한 것을 맞갖잖게 느낀 나머지 장사를 하면서 '몇 년이 지나 쓸 돈이 충분해지자 땅을 사서 기거할 집을 마련했다.'는 기록도 있다. 또 벼슬길이 순탄치 않았던 두보는 비록 출가는 하지 않았지만 불교의 계율에 따라 집에서 수행을 하며 우바새로 살았다.

42 도교를 믿고 수행하는 사람.

넷째, 막부幕府에 들어가서 자기의 재능을 펼친 경우이다. '막부幕府'에서 '막幕'이란 '군막軍幕'을 말한다. 고대에 장군이 출정했을 때 주둔지에서 사무를 보던 곳인 군사지휘부를 막부라 했다. 막부는 전국시대부터 생겼으니, 『사기史記』「염파인상여열전廉頗藺相如列傳」에는 '이목李牧이란 자는 조趙나라 북쪽을 지키는 훌륭한 장군이었다. 그는 언제나 대안문代雁門에 거주하며 흉노의 침입에 대비했다. 또 관리에게 거두어진 조세를 모두 막부莫府로 가져와서 병사들을 양성하는 데 쓰도록 명했다.'는 기록이 있다. 여기서 '막莫'은 '막幕'과 같은 뜻이다. 전국시대 이후, 중앙이나 지방에서는 관리들이 자기 부하를 불러 쓸 수 있었다. 이렇게 하여 선비들은 막부에 들어가 관리들을 자문하거나 브레인 역할을 했다. 더구나 사회에 난리가 나서 선비들이 정상적인 통로로 벼슬길에 나갈 수 없을 때, 각 정치집단에서는 재능 있는 선비들의 도움을 필요로 하고, 또 선비들도 갈 길을 찾아야 했기에 막부로 들어가 공을 세우고 이름도 날릴 수 있었으며, 생계 문제도 해결할 수 있었다. 게다가 선비들이 막부로 들어가는 것은 정상적인 관리 선발 제도에 의하지 않았기에, 주인에게 맞으면 서서히 승진할 수 있었으며, 그렇지 않으면 제 마음대로 떠날 수도 있었으니, 전국시대에 제후와 귀족들이 선비를 먹여 살리며 보호한 것과 비슷한 의미를 지니고 있다.

당나라 때는 선비들이 막부로 들어가는 일이 매우 성행해서 수많은 선비들이 막부에 참가했던 경력을 가지고 있었다. 예컨대 낙빈왕駱賓王, 진자앙陳子昻, 왕유, 맹호연孟浩然, 이백李白, 두보, 고적高適, 잠삼岑參, 유우석劉禹錫, 한유, 이상은李商隱 등이 바로 그러했다. 송나라 때의 범중엄, 구양수歐陽修, 범성대范成大, 소순경蘇舜卿, 양만리楊萬里, 주희 등도 막료幕僚로 일하다가 주나 현의 관리가 추천해서 중앙 관리로 승진된 과정을 밟고 있다.

막부에 들어간 이들은 대부분 뜻을 제대로 이루지 못한 선비들이었다. 하광원何光遠이 쓴 『감계록鑑戒錄』 권8에는 당나라 때의 시인 나은이 십 년 동안 과거에 한 번도 합격하지 못하자 한번은 사이좋게 지내던 기녀 운영雲

英이 그에게 '그대는 아직도 탈백脫白하지 못했단 말입니까?'라고 묻는 장면이 나온다. '탈백'이란 일반 백성들이 입던 마로 뜬 흰 옷을 벗어던지고 관복으로 갈아입는다는 말이니, 곧 과거에 급제했음을 가리킨다. 나은은 이 말이 자기를 풍자함을 알고서 시를 지어 변명한다.

> 종릉에서 취하여 헤어진 지 열 해나 지나서,
> 운영의 나긋나긋 멋진 모습 다시 보는구려.
> 이 몸은 아직 뜻을 이루지 못했고 그대는 결혼하지 않았으니,
> 아마 둘 다 사람이 아닌가 보오.

> 鍾陵醉別十年春, 重見雲英掌上身.
> 我未成名君未嫁, 可能俱是不如人.

쉰다섯이나 되어서 과거에 급제하지 못하자 나은은 마침내 오월왕吳越王 전류錢鏐[43]의 막부로 찾아가 몸을 의탁한다.

선비가 낙방해 막부로 들어가는 것은 그래도 비교적 괜찮은 길이었다. 자기의 재간도 펼치고 자아도 실현할 수 있었으며, 이름은 드날리지 못해도 '준관료准官僚' 취급은 받을 수 있었기 때문이다. 그러나 선비들은 막부로 들어가도 현명한 주인을 만나지 못하여 자기 뜻을 펼치지 못하는 경우가 많아서 깊은 고민에 빠지기도 했다.

당나라 때의 유명한 시인 진자앙은 의협심이 강하고 성격도 매우 시원시원하여 나이 열여덟, 열아홉에 마음을 굳게 먹고 공부에 매진해 몇 년

---

43 오월吳越은 오대십국 시대 10국 가운데 하나로 당나라 절도사 전류錢鏐가 세웠고, 오늘날 항주杭州를 중심으로 저장 지역을 지배했던 나라.

동안이나 문을 걸고 누구도 만나지 않은 채 책 속에 묻혀 지냈다. 훗날, 고향을 떠나 도성으로 올라온 그는 감생監生들과 노닐며 시를 써서 도성 바닥에 이름을 드날렸다. 그러나 벼슬길은 결코 마음대로 되지 않아서 처음으로 참가한 과거에 낙방하고 낙향해야 했다. 문명文明 원년(684년), 진자앙은 다시 과거에 도전해 진사에 합격했다. 당시 황후의 신분으로 섭정을 했던 무측천武則天은 진자앙의 글재주를 보고 특별히 그를 불러 인대정자麟臺正字에 임명했다. 진자앙은 유가의 가르침대로 천하를 훌륭하게 하려는 생각에서 출발하여 세상 모든 백성을 편안하게 하는 것을 자기의 소임으로 여기며 몇 가지 정치적 주장을 내놓았지만 받아들여지지 않았다. 반대로 진자앙이 '말이 많고 너무 곧다는 상주가 올라와서 걸핏하면 자리에서 물러날 위기에 처하기도 했으며', 심지어는 '반역자들과 손을 잡았다.'는 모함으로 감옥에 갇히기도 했다. 진자앙은 정신적으로 큰 스트레스를 받아서 '자리에 앉아서도 입을 열지 않았으며 즐거워하지도 않았다.'고 한다.

만세통천萬歲通天 원년(696년), 거란족契丹族인 이진충李盡忠, 손만영孫萬榮 등이 반란을 일으켜 영주營州를 공격해 함락하자 무측천은 건안왕建安王 무유의武攸宜에게 군사를 주어 토벌하게 했다. 이때 진자앙은 무유의의 막부에 들어가 참모로 군사를 따라 출정했다. 그러나 무유의는 경솔한데다 지략도 없어서 이듬해 전장에서 패해 상황이 매우 위급해졌다. 진자앙은 진심으로 충고의 말을 올리며 자진해 선봉에 서서 적을 물리칠 터이니 병사 만 명을 줄 것을 요구했다. 무유의는 진자앙이 글만 읽은 서생이라 생각하며 거들떠보지도 않았다. 얼마 후 진자앙은 또 무유의에게 계책을 올렸으나 그는 여전히 귀를 기울이지 않았다. 오히려 진자앙을 군조軍曹로 강등시켰다. 연이은 좌절로 진자앙은 나라를 위해 공을 세우려던 커다란 소망이 물거품이 되자 슬프고 분한 마음을 누를 길 없어서 계북루薊北樓[132]에 올라 온 세상을 깜짝 놀라게 한 「등유주대가登幽州臺歌」를 노래했다. 이 시에서 그는 재주는 있으나 때를 만나지 못해 적막하고 괴로운 나날을 보내야 하는 심정을 드러냈다.

> 예전에 살았다던 어진 나라님 찾아도 보이지 않고,
> 앞을 내다 봐도 그런 이 보이지 않으나,
> 생각하면 세상만은 느릿느릿 여유가 넘치니,
> 오로지 슬픔과 괴로움에 눈물 흘리네.

> 前不見古人, 後不見來者,
> 念天地之悠悠, 獨滄然而涕下.

이렇게 복받쳐 오른 의기로 만들어진 슬프고 처량한 가락은 시인의 마음속 독백일 뿐만 아니라 고대에 뜻을 이루지 못한 선비들의 감정이기에 광범위하게 공명을 얻어낼 수 있었다.

이름난 문학가 한유도 일찍이 벼슬길이 순탄치 않아서 막부로 들어갔다. 당나라 때는 과거에 급제한 뒤에도 이부에서 실시하는 시험에 합격해야 비로소 벼슬을 받을 수 있었다. 한유는 네 차례나 시험을 치러 정원貞元 8년(792년)에야 진사에 오를 수 있었다. 그러나 후에 이부에서 치르는 시험에 세 차례나 응시했으나 연속으로 고배를 마셨다. 그는 벼슬길에 나서기를 간절히 바랐기에 세 차례나 재상에게 글을 올려 벼슬길에 오를 수 있도록 도와달라고 청했으나 어떤 결과도 얻지 못했다. 그는 『여이고서與李翺書』에서 당시의 가슴 아팠던 일을 돌이켜 보고 있다.

> 저는 도성에 와서 여덟아홉 해를 지내는 동안 쓸 돈을 구하지 못

44 유주대幽州臺를 말하며, 오늘날 북경에 그 터가 남았음.

해 날마다 다른 이에게 기대어 세월을 보냈습니다. 당시에는 그것을 잘 몰랐지만, 이제 와 생각하니 아픔이 다 나은 이가 예전의 아팠던 시절을 돌이켜 보는 듯하여 저 자신을 어떻게 대해야 할지 잘 모르겠습니다.[45]

한유는 도성에서 생활할 방법이 없자 어쩔 수 없이 그곳을 떠나 막부로 들어가서 일자리를 얻는다.

이 밖에도 어떤 선비들은 벼슬길이 막히자 가슴에 넘치는 불만에다 눈에 보이는 조정의 어두운 면까지 겹쳐서 분연히 일어나 부패한 정치를 향해 맹렬히 규탄하기도 했다.

동한의 환령桓靈 시기에는 환관이 권력을 독차지해서 그들과 가까운 이들만이 요직을 차지했기에 정치는 부패할 수밖에 없었다. 장차 관료가 될 후보였던 태학의 학생들은 앞날이 요원하고 나라를 위해 일할 길이 없다고 생각했다. 그들은 끓는 화를 억누르면서 이 세상을 맑고 깨끗하게 하려는 포부를 가슴에 품었다. 이들은 인물에 대해 좋고 나쁨을 가려 평가하고 조정의 잘못을 탄핵함으로써 사회의 여론을 일으켜 정부를 압박했다. 이렇게 환관들이 독차지한 정국을 변화시키려고 적극적으로 힘을 썼다. 『후한서後漢書』「당고열전黨錮列傳」에서는 당시의 형세를 '보통 백성도 맞서서 분노했으며, 벼슬길에 나서지 않은 선비들도 기탄없이 의견을 내놓았다. 그리하여 그들은 좋은 평판을 얻었다. 그들은 서로 비평하면서 높은 벼슬아치들을 비교해 평가하고 정권을 잡은 이를 헤아려 단정했으니, 이런 강직한 기풍은 여기서 비롯되었다.'고 기록했고 당시의 형편을 그대로 보여주는 예라 하겠

45 僕在京八九年無所取資, 日求于人以度時月. 當時行之不覺也, 今而思之, 如痛定之人思當痛之時, 不知何能以自處也.

다. 이응李膺, 진번陳蕃, 왕창王暢 등 조정에서 일하는 몇몇 관리들도 태학에서 공부하는 학생들을 적극적으로 지지하여 환관과 같은 악의 세력에 타격을 주었다. 이리하여 자못 명성과 위세를 이룬 태학생 운동을 시작했다.

당나라 말기에 황소黃巢는 몇 차례나 진사를 뽑는 과거에 응했으나 낙방했다. 그는 새로 진사로 과거에 합격한 선비들이 곡강변 온갖 꽃이 흐드러진 속에서 만족한 모습으로 마음껏 술을 마시는 모습을 보자 슬픔과 분노의 감정을 누르지 못하고 『부국賦菊』이라는 시를 썼다.

가을날 중양절을 앞두고
내 꽃 꽃망울 벌면 다른 꽃 다 없어지리라.
짙은 향기 하늘을 찌르고 장안을 덮으니,
쇠붙이 갑옷 입은 전사로 온 성이 가득하리라.

待到秋來九月八, 我花開後百花殺.
沖天香陣透長安, 滿城盡帶黃金甲.

훗날 황소는 농민 봉기군을 이끌고 반당의 깃발을 높이 들고 일어나서 농민 봉기군의 걸출한 우두머리가 되었다.

명청 시대의 봉건제도는 타락상이 날로 뚜렷해졌다. 몇몇 선비들은 과거제도의 갖가지 폐단을 잘 알고 있었다. 특히 팔고문으로 선비들을 뽑는 제도는 그들의 사상을 심각하게 속박하고 왕성한 생명력을 죽이는 부정적인 작용을 한다고 보았다. 더 나아가서 이들은 힘차게 일어나서 과거제도를 맹렬히 비판해 중국 고대 선비들의 각성된 모습을 보여 주었다.

명나라 때의 유명한 사상가인 이지李摯는 가정 연간에 푸젠성에서 치른 향시에 합격했다. 그는 이 시험을 통하여 팔고문으로 선비를 가려 뽑는 본질, 즉 경서를 깊이 공부하여 외울 수 있어야만 시험관을 현혹시켜 합격할 수 있음을 꿰뚫어 보았다. 그는 '이것은 그저 연극일 뿐이로다! 오직 표절만 하여 실속은 없고 눈에만 괜찮게 보일 뿐이다. 시험관이 어찌 공자의 심오하고 정미한 내용을 하나하나 다 알 수 있단 말인가?'라며 한탄했다. 이지는 여기에 더해, '당대의 문장 가운데 신기하고 우아한 문장을 뽑아서 날마다 몇 편씩 외우고, 시험 전까지 몇 백 편 외웠다가 그 중에 한 문제라도 출제되면 그대로 베끼면 급제할 수 있었다.'는 기록을 『분서焚書』 권3 「탁오론략卓吾論略」에 남기고 있다. 이것은 모두 과거제도에 대한 추호도 가차 없는 폭로였다.

이지는 일찍이 윈난雲南 요안姚安의 지부知府[46]로 임명되었으나, 관리 사회의 부패가 눈에 거슬리는데다 아첨하며 떠받들거나 다른 사람에게 하는 허튼소리도 싫어서 의연히 사표를 던지고 후베이湖北의 황안黃安에 은거하다가, 훗날 후베이의 용담호龍潭湖로 거처를 옮긴 뒤 머리를 깎고 스님이 되었다. 그의 친구 경정리耿定理, 원숭도袁崇道, 구탄지丘坦之, 양정견楊定見 등 한 무리의 선비들도 모두 과거를 통한 벼슬길을 포기하고 학문 연구로 방향을 바꾸어 개성과 행동의 자유를 추구하여 당시 사회에 커다란 영향을 끼쳤다.

청나라 때의 저명한 문학가 오경재吳敬梓는 대대로 과거에 합격하여 벼슬을 하는 이름난 집안 출신이었다. 그는 스무 살에 수재에 뽑혔고, 그가 스승으로 삼을 만했던 친구들 중에는 적지 않은 이들이 품성도 학문도 모두 우수했으나 몇 차례 응시한 과거에서는 거듭 낙방했다. 이리하여 오경재는 과거제도의 합리성에 의문을 품기 시작했다. 훗날 안후이安徽 순무巡撫 조국린趙國麟이 도성에서 치르는 '박학홍사博學鴻詞'[47]에 응시하도록 오경

46 명청 시대 부府의 장관.

47 과거의 과명으로, 옛날에 학문이 넓고 글을 잘 쓰는 선비를 선발하던 시험.

재를 추천했으나 그는 병을 핑계로 가지 않았다. 그 후에 깊이 생각하고 두루 살핀 끝에 오경재는 『유림외사』를 창작했다. 이 작품은 뛰어난 풍자소설로 일련의 형상화된 인물 묘사를 통해 팔고문으로 선비를 뽑아 쓰는 제도가 인간의 지혜를 옭아매고 선비의 기질을 못 쓰게 하며 인재를 망가뜨리는 죄악이라고 폭로하고 규탄했으며, 작가의 사회에 대한 선명한 인식과 더불어 사회를 향한 걱정과 근심을 표현했다.

청나라 때 의학을 연구한 학자 서대춘徐大椿은 일찍이 『도정道情』이란 제목의 시에서 전문적으로 팔고문에 대하여 사색하고 탐구하면서도 역사와 문화에 대해서는 식견이 전혀 없는 무지한 선비들을 신랄한 어조로 비웃으며 풍자했다.

> 공부했다는 이들이 가장 쓸모없네.
> 이들이 쓴 팔고문을 보면 뒤죽박죽 온통 진흙탕일세.
> 나라에서는 본래 인재의 계책을 구할 작정이었는데,
> 누가 알았으랴, 사기꾼의 솜씨만 구할 줄이야!
> 승제承題에 이은 파제破題로
> 아양 떨며 득의양양,
> 이게 바로 성인들의 제자가 되는 지름길이라네.
> 삼통三通[48]과 사사四史[49]가 어떤 글인지 알기나 하는가?
> 한조 당종은 어느 때 황제인가?
> 책상머리엔 높은 사람 의견만 올려놓고,
> 가게에서는 올해 합격한 영재만 받아들이는구나.

---

48 당나라 두우杜佑의 통전通典, 송나라 정초鄭樵의 통지通志, 원나라 마단림馬端臨의 문헌통고文獻通考.

49 사기史記, 한서漢書, 후한서後漢書, 삼국지三國志.

공부하여 크고 작은 일 책임지면서
입으로는 탄식하며
사탕을 씹고 또 씹은들
무슨 맛이 있으랴!
세월을 속이고
쓸데없이 한 세상 혼미하게 하고
거짓으로 속이며 높은 감투 쓰니
이게 바로 백성과 조정을 불행하게 하는 일이네.[50]

청나라 초기의 저명한 사상가 고염무도 과거제도에 대하여 문제의 핵심을 찌르는 비판을 가했다. 그는 팔고문으로 치르는 과거는 진나라 시황제의 분서갱유焚書坑儒보다 그 폐해가 훨씬 크다고 말했다. 진시황제는 선비를 460여 명 묻어 죽였지만 팔고문으로 치르는 과거 시험은 무수한 인재들을 망가뜨린다는 것이다. 고염무는 『일지록』 권16에서 '이러한 방법에 변함이 없으니 인재가 다 없어질 날이 왔고 학문은 황폐해질 날이 닥쳤다. 그래서 삼황오제 때부터 지속되어온 이 세상이 장차 언제 끝날지 알 수 없다.'[51]며 한탄했다.

수당에서 명청에 이르기까지 과거제도는 중국에서 1,300년 넘게 시행되었다. 이 제도는 관리를 뽑아 쓰는 중요한 제도로 합리적인 면도 있었다.

---

50 讀書人, 最不濟. 讀詩文, 爛如泥. 國家本爲求才計, 誰知道變作了欺人技. 三句承題, 兩句破題, 擺尾搖頭, 便道是聖門高第. 可知道'三通','四史'是何等文章? 漢朝唐宗, 是哪一朝皇帝? 案頭放高頭講章, 店裏買新科利器. 讀得來肩背高低, 口角噓唏, 甘蔗渣兒嚼了又嚼, 有何滋味! 辜負光陰 白白昏迷一世, 就教他騙得高官, 也算是百姓朝廷的晦氣.

51 此法不變, 則人才日至于消耗, 學術日至于荒陋, 而五帝三王以來之天下, 將不知其所終矣.

예컨대 족벌 관념을 타파하고 사회의 하층에 있는 인재들도 재능만 있으면 두각을 나타낼 수 있어서 봉건 통치의 사회적 토대를 확대할 수 있었다. 또한 과거제도는 공부하고 응시해 관리가 되도록 했기에 관리들의 문화적 소양과 능력 향상에도 도움을 주었다.

그러나 과거제도에도 부정적인 면이 적지 않았다. 과거제도는 '모두 다 저질이지만 공부만은 최고'라는 사회 풍조와 '공부해야 벼슬을 할 수 있다.'는 생각을 널리 퍼지게 했다. 또 과거제도의 시험 방식도 지식과 능력만으로 인재를 뽑을 수는 없었다. 오히려 맹목적으로 죽어라 공부만 하고 달달 외우게 했으며 표절도 묵인했다. 과거 시험의 주요 내용은 『사서』와 『오경』이었다. 이 때문에 사회는 자연과학을 경시했으며, 한 걸음 더 나아가 자연과학의 발전을 가로막는 결과를 빚었다. 과거제도는 선비들의 사회적인 지위와 생활 모습을 변화시킬 수 있는 유일한 길이었기에 무수한 선비들이 이를 위해 죽을힘을 다해 매진했으며 자기의 온갖 힘과 재치를 쏟아 부었다. 그들은 과거에서의 성공 여부를 인생의 명예와 치욕, 가문의 성쇠를 나타내는 기준으로 보았다. 그런데 과거에 응시한 선비들 가운데 일부만 '등용문'을 오를 수 있었고 대다수의 선비들은 평생 벼슬길에 오르지도 못했다. 벼슬길에 오른 이들 가운데는 '세상을 다스리는 것을 자기의 임무'로 여긴 깨끗한 관리나 개혁가도 있었지만, 손에 쥔 권력을 이용하여 재산을 긁어모으고 인민을 들볶은 탐관오리도 있었다. 중국 고대 관료들의 부패는 근절할 수 없었으니, 그 근본 원인은 봉건 전제 제도였다. 그리고 과거제도를 통한 관리 선발은 백성의 재물을 탐하는 벼슬아치와 변변치 못한 관리를 만드는 중요한 통로를 제공했다. 그러기에 고대 선비들과 과거제도의 관계를 이해해야만 선비들의 생활을 진정으로 잘 이해할 수 있다.

4장 선비의 의衣와 식食

먹고 입는 일은 사람의 생활에서 필요한 것 중 맨 앞자리를 차지한다. 이 점은 중국 고대 선비들에게도 예외가 아니었다. 고대 선비들의 복식服飾과 음식飮食은 시대의 특색뿐만 아니라 선비들의 성격의 특징까지 다른 방향에서 보여주기에 고대 선비들의 생활을 이해하는 데 중요한 요소가 된다.

1. 선비의 복식服飾

중국 고대 사회에서, 복식은 추위를 막아주고 피부를 보호하며 삶의 모습을 아름답게 했으며 사회 계급까지 표시하는 특별한 작용을 했다. 옷차림에는 그 사람의 사회 계급과 지위가 나타나 있었다. 지체가 높은 벼슬아치와 벼슬이 없는 보통 백성의 복식은 모양, 옷감, 색 등에서 모두 뚜렷한 차이가 있었다. 같은 관료라도 등급이 다르면 분명한 차이가 있었으니, 이 점은 정사正史인 『여복지輿服志』에 상세히 기록되어 있다.

고서古書에서는 선비들의 복장을 언제나 '유복儒服'이라 불렀다. 유복은 느슨하고 헐렁헐렁한 옷이었다. 오늘날까지 전해진 저명한 당나라 화가 오도자吳道子가 그린 공자의 초상화에서 공자가 입고 있는 옷이 바로 유복이다. 유복은 진나라 때 유행하던 심의深衣[1]와 비슷했지만 더 헐렁하고 품이 넓었다.

심의는 그 당시 사람들이 즐겨 입던 평상복이었다. 그 양식은 상의와 하의가 하나로 연결되었으며, 앞자락은 터지지 않고 뒤로 둘러싸며 덮도록 만들었다. 옷은 발등까지 이를 만큼 길었고, 소매는 넓고 헐렁했으나 팔꿈치를 덮었으며, 허리 부분은 약간 좁아서 긴 띠로 묶었다. 귀족부터 문인 사대부까지 심의를 두루 즐겨 입었다. 쓰촨四川 성도成都의 한漢나라 때 묘에서 출토된 돋을새김이 된 벽돌에 새긴 인물화에는, 주제 부분에 경서를 가르치는 스승이 몸에 헐렁한 유복을 입고 머리에는 높고 우뚝한 양관梁冠을 쓰고 약간 높은 평상에 앉아 있다. 이 스승은 앞에 놓인 긴 책상에 서적을 펼쳐놓고 강의를 하고 있으며, 나머지 사람들도 몸에 유복을 걸치고 따로따로 자리에 앉아서 책을 든 채 공손하고 조심스럽게 강의에 귀를 기울이고 있다.

심의深衣

역사서에는 선비들이 입은 옷을 언제나 유의儒衣나 유복儒服이라 칭했다. 『사기史記』「역생육고열전酈生陸賈列傳」에서는 역생이 '모습은 큰 학자 같

1 옛날 제복制服, 상하가 연결된 옷으로 선비의 조제朝祭나 서인의 예복으로 사용.

한대강경도漢代講經圖
〈한나라 때 경서를 강의하는 모습〉

은데, 옷은 유의를 입었고 머리엔 측주관側注冠을 썼다.'는 기록이 있다. 서광徐廣은 '측주관이란 달리 고산관高山冠이라 일컫는다.'고 했다.

『한서漢書』「준불의전雋不疑傳」에서는 준불의가 '헐렁한 옷에 널따란 띠로 잘 차려 입고 찾아와 윗사람을 만나 뵈었다.'는 칭찬을 하고 있다. 유복은 크고 헐렁했기에 길을 걸을 때면 옷자락이 땅에 끌리기 쉬워서 옷을 들어 올려야 했다. 『한서』「유림전」에는 '당생唐生과 저생褚生은 박사관博士官의 제자 선발에 응하기 위해 박사를 뵈려고 옷자락을 들어 올리고 경의를 표하며 다가서는데, 그 차림이 자못 빈틈이 없었다.'고 기록하고 있다. 안사고는 '옷자락을 들어올린다.'는 말은 '옷자락을 손으로 들어 올려 땅바닥에서 떨어지게 한다.'는 의미로 주해하고 있다. 『후한서後漢書』「유림열전儒林列傳」에는 '광무光武 중엽이 지나면서부터 전쟁이 점차 그치자 경서를 전문적으로 연구하는 이들이 생겼으니, 이로부터 세상은 성실해졌다. 이들은 유의를 입고 지방 학교나 글방에서 선왕을 논했다. 이렇게 유의를 입고 경서를 연구하는 이들이 나라 안에 널리 있었다.'고 기록하고 있다.

위진 남북조 시기의 선비들은 세속에 얽매이지 않는 멋을 소중히 여겼다. 이런 풍조는 복식에도 반영되었으니, 선비들은 대부분 소매가 넓고 품이 헐렁한 적삼을 입었다. 복장 스타일은 비교적 수수했고 진한 때 유행하던 심의와는 뚜렷이 구별된다. 한대의 두루마기는 일반적으로 소맷부리가 어느 정도 수축되었으나 위진魏晉의 두루마기는 소매가 넓고 헐렁헐렁했다. 『송서宋書』「주랑전周朗傳」에는 남조 초기에 의복은 벌써 넓고 헐렁해서, '한 쪽 소매의 크기는 넉넉히 둘로 나눌 수 있으며, 한 쪽 소매의 길이도 둘로 나눌 수 있었다.'고 표현하고 있다. 또 『안씨가훈顔氏家訓』「섭무涉務」에는 '양조 때의 사대부들은 넓고 헐렁한 옷에 허리띠를 넓게 매었으며 높고 우뚝한 모자를 쓰고 굽 높은 나막신을 신는 것을 높이고 소중하게 여겼다.'는 구절이 있다. 대대로 전해 내려오는 명화나 출토된 문화유산 중에서 이런 넓고 헐렁한 의복을 적잖이 찾아볼 수 있다.

1961년 남징南京 서선교西善橋 남조 시대의 묘에서 발견된 벽화 〈칠현과 영계기七賢與榮啓期〉에는 이런 풍조가 생동감 있게 재현되어 있다. 그림 속의 인물은 '죽림칠현竹林七賢'으로 유명한 산도山濤, 혜강, 완적, 향수向秀, 유영劉伶, 완함阮咸, 왕융王戎 등이다. 여기에 또 한 사람이 있었으니, 그는 진晉나라 사람들이 즐겨 인용하는 춘추시대 가난한 선비 영계기榮啓期이다. 이렇게 모두 여덟 인물이 벽화 속 주인공이다. 그들의 모습은 각기 달라서, 어떤 이는 옷깃을 여미고 단정하게 앉아 있고, 어떤 이는 팔꿈치를 굽히고 몸을 비스듬히 눕히고 있으며, 어떤 이는 거문고를 타고, 또 다른 이는 노래를 부르고 있어 표정이나 태도가 얽매임 없이 자연스럽고 대범하다. 그들의 복장도 스타일이 각각이라 어떤 이는 직령直領에 소매가 넓고 품이 헐렁헐렁하고 큰 창파오長袍[2]를 걸치고 옷섶을 활짝 열어젖힌 채 앉아 있다. 안에는 훤히 트인 홑옷이며 허리엔 널찍하고 기다란 띠를 맨 모습이 보인다. 어떤 이는 위에는 직령에 소매가 넓고 짧은 저고리, 아래에는 헐렁헐렁한 크고 긴 치마를 걸치고 있다. 어떤 이는 소매가 긴 심의를 입고 있다. 그들이 입고 있는 옷의 공통점은 품이 넓고 헐거우며 느슨하다는 점이다. 어떤 옷

2 두루마기 모양의 중국 전통 남성 옷.

죽림칠현도竹林七賢圖

고일도高逸圖

은 상의 소매 팔꿈치 부분이 굉장히 느슨해 거의 땅에 끌릴 정도이다. 그림에 보이는 힘없이 부드러운 선으로 의상의 품질이 부드럽고 연하며 가볍다는 사실을 알 수 있다.

전해 내려오는 남조의 명화인 〈작금도斫琴圖〉와 북위의 〈효자화상석관孝子畫像石棺〉에 각각 묘사된 선비와 효자도 모두 헐렁한 옷에 띠와 소매는 넓어서 거의 온몸을 덮고 있다. 당나라 때의 화가 손위孫位가 그린 〈고일도高逸圖〉도 죽림칠현을 소재로 삼은 작품이다. 그림의 일부분이 없어져서 지금은 네 사람밖에 없지만, 모두 화려한 자리에 앉아 가슴과 어깨를 드러내고 있거나 헐렁한 적삼에 넓은 소매를 하고 있어 그 모습도 각기 다르다.

헐렁한 옷에 넓은 띠의 출현은 위진 시대 선비들의 사상과 정신의 모습과 밀접한 관계가 있다. 당시 현학의 유행으로 무위無爲와 자연을 중시하고 숭배하여 전통적인 유가의 도덕관념이 동요했으며 문인과 이름난 선비들은 인간에게 내재된 정신적인 기질을 중요하게 여겨 속세를 벗어나려는 기풍이 일어났다. 그러다 보니 의복도 자연스럽고 소탈하며 세속에 얽매이지 않는 모습으로 내재한 인격을 표현했다. 이름난 선비들의 이러한 심미관은 사회에 커다란 영향을 끼쳐서, 위진 남북조 시대의 갖가지 문물에서 헐렁한 옷에 넓은 띠를 입고 두른 남녀의 모습을 자주 볼 수 있다.

예컨대 동진東晉의 화가 고개지顧愷之가 그린 〈낙양부도권洛陽賦圖卷〉 중에는 위에는 직령으로 된 옷을 걸쳤는데, 소매가 크고 헐렁하여 바닥까지 늘어져 있는 조식曹植의 모습을 볼 수 있다. 겉옷 안에는 흰색의 속옷을 입고, 아래는 품이 헐렁한 긴 치마를 걸치고 있다. 배 앞에는 앞을 가리는 긴 수건 같은 것을 드리우고 있다. 〈여사잠도권女史箴圖卷〉에 그려진 귀족 집안의 부녀들도 크고 헐렁해 땅바닥까지 끌리는 긴 치마를 입고 있다.

위진 남북조 선비들은 복장 색으로 점잖고 우아한 것을 높이 쳤으며 특히 흰색을 많이 선택했다. 옷을 입는 방법도 대단히 자유롭고 편리해서 어떤 이는 머리를 풀어 헤치고 알몸을 드러내기도 했다. 위진 시대 선비들은 자기 마음에 맞는 넓고 헐렁한 옷을 입기를 좋아했다. 이것은 예의와 풍속에 얽매임이 없이 자유롭고 활달한 그들의 기질과 사나울 만큼 고집스러운 품격을 반영한다.

당송唐宋 이후에도 선비들의 복장은 넓고 헐렁한 것이 주요 특징이었다. 당대 선비들은 보통 둥근 옷깃의 두루마기에 적삼을 입었다. 이것들은 은은한 꽃무늬를 넣어 짠 옷감으로 만들었다. 두루마기 아래도 보통 하나로 붙어있기에 란샨襴衫[3]이라고 불렀다. 란샨은 선비들이 입는 평상복이었다.

송대에도 선비들은 바깥출입을 하거나 손님으로 참석하는 잔치가 열리는 장소에서도 둥근 옷깃의 두루마기에 적삼을 입었다. 당대와의 차이점은 송대 선비들이 입는 두루마기는 목둘레에 일반적으로 칼라를 더해야 했으며 그 길이가 무릎까지 이르렀다는 점이다.

---

3 저고리와 치마가 한데 붙은 옷.

또한 송대 선비들이 입었던 적삼에는 자삼紫衫과 양삼凉衫[4]도 있었다. 『송사宋史』「여복지輿服志」에 의하면 자삼은 '원래 군 장교가 입던 옷이었으나, 중흥中興 연간에 선비들도 입었으니, 이것은 군무를 편리하게 하기 위함이었다.'는 기록이 있다. 자삼은 짙은 자줏빛이라 붙여진 이름이며, 스타일은 둥근 옷깃에 좁은 소매와 앞뒤로 터진 살(앞자락 폭이 터졌음)에 형상이 짧고 폭은 좁아서 활동하고 걷기 편해서 장졸將卒들이 입는 옷으로 삼았다. 남송 시기에는 금金과의 대치로 긴장된 형세에 전쟁을 준비하기 위하여 사대부들도 자삼을 입었다.

양삼은 『송사』「여복지」에 '형태는 자삼 같으나 흰색이기에 백삼白衫이라고 불렀다.'는 기록이 있다. 백삼이 생기게 된 것은 남송의 수도인 임안臨安[5]이 여름철에 찌는 듯이 더운데다, 사대부들이 이 옷을 평상복으로 삼아 시원하게 지내기를 바랐기 때문이었다. 훗날 남송 정부는 양삼이 '참으로 보기에 좋지 않고, 상복과 비슷하다.'는 이유로 입지 못하도록 막았다.

문원도文苑圖

란샨은 흰 색깔의 보드라운 천으로 만들었으며, 둥근 옷깃에 소매는 넓으며 상의와 하의가 붙어 있다. 란샨은 대체로 진사나

4 여름에 입는 얇은 옷.

5 오늘날 저장 항저우杭州 부근.

국자생國子生[6], 그리고 지방 관리의 자제들이 입었다.

명나라에서는 봉건 계급제도를 지키기 위하여 복식에도 수많은 규정을 두었다. 관복과 평민들이 입는 옷은 옷감의 질이나 스타일, 그리고 색깔이 모두 달랐다. 홍무 24년(1391년), 명나라 정부는 생원生員의 두건과 복장에 대한 규정을 정했다. 적삼은 옥색玉色 비단을 써서 만들고, 넓고 헐렁한 소매에는 암녹색 띠를 여러 가닥으로 붙였으며, 부드러운 두건에 띠를 늘어뜨렸다. 주원장은 '학교에서는 나라를 위한 인재를 기르고 있는데, 학생들의 두건과 복장이 구실아치와 다름이 없으니, 마땅히 구별할 수 있게 해야 한다.'고 생각했다. 이리하여 '공부에 명하여 옷의 모양을 만들어 올리게 했다. 나라님께서 친히 보고나서 반드시 더 우아하게 만들라고 명했다. 무려 세 번이나 다시 바꾸고서야 그 스타일을 결정했다. 이리하여 학생들의 의관衣冠은 고풍을 확실히 띄게 되었다.'는 이야기가 『여동서록餘冬序錄』 권5에 실려 있다. 명대에 선비와 거인, 그리고 생원들이 입었던 옷은 옥색 면이나 비단으로 바느질하여 만든 넓은 소매에 암녹색 띠를 댄 두루마기로서 란샨 또는 직철이라고 불렀다.

직철은 '직신直身'이라고도 했는데, 비스듬한 옷깃과 헐렁한 소매에, 등 가운데 솔기가 아래쪽으로 바로 통해 붙여진 이름이다. 『유림외사』에는 곳곳에 선비들이 직철을 몸에 걸쳤다는 이야기가 실려 있다. 양집중楊執中이 '머리에는 두건을 쓰고 몸에는 얇은 비단으로 만든 직철을 입으니 학자 같았다.'느니, 호삼공자胡三公子는 '머리에 두건을 쓰고 몸에는 진한 홍갈색의 비단으로 만든 직철을 입었으며 얼굴에는 화장을 하고 까만 신을 신었다.'느니, '실의에 빠진 동생童生[7] 주진과 뜻을 이룬 왕거인王擧人은 모두 직철을

6 공경대부의 자제.

7 수재 시험에 낙방한 사람.

둥근 목깃의 옷을 입고
나귀 등에 탄 선비

입고 있었다.'느니 하는 말들이 모두 그렇다.

청은 나라를 세운 뒤, 전국적으로 머리를 깎고 의관을 바꾸는 정책을 강제로 밀고 나갔으니 한인漢人들의 복식에도 커다란 변화가 일어났다. 원래부터 쓰던 두건과 소매가 헐렁한 옷, 그리고 사모紗帽와 둥근 깃의 옷은 영모纓帽[8]와 전의箭衣[9]로 바뀌었으며, 머리 모양도 머리를 빗고 묶어서 상투를 올리던 것이 이제는 변발辮髮로 바뀌었다. 청대 선비들의 복장은 남자는 거의 앞자락이 터진 창파오에 저고리와 바지를 안에 입었다. 황족과 종실의 왕족들이 입던 창파오는 앞자락이 네 부분으로 터졌으며, 일반 관리와 선비, 백성들이 입던 창파오는 앞자락이 두 부분으로 터졌다. 앞자락이 터지지 않은 것도 있었으니, 이것은 '일과원一裹圓'[10]이라고 불렀다. 청대에는 또 마고자[11]가 유행했다. 마고자는 원래 병영에서 입던 옷이었다. 이 옷은 말을 타기에 편리한 옷이었기에 '마괘馬褂'라는 이름이 붙여졌다. 강희 말년에 부잣집 자제들이 마고자를 입기 시작하여 옹정 때에는 이 옷을 입는 이들이 날로 늘어났다. 그 뒤 민간에까지 전해져 이제는 귀천을 불문한 예복이 되었다.

중국 고대 선비들은 몸에 걸쳤던 스타일이 다른 옷 외에도 관冠을 필요로 했다. 관은 본래 상투 위에 얹던 덮개로서 자그마했기 때문에 머리

8 청대 관리가 쓰던, 꼭대기에 술이 달린 모자.

9 옛날, 활 쏘는 사수들이 입던 소매가 좁은 옷.

10 터놓은 곳이 없는 옷이라는 뜻.

11 마괘馬褂를 말함.

맨 위 가운데 부분도 다 덮을 수 없었다. 고대에는 남자들이 성년이 되면(보통 스무 살) 관례冠禮를 올리는 습속이 있었다. 의식은 보통 종묘에서 거행하는데, 오신 손님이 관을 얹어 주었다. 진한 이후에는 관복은 국가에서 규정한 예복으로, 사회의 계급 관계를 집중적으로 반영했다. 계급이 다른 사람은 그가 쓴 관이나 입은 옷에도 차이가 있었다. 한나라 때는 관의 양식도 그 종류가 많았으니, 『후한서後漢書』「여복지輿服志」 기록에 의하면, 면류관冕旒冠, 장관長冠, 통천관通天冠, 진현관進賢冠, 원유관遠游冠 등 열 가지도 넘었다.

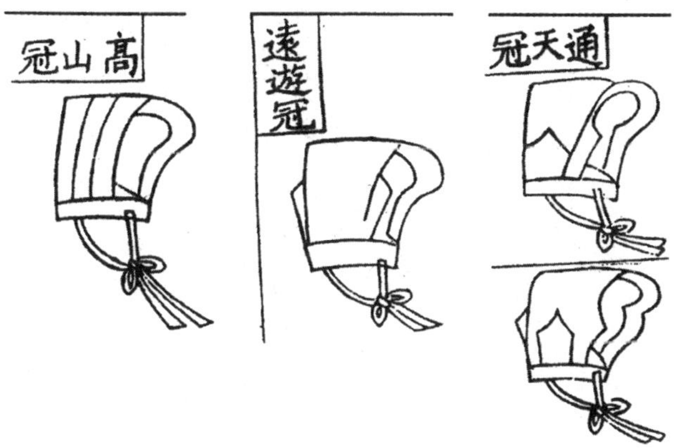

한나라 때의 관

그 가운데 진현관은 문관과 유생儒生만이 쓸 수 있었다. 관은 철사와 가는 실로 만들었으며, 관 위쪽은 들보 모양으로 솟아나게 장식했는데, 지위에 따라 이것이 하나, 둘, 셋이 있었다. 그 가운데 셋 있는 것은 지위가 가장 높은 이가 쓸 수 있었다. 관의 모양은 앞부분이 높고 뒷부분이 낮았으며, 앞쪽은 비스듬히 기울었고 뒤쪽은 똑바로 드리운 형태였다. 모자를 쓸 적에는 머리를 감싼 수건 위에 덧썼다. 모자의 구조는 앞의 높이는 일곱 치, 뒤쪽은 세 치, 그리고 길이는 여덟 치였다. 제후는 들보 모양으로 솟아난 부분이 세 개, 2천 석 이하부터 박사까지는 두 개, 박사 이하부터 하급 관리 및 사숙에서 공부하는 학생까지는 모두 한 개인 모자를 사용했다.

한나라 이후, 선비들은 관모를 쓰는 외에도 두건頭巾을 썼다. 즉 수건으로 머리를 싸매었다. 선진 시기에는 관을 쓸 수 없는 집사執事들이 두건을 사용하였다. 한나라 초기에는 귀천을 따지지 않고 남자라면 모두 두건을 썼다. 한나라 원제元帝 때에 자기의 이마 위에 난 한 움큼 머리카락을 가리기 위하여 두건을 사용하기 시작했다. 그 후 두건을 쓰는 이들은 점점 많아졌다.

두건을 쓰는 방법은 모두 같지 않았다. 동한 말기에 살았던 이름난 선비 곽임종郭林宗은 '생김새가 크고 훤칠했으며 헐렁한 옷에 널찍한 띠를 두르고 천하를 주유했다.'는 기록이 『후한서後漢書』「곽임종전郭林宗傳」에 전한다. 어느 날 길을 가다가 비를 만난 그는 수건을 접어서 머리에 썼는데, 곽임종의 됨됨이와 풍모를 우러러 사모하던 사람들이 잇달아 이를 본받았다고 한다. 위와 같은 책에는 '그 때 사람들이 수건을 접어 머리에 썼는데, 임종건林宗巾이라 불렀다.'는 기록이 있다.

두건을 머리에 두르는 것은 한때 명사名士들의 특징이 되기도 했다. 원소袁紹는 자기의 우아한 멋을 드러내기 위하여 두건을 쓰고 작전을 지휘했다. 이때 선비들 가운데 소관小冠이 유행했다. 소관은 보통 중간이 비어서 비녀로 뒤쪽을 꿰어서 소관과 상투를 고정시켰다.

(1)

(2)

(3)

복건

당송 시기에 선비들은 거의 복건幞巾을 썼다. 복건은 두건에서 발전한 것으로 스타일은 다양했다. 개원천보開元天寶 이전의 복건은 부드럽게 앞으로 기울어진 형태로 자연스럽고 산만하게 보이는 것이 기본적인 특징이었다. 복건의 모서리는 또 부드러운 끈으로 쓰였으며, 그 중에서도 묶어서 매는 방법에 따라 평두平頭 복건, 장각長脚 복건, 순풍順風 복건 등 여러 가지가 있었다. 개원천보 이후 복건은 점차 단단하게 되었으며, 뒤쪽에 묶을 수 있었던 끈도 딱딱한 날개 모양으로 바뀌어 이제는 양쪽으로 뻗어나가기 시작했다.

송대의 복건은 관원들이 쓰는 주요한 관으로, 그 안쪽은 대개 칡이나 풀로 짰고 겉은 얇고 가는 옻칠을 한 견직물로 덮었다. 복건의 밑동은 딱딱한 것과 부드러운 것의 구별이 있었는데, 그 가운데 위쪽으로 똑바로 선 복건은 신분의 귀천을 가리지 않고 다 쓸 수 있었다. 밑동이 위쪽으로 휘우듬한 복건은 오직 황제나 황제의 친인척 그리고 고관만이 쓸 수 있었다. 신분이 낮은 하급관리나 하인은 밑동이 없는 복건을 썼다. 또 송대에는 선비들 가운데 위쪽은 각이 지고 겹친 처마처럼 된 원통 모양의 모자가 유행했다. 이런 모자는 송대의 문호 소동파가 썼다고 하여 동파건東坡巾이라고 불렀다. 네 면으로 된 울타리 모양의 막 바깥에 또 하나의 막이 둘러쳐진 형태로 바깥 막이 안쪽 막보다 조금 더 좁다. 안쪽 막은 전후좌우에 모두 네 개의 모서리가 있어서 '오각건烏角巾'이라고도 불렀다. 송대 선비들은 동파건을 머리에 쓰는 것을 멋으로 알았다.

소식蘇軾과 동파건東坡巾

명나라 때도 두건이나 모자의 양식이 매우 다양하여 신분과 직업의 차이에 따라 머리에 썼던 두건이나 모자도 각기 달랐으니, 선비들은 대체로 유건儒巾과 사방평정건四方平定巾을 썼다. 사방평정건은 항라를 짜는 검은 실로 만들었다. 이것은 네 모퉁이가 모두 네모져 '사각방건四角方巾'이라 부르기도 했다. 여기에다 명나라 때는 육합일통모六合一統帽가 유행했다. 이 모자는 여섯 조각의 얇은 비단을 합쳐서 만들었다. 청나라 때 와서는 과피모瓜皮帽라 불렸는데 보통 평민들이 주로 사용하였다. 사방평정건과 육합일통모는 모두 명나라 초기 정부에서 나라 안에서 쓰는 두건이나 모자로 규정했는데, '사방평정'이니 '육합일통'이니 하는 말의 속뜻을 생각해 보면 정치적인 색채가 선명함을 알 수 있다.

육합일통모六合一統帽 및 사방평정건四方平定巾을 쓴 명나라 때의 선비들

청나라 때는 두건을 쓰는 일을 없애고 모두 모자를 쓰게 했다. 관리들은 품계에 따라 스타일이 다른 모자를 착용해야 했다. 문인들이나 보통 백성들은 모두 편모便帽와 예모禮帽 두 가지밖에 없었다. 편모는 명나라 때부터 써 오던 과피건을 말한다. 예모는 방한을 위한 모자와 햇볕을 가려 시원하게 해 주는 모자로 두 가지가 있었다. 방한모는 겨울에 사용했으며 대개 원형으로 주위에는 테가 빙 둘러 있었다. 가죽이나 비단 등 여러 가지 재료로 만들었는데 주로 검은색이 많았다.

지금까지 중국 역대 선비들의 일반적인 복장에 대해 살펴보았다. 고대 선비들의 구성은 내부적으로는 꽤 복잡한데다 유동성도 매우 강했기에 상류층 선비들의 복식은 지체 높은 고관들과 서로 같았으나 하층의 선비와 은사들은 복장에 대해 신경 쓸 겨를이 없었다.

예컨대 장자는 뒷골목에 살며 헝겊 조각으로 기운 옷을 입고 짚신을 결어 신었다. 『삼국지三國志』「관녕전管寧傳」에는 『부자傅子』에 주석을 달아, 은사隱士 초선焦先은 산중에 살면서 '굶어도 배를 채우기 위해 굽실거리지 않았으며, 추워도 옷을 얻기 위해 아첨하지 않고 풀을 결어 몸에 걸쳐 옷으로 삼았으며, 맨머리에 맨발로 다녔으며, 심지어 여름이나 겨울이나 언제든 옷을 걸치지 않았고, 누울 때도 자리가 따로 없었으며, 게다가 짚 깔개마저 없어서 맨흙에 몸을 눕히다 보니 온몸은 진흙을 바른 듯 때가 가득했다.'고 기록하고 있다. 또 다른 은사 호루扈累는 '먹어도 맛있는 것을 바라지 않았고, 옷도 헤어지고 떨어져서 허름했기에, 여름이나 겨울이나 항상 헝겊을 대고 기워 입었다.'고 한다.

또 진대晉代의 이름난 은사 손등孫登은 '산에 토굴을 파고 살았으며, 여름에는 풀로 엮은 옷을 입었고 겨울에는 머리카락으로 덮었다. 『역경』 읽기를 좋아했으며, 거문고를 타는 그의 모습에 모두 즐거워했다.'고 한다. 동진의 저명한 사상가 갈홍葛洪은 자기 마음대로 옷을 걸치고도 '나의 됨됨이는 머리에 쓰는 관이나 발에 신는 신발이 모두 더럽고 낡았으며 의복은 남루해도 부끄러워하지 않았다. 그렇게 입다가도 갑자기 다르게 입기도 했다. 널따란 깃에 큰 띠를 두르기도 하고, 몸에 딱 끼는데다 긴 소매 옷을 입기도 했으며, 긴 옷자락이 땅에 끌리는 옷을 입다가도 짧아서 발도 덮지 못하는 옷을 입기도 했다.'는 기록이 『포박자抱朴子』「자서自敍」에 실려 있다. 갈홍이 몸에 걸쳤던 옷이나 신발로 미루어볼 때, 고대 선비들은 자연스러움을 추구했으며, 자기 뜻대로 사는 생활방식을 고집하며 누가 뭐라 해도 평소 자기 생각대로 살려 했음을 알 수 있다.

2. 선비와 음식

가. 이름난 선비와 소문난 음식

중국의 음식 문화는 역사도 유구할 뿐만 아니라 내용도 풍부하고 다채롭기로 세상에 널리 알려졌다. 이루 다 헤아릴 수 없을 만큼 많은 음식과 좋은 안주는 여러 사람들의 지혜의 결정이다. 여기에는 지식인의 공로도 빼놓을 수 없다. 중국 고대에는 일반적인 선비와 평민 사이에는 큰 차이가 없었으니, 역사를 펼쳐보면 수많은 선비들이 검소한 생활을 형용하는 변변치 않은 음식을 흥미진진하게 이야기했다. 그런데 또 갖가지 요리 방법에 대하여 연구하기를 좋아했던 몇몇 선비들은 자기의 총명함과 재지才智로 중국의 음식 문화에 이바지했다. 오늘날에도 식탁에서 자주 볼 수 있는 고대 선비의 이름으로 명명된 요리나 반찬, 그리고 고대 선비들이 남긴 음식에 관한 전설 따위는 우리의 음식에 진한 문화의 향취를 풍기게 한다.

고대 선비와 음식에 관하여 이야기하려면, 먼저 두부를 발명한 유안劉安부터 시작해야 마땅하다.

유안은 한고조漢高祖 유방劉邦의 손자로서 책을 좋아했고 거문고를 잘 탔으며 문학 창작력도 대단하여 특히 사부詞賦에 능했다. 그는 한나라 문제文帝 때 아버지의 뒤를 이어 회남왕淮南王에 봉해졌다. 그는 빈객으로 방술方術에 능한 사람 수천 명을 불러들여 『회남홍렬淮南鴻烈』을 편찬했다. 이 책은 『회남자淮南子』라고도 한다. 관계되는 자료로 미루어 보건대, 두부를 발명한 이는 유안이다. 남송의 주희가 쓴 시 한 수를 보자.

> 콩을 심었더니 드문드문 나서
> 힘은 빠지고 마음도 벌써 지쳤네.

회남왕의 두부 만드는 방법을 진작 알았더라면,
편안히 앉아서 큰돈을 벌었을 텐데.

種豆豆苗稀, 力竭心已腐.
早知淮南術, 安坐獲泉布.

주희는 이 시 끝에 '세상에 전하는 바에 의하면 두부는 본래 회남왕이 발명한 기술'이라고 설명을 덧붙였다. 명나라 때 이시진李時珍이 쓴 『본초강목本草綱目』에도 '두부 만드는 법은 한나라 때 회남왕 유안이 처음 발견했다.'는 기록이 있다.

그런데 당대 이전의 역사책에는 '두부'라는 단어를 찾을 수 없으며, 송대에 이르러서야 비로소 '두부'라는 단어가 기록된 최초의 문헌을 만나게 된다. 송나라 때 육유의 『위남문집』 권25 「서이공사書二公事」에는 '사악謝諤이 새벽에 일어나 두부와 야채를 한 솥 끓이다가 마침 고기라도 있으면 가늘게 썰어서 그 안에 집어넣었다.'는 기록이 있다. 이때문에 사람들은 두부의 출현이 당나라 중기보다 더 이른 시기는 아니라고 생각한다.

그러나 고고학적인 발굴로 한나라 때 이미 오늘날과 기본적으로 같은 두부를 만들 줄 알았음이 증명되고 있다. 1959년에서 1960년 사이에 허난성河南省 밀현密縣에서 발굴된 한나라 시대 묘 1호에서는 그림을 새겨 그린 커다란 돌이 발견되었는데, 그 가운데는 두부 만드는 작업장을 그린 석각화도 있다. 이 그림은 두부를 만드는 과정을 묘사한 것이다. 묘 속의 주인은 비록 동한 말기에 살았던 사람이지만 두부가 발명되어 전파되고, 다시 두부를 만드는 작업장이 생긴 뒤 그림으로 돌에 새겼으므로 짧은 기간에 두부가 완성될 리 없었을 것이다. 일본 고대의 말린 두부에도 '회남당淮南堂'이라는 문구가 있는 것으로 보아 회남왕 유안이 두부를 발명했음에 문제가 될 건 없다. 『회남왕식목淮南王食目』, 『회남왕식경淮南王食經』, 『회남왕식경음

淮南王食經音』 등 유안과 관련된 서적을 보면, 유안이 두부를 발명했을 뿐만 아니라 요리에도 정통했음을 알 수 있다.

그 밖에 고대 선비와 관계된 음식에 대한 전설에는 제갈량과 만두饅頭에 얽힌 이야기가 있다.

만두는 북방 사람들의 주식 가운데 하나이다. '만두'라는 낱말은 제갈량이 남쪽 지방을 정벌할 때 벌써 나타난다. 송나라 사람 고승高承이 쓴 『사물기원事物紀原』 권9에는, 제갈량이 남정南征에 나서서 노수瀘水를 건널 때 그곳에 살고 있는 토족土族들이 사람을 죽여 그 머리로 제사를 지내는 습속이 있음을 보고 밀가루로 만든 만두로 바꾸어 제사를 지내게 했다는 기록이 있다. '양이나 돼지고기를 섞어 이것을 밀가루 반죽으로 싸서 사람의 머리 모양으로 만들어 제사를 지내게 하니……이로써 만두가 되었다.'는 것이다. 명나라 사람 낭영朗瑛의 『칠수유고七修類稿』에는 '만두의 본래 이름은 만두蠻頭이다.'는 기록이 있다.

제갈량이 남쪽 지방을 평정하고 돌아오는 길에 노수에 이르렀을 때에 갑자기 광풍이 일고 물살이 거세지며 물결이 높이 일어 강을 건너기가 힘들었다. 그 지방에 살고 있는 사람이 제갈량에게, '엽신獵神이 말썽을 피우고 있으니, 사람의 머리 마흔아홉 개와 검정 소, 그리고 흰 양으로 제사를 드려야 바람을 멈추고 물결을 재운 뒤 강을 건널 수 있습니다.'라고 아뢰었다. 제갈량은 차마 사람을 죽여 그 머리로 제사를 지내지 못하여 소와 양과 돼지의 고기로 소를 만들어 밀가루 반죽으로 싸서 사람의 머리 모양을 만들어 제사를 지내라 명령했다. 이것이 바로 만두의 기원을 알리는 전설이다. 서진의 속석束晳이 쓴 『병부餠賦』에서도, '삼월 초 음양이 교차하는 시기에 잔치를 베푸는데, 이때 만두가 제격이다.'라며 '만두'라는 낱말을 사용하고 있다.

전설에 따르면 제갈량이 만두의 발명자임이 거의 분명하지만, 만두와 비슷한 증병蒸餠은 한대에 이미 출현했던 것으로 보아, 만두는 아마 증병에서 발전해 만들어졌을 가능성도 있다. 한대에 떡 종류는 사람들이 좋아하는 식품이었다. 뜨거운 물에 익힌 밀가루 음식을 자병煮餠이라 했고, 기름에 튀겨서 만든 것은 유병油餠[12]이라 했으며, 불에 구워 만든 것은 소병燒餠 또는 노병爐餠이라 불렀다. 그리고 증병은 밀가루에 물을 부어 발효시킨 뒤에 쪄서 익힌 것이다. 『석명釋名』「석음식釋飮食」에는 '떡 병餠자는 아우를 병幷자와 같다. 물에 밀가루를 아우르면 떡이 된다. …… 증병, 탕병湯餠 …… 등은 모두 모양에 따라 붙여진 이름이다.'라고 설명하고 있다. 「급취편急就篇」에서는 안사고를 인용하여 주석하기를, '물을 부어 쪄서 익히니 떡이 된다.'고 했다. 또 『태평어람』 권860에는 『조록趙錄』을 인용해, '왕환王歡이 배움에 열중했으나 가난했다. 그는 이웃이 베푸는 증병 한 개로 하루를 지냈다.'고 기록한 것으로 보아 증병은 하층의 평민들이 먹었던 음식임을 알 수 있다.

부귀한 자들이 먹는 증병은 자못 볼품이 있었다. 『초학기初學記』에는 왕은王隱의 『진서晋書』를 인용해, 하증何曾은 천성이 사치를 좋아하여 '증병에 십자十字(금이 생긴다는 뜻)를 만들지 않으면 먹지 않았다.'고 기록하고 있다. 또 『태평어람』 권860에는 『조록』을 인용해, 16국 가운데 하나인 후조後趙의 통치자 석호石虎는 '증병을 좋아하여 언제나 마른 대추와 호두 등을 소로 만들어 쪘으며 그것을 갈라야만 먹었다.'고 기록하고 있다. 여기서 말하는 증병은 오늘날의 '개화만두開花饅頭'와 거의 비슷하다.

중국 고대에는 이 밖에도 명성이 높은 선비들이 좋아했기에 세상에 널리 퍼진 음식물도 있다. 그것은 이 음식물 자체가 영양이 풍부하고 맛이 입에 맞았기 때문이기도 하지만 명사들의 반응도 좋았기 때문이었다. 예컨대 위진 남북조 시기의 선비들은 수산물을 좋아하여 섬세하게 잘 만들면 아

12 유조油條라고도 함.

무리 먹어도 싫증을 내지 않았으며, 어떤 선비는 자기 고향의 맛 나는 음식을 먹기 위하여 벼슬을 버리기까지 했다.

서진의 문학가 장한張翰은 오늘날 장쑤성 소주蘇州 사람으로 일찍이 제왕齊王 사마경司馬冏 밑에서 벼슬을 했다. 어느 날, 이 사람이 강남에서 낙양으로 부임하는 중에 가을바람이 솔솔 불어오자 그만 고향의 줄[13]과 순채국[14]과 농어회가 그리워졌다. 그가 '인생의 가치는 제 뜻에 맞는 데 두어야지 어찌 감투에 매여 수천 리 밖에서 높은 벼슬을 바라랴!'라고 말했다는 기록이 『진서晉書』「장한전張翰傳」에 전한다. 당연히 장한의 '맛 나는 고향 음식에 대한 그리움'에는 화를 피하고 보신하기 위하여 은퇴의 구실로 삼은 면도 있다. 당시 사마씨는 권력 다툼에 빠져 앞날이 뻔하였다. 장한은 낙양에 없었기에 다행히 화를 면할 수 있었다. 어떻든 줄과 순채국, 농어회는 말할 것도 없이 소주의 맛있는 음식임에 틀림없다.

줄은 흔히 '쟈오빠이茭白'라고 부르는 여러해살이 수생식물로서 볶거나 끓여먹기에 모두 적합하며, 남방 사람들이 좋아하는 채소이다. 순채도 수생식물의 일종으로 '수이쿠이水葵'라고도 부른다. 연한 잎은 식용할 수 있으며 국으로 끓여 먹으면 그 맛을 다른 어떤 것에 견줄 수 없다. 『진서晉書』「육기전陸機傳」에는 낙양에 온 육기가 일찍이 시중侍中 왕제王濟를 찾아뵌 일이 실려 있다. 이 자리에서 왕제는 치즈를 손가락으로 가리키며 육기에게 '자네들이 사는 소주에서는 어떤 음식이 이 치즈의 맛보다 나은가?'라고 물었다. 육기는 이 물음에 '천리千里 순채국은 치즈 맛과 견줄 수 없을 만큼 맛이 좋습니다.'[15]라고 대답했다. 천리千里란 천리호千里湖를 가리키니, 이곳에서 생산된 순채가 가장 좋다는 말이다. 치즈도 이 맛을 따를 수 없다고 했

13 볏과의 여러해살이풀로 열매와 어린 싹을 식용.

14 수련과에 딸린 다년생 물풀인 순채로 끓인 국.

15 千里蒓羹 未下鹽豉.

으니, 순채의 맛을 미루어 짐작할 수 있다. 농어회도 강남 지방의 요리이다. 농어는 육질이 부드럽고 고우며 맛도 대단히 좋다. 농어를 얇게 썰어 놓으면 농어회가 된다.

이때 사람들은 소금에 절인 생선을 좋아했다. 동진의 명사 사현謝玄이 직접 낚시로 잡은 물고기를 소금에 절여 멀리 떨어진 자기 아내에게 보낸 일은 미담으로 세상에 널리 전한다. 소금에 절인 생선은 날로 먹을 수 있는 음식에 속한다. 『제민요술』에는 소금에 절인 생선을 만들기에 가장 멋진 것은 잉어라고 하면서 만드는 방법을 기술하고 있다.

> 크지만 기름기가 적은 신선한 잉어를 골라서 먼저 비늘을 제거한 뒤 길이는 두 치, 너비는 한 치, 그리고 두께는 다섯 푼으로 잘라서 깨끗이 씻은 다음 큰 접시에 올린다. 거기에 소금을 뿌리고 나서 다시 광주리에 채워 넣은 뒤 평평한 돌을 위에 올려놓고 꽉 눌러서 물기를 다 뺀다. 그리고 산수유, 귤껍질, 맛 나는 술 등을 조미료 삼아 적당히 뿌린다. 이제 깨끗한 단지에 물고기 한 켜에 밥알 한 켜씩을 차례로 넣어 가득 채운 뒤 단단히 봉하여 며칠 두면 발효하여 멋진 맛을 내게 된다. 손으로 찢어 먹어야지 칼로 썰면 비린내가 난다.

위진 시기에는 은둔하는 풍속이 성행했다. 당시 깊은 산속에 은둔하여 사는 은사들은 청정반青精飯을 좋아했다. 청정반은 영양도 풍부하고 식이요법에도 좋은 밥이다. 남촉南燭[16] 잎사귀를 찧어 부수어 나온 즙에 쌀을 담갔다가 건진 뒤 다시 쪄서 말린 다음 튀기거나 끓여 먹을 수 있다. 색깔이 새까맣기 때문에 '오반烏飯'이라고도 한다. 청정반이란 말은 남조의 은사 도

16 철쭉과의 낙엽 관목.

홍경陶弘景이 쓴 『등진은결登眞隱訣』에 제일 먼저 나타나는데, 오래 먹으면 기력을 강하게 하고 뼈와 근육을 힘 있게 하며 장수에도 좋다고 하였다. 이것은 당대에 이르러 유명한 음식 중의 하나가 되었다. 두보는 『증이백贈李白』에서 이렇게 노래한 바 있다.

> 청정반이 없었더라면 어쩔 뻔 했겠소,
> 내 얼굴 이렇게 환하게 만들었는데.
>
> 豈無靑精飯, 令我顔色好.

중국 고대의 많은 선비들은 공부에 매달리며 글을 써서 자기의 주장을 세웠을 뿐만 아니라 맛 나는 음식을 만드는 데도 능했으며 그 재주나 기술도 뛰어났다. 『송서宋書』「모수지전毛修之傳」에는 모수지가 요리에 뛰어나다는 이유로 벼슬에 오른 이야기가 실려 있다.

모수지의 자는 경문敬文으로 큰 뜻을 품고 역사책에 매달렸다고 한다. 동진 말년, 유유劉裕가 후진後秦을 북벌하고 아들 유의진劉義眞이 진주하여 일할 때 모수지는 사마司馬에 임명되었다. 418년, 대하왕大夏王 혁련발발赫連勃勃이 장안을 향해 진격하여 청니성靑泥城에서 유의진을 대파하고 모수지를 포로로 잡았다. 뒤에 북위가 대하를 물리치고 장안을 점령하자 모수지는 이제 북위의 포로가 되어 평성平城[17]으로 끌려갔다. 모수지는 요리에 능하여 맛 나는 음식을 무엇이든 만들 수 있었다. 어느 날 그는 정성껏 만든 양갱羊羹을 상서尙書에게 올렸다. 맛이 기가 막히게 좋다고 생각한 상서는 태무제太武帝 탁발도拓跋燾에게 올렸다. 탁발도는 크게 기뻐하며 모수지

17 오늘날 산시山西 대동大同

를 태관령太官令에 임명했다. 태관령이란 황제의 식사를 책임지는 벼슬아치이다. 모수지는 탁발도를 위해 언제나 손수 요리를 만들어서 신임이 두터워졌다. 그의 벼슬은 점점 높아져 상서를 거쳐 광록대부光祿大夫, 나중에는 남군공南郡公에 봉해졌다.

당대의 시인 백거이도 시로 이름을 날렸을 뿐만 아니라 독특한 맛을 지닌 호병胡餠[18]을 잘 만들었다. 원화 10년(815년), 백거이는 직간을 하다가 그만 강주江州의 사마로 좌천되어 마음이 몹시 울적하였다. 3년뒤, 백거이는 천자의 명령으로 충주忠州 자사刺史로 다시 승진되자 몹시 즐거워하며 사랑하는 친구인 만주萬州 자사 양경지楊敬之에게 사람을 시켜 손수 만든 호병을 보내며, 『기호병여양만주寄胡餠與楊萬州』라는 시도 함께 부친다.

> 이 호병은 장안에서 배웠소,
> 방금 화로에서 나온 듯 아삭아삭 향기롭소.
> 게걸스러운 양 대사에게 보내니,
> 보흥輔興[19]에서 만든 것과 다름없는지 맛보시오.
>
> 胡麻餠様學京都, 麵脆油香新出爐.
> 奇與饑饞楊大使, 嘗看得似輔興無.

그는 이 호병을 만드는 기술을 수도 장안에서 배웠으며, 아삭아삭하고 향기로운 특징이 있으니 양경지께서는 맛을 보시고 장안에서 이름난 보흥방輔興坊에서 파는 호병과 비교해 보시라, 이렇게 말하고 있다. 이 시는 호병

---

18 밀가루를 반죽하여 참깨를 뿌려 구운 빵의 일종.

19 당시 장안에서 호병을 제일 잘 만들었다는 가게.

으로써 유쾌함이 넘치는 마음을 전하고 있다. 또한 그는 양경지에게 장난스럽게도 '게걸스러운 양 대사'라는 표현으로 두 사람의 친밀한 관계를 드러내면서, 다른 한 편으로는 벼슬길에 찾아온 새로운 기회에 대한 기쁜 심정도 표현하고 있다.

호병은 원래 서역西域의 식품으로 한나라 때 대륙 깊숙이 전해졌다. 호병은 아삭거리며 향도 깊어서 각계각층의 사람들에게 사랑을 받았다.『태평어람太平御覽』 권860에는 『속한서續漢書』을 인용해, '영제靈帝가 호병을 좋아하자 장안에서는 모두 호병을 먹기 시작했다.'고 기록하고 있다. 한나라 말기, 여포呂布가 군사를 이끌고 승씨성乘氏城 아래에 이르자, 이숙절李叔節이 호병을 가지고 성 밖으로 나가 군사들을 위문했다는 기록도 있다. 위진 남북조의 사적史籍에는 호병에 관한 내용이 숱하게 많다. 『태평어람』에는 왕은의 『진서晋書』를 인용하여, '왕장문王長文은 짐짓 미친 체 제멋대로여서 벼슬을 내려도 임지에 가지 않고 달아나서, 뒤를 밟았더니 저잣거리 땅바닥에 쪼그려 앉아 호병을 먹고 있었다.'고 기록하고 있다. 또 위와 같은 책에서는 왕희지가 '처갓집에 홀로 사위가 되어 가서 배를 드러내고 호병을 먹는데 그 모습이 태연자약했다.'는 기록도 있다. 이때 호병은 마병麻餠이라고도 했다. 『태평어람』에는 『조록』을 인용해, 16국에서 후조의 통치자 석륵石勒은 '호胡'자를 휘諱로 했기에 이 글자가 들어있는 이름을 모두 바꾸었다. 따라서 호병胡餠도 '마병麻餠'으로 이름을 바꾸게 되었다는 것이다.

당대에는 호병이 이미 생활 속에서 사람들의 보통 음식으로 변했다. 장안 바닥에는 호병을 만드는 곳이 아주 많았는데 그 가운데 보흥방이 제일 인기가 높았다. 백거이는 열여섯에 장안으로 올라와서 여러 해를 머물렀다. 그는 호병을 좋아하는 데 그치지 않고 만들 줄 알았기에 기분이 좋을 때는 친한 친구에게 자기 솜씨를 보이기도 했다.

중국 고대 선비들 중에서 음식 문화에 큰 공헌을 한 이는 뛰어난 문인 소식이었다.

소식은 남보다 훨씬 뛰어난 문학, 회화, 서예로 중국 고대 문화사에 중요한 위치를 차지한다. 그는 또 맛을 알고 맛을 즐길 줄 아는 미식가였다. 소식은 요리 솜씨가 매우 훌륭하였을 뿐만 아니라 손수 많은 요리를 새로 만들기도 했다. 지금까지 내려오는 이름난 요리 가운데 사람들의 사랑을 받는 대표적인 요리는 '동파육東坡肉'과 '동파갱東坡羹'이다.

소식은 돼지고기로 만든 요리를 좋아했는데, 그는 자기가 직접 만들었던 돼지고기 요리의 경험을 『동파시화東坡詩話』에서 이렇게 총괄하여 매듭지었다.

> 동파는 천성이 돼지고기를 좋아했다. 황주黃州에 있을 때에는 돼지고기 요리를 만들어 먹어보고는 이렇게 노래했다.

> 황주의 맛 나는 돼지고기,
> 값은 헐하기 썩은 흙과 같네.
> 돈 있는 이는 먹으려 하지 않고,
> 가난한 이는 만들 줄 모르네.
> 불은 천천히 지피고,
> 먼저 솥을 깨끗이 씻어서,
> 물은 조금 부은 뒤,
> 나무토막 은근한 불꽃으로 오랫동안 다려야 하네.
> 이제는 제 스스로 익을 테니 재촉일랑 말게,
> 불길은 세기와 시간을 넉넉히 해야 맛이 나네.
> 날마다 일찍 일어나 두 사발이나 푸니,
> 배부르네, 이제 그대는 다른 일일랑 간섭하지 말게.

> 黃州好猪肉,

價錢如糞土.
富者不肯吃,
貧者不解煮.
慢著火, 先洗鐺, 少著水, 柴頭罨煙淹不起.
待它自熟莫催它, 火候足時它自美.
每日早來打兩碗, 飽得自家君莫管.

소식이 고기를 잘 고는 비결은 불은 천천히 지피고 물은 적게 넣어서 양념이 몽땅 고기에 흡수되도록 하기 때문이었다. 푹 익어 흐물흐물해야 향기도 넘치고 영양도 풍부해진다는 것이다. 그는 각지를 두루 돌아다닐 때, 언제나 손수 이렇게 고기를 요리해 친구들의 칭찬을 받았다. 훗날 '동파육'은 널리 퍼져 이름난 요리로 자리 잡았다. 소식은 또 돼지머리 고기를 좋아했다. 그는 『여자안형칠수與子安兄七首』에서 쓰촨에 사는 친척들에게 '언제나 제 손으로 돼지머리를 삶았습니다. 피 묻은 고기를 물에 담그고 된장으로 야채 국물을 풀었습니다.'라고 말했다. 청나라 때의 『식헌홍비食憲鴻秘』에서는 '동파퇴東坡腿'라는 요리를 만드는 방법을 소개하고 있다.

저장성 금화金華에서 나는 오래 묵은, 소금에 절인 돼지 뒷다리 약 여섯 근을 발목 아랫부분은 잘라낸 뒤 두 도막으로 네모나게 나눈다. 그리고는 깨끗하게 씻어서 솥에 넣고 삶으며 기름기를 제거한 뒤 중지한다. 다시 맑은 물을 넣고 끓여서 흐물흐물 익힌다. 마지막으로 잘 여문 죽순과 마른 새우 등을 적당히 배합하여 넣으면'동파퇴'가 된다.[20]

---

20 陳金腿約六斤者, 切去脚, 分作兩方正塊, 洗淨. 入鍋煮去油膩, 收起. 復將淸水煮極爛爲度. 臨起, 仍用筭, 蝦作点, 名'東坡腿'.

소식의 고기를 고는 방법으로 그 밖의 고기도 고을 수 있다. 『동파지림東坡志林』에는 증양육蒸羊肉이라는 음식이 나오는데, 바로 이 방법으로 만든 것이다. 글 속에는 '동주양同州羊을 흐물흐물하도록 찐 뒤 행인차杏仁茶를 가득 채운 뒤 먹는다. 대젓가락을 쓰지 않고 국자로 떠서 먹는다.'는 구절이 있다. 즉 양고기는 푹 고아야 하며 먹을 때는 젓가락으로는 집을 수 없으니 국자로 떠서 먹어야 한다는 것이다.

소식은 고기를 고는 데만 뛰어난 재주를 가진 게 아니라 '동파갱'을 잘 만들기로도 유명하다. 갱이란 바로 수프를 말한다. 선진 시대에도 갱이 널리 유행했다. 『예기禮記』「왕제王制」에 '갱은 제후부터 아래로는 서민에 이르기까지 신분에 관계없이 다 먹었다.'는 기록이 있다. 사람마다 먹을 수 있는 요리였던 것이다. 갱은 음식 중에서 식욕을 돋우는 주요한 구실을 한다. 『예기禮記』「곡례曲禮」에는 '밥은 사람의 왼쪽, 갱은 오른쪽에 놓는다.'고 했다. 재료에 따라 분류하면, 갱은 육류 요리와 채소 요리 두 가지로 나눌 수 있으니, 갖가지 고기와 채소로 모두 갱을 만들 수 있었던 셈이다. 『제민요술齊民要術』에는 갱을 만드는 방법 스물여덟 가지를 요약해 기술하고 있다. 이로 보아 갱은 자못 널리 보급된 음식이었음을 알 수 있다.

소식은 선인들이 갱을 만들었던 경험도 받아들였지만 그것을 더욱 깊이 연구하고 실천하여 자기만의 독특한 요리 방법을 개발했으니, 이것이 바로 그 유명한 '동파갱'이다. 동파갱의 재료는 지극히 평범한 채소 세 가지 이다. 순무, 무, 겨자, 이 세 가지 채소에 콩가루나 쌀가루를 보탠다. 이런 재료는 비록 평범하지만 영양은 풍부하다. 순무는 맛이 좋고 신선하며, 무는 기의 흐름을 원활히 하고 해독 작용도 하며, 겨자에는 비타민 C가 풍부하다. 여기에 더해 소식은 요리 기술까지 깊이 연구하였으며, 게다가 불의 세기와 시간도 잘 파악하여 평범한 야채 요리를 입에 딱 맞는 야채수프로 변화시켰다. 소식이 쓴 『동파갱송병인東坡羹頌幷引』에는 이런 갱, 곧 수프를 만드는 방법이 기록되어 있다.

동파갱은 동파거사가 끓인 야채수프입니다. 물고기와 짐승의 고기를 쓰지 않았기에 갖가지 맛이 자연의 달콤함을 가지고 있지요.

배추나 순무, 무, 겨자를 부드럽게 여러 번 씻어 맵고 쓴 맛을 뺍니다. 그런 다음 열처리를 하지 않은 기름 약간을 써서 솥과 시루를 훔칩니다. 이제 끓는 물에 채소를 집어넣고 쌀과 물, 약간의 생강을 뿌리고 기름을 칠한 시루로 덮습니다. 덮은 뒤엔 건드리면 안 됩니다. 건드리면 수프에서 기름 냄새가 납니다. 다 익은 뒤엔 기름 냄새를 없앨 수 없습니다. 솥 위에 시루를 얹었지만 뚜껑을 빨리 덮어서는 안 됩니다. 채소에서 풋내가 다 빠져나간 뒤에야 덮을 수 있습니다.

수프는 끓으면서 위로 넘치게 마련입니다. 하지만 기름에 부딪치면 넘치지 못하지요. 질그릇이 눌러주기 때문입니다. 만약 이렇지 않다면 수프 위쪽에 있는 시루 안의 쌀이 김이 올라오지 않아서 익을 수 없지요. 쌀밥이 잘 되어야 수프도 푹 익어서 먹을 수 있습니다. 채소가 없으면 호박이나 가지를 쓰면 됩니다. 모두 잘게 썰어서 씻지 않고 솥에 넣고 뚜껑을 덮으면 되지요. 잘 익힌 붉은 팥과 멥쌀을 반반씩 써서 수프의 재료로 쓸 수도 있습니다. 다른 것은 채소를 끓여서 수프를 만드는 방법과 같습니다.[21]

---

21 東坡羹, 蓋東坡居士所煮菜羹也. 不用魚肉五味, 有自然之甘. 其法以菘若蔓青, 若蘆菔, 若芥, 揉洗數過, 去辛苦汁. 先以生油少許塗釜緣及一瓷碗, 下菜沸湯中. 入生米爲糝, 及少生姜, 以油碗覆之, 不得觸, 觸則生油氣, 至熟不除. 其上置甑, 炊飮如常法, 旣不可遽覆, 須生菜氣出盡乃覆之. 羹每沸涌, 遇油輒下, 又爲碗所壓, 故終不得上. 不爾, 羹上薄飯, 則氣不得達而飯不熟矣. 飯熟羹亦爛可食. 若無菜, 用瓜, 茄, 皆切破, 不揉洗, 入罨, 熟赤豆與粳米半爲糝. 餘如煮菜法.

동파갱은 입에 맞는 맛과 풍부한 영양으로 세상에 널리 퍼졌으며, 드디어 사람들이 좋아하는 훌륭한 요리가 되었다. 원부元符 3년(1100년), 예순다섯의 소식은 해남海南에서 북쪽 중원으로 돌아오게 되었다. 돌아오는 길에 그는 지방 관리들의 환영을 받는다. 소주韶州 태수 적함狄咸은 소식을 마음속으로 우러러 공경했기에 뜨거운 마음으로 그를 맞았다. 잔칫상 위에는 특별히 만들어진 동파갱이 올랐다. 소식은 뜻밖의 기쁨으로 더욱 친근감을 갖게 되었다. 그는 이 기쁨을 『적소주자만청노복갱狄韶州煮蔓青蘆菔羹』에서 이렇게 노래했다.

내 옛날 고향에서도
가난한 살림이었지만 맛 나는 요리 있었지요.
걸핏하면 솥 받쳐놓고
산나물에 순무 삶았지요.
중년 되어 이 맛 다시는 못 보니
마치 다른 세상처럼 느껴졌지요.
그 누가 남악南岳 늙은이 알겠소,
그러니 동파탕東坡湯 만들었지요.
거기엔 갈대에 명아주 뿌리도 들었고
새벽이슬 향긋함도 머금었다오.
그 맛을 부잣집 젊은이에게 말하지 마오,
그들이야 주색에 빠진 방탕한 생활밖에 뭘 알겠소.

我昔在田間,寒庖有珍烹.
常支折脚鼎,自煮花蔓菁.
中年失此味,想象如隔生.
誰知南嶽老,解作東坡羹.

中有蘆菔根,尙含曉露淸.

勿語貴公子,從渠醉膻腥.

이 시에서 소식은 동파갱과 친구에 대한 깊은 사랑을 표현하고 있다. 마지막 구절에서는 '勿語貴公子, 從渠醉膻腥'라고 하여 동파갱을 만드는 방법이나 기술을 귀공자들에게 절대로 알려주지 말아서 그들은 소고기나 양고기, 물고기 따위나 먹게 하자고 이르며 동파갱에 대한 자신감을 드러내고 있다.

소식은 음식에 대한 취향도 광범위하여 고기 요리나 야채 요리를 가리지 않았으며, 재배한 것이나 야생으로 자란 것이나 상관하지 않고 영양소만 풍부하다면 즐겨 먹었다. 그는 고향의 시금치를 좋아하여 이런 시를 남겼다.

북녘 매서운 추위 오늘도 끝나지 않았는데,

눈 아래 시금치는 철갑 같구나.

우리 촉에 겨울 채소 많은 줄 어떻게 알았으랴,

나뭇잎 서리에 단풍 들어도 어린 싹은 추위에도 싹이 트네.

北方苦寒今未已, 雪底菠薐如鐵甲.

豈知吾蜀富冬蔬, 霜葉露芽寒更茁.

소식은 지방색이 깃든 각지의 요리도 좋아했다. 산시 봉상鳳翔에서 벼슬을 하고 있을 때에는 관중 지방의 국수를 좋아하여 이를 찬미한 시도 남겼다.

탕면 한 그릇에 은사銀絲 멋대로 엉켜 있고,

죽순처럼 연한 고사리에 옥으로 만든 젓가락 놓였네.

湯餠一盂銀絲亂，蔞蒿如笋玉箸橫.

게다가 소식은 보리쌀에 콩을 넣고 끓인 보리밥을 좋아하여, '쩝쩝 씹는 소리, 막내딸은 이[虱]를 씹는다고 놀리네.'라고 노래했다. 소식은 영남嶺南에서 생활할 때에도 습속에 따라 뱀도 먹고 개구리도 먹었다. 그는 『고의古意』에서 이렇게 노래했다.

평생 양고기 좋아하여
그 맛을 알아 배불리 먹으려고 했네.
뱀도 요리하고 개구리도 먹으니,
조금만 먹을 수 있을지 정말 걱정이네.

平生嗜羊炙，識味肯經飽.
烹蛇啖蛙蛤，頗訝能稍稍.

소식은 맛있는 음식을 좋아해 심지어는 복어까지도 마다하지 않고 먹었다. 어떤 이가 맛이 어떠한지 묻자 그는 '둘이 먹다 하나 죽어도 모르겠소.'라고 대답했다. 소식은 먹는 것을 좋아하여 스스로 '먹보'라고 칭했다. 일찍이 그는 『노도부老饕賦』[22]를 짓기도 했다. 사실 이것은 스스로 자기를 비웃는 것일 뿐, 소식은 음식을 게걸스럽게 탐하는 '먹보'는 아니었다. 그의 음식에 대한 광범위한 취향은 생활에 대한 뜨거운 사랑이나 그의 넓은 도량과 깊은 관계가 있다. 소식은 양생養生을 소중히 생각하여 음식을 먹거나

22 '노도老饕'는 '먹보', '걸귀'라는 뜻.

술을 마시면서 굉장히 절제했다. 『소식문집』 가운데 그가 쓴 「절음식설節飮食說」을 보자.

> 동파거사는 예나 이제나 아침과 저녁에 음식을 들지만 한 끼에 한 잔 술과 한 가지 반찬을 넘지 않았다. 귀한 손님이 와도 이 세 가지에 덜하면 덜했지 더하지는 않았다. 어떤 이가 나를 초대하면 미리 이 사실을 알렸다. 주인이 따르지 않고 과하게 차리면 말렸다. 하루를 분수에 맞게 살면 복이 생기고, 이틀을 위장을 편하게 하면 기운이 솟고, 사흘을 절약하면 재물이 모이는 법이다.[23]

나. 음식에 대한 고대 선비들의 생각

어떤 학자는 중국 고대 선비들의 식생활은 사회의 다른 계층과 비교할 때 나름대로 특징이 있다고 보았다. 바로 음식에 대한 예술적인 아름다움과 속되지 않고 새로운 품위를 추구하였으며, 사치스러움과 호화로움보다는 맛을 소중히 여겼다는 것이다. 경제와 문화의 측면에서 살펴보면, 고대 선비들은 대부분이 먹고 입는 데 걱정을 하지 않았으며 문화적인 소양도 있었다. 따라서 생활 예술에 그들은 정력과 시간을 쏟을 수 있었고, 먹고 마시는 것을 소중히 할 수 있는 조건이 되었다. 그리하여 그들은 맛있는 음식을 만들 수 있었고 중국 음식 문화의 발전에도 기여할 수 있었다. 선비들의 음식을 대하는 태도와 방식은 음식에 대한 관념의 지배를 받을 수밖에 없었기에 그들의 음식에 대한 생각을 소개할 필요가 있다.

---

23 東坡居士自今以往, 早晩飮食, 不過一爵一肉. 有尊客, 盛饌則三之, 可損不可增. 有召我者, 預以此告之. 主人不從而過是, 乃止. 一日安分以養福, 二日寬胃以陽氣. 三日省費以養財.

선진 이래, 사람들은 음식과 위생, 음식과 건강의 관계에 대단한 주의를 기울였기에 음식에 대하여 진보적인 생각을 갖고 있었다. 예컨대 공자는 위대한 사상가이며 교육가일 뿐만 아니라 음식에 대해서도 상당히 많은 연구를 했다. 양보쥔楊伯峻 선생의 통계에 의하면, 『논어』에는 '식食'자가 41회나 나오는데, 그 중 30번은 '먹는 것'에 대해 말했다는 것이다. 또 『논어論語』「향당鄕黨」에서 공자는 '밥은 깨끗하지 않으면 먹지 않았으며, 회는 가늘게 썬 것이 아니면 들지 않았다.'고 말한 것으로 기록되고 있다. 더구나 공자는 먹어서는 안 될 것을 열 가지 넘게 들고 있다.

> 맛이 변했거나 쉰 음식, 상한 물고기나 썩어서 냄새나는 고기는 먹지 않는다.
>
> 색깔이 나쁜 것도 먹지 않으며, 냄새가 고약한 것도 먹지 않는다.
>
> 덜 익거나 너무 익은 것도 먹지 않는다.
>
> 때가 아니면 먹지 않는다.
>
> 바르게 썰지 않은 것도 먹지 않는다.
>
> 간이 맞지 않으면 먹지 않는다.
>
> 고기가 아무리 많아도 식욕에 넘치면 먹지 않는다.
>
> 술을 잘 마셔도 비틀거릴 정도로 먹지 않는다.
>
> 저자에서 사 온 술이나 포脯는 먹지 않는다.
>
> 생강을 뿌리지 않은 음식은 많이 먹지 않는다.
>
> 제상祭床에 올렸던 고기는 사흘을 넘기지 말 것이며, 사흘을 넘긴 것은 먹지 않는다.[24]

---

24 食饐而餲, 魚餒而肉敗, 不食. 色惡, 不食. 臭惡 不食. 失飪, 不食. 不時, 不食. 割不正, 不食. 不得其醬, 不食. 肉雖多, 不使勝食氣. 唯酒無量, 不及亂. 沽酒市脯不食. 不撤姜食, 不多食. …… 祭肉不出三日. 出三日, 不食之矣.

공자가 말한 '먹지 않아야 할 것'은 대부분 위생을 기준으로 했으니, 오늘날에도 지켜야 할 원칙이다. '맛이 변했거나 쉬었다는 것'은 음식이 열에 의해 변질되었음을 말한다. 또 냄새가 고약하고 상한 음식은 우리 몸을 크게 해칠 수 있으며, 심지어는 생명까지도 위태롭게 한다. 공자가 말한 '맛이 변했거나 쉰 음식', '색깔이 나쁜 음식', '냄새가 고약한 음식'이라는 세 가지 금지 음식은 위생을 기본 원칙으로 제시한 것이다.

'덜 익은 음식이나 너무 익은 음식을 먹지 않는다.'는 말은 요리를 제대로 하지 않은 식품을 먹지 말라는 말이다. '저자에서 파는 술이나 포를 먹지 않는다.'는 말은 포장되지 않은 음식물은 깨끗하지 않기에 마구 먹을 수 없다는 뜻이다. '고기가 아무리 많아도 식욕에 넘치지 말라.'는 말은 오곡을 위주로 식생활을 해야지 육류를 많이 먹으면 좋지 않다는 말이다. 손사막孫思邈도 『천금요방千金要方』「도림양성道林養性」에서 끼니때마다 '고기는 적게 먹고 밥은 적당히 먹어야 한다.'고 이야기했다. 곡물을 위주로 하고 포 따위의 육류를 적당히 섞어서 먹는 것이 영양과 보신에 부합한다는 말이다. '불다식不多食'이란, 음식은 적당량을 취해야지 폭음과 폭식은 좋지 않다는 뜻이다. 공자는 『논어論語』「학이學而」에서 '군자는 배불리 먹기를 원치 않으며 편안히 살기도 바라지 않는다.'고 했다. 생리 현상이나 위생적인 면에서 볼 때, 소식小食을 강조하고 탐식貪食을 반대하는 것이 몸의 건강에 이롭기 때문이다.

요컨대 2천여 년 전 공자는 위생에 맞지 않은 기준을 이렇게 여러 가지 제시하며 '먹지 않아야 할 것'을 예로 들었으니 참으로 장하기 짝이 없다.

공자 이후에도 음식물의 위생을 이야기한 이는 정말 많다. 사람들은 음식물은 맛이 변하거나 썩어서 냄새가 나면 먹을 수 없으며, 먹으면 병이 나기 쉽다고 생각한다. 동한 때의 명의 장중경張仲景은 『상한론傷寒論』에서, '불결한 음식, 상한 고기, 냄새나는 물고기 등을 먹으면 모두 사람을 상하게 한다. 소, 말, 돼지, 양, 닭, 개 등은 죽으면 독이 있으니 먹어서는 안 된다.'고 이른다. 당대의 저명한 의학자 손사막은 식품의 위생도 매우 중요시해, 그가 쓴 『천금요방千金要方』「양성養性」을 보면 식품 위생에 관한 충고가 적지 않다.

> 식사를 할 때는 충분히 씹어서 천천히 먹어 쌀 기운이 뱃속으로 들어가도록 해야지 술기운이 들어가도록 해서는 안 된다. 또 식사를 할 때는 반드시 근심 걱정을 버려야 한다. 온갖 음식을 앞에 두고 화를 내면 안 된다. 지나친 화는 정신을 놀라게 하고 긴장시켜 잠자리에서도 악몽으로 사람을 불편케 한다. 때마다 너무 많은 고기를 먹지 말라, 온갖 병에 걸릴 수도 있다. 그러니 마땅히 고기는 적게 먹고, 밥을 많이 먹을 것이며, 소금에 절인 채소는 적게 먹어라. 게다가 생채, 생쌀, 팥, 그리고 오래되어 냄새나는 것들을 먹지 말고, 색깔이 탁한 술도 먹지 말라. …… 식사 후에는 입안을 여러 번 헹구어 이가 상하지 않도록 할 것이며, 이렇게 하여 입안에서 냄새가 나지 않게 하여라.[25]

이러한 주장에는 중요한 과학적 이치가 담겨 있다.

중국 고대 선비들의 음식에 대한 생각에는 식품의 합리적인 구성에 대단히 주의를 기울인 바 있다. 한당漢唐 시기에 사람들은 곡식, 과일, 채소, 그리고 육류를 골고루 먹어야 한다고 주장했다. 그래야 영양이 잘 배합되어 균형을 유지할 수 있다는 것이다. 『내경內經』에서는 '오곡은 양養하며, 오

---

25 食當熟嚼, 使米脂入腹, 勿使酒脂入腸. 人之當食, 須去煩惱, 如食五味必不得暴嗔. 多令人神驚, 夜夢飛揚. 每食多不用重肉, 喜生百病, 常以少食肉, 多食飯及少菹菜, 幷勿食生菜, 生米, 小豆, 陳臭物, 勿飮濁酒 …… 食畢當漱口數過, 令牙齒不敗, 口香.

과五果는 조助하고, 오축五畜은 익益하며 오채五菜는 충充한다.'고 했다. 이것이 이상적인 음식의 구성이라 생각했던 것이다. 손사막도 『천금요방千金要方』「식치食治」 첫머리에 이 말을 인용했고, 이런 생각을 구체적으로 발전시켰다. 그는 식품을 과일, 채소, 곡물, 육류 등 네 가지로 크게 나누고 150가지가 넘는 먹을거리의 성분과 맛, 영양소, 효능 등을 상세히 소개했다. 손사막도 늘 먹는 식품의 구성을 중시했음을 알 수 있다.

현대 과학에서도 증명하듯이, 『내경』과 손사막이 말한 음식의 구성은 진정 일리가 있다. '오곡'과 '오축'은 인체에 식물성 단백질과 아미노산을 제공하며, 이것은 사람의 성장과 건강 유지에 없어서는 안 될 물질이다. 또 '오과', 즉 온갖 과일은 풍부한 비타민과 미량의 원소를, 식물성 섬유는 '오곡'을 거들어 사람의 기운을 돋운다. 그래서 '오과는 조助한다.'고 말한다. '오채', 즉 갖가지 채소는 각종 영양소를 더욱 완전하고 충실하게 하기에 '오채는 충充한다.'고 말한다. 이렇게 곡물, 육류, 과일, 채소가 합리적으로 조화된 식품 구성은 중국 전통 음식의 구성 방식에 커다란 영향을 끼쳤다. 고대의 수많은 선비들이 건강한 몸으로 오래 살 수 있었던 것도 모두 이런 합리적인 식품 구성과 관계있다.

고대 선비들은 절제 있는 식생활을 해야 한다고 생각했다. 그들은 과음과식을 하지 않았으며 맛 나는 음식을 많이 먹는 것도 반대했다. 과도한 식사는 위에 부담을 주고 소화에도 영향을 끼칠 수 있다고 믿었다. 『여씨춘추呂氏春秋』「본생本生」에서는, '기름진 고기와 좋은 술은 이것을 먹고 마심으로써 자기를 억지로 버티게 하니 장을 상하게 하는 음식이라고 부른다.'고 하였다.

음식을 절제하면 몸에 좋은 점이 많다. 진晋나라 때의 양천楊泉은 『물리론物理論』에서, '곡기가 원기元氣를 이기면 살이 쪄서 오래 살지 못하고, 원기가 곡기를 이기면 살이 찌지 않아서 오래 살 수 있다. 양생의 근본적인 바탕은 곡기를 적게 하여 병이 나지 않게 하는 것이다.'라고 일렀다. 당나라 때의 의학자 손사막도 너무 많이 먹으면 목숨을 단축한다고 생각했다. 그는 『천금요방』「양성」에서 이렇게 말했다.

> 풍년에는 병이 많으나 흉년에는 병이 적다. 이 말은 거짓이 없어 믿을 만하다. 관중關中 지방은 토지가 척박하고 물산도 적지만 이곳 사람들의 풍속과 습관은 모두 근검절약을 좋아하여 먹을 만한 음식이라야 채소절임에 육장肉醬이 있을 뿐이지만 사람들은 모두 병이 적고 오래 산다. 강남의 광둥·광시 지방은 토지가 기름지고 물산이 풍부하며 바다와 육지에서 골고루 먹을거리를 제공하여 없는 게 없지만 사람들은 병이 많고 일찍 죽는다. 북방의 관리들은 남방에 부임하여 온갖 풍요로운 물산을 보면 복된 땅에 이르렀다고 생각한다. 이들은 지위의 고하나 연령의 대소와는 상관없이 모두 마음껏 먹고 마신다. 또 밤에도 배불리 먹고 취하도록 마시니 팔다리에 열이 오르고, 옷을 벗어 제치고 잠자리에 드니 소화가 되지 않는다. 그러니 한 달도 넘기지 못하고 늙은이든 젊은이든 모두가 병이 나니 …… 오로지 죽음만 기다리는 지경에 이른다.[26]

손사막은 '음식물은 포脯와 고기를 넘치게 써서는 안 되고 언제나 검약하게 차리는 것이 제일 좋다.'고 일렀다. 많이 먹으면 건강을 상하게 할 뿐만 아니라 맛이 너무 좋거나 너무 진해도 위장을 해쳐 수명을 단축할 수 있다

---

26 穰歲多病, 饑年少疾, 信哉不虛. 是以關中土地, 俗好儉嗇,, 廚膳肴羞, 不過菹醬而已, 其少病而壽. 江南嶺表, 其處饒足, 海陸鮭肴, 無所不備, 土俗多疾, 而人早夭. 北方仕子, 游宦至此 遇其豊贍, 以爲福佑所臻, 是以食卑長幼, 咨口食噉, 夜長醉飽, 四體熱悶, 赤露眠臥, 宿食不消, 未逾期月, 大小皆病……以至于死.

는 것이다. 혜강은 『양생론養生論』에서 이렇게 말했다.

> 좋은 맛은 오장육부를 지지고, 독한 술은 위장을 삶으며, 달콤한 향기는 뼛골을 썩힌다. 기쁨과 노여움은 원기를 어긋나게 하며, 근심은 정신을 흐리게 하고, 슬픈 음악은 마음의 평온을 해친다. 무릇 자그마한 몸뚱이로 대드는 자에게는 앞날이 없으며, 힘이 다 없어지면 안팎으로 공격을 받나니, 목석이 아닌 몸뚱이가 오래 견딜 수 있겠는가? 자기 몸을 심하게 쓰는 자는 먹을 것을 절제하지 않아 온갖 병에 걸린다. 또 색을 지나치게 밝히면 이제 아무것도 남지 않게 된다. 감기가 재앙이 되고 온갖 독이 몸을 해친다. 도중에 갖은 어려움에 요절하여 세상의 웃음거리가 된다. 이를 일러 삶을 잘못 살았다고 한다.[27]

서진의 갈홍도 과다한 식사는 몸에 이롭지 않다고 생각했다. 그는 '배고프지 않으면 억지로 먹지 말 것이며, 목마르지 않으면 억지로 마시지 말라. 배고프지 않은데도 억지로 먹으면 비장에 무리가 가고 목마르지 않은데도 억지로 마시면 위장이 늘어난다. 몸은 항상 많이 움직이고 음식은 항상 적게 먹어야 한다.'고 일렀다.

명나라 말기에서 청나라 초기에 살았던 저명한 극작가 이어李漁는 참으로 다재다능한 이로 음식에 대해서도 깊이 연구했다. 『한정우기閑情偶寄』의 「이양부頤養部·조음철調飮啜」에서 음식의 도道에 대하여 전문적으로 평하고

---

27 滋味煎其腑臟, 醴醪煮其腸胃, 香芳腐其骨髓, 喜怒悖其正氣 思慮消其精神, 哀樂殃其平粹. 夫以蕞爾之軀, 攻之者非一途, 易竭之身而外內受敵, 身非木石, 其能久乎? 其自用甚者, 飮食不節, 以生百病; 好色不倦, 以致乏絶. 風寒所災, 百毒所傷,, 中道夭于衆難, 世皆笑悼, 謂之不善持生也.

서술했는데, 그 중에는 자못 치밀한 견해도 있다.

이어의 음식에 대한 생각은 전통적인 양생 논리와 서로 통했다. 일반인이 볼 때에도 '『식물본초植物本草』는 양생을 연구하는 사람들이 꼭 보아야 할 책'이지만, 이어는 '음식은 각자의 성性에 따라 안배해야 한다.'고 생각했다. 여기서 말하는 '성性'이란 성격과 습관을 말한다. '성性'은 사람에 따라 다르기에 『식물본초』와 같은 책에서 규정한 피해야 할 음식이 사람마다 똑같이 적용되는 것은 아니다.

'성性'에 따라 안배해야 할 음식에 대한 원칙으로 이어는 여섯 가지 구체적인 원칙을 제시했다.

첫째, '좋아하는 것을 많이 먹는다.' '평생 좋아하는 음식은 양생에 좋으니 『본초本草』를 살필 필요가 없다. 춘추시대에 『본초』란 없었지만, 공자는 천성이 생강을 좋아했기에 생강을 치지 않은 음식은 먹지 않았으며, 또 천성이 장醬을 좋아했기에 장이 없으면 숟가락을 들지 않았다고 했다. 증명할 만한 책이 없어도 천성을 그대로 따랐던 것이다. 공자는 끼니마다 생강과 장이 식탁을 떠나지 않았으나 병을 앓았다는 말은 들을 수 없다. 그러니 천성으로 좋아하는 음식은 많이 먹어도 해롭지 않다.'고 이어는 말했다. 이어가 내놓은 '먹고 싶은 마음을 따라 먹는다.'는 말은 무절제하게 마구 먹고 마시라는 뜻이 결코 아니다. 오히려 주된 것과 부차적인 것을 구별해야 한다고 이른다. 그것을 일러 그는 '군신君臣을 조절하는 방법'이라고 했다. 예컨대 '육류와 식사를 견주어 보면 식사가 군이 되고 육류는 신이 되며, 생강이나 장과 육류를 견주어 보면 육류는 군이 되고 생강과 장은 신이 된다. 좋음과 좋지 않음이 있어도 군신의 자리는 바뀔 수 없다고 본다. 다른 것도 비슷하다.'고 했던 것이다.

둘째, '먹기 싫은 것은 적게 먹는다.' 천성으로 좋아하지 않는 음식을 억지로 먹으면 건강에도 좋지 않고 질병에 걸릴 수도 있다. 이어는 '무릇 음식을 먹어도 가슴에 걸려 소화를 시킬 수 없다면 병의 뿌리가 될 것인즉,

빨리 소화가 되도록 함이 마땅하다.'고 일렀으며, 또 '천성으로 싫어하는 음식은 마땅히 적게 먹어야 하며, 먹지 않는 것이 더욱 타당하다.'고 지적했다.

셋째, '배가 몹시 고플 때는 배불리 먹지 말라.' 다시 말하면 음식에 대한 욕망을 제어해 배가 고파도 폭음과 폭식을 삼가야 한다는 것이다. 이어는 '음식을 조절하려면 먼저 배고픔과 배부름을 고르게 해야 한다.'고 했다. 어떻게 해야 음식을 조절하는 걸까? 이어는 '대략 배고픔이 70%정도에 이르러 식사를 하는 것이 딱 알맞은 정도이니, 시간을 앞당기면 이르고 너무 지나면 늦다. 그러나 70%의 배고픔은 70%의 배부름으로 바꿀 수 있다. 예컨대 논밭에 필요한 물은 마땅히 곡물에 맞아야 하니, 필요한 만큼 일정한 물을 주어야지 너무 많이 주면 농작물이 상한다. 이것이 평소 양생의 기준이 된다.'라고 주장했다.

넷째, '배가 몹시 불렀다고 굶지 말라.' 이어는 '배고픔과 배부름은 70%를 넘어선 안 된다.'고 일렀다. 그런데 '폭음 폭식을 해 배가 둥그렇게 솟을 때가 어찌 없을 수 있으랴? 이런 나쁜 버릇은 너무 많이 먹기 때문에 생긴다. 이것을 조절하는 방법은 앞에서 이야기한 바와 같이 많은 듯 너무 적어서는 안 된다.'라고 덧붙였다. 이어는 생활에서 늘 볼 수 있는 현상으로 이런 이치를 설명했다. 그는 '가난한 사람은 배고픔을 잘 견딜 수 있지만, 부유한 사람은 배고픔을 잘 참지 못하니, 질병의 발생도 대부분이 여기서 비롯된다.'고 말했다. 이어는 폭음과 폭식을 반대했을 뿐만 아니라 한 끼는 배불리 먹고 한 끼는 굶는 것도 반대했다. 이런 것들은 모두 병을 불러올 수 있다고 그는 주장했다.

다섯째, '노하거나 슬플 때는 먹지 말라.' 사람의 감정은 음식과 직접적인 관계가 있다. 이어는 '희로애락의 비롯됨은 한결같이 음식물이 입으로 들어갈 때 일어나는 것은 아니다. 그러나 기쁘고 즐거울 때는 먹어도 괜찮지만 슬프고 노여울 때는 먹어서는 안 된다.'고 했다. '노했을 때 음식을 먹으면 쉽게 내려는 가지만 소화가 잘 안 되며, 슬플 때 음식을 먹으면 소화도 잘 안 되고 내려가지도 않는다.'며 그 이유를 설명했다. 따라서 밥 먹어야 할 시간이 지났어도 노여움과 슬픔의 감정이 사라진 뒤에 수저를 들어야 몸에 이롭다고 했다. '음식은 먹는 시간이 이르고 늦음에 관계없이 위장에 들어와서 소화되는 시점을 기준으로 삼는다. 이르게 먹고 소화를 시키지 못한다면 늦게 먹고 소화를 시키는 것이 나을 것이다. 또 소화를 시키지 못하면 병에 걸릴 수 있지만 소화를 시키기만 하면 한 끼 식사로 이미 얻는 근심을 피할 수 있다.'며 그 이유를 밝히고 있다.

여섯째, '피곤하거나 울적할 때는 먹지 말라.' 이어는 '피곤할 때 먹지 말라, 그래야 선잠을 막을 수 있다.'고 말했다. 피곤할 때는 꾸벅꾸벅 졸게 마련인데, 이때 음식을 먹으면 중간에 그만 먹어야 하지만 그렇게 할 수도 없다. 이어는 또 '걱정거리가 많을 때는 먹지 말라. 이것은 오심惡心을 피하기 위해서다.'라고 했다. 걱정거리가 많을 때는 메스껍기 마련이고, 이때 음식을 먹으면 삼킨 음식물도 내려가지 않으며 도로 게우게 된다. 이어는 '한 가지 음식물을 먹는다면 그 음식물이 주는 작용까지도 받아들여야만 한다. 그 작용을 받아들인다면 이로움이 있을 것이다. 그 작용을 받아들이지 못하면 이로움을 얻지 못할 뿐만 아니라 어찌 폐해까지도 입지 않을 수 있겠는가!'라고 했다. 그러기에 피곤하거나 울적할 때에는 음식을 먹어서는 안 된다는 것이다.

이어가 제시한 음식을 먹는 여섯 가지 방법은 모두 일리가 있으니, 이 방법으로 식생활을 한다면 건강에 큰 도움이 될 것이다.

『한정우기閑情偶寄』「음찬부飮饌部」에서 이어는 다양한 식품을 먹는 방법과 만드는 요령을 설명하고 있다. 이어는 채소는 많이 먹고 육류는 적게 먹어야 한다고 주장한다. '생선회보다는 육류가 낫고, 육류보다는 채소가 낫다.'고 자기의 식생활 방법을 분명히 말했다. 그는 채소는 청결함과 싱그러움과 부드러움과 같은 특징을 모두 가지고 있다고 보았다. 그것은 육식보다 훨씬 '신선'하다. 그는 채소를 요리할 때에 색깔과 맛을 그대로 유지해야 하며 조미료를 함부로 사용하면 본래의 맛을 잃게 된다고 주장했다. 이어는 죽순을 예로 들어, '죽순이야말로 채소 가운데 으뜸으로 살집 좋은 양고기나 연한 돼지고기도 이에 비길 바가 아니다.'고 말하면서, 하지만 만약 죽순에 조미료를 치고 향유를 뿌려서 요리를 하면 죽순의 신선한 맛은 달아난다고 했다. 죽순은 '물에 삶으며 익기를 기다렸다가 간장을 살짝 쳐서 먹는 것'이 가장 좋은 방법이라는 것이다. 영양학적인 관점에서 보아도 채소를 요리하는 방법은 신선한 맛을 최대한 유지해야 비타민의 손실도 막고, 신체의 건강에도 이롭다. 이렇게 볼 때 이어의 견해는 타당하다.

이어는 게를 참 좋아했다. 그는 게가 신선한데다 살집이 좋고 달콤하면서도 깨끗하다며 찬사를 아끼지 않았다. 게다가 옥처럼 흰 빛깔과 금처럼 누런 색깔, 이 색깔과 향기와 맛, 이 세 가지가 잘 어울려서 이보다 더 좋은 먹을거리는 없다고까지 말했다. 그는 게를 두 도막내어 기름을 바르고 소금을 치고 콩가루를 묻혀서 졸이면 게의 색, 향기, 맛을 모두 없앤다고 하여 싫어했다. 그는 게는 통째로 푹 쪄서 접시에 몽땅 올려놓고 손님들이 제 손으로 뜯어 먹어야 최고라고 주장했다. 이렇게 해야 게의 참맛을 볼 수 있다는 것이다.

이어는 생선 요리도 깊이 연구했다. 그는 '생선을 먹으려면 신선도가 가장 중요하다.'고 말했다. 생선 요리는 불의 세기를 잘 조절해야 한다. 불의 세기가 못 미치면 고기가 설어서 부드럽지 않고 너무 세면 살집에 생기가 사라져 맛이 없다. 손님을 초대하여 식사를 할 때 제일 좋은 방법은 살아 있는 생선을 쟁반에 올려놓았다가 손님이 온 뒤에 요리하는 것이다. 이렇게 하면 생선 맛이 신선하다. 신선한 맛은 솥에서 막 꺼냈을 때가 최고다. '만약 요리를 미리 해 두었다가 손님을 접대하면 생선의 참맛은 다 달아나고 남지 않는다. 손님이 온 뒤에 다시 불길을 쬐면, 마치 찬밥을 다시 데우거나 마시다 남은 술을 다시 데운 듯, 모양은 그대로지만 맛은 그렇지 않다.'와 같은 생활 상식은 오늘날 우리에게도 훌륭한 정보이다.

이어는 요리에 대한 취미가 참으로 다양했지만, '재물을 아끼지 않고 거칠게 다루는' 요리 방법에는 반대했다. 그는 거위 물갈퀴 요리를 잘 하는 이가 '거위를 죽일 때마다 먼저 기름을 한 주발 끓여서 거위의 발에 붓는다. 거위가 아픔에 견딜 수 없게 되면 다시 물속으로 풀어주어 제멋대로 퍼덕이게 둔다. 다시 잡았다 놓아주기를 되풀이 하다가 처음과 같이 끓이고 삶는다. 이렇게 하면 물갈퀴 요리가 된다. 푸짐하고 맛 나는 이 요리를 몇 토막으로 하면 최고의 먹을거리가 된다.'는 말을 듣자 끓어오르는 화를 참지 못하고, '처참하다는 것이 바로 이 말이구나, 나는 이런 말 듣고 싶지 않다! …… 생물을 이렇게 오랫동안 고통스럽게 하여 잠시 내 입맛에 달콤하게 하다니, 잔혹한 사람이 아니라면 어찌 조금이라도 고운 마음씨를 가지지 못할까? 지옥은 이런 사람을 위해 만든 것 아닌가!'라고 분노했다. 이어는 '함부로 거칠게 다루는' 요리 방법에 반대했다. 이것은 음식에 대해 시대를 앞선 생각이라 하겠다.

청나라 때의 저명한 학자 원매도 음식에 대해 깊이 연구했다. 그는 일찍이 율수溧水와 강포江浦 등지에서 지현으로 근무한 바 있으나 마흔 살이 되자 남경南京의 소창산小倉山으로 은퇴해 '수원隨園'을 짓고 문학을 하는 친구들과 시를 이야기하며 다시는 정치에 간여하지 않았다. 원매는 평생 많은 글을 썼다. 그 가운데 『수원식단隨園食單』은 그가 늘그막에 쓴 요리 전문 서적으로, 요리 기술과 남북 요리를 체계적으로 서술한 중요한 저술이다.

원매는 요리도 학문을 하는 것과 같이 '먼저 알고 나서 나중에 행해야 한다.'고 했다. 그는 '꼭 알아야 할 사항'에서 요리할 때 꼭 알아야 할 스무 가지 사항을 늘어놓았다. 그런데 이것은 실제로는 요리의 기본적인 방법이다. 그 가운데는 '식품의 성질, 씻기, 간 맞추기, 배합, 불의 세기, 음식을 준비할 때, 음식 담는 용기, 음식 차리기, 많고 적음, 깨끗하게 만들기, 양념 쓰기, 선택해 이용하기, 부족한 것 보완하기' 등이 있다.

게다가 '삼가야 할 사항'에서 원매는 음식을 만들 때 버려야 할 나쁜 습관을 제시했다. 예컨대 그는 '이찬耳餐'을 경계해야 한다고 말했다. '이찬'이란 무엇인가? 이찬이란 명성을 좇아 식사 초대에 응한다는 뜻이다. 그는 오로지 음식을 자랑만 하며 풍성하고 화려한 것만 좇는 이를 질책했다. 그리하여 그는 '음식의 명성과 귀함만을 탐내어 손님에게 잘 보이려는 것은 귀에만 듣기 좋은 음식으로 이찬은 되지만 입에 맞는 음식인 구찬口餐은 되지 못한다. 이것은 두부 요리를 잘하면 제비집 요리보다 맛있고 해산물 요리를 잘못하면 채소나 죽순 요리만 못함을 모르는 것이다.'라고 말했다. 또한 그는 '목찬目餐도 경계하라.'고 일렀다. '목찬이란 음식물의 헛된 명성을 지나치게 좇는 것'을 말한다. 원매는 또 이렇게 일렀다.

> 상다리가 휘어지게 차린 음식은 눈으로 음식을 먹으라는 것이지 입으로 먹으라는 게 아니다. 사람들은 명필도 많이 쓰다보면 잘못 쓴 글씨가 있다는 것을 모르고 있다. 이름난 시인이 쓴 시에도 평범한 시구가 있고 일류 요리사가 온 힘을 다하여 하루에 만들 수 있는 요리도 네댓 가지에 불과하다는 것도 모르고 있다. 이렇게 어려운 일인데 하물며 한 상에 번거롭고 어수선하게 늘어놓았음에랴.[28]

원매는 자기 경험으로 반찬이 너무 푸짐하면 사람들을 질리게 만든다는 것을 증명했다. 그는 '내 일찍이 어떤 상인이 베푼 잔치에 초대된 적이 있는데, 차린 요리만 세 상 가득, 정식 이외에도 먹거리가 열여섯 가지로 모두 마흔 가지나 되었다. 주인은 득의양양했으나 나는 자리가 파하고 집으로 돌아와서 전과 같이 죽을 끓여 배를 채웠다. 그 사람이 베푼 잔치는 푸짐했

---

28 多盤疊婉, 是以目食非口食也. 不知名手寫字, 多則必有敗筆, 名人作詩, 煩則必有累句. 極名廚之心力, 一百之中, 所做好菜. 不過四五味耳, 尙難拿准, 況拉雜橫陳乎?

지만 깨끗하지 않았음을 이로써 알 수 있다.'고 말했다.

원매는 식사를 할 때에 '무리하게 권하는 것'도 자못 답답하게 여겼다.

> 요리를 차린 다음에는 손님이 젓가락으로 자기가 좋아하여 먹고 싶은 것을 찾아 먹게 해야 한다. 살코기든 비계든 자기가 좋아하는 바 있으니 이를 좇도록 함이 이치로 보아 당연하거늘, 어찌 강제로 그것을 권하겠는가? 그런데 주인은 자기 젓가락으로 음식물을 집어서 손님 앞으로 밀어놓으니 그릇에 그대로 넘치고 압도하며 사람을 짜증스럽게 한다.[29]

음식을 무리하게 권하는 예禮는 음식 위생으로나 개인적인 음식 습관으로나 과학과 거리가 멀 뿐만 아니라 예의에도 어긋난다. 이백 년 전에 살았던 원매도 '무리하게 권하는 것'을 극도로 미워했다. 그는 '젓가락으로 음식을 집어서 강제로 다른 사람의 입에 넣는 건 강간과 다를 바 없다.'며 분노하기도 했다. 이 말은 물론 과격하지만, 음식 문화에서 '무리하게 권하는' 풍조는 단호하게 없애버려야 한다.

좋은 식습관, 식품의 합리적인 배합, 그리고 낙천적이고 활달한 마음은 생활 속에서 일어나는 갖가지 어려움과 질병을 극복해 건강하게 장수하게 하며 인생의 즐거움을 한껏 누리게 한다. 남송의 저명한 시인 육유는 여든이 넘게 살았지만 늘그막에도 귀나 눈이 밝았으며, 심지어는 산에 올라 땔감을 해오기도 했다. 육유의 장수는 그가 자기 몸을 잘 조절하고 먹고 잠자는 것을 알맞게 한 것과 관계가 깊다. 그가 노래한 시를 보자.

29 一肴旣上, 理宜凭客擧箸, 精肥整碎, 各有所好, 聽從客便, 方是道理, 何必强讓之? 嘗見主人以箸夾取, 堆置客前, 汚盤沒碗, 令人生厭.

이 몸이 본래 병이 없는 건,
지키고 가꾸기 알맞게 했음이라.
조금이라도 삼가지 않으면,
온갖 병이 들끓게 되나니.

吾身本無患, 衛養在得宜.
一毫不加謹, 百病所由滋.

육유는 일상생활에서 병을 막으려고 대단히 주의했다. 의복과 두건은 추위와 더위를 살펴서 착용했으며, 음식은 배부름과 배고픔을 잘 조절했으며, 일상생활을 반성해 자기 곁에 엄한 스승이나 존경하는 친구가 있는 듯이 했다. 그는 늘그막에 자기가 건강을 유지할 수 있었던 비결로 가장 먼저 손꼽은 것이 바로 절제 있는 식생활이었다. '아침과 저녁 식사는 조금 배가 부르면 수저를 내려놓아야지 그릇을 다 비울 필요는 없다.'[30]라고 『위남문집渭南文集』 권20 「거전기居田記」에서 일렀다. 두 번째로 그는 식후 산보를 꼽았다. '식사가 끝나면 오십 보 내지 칠십 보를 걷고 난 뒤 옷을 벗고 띠를 풀고 나서 낮은 베개에 잠시 드러눕는다. 이런 방법이 건강을 유지하는 데 참 좋았다.'고 말했다. 그는 또 평소에 채식을 즐겼으며, 채식이야말로 육식보다 훨씬 좋다고 생각해 '당안唐安'[31]에서 나는 율무쌀은 백옥보다 희고 한가漢嘉에서 나는 목이버섯은 고기보다 맛이 있다.'고 말했다. 육유는 죽을 매우 좋아해 『식죽食粥』이라는 시를 남겼을 정도이다.

---

30 朝晡食飮, 豐約惟其力, 少飽則止,不必盡器.

31 오늘날 쓰촨 숭경崇慶 동남.

세상 사람들은 모두 장수하는 법 알려고 하지만,
장수하는 법 눈앞에 있는 줄 깨닫지 못하네.
이 몸은 완구宛丘[32]에서 손쉬운 방법 알았으니,
오직 죽만 먹고 신선이 되었네.

世人個個學長年, 不悟長年在目前.
我得宛丘平易法, 只將食粥致神仙.

죽은 값도 싸지만 영양소도 풍부하며, 더욱이 위장이 약한 노인에게 이롭다. 죽을 좋아한 소식의 이야기도 비곤費袞의 『양계만지梁溪謾志』 권9 「장문잠죽기張文潛粥記」에 기록으로 남아 있다.

밤에 까닭 없이 배가 몹시 고프면, 오자야吳子野[33]는 흰죽을 권하면서 '쓸데없는 것은 없애고 새로운 것은 받아들이니 가슴과 배에 이롭고 위도 보호하네.'라고 말했다. 절집에서도 오경에 죽을 먹었으니, 꼭 그렇게 하는 것은, 죽은 맛이 좋은데다 먹고 나서 한잠 자면, 그 멋은 말로 다 할 수 없기 때문이다.[34]

육유는 쌀 이외의 갖가지 잡곡과 각종 반찬도 즐겨 먹었다. 햇밀로 만든 국수를 먹는 모습을 묘사한 그의 시를 보자.

---

32 완구宛丘(완구집宛丘集, 송대 장뢰張耒의 문집).

33 이름은 복고復古, 조주潮州 사람으로 소동파의 친구.

34 夜坐饑甚, 吳子野勸食白粥云: '能推陳致新, 利膈養胃.' 僧家五更食粥, 良有以也, 粥旣快美, 粥後一覺, 尤不可說.

백옥 같은 가루 갈리며 대들보에까지 날리고,
은실 같은 면발 솥으로 들어가 여러 그릇 되네.
찬 술 발효되어 찐빵은 갈가리 찢어지고,
새로 짠 참기름 향기 온 동네 퍼지네.
맏며느리는 아침 낳이 다 버리고,
시누이는 부엌동자에 화장조차 잊었네.
할아버지는 배불리 먹고 껄껄 웃으며 배 두드리고,
숲에서는 몇 잔 술로 좋은 시절 노래하네.

玉塵出磨飛屋梁, 銀絲入釜須寬湯.
寒醅發劑炊餅裂, 新麻壓油寒具香.
大婦下機廢晨織, 小姑佐庖忘晚粧.
老翁飽食笑捫腹, 林下擊杯歌時康.

이 시는 비록 햇밀로 만든 국수에 대해 직접적으로 묘사하지는 않았지만 며느리가 '아침 낳이를 그만두었다.', 시누이가 '화장을 잊었다.', 늙은 영감이 '웃으며 배를 두드린다.' 등을 넌지시 돋보이게 하면서 국수 먹는 모습을 실감나게 과장하고 있으며, 육유의 밀가루 음식에 대한 사랑과 유유자적한 생활 모습도 그리고 있다.

육유는 쌀밥도 좋아했다. 그는 '쌀밥은 줄의 열매인 듯 백옥인 듯, 연로한 농부인들 이 맛을 아는 이 얼마나 될까?'라고 했다. 육유가 보기에 쌀은 그야말로 진주처럼 사랑스러웠다. '쌀로 밥을 하면 반들반들하기 진주와 같다.'고 말했던 것이다.

육유는 또 갖가지 채소도 좋아해 끼니마다 상에 올렸다. 그는 쓰촨 신진新津에서 나는 부추를 추어올렸다. '신진에서 나는 부추 천하제일이라, 색깔은 연노랑 석 자 남짓이네.'[35]라고 노래하기도 했다. 게다가 육유가 좋아하는 채소에는 오이도 있었다. '오이는 상치와 가장 잘 맞나니, 시장에 나와 접시에 오르는 건 사월이네.'[36], '오이와 상치가 시장에 나오기 시작하면, 접시에는 홀연 눈부시게 빛이 나는 것 같네.'[37]라고 했다. 신선하고 연한 죽순에 대해서도, '솥 부시고 어린 순을 삶나니, 호미괭이 들고 죽순을 캤네.'[38]라고 노래했다. 마름과 연뿌리는 육유의 고향인 저장의 특산품이다. 그는 쓰촨에서 관리로 일하며 한가할 때에는 고향을 생각했으며 또 마름과 연뿌리도 무척 그리워했다.

때맞춰 처리할 공문서에 날마다 바쁜데,
오늘은 짬을 내어 침상에 누워 쉬고 있네.
꽃들은 우거진 잎사귀에 가렸어도 오래도록 지지 않고,
성근 발 사이로 바람 지나니 나뭇잎 흔들 시원도 했지.
작은 배 마름 잎 늘어진 사이로 천천히 저어 가니,
시원한 연못에서 그 누가 연뿌리 따고 있었나?
어디서 들려온 뿔피리 소리 집으로 돌아가라 일깨우니,
고향엔 넓은 연못에 자그마한 초가 한 채 있었지.

期會文書日日忙, 偸閑聊得臥方床.
花藏密葉多時在, 風度疏簾特地凉.
野艇空懷菱蔓滑, 氷盆誰弄藕絲長?

---

35 新津韭黃天下無, 色如鵝黃三尺餘.

36 黃瓜翠苣最相宜, 上市登盤四月時.

37 白苣黃瓜上市稀, 盤中頓覺有光輝.

38 洗釜烹蔬甲, 携鋤斸笋鞭.

角聲喚覺東歸夢, 十里平湖一草堂.

육유는 늘그막에 치아가 흔들렸지만 여전히 군밤을 좋아하여, '이촉 흔들거려 늙음을 한탄하지만, 산밤 구워 먹으며 한밤 허기 달래네.'[39]라고 노래했다. 육유는 들에서 나는 나물도 좋아했다. 그는 『식제삼食薺糝』에서 이렇게 읊었다.

냉이 넣은 나물죽 향기롭고 달콤하기 참으로 절묘한 그 맛,
훌쩍거리며 마시니 황홀하기 아민峨岷[40]에 온 듯하네.
순챗국에 된장 풀어도 이를 당하지 못하고,
우유에 부드러운 간식도 아직 진미 아니로세.

薺糝芳甘妙絶倫, 啜來恍若在峨岷.
蓴羹下豉知難敵, 牛乳抨酥亦未珍.

냉이는 들에서 나는 먹을 수 있는 나물이고, 나물죽은 여기에 쌀을 넣고 끓인 국이다. 냉이를 넣고 끓인 나물죽은 흔히 볼 수 있는 음식이지만, 육유는 이것을 먹으며 신선이 된 듯 마음이 상쾌해져 된장을 푼 순챗국이나 우유 같은 부드러운 간식도 빛이 바랜다고 하였다.

육유가 채식을 좋아했던 것은 우선 신체 건강을 찾기 위한 필요 때문이었다. 중국 고대에는 음식을 과다하게 섭취하면 몸을 해친다는 생각이 있었다. 전국시대 말기에 나온 『여씨춘추呂氏春秋』에는 '동물성 식품을 먹으면

39 齒根浮動嘆吾衰, 山栗炮燔療夜饑.

40 아민峨岷 : 아미산峨眉山과 민산岷山을 함께 일컬음.

위가 충만하고, 위가 충만하면 답답하고, 답답하면 기가 통하지 않을 것인즉, 이러고 어떻게 오래 살 수 있으랴?'라고 지적했다. 고대에는 수많은 선비들이 제 몸을 건강하게 유지하는 방법을 잘 알고 있었다. 채식 위주의 식생활에 걷기를 생활화한 습관은 육유가 모범을 보였다. 또한 육유의 채식은 그가 벼슬을 하면서 마음속에 자리 잡았던 평민들의 생활에서 안빈낙도하려는 마음의 모습을 형용한 것이다. 예컨대 '깊은 산속에서 소금도 유제품도 적어 담백해도 맛은 그만이었으며', '이 집에서 내가 바라는 바는 채소를 먹어도 고기처럼 먹는다.' 등의 말이 그렇다. 또한 육유의 채식으로 그가 절약을 숭상했음을 알 수 있다. 『대식희작對食戲作』에서 육유는 이렇게 노래했다.

향긋한 멥쌀 잘 익히니 '태주홍'[41]이라,
상추 순채 벌써 그릇에 비었구려.
벼슬 잃었다고 가난한 체 하는 것 아니오,
근검 소박은 우리 집 가풍이라오.

香粳炊熟泰州紅, 苣甲蓴絲放箸空.
不爲休官須惜費, 從來簡儉是家風.

중국 고대 선비들은 음식의 중요성에 대해 깊이 알았다. 또 적지 않은 선비들은 음식의 원리에 정통하였으니, 그들이 가지고 있는 음식에 대한 생각과 습관은 참으로 합리적이어서 오늘을 사는 우리들도 본받을 만하다.

---

41 태주泰州 특산의 멥쌀

3. 선비와 술

일반적으로 말해 중국 고대 선비들은 일상생활 속에서 음식에 대해 그리 신경을 쓰지 않았다. 공자는 '군자는 도를 걱정하지 끼니에 마음을 쓰지 않는다.'고 했다. 또, '선비는 밥을 먹어도 배불리 먹지 않고 좋은 집에서 안락하게 살기를 바라지 않는다.'고도 했다. 선비가 추구하는 것은 고상한 정신의 경지요 도덕적인 완성이었다. 그러나 선비는 오로지 술에는 자기의 마음을 다 쏟았다. 술이 없으면 시도 없었으며, 술이 없으면 선비들의 생활도 생기를 몽땅 잃어버리고 창백해졌다.

가. 근심을 어떻게 풀 것인가, 오직 술뿐이네
– 위진魏晉 시대의 선비와 술

중국인이 술을 마시기 시작한 역사는 참으로 아득해, 전하는 바로는 황제黃帝[42] 때에 이미 술이 있었다. 지금부터 약 5천 년 전의 용산龍山 문화 유적에서는 술 마시는 데 쓴 그릇이 적잖이 발견되었다. 『전국책戰國策』「위책2魏策二」에는, 우 임금 때 '의적儀狄이 술을 만드니 맛이 훌륭한지라, 그 술을 우禹에게 올렸다. 우가 마셔보니 과연 맛이 있는지라.'는 기록이 있다. 사람들은 이것을 '미주美酒'라고 불렀다.

옛날부터 내려오는 또 다른 전설로 『세본世本』이나 『설문해자說文解字』에는 '두강杜康이 술을 만들었다.'는 구절이 있다. 두강이란 사람은 곧 소강少康을 말하며, 그는 하대夏代의 군주로 일찍이 잃었던 정권을 다시 찾아 회

---

42 중국 신화에 나오는 삼황오제 중 한 사람.

복했기에 역사에서는 이를 '소강의 중흥中興'이라고 부른다. 훗날 사람들은 황제, 의적, 두강을 술을 처음으로 만든 사람으로 간주한다. 또 두강은 술의 별칭으로 쓰이고 있다.

술은 사람들의 생활에서 없어서는 안 될 한 부분이다. 『한서漢書』「식화지하食貨志下」에는 '술이란 하늘이 내린 멋진 복이다. 그러기에 제왕은 천하를 양생하기 위하여 복을 비는 제사를 지낸다든지 쇠약한 몸을 일으키며 질병을 쫓아내는 온갖 모임을 술이 없으면 행하지 않았다.'고 기록하고 있다. 고대 선비에게 술은 수많은 신묘한 작용을 했다. 술을 마시면 중추신경이 마비되어 사람의 몸과 마음이 풀려 느슨해지고, 이에 따라 잠시 온갖 우수와 번뇌를 잊고 마음속의 희로애락을 마음껏 발산할 수 있다. 이리하여 음주는 선비들을 우수와 번뇌로부터 벗어나게 하는 가장 좋은 방법이 되었다.

선비들이 술을 마시는 풍속이 성행하기는 한말漢末 위진魏晋 시기이다. 이때는 잦은 전쟁으로 사회는 요동치고, 질병이 퍼졌으며, 한꺼번에 수많은 사람들이 사망했다. 이런 잔혹한 현실은 사람들에게 삶이 이렇게 짧게 금방 사라진다는 생각을 갖게 했으며, 게다가 당시의 도가 사상은 삶을 비관하는 사상이었다. 이리하여 생에 대한 근심과 걱정이 하나의 사회 풍조가 되었으니, 시 곳곳에서 이런 점이 발견된다. 동한 중후기에 유행한 『고시십구수古詩十九首』에는 이런 시구가 적지 않다.

사람의 한 세상,
먼 길 바삐 걸어 지나는 나그네.

人生天地間, 忽如遠行客. 『청청릉상백青青陵上柏』

우리 인생 잠시 여행지에 머무나니,

한 세상이 그저 홀연히 날리는 먼지 같네.

人生寄一世, 奄忽若飆塵. 『금일양소회今日良宵會』

사람은 금석金石이 아니거늘,
어찌 장수할 수 있겠는가.

人生非金石, 豈能長壽考. 『회거가언매回車駕言邁』

백 년도 못 사는 인생,
언제나 천 년 걱정이네.

生年不滿百, 常懷千歲憂. 『생년불만백生年不滿百』

건안建安[43]의 시문 중에는 생에 대한 걱정과 근심이 더욱 강렬하게 나타난다. 예컨대 '사람은 본래 목숨이 있으나, 살아있는 날 얼마 되지 않으니 한스럽소.'[44]라고 노래한 공융孔融의 『잡시雜詩』와 '사람의 한 세상, 문득 지나기 늦봄의 풀과 같네.'[45]라고 읊은 서간徐干의 『실사室思』 등이 그렇다.

어떻게 해야 끝없는 근심과 걱정을 벗어나 짧은 인생 한껏 즐기며 살 수 있을까? 사람들은 술을 생각하지 않을 수 없었을 것이다. 술은 근심과 걱정을 풀어주는 가장 멋진 식품임에 틀림없다. 『고시십구수』 중에는 맛 나

43 동한 시대의 건안 연간에 시문으로 세상에 널리 알려진 7인의 문인, 건안칠자建安七子라고도 함.

44 人生自有命, 但恨生日希.

45 人生一世間, 忽若暮春草.

는 술을 높이 받든 시구들이 적지 않다.

약 먹으며 신선되기 바라지만,
잘못 먹은 이 참 많다네.
맛 나는 술 마시고
좋은 옷 입으며 즐겁게 사는 게 제일일세.

服食求神仙, 多爲藥所誤.
不如飮美酒, 被服紈與素. 『구거상동문驅車上東門』

사람의 한 세상
먼 길 바삐 걸어 지나는 나그네.
말술 마다 않고 우리 즐기세,
야박하게 말고 푸짐하게 즐기세.

人生天地間, 忽如遠行客.
斗酒相娛樂, 聊厚不爲薄. 『청청릉상백靑靑陵上柏』

조조는 유명한 『단가행短歌行』에서 술에 대해 더할 수 없는 찬양을 한다.

술잔 앞에 놓고 노래하노니,
인생은 이렇게도 짧구나.
아침 이슬인 듯 짧은 세월,
지난날엔 고통스럽기 그지없었네.
자리에서 마음껏 노래 불러도,

근심 걱정 잊을 수 없네.
근심 걱정 어떻게 풀까,
오로지 술뿐이로다!

對酒當歌, 人生幾何.
譬如朝露, 去日苦多.
慨當以慷, 憂思難忘,
何以解憂, 唯有杜康!

분명히 변덕스러운 세월에 붙잡을 수 없는 게 생명이라는 잔혹한 현실 앞에서, 인간은 어찌할 도리 없이 꼼짝도 못하는 존재일 뿐이다. 죽음에 대한 공포를 없애려면 한 잔 술로 잠깐이라도 즐거움을 누릴 수밖에 없었다. 한말漢末 위진 시기의 수많은 선비들은 음주를 생활 속 모든 일 가운데 가장 으뜸으로 쳤다. 예컨대 건안칠자 가운데 하나인 공융은 '자리에 손님은 언제나 가득하고, 술잔에 항상 술이 넘치니, 나는 근심 걱정 없노라!'[46]고 말했다는 기록이 『후한서後漢書』「공융전孔融傳」에 전한다.

당시 이런 음주 풍조를 촉진시킨 또 다른 원인은 복잡하고도 날카로운 정치 투쟁이었다. 정치의 소용돌이에 말려들어간 선비들은 자칫 생명을 잃기도 했다. 더구나 위魏와 진晋이 바뀌는 시기에 사마司馬씨가 정권을 탈취하기 위해 선비들에게 고압적인 정책을 써서 무릎을 꿇은 자는 살리고 거스른 자는 죽이자, 선비들은 진퇴유곡에 살얼음을 딛고 선 듯 공포에 휩싸여 자기 목숨을 보전하려고 죽을힘을 다해 술을 마시고 근심 걱정을 풀며 화를 면하려고 했다.

---

46 坐上客恒滿, 樽中酒不空, 吾無憂矣!

유명한 죽림칠현은 모두 술 마시는 데 고수였다. 『진서晋書』「혜강전嵇康傳」에서 강직하고 기개 넘치는 혜강은 사마씨 앞에 무릎을 꿇지 않고 '탁주 한 잔에, 거문고 한 곡 타니, 바랄 바 없노라.'[47]라는 시로 제 뜻을 분명히 밝혔다는 기록이 전한다.

유령상劉伶像

완적도 사마씨의 치근거림을 극구 피했다. 완적은 명문 출신으로 사회적인 명망도 자못 높았기에 사마씨는 그를 끌어들여 정권을 튼튼히 할 작정이었다. 이에 대해 완적은 감히 공개적으로 맞서지는 못했지만 머뭇머뭇 피하는 방법으로 늘 만취하여 깨어나지 않음으로써 사마씨의 요구를 어물쩍 피했다. 한번은 사마소司馬昭가 완적과 혼인 관계를 맺기로 마음먹었다. 완적이 감히 대놓고 거절하지 못하고 60일 동안이나 술에 몹시 취하여 지내자 사마소는 어쩔 수 없이 포기했다. 완적이 술을 마시며 자기를 마취시킨 것은 가슴속 고통을 벗어나기 위함이었다. 그는 술에 취하면 언제나 '마음 닿는 대로 홀로 수레를 몰아 더 이상 오솔길로도 갈 수 없으면 언제나 목 놓아 울다가 돌아왔다.'고 『진서晋書』「완적전阮籍傳」은 전한다.

죽림칠현 가운데 술을 가장 심하게 마신 이로 유령劉伶을 들 수 있다. 그는 일찍이 '유령은 타고날 때부터 술로 이름을 날렸으니, 한 번에 한

47 濁酒一杯, 彈琴一曲, 志願畢矣.

곡斛[48]은 마셔야 했으며, 해장술도 닷 말은 마셨다.'고 스스로 고백했다. 그는 언제나 사슴이 끄는 수레에 술병을 끼고 올랐다. 그리고 연꽃 모양의 삽을 가진 사람이 그를 따르게 했으며, 수레에 앉아서도 늘 술을 마시며 죽으면 자기를 묻어 달라고 일렀다.

죽림칠현이 이렇게 난폭하게 술을 마신 이유는 술로 속임수를 쓰고, 술로 마음속 번뇌와 공포에서 벗어나기 위해서였다. 그 당시 정국이 불안해지자 많은 선비들은 술로 자기의 진짜 재능과 포부를 감추었다가 나중에 써먹으려는 계략으로 자신을 온전하게 지키려고 했다. 서진에서 '팔왕의 난'이 일어났을 때, 양준楊准은 천자의 정치 강령이 일떠서지 못하자 자기의 재간을 펼칠 수 없음은 물론 목숨까지 보장하기 힘들다는 것을 알고 술에 취해 세월을 보냈다.

고영顧榮도 술로 화를 모면했다. 진晋이 오吳를 평정한 뒤, 그는 북쪽 낙양으로 올라가 낭중郎中, 상서랑尙書郞, 정위廷尉 등의 벼슬을 했지만 안정되지 못한 정국을 보자 마구 술을 마시며 늘 거침없이 행동했다. 또한 그는 자기 친구 장한에게 '오로지 술을 마셔야 근심과 걱정을 잊을 수 있다.'고 말하기도 했다. 팔왕의 난 중에 제왕齊王 사마경司馬冏은 그에게 대사마주부大司馬主簿를 맡아 오가는 서간과 공문서를 관장해 달라고 했다. 사마경은 잔인하고, 교만하며, 독단적이라 고영은 화가 미칠까 두려워서 온종일 술을 마시며 잔뜩 취한 채 일을 처리하지 않았다고 한다. 그는 친구에게 보낸 편지에서 '나는 화가 나에게 미칠까 늘 두렵네. 칼이나 밧줄을 볼 때마다 스스로 목숨을 끊고 속박을 벗어나 평안해지고 싶다네.'라고 말했다는 기록이 『진서晋書』「고영전顧榮傳」에 전한다.

또 『진서』「혜강전」에는 '동진 초에 완유阮裕는 대장군 왕돈王敦에게 신

48 한 곡은 열 말.

임을 받았다. 그러나 완유는 왕돈이 신하답지 못한 마음을 가졌음을 알고 날마다 술을 진탕 마셨다. 이렇게 술로 자리를 그만둘 수 있었다.'는 기록이 있다.

위진의 선비들이 술로 난세를 비켜가며 자기 몸을 보전한 것에 대해 송나라 엽몽득은 『석림시화石林詩話』에서 이렇게 말했다.

> 진晋나라 사람은 말이 많고 술을 잘 마셨다. 그러나 술에 몹시 취한 자도 진짜로 술에 취한 것이라 할 수는 없었다. 시절이 어렵고 힘들었기에 사람들은 화가 자기에게 미칠까 두려워서 술에 의탁했으니, 이는 세상사에서 조금이라도 멀어지기 위함이었다. 진평陳平과 조참曹參 이래 이미 이런 방법이 쓰인 바 있다. …… 혜강, 완적, 유령 등이 이 방법을 써서 제 몸을 지키려고 했다. …… 술을 마시는 것도 반드시 많이 마시지는 않았으며, 취했다고 하여 꼭 진짜로 취한 것도 아니었다.[49]

그러나, 위진 선비들이 모두 화를 면한 것은 아니었다. 이때 세속에 구애 받지 않으려는 풍조를 숭상한 몇몇 활달한 선비들은 술을 마시며 감각적인 향락을 꾀하고, 취중에 살고 죽으려고 했으니, 이는 의식이 있는 선비들과는 전혀 다른 점이었다.

서진 원강元康 연간에 '팔달八達'이라 불리는 이들은 걸핏하면 옷을 다 벗어던지고 밤새 술을 마시곤 했다. 어느 날 '팔달' 가운데 한 명인 완함은 친구와 술을 마시면서 술잔을 쓰지 않고 커다란 대야로 술을 퍼서 여러 사

49 晋人多言飮酒, 有至于沈醉者, 此未必眞意在于酒.. 蓋時方艱難, 人各懼禍, 惟托于醉, 可以粗遠世故, 蓋自陳平, 曹參以來, 已用此策……傳至嵇, 阮, 劉伶之徒, 遂全欲用此爲保身之計……如是, 飮者未必劇飮., 醉者未必眞醉也.

람이 빙 둘러앉아 함께 마시는데, 공교롭게도 몇 마리 돼지가 대야 주위로 달려와 술을 마셨다. 완함을 위시한 그들은 돼지를 쫓으려 하지도 않고 함께 술을 계속 마셔댔다.

필탁畢卓도 술을 완전히 목숨처럼 좋아하다보니 이부에서 근무할 때에는 술에 취해 공무를 그르칠 때가 많았다. 한번은 동료의 집에 좋은 술이 있다는 것을 알자 한밤중 가만히 들어가 술을 훔치다 오랏줄에 묶이기도 했다. 날이 밝은 후에야 필탁임을 알고 오랏줄을 풀어주자 동료와 술독을 끼고 앉아서 흠뻑 취할 때까지 신나게 마셨다. 필탁은 일찍이 자기 인생의 이상을 '술 몇 백 곡斛을 배에 싣고 나가, 일 년 내내 맛 나는 것 양쪽에 두고, 오른손엔 술잔 들고 왼손엔 게를 들고 술과 함께 한 평생 살면 족하리라.'면서 속을 드러냈다는 기록이 『진서晋書』「필탁전畢卓傳」에 전한다.

『세설신어』「임탄」에 이런 이야기가 실려 있다.

> 동진 때 장한張翰은 하는 일이 제멋대로여서 구속됨이 없었다. 어떤 이가 그에게 이렇게 물었다.
>
> "그대가 하는 일이 지금은 맞다 해도 나중에 이름이 더러워지면 어쩌겠소?"
>
> 그러자 장한은 이렇게 대답했다.
>
> "나중에 유명해지는 것보다 지금 이 한 잔 술이 더 낫소이다!"

술에도 좋고 나쁨의 구별이 있듯이, 군자에게도 참 군자와 거짓 군자의 차이가 있었다. 위진 시기에 뜻있는 선비들은 술로 근심걱정을 풀고 화를 모면했으나 방탕한 선비들은 술의 힘을 빌려 자기 잘못을 숨기며 그저 즐기기만 하였으니, 양쪽이 같다고 할 수 없다.

『진서晋書』「대규전戴逵傳」에는 '죽림칠현의 세속에 구애받지 않는 행동은 너무 앞서서 사람들의 눈살을 찌푸리게 한다. 또 원강 연간 명사들의 거리낌 없는 행동은 덕망이 없어서 당당한 모습을 꺾이게 한다.'는 대규의 말이 기록으로 남아 있다.

나. 술은 나를 잊게 하네
– 술 마시는 즐거움

중국 고대 선비들이 술을 마시는 목적은 다양했다. 근심을 없애기 위해, 화를 피하기 위해 등. 그러나 더 큰 목적은 인생을 즐기기 위해서였다. 좋은 술이 사람에게 가져다주는 형언할 수 없는 쾌감 때문이었다. 『세설신어世說新語』「임탄任誕」에는 진晋나라 왕온王蘊의 '술은 그야말로 우리들 자신을 잊게 한다.'는 말과 왕회王薈가 '술은 우리를 참으로 멋진 곳으로 인도한다.'는 말이 실려 있다. 멋진 곳이란 표현할 수 없을 만큼 아름답고 즐거운 곳을 말한다.

고대 선비들 가운데 술의 즐거움을 진정으로 깨달은 자는 도연명이었다. 그는 벼슬을 그만두고 은거한 뒤에 온종일 술을 벗으로 삼았다. 고요하고 한적한 시골에서 생활하면서, 그는 술을 통해 인생을 깨달았다. 고요하고 깊은 밤, 도연명은 벽에 비친 자기 그림자를 마주해 홀로 술잔을 기울였으며 술이 취한 후에는 시로 감정을 토로했다. 그의 시 곳곳에서 술을 발견할 수 있다. 술은 도연명의 마음을 더욱 평화롭고 자연스럽게 해 인생의 즐거움을 맛보게 했다. 『화곽주부和郭主簿』에서 그는 이렇게 노래했다.

찰수수로 맛있는 술을 담가,
술 익으면 내 손으로 따라 마시네.
어린 아들은 내 곁에서 재롱을 떨며,
옹알옹알 되지도 않는 말 배우고 있네.
순박한 생활에 즐거움 다시 찾으니,

공명도 부귀도 뜬 구름일세.
저 멀리 흘러가는 흰 구름 바라보며,
옛 성인들을 사무치게 그리워하네.

春秫作美酒, 酒熟吾自斟.
弱子戲我側, 學語未成音.
此事眞復樂, 聊用忘華簪.
遙遙望白雲, 懷古一何深.

도연명은 봄날 찰수수로 맛있는 술을 담그고 술이 익으면 제 손으로 잔에 담아 혼자 마셨다. 이때 그의 막내아들이 곁에서 재롱을 떨며 이제 막 배운 말을 하지만 말이 제대로 나오지 않는다. 도연명은 느릿느릿 한가하게 술을 마시며 참으로 기쁘고 즐거워한다. 저 멀리 흘러가는 흰 구름을 바라보며 그의 심경과 비슷했던 수많은 고인들을 떠올리지 않을 수 없다.

당송 이후에 술 담그는 기술이 전에 없이 발달해 각지에서 이름난 술이 생산되었다. 이에 따라 선비들의 술 마시는 풍조도 성행했다. 자기 입에 맞는 술을 마시기 위해 당나라 때의 어떤 선비는 집에서 자기가 손수 술을 담기도 했다.

『신당서新唐書』「왕적전王績傳」에는 시인 왕적王績이 봄과 가을에 사람을 사서 술을 담았다는 기록이 있다. 그는 술을 잘 담는 초혁焦革에게 술 빚는 법을 배우기도 했다.

당나라 태종 때의 명신 위징魏徵도 일찍이 서역의 이방인에게 술 담는 법을 배웠다. 빚어낸 술은 황금 항아리에 십 년을 담아 맛을 순수하고 아름답게 하였다. 당 태종도 위징의 집에서 이 술을 음미하고 즐기며 시까지 지어 칭찬을 아끼지 않았다.

천 일이 되어도 취한 술 깨지 않으니,
십 년 묵은 맛 술 중에 제일이네.

千日醉不醒, 十年味不敗.

송대의 문호 소식도 자기 손으로 술 담기를 좋아했다. 그는 서로 다른 지방의 원료를 사용해 술을 담을 줄 알았다. 황주에서 귀양살이를 할 때에는 손수 담은 밀주蜜酒[50]로 손님을 맞았고, 정주定州에서는 송주松酒를 담았으며, 혜주惠州에서는 계주桂酒와 진일주眞一酒 등을 빚기도 했다. 소식은 계주를 특별히 즐겼으니, 그가 쓴 시, 부, 송, 편지 등에서 계주를 언급했다. 계주는 계피桂皮로 빚은 술로 백옥 같은 색깔에 향기가 뛰어났다. 계주를 늘 마시면 장기瘴氣를 막아내고 건강하게 오래 살 수 있다. 소식은 또 『계주송桂酒頌』으로 계주의 오묘한 맛을 찬양했다.

달콤한 맛 끝내 허물지 않고 취해도 깨지 않으니,
오신을 편히 모시고 삼시三尸[51]를 없애는구나.
온 몸이 붉어지고 몸은 터럭처럼 가뿐해지니,
문득 바람 일으켜 물 위를 달릴 것 같네.

甘終不壞醉不醒, 輔安五神伐三彭.
肌膚渥丹身毛輕, 冷然風飛罔水行.

50 꿀과 메밀가루를 섞어 빚은 술.

51 삼시三尸 : 인체 내에 살며 해를 준다는 도교의 세 신.

소식은 이 밖에도 『신양계주新釀桂酒』에서 스스로 술을 빚는 즐거움을 노래했다.

찧어 부수고 채로 거른 뒤 단지에 넣으면,
비 온 뒤의 봄 시내처럼 온통 싱싱한 그 모습.
산의 숨결 단지에 빚어 넣은 듯,
밤이면 밝은 달도 이곳으로 불러들인 듯.
술 담을 재료도 벌써 왔고 제자들도 찾았으니,
술 빚을 푸짐한 재료 주신 이 땅에 감사하세.
쇠비름에 걸러낸 농익은 계주 한 잔 마시면,
애석하구나, 풍류가 이곳 외진 마을에만 있으니.

擣香篩辣入瓶盆, 盎盎春溪帶雨渾.
收拾小山藏社甕, 招呼明月到芳樽.
酒材已遣門生致, 菜把仍叨地主恩.
爛煮葵羹斟桂醑, 風流可惜在蠻村.

소식은 진일주眞一酒도 담을 줄 알았다. 그는 '영남에서는 법으로 술 빚는 것을 금지하지 않기에, 나는 요즈음 술 빚는 방법을 하나 배웠으니, 바로 하늘이 내려준 것이다. 오로지 밀가루와 찹쌀에 맑은 물만 쓰니, 이를 일러 진일주라고 한다. 빚으면 옥색이 되고 향기는 자연스러워 꼭 왕태부마가王太駙馬家네 벽옥碧玉 향과 같다. 참으로 기이하고 기이하도다!'라고 찬탄했다. 소식은 자기의 술 빚은 경험을 바탕으로 쓴 『동파주경東坡酒經』에서 술 담그는 방법을 소개했으니, 이 글은 중국 고대 술 문화에 중요한 문헌이 되었다.

소식이 이렇게 열정적으로 술을 담근 것은 술이 주는 즐거움을 깊이

음주도飮酒圖

알았기 때문이다. 그는 '술은 사람을 아득하고 먼 곳으로 이끌어 도를 깨치게 하고 꾸밈없는 본성에 이르게 한다.'고 말하곤 했다. 소식의 주량은 대단하지 않아서 많이 마실 수는 없었으나 찾아온 손님들이 기분 좋게 마시는 것을 보면 마음이 편안해지고 기분이 좋아졌다고 한다. 그는 『서동얼자전후書東臬子傳後』에서 이렇게 말했다.

> 나는 온종일 마셔도 오 홉[合]을 넘지 못했으니, 이 세상에 이렇게 술을 마실 줄 모르는 자는 나 말고는 없을 것이다. 그런데 나는 다른 이가 술 마시는 모습을 보는 것은 좋아한다. 술잔을 들고 천천히 마시는 손님의 모습을 보면 내 가슴도 대범하게 트이고 기분이 좋아지는 것이 그 손님 못지않다. 세상일에 관여 않고 조용히 산다지만 하

루라도 손님이 없는 날은 없고, 손님이 찾아오면 술을 내놓지 않은 때도 없다. 그러니 이 세상에 이렇게 술을 좋아하는 자는 나 말고는 없을 것이다.[52]

소식은 천성이 호쾌하고 시원했으며 성실했다. 술을 잘 마실 줄 몰랐으나 오히려 좋아했다. 더욱이 다른 사람이 마시는 모습을 보는 것을 좋아했으니, 그의 마음이 얼마나 진실하고 넓었는지 알 수 있다. 소식은 『취향기醉鄕記』에서 그가 취중에 동경하던 이상향을 이렇게 묘사했다.

끝없이 넓은 곳에 구릉도 비탈도 없고 오직 평화만이 있으니 낮과 밤도, 추위와 더위도 없다. 그 곳 풍속은 평등하고 자유로우니, 모여서 사는 큰 마을도 없다. 그 곳에 사는 사람들은 대단히 순수하여 사랑도 미움도, 기쁨도 노여움도 없다. 또 바람을 마시고 이슬을 먹으니 온갖 곡식을 먹을 필요가 없다. 어슬렁어슬렁 느릿느릿, 내키는 대로 잠을 자고 걸어 다닌다. 날짐승과 길짐승, 그리고 물고기들이 함께 어울려 살고, 배와 수레, 기계 따위를 쓸 줄 모른다.[53]

소식의 『취향기』는 술을 마신 뒤의 환각일 수도 있지만, 그가 추구하는 이상향일 수도 있다.

---

52 予飮酒終日, 不過五合, 天下之不能飮, 無在予下者. 然喜人飮酒, 見客擧杯徐引, 則予胸中爲之浩浩焉, 落落焉, 酣適之味, 乃過于客. 閑居未嘗一日無客, 客至, 未嘗不置酒. 天下之好飮, 亦無在予之上者.

53 曠然无涯, 無丘陵阪險, 其氣和平一揆, 無晦明寒暑; 其俗大同, 無邑居聚落; 其人甚精, 無愛憎喜怒. 吸風飮露, 不食五穀. 其寢于于, 其行徐徐. 鳥獸魚鼈雜居, 不知有舟車器械之用.

소식의 『취향기』는 술이 주는 즐거움에 대한 묘사가 가물가물하고 어렴풋하게 느껴지지만, 술을 잘 마셨던 이백의 『취음시醉吟詩』는 술의 즐거움을 분명하고 확실하게 표현했다.

하늘이 술을 사랑하지 않는다면,
주성酒星은 하늘에 없었으리라.
땅이 술을 사랑하지 않는다면,
주천酒泉은 땅에 없었으리라.
하늘도 땅도 술을 사랑하나니,
술을 좋아한다고 부끄러울 일 없네.
청주는 성인이라 하였고,
탁주는 현자라 하였네.
성인 현자 모두 마셨으니,
어찌 신선을 찾으리오?
석 잔이면 사람의 도리를 알게 되고
한 말이면 자연과 하나 되네.
술 속에서 얻은 즐거움,
깨어있는 이에게 전하지 말게.

天若不愛酒, 酒星不在天.
地若不愛酒, 地應無酒泉.
天地旣愛酒, 愛酒不愧天.
已聞淸比聖, 復道濁如賢.
聖賢旣已飮, 何必求神仙?
三杯通大道, 一斗合自然.
但得酒中趣, 勿爲醒者傳.[54]

이백이 볼 때, 술이 주는 즐거움은 사람의 도리를 깨닫게 하고 자연과 하나 되는 데 있다. 이것은 그저 마음으로만 깨달을 수 있는 것이지 말로 전할 수는 없는 것이다.

송대宋代의 문학가 구양수歐陽修도 술을 좋아해 스스로 '주옹酒翁'이라 일컬었다. 그도 소식과 비슷하게 술을 잘 마시지는 못하여 '조금만 마셔도 금방 취했다.'고 했지만, 그는 술이 주는 즐거움을 잘 알고 있었다. 술을 즐기는 마음은 술 밖에 있었으니, 그는 『취옹정기醉翁亭記』에서 '취옹의 멋과 즐거움은 술에 있지 않고 산수에 있나니, 산수를 맛보는 즐거움은 마음에서 깨달아 그것을 술에 기탁한다네.'라고 말했다.

선비들의 주량은 모두 달랐지만 술을 마신 뒤에 느끼는 정신적인 즐거움은 같았다. 원호문元好問이 『후음주後飮酒』에서 노래한 대목이다.

> 술 속에 이상향 있으니,
> 이름난 선비들이 목적하는 곳이네.
> 우리가 술을 모른다면,
> 흔한 병 어떻게 고칠까?
>
> 酒中有勝地, 名流所同歸.
> 人若不解飮, 俗病從何醫?

원호문이 술로 '흔한 병'을 고칠 수 있다는 말은, 세속과 하나 되지 않고 가볍게 취했을 때 잠시나마 현실이 주는 속박에서 벗어나 원래의 순수하고 소박한 상태로 돌아가서 심신의 편안함과 정신적인 자유를 얻을 수

---

54 이백의 『월하독작月下獨酌』2.

있음을 뜻한다. 이것이 바로 선비들이 술을 통하여 얻을 수 있는 가장 큰 즐거움이었다. 술을 마신 뒤, 사람들은 언제나 솔직하고 자연스러운 표현으로 진정한 자신의 모습을 드러낼 수 있다. 사람들에게 널리 읽히는 두보의 『음중팔선가飮中八仙歌』는 과장되고 유머 섞인 수법으로 당대에 술을 좋아했던 '주선酒仙', 즉 하지장賀知章, 여양왕汝陽王 이진李琎, 좌승상 이적지李適之, 명사 최종지崔宗之와 소진蘇晋, 시인 이백, 서예가 장욱張旭, 문사 초수焦遂 등을 묘사했다.

하지장은 말을 타면 배를 탄 것 같고,
아물아물 침침한 눈, 우물에 빠져도 그냥 자겠네.
여양은 서 말은 마셔야 천자를 배알하고,
길에서 누룩 실은 수레만 만나도 침을 흘리니,
주천에 제후 되어 가지 못함이 한이로다.
좌상은 하루에 만 냥이나 술집에 뿌리고도,
큰 고래가 온 강의 물마시듯 술 들이켜면서,
잔 들면 좋은 술만 찾지 나쁜 술은 피하네.
최종지는 멋쟁이에 미남인데,
잔 들면 눈을 치켜뜨고 푸른 하늘 바라보는 모습,
산호로 만든 장식용 나무가 바람에 흔들리는 듯 희구나.
소진은 수놓은 부처님 앞에서 오랫동안 정진하다가,
술 취하면 참선하다가도 종종 달아나기를 좋아하네.
이백은 술 한 말에 백 편의 시를 쓰고,
장안의 술집에서 잠을 자다가,
천자가 불러도 배에 오르지 못하고,
자기는 술독에 빠진 신선이라 말하네.
장욱은 석 잔 술은 마셔야 초서를 휘갈기는데,

모자 벗고 맨머리로 왕공 앞에 나아가,
붓을 들어 구름인 듯 연기인 듯 재빨리 글씨를 쓰네.
초수는 닷 말은 마셔야 뛰어난 모습 보이는데,
고담준론 빼어난 말솜씨에 모든 사람이 놀라네.

知章騎馬似乘船, 眼花落井水底眠.
汝陽三斗始朝天, 道逢曲車口流涎, 恨不移封向酒泉.
左相日興費萬錢, 飮如長鯨吸百川, 銜杯樂聖稱避賢.
宗之瀟灑美少年, 擧觴白眼望青天, 皎如玉樹臨風前.
蘇晋長齋繡佛前, 醉中往往愛逃禪.
李白一斗詩百篇, 長安市上酒家眠,
天子呼來不上船, 自稱臣是酒中仙.
張旭三杯草聖傳, 脫帽露頂王公前, 揮筆落紙如雲烟.
焦遂五斗方卓然, 高談雄辯驚四筵.

두보가 시로 쓴 여덟 명의 '주선酒仙'은 개성도 뚜렷할 뿐만 아니라 술을 마신 뒤의 모습도 특이하여 그 형상이 사뭇 살아있듯이 강한 인상을 남기고 있다. 당대의 선비들은 술을 좋아했으며, 술을 마신 뒤의 행동도 터무니없는 사람들이 참으로 많았다.

『운산잡기雲山雜記』에 나온 이야기를 하나만 보자.

석유石裕는 술을 제 목숨만큼이나 아끼고 좋아했다. 어느 날, 그는 자기가 빚은 몇 곡斛이나 되는 술을 거른 뒤, 옷을 벗어 던져버리고 술독에 뛰어들어 목욕을 했다. 이 자리에서 신이 난 그는 사람들에게 이렇게 말했다.

"내 평생 술을 좋아했지만, 유감스럽게도 내 몸에 난 터럭은 아직 술맛을 보지 못했는데, 이제야 소원을 풀었소. 입이나 터럭이나 어찌 친함과 버성김의 구분이 있을 수 있단 말이오?"

고대 선비들이 술을 마시는 방법은 갖가지였다. 어떤 이는 고요한 곳에서 혼자 자작자음했다. 이백이 일찍이 노래한 『월하독작月下獨酌』 네 수 가운데 첫 번째 수는 이러하다.

꽃밭에 술 항아리 하나 놓고,
친한 이 없으니 홀로 잔 기울이네.
잔 들어 밝은 달 부르고,
그림자 마주하니 세 사람 되었구나.
달은 벌써부터 술 마실 줄 모르고,
그림자는 공연히 나를 따라 움직이누나.
잠시 달과 그림자를 벗 삼아서
모름지기 봄을 좇아 즐기려네.

花間一壺酒, 獨酌無相親.
擧杯邀明月, 對影成三人.
月旣不解飮, 影徒隨我身.
暫伴月將影, 行樂須及春.

탁 트이고 밝은 성격을 가진 이백은 다른 사람과 함께 마음껏 마시기를 즐겼다. 이런 이백이 이렇게 달 밝은 밤에 홀로 술을 마시니 참으로 쓸쓸하고 적막하다. 어쩔 수 없이 이백은 하늘에 뜬 밝은 달과 달빛에 비친 자기 그림자를 '술벗'으로 삼는다. 혼자 마시는 술은 서로 오가며 섞임이 없으니 기쁨과 즐거움을 함께 할 사람이 없다. 그러기에 많은 이들이 술은 홀로 마시는 것이 어울리지 않는다고 여겼다. 소식의 시를 보자.

마주하여 가난을 말하지 않아도,
슬프도다, 내가 가난한 줄 아는구나.
내 술 한 쪽박뿐이지만,
홀로 마시는 건 정말로 안 될 일이오.

相對不言寒, 哀哉知我貧.
我有一瓢酒, 獨飮良不仁.

소식은 설사 생활이 곤궁하여 한 쪽박 술밖에 없어도 혼자 마시기를 원하지 않았다. 혼자 마시면 재미가 없었기 때문이다. 속담에 '차는 조용하게, 술은 떠들썩하게'라는 말이 있다. '떠들썩하게'라는 말은 술은 일정한 분위기가 있어야 함을 말한다. 수많은 선비들이 좋은 친구나 집안사람들과 함께 술 마시기를 바랐던 것은 득의양양 담소를 하면서 즐거움이 넘치는 분위기에서 술을 마셔야 한없이 기분이 좋았기 때문이다.

백거이의 『문유십구問劉十九』[55]는 시인이 사랑하는 친구인 유십구劉十九에게 뜨거운 마음으로 보낸 초대장이다.

새로 빚은 술 부글부글 끓어오르고,
작은 화로에는 불이 빨갛소.
때는 저녁, 하늘은 눈을 내리려는데,
어찌 한 잔 하지 않을 수 있겠소?

---

55 백거이가 친구 유우석劉禹錫에게 보낸 시이다. 십구는 유우석의 형제 서열이다.

백거이시의화白居易詩意畫

綠蟻新醅酒, 紅泥小火爐.

晚來天欲雪, 能飮一杯無?

원문에 보이는 '녹의綠蟻'는 새로 빚은 술을 가리킨다. 술을 아직 거르지 않았을 때 표면에 떠오른 찌꺼기의 색깔이나 모양이 개미 같다고 붙여진 이름이다. 눈이 내릴 것 같은 겨울, 사랑하는 친구와 함께 빨갛게 피어오르는 화롯가에 앉아서 술잔을 나누며 어떤 얽매임 없이 속마음을 주고받는다. 생활의 멋이 가득 담긴 이 모습은 우리를 얼마나 흐뭇하게 하는가!

당대 장안의 선비들은 호족胡族 아가씨가 있는 술집에 모여 신나게 마시길 좋아했다. 당대엔 외국과의 무역이 발달해 장안에는 수많은 외국인이 살고 있었다. 이들이 연 점포 중에는 술집도 많았다. 이들 술집에서 시중을 드는 이는 대부분 노래와 춤에 장기가 있는 호족 아가씨였다. 이런 술집을 '호족 아가씨 술집'이라고 불렀다. '호족 아가씨 술집'은 이국적인 정취가 독특했기에 시인 묵객들은 이곳에서 술잔치 열기를 좋아했다. 이백은 『소년행少年行』에서 이렇게 노래했다.

오릉의 젊은이들 금시[56] 동쪽에서,
은 안장 흰 말 타고 춘풍에 건들대며,
떨어진 꽃 밟고 어디로 놀러 가는가?
싱글싱글 웃으며 호족 아가씨 술집으로 들어가네.

五陵少年金市東, 銀鞍白馬度春風.
落花踏盡游何處? 笑入胡姬酒肆中.

선비들이 호족 아가씨 술집을 좋아한 까닭은 이곳에서 파는 술이 모두 서역의 명주로 맛도 순수하고 좋았으며, 게다가 호족 아가씨들이 용모도 뛰어나게 아름다운데다 선비들의 마음도 잘 헤아릴 줄 알았기 때문이었다. 이백은 호족 아가씨 술집에 푹 빠져서 걸핏하면 술을 마시러 가곤 했다. 이백은, '이슬비에 봄바람에 꽃잎 지는 때면, 말채찍 휘둘러 호족 아가씨 찾아 술잔 기울이네.'[57]라고 노래했다. 술잔 기울이며 호족 아가씨의 노래와 춤을 즐기는 맛은 참으로 즐겁고 유쾌하여 발길을 돌릴 생각조차 할 수 없었을 것이다. 『전유준주행前有樽酒行』에서 이백은 이렇게 노래했다.

---

56 금시金市 : 장안 서쪽에 있는 저잣거리.

57 細雨春風花落時, 揮鞭直就胡姬飮.

호족 아가씨 꽃다운 얼굴,
술 팔며 색정 어린 웃음.
색정 어린 웃음으로 비단옷 입고 춤을 추는데,
이 사람아, 취하지 않고 어찌 돌아가겠는가!

胡姬貌如花, 當壚笑春風.
笑春風, 舞羅衣, 君今不醉將安歸!

이백은 서역에서 태어났으니 아마 서역의 멋에 자연적으로 친근감을 느꼈을 것이다.

당송 이후, 선비들은 생활에서 고상하고 우아함을 추구하여 술을 마시는 분위기도 깊이 따지며 신경을 썼다. 명나라 때 원굉도袁宏道는 『주령酒令』에서 이렇게 말했다.

마음을 열어놓고 즐겁게 마시려면 시간과 장소가 적절해야만 한다. 꽃그늘에 앉아 즐겁게 술을 마시려면 한낮을 택해야 환하게 빛나는 꽃의 아름다운 모습을 즐길 수 있다. 눈 쌓인 풍경을 마주하고 술을 마시려면 밤을 택해야 밝고 맑은 눈을 더욱 멋지게 감상할 수 있다. 술을 마시며 우쭐거리고 뽐내고 싶을 때는 큰 소리로 노래를 불러야 기분이 확 풀린다. 이별의 아픔으로 마구 마실 때는 바리때를 손으로 두드려야 강건한 모습을 보일 수 있다. 문인과 마주 앉아 잔을 주고받을 때는 규칙에 주의하고 규정에 잘 따라야만 예에 벗어나서 당하는 부끄러움을 면할 수 있다. 지략이 뛰어난 호걸과 술을 마실 때는 술잔을 더해야만 장렬함을 높일 수 있다. 누각 위에서 마시려면 여름날을 택해야 한다. 높은 누각은 맑은 바람이 불어와 더위를 식힐 수 있기 때문이다. 물가에서 신나게 마시려면 가을을 택해야 한다. 바람에 한들거리는 가을 강의 물결은 우리를 더욱 상쾌하게 하기 때문이다.

또, 달을 보며 신나게 마실 때는 높은 누각이 적절하다. 여름날 신나게 마시려면 배 위가 제일이다. 산골짜기에서 술을 마시려면 조용하고 그윽한 곳을 찾아야 한다. 아름다운 여인과 함께 술을 마시려면 얼굴이 발그레할 때가 제일이다. 의기양양한 손님과 통음하려면 때때로 잔을 흔들며 큰 소리로 노래를 해도 좋다. 자기를 알아주는 친구와 마주 앉아 술을 마실 때는 오기吳伎[58]를 청하여 단반檀板[59]에 맞춰 길게 뽑는 맑은 가락을 들으면 좋다.[60]

오빈吳彬은 『주정酒政』에서 술을 마시기 좋은 분위기에 대해 구체적으로 밝혔다.

마시기 좋은 곳 : 꽃이 핀 곳, 대숲, 높은 누각, 놀잇배, 외딴 글방, 조약돌 깔린 구불구불한 오솔길, 바닥이 편편한 곳, 연꽃이 바라보이는 정자. 또, 봄에는 정원, 여름에는 야외, 가을에는 배 위, 겨울에는 집 안이 적합하며, 밤에는 달이 떠야 제격이다.

---

58 소주蘇州 출신 기녀.

59 민간 타악기의 일종.

60 凡醉有所宜: 醉花宜晝, 襲其光也; 醉雪宜夜, 消其潔也; 醉得意宜唱, 尋其和也; 醉將離宜擊鉢, 壯其神也; 醉文人宜謹節章程, 畏其侮也; 醉俊人宜加觥盂旗幟, 助其烈也; 醉樓宜暑, 資其清也; 醉水宜秋, 泛其爽也.
一云: 醉月宜樓, 醉暑宜舟, 醉山宜幽, 醉佳人宜微酡., 醉文人宜妙齡無苛酌, 醉蒙客宜觥發浩歌, 醉知音宜吳兒清喉檀板.

마시기 좋은 때 : 봄에는 들판에서, 꽃이 피는 때, 늦가을, 움이 트는 계절 비가 그친 때, 눈이 쌓였을 때, 초승달이 떴을 때, 서늘한 밤.[61]

술을 마시기 가장 좋은 환경은 왜 대자연 속일까? 청나라 때 저지획褚之獲은 『견호집堅瓠集』에서 '사람은 자연 속에서 유유자적해야 심신이 쾌적하고, 이런 곳에서 잔 들어 즐거이 마셔야 사람으로 태어난 즐거움을 맛볼 뿐만 아니라 지위나 명예에 얽매이지 않고 속세를 벗어난 초연한 멋도 즐길 수 있다.'고 말했다. 대자연 속에서 마시는 한 잔의 술은 심신을 즐겁게 하며 자연과 사람이 하나로 일치되는 묘한 경지를 느끼게 한다는 것이다. 저지획은 번잡한 예의를 다 차려야 하는 모임은 그렇게 좋다고 보지 않았다. 그야말로 '사람을 옭아매는 술'이라고 여겼다. 그는 이렇게 덧붙였다.

푸짐한 잔치에서는 예의를 차려야 해서 이리저리 살피면서 온갖 정성을 다한다. 말실수할세라 행동 잘못할세라 종일 얽매이면서 마신다. 이렇게 마시는 술, 이것이 이른바 '사람을 옭아매는 술'이다.

혼자 마시든, 대작을 하든, 달 아래에서 마시든, 깊은 골짜기에서 마시든, 고대 선비들이 추구하는 것은 '술 속에서 얻어지는 즐거움'이었다. 즐거움만 있으면 유유자적했다. 『진서晋書』「맹가전孟嘉傳」에는 이런 기록이 있다.

---

61 飮地: 花下, 竹林, 高閣, 畵船, 幽館, 曲石間, 平疇, 荷亭. 另, 春飮宜庭, 夏飮宜郊, 秋飮宜舟, 冬飮宜室, 夜飮宜月. 飮候: 春郊, 花時, 淸秋, 新綠雨霽, 積雪, 新月, 晩涼.

음주도飮酒圖

훗날 맹가는 항온의 서쪽 지방 정벌에 따라나섰는데 …… 술을 그렇게 마셨는데도 마시면 마실수록 곧고 발랐다. 온이 맹가에게 '술이 얼마나 좋았으면 그대는 그렇게도 즐기오?'라고 묻자, 맹가는 '공께서는 아직 술의 즐거움을 모르십니다.'라고만 대답했다.[62]

62 孟嘉爲征西桓溫參軍……好酣飮, 愈多不亂. 溫問嘉:'酒有何好而卿嗜之?' 嘉曰:'公未得酒中趣耳.'

다. 취중에 번개처럼 떠오르는 시구詩句
– 술과 창작

중국 고대 선비들은 술을 마신 뒤 시 짓기를 좋아했다. 술은 시를 짓도록 흥을 돋우었다. 그래서 어떤 선비는 멋진 시를 짓기 위해서는 술을 반드시 마셔야 된다고 믿었다. 이것은 어느 정도 일리가 있는 말이다. 술을 마신 뒤 취한 듯 취하지 않은 듯 몽롱한 때에 몸과 마음은 느슨해지고 외부에서 오는 속박은 거의 존재하지 않기에 생각의 갈피는 더욱 예리하고 빨라지며 영감은 금세 번쩍이게 마련이다. 아름다운 시구가 마구 떠오르는 것도 바로 이때이다.

청나라 때 장조는 『유몽영幽夢影』에서 이렇게 읊었다.

> 푸른 산 있어야 푸른 물 있으니,
> 물은 오로지 그 빛깔 산에서 빌렸네.
> 맛 나는 술 있어야 아름다운 시 있으니,
> 시도 그 영감 술에서 빌렸네.
>
> 有靑山方有綠水, 水惟借色于山.
> 有美酒方有佳詩, 詩亦乞靈于酒

도연명은 시를 써도 꼭 술을 마신 뒤에 썼다. 술은 도연명을 속세의 번뇌로부터 멀리 떨어지게 할 뿐만 아니라 창작의 영감도 불러일으켜서 수많은 가작을 남기게 했다. 양소통梁蕭統은 '도연명의 시일까, 고개 갸웃하면, 시마다 술이 있다.'고 말한 바 있다.

당나라 때 수많은 이들이 쓴 작품은 모두 술과 관계있다. 그 가운데 가장 이름난 이가 이백이다. 이백은 술이라면 무절제하게 마셨으나, 『개원천보

술에 취한 이백李白

유사開元天寶遺事』 하권에서 '그래도 술에 깊이 빠져 쓴 문장에 결코 잘못이라곤 없었다.'고 말했다. 이백이 쓴 그 많은 작품은 모두 술을 마신 뒤 썼다고 한다. 『본사시本事詩』「고일高逸」에는 이런 이야기가 실려 있다.

> 어느 날 당 현종이 궁녀들과 즐겁게 놀다가 이백을 불러 시를 짓게 했다. 이때 이백은 이미 곤드레만드레 취해 비틀비틀 걸음도 제대로 걷지 못했다. 현종은 내시에게 이백을 부축하게 하고서는 먹을 잔뜩 묻힌 붓을 이백의 손에 쥐어 주었다. 붓을 든 이백은 제 생각을 펼치면서 조금도 쉼 없이 열 편이나 되는 시를 금세 지었다. 그런데 전혀 다듬지 않았는데도 글은 힘이 넘치고 예리하였다. 이렇게 해서 만들어진 시가 그 유명한 「궁중행락사宮中行樂詞」이다.

소식이 쓴 수많은 시詩, 사詞, 문文, 부賦 들은 거의 모두 술을 마신 뒤 즉흥적으로 지은 것이다. 술은 시 창작뿐만 아니라 다른 예술 작품에도 신기한 효능을 가지고 있다.

동진의 대서예가 왕희지도 술을 잘 마셨는데, 그는 그 유명한 난정蘭亭에서의 모임이 거의 끝나갈 무렵 술 마신 뒤의 흥겨운 기분에 취해 지금도 전하는 명작 『난정집서蘭亭集序』를 썼다. 그 필법은 다양한 변화와 서로 구별되는 자태로 제각기 다른 모습이었으며, 같은 글자의 반복에도 불구하고 글자체는 모두 달라서 한 글자라도 같은 글자가 없다. 다음날 술이 깬 뒤 그는 또 붓을 들어 몇 차례나 썼으나 원래 쓴 글씨의 고아한 멋을 다시는 살려낼 수 없었다.

당나라 때의 유명한 서예가로서 '초성草聖'이라 불리는 장욱도 글씨를 쓸 때에는 언제나 술을 마신 뒤였다. 『신당서新唐書』「하지장전賀知章傳」에는 '큰소리로 미친 듯 부르짖으며 이리저리 날뛰면서 굵다란 붓을 들어 마음 내키는 대로 휘두르니 그 무궁한 변화는 마치 신의 도움이 있는 것 같았다. 사람들은 그를 가리켜 '장전張顚'[63]이라 불렀다.'는 기록이 있다. 이조李肇가 『당국사보唐國史補』에서 기술한 내용은 더욱 기이하다.

> 장욱은 술을 마셔야 초서를 썼다. 붓을 들면 큰소리로 부르짖었는데, 때로는 머리카락에 먹물을 적셔 글씨를 쓰기도 했으니, 온 나라에서 그를 '장 미치광이'라고 불렀다. 술에서 깬 뒤 자신이 봐도 신기하고 이상했다. 그러나 다시는 그대로 쓸 수 없었다.[64]

---

63 장씨 성을 가진 미치광이라는 뜻.

64 旭飮酒輒草書, 揮筆而大叫, 以頭轀水墨中而書之, 天下呼爲張顚. 醒後自視, 以爲神異, 不可復得.

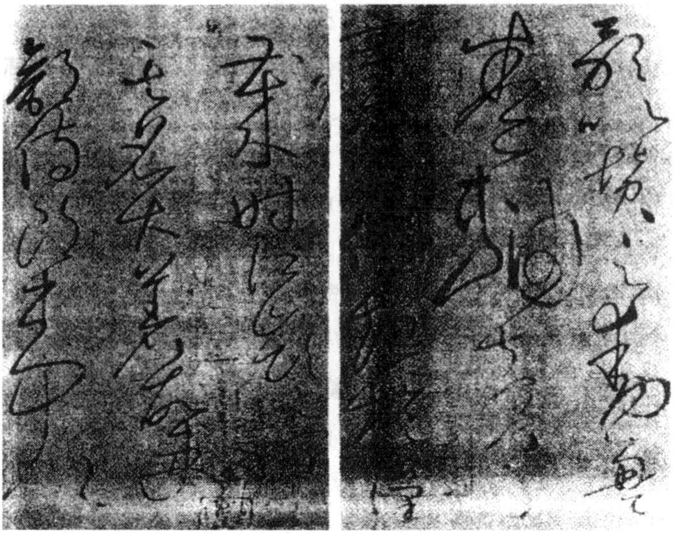

회소懷素의 자서첩自敍帖

당나라 때는 광초狂草로 유명한 또 한 명의 서예가인 회소懷素가 있다. 술을 제 목숨만큼이나 아끼고 좋아해 세상 사람들은 '전장취소顚張醉素'[65]라고 불렀다. 그는 하루에도 여러 번 술에 취했으며, 술을 마실 때마다 미친 듯 빠져들었다. 그러면 붓을 들어 마구 휘두르듯이 내달았다. 유명한 『자술첩自述帖』도 회소가 술을 마신 뒤 쓴 것이라 한다. 당나라 때의 시인 전기는 회소를 평가하여, '미치면 세상을 업신여기고 취하면 진리의 세계에 이른다.'고 말했다.

당나라 때의 또 다른 서예가 소정도 언제나 술을 마셔야 붓을 들었다. 당 현종은 서예에 깊은 흥미를 가지고 있었다. 어느 날 그는 시인 소괴蘇瓌에게 멋진 서예가를 알고 있느냐고 물었다. 소괴는 '제 아들 소정蘇頲이 괜

65 미치광이 장욱과 주정쟁이 회소라는 뜻.

찮긴 하지만, 천성이 술을 좋아합니다. 많이 취하지 않으면 그래도 볼품 있게 씁니다.'라고 대답했다. 현종은 소정을 궁으로 불러들였다. 이때 소정은 아직 술이 깨지 않았기에 궁전에서도 그칠 줄 모르고 게웠다. 현종은 급히 내시에게 그를 자기의 거처로 부축하여 눕히게 한 뒤, 손수 자기 옷을 벗어 덮어주었다. 소정은 술에서 깬 뒤, 시원스럽게 붓을 휘둘러 현종의 칭찬을 크게 받았다.

술은 서예에만 흥을 돋워준 것이 아니라 그림에도 흥을 돋워주었다. 『선화화보宣和畵譜』에는 당나라 때의 화성畵聖 오도자가 그림을 그릴 때면, '붓을 휘두르고 싶을 때마다 언제나 미리 술을 신나게 마셨다.'는 기록이 있다.

북송의 이름난 서화가書畫家로 소식蘇軾, 황정견黃庭堅, 미불米芾, 채양蔡襄을 손꼽는데, 이들은 모두 술을 마신 뒤에야 붓을 들어 그렸기에, 이들이 그린 뛰어난 작품을 사람들은 '취묵醉墨'이라고 불렀다. 미불은 더욱 술을 좋아하여 사람들은 그를 가리켜 '미전米顚'[66]이라 일컬었다. 그와 그의 아들 우인友仁의 그림은 참으로 유명하여, 이들을 함께 일컬어 '미가산수米家山水'[67]라 했다. 이들은 언제나 술이 취해야 붓을 들었기에 사람들은 그림 가운데 취기醉氣가 있다고 하였다.

송나라 때 포정包鼎과 그의 아버지 포귀包貴는 호랑이를 잘 그리기로 명성이 높았다. 진사도陳師道의 『후산담총後山談叢』에는 '선성宣城 사람 포정은 호랑이를 그리기에 앞서 먼저 화실을 깨끗이 청소하고 문이랑 창문을 모두 닫았다. 오직 빛이 들어올 구멍만 하나 남긴 채 통음을 한 뒤, 옷을 벗고 바닥에 웅크리고 앉았다, 누웠다, 일어났다, 두리번거리다 이제 자기가

66 미씨 성을 가진 미치광이.

67 미씨 부자가 그린 산수화.

한 마리 호랑이로 문득 느껴지면 다시 한 말 술을 들이켜고 나서야 붓을 들어 휘갈겨 멋지게 표현하면 그것으로 그만이었다.'는 기록이 있다.

원나라 때의 화가 진용陳容은 용을 그린 묵화로 유명하다. 그는 먹물을 뿌려 구름을 만들고 물을 뿜어 안개를 만들었다. 그는 언제나 술을 마신 뒤에야 용을 그렸다. 그는 '취하여 크게 소리를 지르며 두건을 벗어 듬뿍 먹물에 적시어 손 가는 대로 마구 칠한 뒤 붓으로 완성했다.'고 한다. 그 동작은 광초狂草를 쓴 장욱의 모습과 자못 닮았다.

포정이 호랑이를 그리고 진용이 용을 그린 것은 모두 술을 마신 뒤였으니, 술이 그림 그리는 데 흥을 돋울 수 있다는 것은 결코 헛말이 아님을 알 수 있다.

명나라 때의 화가 당인唐寅도 술을 마신 뒤에야 그림 그리기를 좋아했다. 당시 사람들은 '당인의 그림 한 폭을 손에 넣으려면 난릉주蘭陵酒 일천 잔은 바쳐야 한다.'고 말했다. 당인은 소주 도화오桃花塢에 집을 짓고 온종일 친구들과 술을 마셨다. 그러다가 술에 취하여 흥이 일면 즐거운 마음으로 그림을 그렸다. 그림을 손에 넣으려는 자는 술을 가득 싣고 와서 하루 종일 그와 함께 술을 신나게 마신 뒤에야 그림 한 폭을 얻을 수 있었다.

청나라 때 정판교鄭板橋는 술을 빌어 시름을 풀고 술을 마시면서 울분을 누이기도 했지만 술에 기대어 그림을 그리기도 했다. 그는 일찍이 『자견自遣』에서 이렇게 노래했다.

달을 보는 것 괜찮다더니 사람들은 다 가버리고,
꽃을 마주하니 아직 오지 않는 술이 한이로다.
흰 비단으로 그림 구한다는 그를 비웃었더니,
이제는 선생이 아주 취할 때를 바랐구려.

看月不妨人去盡, 對花只恨酒來遲.

笑他縑素求書輩, 又要先生醉爛時.

정판교가 술을 마신 뒤에야 글씨를 쓰고 그림 그리기를 좋아한다는 것을 안 몇몇 사람들이 술을 미끼로 그가 손수 만든 작품을 구하려고 했다. 양주揚州에 사는 소금장수 하나가 정판교의 그림을 얻으려고 다른 사람에게 부탁을 했다. 정판교는 진작부터 소금장수나 거간꾼을 싫어했기에 아예 이 사람을 거들떠보지도 않았다. 그러자 소금장수는 한 가지 꾀를 생각해 냈다. 그는 정판교가 나들이 가는 날을 틈타, 대숲에 술과 고기를 한 상 차려놓고 정판교를 맞았다. 술과 요리에 거나하게 배가 부르자 판교는 그에게 어찌하여 벽에 그림 한 점, 글씨 한 자 걸리지 않았느냐고 물었다. 소금장수는 이렇게 대답했다.

"이곳엔 글씨 잘 쓰고 그림 잘 그리는 이가 없다던데요. 하지만 정판교란 이가 유명하다는 말은 들었습니다. 그런데 제가 직접 본 적이 없으니 감히 믿을 수 있어야 말이죠."

이 말에 화가 잔뜩 난 정판교는 술김에 글씨를 쓰고 그림을 그렸다. 마침내 소금장수는 마음속으로 바라던 소원을 이루게 되었다.

중국 고대 선비들의 생활 속에서 술과 시·서·화는 그야말로 떼려야 뗄 수 없는 인연이 있어서, 선비들은 술을 마신 뒤에야 빛나는 예술 작품을 창작했다. 그들은 대담하게 예술을 창작하고 결사적으로 술을 마셨다. 당대의 시인 장열張說은 『취중작醉中作』에서 이렇게 노래했다.

술 취하니 즐거움 끝이 없어라,
취하지 않았을 때보다 이렇게 좋구나.
거동도 표정도 모두 덩실거리고,
입을 열면 전부 시가 되네.

醉後樂無極, 彌勝未醉時.

動容皆是舞, 出語總成詩.

이런 현상에 대하여 슝빙밍熊秉明은 『중국서법이론체계中國書法理論體系』에서 이렇게 분석했다.

> 취해야 생명이 고조되고 앙양되는 것으로 여겼으며, 몹시 취한 상태를 생명이 가장 치열하고 가장 즐거우며 창조력이 가장 왕성한 상태로 보았다. 이때, 이성적인 통제와 조심스러움은 사라지고 무의식 속에 억압된 상태로 있는 것, 축적된 것, 생명의 원초적인 것, 본능적인 것, 가장 밑바닥에 있는 것들이 거침없이 카타르시스를 맛보게 된다. 술은 소극적인 '근심 해소'나 '마취'가 아니라 적극적으로 사람의 정신을 크게 해방시키고 크게 일떠세운다. 정신이 맑을 때에는 하지 않으려는 말, 감히 하지 못하는 말도 술에 취하면 노래하고 울고 소리 지른다. 정신이 맑을 때에는 두려움으로 몸 둘 바를 모르며 우러르고 따랐지만, 술에 취하면 밟아 엎고 뒤집어 버린다.

그러나 술을 마신 뒤의 작품 창조를 과대평가만 할 수는 없다. 과학적인 상식으로 보아도 술 속에 있는 에틸알코올은 대뇌피질의 활동에 영향을 끼쳐 신경을 흥분하게 만들기에 적당량의 음주는 몸에 열을 내고 기분을 좋게 하지만 지나친 음주는 혈중 에틸알코올을 증가시켜 혀를 꼬부라지게 하고 생각과 행동을 어긋나게 하면서 몸을 가누지 못하게 한다. 더구나 술에 깊이 중독되면 쇼크로 의식을 잃고 심하면 목숨까지도 잃게 된다.

옛 사람들도 이에 대해 경고를 했으니, 전국 시대의 명의 편작扁鵲은 '너무 많이 마시면 위와 장을 상한다.'고 했으며, 양梁 나라 때의 도홍경은

'사람이 술을 너무 많이 마시면 몸도 망가지고 정신도 혼미해지는 것은 거기에 독이 있는 까닭이다.'라고 했다. 또 명나라 때 이시진은 술이 주는 이로움과 해로움을 총괄해 매듭지었다. 그는 '술은 하늘이 내린 멋진 선물이다. …… 적게 마시면 피를 따뜻하게 하고 막힌 기를 뚫어주며, 몸을 튼튼하게 하고 추위를 막아주며, 근심을 없애고 흥을 돋워준다. 그러나 과하게 마시면 정신을 소모하고 피를 말리며, 위를 상하게 하고 원기를 죽이며, 가래를 끓게 하고 화를 잘 내게 한다.'고 했다. 게다가 이시진은 '지나치게 마시면서 절제하지 않으면 순식간에 사람을 죽일 수도 있다.'고 경고했다. 지금까지 한 말이 사실로 증명된 것이다.

대시인 이백은 한평생 통쾌하게 마셨다. 술은 그에게 삶의 즐거움을 주었지만 결국 그를 황천으로 데려갔다. 『구당서舊唐書』「문원전文苑傳」에는, '이백이 도에 넘치게 술을 마신 까닭에 마침내 선성宣城에서 술에 취하여 세상을 떴다.'고 기록하고 있다.

두보도 술 때문에 목숨을 잃었다. 당나라 때 정처회鄭處誨는 『명황잡록明皇雜錄』에서 '두보가 뇌양耒陽의 악사岳祠에서 유람을 하다가 큰물을 만나 열흘 넘도록 아무것도 먹지 못했다. 현령이 배를 가지고 가서 그를 데려다 불고기와 배갈로 대접했다. 두보는 너무 과하게 먹고 마신 나머지 하룻밤도 지나지 않아서 죽고 말았다.'고 말했다. 두보는 며칠이나 굶었다. 만약 불고기만 먹고 술은 마시지 않았더라면 목숨을 잃지 않았을지도 모른다. 세상을 떠났을 때, 이백의 나이는 예순둘, 두보는 겨우 쉰여덟이었으니, 과도한 음주가 이 위대한 두 시인을 일찍 저 세상으로 데려간 것이다.

백거이도 빈속에 마신 술 때문에 심각한 안질을 앓아서 맑은 날에 무엇을 보아도 꼭 안개를 보는 것 같았다고 한다. 그는 '설령 산뜻한 풍경을 만날지라도 안개를 보는 듯하니, 봄날이 아니어도 침침하였다.'고 한탄했으니, 생각건대 아마 백내장에 걸렸던 모양이다.

『홍루몽紅樓夢』을 지은 조설근曹雪芹은 가난한 집안 형편에도 일 년 내

내 술에 만취하여 지냈다. 온 집안이 죽을 끓여 먹었지만 그는 외상으로라도 술을 항상 마셨다. 그런데 그는 쉰도 못 채우고 세상을 떠났다. 그러자 그의 부인은 '보잘 것 없었던 음식이 아니라 술을 원망한다.'며 투덜거렸다.

지나친 음주는 자기 몸을 해칠 뿐만 아니라 자식의 성장에도 영향을 미친다.

도연명은 평생 술과 더불어 살았는데, 통계에 의하면 그가 쓴 142 편의 시 가운데 음주와 술에 관계된 작품이 50여 수나 된다. 도연명은 늘그막에도 여전히 술과 떨어지기 아쉬워했다. 그는 『만가시挽歌詩』에서 '하지만 살아있을 때에, 마실 술 가득하지 못했음을 한탄하노라.'[68]라고 노래했다. 그의 노래는 이렇게 이어진다.

어제는 마실 술 없었는데,
오늘은 그래도 비었던 술잔 넘치는구나.
봄 막걸리에 거품 떠올랐으니,
어느 때 다시 맛볼 수 있으리.

在昔無酒飮, 今但湛空觴.
春醪生浮蟻, 何時更能嘗.

술에 대한 사랑이 한결같았지만 도연명의 과다한 음주는 그와 아들의 건강을 심각하게 훼손시켰다. 도연명은 『책자責子』에서 이렇게 노래했다.

백발이 양쪽 살쩍을 덮었고

---

68 但恨在世時, 飮酒不得足.

살갗도 이젠 실하지 않네.
비록 아들 다섯 있으나,
하나같이 글공부 멀리하네.
서는 벌써 열여섯인데,
게으르기 짝이 없고,
선은 열다섯이지만,
글 읽기 싫어하네.
옹과 단은 열셋,
여섯과 일곱 식별하지 못하고,
통이란 녀석 아홉이 다 되었어도,
배와 밤만 찾네.
천운이 진실로 이러하니,
술잔이나 기울일 수밖에.

白髮被兩鬢, 肌膚不復實.
雖有五男兒, 總不好紙筆.
阿舒已二八, 懶惰故無匹.
阿宣行志學, 而不愛文術.
雍端年十三, 不識六與七.
通子垂九齡, 但覓梨與栗.
天運苟如此, 且進杯中物!

언제나 활달하고 낙천적인 도연명이었지만 이 시를 보면 슬픔에 어쩔 줄 모르는 모습이 분명하다. 이때 그는 겨우 마흔넷, 하지만 '백발이 양쪽 살쩍을 덮고, 살갗도 예전처럼 실하지 않은' 노인의 모습이다. 몇이나 되는 아들도 마음을 슬프게 한다. 재주가 뛰어나기를 바라지도 않았지만 보통에도 못 미쳤던 모양이다. 맏이는 게으르기 짝이 없고, 둘째는 학문에 뜻을 둘 나이가 되었어도 책을 읽고 글쓰기를 싫어한다. 셋째와 넷째는 열셋이나 되었지만 여섯과 일곱도 제대로 구별 못한다. 게다가 막내인 다섯째 통도 곧 아홉 살이 되지만 하루 종일 찾는 것이라곤 배와 밤뿐이다. 아이들이 이렇게 총명하지 않은 까닭은 도연명이 좋아하는 술과 매우 큰 관계가 있다. 과학이 증명하듯이, 장기간의 무절제한 음주는 혈액이 에틸알코올에 의하여 손상을 받게 되고, 성장 능력을 저하시켜 후손의 지적 능력에 직접적인 영향을 끼친다. 도연명은 이러한 이치를 잘 모르고 그저 '천운'의 소치라고 한탄하며 '잔속에 든 물건'을 마구 들이켜야 한다고 말한다. 참으로 슬픈 일이다. 천재가 넘쳐흐르던 이백도 그 후손의 이름은 세상에 널리 알려지지 않았다.

적지 않은 선비들은 술이 몸을 해친다는 것을 알았기에 금주를 결심하기도 했다. 혜강은 비록 술을 좋아했지만, '술과 여자는 사람을 야위게 하고', '몸을 마음대로 굴리고 음란하게 행동하면 일찍 죽지 않을 수 없다.'고 생각했다. 많은 이들이 음주에는 절제가 있어야 한다고 믿었던 것이다. 도연명은 지나친 음주로 늘그막에 몸이 쇠약해지자 금주하기로 마음먹고 특별히 『지주止酒』라는 시를 쓰기도 했다.

> 평생 술을 끊지 못했네,
> 술을 끊으면 마음에 기쁨 없으리.
> 저녁에 한 잔 안 하면 잠들지 못하고,
> 아침에 한 잔 안 하면 일어나지 못하네.
> 날마다 끊으려 마음먹는 건,
> 건강이 좋지 않음일세.
> 끊으면 즐거움 없는 줄만 알았지,
> 끊으면 몸에 이로운 줄은 몰랐어라.

끊으면 좋은 줄 이제야 깨닫고,
오늘 아침 정말로 끊었네.

平生不止酒, 止酒情無喜.
暮止不安寢, 晨止不能起.
日日欲止之, 營衛止不理.
徒知止不樂, 未知止利己.
始覺止爲善, 今朝眞止矣.

도연명은 술을 끊는 것이 자기에게 좋다는 것을 알았으나 안타깝게도 입으로만 금주를 이야기했지 끝내 술과의 인연을 끊을 수 없었다.

오랫동안 술을 마셔 중독이 된 이에게 금주는 더할 나위없는 고통일 수밖에 없다. 금주는 꿋꿋한 의지가 없다면 성공할 수 없는 일이다. 송대의 문학가 양만리도 『지주止酒』라는 시에서 술을 끊은 뒤의 모순된 마음을 드러내고 있다.

술을 끊겠다고 미리 약속하고,
이제야 굳게 지키기를 바라네.
스스로 약속하고 스스로 지키려니,
이 일 또한 꼭 그렇게 되지 않네.
약속 지키겠다는 말 입 밖에 나오지 않았어도,
마음은 벌써 슬픔으로 즐겁지 않네.

止酒先立約, 庶幾守得堅.
自約復自守, 事亦未必然.
約語未出口, 意已慘不歡.

시인은 원래 술을 끊기로 결심하면서 이 결심을 굳게 지킬 수 있다고 생각했지만 술을 끊겠다고 말하기도 전에 마음은 벌써 즐겁지 않다. 술에 대한 미련이 아직도 가득함을 알 수 있다.

남송의 시인 육유도 술을 좋아했으나 절제를 잘했기에 건강을 줄곧 유지해 여든 살 넘게 살 수 있었다. 그는 『한적閑適』이란 시에서 자기의 생활 경험을 이렇게 결산했다.

> 술은 정신 나가게 말고,
> 손님에겐 피로하게 말라.
> 독서는 스스로 즐거움에 빠져야 하나니,
> 모른다고 너무 강요하지 말라.

> 飮酒不止狂, 對客不止疲.
> 讀書以自娛, 不强所不知.

명나라 때의 문인 원굉도는 『상정觴政』에서 음주는 컨디션과 장소가 다르면 서로 다른 태도를 취해야지 한결같이 폭주를 해서는 안 된다고 했다.

> 술을 마시고 기분이 좋을 때에는 절제를 해야 하며, 술을 마시고 피로했을 때에는 안정과 휴식을 취해야 한다. 술을 마시며 심신이 나른했을 때에는 우스개를 해야 하며, 술을 마시며 예의를 차려야 할 때에는 그 태도가 말쑥하고 멋스러워야 하며, 마구 마실 때에는 법도로써 자기 자신을 통제해야 한다. 새로 사귄 친구와 술을 마실 때에는 고상하면서도 솔직해야 하며, 잡된 무리들과 마실 때에는 얼른 물러나야 한다.[69]

원굉도가 보기에, 군자는 술을 마시며 즐길 때에도 마땅히 절제가 있어야 했다. 술을 마시고 피로했을 때엔 응당 고요한 상태에서 휴식을 해야 하며, 심신이 나른한 상태에서는 해학이 있어야 한다고 보았다. 또 예의를 차려야 할 때에는 말쑥하고 우아해야 하며, 장소가 어지러울 때에는 법규를 지켜야 한다고 생각했다. 그리고 새로 사귄 친구와는 멋진 태도로 솔직해야 하며, 잡된 무리와 섞이면 틈을 봐서 몸을 피하라고 일렀다. 원굉도의 동생 원중도袁中道도 술을 마실 때 매우 신경을 썼다고 한다. 그는 『음주설飮酒說』에서 절제하면서 술을 마시면 좋은 점을 이렇게 말했다.

> 평생 술을 마시면서도 낮에 마시는 것을 좋아하지 않았다. 온종일 정신은 흐리멍덩하고 몸은 나른했기 때문이다. 밤에 술을 마시는 것도 그리 좋아하지 않았다. 많이 마시면 잠자리가 편안하지 않았으며, 이튿날 아침 기분도 상쾌하지 않았을 뿐만 아니라 심하면 지나치게 짜증이 났기 때문이다. …… 요즘에는 정월에 배를 타고서 술을 마시지 않는다. 밤에 몇 잔 마시고 누우면 비위脾胃가 안정된다. ……그렇지 않고 시내에 있으면서 온종일 불콰하게 취하면 잡념이 생기고 목도 타고 가래도 끓으니 어찌 오래 살 수 있으랴?[70]

원중도는 적당하게 마셔야 정신이 맑고 깨끗해 온갖 병이 생기지 않는다고 믿었다. 명나라 때 진계유도 『소창유기』에서 '술은 신나게 마실 수 없

---

69 飮喜宜節, 飮勞宜靜, 飮倦宜詼, 飮禮法宜瀟灑, 飮亂宜繩約, 飮新知宜閑雅直率, 飮雜揉宜遂巡却退.

70 生平飮酒, 不喜晝飮, 一飮則終日混倦, 夜飮亦不喜多, 多則夢寐不安, 次早神思不爽, 甚則助發淫嗔. …… 惟近來入舟一月中, 不飮酒. 夜飮數杯臥, 脾胃調適. …… 不然常居城市, 終日醺醺, 旣醉之後, 淫念隨作, 水竭火炎, 豈能久于世哉?

나니, 신나게 마시면 몹시 취하고, 몹시 취하면 정신이 혼미하고 머리가 어지러워진다.'고 했다.

술은 고대 선비들의 생활 속에서 끝날 수 없는 이야깃거리였다. 짐작하건대, 중국 봉건 전제 제도와 전통문화가 주는 예법은 중국 고대 선비들의 심신에 너무 강한 압박과 지나친 속박을 가했을 것이다. 또한 짐작하건대, 고대 선비들의 감정은 지나칠 만큼 풍부했을 것이다. 그러니 선비들은 술에 대해 특별한 콤플렉스가 있었을 것이다. 선비들은 술로 잠시라도 예절과 도덕의 속박에서 벗어나 자유롭게 자기의 사상을 토로하고 기분을 풀 수 있었을 것이다. 술, 이것은 선비들로 하여금 자기의 개성과 천재를 마음껏 드러내고 참된 인생의 맛을 볼 수 있게 했을 것이다. 그야말로 술은 선비들의 생활에 끝없는 즐거움을 선사했을 것이다. 그러나 술은 결국 영약도 특효약도 아니다. 술이 이들을 잠시 시름에서 벗어나게 할 수는 있었지만 근본적으로 문제를 해결해 진정한 해탈에 이르게 할 수는 없었다. 이백의 탄식을 보자.

> 칼 뽑아 물 자르니 물 더욱 잘 흐르고,
> 잔 들어 시름 없애려니 시름 더욱 깊어지네.
>
> 抽刀斷水水更流, 擧杯銷愁愁更愁.

취했다가 깨어나는 순간, 선비들은 언제나 이러지도 저러지도 못하는 곤경에 빠지곤 했다. 이백은 『장진주將進酒』에서 '이렇게 취해서 깨어나지 않았으면 좋겠네.'[71]라고 노래했다. 이런 멋진 소망에도 불구하고, '오늘밤 술

71 但願長醉不復醒.

깨면 이 몸 어디에 있을까요?, 버들가지 늘어진 언덕일까요?, 새벽바람 서늘한 그믐달 아래일까요?'[72]처럼 술이 깬 뒤에 돌아와야 할 현실, 이런 모순과 난처한 심리 상태 때문에 선비들은 술을 더욱 잊지 못했다.

4. 선비와 차

가. 선비와 차 마시기 풍습의 유행

차는 술과 마찬가지로 중국 고대 선비들의 생활에 깊숙이 자리한 식품이다. 중국은 차의 고향으로, 중국인이 차를 마시기 시작한 역사는 황제黃帝 때까지 거슬러 올라갈 수 있다. 신농씨神農氏라 불리는 염제炎帝도 사람들에게 오곡을 심고 가꾸는 법과 갖가지 식물을 식별하는 법을 가르쳤다고 한다. 차도 그가 발견했다는 설이 있다. 『신농본초경神農本草經』에는 '신농이 온갖 풀을 맛보았는데, 하루에도 일흔두 가지 독毒에 걸렸지만 도荼를 구하여 독을 풀었다.'고 했다. 여기서 '도荼'는 '차茶'와 서로 통하는 글자이다. 『이아爾雅』「석목釋木」에는 '가檟는 쌉쌀한 맛이 나는 차이다.'는 구절이 보인다. 또한 『이아주爾雅注』에는 '도荼'를 곧 차나무라고 여겼으며, 이어서 '나무가 작기로는 치자나무 비슷하다. 겨울에 잎이 돋는데, 죽을 끓여 먹을 수 있다. 요즈음엔 일찍 채취한 놈을 도荼라고 부르고, 느지막이 채취한 놈은 명茗이라고 부른다.'고 기록했다. 중국 고대에는 차를 부르는 말도 다양했다. 당나라 때의 다성茶聖 육우陸羽는 『다경茶經』에서 차의 이름을 이렇게 총괄

---

72 今宵酒醒何處, 楊柳岸, 曉風殘月. 유영柳永의 『우림령雨霖鈴』.

했다.

> 그 이름을 보면, 첫째 차茶, 둘째 가檟, 셋째 설蔎, 넷째 명茗, 마지막 다섯째로 천荈이라고도 불렀다.

그러다가 당대에 이르러 차茶로 고정되었다.

최초엔 차가 약물로 사람에게 이롭게 쓰였다. 신농씨가 갖가지 풀을 맛보았다는 이야기를 통해 일찍이 사람들은 몸에 쌓인 독을 풀기 위하여 차를 마셨음을 알 수 있다. 동시에 차는 머리를 맑게 하고 기운을 북돋우는 작용을 한다. 『신농본초경』에는 '찻잎은 쓰지만 그것을 우려 마시면 생각을 푸지게 할 뿐만 아니라, 잠시 누워 있으면 몸이 가벼워지고 눈이 맑아진다.'는 기록이 있다. 삼국 시대 위魏나라 사람 장읍張揖은 『광아廣雅』에서 '차는 술을 깨게 하고 잠도 깨운다.'고 했다. 차를 늘 마시면 병도 고치고 오래 살 수 있다. 진晉나라의 두육杜育은 『천부荈賦』에서 차는 '마음과 내장의 기능을 조정하고 피로를 풀어준다.'고 했으며, 『신농식경神農食經』에는 '차를 오랫동안 마시면 힘이 솟고 마음은 맑고 상쾌해진다.'고 기록했다. 당대의 대시인 이백은 『선인장차仙人掌茶』 앞부분에서 이렇게 말했다.

> 오직 옥천玉泉의 진공眞公만이 이것을 늘 채취하여 마시더니, 여든이 넘은 나이에도 얼굴은 복숭아 빛깔과 같았다. 또 이 차는 향기가 맑고 깨끗하며, 여물어 매끈하기가 다른 것과는 확연히 달랐기에 능히 회춘할 수 있었으며 목숨을 부지할 수 있었던 것이다.[73]

---

73 惟玉泉眞公常采而飮之, 年八十餘歲, 顔色如桃李. 而此茗淸香, 滑熟異于他者, 所以能還童振枯, 扶人壽也.

당나라 때 유정량劉貞亮은 차를 마시면 좋은 점을 '십덕十德'으로 뭉뚱그렸다. 그 가운데, '차는 울적한 마음을 풀어준다.', '차는 몸의 병을 몰아낸다.', '차는 신체를 건강하게 한다.' 등으로 차를 양생의 방법으로 삼았음을 알 수 있다.

중국에서 가장 처음 차나무를 심고 가꾼 곳은 파巴[74], 촉蜀[75], 그리고 전滇[76]이다. 『화양국지華陽國志』「파지巴志」에는 '서한에서 진晉나라까지 2백 년 동안 부릉涪陵, 십방十邡, 남안南安, 무양武陽에서는 모두 이름난 차가 나왔다.'는 기록이 있다. 한나라 때는 차가 이미 백성들의 일상생활 속에 깊숙이 들어왔다. 한漢 선제 때, 왕포王褒가 사내 종에게 명한 허드렛일에는 '무도武都에 가서 차를 사는 일'과 '차를 끓이고 다구茶具 챙기기', 이 두 가지가 있었다. 당시에 이미 차를 사고팔았음을 알 수 있다. 위진 시기에는 차를 마시는 범위가 차츰 넓어져 위로는 관리에서부터 아래로는 민간에 이르기까지 모두 차를 마시는 습관이 생겼다. 『삼국지三國志』「오서·위요전吳書·韋曜傳」에는 이런 기록이 있다.

> 동오東吳의 황제 손호孫皓는 대신들과 먹고 마시는 잔치를 벌이지 않는 날이 없었다. 그는 대신들에게 한 번에 적어도 일곱 되를 마시게 했으며, 그러하지 못하면 벌을 주었다. 위요韋曜는 술을 잘 마시지 못했으나, 손호는 그를 배려하여 아무도 몰래 차를 내려 주며 술 대신 차를 마시도록 허락했다.

가정에서도 일상생활 중에 차 마시기는 예삿일이 되었다. 진대晉代의 시

---

74 오늘날 쓰촨泗川성 동부.

75 오늘날 쓰촨성 일대.

76 오늘날 윈난雲南성 일대.

인 좌사가 쓴 『교녀시嬌女詩』에는 딸이 급히 차를 마시려고 차를 끓이는 솥에 불을 지피며 입으로 부는 모습을 묘사하고 있다. 당시에는 저자에서도 차를 살 수 있었다. 진晉 혜제惠帝 때 태자 사마휼司馬遹은 자기 아랫사람을 꼬드겨서 차나 채소 따위를 불법적으로 판매하게 했다. 그러자 대신 강류江流가 상소를 올려 이를 간언했다는 기록이 『태평어람』 권867에 있다. 『광릉기로전廣陵耆老傳』에는, 진晉 원제元帝 때 '어떤 노파가 매일 아침 차 한 바구니를 가지고 저자로 나가 팔곤 했다. 사람들이 다투어 이것을 샀다.'는 기록이 있다. 또 남조 때 송나라 사람 유경숙劉敬叔이 쓴 『이원異苑』에도 '섬현剡縣에 사는 진긍陳矜의 처는 젊어서 홀로되어 두 아들과 함께 살고 있었는데, 차 마시기를 즐겼다.'는 기록이 있다.

진대晉代에는 초대한 손님에게도 차를 대접했다. 사안謝安이 오흥吳興 태수 육납陸納을 찾았을 때였다. 주인은 술과 밥을 준비하지 않고 몇 가지 과일과 차만 대접하려고 했다. 이것을 본 조카가 아재비가 너무 준비를 소홀히 한다고 여기며 자기 뜻대로 술상을 차리려고 했다. 그러나 생각지도 않게 육납은 화를 벌컥 내며 '네 놈은 이 아재비를 이어 빛을 내지 못하겠구나. 훗날 내 깨끗했던 일에 똥칠할 놈이야!'라고 말했다는 기록이 『진서晉書』「육납전陸納傳」에 전한다. 원래 육납은 과일 몇 가지와 차만으로 사안을 초대해 자기의 지조와 근검한 모습을 보이려고 했던 것이다.

동진의 권신 환온桓溫도 술 대신 차를 쓸 것을 제창했다. 『진서晉書』「환온전桓溫傳」에는 '잔치가 열릴 때마다 오직 일곱 개의 쟁반에 차와 과일만 차리면 그만이었다.'는 기록이 있다. 또 『남제서南齊書』「무제기 武帝記」에는 남제南齊의 무제武帝 소색蕭賾이 세상을 떠나면서 남긴, '내 앞에는 산 제물로써 제상을 차리지 말고, 오로지 떡과 차와 밥, 술과 설탕에 절여 말린 과일 한 조각이면 그뿐이니라.'는 마지막 말이 기록으로 남아 있다. 이로써 강남 지방에서는 차 마시는 풍습이 매우 성했음을 알 수 있다.

이때 북방에서는 아직 차 마시는 것이 습관으로 굳어지지 않았다. 그들은 우유나 양젖을 가공하여 만든 걸쭉한 유제품인 '낙장酪漿'을 더 좋아했다. 『낙양가람기洛陽伽藍記』 권3에는 남제 때 비서승秘書丞 왕숙王肅은 북위에 제 몸 하나 의탁한 뒤 북방 음식이 맞지 않아서 "양고기와 낙장 따위는 입에 대지 않고, 밥을 먹을 때는 언제나 잉어탕을 반찬 삼았으며, 목이 마르면 찻잎 우린 물을 마셨는데, 한 번에 한 말이나 마셨다고 한다. 낙양의 선비들은 정말 놀랍고 의아하게 여기며 그를 가리켜 '밑 빠진 잔'이라고 불렀다."는 기록이 있다.

북위 때 가사협賈思勰이 쓴 『제민요술』에는 차를 '비중국 물산'으로 분류하여 북방의 산물이 아니라고 하면서, 부릉浮陵에서 생산되는 차를 최고로 쳤다. 부릉浮陵은 음도 같고 형태도 비슷한 '부릉涪陵'을 가리킨 듯하다. 삼국 시대에 세워진 부릉군涪陵郡은 오늘날 쓰촨 팽수현彭水縣의 관할이었으며, 후베이湖北와 후난과 접경된 곳이다.

동진 초기에 남쪽으로 내려온 몇몇 선비들은 차 마시기에 길이 들지 않았다. 『세설신어世說新語』「비루紕漏」에는, 진 왕조가 남쪽으로 온 지 얼마 되지 않았을 때 북방의 선비 임첨任瞻이 어느 잔치에 초대된 자리에서 주인이 그에게 차를 대접하자, 그는 '이게 차茶입니까, 아니면 명茗입니까?'라고 물었다 한다. 자리에 있는 이들이 이 문외한의 질문에 모두 의아해 하자, 임첨은 사람들의 눈치가 다름을 얼른 알아채고 '방금 제가 여쭌 것은 마실 것이 차가운 지 뜨거운 지였습니다.'라고 고쳐 물었다는 이야기가 있다.

수당 이후, 통일된 국가에 교통이 발달하자 각지에서 차나무를 심고 가꾸었다. 이에 따라 찻잎 생산도 확대되어 차를 마시는 풍조도 남방에서 북방으로 널리 퍼졌다. 차는 정신을 맑게 하고 지혜도 새롭게 하며 건강한 몸으로 오래 살게 하는 효과가 있기에 선비들의 깊은 사랑을 받았다.

육우는 『다경』에서 차 마시기로 이름난 집안을 꼽았다. 여기서 그는 '한漢나라 때는 양웅과 사마상여司馬相如가 있다.'고 기록했다. 양웅과 사마상여는 모두 서한의 유명한 문학가였다. 양웅은 일찍이 『방언方言』에서 '차茶'

자의 갖가지 발음을 소개하기도 했다. 사마상여는 그가 쓴 『범장편凡將篇』에서 스무 가지 남짓한 약물을 소개했다. 그 가운데 '천타荈詫'라는 것이 있는데, 이것이 바로 차이다. 파촉巴蜀은 가장 일찍 찻잎을 생산한 곳이다. 차 마시는 풍습도 이 지방에서 가장 먼저 생겼다. 양웅이나 사마상여도 모두 쓰촨에서 살았으니, 그들의 차의 명칭과 약재의 성질에 대한 이해로 볼 때, 비교적 이른 시기에 차와 인연을 맺은 고대 선비라는 것을 알 수 있다.

진대晉代에 두육杜毓은 그가 쓴 『천부』에서 뛰어나게 아름다운 말로 차의 공덕을 기리어 칭찬했다.

위진 시기에는 현학이 널리 유행하여 선비들은 청담淸談을 즐겼다. 청담은 똑똑한 머리와 속되지 않은 풍격을 요구한다. 그런데 차를 마시면 머리를 맑게 하여 청담을 즐기는 데 도움을 준다. 덩즈친鄧子琴 선생은 『중국풍속사中國風俗史』에서 위진 시기의 청담 풍습을 네 부분으로 나누어, 첫 번째와 두 번째 시기는 청담을 즐긴 이들이 주로 술을 좋아했으며, 세 번째와 네 번째 시기에는 이들이 주로 차를 즐겼다고 말했다. 이어서 덩즈친 선생은 '왕연王衍 같은 이는 온종일 청담을 즐겼는데, 이는 분명 음료수와 관계가 있을 것인즉, 중국에서 차 마시기를 즐기고 좋아하기는 이때 성했으니, 청담을 즐기는 이들은 당연히 이에 앞장섰다.'고 분석했다.

청담을 즐긴 왕몽王濛도 차 마시기를 즐겼다. 그는 손님이 오기만 하면 언제나 신나게 마시도록 했기에, 선비들은 모두 이를 걱정했다. 그들은 왕몽의 집에 갈 때마다 '오늘은 수액水厄을 당하겠군.'이라고 말했다. 차 마시기를 수재를 당한 고통으로 본 것이다. 훗날에 '수액'이란 단어는 차 마시기를 즐기는 남방 사람들이 걸핏하면 써 먹는 우스갯소리가 되었다.

『낙양가람기洛陽伽藍記』에는, 양梁 무제武帝의 아들 숙정덕肅正德이 위魏에 항복하자 위나라 사람 원의元義가 그에게 차를 마시게 할 작정으로 '그대는 수액을 얼마나 당했소?'라고 묻는 장면이 나온다. 차를 얼마나 마셨느냐는 뜻이다. 하지만 숙정덕이 수액이라는 단어의 뜻을 이해하지 못해, '저

육우陸羽

는 물 많은 고장에서 살아왔지만 지금껏 수재를 당한 적은 없습니다.'라고 대답하자 곁에 있던 사람들이 모두 웃었다 한다.

중국 고대 차 문화에 가장 큰 공헌을 한 이는 육우이다. 육우의 자는 홍점鴻漸으로 당 현종 개원 연간에 태어났다. 그는 버려진 아이였다. 그래서 어려서부터 용개사龍蓋寺 스님 적공대사積公大師 손에서 자랐다. 적공은 당대의 명승이었다. 육우는 그의 가르침으로 불교의 이치를 깊이 알았다. 차를 좋아하는 적공을 위해 육우는 늘 차를 끓였으며, 찻잎을 따서 가공해서 끓여 마시기까지의 과정을 익혔다. 훗날 육우는 고찰을 두루 돌아다니며 찻잎을 잘 우려내는 고승들을 사귀었다. 그는 자기의 경험을 뭉뚱그리고 선인들이 남긴 성과도 받아들여 『다경』이란 책을 만들었다.

『다경』은 차의 기원과 발전, 생산 기술, 차 마시는 방법, 그리고 다도의 원리 등에 관한 종합적인 저술이다. 『다경』은 중국 차 문화의 발전 및 음식 문화에 커다란 영향을 끼쳤다. 『신당서新唐書』「육우전陸羽傳」은 '육우는 차를 좋아하여 『경經』 세 편을 저술했다. 여기에서 그는 차의 기원, 차를 우리는 방법, 다구 갖추기 등을 언급했으니, 이로써 세상 사람들이 차에 대하여 잘 알게 되었다. 때 맞춰 차를 파는 이는 육우의 형상을 올려놓고 다신茶神을 위해 제사를 올렸다. …… , 그 뒤, 차를 받드는 풍습이 성행했다.'고 기록했다. 사람들은 육우를 '다성茶聖'이라 했다.

육우팽다도陸羽烹茶圖

불교 선종의 의식과 규정도 중국 고대 차 마시기 풍조 유행에 큰 역할을 했다. 수당 시기에 불교는 커다란 발전을 이루었다. 더욱이 불교 가운데 선종은 의식과 규정이 간편해 불교를 믿는 이들의 큰 환영을 받았다. 선종은 부처는 마음에 있다고 주장하면서 고요한 마음의 상태에서 스스로 깨달아야 한다고 내세웠다. 그러기에 필요한 것은 바로 '좌선坐禪'이었다. 좌선은 하나의 경지를 향하여 마음을 모아야 할 뿐만 아니라 단정한 자세로 앉아 있을 것을 요구한다. '부동불요不動不搖, 불위불의不委不倚'의 자세를 요구했던 것이다. 오랜 시간 이렇게 앉아 있으면 사람을 쉬 지치게 만든다. 이때 마시는 차는 갈증을 풀고 머리를 맑게 하며 피로를 없애는 작용을 한다. 이렇게 차는 불교도들이 이상으로 여기는 음료가 되었다.

당나라의 봉연封演이 쓴 『봉씨문견록封氏聞見錄』에는 '개원 연간에 태산에 있는 영암사靈岩寺에서 강마降魔 대사가 선교를 크게 일으켰다. 선을 공부하는 이들은 잠자리에 들어서도 안 되고 저녁을 먹어서도 안 되었지만 차를 마시는 것은 허용되었다. 그러자 이들은 다구를 껴안고 이곳저곳에서 차를 끓여 마셨다. 이로부터 이를 본받게 되니, 차를 마시는 풍습이 생기게 된 것이다.'는 기록이 있다. 스님들의 차 마시는 것이 하나의 풍습이 되자 민간에서 불교를 믿는 이들도 자연스레 이를 흉내 냈다. 당대에는 많은 스님들이 차를 읊은 시를 남기고 있다. 이름난 시승詩僧 교연皎然은 이렇게 노래했다.

구월 중양절 산속 절집,
동쪽 울타리엔 국화도 노랗구나.
세상 사람들은 술에 빠져 지내는데,
국화차 향기를 그 누가 알기나 할까.

九月山僧院, 東籬菊也黃.
俗人多泛酒, 誰解助茶香.

당대에는 선비들이 차와 몇 가지 간식으로 친구들과 모임을 갖곤 했다. 이를 일러 '다회茶會', '다연茶宴', '탕사湯社'라고 했다. 당나라 때 '대력십재자大歷十才子' 중 하나인 전기는 친한 친구 조거趙莒와 서로 만나 차를 마시곤 했다. 그가 쓴 『여조거다연與趙莒茶宴』은 세상에 널리 알려진 시이다.

대숲에서 자순차紫筍茶 들며 말을 잊은 것은,
선인이 유하주流霞酒에 취한 것보다 낫기 때문이지.
세속에 물든 때 깨끗이 씻어도 차 마시며 생긴 흥은 씻지 못하는데,
나무에서 우는 매미 소리에 그림자 기우뚱하네.

竹下忘言對紫茶, 全勝羽客醉流霞.

塵心洗盡興難盡, 一樹蟬聲片影斜.

시인은 맑고 깨끗한 필치로 차를 마시는 환경과 분위기를 묘사하면서 함께 차를 마시는 친구와의 고상한 멋도 표현하고 있다. 시 속에서 '대숲에서 말을 잊는다.'는 구절은 친구 사이의 친밀한 우정을 비유하고 있다. 이 구절은 『진서晉書』「산도전山濤傳」의 '산도山濤는 혜강, 여안선 그리고 뒤에 만난 완적과 더불어 죽림의 우정을 맺고 죽림칠현이 되었으니, 이들은 입을 열 필요 없이 (말을 잊고) 마음으로 서로를 이해하기로 뜻을 모았다.'에서 따온 것이다.

오대와 송 이후, 선비들의 모임에서 차 마시기는 더욱 보편화되었다. 오대 때 화응和凝은 조정의 여러 관리들과 함께 '탕사湯社'를 조직한 뒤, 교대로 돌아가면서 동료들을 초대해 차를 마시며 즐겼다. 더구나 이들은 차 맛이 나쁘면 벌을 주기로 규정을 정하기까지 했다. 이때부터 '탕사'는 선비들이 차를 마시기 위한 모임이란 뜻으로 쓰이기 시작했으며, 송나라 때 유행한 '차의 우열 겨루기'도 여기서 비롯되었다.

송대에는 선비들이 모여서 차를 마시며 차의 우열 겨루기를 유행시켰다. '차의 우열 겨루기'는 '차 시합'이라고도 한다. 이는 선비들이 단체로 차의 우열을 평가하는 놀이였다.

송나라 때 당경唐庚의 『투다기鬪茶記』에는 '정화政和 2년 3월 임술, 기오재寄傲齋에서 몇몇 선비들이 모여서 차의 우열 겨루기를 한 기록이 있다. 용당수龍塘水로 차를 끓여 그 맛을 겨루었는데, 어떤 것은 윗자리를 차지하고 어떤 것은 그 다음을 차지했다.'는 기록이 있다. 차의 우열 겨루기에서 강조하는 것은 '품질에 대한 평가'이니, 차의 색깔과 맛이 두루 좋아야 승리할 수 있었다. 범중엄范仲淹이 쓴 장시 「투다가鬪茶歌」 중 한 부분을 보자.

차의 맛을 겨루니 제호醍醐[77]보다 담백하고,
차의 향을 겨루니 난초와 영지보다 부드럽구나.
그 가운데 우열을 멋대로 가릴 수 있으랴,
눈이 열이요 손가락이 열이로다.
이기면 하늘에 오른 신선처럼 따라 잡을 수 없고,
지면 무릎 꿇은 장수처럼 부끄럽기 그지없네.

鬪茶味兮輕醍醐, 鬪茶香兮薄蘭芷.
其間品第胡能欺, 十目視而十手指.
勝若登仙不可攀. 輸同降將無窮恥.

송나라 때의 투다도鬪茶圖

77 제호醍醐 : 우유에서 정제한 최상의 음료.

송대 선비들의 차 우열 겨루기 풍조는 차를 맛보는 재주나 기술 수준을 높였을 뿐만 아니라 차를 다리고 우리는 기술의 개선도 촉진시켰다. 이것도 선비들의 생활에 쏠한 즐거움을 보탰다.

송대 선비들도 찻집에 가서 차 마시기를 좋아했다. 찻집은 '다방茶坊', '다포茶鋪', '다옥茶屋' 등 여러 이름으로 불렸다. 북송의 변량汴梁[78]에는 찻집이 참으로 많았다. 특히 가게가 밀집된 반가루潘家樓와 마행가馬行街에 찻집이 가장 홍성했다.

남송의 임안에는 상업이 발달하여 차를 마실 수 있는 곳이 참 많았다. 오자목吳自牧의 『몽량록夢粱錄』에는 '선비들이 늘 가는 찻집에는 차아車兒 찻집, 장검열蔣檢閱 찻집 등이 있었다.'는 기록이 있다. 또 『평주가담萍州可談』에는 '태학에 다니는 학생들 대부분이 차 마시기 모임을 하고 있었다. 이들은 돌아가면서 강당에서 차 모임을 가졌는데 여기에 모이지 않는 자는 거의 없었다.'는 기록이 있다.

명청 시기에는 찻집을 '다관茶館'이라 일컬었다. 이때 선비들은 차를 마시는 데도 고아한 멋을 중시하여 언제나 깨끗하게 정돈된 찻집으로 가서 마시곤 했다.

유명한 '오중사걸吳中四傑', 즉 문징명文徵明, 축기산祝枝山, 당백호唐伯虎, 서정경徐楨卿은 모두 다재다능한데다 금기서화琴棋書畵에 능하지 못한 바가 없었으며, 또 모두 차를 좋아하여 문징명과 당백호가 그린 차 마시는 모습 몇 폭은 지금도 유명하다. 문징명은 명대 산수화의 대가로서, 그가 그린 차와 관계된 그림에는 〈혜산다회기惠山茶會記〉, 〈육우팽다도陸羽烹茶圖〉, 〈품다도品茶圖〉 등이 있다. 당인이 그린 차 그림에는 〈팽다화권烹茶畵卷〉, 〈품다도品茶圖〉, 〈금사도권琴士圖卷〉, 〈사명도事茗圖〉 등이 있다. 이런 그림은 거의 자연 산

78 오늘날 카이펑開封.

수를 배경으로 했으며, 차를 마시는 사람이 속세를 떠나 자연과 하나 되려는 소망을 체현하고 있으니, 당백호가 그린 〈사명도〉가 가장 대표적이다. 화면에는 멀리 산들이 미인의 눈썹처럼 그려졌고 큰 바위의 높고 가파른 사이로 날리듯 물살이 쏟아져 내린다. 자그마한 다리 아래로는 물이 흐르고 하늘을 찌를 듯 소나무들이 우뚝 솟아있다. 몇 칸 띳집 뒤로는 산이 있고 곁으로는 내가 흐른다. 한 쪽 작은 방에서는 차를 끓이는 사람이 하나 있고, 맞은쪽에는 다른 사람이 차를 기다리고 있다. 집 밖 저쪽에는 늙은이 하나가 지팡이를 들고 다리 위를 천천히 걸어가고 있다. 늙은이 뒤로는 거문고를 안은 시동이 뒤따르고 있다. 거문고를 타며 차를 맛보기로 약속했음이 분명하다. 화면은 그윽하고 고요하지만 핍진하여 화가의 속세를 떠난 초연함을 표현하고 있으며, 자연과 하나 되려는 속마음을 드러내고 있다. 또한 당백호는 이 그림에 제시題詩를 곁들였다.

긴긴 해에 무슨 일하랴,
찻잔일랑 스스로 챙긴다네.
남으로 난 창문 아래 고르니,
맑은 바람이 살쩍에 가득하네.

日長何所事, 茗碗自賚持.
料得南窓下, 淸風滿鬢絲.

이는 당시 선비들이 산림에 묻혀 살며 차를 끓이는 일에 마음을 의탁하는 한가로운 생활을 형용한 것이다.

명대에는 선비들이 차에 관한 글을 대량으로 쏟아냈다. 명태조 주원장의 아들 주권은 어려서부터 총명한데다 역사에도 정통했으며 불교와 도교에 대해서도 공부를 깊이 했다. 그러나 그의 삶은 순조롭지 않았으니, 그와 성조成祖 주체朱棣와의 사이가 좋지 않았기 때문이다. 그리하여 그는 남방에 은거하면서 언제나 차를 마시며 속마음을 풀었으며 차를 마시며 뜻을 분명히 했다. 그는 일찍이 『다보茶譜』에서 이렇게 일렀다.

> (차를 마시면) 무릇 부부든 친구든 시인이든 도사든 모두 속세에서 벗어나 머물 수 있으며, 세상 물결에 섞이지 않고 당시 풍속에 더럽혀지지 않을 수 있다. 그리고 (차를 마시면) 산수 사이에 있을 수도 있고, 소나무와 대나무 숲에 처할 수도 있으며, 밝은 달을 마주하여 맑은 바람 쐴 수도 있으며, 밝고 고요한 창문을 마주하여 앉아 있을 수도 있다. 드디어는 손님과 청담으로 정성스럽게 말을 나누며 허황한 것을 알아보고 대자연과 마주하게 된다. 또 정신을 맑게 하고 때 묻은 세상에서 벗어나게 된다.

주권이 '속세에서 벗어나 맑은 세상에 잠시라도 머물고', '정신을 맑게 하여 때 묻은 세상에서 벗어나서' 정신적인 해탈에 도달하려는 소망에서 차를 마셨음을 알 수 있다. 이 밖에도 명나라 때 나온 차에 관한 이름난 서적으로는 고원경顧元慶의 『다보茶譜』, 전예형田藝衡의 『자다소품煮茶小品』, 서헌충徐獻忠의 『수품전질水品全秩』 등이 있다. 이런 책들은 육우가 쓴 『다기茶記』 이래 역대 차에 대한 학문의 총결산으로서 고대 차 문화를 매우 풍부하게 했다.

명나라 때 선비들도 차를 좋아했다. 이들은 향을 피워놓고 차 마시기를 즐기면서 마음을 정화시키려고 했다. 문진형文震亨의 『장물지長物志』 권12 '향명香茗' 항목에는 은은한 향속에서 차를 마시는 명나라 사람들의 생활의 멋과 즐거움을 기록하고 있다.

> 차는 좋은 작용을 참 많이 한다. 속세를 벗어나 은거하는 대가나

진홍수陳洪綬의 〈청금품명聽琴品茗〉

은사는 한가로이 도덕을 논하고 인품과 덕성을 이야기할 때 (한 잔 차를 마시면) 정신을 맑고 깨끗하게 하고 마음을 즐겁게 할 수 있다. 구름을 뚫고 아침 해가 막 떠오를 때나 아무런 흥취가 일어나지 않을 때 (한 잔 차를 마시면) 가슴이 뚫리고 마음이 후련해지며 휘파람까지 불 수 있다. 구름 한 점 없이 맑게 갠 날 창가에 다가 앉아 몇 줄 시를 읊조릴 때, 깊은 밤 책을 읽을 때 (한 잔 차를 마시면) 생활의 권태로움을 멀리하고 잠까지 쫓을 수 있다. 함께 공부했던 벗이나 어린 시절 지기와 남모르는 이야기를 나누면서 (한 잔의 차를 마시면) 우정을 두터이 하고 참된 마음을 전할 수 있다. 비 오는 날 창가에 조용히 앉았을 때, 밥을 먹은 뒤 문 밖을 나서 산보를 할 때 (한 잔 차를 마시면) 적막한 기분도 전환하고 번뇌도 멀리할 수 있다. 잔치를 베풀어 손님을 모셨을 때, 빗방울이 창문을 두드리는 깊은 밤, 아무도 없는 집에서 휘파람 불며 마음을 열 때, 맑고 시원한 곡을 거문고로 탈 때 (한 잔 차를 마시면) 흥취가 일어나고 갈증이 풀

린다.[79]

청 왕조 건립 초기에 봉건 통치자는 선비에 대한 통제를 강화하였다. 수많은 선비들은 사회에 대한 믿음과 꿈을 잃어버리고 오로지 차에 마음을 의탁해 고상하고 운치 있는 취미를 드러내 보일 수밖에 없었다. 그들은 특별히 차와 수프의 맛을 소중히 여겼으며, 또 집 안에서 조용한 가운데 차의 맛을 감상하고 평가하기를 즐겼다. 문진형의 『장물지』에는 '거실 곁에 서재와 인접하여 조그마한 방을 따로 지어 다구를 갖추고, 시동에게는 차를 끓이는 일을 가르쳐서, 긴긴 해에 청담을 즐기고 추운 밤에는 홀로 앉아서 차를 즐길 수 있도록 하였다.'는 기록이 있다.

청대의 선비들은 차를 마실 때, 함께한 사람들이 적으면 적을수록 좋다고 생각했다. 육수성陸樹聲은 『다료기茶寮記』에서 '홀로 마시면 생기가 있고, 둘이 마시면 훌륭하고, 서넛이 마시면 재미가 있고, 대여섯이 마시면 실속이 없고, 일고여덟이 함께 마시면 은덕을 거스르게 된다.'고 하였다.

청대 선비들은 명대 선비들과는 달리 산골짜기 맑은 물 흐르는 곳에서 거문고 소리 들으며 차를 달여 마시기를 즐겼으니, 이것은 자연과 하나 되려는 소망의 표현이었다. 또 이들은 혼자 조용히 차를 마시기를 좋아했으니, 이런 변화는 혹독한 정치 정세에 직면하여 마음의 문을 닫고 이상 실현에 대한 꿈을 방기했음을 반영한다.

79 香, 茗之用, 其利最溥, 物外高隱, 坐語道德, 可以淸心悅神; 初陽薄溟, 興味蕭騷, 可以暢懷舒嘯; 晴窓拓帖, 揮塵閑吟, 篝燈夜讀, 可以遠辟睡魔; 靑衣紅袖, 密語談私, 可以助情熱意; 坐雨閉窓, 飯餘散步, 可以遣寂除煩; 醉筵醒客, 夜雨蓬窓, 長嘯空樓, 氷弦戛指, 可以佐歡解渴.

나. 차 맛보기 취미

일반인이 볼 때, 차를 마시는 것은 단지 갈증을 풀고 정신을 맑게 하려는 것일 뿐이다. 송원宋元 어름에 살았던 방회方回는 '당나라 육우에서 비롯하여 세상엔 귀천을 불구하고 차를 마시지 않을 수가 없었다.'고 말했다. 그러나 선비들이 차를 마시는 것은 또 다른 의미가 있으니, 그것은 깨끗한 영혼을 추구하고 산뜻한 멋을 즐기려는 것이었다. 선비들은 차의 색깔, 향기, 맛, 모양 등을 음미하는 과정에서 사색을 통한 정신의 즐거움을 얻었다. 차를 맛보는 것과 술을 맛보는 것은 모든 사람에게 자극을 주지만 이 두 가지 자극이 주는 반응은 전혀 달랐다. 술은 불쾌하게 취하면 대뇌신경이 흐릿해지고 심지어는 마비된 상태에서 자유롭게 된다. 차는 담백함을 추구하여 그것을 마신 뒤에는 마음이 즐거운 가운데 흐트러짐이 없어 깨끗하고 편안한 상태를 유지하게 된다. 또 차는 허파를 깨끗이 씻어 마음을 즐겁게 하며 인간 속세에서 벗어나 몸을 한없이 경쾌하게 만든다. 따라서 세상 물욕을 떠나 청렴한 정신을 추구하고 실현할 수 있게 한다. 당나라 때의 시인 교연은 이 점에 대해 비교적 깊은 인식을 가지고 있었다. 그는 차를 '불교와 가깝다'고 말하면서 깨끗한 차 한 잔을 손에 잡으면 불자들이 면벽하고 앉아서 참선하는 것과 다를 바 없다고 생각했다. 그는 『음다가飮茶歌』에서 이렇게 노래한다.

월 땅에 사는 이가 내게 섬계의 차를 보내니,
새순을 골라 금정에 끓이네.
흰 자기에 흰 색깔 가만히 이는 향기
어찌 신선의 미주美酒와 같으랴!
한 모금 마시니 잠이 멀리 달아나고,
마음은 청량하기 온 천지에 가득이라.

다시 한 모금 더 마시니 정신이 맑아지고,
홀연 비 내리며 티끌 깨끗이 씻어 내린 듯.
세 모금 마시니 도가 여기 있구나,
애태우며 번뇌 씻을 일 어디 있으랴!

越人遺我剡溪茗, 采得金芽爨金鼎.
素瓷雪色漂沫香, 何似諸仙瓊蕊漿!
一飮滌昏寐, 情思爽朗滿天地:
再飮淸我神, 忽如飛雨灑淸塵:
三飮便得道, 何須苦心破煩惱!

교연이 멋진 차를 세 모금 마시고 나자 그의 마음은 이미 차 그 자체를 뛰어넘어 선비들의 우주관과 인생관으로 빠져든다. 교연은 차를 마시는 것이 술을 마시는 것보다 훨씬 고상하고 깨끗하다고 생각한다. 그가 일찍이 지은 『음다가초최석사군飮茶歌誚崔石使君』에서는 이렇게 노래한다.

이것이 고상하고 깨끗한 줄 알지 못하고,
세상 사람들은 술을 마시며 공연히 양심을 속이네.
필탁이 한밤에 술 훔쳐 마신 걸 재미있어하고,
도잠 선생이 울타리 아래에 취해 누웠다며 웃음 보내네.

此物淸高世莫知, 世人飮酒徒自欺.
好看畢卓甕間夜, 笑向陶潛籬下時.

당나라 때 또 다른 저명한 시인으로 옥천자玉泉子라는 별호를 가진 노동盧仝도 차를 굉장히 사랑했다. 그는 『주필사맹간의기신차走筆謝孟諫議寄新

茶』에서 햇잎 차 일곱 잔을 거푸 마신 다음 서로 다른 느낌을 꼼꼼하게 묘사했다.

한 잔 마시면 목구멍과 입술이 촉촉해지고,
두 잔 마시면 외로움과 번민 사라지네.
석 잔 마시면 얕은 생각 모아들여 책이 오천 권.
넉 잔 마시면 살며시 솟는 땀에 평생 불평했던 일 땀구멍으로 다 사라지고,
다섯 잔 마시면 온몸이 깨끗하네.
여섯 잔 마시면 신선을 알게 되고,
일곱 번째 잔 마시지도 않았는데, 양쪽 겨드랑이에 맑은 바람 이는구나.
봉래산이 어드메냐,
옥천자여, 맑은 바람 타고 그곳에 가자꾸나!

一碗喉吻潤,
二碗破孤悶.
三碗搜枯腸, 惟有文學五千卷.
四碗發輕汗, 平生不平事, 盡向毛孔散.
五碗肌骨淸,
六碗通仙靈.
七碗吃不得, 唯覺兩腋習習淸風生.
蓬萊山, 在何處?
玉泉子, 乘此淸風欲歸去!

이 시는 차 마시는 미묘한 흥취를 통쾌하기 그지없이 묘사했으며, 신기

롭고 낭만적인 색채마저 넘쳐흐른다. 이 시가 세상에 모습을 드러내 널리 퍼지자 당나라에는 차를 마시는 풍조도 널리 퍼졌으며, 차를 사랑하는 선비들을 언제나 '노동', 즉 '옥천자'와 견주었다. '일곱 잔', '양쪽 겨드랑이에 이는 맑은 바람' 등은 차를 멋있게 마시며 품평한다는 뜻으로 쓰였다. 훗날 사람들은 당나라에서 차에 관한 가장 눈길을 끄는 세 가지 사건으로 육우의 '다경茶經', 노동의 '음다가飮茶歌', 조찬趙贊의 '다금茶禁'[80]을 꼽았다.

차의 맛을 보는 일은 고대 선비들에게 수많은 즐거움을 주었다. 차를 통해 그들은 생활의 번뇌를 털어버렸으며, 마음의 기쁨과 균형을 얻었다. 고대 선비들이 쓰고 읊은 차에 관한 글과 시문 가운데, 차를 마신 뒤의 유유자적한 멋과 넉넉함이 드러나지 않은 것은 없다. 당나라 때의 대시인 백거이는 술과 차를 정말로 좋아했다. 『당재자전』에는 '차 끓이는 솥과 술 뜨는 국자가 그의 곁을 떠난 적이 없었다.'고 전한다. 일상생활에서 백거이는 온종일 찻잔을 손에서 놓지 않았으니, 아침, 점심, 저녁으로 차를 마셨으며, 또 술을 마신 뒤에도 차를 마셨다. 때로는 자리에 누워서도 차를 달라고 했다. 그는 차를 좋아했을 뿐만 아니라 차의 우열을 가리는데도 능했다. 친구들이 그를 일러 '차 감별사'라고 부르기도 했다. 그가 쓴 『식후食後』라는 시를 보자.

> 밥 먹은 뒤 한잠 자고,
> 일어나선 두 잔 차 마시네.
> 고개 들어 해 그림자를 보니,
> 벌써 서남쪽으로 기울었구나.
> 즐거운 이는 하루 해 짧아서 아쉽고,

80 다금茶禁 : 징다세徵茶稅, 곧 차에 매긴 세금.

걱정 많은 이는 더디 가는 해 싫다네.
근심도 즐거움도 없는 이는,
짧은 건지 더딘 건지 그저 살아갈 뿐이네.

食罷一覺睡, 起來兩碗茶.
擧頭看日影, 已復西南斜.
樂人惜日促, 憂人厭年賒.
無憂無樂者, 長短任生涯.

당나라의 시인 원진도 『차茶』라는 제목의 보탑시寶塔詩[81]를 한 수 남겼다. 한 글자에서부터 일곱 글자까지를 배열한 이 시는 제법 신기하기까지 하다.

차
향긋한 잎, 어린 새싹.
시인 묵객과 스님들의 사랑 받았네.
백옥 절구에 찧고 부수어 붉은 베 보자기에 걸러내어
탕관에 노란 꽃술빛깔로 다려서 차보시기에 넘치도록 따르네.
밤이면 밝은 달 불러내어 함께하고 이른 아침엔 노을 불러 마주하네.
예와 이제 다 이야기해도 지치지 않으니, 취한 뒤에야 어찌 자랑할 수 있으리.

81 보탑寶塔은 탑을 미화하여 부르는 이름이다. 글자를 보면 그 뜻을 생각할 수 있으니, 그 형식이 탑 모양으로 되어 있다. 시의 첫 구는 제목 한 글자로 되어 있으며 나머지는 구에 따라 글자의 수가 불어나 7, 7에 이른다. 원진의 이 시가 바로 보탑시를 대표하는 시이다.

茶

香葉, 嫩芽.

慕詩客, 愛僧家.

碾雕白玉, 羅織紅絲.

銚煎黃蕊色, 婉轉曲塵花.

夜後邀陪明月, 晨前命對朝霞.

談盡古今人不倦, 將至醉後豈堪誇.

이 시의 짜임새와 구상은 참으로 교묘하여 차 끓이기와 차 마시기의 경지와 즐거움을 모두 묘사했으니, 사람들의 차에 대한 사랑을 엿볼 수 있다.

북송의 문학가 소동파는 술과 차를 모두 사랑했다. 그의 주량은 얼마 되지 않았으며 마셔도 수박 겉핥기식이었다. 그러나 차는 잘 마셔서 한시도 그의 곁을 떠나지 않았다. 잠자기 전에도 차를 마셨으니, 『유별금산보각원통이장자留別金山寶覺圓通二長者』에서는 '목욕 뒤 의관을 벗은 저녁 상쾌도 하다, 잠을 깬 뒤 아직도 입에 가득한 차의 향기.'[82]라고 했으며, 자리에서 일어나서도 차를 찾았으니, 『월주장중사수락당越州張中舍壽樂堂』에서는 '봄기운 짙은 오후 한 잠 잔 뒤 깨어나면, 싱싱하기 우유 같은 햇순 차 한 잔 생각나네.'[83]라고 했으며, 길을 가면서도 마셔야 했으니, 『완계사浣溪沙』에서는 '술 마신 뒤 길을 나서면 오로지 잠만 오니, 해는 이마 위, 타는 목마름에 차 한 잔 생각뿐. 길가 민가의 문 두드리며 차 한 잔 달라하네.'[84]라고 노래

82 沐罷巾冠快晚涼, 睡餘齒頰帶茶香.

83 春濃睡足午窓明, 想見新茶如潑乳.

84 酒困路長惟欲睡, 日高人渴漫思茶, 敲門試問野人家.

했다. 또 밤에도 마셨으니, 『차운승잠견증次韻僧潛見贈』에서 '공무에 바쁜 몸 밤에도 못 다한 낮일 하며, 차 마시고 군밤 먹으며 긴 밤을 새네.'[85]라고 노래했다.

소동파는 좋은 차를 아름다운 여인에 견주었다. 그는 『차운조보기학원시배신차次韻曹輔寄壑源試焙新茶』에서 이렇게 노래했다.

> 선산 영초는 운무에 촉촉이 젖었으니,
> 몇 번을 씻지 않으면 향기 고루 퍼지지 않네.
> 명월[86]을 옥천자에게 보냈더니,
> 맑은 바람 불어와서 무림[87]에 봄이 왔네.
> 기름 안 바른 찻잎이 오히려 질이 좋거늘,
> 기름 발라야 얼굴 새로운 것 아니네.
> 시 하나 장난삼아 적어 그대에게 보내니 웃지는 마소,
> 지금껏 좋은 차는 아름다운 여인과 같았소.

> 仙山靈草濕行雲, 洗遍香肌粉未勻.
> 明月來投玉泉子, 淸風吹破武林春.
> 要知玉雪心腸好, 不是膏油首面新.
> 戲作小詩君勿笑, 從來佳茗似佳人.

게다가 소식은 6백 자가 넘는 오언 장시 『기주안유차寄朱安孺茶』를 썼으니, 이 시를 통해 소식은 차의 역사, 다도茶道, 차를 마시는 태도와 품격, 차

---

85 簿書鞭撲晝塡委, 煮茗燒栗宜宵征.

86 명월 : 조보가 보낸 차, 단차團茶를 가리킴.

87 무림 : 항주抗州, 항주에 무림산이 있음.

의 효능, 자신이 차와 맺은 인연 등을 총결산했다. 그는 차를 통하여 그 많은 번뇌에서 벗어나 해탈에 이르고, 마음을 너그럽게 열 수 있다고 생각했다. 또 차는 머리를 맑게 하는 영약이라고 보았다. 그는 '마음 맑고 깨끗하기 신선이 된 듯, 머리 산뜻하고 가볍기 목욕을 한 듯.'이라고 노래하면서, 온종일 술에 빠져 곤드레만드레 취한 것보다는 훨씬 낫다고 보았다.

남송의 저명한 시인 육유도 한평생 차와 함께 했다. 그는 자기와 성이 같은 다성茶聖 육우를 대단히 존경했다. '상저가桑苧家', '노상저老桑苧', '경릉옹竟陵翁'으로 이르며 그와 견주곤 했다.

> 상저네 가풍이니 그대는 비웃지 마시오,
> 그 해엔 다신茶神이 된 것 같았소.

> 桑苧家風君勿笑, 它年猶得作茶神.

또 이런 시구도 있다.

> 『수품水品』과 『다경』이 항상 손을 떠나지 않았으니,
> 전생에는 아마 경릉옹竟陵翁이었을 것이외다.

> 水品茶經常在手, 前生疑是竟陵翁.

'상저', '경릉'은 모두 육우의 호이다. 육유가 쓴 시 가운데 3백여 수는 차에 관한 것으로 그 수가 많기로 역대 시인 중에 첫손 꼽힌다. 남송 시대 국토가 그만큼이나 사라지자 육유는 적을 물리치고 나라에 충성하려는 장한 뜻을 지녔으나, 조정의 배척과 박해에 부딪치고 벼슬길도 순조롭지 않았다. 그는 늘그막에 고향에 은거하여 차 맛을 즐기고 시를 읊으면서 세월을

보냈다.

어드메 무슨 일로 그윽한 즐거움 더할까,
부뚜막 등불 앞에서 내 손으로 차를 달이노라.

歸來何事添幽致, 小灶燈前自煮茶.

또 이렇게 노래했다.

눈 밝고 몸 건강하니 노년이 넉넉하고,
부드러운 음식 향긋한 차에 온갖 근심 잊었네.

明眼身健殘年足, 飯軟茶甘萬事忘.

사실 육유는 개인적인 명예와 이익은 잊었지만 잃어버린 국토와 백성의 고통은 끝내 잊지 못했다. 그가 쓴 『철다시아배啜茶示兒輩』에는 나라 걱정 백성 걱정이 잘 드러나 있다.

온 가족 단란하게 둘러앉았으니 잠시 조용하게나,
식사도 끝났으니 차 한 잔 함께 드세.
정의롭게 사는 길 조금이라도 알았으니 죽어도 한이 없다네,
늙은 이 몸 이제는 죽을 날 가까운 것 알고 있네.
자그마한 꽃밭엔 꽃들이 아직도 흐드러지게 피었는데,
밤을 알리는 성루의 북소리는 그치지 않네.
한가한 사람 웃는 건 다 힘쓰고 노력했음이지,
한 잔 술 생각나면 술집 찾아도 좋네.

圍坐團欒且勿嘩, 飯後共擧此甌茶.
粗知道義死無憾, 已迫耄期生有涯.
小圃花光還滿眼, 高城漏鼓不停撾.
閑人一笑眞當勉, 小榼何妨問酒家.

고대 선비들은 차를 마시면서도 종종 자기 심사를 차에 의탁하곤 했다. 어떤 이는 자기의 이상을 격앙된 감정으로 드러내기도 했으니, 민족 영웅 문천상文天祥은 『양자강심제일천揚子江心第一泉』에서 이렇게 노래했다.

양자강 강심의 물 차 끓이기에 제일인데,
금金 나라 오랑캐 여기 와서 비 세우고 글 남겼네.
대장부로 태어났으니 오랑캐 머리를 베어낸 뒤,
차 맛 즐기며 다성茶聖[88]에게 경의를 표하세.

揚子江心第一泉, 南金來此鑄文淵.
男兒斬却樓蘭首, 閑評茶經拜羽仙.

그런데 선비들이 차를 마시는 것은 마음의 평화를 통해 생활의 멋을 찾고 정신적인 해탈에 이르기 위해서였다. 원元 나라 때 저명한 작가 장가구張可久는 일찍이 작은 벼슬을 한 적이 있었으나, 때 묻은 세상에 불만을 품고 강남 각지를 자유로이 돌아다녔다. 차를 마시는 것은 그에게 유유하게 노니는 생활에서 주요한 부분을 차지했다. 그는 이렇게 노래했다.

88 육우陸羽를 가리킴.

옳고 그름 따지지 않고, 소쇄한 삶 좇으려네.
따스한 강남은 제비들도 살기 좋은 곳,
한가롭고 평안한 집안에 마음은 더 없이 즐거워라.
향기로운 차 천천히 맛보고
달콤한 과일도 음미하며
철따라 피는 꽃들도 관상하려네.

遠是非,尋瀟灑.
地暖江南燕宜家,人閑水北春無價.
一品茶, 五色瓜, 四季花. 『四塊玉』「樂閑」

사립문 닫고 안개와 노을 대하니 거칠 것 없어라,
어렴풋이 보이는 산봉우리와 숲속,
그곳이 신선이 머무를 곳일세.
문밖 저 멀리 흰 구름,
창문 앞엔 푸른 대나무,
맑은 우물 밑엔 붉은 모래.
한가로이 사는 이라 넓은 들에 곡식도 뿌리지 않고
찾아오는 손님 있으면 차 한 잔 나눠 마시지.

掩柴門嘯傲煙霞, 隱隱林巒, 小小仙家.
樓外白雲, 窗前翠竹, 井底朱砂.
五畝宅無人種瓜, 一村庵有客分茶. 『折桂令』「村庵卽事」

차가 가진 청아하고 달콤함에 씁쓸하고 떫은맛이 어울린 독특한 맛은

왕소王素의
〈초음전다도蕉蔭煎茶圖〉

미묘한 자극을 주어 인간을 끝없는 사색에 잠기게 한다. 또 차는 인간의 생리적인 욕구를 충족시킬 뿐만 아니라 인간의 정신세계를 한없이 푸지게 한다. 게다가 생활을 더욱 충실하고 멋있게 만든다. 차가 가진 특수한 효능은 고대의 수많은 선비들로 하여금 차 마시기를 인생의 가장 큰 즐거움으로 여기게 했다. 청나라 때 왕휘王暉는 『쾌설속기快說續記』에서 이렇게 말했다.

> 봄날 꽃을 보며 들길을 얼마큼 걸으면 발은 조금 아프고 목도 좀 마르다. 홀연 만난, 사물의 이치를 잘 아는 스님이 절집으로 맞아들여 이름도 묻지 않고 차를 내온다. 평상에 걸터앉아 몇 모금 거듭 마신 뒤 돌아서니, 이 또한 즐거움 아니랴.[89]

청나라 때 육정찬陸廷燦은 『속다경續茶經』에서 '꽃피는 아침이나 달 밝은 밤, 어진 주인과 훌륭한 손님이 마주 앉아 온갖 이야기 거침없이 나누면서 찻잔 기울이니 세상에 이보다 더한 즐거움 어디 있으랴?'라고 왕

---

89 春日看花, 郊行一二里許, 足力小倦, 口亦小渴. 忽逢解事僧邀至精舍, 未通姓名, 便進佳茗, 踞竹床連啜數甌, 然後言別, 不亦快哉.

복공王復孔의 『다설茶說』을 인용하였으며, 또 '좋은 밤, 마음 드는 곳에 자리 잡고 앉아 등불 밝히고 향기로운 차를 끓인다. 온갖 물상이 고요히 잠든 때, 이따금 시간을 알리는 종소리 고요히 들린다. 이런 정경 속에서 책을 펼치니 온갖 피로 사라진다. 베개도 이불도 모두 없지만 이 또한 삶의 커다란 즐거움이리.'라고 민원구閔元衢의 『옥호빙玉壺氷』까지 인용했다.

차에 대한 특별한 사랑으로 중국 고대 선비들은 어디에서나 차를 마시는 즐거움을 맛보았다. 먼 길에 지치면 차를 마시며 피로를 풀었고, 달 밝은 밤이면 꽃을 마주하여 차 한 잔 손에 들고 끝없이 떠오르는 생각에 잠기기도 했다. 또 책을 읽으며 차 한 잔으로 정신을 가다듬기도 했다. 게다가 친구와 차를 마시면서 나누는 이야기에 흥을 돋우기도 했다. 방안에 홀로 앉아 있을지라도 차 끓는 소리를 듣는 것은 즐거운 일이었다. 명나라 때 나품羅稟은 『다해茶解』에서 이렇게 말했다.

> 깊은 밤, 너른 방에 홀로 앉아 길어온 샘물로 차를 끓인다. 물과 불이 서로 다툼을 벌이니 솔바람 소리 찻잔에 사르르 들어와 구름 빛이 남실대는 것 같다. 이때의 그윽한 즐거움이란 보통 사람들에겐 말하기 어렵다.[90]

다. 차 맛보기의 방법

고대 선비들은 차를 마시면서 차의 색, 모양, 맛 따위를 중시했을 뿐만 아니라 차를 달이는 물, 차를 끓이는 불, 다구 등도 매우 중요하게 생각했

90 山堂夜坐, 汲泉煮茗. 至水火相戰, 如聽松濤傾瀉入杯, 雲光瀲艶. 此時幽趣, 故難與俗人言矣.

다. 북송의 문학가 구양수는 『상신다嘗新茶』에서 이렇게 노래했다.

> 맑은 물 깨끗한 다구에 날씨마저 좋고,
> 좌중에 모신 손님도 훌륭하구려.
> 싱그러운 향기에 산뜻한 빛깔은 이제 막 저자에 나온 듯,
> 이런 경지는 저 먼 곳에서나 얻을 수 있는 것 아니겠소.

> 泉甘器潔天色好, 坐中揀擇客亦佳.
> 新香嫩色如始造, 不似來遠從天涯.

구양수는 차를 맛보는 데는 찻잎이 햇것이어야 하며, 차를 끓일 물은 달아야 하며, 다구는 깨끗해야 하며, 여기에 날씨도 맑고 함께 마실 손님도 훌륭한 분이어야 한다고 생각했다.

물은 차를 끓이는 데 가장 중요했다. 명나라 때 허차서許次紓는 '훌륭한 차의 그윽한 향기는 차를 다릴 때 쓰는 물에서 우러나니, 물을 떠나서는 차를 논할 수 없느니라.'고 『다소茶疏』에서 말했다. 또 청나라 때 장대복張大復은 물의 질이 차의 질보다 먼저라고 여기면서, 『매화초당필담梅花草堂筆談』에서 '이른바 차의 특성은 반드시 물에 따라 생긴다. 팔 할의 품질을 가진 찻잎은 아주 좋은 물로 끓이면 차도 아주 좋은 품질을 얻게 된다. 팔 할의 품질을 가진 물에 아주 멋진 찻잎을 우리면 차 맛은 팔 할에 머물고 만다.'라고 일렀다. 좋은 물이 차 마시는 관건임을 알 수 있다.

당나라 때부터는 차의 색, 향기 그리고 맛에 대한 요구가 끊임없이 높아지면서 물에 대해서도 더욱 높은 수준의 요구를 하게 되었다.

육우는 『다경』에서 차 끓이기에 좋은 물을 전문적으로 기술했다. 그는 '차 끓이기에 좋은 물로는 산에서 흘러내리는 물이 제일이요, 강에서 뜬 물은 그 다음이요, 우물물이 가장 아래를 차지한다.'고 말했다. 산에서 흘러내

리는 물과 강에서 뜬 물이 각각 처음과 가운데 자리를 차지한 것은 산에서 흘러내리는 물과 강에서 뜬 물은 모두 흐르는 물이기 때문이다.

게다가 육우는 산에서 흘러내리는 물을 뜰 때에는 흰 색깔의 바위틈에서 솟는 물을 택해야만 하며, 또 그 수원지엔 돌이 있어야 한다고 했다. 용솟음쳐서 곧바로 떨어져 내리는 물은 차 끓이는 물로는 적합하지 않다고 했다. 흘러내리지 않고 막혀서 한 곳에 고여 있는 물은 아무리 맑고 차도 마실 수 없으니, 이런 물엔 장구벌레나 독 있는 뱀이 살 수 있기 때문이라고 했다. 또 강에서 물을 뜨려면 사람이 사는 곳에서 좀 멀리 떨어진 곳의 물을 떠야 하며, 우물물은 사람들이 늘 길어서 쓰는 우물을 택해서 물을 떠야 한다고 했다. 전자는 깨끗한 물을 뜨기 위해서이며, 후자는 청결함은 물론 생기 있는 물을 위해서였다.

당나라 때 장우신張又新이 쓴 『전다수기煎茶水記』에는, 당시 물맛 가늠에 전문가였던 유백추劉伯芻가 논한 차 끓이기에 좋은 물에 대하여 기록했다. 그는 차 끓이기에 좋은 일곱 지방의 물을 이렇게 늘어놓았다.

> 양자강 남쪽 영수零水[91]가 첫째요, 무석無錫 혜산사惠山寺 석수石水가 두 번째이다. 또, 소주蘇州 호구사虎丘寺 석수는 세 번째, 단양현丹陽縣 관음사觀音寺에서 나는 물이 네 번째이다. 그리고 양주揚州 대명사大明寺 물이 다섯 번째, 오송강吳淞江의 물이 여섯 번째이다. 마지막으로 회수淮水가 일곱 번째를 차지한다.[92]

장우신은 이 지방을 모두 가 보았다고 밝히면서, '내가 손수 퍼서 비교

91 오늘날 진강鎭江 금산사金山寺 서쪽의 중냉천中冷泉을 말함.

92 揚子江南零水, 第一; 無錫惠山寺石水, 第二; 蘇州虎丘寺石水, 第三; 丹陽縣觀音寺水, 第四; 揚州大明寺水, 第五; 吳淞江水, 第六; 淮水, 第七.

해 보았기에 확실히 이처럼 말하는 것이다.'라고 했다.

육우는 천하의 물을 스무 등급으로 나누었다. 그 가운데 여산廬山 강왕康王의 곡렴수穀簾水를 최고로 쳤으며, 무석 혜산사 바위틈에서 나는 물을 두 번째로 꼽았다. 무석 혜산사 석간수는 유백추와 육우가 모두 천하에서 두 번째라고 평가했지만, 유백추가 천하제일이라고 평가한 양자강 남쪽 영수는 길어 올리기가 참으로 힘들고 육우가 천하제일로 손꼽은 여산의 곡렴수는 저 먼 곳에 있으나, 무석 혜산은 수량이 풍부하며 맑고 깨끗함은 물론 일 년 내내 그치지 않고 샘솟았기에 그 물을 얻기가 쉬웠으므로 당나라 때는 사람들이 혜산사 물로 차를 끓이는 것이 유행이었다.

『옥천자』에는 재상 이덕유李德裕가 혜산의 석간수로 달인 차를 특별히 좋아했다는 기록이 있다. 그는 사람을 보내 물을 단지에 채운 뒤 빨리 달리는 말로 수도 장안까지 나르도록 했다.

송나라 때 수도인 개봉開封에 사는 높은 벼슬아치들과 문인 학자들도 사람을 보내 혜산의 물을 길어 도성으로 날라 오게 했다. 오는 길에 물맛이 변하는 것을 방지하기 위하여, 그들은 모래를 써서 물을 여과시켜 잡맛을 제거했다. 이것을 일러 '혜산 샘물을 뺀다.'고 했다. 혜산 석간수는 구하기가 쉽지 않아서 대단히 진귀했기에 사람들이 주고받는 귀한 선물로 쓰였다.

북송의 문학가 구양수는 『집고록集古錄』을 집필한 뒤 서문을 쓰면서, 친한 친구인 서예가 채양을 청해 중요한 몇 가지를 추려서 돌에 새기게 했다. 구양수는 이 서문이 '글자가 이렇게 훌륭하고 힘이 넘치니 세상의 보배'라고 칭찬했다. 채양의 수고에 감사하는 마음으로 그는 네 가지 예물을 특별히 준비하여 보냈는데, 그것은 서수율모필鼠鬚栗毛筆, 동록필격銅綠筆格[93], 크고 작은 용단차龍團茶, 그리고 병에 담은 혜산의 석간수였다. 채양은 이 예

93 구리로 만든 붓걸이. 붓걸이는 붓을 걸거나 꽂는 장치를 말함.

물을 기쁘게 받아들였다. 혜산에서 나는 석간수는 귀한 예물로 취급되었으니, 이 물의 진귀함을 충분히 증명한다.

원나라와 명나라 때에도 선비들이 혜산에서 나는 석간수를 선물로 주고받는 습관이 있었다. 원나라 때 시인 고계高啓는 저장성 소흥紹興에 살고 있었다. 어느 날, 그의 고향 친구가 혜산의 석간수를 선물로 가지고 왔다. 고계는 뜻밖의 기쁨에 『우지월신이혜천友之越贐以惠泉』을 특별히 지었다.

이른 아침 청량함에 산우山雨의 달콤함 길어 왔으니,
마실 때마다 봄날의 신선함과 꽃향내 가득일세.
떠날 때 이 샘물 한 말 함께 보내니,
운문雲門으로 가는 길에 한 잔 차 끓여 마시게.

汲來曉冷和山雨, 飲處春香帶間花.
送行一斛還堪贈, 往試雲門日鑄茶.

명나라 때 시인 이몽양李夢陽이 지은 『사우송혜산천謝友送惠山泉』도 한 번 보자.

옛 친구 어디서 왔는가,
석산곡에서 왔노라.
더위에 4천 리 길을,
내게 혜산 석간수 한 곡[斛]이나 보냈네.

故人何方來, 來自錫山穀.
暑行四千里, 致我泉一斛.

명나라 때 서화가 문징명은 무석에서 백여 리 떨어진 소주에서 살고 있었다. 서른다섯이 되어서야 처음으로 혜산의 석간수 맛을 보게 된 그는 『영혜산천詠惠山泉』에서 '어릴 때 『다경』을 읽어서, 물맛의 등급을 기억할 수 있네. 백 리 떨어진 혜산의 물맛을 어찌 아직 맛보지 못했던가? …… 나는 이제껏 술을 마시지 않았으니, 바로 차 맛에 취했음이로다.'[94]라고 노래했다. 문징명이 처음으로 혜산의 석간수로 달인 차를 마시고는 그만 크게 취했다고 하니, 혜산에서 나는 물이 다른 곳에서 나는 물과는 분명 다르다는 것을 알 수 있다. 훗날 문징명은 친구와 함께 혜산의 물을 떠서 집으로 돌아와 차를 끓여 마시기로 서로 약속한다. 그는 『유혜산遊惠山』에서 이렇게 노래한다.

혜산의 샘물은 꿈에도 그리는 물,
햇잎 차에 이 물로 차 다려 맛보려네.
지나는 길에 맘껏 이 물맛 맛보지 못함이 한이라,
배 떠나기 전에 항아리에 가득 담아 가리라.

惠山清夢特相牵, 裹茶來嘗第二泉.
慙愧客途難盡味, 瓦瓶汲取趁航船.

혜산에서 나는 석간수는 진귀하여 얻기 어려웠기에 명나라 때 어떤 이는 혜산의 석간수를 흉내 내어 만들기도 했다. 주국정朱國楨은 『용당소품湧㠉小品』에서 '혜산의 석간수를 만드는 방법'을 이렇게 소개하고 있다.

---

94 少時閱茶經, 水品謂能記. 如何百里間, 惠泉曾未試?……吾生不飮酒, 亦自得茶醉.

> 먼저 보통 샘물을 끓인 뒤 커다란 항아리에 부어 넣는다. 이 항아리를 햇볕이 들지 않는 정원 한 쪽에 둔다. 달이 휘영청 밝은 밤에 항아리 뚜껑을 열고 촉촉한 이슬을 받아들이게 한다. 이렇게 사흘 밤을 보낸 뒤, 표주박으로 살살 떠서 자기로 된 항아리에 옮겨 넣는다. 이렇게 만든 물로 차를 끓이면 혜산에서 나는 석간수와 다를 바 없다.

사실 고대에도 언제나 혜산의 석간수로 차를 끓일 수 있는 선비는 결코 많지 않았으며, 거의 대부분의 선비들은 보통 물을 사용했다. 그러나 그들은 물의 질을 대단히 주의 깊게 따졌으니, 차를 끓일 때 쓰는 물은 응당 흐르는 물로 맑고 깨끗해야 한다고 생각했다.

명나라 때 전예형은 차를 끓일 때 쓰는 물에 대하여 전문적으로 논한 『자천소품煮泉小品』을 남겼다. 그는 맑은 물의 기준을 '산뜻하고 깨끗하며 푸른 모습을 띠어야 한다.'고 제시했다. 그는 '맑고 깨끗하여 흐리지 않은 물'을 일러 '신비스럽고 효험이 있는 물'이라고 불렀다. 맑고 깨끗한 물을 위하여 사람들은 언제나 항아리 안에 흰 돌을 집어넣곤 했다. 흰 돌이 물맛을 좋게 하고 물속에 있는 이물질을 맑고 깨끗하게 한다고 믿었기 때문이다. 전예형은 '물속의 깨끗한 흰 돌을 택하여 샘물과 함께 끓이면 정말로 신기하고 신기하도다!'라고 말했다.

또한 명나라 때는 물을 저장한 항아리 안에 아궁이에서 불길에 오래 견뎌서 단단한 흙을 집어넣기도 했다. 이 흙을 '복룡간伏龍肝'이라 불렀는데, 물속에서 생기는 장구벌레 따위의 물벌레를 없애기 위한 것이었다.

차를 끓이는 물은 맑아야 할 뿐만 아니라 깨끗해야 했다. 전예형은 '흐르지 않는 샘물을 써서 끓인 차를 마시면 해로움이 있다.'고 말했다. 소동파는 『급강수전다汲江水煎茶』에서 이렇게 노래했다.

흐르는 물 떠다 이글거리는 불로 다려야 하기에,
낚싯돌로 다가가 깊은 곳 맑은 물 긷네.
커다란 바가지에 달까지 함께 길어 항아리에 담아서,
자그마한 국자로 강물 덜어 차 솥에 따르네.

活水還須活火烹, 自臨釣石汲深情.
大瓢貯月歸春甕, 小杓分江入夜鐺.

남송의 호자胡仔는 『초계어은총화苕溪漁隱叢話』에서 이 시를 평하여 이르기를 '기이하기 짝이 없는 시로다! 차는 흐르는 물로 우리지 않으면 좋은 향기를 얻을 수 없는데, 동파東坡는 이런 이치를 잘 알고 있었구나!'라고 했다.

옛날 사람들은 생활에서 실천을 통하여 눈 녹은 물이나 빗물로 차를 끓이면 맛이 뛰어나다는 사실을 알았다. 백거이는 『만기晩起』에서 '눈 녹은 물로 차를 끓이니, 유즙으로 사탕을 고는 듯하네.'[95]라고 노래했다. 또 송나라 때 정위丁謂는 『전다煎茶』라는 시에서 건안의 이름난 차를 손에 넣고도 차마 끓여 마시지 못하고, '너무 아까워서 책장에 감춰두고, 꿋꿋하게 버티며 눈 올 날 기다리네.'[96]라고 노래했다. 육유도 눈 녹은 물로 차를 끓여 마시기를 즐겼다. 그는 『설후전다雪後煎茶』에서 '눈 녹은 물 맑고 달콤하기 우물물보다 나으니, 차 끓이는 화로로 가져가 맑은 차를 다리네.'[97]라고 노래했다. 또 원나라 때 사종가謝宗可는 『설전다雪煎茶』에서 생동감 있게 이를

95 融雪煎茗茶, 調酥煮乳糜.

96 痛惜藏書篋, 堅留待雪天.

97 雪液淸甘漲井泉, 自攜茶灶就烹淸.

묘사하고 있다.

> 한밤에 눈송이 모아 녹차를 끓이니,
> 솔바람 녹아들어 더욱 산뜻하구려.
> 둥그런 달이 은하수에 빠진 듯,
> 엷은 구름송이 눈 덮인 숲에 내려온 듯.

> 夜掃寒英煮綠塵, 松風入鼎更清新.
> 月團影落銀河水, 雲脚香融玉樹春.

이 시에서 '한영寒英'은 눈을, '월단月團'은 차병茶餠[98]을 가리킨다.

명나라 때 문진형은 『장물지』에서 '눈은 오곡의 원기가 되나니, 이걸로 차를 끓이면 가장 평온한 상태가 된다.'고 하였다. 또 눈은 '새로 내린 것은 흙냄새가 나니, 좀 묵은 것이 참 좋다.'고 덧붙였다. 청나라 사람들은 해묵은 눈물로 차를 끓여 마시기를 좋아했다. 『홍루몽』 제41회에는 묘옥妙玉이 빗물, 눈물로 차를 끓이는 이야기가 실려 있다.

> 언젠가 농취암櫳翠庵에서 차 맛을 즐길 때였다. 묘옥妙玉이 먼저 차를 끓여 가모賈母 등에게 올린 뒤, 대옥黛玉, 보채寶釵는 사랑채로 데려와서 따로 차를 끓인다. 대옥은 방금 묘옥이 가모에게 차를 끓이는데 쓴 물이 지난 해 모은 빗물이라고 한 말을 들었기에 아무런 주저 없이 입에서 나오는 대로 이렇게 묻는다.
> "이 차도 작년에 받은 빗물로 끓였는가?"

98 찻잎을 굳혀서 벽돌처럼 단단하게 만든 차. 달처럼 둥근 모양도 있었음.

묘옥은 그만 쌀쌀하게 웃으면서 대답한다.

"넌 정말 모자라는구나, 물맛도 모르다니 말이야! 이건 다섯 해 전에 내가 현묘玄墓 반향사蟠香寺에 있을 때 매화에 내린 눈을 거두어서 항아리에 모았으나 차마 쓰지 못하고 땅에 묻었다가 금년 여름에야 꺼냈는데 …… 너는 어찌 알아보지도 못하니? 한 해 지난 빗물이 어디 이렇게 감칠맛이 있겠어?"

이 몇 마디 말은 지금껏 젠체하던 대옥을 몰아붙여 말문을 막아 버린다.

좋은 찻잎과 좋은 물은 차 맛을 결정하는 우선 조건이다.

이제 훌륭한 차의 맛을 보려면 차를 끓이는 사람의 솜씨를 보아야만 한다. 당나라 때엔 잘게 갈아 부순 차를 솥에 넣고 덖다가 물을 두어 끓였는데, 이때 어느 정도 끓여야 하는지를 굉장히 따졌다. 그들은 달이는 물의 알맞기를 '탕후湯侯'라고 불렀다. 이른바 탕후란 정탕定湯과 '화후火侯'[99]를 포괄한다. 정탕이란 차를 끓이는 물의 온도를 알맞게 조절하는 것이다. 화후란 차를 끓이는 물의 힘이다. 수면으로 끓어오르는 물의 크기와 물이 끓을 때 나는 소리의 크기는 탕후를 판단해 구별하는 기준으로 삼는다. 육우는 『다경』에서 차를 끓이는 과정을 매듭지어 '삼비설三沸說'을 내놓았다.

물이 끓으면서 기포는 물고기 눈알만하고 물 끓는 소리가 고요하게 살며시 들리면 일비一沸, 가장자리에 꿴 구슬 같은 물방울이 샘물처럼 용솟으면 이비二沸, 물결이 용솟음치며 출렁거리면 삼비三沸이다.

---

99 불의 세기와 시간.

또 물이 처음으로 끓을 때 적당량의 소금을 얼른 넣어야 하며, 가열하여 이비에 이르면 표주박으로 한 바가지 물을 퍼낸 뒤 대젓가락으로 저어준다. 이렇게 한 뒤 가루차를 물 소용돌이 가운데로 넣는다. 다시 열을 잠시 가하면 끓고 있는 찻물은 마치 파도처럼 용솟음치며 물의 표면엔 수많은 물거품이 인다. 물이 막 넘치려고 할 때, 아까 퍼내었던 한 바가지 물을 다시 부어넣어 끓고 있는 물을 잠시 식힌다. 이제 다시 끓어오르면 차는 잘 끓인 것이 된다. 차를 끓이는 물로 흐르는 물을 써야 하는 것처럼 차를 끓이는 불도 이글거리는 불을 써야 한다. 앞에서 인용한 소식의 『급강전다汲江煎茶』에서 '흐르는 물을 떠다 이글거리는 불로 끓여야 하네.'라고 노래한 시구에서 시인은, '차는 약한 불로 덖고 이글거리는 불로 끓여야 한다고 당나라 사람이 일렀다.'라고 스스로 주를 붙였다. 즉, 찻잎을 덖을 때에는 약한 불을 쓰고 끓일 때는 이글거리는 불을 써야 한다는 말이다. 이글거리는 불이란 숯에 넘실거리는 불꽃이 있는 불을 말한다. 불꽃이 있는 숯은 화력이 세고 차에 연기 맛이 배지 않으므로 최상품으로 친다.

당나라 때는 차를 달이고 물을 끓이는 데 아가리가 넓은 솥을 썼다. 눈으로 탕후를 비교적 쉽게 헤아릴 수 있었기 때문이다. 송나라 때는 차를 끓이는데 목이 가느다란 구리 병을 썼기에 물이 끓는 상황을 보기가 어려웠다. 그래서 사람들은 물이 끓는 소리를 듣고 탕후를 측정하고 가렸다. 남송의 나대경羅大經은 『학림옥로鶴林玉露』에서 그의 친구 이금남李金南이 한 말인 '『다경』에서는 끓어오르는 물방울이 물고기 눈알 같은지, 아니면 꿴 구슬 같은 물방울이 샘물처럼 용솟음치는지를 보고 끓는 물을 조절했다. 그런데 요즈음엔 차를 끓이면서도 솥을 잘 쓰지 않고 병으로 물을 끓이므로 그 기미를 눈으로 살피기 힘들기에, 물이 끓는 소리로써 일비, 이비, 삼비를 가린다.'을 기록하고 있다. 그는 또 시를 써서 물이 끓는 소리를 묘사하고 있다.

섬돌 밑 벌레 찌르륵 멀리서 매미 우는 소리,
문득 물건 가득 싣고 삐걱삐각 수레 달리는 소리,
솔숲 흔드는 세찬 솔바람에 골짜기 마구 내닫는 시냇물 소리,
허둥지둥 옥색 병을 꺼내 녹색 잔에 따르네.

砌蟲喞喞萬蟬催, 忽有千車捆載來.
聽得松風幷澗水, 急呼縹色綠瓷杯.

섬돌 아래 찌르르 벌레 울음과 매미 우는 소리는 물이 처음 끓을 때 나는 소리이다. 물건 가득 싣고 여러 대의 수레가 달리는 소리는 '이비二沸'이다. 솔숲 흔드는 세찬 솔바람 소리와 골짜기를 마구 내닫는 시냇물 소리는 세 번째 단계인 '삼비三沸'에 이르렀음을 알린다. 이리하여 급히 병을 불길에서 멀리 들어낸다. 그리고는 물을 녹색 찻잔에 따른다. 맑은 향내 풍기는, 입에 맞는 찻물이 다 끓여진 것이다. 나대경이 읊은 그대로이니, 이제 그 시를 보자.

솔바람에다 전나무에 비 듣는 소리까지 들리면,
구리로 만든 병 죽로竹爐[100]에서 급히 꺼내네.
물 끓는 소리 잠잠해지면,
봄눈 한 잔 제호보다 나아라.

松風檜雨到來時, 急引銅甁離竹爐.

100 바깥은 대로 엮었으며, 안에는 자그마한 그릇을 내장하고 있다. 숯불을 이곳에 넣어서 보온을 하는 도구이다.

待得聲聞俱寂後，一甌春雪勝醍醐.

소식도 스스로 차 끓이기를 좋아했다. 그는 『시원전다試院煎茶』에서 이렇게 노래했다.

게 눈 벌써 지나고 물고기 눈 생겼네,
쏴쏴 솔숲 흔드는 솔바람 부네.
자그마한 물거품 오르락내리락,
끊임없이 빙빙 흩날리는 눈송이인 듯.

蟹眼已過魚眼生，颼颼欲作松風鳴.
蒙茸出磨細珠落，眩轉繞甌飛雪輕.

'해안蟹眼'은 처음 물이 끓기 시작할 때 생기는 자그마한 거품을 가리키며, '어안魚眼'은 끊임없이 생기는 좀 큰 물거품을 가리킨다. 이때 물 끓는 소리는 마치 솔숲을 흔드는 솔바람 같다. 소식은 솥에서 물이 마구 넘치듯이 끓지 않는, 바로 이 상태의 물이 차를 우리기에 가장 좋은 물로 보았다.

(송宋) 전다화상전탁편
煎茶畵像磚拓片

고대 선비들은 불의 세기와 정탕을 유기적인 구성 성분으로 하였기에 차를 끓이는 과정엔 멋이 넘쳤다. 선비들이 차를 노래한 적지 않은 시에는 차를 끓이는 정겨운 모습이 나타나 있다. 원나라 때 마진馬臻이 쓴 시를 보자.

죽창에 지는 해 아직은 밝은데,
가득한 계화桂花 향기에 선학의 꿈도 뚜렷하네.
곁에 선 동자는 일 없어 한가한데,
차 솥에선 보글보글 차 끓는 소리.

竹窓夕日晚來明, 桂子香中鶴夢淸.
侍立小童閑不動, 蕭蕭日鼎煮茶聲.

또 원나라 때 유민중劉敏中의 『완계사浣溪沙』 서序에는 이런 기록이 있다.

> 정월 대보름 전 어느 날, 큰 눈이 멎고 날이 들기 시작했다. 장자경과 장경보 두 사람은 수강의 내 별장에 머무르게 되었다. 이들은 잠시 머물다가 모두 술에 취했다. 이제 이들은 내게 마실 차를 원했다. 이리하여 나는 옥천에서 나는 차 덩어리를 꺼내어 깊은 산 암석 위에 내린 눈을 녹인 물에 산시山西에서 나는 양유를 섞은 뒤, 돌솥에 넣어 이글거리는 불에 다려냈다.[101]

옛 사람들은 차를 끓이면서 불을 붙이는 재료로 숯 이외에도 소나무나 대나무 따위를 쓰는 것을 좋아했다. 명나라 때 전예형은 『자천소품煮泉小品』에서 '물을 끓이는 데 쓰는 연료로는 마른 솔가지를 쓰는 것이 가장

---

101 元夕前一日, 大雪始霽, 子京敬甫兩張過余繡江別墅. 旣坐, 皆醉酒, 索茶, 遂開玉川月團, 取太初岩頂雪, 和以山西羊酥, 以石竈活火烹之.

좋다. 겨울철에 솔방울을 거두어 차 끓이는 데 쓰면 더욱 훌륭하다.'라고 기록했다. 소나무와 대나무는 불이 잘 타고 푸르스름한 연기가 모락모락 피어오르는데다 불에 타면서 내는 타다닥타다닥하는 소리가 차의 향기와 한데 어우러져서 한층 즐거움을 더한다. 역대 선비들은 소나무나 대나무를 태우며 피어오르는 연기도 감상하면서 차를 끓이는 모습을 아름다운 시구로 제법 많이 읊었다. 당나라 때 두목杜牧은 '하늘하늘 차 끓이는 연기에 꽃잎 지우는 바람.'[102]이라 노래했으며, 송나라 때 위야魏野는 '벼루 씻으니 물고기가 먹물 삼키고, 차를 끓이니 학이 연기를 피하네.'[103]라고 읊었다. 또 원나라 때 사응방謝應芳은 '동자가 돌을 부딪치자 튀는 불꽃, 푸른 숲에 연기 이니 하늘로 날아오르는 학.'[104]이라고 노래했다. 이런 시들을 통해 스스로 끓인 차를 천천히 맛보며 유유자적했던 선비들의 정경을 상상할 수 있다.

고대 선비들은 차를 마시면서도 찻잎과 차를 끓이는 데 쓰는 물, 불의 세기 등을 중히 여겼을 뿐만 아니라 다구에 대해서도 신경을 많이 쓰며 소중히 여겼다. 육우는 『다경』에서 차를 끓이고 마시는 데 쓰이는 다구에 대해서도 전문적인 견해를 내놓았다. 그가 내놓은 다구만 해도 스물네 가지나 되었다. 당나라 때 봉연은 『봉씨문견기封氏聞見記』 권6에서 육우가 한 말을 인용하고 있다.

> 차는 그 맛이 차를 달이고 차를 볶는 방법에 달려 있다. 그는 다구 스물네 가지를 만들어 '도통롱都統籠'에 담아 보관했는데, 원근에 사람들이 모두 이를 가지고 싶어 했다. 그리하여 호사가들은 집에 한

---

102 茶烟輕颺落花風.

103 洗硯魚呑墨, 烹茶鶴避煙.

104 星飛白石童敲火, 煙出青林鶴上天.

벌씩 갖추어 보관했다.[105]

육우가 말한 '도통롱都統籠'은 '도람都籃'이라고도 부르는데, 대나무로 결어 만든 것이다. 스물네 가지나 되는 다구에는 불 지피는 도구를 비롯해 차 끓이는 도구, 차를 덖고 갈고 양을 재는 도구가 있었다. 또 물을 푸고 거르는 도구에다 차를 마시는 데 쓰는 도구와 청결하게 하는 데 쓰는 도구도 있었다. 지금 이런 다구를 보면 자못 복잡하고 너더분한 느낌이 들지만, 당시에는 차를 마시는 잔치를 벌이려면 반드시 준비해야 할 것들이었다. 이로써 정중한 분위기를 자아냈으며, 차를 마시는 일이 그만큼 소중했다.

근래에 당나라 때 쓰던 정교하고 아름다운 다구가 적잖이 발굴되었다. 1987년, 산시陝西 부풍扶風 법문사法文寺 지하 궁전에서 당나라 때 궁중에서 쓰던 다구가 출토되었다. 출토된 다구는 모두 금은이나 진귀한 비색秘色 사기나 유리로 만든 것이었다. 정교하고 아름답기 그지없이 뛰어나서 세상에 보기 힘든 진귀한 보물이었다. 당나라 때 선비들은 차를 마시는 데 자기를 많이 썼다. 그 가운데 가장 유명한 것이 당시 월주越州[106]에서 생산된 푸른 유약을 바른 자기와 형대邢臺[107]에서 생산된 흰 유약을 바른 자기이다.

북송 이후에는 다구에 자사紫砂 제품이 출현한다. 자사의 원료는 점토이다. 이것에 열을 가하면 색깔은 자홍紫紅으로 변하고 바탕은 연하고 부드럽게 된다. 자사 주전자로 차를 끓이면 '차 본래의 맛이 사라지지 않고 색깔이나 향기가 그대로 보존된다.'고 하였다. 게다가 자사 주전자의 모양이 고풍스럽고 우아해 선비들의 깊은 사랑을 받았다. 명청 시대, 의흥宜興에서

105 說茶之功效并煎茶, 炙茶之法, 造茶具二十四事, 以都統籠貯之, 遠近傾慕, 好事者家藏一副.

106 오늘날 저장성 사오싱紹興 일대.

107 오늘날 허베이河北 네이치우內邱 일대.

생산된 자사로 만든 주전자는 우수한 재질에다 소박하고 꾸밈없는 모양으로 선비들이 차를 마시는 데 쓰는 다구로 첫손꼽았다. 또한 당시에는 차 주전자에 제자題字나 각명刻銘을 하고 서화書畵나 시문을 함께 새기는 것이 유행했다. 이렇게 하면 자사로 만든 주전자는 한층 고상하고 멋스러워졌다.

차를 마시는 방법으로 당나라 사람들은 종종 생강이나 소금 따위의 조미료를 넣어 마시기도 했다. 송나라 이후에는 차를 끓이면서 조미료를 더 이상 첨가하지 않았다. 이렇게 해야 차의 맑고 깨끗한 향기를 보존할 수 있었기 때문이다. 어느 날 누군가 소식에게 차병茶餠을 보냈다. 소식의 아내는 차를 끓이면서 예전 방식대로 생강이나 소금 따위를 넣었다. 소식은 이렇게 시를 읊었다.

> 아내와 어린 자식은 소중히 여길 줄 모르고,
> 벌써 생강과 소금을 넣어 끓였구려.
>
> 老妻稚子不知愛, 一半已入薑鹽煎.

차를 끓이는 데 조미료를 넣는 풍속이 이미 사라지고 있음을 알 수 있다.

원명元明 이후에는 약한 불에 직접 덖은 찻잎을 뜨거운 물에 우려 마시는 방법이 출현했다. 여기에 다른 조미료를 더이상 첨가하지 않았다. 차병이나 차단茶團 대신 찻잎을 써서 차를 끓여 마시는 방법이 편리했기 때문에 널리 보급되었던 것이다.

고대 선비들은 차를 마시는 데 좋은 차에 좋은 물을 요구한 것 외에도 차를 마시는 환경도 대단히 소중하게 여겼다. 좋은 환경은 사람의 마음을 즐겁게 할 뿐만 아니라 고상하고 우아한 멋을 더했기 때문이다. 당나라 중기의 시인 여온呂溫은 『삼월삼일다연서三月三日茶宴序』에서 이렇게 일렀다.

> 삼월 삼짇날, 산수 좋은 곳에서 잔치 열리는 날이다. 우리는 술 대신 차를 마시기로 마음을 모았다. 싱싱한 꽃들이 만발한 정원 한 쪽 녹음 짙은 그늘 아래 자리 잡으니 산들산들 맑은 바람 시원하기 그지없고 맑게 갠 하늘과 아름다운 풍경에 흥취 절로 난다. 어떤 이는 정원석에 기대앉았고, 또 어떤 이는 꽃가지 곁에 앉았으나 모두들 곁에서 지저귀는 앵무새 노래에 귀 기울여도 새는 날아가지 않는다. 싱싱한 꽃잎이 어쩌다 옷 위에 떨어져도 흩어지지 않는다. 잘 다린 차 국자에 떠서 찌꺼기 덜어내니 맑은 차만 남는다. 찻잔엔 이제 호박빛깔 엉켜 있다. 차 맛보며 즐겨도 취한 이 하나 없고 정신 더욱 맑아온다. 아무리 멋진 술이라도 이보다 더 나으랴.[108]

이 글을 통하여 당나라 사람들이 차를 맛보는 환경으로 좋은 날씨, 즉 '삼월 삼짇날', 바로 봄도 깊은 때, 바람도 부드럽고 날씨도 화창하여 새들은 지저귀고 꽃들의 향기도 가득한 날을 첫손꼽았으며, 뜻도 맞고 취미도 같은 친구를 다음으로 꼽았음을 알 수 있다.

구양수도 『상신다』에서 '샘물도 달고 다기도 깨끗한데다 날씨도 화창한 때, 함께 차를 마실 손님도 훌륭하면 좋다.'고 했다. 차를 마시기에 좋은 환경에는 자연 경관만이 아니라 뜻이 맞는 친구도 포함된다. 소식이 '함께 한 이 모두 마음에 맞는 사람들, 다구 잡은 그들의 손 모두 깨끗하여라.'[109] 라고 『양주석탑시다揚州石塔試茶』에서 말한 그대로이다. 여기서 '마음에 맞

---

108 三月三日, 上巳禊飮之日也. 諸子議以茶酌而代焉. 乃撥花砌, 愛庭陰, 淸風逐人, 日色留興. 臥措靑靄, 坐攀香枝, 閑花近席而未飛, 紅蕊拂衣而不散. 乃命酌香沫, 浮靑杯, 殷凝琥珀之色, 不令人醉, 微覺淸思, 雖五雲仙漿, 無復加也.

109 坐客皆可人, 鼎器手自潔.

는 이들'이라는 말은 내가 본받을 만한 뛰어난 사람을 말한다. 『삼국지三國志』「촉지·비의전蜀志·費禕傳」에는 '그대가 마음에 맞는 이로 믿을 만한 그 사람은 분명 도적을 체포하여 처벌할 수 있을 것이다.'라는 구절이 있다. 그 해에 새로 난 찻잎, 맑고 깨끗한 물, 청결한 다구에 좋은 날씨, 게다가 마음에 맞는 훌륭한 사람이 함께 있다면 차를 마시기에 가장 이상적인 환경이라 말할 수 있다.

물론 방안에 고요하게 앉아서 홀로 차를 맛보는 것도 멋이 없진 않았다. 차의 묘미를 아는 것은 마시는 이의 마음에 달렸다. 일반적으로 차를 마시는 이가 적은 것이 많은 것보다 낫고, 고요한 것이 시끌벅적한 것보다 낫다. 사람이 하나 더 늘면 차 마시는 분위기도 그만큼 사라진다. 명나라 때 장원張源은 『다록茶錄』에서 '차를 마시는 이가 적어야 훌륭하다. 많으면 시끄럽고, 시끄러우면 멋이 사라진다.'고 말했다. 선비들이 차를 마시면서 좋은 환경을 요구하는 것은 고상하고 우아한 멋을 추구하기 위해서이다. 서위徐渭는 『비집치품秘集致品』에서 이렇게 말했다.

> 차 마시기에는 정사精舍가 좋고, 운무가 감도는 숲 속도 좋다. 차는 대나무를 땔감으로 하여 자기로 된 병에 우리면 좋다. 품격 높고 우아한 문인과 함께라면 좋다. 또 속세를 멀리한 스님과 함께 마시면 좋다. 맑고 고결한 친구와 함께 마셔도 좋다. 한낮엔 마음껏 이야기를 나누며 마셔도 좋지만 깊은 밤엔 홀로 앉아 마시는 것이 좋다. 솔숲에 달빛 비치는 밤에 마시면 제격이다. 꽃향기 속에서 새가 지저귀는 환경도 좋다. 흰 돌들을 휘감아 흐르는 맑은 시냇가에서 마셔도 제격이다. 푸른 이끼 가득한 돌계단도 좋다. 깨끗한 손으로 길은 샘물에 달인 차가 제격이다. 아리따운 여인이 모은 하얀 눈 녹인 물로 달인 차도 좋다. 뱃머리에서 불 밝히고 마시는 차도 좋다. 푸른 안개 가득한 대숲에서 마셔도 제격이다.[110]

서위는 또 『전다십류煎茶十類』에서 '차 마시기에는 누각이나 고요한 방안이 좋다. 잘 정돈된 집안도 좋고 절집이나 도교 사원도 좋다. 가만한 솔바람에 달빛 그윽한 대숲처럼 청량한 곳도 좋으며, 편안히 앉아 책을 읽으며 차를 마셔도 좋다. 속되지 않은 청아한 이야기를 나누며 차를 마셔도 좋고, 펼쳐놓은 책 앞에서도 차를 마시기에 좋다.'고 말했다.

명나라 말기 풍정경馮正卿은 『개다전岕茶箋』에서 차를 맛보기 좋은 열세 가지 조건을 제시했다. 선비들이 차를 맛보는 멋을 빠짐없이 손꼽은 것이다.

이 열세 가지 조건이란, 첫째, 하는 일 없을 때 차를 맛볼 수 있는 시간이 있어야 한다. 둘째, 멋진 친구나 고상하고 우아한 멋이 있는 친구가 함께하면 좋다. 셋째, 마음이 평온할 때와 조용하고 편안하며 스스로 만족하고 즐거울 때 정말로 차를 맛볼 수 있다. 넷째, 시를 읊조릴 때 시로 차 마시는 흥을 돋우고 차로 시상을 가다듬을 수 있다. 다섯째, 편지를 쓸 때 먹물에 적셔진 붓이 차 마시는 흥을 돋운다. 여섯째, 한가롭게 거닐 때 정원을 발길 닿는 대로 한가롭게 거닐며 멋진 차를 한 모금씩 마시면 그 그윽한 멋은 한이 없다. 일곱째, 잠에서 깨어났을 때, 특히 깊은 잠에서 깨어났을 때 한 모금의 차는 머리를 맑게 한다. 여덟째, 숙취로 의식이 몽롱할 때 술에 취해 뚜렷하지 않은 의식을 차가 풀어준다. 아홉째, 속되지 않은 청아한 이야기와 신선한 과일에 곁들여진 한 잔의 차. 열째, 깨끗한 집안, 맑고 깨끗하며 우아한 멋이 넘치는 다실茶室. 열한 번째, 마음이 흐뭇할 때 차를 마시는 참멋을 알 수 있다. 열두 번째, 차의 색, 향, 맛을 예민하게 감별할 수 있는 능력. 열세 번째, 시중을 드는 아이, 즉 조용하고 침착하며 영리하게 차 시중

110 茶宜精舍, 雲林, 宜瓷瓶, 宜竹竈, 宜幽人雅士, 宜衲子(僧人)仙朋, 宜永晝淸談, 宜寒宵兀坐, 宜松月下, 宜花鳥間, 宜淸流白石, 宜綠蘚蒼苔, 宜素手汲泉, 宜紅妝掃雪, 宜船頭吹火, 宜竹裏飄烟.

을 드는 아이도 좋은 조건 가운데 하나이다.

이 밖에 풍정경은 차를 마시는 데 금하거나 피해야 할 일곱 가지를 들었다. 즉, 차를 마시는 데 이롭지 않은 일곱 가지이다. 첫째, 차 끓이기를 원칙대로 하지 않은 것. 둘째, 다구가 깨끗하지 않은 것. 셋째, 주인이나 손님의 행동거지가 거칠고 교양이 모자라는 것. 넷째, 관계官界의 예절에 얽매이는 것. 다섯째, 산해진미에 차를 곁들여 차 맛이 오염되는 것. 여섯째, 자질구레한 일에 바쁘면 차 맛을 깊이 음미할 시간이 없어지는 것. 일곱째, 방안의 환경이 참을 수 없을 만큼 속되면 차 맛을 볼 흥취가 전혀 없어지는 것이다. 차를 마시는 환경은 객관적인 환경뿐만 아니라 주관적인 기분도 포함된다는 것을 알 수 있다.

명청 시기에 차에 관한 이야기를 기록한 책 가운데에는 차를 마시는 환경에 대해 논한 부분이 정말 많다. 예를 하나 들면, 명나라 때 허차저許次紓는 『다소茶疏』에서 차 맛보기에 가장 좋은 환경을 이렇게 열거했다.

> 바쁜 일 없이 마음이 한적할 때, 글을 읽고 고치다 온몸이 피로에 지쳤을 때, 마음이 번거롭고 정신이 산란할 때, 음악을 감상할 때, 노래도 끝나고 손님도 다 돌아간 때, 거문고 타며 그림을 감상할 때, 친구와 밤 깊도록 이야기를 나눌 때.
>
> 창가에 달빛 밝은 방안에서, 화촉 밝힌 신방에서, 맘 맞는 친구나 마음에 드는 여인과 함께한 자리에서, 부드러운 바람에 화창한 날 멀리 떨어진 친구를 만난 자리에서, 산들바람에 가랑비 내리는 날 아름답게 장식한 놀잇배에서, 녹음 짙은 숲속이나 대숲에서, 꽃 피고 새 지저귀는 곳, 연꽃 만발한 연못가 더위 피할 수 있는 정자에서, 향한 자루 사르며 고요를 즐길 수 있는 정원에서, 술자리 파하고 손님 모두 돌아간 뒤 내 곁에 식구들이 모인 방안에서, 그윽한 절집 괴석 곁에서.[111]

허차저는 차를 마시기에 좋지 않은 환경으로 혼자 사사로이 쓰는 방, 부엌, 떠들썩한 저자, 어린 아이가 우는 곳, 거친 성미를 가진 사람이 있는 곳, 계집종과 사내종이 어울려서 와글거리는 곳, 폭염이 쏟아지는 날의 서재 등을 꼽았다.

고대 선비들의 차 마시기는 객관적인 환경의 양호함도 중시했지만 차를 마시는 자의 도덕적인 수양도 차 마시기의 멋을 결정하는 중요한 요소로 보았다.

명나라 때 도륭屠隆은 『고반여사考槃餘事』에서 '만약 차는 썩 좋지만 마음 맞는 사람과 마시지 않는다면 이건 맑고 깨끗한 샘물을 길어 올려 잡초에 주는 것과 다를 바 없으니 그야말로 큰 잘못이라 하겠다. 이런 사람은 차 마시기의 즐거움을 전혀 모르니 나귀가 물을 마시듯 그 참맛을 가리지 못하여 속되기 짝이 없다.'고 말했다. 또한 그는 '차는 마음과 행실 을 바르게 하도록 심성을 닦으며 타고난 성질을 함양한 자에게 가장 적합하다.'고 보았다.

명나라 때 육수성은 『다료기』에서 인품人品과 차를 마시는 품격과의 관계를 언급했다. 그는 '차를 끓이는 것은 낭만이 아니라 그 사람과 차를 마시는 태도가 잘 어울려야 한다.'고 말했다. 서위도 『전다칠류煎茶七類』에서 차를 함께 마실 수 있는 이로 '시인 묵객, 승려와 도인, 벼슬길에서 물러나서 곱게 늙은 이, 사대부, 세상의 달고 쓴맛에 초연한 사람'을 꼽았다. 서위가 보기에 진정으로 함께 차를 맛볼 수 있는 이는 문인, 풍치가 있는 조출한 선비, 세속의 때를 벗어난 고승高僧과 은자隱者였다.

---

111 心手閑適, 披詠疲倦, 意緒紛亂, 聽歌拍曲, 歌罷曲終, 杜門避事, 鼓琴看畵, 夜深共語, 明窓淨几, 洞房阿閣, 賓主款押, 佳客小姬, 訪友初歸, 風日晴和, 輕陰微雨, 小橋畵舫, 茂林修竹, 課花責鳥, 荷亭避暑, 小院焚香, 酒闌人散, 兒輩齊館, 淸幽奇寺, 名泉怪石.

당인唐寅의 〈사명도事茗圖〉

옛날부터 지금까지 차는 선비들의 생활과 떼려야 뗄 수 없이 밀접해, 그들은 차를 마시면서 인생을 깨달았으며 생활의 즐거움을 찾았다. 또 봉건 전제 시대에 사회가 선비들에게 준 자유로운 공간은 자못 좁아서, 수많은 선비들은 어쩔 수 없이 한 주전자의 술로 정신적인 자유를 얻어야 했다. 이리하여 차와 술은 생리적인 효용을 뛰어넘어 정신을 푸지게 하고 마음의 평형을 유지시키는 기능을 했다. 게다가 기분을 풀어주고 감정을 다스리며 즐거움을 주는 특수한 기능도 함께 했다.

5. 선비와 약

중국 고대 선비들의 식생활 중에서 언급해야 할 것은 선비와 함께했던 약이다. 약을 먹는다는 말에 우리는 자연스럽게 질병을 머리에 떠올리게 된다. 병이 있어야 약을 먹을 수 있다고 생각하기 때문이다. 그런데 위진 시대에는 적지 않은 건강한 사람도 약을 먹었다. 게다가 그들은 먹어도 지나치게 먹었다. 약을 먹는 것이 한때 크게 유행하였으며 이것으로 즐거움을 누린다는 생각까지 했다. 약은 위진 시대 선비들의 생활과 밀접한 관계가 있었으니, 무슨 까닭이었을까?

위진 시대 선비들이 약을 먹은 주된 목적은 건강은 물론 단련된 몸을 위해서였다. 동시에 생활의 즐거움을 찾기 위해서였다. 동한 말기 이후 요동치는 정치는 선비들에게 길흉을 예측할 수 없게 하였다. 또 급박한 상황은 짧은 인생과 빠른 세월을 깊이 느끼게 하였다. 이리하여 고귀한 생명의 슬픔을 노래한 시구가 당시의 시문 가운데 끊임없이 나타났다. 짧은 인생에 대한 탄식은 죽음에 대한 두려움과 삶에 대한 그리움을 뜻한다. 그러나 앞날은 아득하여 예측할 수 없으니 그저 오늘날 생활을 안락하게 해야만 했다. 당시에 수많은 사람들은 '한식산寒食散'을 먹으면 장수할 수 있다고 믿었다. 그리하여 약을 먹는 풍조는 성행하기 시작했다. 이 밖에 약을 먹으면 용모를 아름답게 하고, 성기능을 자극하며, 생활을 더욱 충실하고 즐겁게 할 수 있다고 보았다. 이것도 약을 먹는 것이 유행하게 된 원인이다.

위진 시대 선비들 중에서 솔선하여 약을 먹은 이는 현학 '귀무론貴無論'을 창립한 하안何晏이다. 루쉰魯迅도 그를 '약을 먹은 창시자'라고 일렀다. 『세설신어世說新語』「언어言語」에는 『한식산론寒食散論』을 인용, 주해해서 '한식산 요법은 비록 한대에 출현했으나 먹는 이는 별로 없었으며 전하는 것도 없다. 위魏의 상서尙書 하안이 처음으로 신기한 효험을 보자 세상에 크게 유행해 이것을 먹으려고 찾았다.'고 기록하고 있다.

하안의 자는 평숙平叔, 동한의 대장군 하진何進의 아들로 어려서부터 넘치는 재능으로 이름을 날렸다. 뒷날 그의 어머니가 조조에게 개가하자 어머니를 따라 갔으며, 나중에 조조의 딸 금성공주金城公主를 아내로 맞아 벼슬이 상서에 이르렀다. 가평嘉平 원년(249년), 사마의司馬懿가 정변을 일으켜 조씨 무리와 하안, 조상曹爽 등은 피살된다. 하안은 피살되기 전에 이미 재앙이 내릴 것을 예감하고 막 일어나는 사마씨와 연약하고 무능한 조씨들 무리를 마주하며 큰 시름에 잠겨, '커다란 올가미 늘 두렵고, 앞으로 닥칠 재앙을 염려하네.'[112]라고 노래했다. 동시에 호화롭게 인생을 즐겼던 생활을 그리워하며 약을 먹어 정신적인 안정과 심신의 쾌감을 얻으려고 했다.

전하는 바에 의하면 한식산은 동한의 저명한 의학자 장중경이 발명했다. 자석영紫石英, 백석영白石英, 적석지赤石脂, 종유석鐘乳石, 유황硫黃 등 다섯 가지를 주원료로 만들기에 오석산五石散이라고도 부른다. 또 오석산은 불치병 치료에 쓰이기에 오석갱생산五石更生散이라고도 일컫는다. 『포박자抱樸子』「금석편金石篇」은 오석산을 늘 복용하면 불로장생한다고 기록했다. 당나라 때의 의학자 손사막은 『천금익방千金翼方』에서 오석갱생산의 주요 치료 방법과 조제, 처방과 용법 등을 기록하고 있다. 손사막은 '오석갱생산은 몸이 허약하고 병이 많은 남자를 치료할 수 있으며, 몸에 기운이 없고 수척하여 병을 고칠 수 없는 자도 이것을 먹으면 낫지 않는 자가 없으니 오랫동안 몸져누운 자는 이것을 복용할지니라.'고 일렀다. 위진 시대에 선비들이 오석산을 복용하고 튼튼한 몸을 다시 찾은 사례도 있다. 『전진문全晉文』「왕희지첩王羲之帖」은 '오색석고산五色石膏散을 넉넉히 복용하면 몸이 날아갈 듯 가볍다.'고 기록하고 있다.

그런데 대부분의 약물에 부작용이 있는 것처럼 한식산도 독성이 아주 큰 약이다. 이 약을 복용하려면 만약에 발생할지도 모를 위험을 무릅써야 했다. 한식산은 복용 후 약에 들어있는 독성이 발작하면 거대한 내열內熱이 생긴다. 그러면 미세하고 자질구레한 과정에 따라 약의 독성과 열성熱性을 발산시켜야 비로소 효과를 볼 수 있다. 이런 독성과 열성을 발산시키는 과정에 조금이라도 주의를 게을리 하면 약에 중독되어 경한 자는 몸을 망가뜨리고 중한 자는 생명을 잃게 된다. 잘못됨이 없이 적당하게 잘 발산시키는 것이 복약의 성공과 실패를 가름하는 열쇠임을 알 수 있다. 일반적으로 발산 과정은 약을 먹은 다음 먼저 뜨겁게 데운 술을 마신다. 이 술은 반

112 常恐大羅網, 憂禍一旦幷.

드시 맛이 산뜻하고 진한 고급술이어야 한다. 날마다 몇 차례 마셔서 몸이 줄곧 약간 취한 상태를 유지하게 해 약의 독성과 열성이 퍼지게 해야 한다. 찬 술이나 질이 떨어지는 술은 절대로 마시면 안 된다. 생명이 위태로울 수 있기 때문이다.

서진의 배수裴秀는 바로 한식산을 먹은 뒤 찬 술을 마셨다가 목숨을 잃은 사람이다. 배수는 일찍이 『우공지역도禹貢地域圖』라는 글을 쓴 저명한 지리학자로 세상을 떴을 때 그의 나이 겨우 마흔여덟 살이었다.

그 다음으로, 술을 마신 뒤 몸에서 열이 나면 즉시 찬물로 손과 발을 씻어야 한다. 이제 약의 힘이 퍼지기를 기다렸다가 다시 찬물로 온몸을 씻는다. 이렇게 해야 약의 독성과 열성을 비교적 빨리 사라지게 할 수 있다. 온몸을 씻은 뒤에는 바람을 맞으며 머리를 빗고 따스한 옷은 절대로 입어서는 안 된다. 동시에 찬밥을 많이 먹어야 한다. 그리고 다시 약을 먹고 나서 산보를 해야 한다. 자리에 눕거나 조용히 앉아 있어서는 안 된다. 병이 깊어 체력이 아무리 약해도 자리에 누워서는 안 되고 다른 이의 부축에 의지해서라도 산보를 해야 한다.

복약을 한 뒤 발산 과정에서 가려움, 신체의 국부 마비, 두통, 구토 등 불편한 증상이 나타날 수도 있다. 이것은 독성이 사라지는 정상적인 현상이다. 몸조리를 잘 하면 발산이 끝나면서 이런 증상도 같이 사라진다.

복약 후에는 옷을 입는데도 세심하게 주의를 기울여야 한다. 해열로 살갗이 쉬이 갈라지기 때문에 꼭 끼는 옷이 아니라 헐렁한 옷을 입어야 한다. 또 새 옷이 아니라 헌 옷을 입어야 한다. 헌 옷은 빨지 않았으므로 이[虱]가 있다. '이를 잡으며 태연하고 여유 있게 이야기하는 것'이 위진 시대에는 선비들의 훌륭한 모습으로 여겨졌던 것이다. 십육국 시대에 환온이 북쪽으로 쳐들어가서 산해관 안으로 들어가자, 이름난 선비 왕맹王猛은 의관을 제대로 갖추지 않고 환온을 찾아가 천하의 대사를 아무런 구속도 없이 논하며 '이를 잡으며 태연하고 여유 있게 이야기하는 모습이 방약무인이었다.'는 기록이 『진서晉書』「왕맹전王猛傳」에 전한다.

지금까지 한식산을 복용한 뒤의 발산 과정에 대해 소개했다. 위진 시대 선비들이 끓는 물이나 타는 불에 뛰어들듯 자기의 목숨을 걸고 한식산을 복용했음을 알 수 있다. 참으로 이해할 수 없는 것은 이 시대의 선비들이 귀신에 홀린 것처럼 이 약을 대량으로 복용하여 피해를 당한 이가 셀 수 없을 만큼 많았다는 사실이다.

서진의 황보밀은 한식산을 복용하고 피해를 입은 사람 가운데 하나이다. 황보밀의 자는 사안士安, 침식을 잊을 정도로 책을 좋아했기에 '서성書聖'이라고도 한다. 후진後晉의 무제武帝 사마염司馬炎은 그를 도성으로 불러 벼슬을 주려고 했으나 벼슬길에 마음이 없었던 황보밀은 간절한 마음으로 소를 올리며 그 까닭을 밝혔다. 그 중에 그는 약물을 복용한 뒤 발산을 적당히 하지 못하여 말할 수 없는 고통을 겪으며 이제 불구에 이르렀다는 말이 나온다. '또 한식산을 먹고 절도를 지키지 못하여 그 독성으로 고생이 말이 아니옵니다. 오늘까지 일곱 해가 되도록 한겨울에는 온몸을 벗은 채 얼음을 먹고 더위엔 답답함에 괴로워하고 있습니다. 더구나 기침에다 구역질까지 겹쳐서 학질인 듯 유행성 열병인 듯, 몸은 붓고 팔다리는 쑤시고 아픕니다.'라고 아뢴다. 황보밀은 몸이 극도로 망가졌을 뿐만 아니라 큰 자극을 받은 듯 정신도 망가질 대로 망가진 상태이다. 『진서晉書』「황보밀전皇甫謐傳」에는 '한식산을 먹기 시작하자 몸은 약재의 성질과 서로 맞부딪쳐 언제나 말할 수 없을 정도로 피곤하여, 슬프고 분한 마음에 칼로 목숨을 스스로 끊으려고 했으나, 숙모의 설득으로 행동으로 옮기지는 않았다.'고 기록하고 있다.

황보밀은 한식산의 독성으로 큰 피해를 입은 뒤, 이 약의 성능과 특징을 깊이 파고들어 약을 먹은 이들이 겪은 갖가지 반응을 수집했으며, 한식산을 먹고 치료를 잘 했다는 여러 사람들의 후유증까지 연구해 저명한 의사가 되었다. 황보밀이 한식산을 먹은 뒤 여러 사람들이 겪은 후유증을 열거한 것을 보면 참으로 끔찍스러워 몸이 오싹해질 지경이다.

그의 아우뻘 되는 남자는 혀가 목구멍으로 말려들어 말을 할 수 없게 되었으며, 동해東海의 왕량부王良夫는 등에 커다란 등창이 났으며, 산시에 사는 신장서辛長緖는 피부와 살이 온통 곪았으며, 촉군蜀郡의 조공열趙公烈의 친척 중에는 이 약을 먹고 목숨을 버린 자가 여섯 명이나 되었다. 『세설신어世說新語』「규잠規箴」에는 동진의 은기殷覬라는 자가 약을 먹고 눈이 거의 실명 상태가 되어 사람의 얼굴도 제대로 보지 못했다는 기록이 있다.

약을 먹는 풍조는 위진 시대에만 성행한 것이 아니라 남북조 시대에도 여전히 수그러들지 않았다. 『양서梁書』「장효수전張孝秀傳」에는 장효수가 '한식산을 먹고서 한겨울에도 바위에 누워있을 수 있었다.'고 기록하고 있으며, 『남사南史』「장소전張邵傳」에는 방백옥房伯玉 장군이 약을 먹은 뒤 걸핏하면 찾아오는 고통에 죽음의 문턱에 이르렀다가 겨우 목숨을 건진 이야기가 실려 있다.

방백옥은 한식산 열 몇 제를 먹고 온몸이 덜덜 떨려 한여름인데도 두꺼운 옷을 입어야 했다. 병을 고치는데 용한 서사백徐嗣伯이 그를 진단한 뒤 내열이 너무 높아 겨울에도 찬물로 열을 내려야 한다고 말했다. 11월, 온 천지가 눈과 얼음으로 덮인 때에 서사백은 두 사람에게 명하여 방백옥의 옷을 벗기고 바위 위에 앉힌 뒤 찬물을 머리부터 부어내리기를 스무 곡斛이나 썼다. 방백옥이 꽁꽁 얼어서 숨이 곧 끊어질 듯 간들간들하자, 집안사람들은 서사백에게 빨리 손을 봐 달라고 매달렸으나 서사백은 꿈쩍도 하지 않았다. 오히려 곁에 있던 두 사람에게 방백옥 곁에 서서 누구라도 다가오면 몽둥이를 휘둘러서 막으라고 명령했다. 이어서 또다시 백 곡斛이나 되는 찬물을 붓자 방백옥은 겨우 깨어났으나 등에는 아직도 열기가 있었다. 잠시 뒤 자리에서 일어난 그는 열을 참을 수 없으니 찬 것을 달라고 애걸했다. 서사백이 그에게 찬물을 올리자 단숨에 한 되나 들이켰다. 이로부터 방백옥은 건강을 되찾았으며 추위를 두려워하지 않아 겨울에도 홑옷을 입었

심산채약도深山采藥圖

다. 방백옥처럼 온갖 고통을 이겨내고 마침내 살아남은 자는 사실 보기 힘들다.

위진 시대 선비들 사이에 약을 먹는 풍조가 성행한 것은 병적인 사회와 병적인 인생의 반영이라 할 수 있으며, 약을 먹음으로써 선비들의 마음과 몸의 건강을 오히려 심각하게 손상시켰다. 역사가 증명하지 않았더라면 역사상 이렇게 스스로 사서 고생하며 자기 자신을 망가뜨린 시대를 믿을 수 없을 것이다. 『위진 시대의 풍격과 문장, 그리고 약과 술의 관계魏晉風度及文章與藥及酒之關係』에서 루쉰이 '이 당시 한식산이 세상에 끼친 해독은 청나라 말기 아편과 다를 바 없다.'고 말한 그대로였다.

5장 선비의 주거와 행동

주거와 출행出行은 중국 고대 선비들의 생활에서 없어서는 안 될 두 가지 일이었다. 고대 선비들의 주거와 행동을 깊이 생각하고 살펴보면 그들이 추구하는 사상과 정신의 경계를 알 수 있으며, 선비들의 생활에서 중요한 한 부분을 이해할 수 있다.

1. 선비와 주거住居

거실은 인간의 생활에 필수적이다. 중국 고대에 집은 바람을 피하고 비를 막는 역할뿐만 아니라 신분과 지위의 상징이기도 했다. 거주할 수 있는 집의 규격은 엄격한 등급 기준이 있어서 이것을 넘을 수 없었다.

『순자荀子』「예론禮論」은 '고귀함과 비천함의 구별을 예의로 삼고, 혜택을 받아 누림의 많고 적음으로 존비귀천의 차별로 삼으며, 융숭과 소략으로 일을 처리하는 요점으로 삼는다.'[1]고 일렀다. 중국 고대의 수많은 선비들은 호화롭고 위엄 넘치는 당당한 집을 결코 부러워하지 않았다. 그들은 소박하면서도 깨끗하고 우아한 집을 원했다. 그럼으로써 그들의 고결한 사상과 속되지 않은 인격을 드러내려고 했다.

당나라 때의 시인 유우석은 『누실명陋室銘』에서 선비의 주거에 대한 생각을 이렇게 드러냈다.

> 산이 높지 않아도 신선이 살면 이름난 산이라오.
> 물이 깊지 않아도 용이 있으면 신령한 강이라오.
> 이곳은 누추한 집이지만 오로지 나의 덕으로 향기가 나오.
> 이끼 덮인 계단은 푸르고 발로 들어온 풀빛 더욱 파랗소.
> 웃으며 이야기 나누는 선비만 있을 뿐, 천한 사람일랑 오가지 않소.
> 거문고 타고 불경을 읽을 수도 있지요.
> 음악이 귀를 어지럽히지 않고, 관청의 서류로 피곤한 일도 없소.
> 남양 제갈량의 초가나 서촉 양자운[2]의 정자가 바로 이렇소.
> 공자께서도 선비의 집에 '어찌 누추함이 있으리오?'라고 하셨소.
>
> 山不在高, 有仙則名.
> 水不在深, 有龍則靈.
> 斯是陋室, 唯吾德馨.
> 苔痕上階綠, 草色入簾青.

1 以貴賤爲文, 以多少爲異, 以隆殺爲要.

2 양자운 : 전한 시대의 학자요 문장가인 양웅揚雄을 가리킴.

談笑有鴻儒, 往來無白丁.
可以調素琴, 閱金經.
無絲竹之亂耳, 無案牘之勞形.
南陽諸葛廬, 西蜀子雲亭.
孔子云 : '何陋之有?'

유우석이 쓴 글에서 발견할 수 있는 것은, 그의 집은 화려하고 으리으리한 호화 저택과는 달리 '누실'이라고 불렀다는 점이다. 그러나 전혀 저속하지 않다. 분위기도 우아하여 푸른 이끼가 돌계단을 덮었고 풀잎도 방안에 더욱 새파랗게 비치어 사람을 대자연과 서로 가깝게 하나로 합쳐 한층 소박하고 진실하게 만들고 있다. 또 찾아오는 손님도 모두 박학다식한 학자로서 어떤 이야기를 나누어도 품위가 넘쳐 속되지 않다. 게다가 마음도 부드럽고 고와 시정아치의 시끌벅적함과는 거리가 멀고 관리들이 보는 사무 따위로 지치지도 않는다. 이런 집에서 산다면 공기가 맑고 깨끗하여 몸과 마음이 다 느슨하고 너그러워져 한가할 때면 거문고 타고 불경을 흥얼거리며 유유자적할 것인즉, 어찌 누추함이 있을까? 유우석의 집에 대한 생각은 아주 대표적이다. 고대 수많은 선비들이 동경하는 것은 바로 시정아치들의 소리와는 거리가 멀고, 자연의 멋이 가득하여 정신생활을 풍부히 할 수 있는 주거 환경이었다.

도연명도 조용한 곳, 공명에 무심한 전원에서의 생활을 흥미진진하게 이야기하고 있다. 그는 널리 알려진 『귀원전거歸園田居』에서 이렇게 노래하고 있다.

남쪽 저 멀리까지 밭 일구며
본성대로 살려고 고향에 왔네.
반듯한 집터는 십여 무,

초가 여덟아홉 칸 지었네.
느릅나무 버드나무 그늘은 뒤 처마를 가리고,
복사나무 오얏나무 집 앞에 꽃 피웠네.
어둑어둑 저 멀리 사람 사는 마을엔,
하늘하늘 연기 피어오르네.
골목 안에서는 개 짓는 소리,
뽕나무 가지에서는 닭 우는 소리.
뜰에는 티끌 하나 없고,
텅 빈 방엔 한가로움 가득하네.
오랫동안 새장 안에 갇혔다가,
이제 자연으로 다시 돌아왔네.

開荒南野際, 守拙歸園田.
方宅十餘畝, 草屋八九間.
楡柳蔭後簷, 桃李羅堂前.
曖曖遠人村, 依依墟裏煙.
狗吠深巷中, 鷄鳴桑樹顚.
戶庭無雜塵, 虛室有餘閑.
久在樊籠裏, 復得返自然.

도연명이 사는 초옥은 비록 형편없이 초라하지만 집 앞뒤와 사방에 복숭아나무에 자두나무, 느릅나무와 버드나무, 푸른 나무가 그늘을 이루고 있다. 이런 주거 환경에서 도연명은 전원이 주는 자연의 기운을 느끼고 삶의 참뜻을 체험하게 된다.

당나라 때 시인 두보도 고향을 떠나 객지인 성도에서 머무를 때, 친구들의 도움으로 초옥 한 채를 지었다. 반평생을 떠돌던 그는 마침내 자기 집을 갖자 한없이 기뻤다. 『당성堂成』에서 그는 이렇게 노래한다.

성 앞에 초당 지어 흰 띠로 덮고,
강 따라 눈에 익은 길 푸른 들판 내려 보네.
해를 가린 오리나무 숲 나뭇잎은 바람에 노래하고,
대나무 우듬지는 안개에 젖어 푸른 빛깔 뚝뚝 듣네.
새들은 새끼 데리고 와 잠시 머물고,
제비는 지지배배 새 둥지 틀려고 하네.
사람들은 양웅[3]의 집으로 잘못 알아도,
나는 게을러'『해조解嘲』를 지을 마음 없네.

背郭堂成蔭白茅, 緣江路熟俯青郊.
榿林礙日吟風葉, 籠竹和煙滴露梢.
暫止飛鳥將數子, 頻來語燕定新巢.
旁人錯比揚雄宅, 懶惰無心作解嘲.

두보의 초옥은 성 밖 교외, 금강錦江 가였다. 이곳은 오리나무 숲이 하늘을 가렸으며 바람이 불면 나뭇잎이 노래를 했고, 무성한 댓잎에 아침이슬이 내리곤 했다. 새들은 이곳으로 날아와 깃을 쉬었으며 제비들도 찾아와 둥지를 틀었다. 어떤 이는 새로 지은 초옥을 서한 양웅의 초현당草玄堂에 견주었으나, 그는 게으르게 놀고 있기에 변명을 원치 않으며 양웅이 지은 『해조解嘲』를 따라할 생각도 없었다. 두보는 환경이 우아한 곳인 고요한 초옥에서의 생활에 매우 만족한다. 그는 이따금 바둑을 두거나 낚시를 했다.

---

3 양웅 : 전한의 사상가, 『해조』란 작품을 지음.

『강림江林』에서 그는 '아내가 종이에 바둑판을 그리고, 어린 아들은 바늘 두드려 낚싯바늘 만드네.'[4]라고 노래했다. 때로는 채소밭에 물을 주기도 했다. 『춘수春水』에서 그는 '명주실 이어서 낚시 드리우고, 대롱 이어서 채마밭에 물을 주네.'[5]라고 노래했다. 또 배를 저으며 아이들이 멱 감는 모습을 지켜보기도 했으니, '낮에는 늙은 아내 데리고 자그마한 배에 오르고, 갠 날에는 어린 아들 맑은 강물에 멱 감는 것 본다네.'[6]라고 『진정進艇』에서 읊었다. 때때로 술 한 잔에 시를 읊기도 했다. 『가석可惜』에서는 '마음 넓게 가지려면 술이 제일이요, 흥을 돋우는 데는 시가 최고라오.'[7]라고 노래했다.

두보상杜甫像

당나라 때의 시인 백거이는 벼슬자리에 있을 때 정의를 좇아 바른 말을 하다가 높은 사람의 미움을 사게 되어 멀리 강주[8]로 좌천되었다. 강주에서 백거이는 여산의 수려한 풍광에 빠져 이곳 산기슭에 초옥을 한 채 지었다. 이 집은 초라하기 짝이 없었다. 도끼로 찍은 자국만 있을 뿐 단청도 하지 않았으며, 담은 흙손으로 발랐을 뿐 흰 색을 칠하지 않았고, 계단은 돌

4 老妻畵紙爲棋局, 稚子敲針作釣鉤.

5 接縷垂芳餌, 連筒灌小園.

6 晝引老妻乘小艇, 晴看稚子浴淸江.

7 寬心應是酒, 遣興莫過詩.

8 오늘날 장시江西 주장九江.

로 놓았으며, 창은 종이로 바르고 대발에 모시풀로 만든 휘장이 있었을 뿐이었다. 하지만 구상이 정교하고 초옥과 여산의 아름다움이 하나가 되었기에 그는 여기 살면서 마음의 평안을 느끼며 쌓인 울분을 풀었다. 그는 『여산초당기廬山草堂記』에서 흔연한 마음을 이렇게 표현했다.

> 아! 멋진 집 한 채 지어 아름다운 삿자리 갖추고 이곳에 사니 우쭐하며 즐거운 표정 감출 길 없구나. 이제 나는 이 초옥과 주변 경관의 주인이로다. 갖가지 아름다운 물상은 내 앞으로 다가와서 온갖 느낌 다 주고 내 지혜 일깨우나니, 평화로운 분위기에 젖은 몸과 마음 어찌 평안치 않으랴![9]

중국의 선비들이 도시에서 멀리 떨어진 산촌에 살면서도 즐거워하는 것은 이곳의 공기가 맑고 상쾌하며 시끌벅적한 소란스러움도 없을 뿐만 아니라 정치적인 소용돌이에서 벗어나 사람들 사이의 관계가 간단하고 순박하여 자질구레한 예절 따위는 거들떠보지 않아도 되었기 때문이다. 이곳에서 그들은 자기만의 활동 공간을 가질 수 있었으며 정신적인 고향도 가질 수 있었다. 명나라 때 진계유는 『암서유사岩棲幽事』에서 이렇게 말했다.

> 산촌에서 사는 것이 도회지에서 사는 것보다 나은 점이 대체로 여덟 가지나 되니, 지나치게 번거로운 예절은 귀히 여기지 않으며, 낯선 손님을 만나지 않아도 되며, 술과 고기로 남을 속이지 않으며, 논밭과 집으로 서로 겨루지 않으며, 세상 형편 몰라도 되며, 시비 가리느라 시끄럽지 않으며, 밀린 세금을 강제로 거두지 않으며, 벼슬살이에

---

9 噫, 凡人豊一屋, 華一簀, 而起居其間, 尙不免有驕矜之態, 今我爲是物主, 物至致知, 各以類知, 又安得不外適內和, 體寧心恬哉!

대해서는 이야기를 나누지 않음이다. 만약 이것에 반한다면 머무는 곳이 바로 물건 사고파는 곳 시끄러운 세상이로다.[10]

송나라 때 나대경은 『학림옥로』 권4 「산정일장山靜日長」에서 산촌 생활을 상세하게 묘사하고 있다.

우리 집은 깊은 산속에 있다. 봄이 다하고 여름이 올 무렵이면 계단은 푸른 이끼로 가득 덮이고 오솔길은 떨어진 꽃으로 가득하다. 가만히 문을 두드리는 소리도 없다. 소나무 그림자 들쑥날쑥 가지런하지 않고 여기저기 새소리 들린다. 낮잠 막 끝나면 산골짜기 샘물 긷고 솔가지 주워서 차 끓여 마신다. 생각나는 대로 『주역』, 『국풍』, 『좌씨전』, 『이소』, 『태사공서』, 도연명과 두보의 시, 유종원의 글 몇 편을 읽는다. 서두르지 않고 천천히 산길을 걸으며 소나무 대나무 어루만지고, 넓은 숲 펼쳐진 풀 위에서 어린 짐승들과 같이 누워 쉰다. 흐르는 우물결에 앉아 입을 헹구고 발도 씻는다. 집으로 돌아오면 아내와 어린 아들은 죽순에 고사리나물을 만들어 보리밥과 함께 올리니 흔연히 배가 부르다. 창가에 앉아 붓을 놀리며 수십 자 크고 작은 글씨 써 보다가 감추어 둔 법첩, 붓글씨 흔적, 화첩 펼쳐 훑어본다. 흥이 나면 시를 읊조리거나 『학림옥로』 몇 줄을 휘갈겨 쓴다. 다시 차 한 잔 끓여 마시고 냇가로 나아가 친구와 만나서 농사 이야기, 날씨 이야기에 한 바탕 기분 좋게 이야기 나눈다. 돌아와 사립문에 기대니 지는 해 산에 걸렸고 온갖 물상 눈 깜짝할 사이에 변하여 사람의 눈을 유혹한다. 소 등에 피리소리, 쌍쌍이 돌아오는데 달은 앞 내에 빠

10 山居勝于城市, 蓋有八德(得): 不貴苛禮, 不見生客, 不混酒肉, 不競田宅, 不問炎涼, 不鬧曲直, 不徵文逋, 不談仕籍. 如反此者, 是飯僧牛店, 販馬驛也.

져 있다.[11]

이런 나대경의 그윽하고 한적한 생활은 고대 선비들이 공명과 이익을 버리고 시비를 멀리한 뒤 얻어지는 마음의 평안과 여유에서 나온 것이다. '궁색하면 홀로 자기 몸을 수양하는 데 힘쓴다.'는 말처럼 꾸밈없는 인격에 도달할 수 있었다. 그들은 생활에서 물질적인 호화로움을 추구하지 않고 충실한 사상, 고아한 정신, 심신의 자유를 추구했다.

명나라 때 사조제는 『오잡조』에서 그가 이상으로 하는 주거 생활을 이렇게 말하고 있다.

> 몇 칸 대나무 다락집, 뒤는 산이요 앞은 강이라. 드문드문 소나무에 길게 자란 대나무, 구불구불 오솔길 여기저기 괴석은 자리에 구애됨 없다. 집 안엔 장서 만 권. 긴 탁자에 부드러운 평상. 향기 좋은 찻잎. 마음 맞는 친구는 하루걸러 찾아와 앉았다 누웠다 이야기로 웃음꽃 피운다. 의식 걱정 하지 않고 자질구레한 일은 따지지 않으며, 세상사 거짓 이야기 시끄럽게 묻지 않아도 되고 조정이나 시정의 일

---

11 余家深山之中, 每春夏之交, 蒼蘚盈階, 落花滿徑, 門無剝啄, 松影參差, 禽聲上下. 午睡初足, 旋汲山泉, 拾松枝, 煮苦茗啜之. 隨意讀『周易』, 『國風』, 『左氏傳』, 『離騷』, 『太史公書』及陶杜詩, 韓柳文數篇. 從容步山徑, 撫松竹, 與麛犢共偃息于長林豊草間. 坐弄流泉, 漱齒濯足. 旣歸竹窓下, 則山妻稚子, 作筍蕨, 供麥飯, 欣然一飽. 弄筆窓間, 隨大小作數十字, 展所藏法帖, 墨迹, 畵卷縱觀之. 興到則吟小詩, 或草『玉露』一兩段. 再烹苦茗一杯, 出步溪邊, 邂逅園翁溪友, 問桑麻, 說粳稻, 量晴較雨, 探節數時, 相與劇談一餉. 歸而倚杖柴門之下, 則夕陽在山, 紫綠萬狀, 變幻頃刻, 恍可人目. 牛背笛聲, 兩兩歸來, 而月印前溪矣.

따지지 않는다. 이렇게 경계가 분명하니 정말로 멋지다.[12]

사조제처럼 '의식 걱정 하지 않고 자질구레한 일은 따지지 않는' 생활은 분명 돈도 있고 시간도 넉넉한 사람이라야 누릴 수 있으니, 어쩌면 그저 그의 이상일 수도 있다. 그런데 정판교가 말한 주거 생활은 더욱 실제적인 듯, 그는 동생에게 보낸 편지에서 이렇게 말하고 있다.

동생이 산 집은 정교하고 빈틈없어 지내기에는 참 괜찮겠구나. 다만 뜰이 너무 좁아서 볼 수 있는 하늘이 넓지 않겠구나. 이 형이 마음속으로 바라는 바는 외져도 널찍한 곳이었는데, 지내기에 좀 그렇겠구나. ……얼마간의 돈이 생긴다면 멋진 땅을 살 수 있을 텐데. 그러면 어느 날 그곳에 몇 칸 모옥을 세우고 토담으로 둘러진 정원엔 대나무랑 꽃들도 심고 구불구불 오솔길엔 깨어진 기와 조각으로 포장하고 두 개의 문도 세울 텐데. 가운데엔 두 칸 초가도 지어서, 한 칸은 찾아오는 손님 맞고, 다른 한 칸은 글 읽고 쓰는 방으로 만들어, 사적이랑 필묵이랑 술이랑 골동품, 그리고 다구 따위 그 안에 차려두고 사랑하는 벗들과 집안 아이들이 문장을 논하고 시를 읊는 곳으로 삼을 텐데. 뒤편엔 살림집 안채 세 칸, 부엌 두 칸, 하인들 거처할 방 한 칸, 모두 여덟 칸, 모두 짚으로 이엉해도 나는 만족할 것이고. 이른 아침 해도 떠오르기 전 동쪽 바다 한 조각 붉은 놀 바라보고, 어스름 저녁 지는 해 온 마을 비추면 뜰 안 높은 곳에 올라 안개

12 竹樓數間, 負山臨水, 疏松修竹, 詰屈委蛇, 怪石落落, 不拘位置. 藏書萬卷其中. 長几軟榻, 一香一茗. 同心良友, 間日過從, 坐臥笑談, 隨意所適. 不營衣食, 不問米鹽, 不敍寒喧, 不言朝市, 丘壑涯分, 于斯極矣.

가득한 평교平橋도 바라볼 텐데.[13]

자기가 거처할 집에 대한 정판교의 상상은 화려함 없이 수수하며 실제와 딱 맞아 고대 선비들의 일반적인 생활수준을 대표한다.

독서는 고대 선비들의 생활에서 맨 앞자리를 차지하는 중요한 일이다. 따라서 선비들은 집 안에 품위 있고 조용한 서재를 갖추길 원했다. 서재는 공부방을 점잖게 이르는 말이다. 서재書齋에서 '재齋'는 '결潔'을 뜻한다. 『설문說文』에는 '그 가운데 있으면 마음이 한가로워서 몸과 마음을 깨끗이 할 수 있다. 이렇게 몸과 마음을 깨끗이 해 주기에 이곳을 재齋라고 한다.'라고 했다. 정결하고 깔끔한 서재에 들어가면 속세를 벗어나 마음이 깨끗해지고 영혼이 승화됨을 느낄 수 있다. 이런 곳에서 조용하게 책을 읽고 글을 쓰며 시를 읊고 그림을 그리면 인생의 즐거움을 깊이 깨닫고 느낄 수 있다. 책은 조용한 곳에서 읽어야 하기에 서재는 외진 곳에 지어야 했다. 또 사방에 나무와 화초가 있고 연못도 있어야 했다.

명나라 때 진계유는 『소창유기小窓幽記』「집령集靈」에서 '서재 앞으로 펼쳐진 구불구불한 난간에는 꽃을 가꾼다. 작은 연못을 파서 달을 빠뜨린다.……여기에 흐르는 물을 끌어다 물고기를 기른다. 자그마한 창 아래 맑은 향 피우고 책을 읽는다. 책상 한 쪽엔 거문고를 둔다. 발을 걷어 올리면 학이 보인다. 높은 누각에 올라서는 술을 마신다.'고 말했다. 장대張岱도 『도암

---

13 吾弟所買宅, 嚴緊密栗, 處家最宜, 只是天井太小, 見天不大. 愚兄心思曠遠, 不樂居耳. …… 若得制錢五十千, 便可買地一大段, 他日結茅有在矣. 吾意欲築一土墻院子, 門內多栽竹樹花草, 用碎磚鋪曲徑一條, 以達二門. 其內茅屋兩間, 一間坐客, 一間作房, 貯圖書史籍筆墨硯酒瓦董茶具其中, 爲良朋好友後生小子論文賦詩之所. 其後住家主屋三間, 廚房兩間, 奴子屋一間, 共八間. 俱用草苫, 如此足. 淸晨日尙未出, 望東海一片紅霞, 薄暮斜陽滿村. 立院中高處, 便見烟水平橋.

몽억陶庵夢憶』에서 '커다란 회화나무에 오랜 대나무, 이들이 지우는 그늘은 짙기가 한없고 …… 나는 여기서 책을 읽으니 눈앞을 스치고 얼굴을 덮어 오는 푸른 빛깔, 조용한 창가에서 책을 펼치니 글자는 모두 옥처럼 산뜻하다.'고 했다.

서재는 어떻게 꾸몄을까? 고대 선비들은 각자 좋아하는 바가 달랐다. 송나라 때 시인 육유는 책을 몹시 좋아해 늘그막에도 손에서 책을 놓을 때가 없었다. 그의 서재엔 이 구석 저 구석에 책이 쌓이고 놓여 있어서 사람들이 발걸음을 떼기 힘들 정도였다. 그는 자기 서재를 '서소書巢'라고 이름 붙였다. 육유의 서재엔 멋대로 방치된 책만 있었지 다른 것은 하나도 없었다.

하지만 구양수의 서재엔 책, 거문고, 바둑판, 술 등을 모두 갖추고 있었으니, 주인의 생활에 대한 흥취가 매우 다양함을 엿볼 수 있다. 구양수는 자칭 '육일거사六一居士'로서 특별히 『육일거사전六一居士傳』을 쓰기도 했으니, 그 중 한 단락을 보면 이렇다.

> 손님이 이렇게 물었다.
>
> "육일이라, 무슨 뜻이오?"
>
> 거사는 이렇게 대답했다.
>
> "우리 집에는 책이 1만 권, 삼대 이래 금석문에서 모아 책으로 엮은 것이 1천 권, 거문고 1대, 바둑판 1장, 게다가 술이 언제나 1병 있소."
>
> 손님이 물었다.
>
> "그럼 '일[1]'이 다섯뿐이잖소? 어쩐 일이오?"
>
> 거사가 말했다.
>
> "이 다섯 가운데 늙은이 하나 있으니, 어찌 육일이 아니겠소?"[14]

명청 시대의 선비들은 서재에 대하여 갈수록 더 신경을 썼다. 서재의 전체 설계에 주의를 기울였으며 갖가지 문방구의 배치에도 매우 신경을 썼다.

명나라 때 고렴高濂은 『준생팔전遵生八箋』「기거안락전起居安樂箋」에서 '서재는 응당 평온하고 너무 넓어서도 안 된다. 밝고 깨끗해야 정신이 개운하며, 너무 널찍하면 시력을 해친다. 창 밖 사방 담장엔 담쟁이 가득하고 사이사이엔 소나무와 전나무가 화분에 담겨 늘어섰고, 아니면 난초 한 두 분 있고, 여기 저기 계단엔 푸른 운향을 가꾸어 온통 짙푸르기 짝이 없어야 한다.'고 기록했다. 고렴의 서재에는 탁자 하나에 책상 하나, 갖가지 장식품을 귀찮게 여기지도 않고 하나하나 늘어놓고 있으니 참으로 꼼꼼하고도 진지하다. 그는 이런 서재에서 '오랫동안 자리를 차지하여 기나긴 밤엔 죽롱으로 등불을 덮어 가리고 근심도 걱정도 없이 책을 읽으며 유유자적 남은 삶을 보내리라.'고 덧붙였다.

명나라 때 진계유는 서재는 간단하면서도 깔끔하여 마음에 들어야 한다고 주장했다. 그는 『소창유기』에서 이렇게 말했다.

> 나는 일찍이 깨끗한 방이 하나 있었다. 이곳에 자그마한 탁자 하나를 놓고 몇 가지 마음에 드는 책을 늘어놓고 묵은 서첩書帖 한 권도 올려놓았다. 오래된 향로에 향 피우고 먼지떨이로 세상 먼지 떨다가 조금이라도 피곤하면 대나무 침상에서 잠시 휴식을 취한다. 때 되면 일어나 씁쓰름한 차 한 잔 마시고 『한서漢書』 몇 줄을 손 가는 대로 쓰다가 마음 나면 오래 된 그림 몇 폭 감상한다. 마음속엔 깨끗한 여

14 客有問曰: '六一, 何謂也?', 居士曰: '吾家藏書一萬卷, 集錄三代以來金石遺文一千卷, 有琴一張, 有棋一局, 而常置酒壺. 客曰: '是爲五一爾, 奈何?' 居士曰: '以吾一老翁, 于此五物之間, 是豈不爲六一乎?'

백이 생기고 얼굴에 쌓인 속세의 먼지 또한 사라진 듯하다.[15]

청나라 때 희곡작가인 이어도 서재를 공들여 설계했다. 그는 서재는 배치에 종종 변화를 주어야 하며 갖가지 물품을 어긋버긋 놓아야 신선함을 줄 수 있다고 보았다. 『한정우기』에 기록된 그의 말을 들어보자.

그윽한 서재의 배치는 날마다 변화를 주는 데 관건이 있다. 만약 진열된 골동품이 뿌리를 내린 듯 제자리에 한 해가 다 되어도 그대로 쓸모없이 있다면 썩어빠진 물건처럼 생기 하나 없어서 주인을 골동품을 다룰 줄 모르는 이라고 여기게 될 것이다.

……낮은 곳에 있던 것을 높은 곳으로 옮긴다거나, 먼 곳에 있던 것을 가까운 곳으로 다시 배치한다거나, 오랫동안 떨어져 있던 물건을 한 곳으로 모은다거나, 오랫동안 한 곳에 있던 물건을 서로 떼어 놓는다거나, 이렇게 하면 아무런 감정이 없던 물건도 다시 감정을 가지게 된다. 이는 마치 사람 사이의 슬픔과 기쁨, 그리고 이별과 만남이 있는 것과 같다. 물건들을 가만가만 옮겨서 맞갖은 곳에 놓아두며 제 뜻대로 하기만 하면 드디어 절묘한 경지에 이르게 된다.[16]

이어는 속된 냄새 풍기는 장식에 반대했으며 옛 사람을 본받고 자연을

15 余嘗淨一室, 置一几, 陳幾種快意書, 放一本舊書帖, 古鼎焚香, 消塵揮塵, 意思小倦, 暫休竹榻. 餉時而起, 則啜苦茗, 信手手寫漢書幾行, 隨意觀古畵數幅. 心目間覺灑空靈, 面上塵當亦扑去三寸.

16 幽齋陳設, 妙在日異月新, 若使骨董生根, 終年匏係一處, 則因物多腐象, 遂使人少生機, 非善用古玩者也. …… 或卑者使高, 或遠者使近, 或一物別之旣久. 而使一旦相親, 或數物混處多時, 而使忽然隔絶, 是無情之物變爲有情, 若有悲歡離合于其間者. 但須左之右之, 無不宜之, 則造物在手, 而臻化境矣.

본받아 우아한 느낌을 얻어야 한다고 주장했다. 그는 '방 안의 벽은 너무 단순해서도 안 되며, 그렇다고 너무 화려해서도 곤란하다. 명인들의 글씨나 그림은 원래 모자람이 있을 수 없다. 그것도 아니라면 틀림없이 농담이 알맞으며 가로세로 뒤섞인 모습에 멋이 가득했다.'고 했다. 게다가 그는 '커다란 괴석 가운데 책상 하나 침상 하나는 그 멋을 짐작케 하여 참으로 몸과 마음을 모두 고요하게 한다. 그래서 멋을 아는 이가 사는 곳에 가면 속세를 떠난 우아한 멋을 느낄 수 있다.'고 덧붙였다.

거처하는 방이든 서재든 선비들은 창문의 디자인을 매우 중시했다. 그들이 보기에 창문은 햇빛을 받아들이고 공기나 바람을 통하게 하는 실용적인 필요뿐만 아니라 예술적인 아름다움도 갖춰야 한다고 생각했다.

명나라 때의 학자 귀유광歸有光은 오랫동안 살고 있던 방을 수리하지 않다가 집을 손보아 고쳐 비가 새지 않자 이제는 벽에 창을 하나 내어 자연의 빛을 끌어들여 방안의 환경을 크게 바꾸었다. 그는 '앞쪽엔 큰 창 네 개 만들어 밝은 빛 더하고, 해가 남쪽에서 비춰들 때는 네 벽에 채광이 좋으니 집안이 온통 환하다.'고 했다. 또 그는 난초, 계수나무, 대나무 그리고 갖가지 화초를 심고 가꾸어 높은 곳에서 내려다보면 그의 정원은 푸릇푸릇하고 울긋불긋하니 참으로 수려하고 우아했다. 그는 이곳에서 책을 읽고 생각에 깊이 잠겼으니, 정말 만족스러운 생활이었다. 그는 이렇게 말했다.

> 책을 얹어두는 시렁엔 하나 가득 책이니, 소리 깊게 뽑아 시가를 읊조리기도 하고 어둠 속에서도 일어나 꼿꼿이 앉아 있기도 한다. 온갖 소리 들리나 정원의 계단은 적적하고 새들은 시시로 날아와 모이를 찾으며 사람이 다가가도 날아가지 않는다. 보름밤엔 밝은 달이 담장을 반이나 비추이니 오색 비단 드리운 듯 무늬가 어룩어룩하다. 바람이 이리 불면 그림자도 이리 일렁이니 한가한 모습 참으로 멋지다.[17]

창문은 선비들의 생활에 빛뿐 아니라 인간과 대자연 사이에 놓인 틈을 없애고 대자연에 한층 더 가까이 가게 했다.

거처하는 방안의 미적 아름다움을 더하기 위해, 어떤 선비들은 갖가지 모양의 창문을 스스로 디자인하여 창문을 예술품으로 만들기도 했다. 이어는 일찍이 '매화 창문'을 디자인했다. 그는 먼저 곧으면서도 실하고 단단한 나뭇가지를 도끼질도 하지 않고 연결하여 창틀을 만들었다. 그런 다음 구불구불한 작은 가지 두 개를 매화나무 모양으로 만들어, 그 가운데 하나는 위에서 아래로 늘어뜨리고 다른 하나는 아래에서 위로 마주하여 창에 고정시켰다. 그렇게 한 다음 색종이를 오려서 꽃을 만들었다. 이제 홍매와 푸른 꽃받침 두 종류를 성긴 가지와 가느다란 줄기에 붙인다. 멀리서 보면, 눈 속에 송이송이 활짝 핀 듯 홍매가 보는 이로 하여금 손뼉을 치며 감탄하지 않을 수 없게 한다. 이어는 이밖에도 궁등창宮燈窓을 디자인하기도 했다. 그는 창문에 곱게 바른 비단 위에 갖가지 화조花鳥와 산수山水를 그려 넣었다. 밤이 되면 창문에 등잔을 하나 걸었다. 그러면 멀리서 볼 때 마치 청사등롱 같았다.

매창梅窓

청나라 때의 저명한 서화가 정판교도 창문을 통해서 창작의 영감과 멋을 찾으려고 생각했다. 그가 그린 대나무 그림에 이렇게 제자를 했다.

17 借書滿架, 偃仰嘯歌, 冥然兀坐, 萬籟有聲, 而庭階寂寂, 小鳥時來啄食, 人至不去. 三五之夜, 明月半墻, 挂彩斑駁, 風移影動, 姍姍可愛.

> 우리 집엔 초가 두 칸이 있다. …… 가을에서 겨울로 접어드는 때에 병풍의 뼈대를 가져다가 양쪽 끝을 잘라 낸 뒤 가로로 눕혀 창틀로 삼아 얇고 하얀 종이에 풀칠을 하여 바른다. 바람 부드럽고 햇볕 따스한 날이면 움츠렸던 파리가 창호지 위에 통통거리며 작은 북을 치는 소리를 낸다. 이때 대나무 그림자 어지럽게 흔들리면 이 어찌 자연이 그린 그림이 아니랴! 무릇 내가 대나무 그림을 그리는 것은, 모시고 있는 스승이 없어도 오로지 창호지와 벽에 어리는 햇살과 달그림자가 있음이로다.[18]

선비들의 교묘한 구상으로 창문의 작용은 이미 실용적인 효능을 뛰어넘어 거실을 미적 느낌을 체현하는 공간으로 만들었으며, 게다가 생활에 숱한 즐거움을 가져다주기까지 했다.

2. 선비와 원림園林

중국 고대 선비들은 자연 산수에 가까운 환경에서 살기를 좋아했다. 그들은 이렇게 해야 사람이 자연과 더불어 화합하여 하나가 되는 경지에 도달할 수 있다고 생각했다. 원나라 때 황공망黃公望은 〈추산초은도秋山招隱圖〉에 제자題字을 올려 이렇게 노래했다.

---

18 余家有茅屋, …… 秋冬之際, 取圍屛骨子, 斷去兩頭, 橫安以爲窓櫺, 用勻薄潔之紙糊之. 風和日暖, 凍蠅觸窓紙上, 冬冬作小鼓聲. 于時一片竹影零亂, 豈非天然圖畫乎! 凡吾畫竹, 無所師承, 多得于紙窓粉壁日光月影中耳.

저자에서 멀리 떨어진 곳에 띠를 엮어 집을 지으니,
평온한 마음에 행복이 찾아오네.
문을 열면 온통 소나무에 전나무,
죽 잇달아 언덕과 골짜기로다.

結茅離市廛,
幽心幸有托.
開門盡松檜,
列枕皆丘壑.

명나라 때 진계유도 『소창유기小窓幽記』 「집경集景」에서 이렇게 노래했다.

솔숲에 오두막 지으니,
한가로이 떠도는 구름이 문을 막아서네.
푸른 숲 속을 한가롭게 거니니,
꽃잎이 옷을 적시네.
섬돌에 가득한 싱그러운 풀,
차 다리는 연기 몇 가닥.
눈에 보이는 것은 봄날의 풍광,
귀에 들리는 것은 꾀꼬리 노랫소리.

結廬松之間, 閒雲封戶.
徙倚青林之下, 花瓣沾衣.
芳草盈階, 茶煙幾縷.
春光滿眼, 黃鳥一聲.

그런데 진정으로 깊은 산골짜기 숲속에서 생활할 수 있는 자는 한마음으로 세상을 피해 은거해야 해서 보통 선비들은 그러기 매우 힘들다. 산골짜기에서 생활하는 것이 갖가지 어려움을 견뎌야 하기 때문이기도 하지만 고대 선비의 입장에서는 이름도 감추고 공명도 포기하며 은거하기란 참으로 힘들었기 때문이다. 산수 자연의 멋도 맛보면서 고통스런 생활의 모순도 뛰어넘으려면 어떻게 해야 할까? 이렇게 자기가 살고 있는 곳에 아름다운 자연을 그대로 옮긴 원림園林은 이들의 요구에 따라 자연스레 생겼다.

중국 고대에는 벌써부터 사람이 대규모 공사로 지은 원림이 있었다. 상주商周 시대에는 원림을 '포圃'라고 불렀다. 포 안에는 우뚝 솟은 궁전과 누각이 있었으며 각종 날짐승과 길짐승을 길렀고 귀한 꽃과 나무를 심기도 했다. 귀족들이 이곳을 유람하고, 관상하며, 사냥도 할 수 있도록 주인은 노예를 제공해야 했다. 진한秦漢 이후, 포는 '원苑'이나 '원포苑圃'로 고쳐 불렀다. 이것은 제왕과 관료 귀족들의 원림이었다.

국가의 부나 제왕의 기세를 보여주기 위하여 황실에서 만든 원림은 규모가 대단했으며 볼거리도 굉장히 많았다. 진시황제가 지은 진궁은 위수渭水 남북에 걸쳐 모두 삼백 리나 되었다. 한무제가 지은 상림원上林苑은 남북의 길이가 몇 백 리였다. 그 안에는 우뚝 솟은 남산이 있었으며 끝없이 넓은 곤명지昆明池도 만들었다. 또 근 백 개나 되는 대형 궁원엔 진기하고 이상한 짐승들이 수없이 많았으며 기이한 꽃들도 흐드러지게 피었다.

한나라 때 몇몇 관료들과 큰 부자들도 개인용 원림을 만들었다. 예컨대 거부 원광한袁廣漢은 낙양 북망산 밑에 원림을 만들었는데, 동서 4리 남북 5리인 이 원림에 쓰인 돌만해도 산더미요, 그 사이엔 온갖 짐승들이 살고 있었다. 동한의 외척 양기梁冀가 만든 원림은 넓기가 그지없었으며 파낸 흙으로 산까지 만들었다. 원림 안에는 '그윽한 숲에 아름다운 시냇물이 흘러 마치 자연 그대로인 듯, 그 사이를 기이한 짐승들이 뛰어다녔다.'는 기록이 『후한서後漢書』「양기전梁冀傳」에 전한다.

동시에 몇몇 선비들은 정신의 자유를 추구하기 위하여 평안하고 고요한 전원생활을 동경하였으니, 예컨대 동한 말기의 중장통仲長統은 『창언昌言』「악지樂志」에서 자신의 이상적인 거처에 대하여 이렇게 말했다.

> 좋은 논밭에 너른 집, 뒤로는 산이요 앞으로는 강이 흐르고, 자그마한 내는 집을 감싸며 돈다. 이곳저곳 대나무요, 남새는 앞뜰에 가꾸고 열매 맺는 나무는 뒤뜰에 심는다. …… 전원에 스스로 만족하여 숲길을 거닐다 맑은 물에 발 담그고 서늘한 바람을 부른다. 물속을 노니는 잉어도 잡아 올리고 높이 나는 기러기도 주살로 쏘아 잡는다.[19]

위진 시대의 명사 혜강은, '커다란 버드나무가 늘어섰고, 맑게 흐르는 물도 굽어 흘렀다. 여름에는 서늘하기 짝이 없었으니, 언제나 그곳에서 노닐었다.'라고 자기가 살던 곳을 표현했다. 그에게는 그렇게 크지 않은 원림이 있었던 듯하다.

서진에서 가장 유명한 원림은 부호 석숭石崇의 금곡원金谷園이다. 낙양 교외에 있는 금곡원은 석숭이 손수 편찬한 『금곡시서金谷詩序』에 의하면 경치가 정말로 뛰어나게 아름다웠다.

> 하남 금곡에 별장이 있다. 그곳엔 높고 험한 곳도 있고 나지막한 곳도 있다. 맑은 샘물에 우거진 숲, 그리고 갖가지 과일 나무에 송백松柏, 그리고 약초 따위로 갖추어지지 않은 것이 없었다. 물방아도 있었으며, 물고기 노니는 연못에 토굴土窟 등 눈도 마음도 즐겁게 하

19 使居有良田廣宅, 背山臨流, 溝池環匝, 竹木周布, 場圃築前, 果園樹後. …… 躊躇畦苑, 游戲平林, 濯淸水, 追凉風 釣游鯉, 弋高鴻.

는 것들이 모두 있었다. …… 나는 여러 선비들과 함께 …… 밤낮으로 교제를 하며 잔치를 벌였으며, 자주 자리를 옮기기도 했다. 때로는 높은 곳에 올라 아래를 내려다보기도 했으며, 물가에 자리를 잡기도 했다. 당시 거문고, 슬, 생황, 축 등을 수레에 신고 다니며 여러 사람들이 동시에 연주하기도 했다.[20]

금곡원 숲에는 맑은 샘물, 과일나무와 약초들이 모두 모여 장관을 이루었다. 또 '훌륭한 밭이 10경頃[21], 양 2백 마리에 돼지와 닭, 거위와 오리 등도 많았다.'고 한 것으로 보아 그 규모가 매우 큰 호화 원림이었음을 알 수 있다. 석숭은 이 원림에서 '이십사우二十四友' 선비들과 사귀며 잔치를 열고 교제를 즐겼다. 금곡원의 출현은 선비가 만든 원림이 새로운 수준으로 발전하고 있는 증거였으며, 선비들에게 원림을 조성하려는 열정을 자극했다.

진晉이 오吳를 멸망시키자 평생 오나라의 신하로 살았던 육기陸機와 육운陸雲 형제는 화정華亭의 원림에서 10년을 숨어 살았다. 『세설신어世說新語』「우회尤悔」는 『팔왕고사八王故事』를 인용하며 '화정은 오吳나라 유권현由拳縣 교외에 있는 별장으로 숲이 우거졌고 맑은 물이 흐르는 곳에 지어졌다.'고 기록한다.

서진 사람 반악潘岳은 공명심이 강했지만 벼슬길은 뜻과 같지 않자 자기의 재주를 써 먹을 길이 없다고 생각하며 마음이 늘 우울했다. 그러자 그는 원림 만들기에 골몰하여 이곳에서 숨어 지냈다. 그가 만든 원림엔 '작은 연못에 늘어진 버드나무가 비치었다.'고 한다. 원림 안에는 여러 가지 과일

---

20 別廬在河南縣界金谷澗中, 或高或下, 或淸泉茂林, 衆果松柏, 藥草之屬, 莫不畢備. 又有水碓, 魚池, 土窟, 其爲娛目歡心之物備矣. …… 余與衆賢 …… 晝夜游宴, 屢遷其坐. 或登高臨下, 或列坐水濱. 時琴瑟笙筑, 合載車中, 道路幷作.

21 약 20만 평.

나무를 심었으며 갖가지 남새를 다 가꾸었다. 반악은 이곳에서 늘 한가롭게 노닐며 아름다운 풍광에 젖어서 마음의 안정을 유지했다. 그가 이곳에서의 생활을 '삶의 즐거움에 젖었으니, 다른 것을 어찌 알겠는가!', 라고 말했다는 기록이 『진서晉書』「반악전潘岳傳」에 전한다.

동진 시기에 오면 선비들이 원림을 만드는 풍조가 더욱 성했다. 동진의 문인 사대부들은 거의 온 힘과 마음을 다해 원림을 만들어서 운영했다. 『진서晉書』「왕헌지전王獻之傳」에는 이런 기록이 있다.

> 왕헌지가 일찍이 오군吳郡을 지나다가 고벽강顧辟疆이 멋진 원림을 가지고 있다는 말을 듣는다. 그는 고벽강과 아무런 안면도 없었으나 가마를 타고 들어갔다. 이때 벽강은 벗들과 어울려 모임을 갖고 있었으나 희지는 원림을 한 바퀴 돌아보고 좋고 나쁨을 짚었으니, 그 모습이 자못 방약무인했다.[22]

또한 『진서晉書』「사안전謝安傳」에는 이런 기록도 있다.

> 사안은 토산에 집을 지었으니 그 주위엔 대숲이 우거졌다. 그는 아들과 조카뻘 되는 이들을 이곳에 불러 모임을 갖곤 했다.[23]

남북조 시기에도 선비들이 원림을 조성하는 열정은 식지 않았다. 『남제서南齊書』「고제기상高帝紀上」에는 유면劉勔이 사안을 모방해 "이를 핑계 삼아 원림을 만드니, 그 이름이 '동산東山'으로 자못 큰일이었다."는 기록이 있

---

22 (王獻之)嘗經吳郡, 聞顧辟疆有名園, 先不相識, 乘平輿肩徑入. 時辟疆方集賓友, 而獻之遊歷既畢, 傍若無人.

23 (謝安)于土山營墅, 樓館竹林甚盛, 每携中外子侄來往游集.

으며, 『위서魏書』 「일사전逸士傳」에는 풍량馮亮이 '평소에 산수를 사랑하여 교묘한 구상으로 바위도 있고 나무도 우거진 곳에 집을 한 채 결었는데 살만한 곳이었다. 숲이나 샘이 기이할 뿐만 아니라 배치도 아름다웠으며 산골짜기에 사는 오묘함을 남김없이 다 나타냈다.'는 기록도 있다.

위진 남북조 시대 선비들이 원림을 만드는 풍조가 성행한 원인은, 우선 이 당시 험악한 정치 형세 속에서 선비들은 화를 면하기 위하여 술을 마시고 약을 복용하는 것 말고도 원림이 자신을 보호할 수 있는 이상적인 장소라고 생각했기 때문이다. 또한 한나라 이후 유행한 세상을 피해 숨어 살려는 풍조도 선비들이 원림을 만드는 데 한 몫 했다. 노자와 장자의 학문은 위진 이후 유행한 사회 사조였다. 이러한 사상의 영향으로 벼슬자리에 있던 몇몇 사대부들도 '조은朝隱'을 소중히 여겼다. 이른바 조은이란 산림에 은거하지 않고 성 안이나 교외에 원림을 만들어 은사의 한가로움을 맛보는 것을 말한다. 예컨대 남조의 송宋과 제齊에 걸쳐 살며 큰 벼슬을 했던 원찬袁粲은 '괜히 멀리 나들이하기를 좋아해 맡은 바 자리가 대단하여도 할 일을 가슴에 담지 않고 홀로 원림을 거닐며 시와 술을 즐겼다. 이렇게 교외에 살면서 채찍을 잡아 소요하다가 의기가 오르면 돌아가기를 잊었다.'는 기록이 『남사南史』 「원찬전袁粲傳」에 전한다.

이제 도연명 이야기를 하겠다. 다른 선비들이 크고 작은 원림을 열정적으로 만든 것과는 달리 도연명은 시골로 돌아가 진정 대자연과 하나가 되는 전원생활을 선택했다. 그는 『음주飮酒』 다섯 번째 수에서 이렇게 노래한다.

> 마을에 초가 지어 살아도,
> 시끄러운 수레 소리 들리지 않네.
> 묻노니, 그대여 어찌 사는고?
> 마음이 속세에서 멀리 떠났으니 사는 곳도 외진 곳.

동편 울바자 아래에서 국화 꺾다가,
유연히 남산을 바라보네.
산 풍경 언제나 좋으니,
새들은 짝을 지어 둥지로 돌아오네.
여기 가식 없는 참다움 있으니,
설명하려 해도 할 말을 잊고 말았네.

結盧在人境, 而無車馬喧.
問君何能爾, 心遠地自偏.
采菊東籬下, 悠然見南山.
山氣日夕佳, 飛鳥相與還.
此中有眞意, 欲辯已忘言.

풍광이 수려한 산촌에서, 도연명은 물처럼 맑고 깨끗한 마음으로 손수 농사를 지으며 생활을 즐겼다. '동편 울바자 아래에서 국화 꺾다가, 유연히 남산을 바라보면서' 고요한 전원생활을 느긋하게 즐긴 것이다. 세상과 다툼 없이 스스로 그 속에게 기쁨을 얻었던 그의 생활 방식을 훗날 선비들은 깊이 우러러 사모했으며, 그가 살던 전원의 주택과 화원은 그 후 여러 사람들의 본보기가 되었다.

수당 이후 선비들이 원림을 조성하는 일은 이제 성숙한 단계에 이르렀다. 원림은 이미 문인 사대부들의 생활을 이루는 중요한 부분이었다. 『서만록書墁錄』에 의하면, 장안에는 '높은 벼슬아치들은 성곽 가까운 곳에 모두 정원과 연못이 딸린 원림을 가지고 있었다. 울타리가 될 팥배나무가 수십 리에 이르도록 펼쳐졌으며 빼어난 풍광이 여기저기 온통 널려 있었다.'고 기록하고 있다. 유명한 시인 백거이가 낙양의 이도방履道坊에 세운 원림은 그윽하고도 품위가 있었다. '다섯 무畝의 거처에 열 무畝의 화초 따위를 가꾸는 밭엔 물이 있는 곳엔 연못이 있었으며 거기엔 또 숲을 이룬 대나무가 있었다.'고 한다.

송나라 때에는 개인이 가진 원림이 대단히 흥성하여 북송의 도읍지 개봉과 낙양엔 이름난 원림이 각각 십여 곳이나 되었으며, 남송 때는 항주杭州에만 유명한 원림이 마흔 곳을 넘었다.

명청 시기에 선비들이 조성한 원림은 그 숫자도 많지만 예술적인 면에서도 매우 높은 수준에 도달했다. 명나라 말기의 뛰어난 조림예술가 계성計成이 쓴 『원치』라는 책엔 원림을 조성하는 방법과 경험을 비평을 곁들여 설명하고 있다. 특별히 '차경借景'[24]에 대해 철저하게 논술하고 있다. 이 책은 중국 원림의 예술적인 조성에 큰 영향을 끼쳤다.

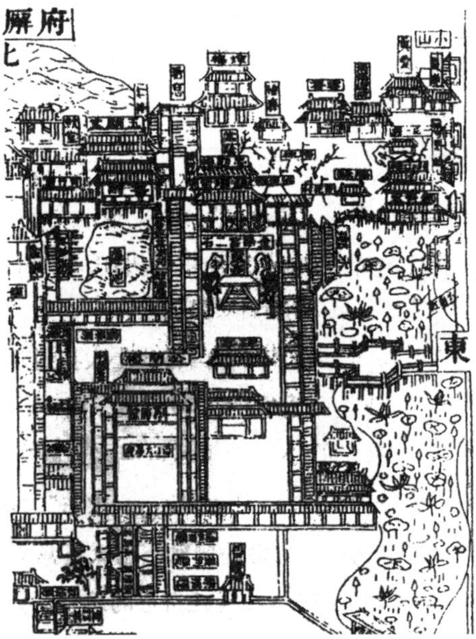

건강원림도建康園林圖

청나라 초기의 문인 이어는 저명한 극작가이자 원림 전문가였다. 그의 『한정우기閑情偶寄』「거실기완부居室器玩部」는 『원치』를 잇는 원림 이론을 집대성한 역작이다. 이어는 원림을 조성하려면 '지리적인 위치에 따라 적당한 방식을 취하

24 조경 예술에서, 조경 풍치림 밖의 경물을 빌리거나 조경 풍치림 내의 각 경물들을 서로 잘 조화시켜 통일체로 조성.

며 서까래 하나라도 제 뜻에 맞게 해야지 과거의 양식에 얽매이지 말아야 한다. 이런 과정을 거쳐야 집에 들어온 사람들은 호수에서 책을 읽는 사람을 만난 것처럼 신선한 느낌을 갖게 된다.'고 했다. 게다가 그는 차경, 품석品石, 첩산疊山[25] 등에 대하여 독특한 견해를 내놓았다.

청나라 때 전영錢詠은 '원림은 시문을 짓듯 조성해야 한다. 여기저기 구불구불한 곳에도 반드시 표준이 있고 앞뒤도 서로 상응해야 한다. 벽돌이나 돌을 쌓는 것은 한사코 피해야 하며 복잡하게 뒤섞이는 것도 힘을 다해 꺼려야 한다. 이래야 멋있는 짜임이 된다.'고 『이원총화履園叢話』 권20에서 주장했다.

정판교도 원림의 묘미는 주인의 기이한 구상을 거쳐 가슴속에 품은 뜻을 드러내는 데 있다고 보았다. 그는 '정자 한 채에 연못 하나, 누각 하나에 방 하나, 관람대 하나에 불가에 세운 정자 한 채, 한 그루 화초에 나무 한 그루로 한다. 원림의 배치는 사소한 부분과 부분끼리도 서로 잘 어울려야 한다. 이 모두 원림 주인이 온갖 정성으로 안배하여 다른 사람들이 생각지도 못할 멋과 정취를 드러내게 된다.'고 말했다.

명청 시대에는 선비들의 원림이 강남에서 가장 왕성했다. 그 중 소주에 가장 많았으니, '강남의 원림이 세상에서 제일이요, 소주의 원림은 강남 제일이다.'[26]는 표현이 있을 정도였다. 소주의 이름난 졸정원拙政園, 사자림獅子林, 수원隨園, 유원留園, 망사원網師園, 이원怡園 등은 대체로 명청 시대에 세워졌거나 다시 손질해 세운 것이다. 『소주부지蘇州府志』에는 명대 소주에 271곳에 원림이 있었으며, 청대에는 130곳에 있었다고 기록되어 있으니, 소주에 원림이 얼마나 성했는지 알 수 있다.

---

25 인공적으로 겹쳐 쌓아 만든 산.

26 江南園林甲天下, 蘇州園林甲江南.

어떤 의미에서, 원림은 중국 고대 선비들이 봉건 전제 제도 아래에서 자신의 인격의 상대적인 독립을 유지하기 위해 취한 일종의 수단이었다. 그렇기 때문에 선비들은 원림, 즉 자기가 속한 작은 세상에서 최대한 자기 기분을 전환시켰다. 선비들이 세운 원림에는 어디를 가든 '구지求志'[27], '양진養眞'[28], '기오寄傲'[29] 탄탕坦蕩[30] 등의 완전한 인격을 지향하는 편액을 볼 수 있다. 선비들은 원림에 있는 산수와 정자, 소나무, 매화, 대나무, 난초 등의

수원방승隨園訪勝

27 목표를 정하여 추구한다는 뜻.

28 천성을 함양한다는 뜻.

29 오만한 본성을 기탁한다는 뜻.

30 마음에 거리낌이 없다는 뜻.

경물에 자기의 사상과 포부, 다양한 생활의 정취를 기탁했다. 원림 속의 경치는 보면 볼수록 음미할 가치가 얼마나 많았는지 사람을 푹 빠지게 해 발길을 돌리지 못하게 했던 것이다.

명청 시기에 선비들이 조성한 원림의 가장 두드러진 특징은 공간은 유한하지만 설계는 세밀하고 정교하다는 점이다. 선비들은 온힘을 다해 좁은 공간에 풍부하고 완전한 원림의 경관 체계를 꾸몄다. 한 걸음 더 나아가 '온갖 물상이 자신에게 달렸는데 또 무엇을 구하랴!'는 사상의 경지를 구체적으로 실현했다. 게다가 자기 인격의 완전함을 돋을새김으로 드러냈으니, 이것이 바로 소위 '무엇에 취하여 걱정이 없는 별천지'였다.

예컨대 소주의 망사원은 원래 남송 소흥 연간에 시랑 사정지史正志의 저택 만권당萬卷堂의 화원이었다. 청나라 건륭 연간에 문인 송노유宋魯儒가 이곳을 사들여 원림으로 조성했다. 송노유는 자기 스스로 호를 망사網師라고 했다. 망사란 어부를 뜻하니 강호에 은거하고자 하는 의미였다. 망사원은 9무畝밖에 안 되는 땅으로 경물景物도 결코 많지 않았지만 경치는 그윽하고 아름다웠으며, 신선하고 우아해 시적 정취가 충만했다.

산둥 유방濰坊 십홀원十笏園은 청나라 때 정선보丁善寶의 개인 화원이었다. 거의 2천㎡나 되는 원림 안에는 누각, 정자, 누대, 서재, 객실 등 60여 칸의 건물이 있으며, 아치형 다리, 회랑에 잇닿은 양어장, 인공으로 만들어진 산들이 사이사이 단장되어 깜찍하고, 정교하며, 빈틈없이 짜여 균형을 이루고 있다.

청나라 때 하도河道 총독 인경麟慶은 벼슬을 그만 두고 도성의 자기 집으로 돌아와서 산수풍경을 유람하며 감상하는 것으로 세월을 보냈다. 특히 그는 도성 주변 지역의 명승고적을 마음껏 감상했다. 그는 자기 생활을 그림으로 그리게 한 뒤 자신의 설명을 붙였다. 이 책이 바로 『홍설인연도기鴻雪因緣圖記』이다. 이 책에는 반 무畝밖에 안 되는 원림 그림이 있는데, 바로 그가 머물던 곳이다.

반무영원도半畝營園圖

고대 선비들은 원림을 조성하면서 갖가지 정자와 누각, 손님을 맞는 집, 그리고 각양각색의 겹겹으로 쌓인 산과 괴석들, 연못, 다리 등을 설계하고 길을 내는 것 외에도 자기가 좋아하는 화초와 나무를 심고 가꾸었다. 이 중에서 선비들에게 가장 사랑을 받은 것은 대나무였다. 대나무는 말끔한 자태에 가느다란 몸매, 빼어나게 날씬한 모습, 그리고 말쑥하고 멋스런 모습으로 사람들에게 무한한 아름다움을 선사했다. 대나무의 꿋꿋함과 겸허함에 깃든 긍지, 그리고 강직하면서도 굽실거리지 않는 모습은 사람들의 입신처세에 많은 깨우침을 주었다. 이렇게 선비들은 대나무를 통해 자기가 추구해야 할 고상한 인품을 헤아렸다. 그리하여 선비들은 대나무에 대해 깊고 두터운 감정을 갖게 되었다. 혜강이 조성한 원림에도 대숲이 있었다. 또 『세설신어』「임탄」에는 왕휘지王徽之[31]가 잠시 머물게 될 집에도 대나무를 심은 이야기가 실려 있다.

> 왕자유王子猷가 일찍이 다른 사람의 빈 집을 잠시 빌려 쓰게 되었다. 그는 그 자리에서 당장 대나무를 심으라고 일렀다. 그러자 어떤 사람이 그에게 이렇게 물었다.
>
> "잠시 머물 것인데 이렇게 힘들일 까닭이 있겠습니까!"
>
> 그러자 왕자유는 한참이나 휘파람에 콧노래를 흥얼거리더니, 대나무를 가리키면서 이렇게 대답했다.
>
> "저 분이 하루라도 없다면 내가 어떻게 지낼 수 있겠소!"[32]

『남사』「원찬전」에는 남조의 원찬이 '군남郡南 어느 집에 대나무와 괴석이 자못 괜찮음을 보자 갑자기 찾아가 주인 허락도 없이 그곳에 거처를 정하고 시가를 읊조리며 스스로 만족했다.'는 기록이 있다.

왕유王維의 〈죽리관竹裏館〉 시의화詩意畵

대나무를 심고 대나무를 보고 즐기는 것은 고대 선비들에게는 생활 속의 큰 즐거움이요 멋이었다. 당나라 때 시인 왕유는 산시陝西 남전藍田에 서재를 짓고 그 주위에 푸른

---

31 널리 알려진 서예가 왕희지王羲之의 다섯째 아들로 자는 자유子猷.

32 王子猷嘗暫寄人空宅住, 便令種竹. 或問: '暫住何煩爾?' 王嘯詠良久, 直指竹曰 :'何可一日無此君?'.

대나무를 가득 심었다. 그리고 서재를 '죽리관竹裏館'이라 불렀다. '죽리관' 주위의 수려하고 그윽한 대숲에서 세상의 속됨과 멀리 떨어진 심경을 그는 이렇게 읊었다.

홀로 그윽한 대숲에 앉아서
거문고 타다가 휘파람도 길게 부네.
깊은 숲이라 사람들은 알지 못하지만
밝은 달은 찾아와 비추어 주네.

獨坐幽篁裏, 彈琴復長嘯,
深林人不知, 明月來相照.

백거이白居易와 원진도 대나무를 좋아하여 대나무를 소재로 한 시를 서로 주고받으며 화답했다. 백거이는 『증원진贈元稹』에서 '흔들림 없으니 옛 우물물이요, 절개와 지조 있으니 가을날 대나무로다.'[33],라고 노래하며 원진의 강직하고 꼿꼿한 처세를 칭찬하고 있다. 훗날 두 사람은 멀리 떨어졌지만, 원진은 자기 정원에 대나무를 심으면서 백거이에 대한 사무치는 그리움을 표현했다.

송나라 때 문호 소동파도 대나무를 몹시 사랑해 사는 곳마다 청죽靑竹을 심었다. 그는 '아침에도 대나무와 더불어 노닐고, 저녁에도 대나무와 더불어 친구가 되노라.'[34]라고 노래했다. 선비들이 조성한 원림에서는 거의 어디서나 빽빽하게 우거진 대숲에 꼿꼿하게 우뚝 선 대나무를 볼 수 있었다.

---

33 無波古井水, 有節秋竹竿.

34 朝與竹乎爲游, 暮與竹乎爲朋.

소주에서 가장 오래된 원림인 창랑정滄浪亭은 대나무로 명성이 높다. 원림의 주인인 북송의 이름난 시인 소순흠蘇舜欽은 원기園記에서 이렇게 기록하고 있다.

> 북쪽 기슭에 정자 한 채를 지어 '창랑'이라 이름을 붙였다. 창랑 앞쪽에는 대나무요 뒤쪽에는 물이라, 물의 북쪽엔 또 대숲으로 끝 간 데 없다. 거울처럼 맑은 물에 푸른 대나무가 문간까지 햇볕에 그림자에 어울려 넘실거리고 바람에 밝은 달이 하늘에 빛날 때면 그 경관은 정말 멋지다.[35]

양주에 있는 개원个園은 청나라 때 이름난 화가 석도수石濤壽의 원림 옛터였다. 원림 안에 심은 대나무가 천 그루 남짓, 댓잎 모양이 '个'자와 같아서 붙여진 이름이다. 개원에서 연상되는 말은 소동파의 다음과 같은 뛰어난 시구詩句이다.

> 고기반찬 없는 밥은 먹을지언정
> 대나무 없는 집엔 살 수 없네.
> 고기반찬 없는 밥은 사람을 야위게 하지만
> 대나무 없는 집은 사람을 속되게 하네.
>
> 寧可食無肉, 無肉使人瘦:
> 不可居無竹, 無竹令人俗.

---

35 構亭北埼, 號'滄浪'焉. 前竹後水, 水之陽又竹, 無窮極, 澄川翠竿, 光影會合于軒戶之間, 尤與風月爲相宜.

고대 선비 가운데 대나무를 가장 좋아한 이로 정판교를 빼놓을 수 없다. 그는 '대나무 없는 집엔 살지도 않겠다.'라고 했다. 그가 그린 그림의 화제畵題를 한번 보자.

우리 집은 두 칸 띳집, 집 남쪽으로 대나무를 심었더니, 여름날 새로 돋은 댓잎이 막 우거져 그늘을 드리웠네. 그 가운데 작은 침상 하나 놓으니 참으로 서늘하기 그지없구나.[36]

또 그는 이렇게 말했다.

작은 띳집 주위에는 대나무 수 천 그루, 새하얀 지창紙窓에 초록빛 댓잎 옅게 일렁인다. 이 집에 홀로 앉아 한 잔 우전차雨前茶 마시며 단연端硯에 먹물 갈아 선주지宣州紙에 꽃나무 몇 가지 친다. 친구가 찾아오면 바람 소리 댓잎 흔들리는 소리에 떠들썩할수록 더욱 고요하다. 사내아이는 뜰을 쓸고 계집종은 향불 사르며 대숲을 오가니 아름다운 모습이 그림 위로 어린다. 참으로 사랑스런 모습이어니, 예쁜 여자 아리따운 궁녀 무에 그리 필요할까, 맑은 바람 고요한 흔들림 속에 이 몸 두면 그만이지.[37]

대나무는 선비들이 조성한 원림에 멋과 운치를 더했을 뿐만 아니라, 고

---

36 余家有茅屋二間, 南面種竹, 夏日新篁初放, 綠陰照人, 置一榻其中, 甚凉適也.

37 茅屋一間, 新篁數千, 雪白紙窓, 微侵綠色. 此時獨坐其中, 一盞雨前茶, 一方端硯石, 一張宣州紙, 幾筆折枝畵, 朋友來至, 風聲竹響, 愈喧愈靜; 家僮掃地, 侍女焚香, 往來竹陰中, 淸光映于畵上, 絶可憐愛. 何必十二金釵, 梨園百輩, 須置身于淸風靜響中也.

죽취원도竹趣園圖

결한 인격과 정직의 상징으로 구실했다.

게다가 고대 선비들은 원림에 언제나 송백松柏을 심었다. 송백의 사계절 변함없는 푸름과 꿋꿋함은 변함없는 선비들의 우러름을 받았다. 또 송백은 군자나 대장부로 비유되어 원림에 송백을 심는 것으로 인격의 고상함을 표시했다. 명나라 때 우겸은 『북풍취北風吹』에서 정원의 송백을 이렇게 묘사했다.

> 된바람 부네, 우리 집 뜰 앞에 선 송백 가지를 흔드네.

굳센 나무 바람이 흔들어도 두려워 않고,
꿋꿋한 지조 의젓하기 참으로 자랑스럽네.
간난신고 다 겪어도 마음은 흔들리지 않더니,
이제 겨울 가고 봄이 오니 풍광도 마음에 드네.
시든 꽃이랑 야생초는 아직 잎이 무성한데,
송백에 바람 불어도 장차 어찌하랴.
된바람 분다지만, 그 언제까지 불 수 있으랴.

北風吹，吹我庭前柏樹枝，
樹堅不怕風吹動，
節操棱棱還自持.
冰霜歷盡心不移，
況復陽和景漸宜.
閑花野草尙葳蕤，
風吹柏樹將何爲.
北風吹，能幾時.

명나라 말기의 명사 기표가祁彪佳는 고향 소흥 가산진柯山鎭에 자신이 살 원림을 조성하고, 원림 안에 산을 만들고 연못을 파고 정자를 세우는 것 이외에 갖가지 화초와 나무를 심었는데, 그 중에서도 소나무를 돋보이게 하여 장엄하게 늘어선 모습이 마치 관 쓰고 칼 찬 벼슬아치가 통명전通明殿 앞에 우뚝 선 듯했다. 기표가는 특별히 솔숲 사이로 길을 만들어 언제나 발길 닿는 대로 거닐며 완상했다. 『우산주寓山注』「송경 松徑」에서 '세찬 바람에도 우뚝하니, 이 길에 들어서면 유월에도 오싹하다. 문 맞은편에 선 한 그루 소나무는 구불구불하기 춤을 추는 듯 하니 오대부五大夫[38]라도 어찌 그 자태가 이처럼 아름답다고 뽐내랴.'라고 기록하고 있다. 기표가는 가슴속에 품은 뜻은 푸른 솔처럼 강직하여 불의와 영합하지 않는 것이었다. 나중에 남하하여 항주杭州를 코앞에 둔 청나라 군사가 그의 이름을 선모羨慕하여 벼슬을 주려고 했으나 그는 한마디로 물리쳤으며, 절개와 지조를 잃지 않고 지키기 위하여 우원寓園 매화각梅花閣 앞 연못에 몸을 던져 스스로 목숨을 끊고 말았다.

고대 선비들은 원림을 조성하면서 그 안에 자연의 풍경을 농축시켰으니, 돌은 바로 산의 축소판이었다. 당나라 때 백거이는 기이하게 생긴 돌을 몹시 사랑하여 이런 돌들을 정원에 즐겨 배치했다. 일찍이 그는 이렇게 시를 읊었다.

> 그대에게 한 덩이 돌 빌리려는데 그대 뜻 어떻소?
> 뜰 한가운데 두고 외로운 삶 함께 하려 함이오.
>
> 借君片石意如何, 置向庭中慰索居.

어느 날, 다른 사람이 보기 싫다고 버린 이상하게 생긴 돌 두 개를 얻은 그는 즐거움을 못 이겨 이 돌들을 친구로 삼았다. 그가 쓴 『쌍석双石』을 보자.

> 고개 들어 쌍석에게 묻노니,
> 이 늙은이와 동무 될 수 있느뇨?
> 돌은 비록 말은 할 수 없어도,

---

38 오대부五大夫 : 전하는 바에 의하면, 진시황이 태산으로 가는 길에 비를 만나 소나무 아래에서 비를 피한 뒤 훗날 이 소나무를 '오대부'에 봉했다고 한다. 나중에 '오대부'는 소나무의 별칭이 되었다.

내게 동무 되겠노라 약속하네.

回頭問双石, 能伴老夫否.
石雖不能言, 許我爲三友.

미불상米芾像

소식도 돌을 좋아했다. 원풍元豊 8년(1085년), 그는 적벽赤壁에 갔다가 유씨원劉氏園에서 고라니가 길고 구부정한 목을 끄덕이는 모습을 그대로 닮은 돌을 하나 발견한다. 소식은 이 돌을 손에 넣기 위하여 그 곳 임화각臨華閣 담 벽에 〈추석풍죽도醜石風竹圖〉를 그렸다. 이를 본 유씨는 기쁨에 넘쳐 그 자리에서 괴이하게 생긴 돌을 소식에게 주었다.

북송의 미불은 서화에 뛰어났을 뿐만 아니라 기묘하게 생긴 각종 돌의 수집으로 원근에 이름을 날렸다. 그는 소장한 돌도 자못 많아서 일찍이 〈배석도拜石圖〉를 그리기도 했다. 관복을 멋지게 차려 입고 돌 앞에 엎드려 절하며 돌을 형님, 아버지로 모시는 모습이다. 그는 '석치石痴'라고 자기의 호를 지었다.

송나라 때 엽몽득도 돌 사랑에 푹 빠졌던 사람이다. 그의 원림에는 발길 닿는 곳마다 정교하고 세밀하게 생긴 괴석이 봉우리를 이루었으니, 원림의 이름도 '석림石林'이라 했다. 그는 스스로 호를 석림거사石林居士, 석림산인石林山人이라 했으며, 자기 저작에도 『석림사石林詞』, 『석림시화石林詩話』, 『석림연어石林燕語』라고 이름 붙였으니, 돌을 사랑하는 것도 이제 더는 어떻게 할 수 없는 지경에 이르렀다고 할 수 있다.

정판교도 대나무와 난초뿐만 아니라 돌도 사랑했다. 그에게는 돌을 의인화하여 읊은 시가 한 수 있다.

미전배석米顚拜石

흠 없이 완전한 한 덩이 돌,
여기 이끼긴 푸른 계단에 누웠구나.
비와 이슬도 알지 못하고,
눈과 서리도 알지 못하네.
동산 숲엔 몇 번이나 잎 피고 잎 졌으며,
꽃나무엔 몇 번이나 꽃 피고 꽃 졌는지,
여기 계신 이 분께 물어 보니,
이 분께서는 모두 알고 계시네.

頑然一塊石, 臥此苔階碧.
雨露亦不知, 霜雪亦不識.
園林幾盛衰, 花樹幾更易.
但問石先生, 先生俱記得.

정판교는 대나무와 난초, 괴석을 언제나 한 화면에 펼쳐 각자 특색을 드러내 보이도록 했다. 일찍이 그는 화제畵題에 이렇게 썼다.

대나무 한 그루에 난초 한 포기, 그리고 돌 하나.
절도에 향기에 기개도 있구나.
집 안 가득 군자이니,
일 년 내내 맑은 바람 솔솔.

一竹一蘭一石, 有節有香有骨.
滿堂君子之人, 四時淸風拂拂.

고대 선비들은 정성을 다하여 원림을 조성했으니, 이것은 원림의 아름다운 풍경이 주는 정신적인 즐거움에 마음을 의탁하고 생활의 기쁨을 더하기 위해서였다. 북송 때 이름난 역사학자 사마광은 길고 긴 20년의 세월을 『자치통감』 편찬에 보냈다. 이 동안 그는 독락원獨樂園을 지어 휴식을 취하는 곳으로 삼았다. 『독락원기獨樂園記』에서 그는 원림 안을 거니는 즐거움을 이렇게 서술했다.

마음도 시들하고 몸도 지치면 낚시 드리워 물고기 낚기도 하고, 옷자락 걷고 약초도 캔다. 아니면 도랑물 끌어다 꽃밭에 물도 주고, 도끼로 대나무 쪼개기도 한다. 그것도 아니면 한 대야 물로 더위 쫓기도 하고, 높은 데 올라 눈길 가는 대로 바라보며 이리저리 거닐며 오직 마음 내키는 대로 하기도 한다. 밝은 달 때맞추어 떠오르고 맑은 바람 불어오면, 이끄는 이 없어도 발길 옮기고 잡는 이 없어도 발길 멈춘다. 듣고 보고 생각하는 것 모두 거두어 내 것이 되니 홀로 쓸쓸히 걸어도 거칠 것 없다. 이 세상에 이를 대신할 즐거움 어디 있는지 나는 모르겠다.[39]

북송의 저명한 학자 심괄은 『몽계자기夢溪自記』에서 자기가 겪은 풍부하고 다양한 원림에서의 생활을 이렇게 기록하고 있다.

> 내가 머물던 자그마한 마을은 얼마나 황량한지 우거진 고목에 들짐승들이 여기저기 살고 있어서 이곳을 지나는 이들은 모두 눈살을 찌푸리고 가 버리지만 다 늙은 나는 홀로 즐겁기만 하다. 냇가에서는 낚시를 하고 물 위에서는 배를 젓고 우거진 숲속에서는 깊은 생각에 잠긴다.
>
> 내가 우러러 그리워하는 옛사람은 도잠陶潛과 백거이白居易와 이백李白이니, 나는 이들을 '삼열三悅'이라 부르면서 마음속으로는 이들과 시문을 주고받는다. 내 눈에 보이는 것은 거문고, 바둑, 참선, 필묵, 단칭, 차, 시 읊기, 그리고 정겹게 이야기 나누는 모습과 술이다. 나는 이 아홉을 '구객九客'이라 부른다.[40]

그러나 고대 선비들 중 제 돈으로 원림을 조성하거나 사들일 수 있는 이는 극히 일부였다. 대다수 선비들의 정원은 권세 있는 자들이 가진 원림처럼 훌륭하지도 당당하지도 않았다. 하지만 특이함 없는 평범함과 수수함이야말로 어쩌면 선비들의 질박質朴하고 화려하지 않은 성격을 잘 드러낸다고 하겠다. 예컨대 정판교의 원림은 크지 않았지만 그는 매우 만족했으니,

---

39 志倦體疲, 則投竿取魚, 執衽采藥, 決渠灌花, 操斧剖竹, 濯熱盥水, 臨高縱目, 逍遙相羊, 唯意所適, 明月時至, 清風自來, 行無所牽, 止無所柅, 耳目肺腸, 悉爲己有, 踽踽焉, 洋洋焉, 不知天壤之間復有何樂可以代此也.

40 居在城邑而荒蕪古木與鹿豕雜處, 客有至者, 皆頻額而去, 而翁獨樂焉. 漁于泉, 舫于淵, 俯仰于茂木美蔭之間, 所慕于古人者: 陶潛, 白居易, 李約, 謂之'三悅'. 與之酬酌于心目之所寓者: 琴, 棋, 禪, 墨, 丹, 茶, 吟, 談, 酒, 謂之'九客'.

그 이유는 이곳에서 대자연의 고상한 멋을 깨달았기 때문이었다. 그가 한 말을 옮겨 보자.

> 십홀 모옥엔 자그마한 마당 하나에 미끈한 대나무 몇 그루, 석순 몇 점이 있을 뿐 그 땅은 그다지 넓지 않으니 들인 비용도 많지 않다.
>
> 바람 불고 비 오는 날이면 온갖 소리 들을 수 있고, 맑은 날이나 달 밝은 밤이면 일렁이는 그림자를 볼 수도 있다. 또 시를 읊조리며 한 잔 술을 기울일 때면 그들에게 내 마음을 풀어놓을 수도 있다. 게다가 한가하고 울적할 때면 그들은 내 벗이 되어 준다. 내가 이들 대나무와 돌들을 사랑할 뿐만 아니라 이들 대나무와 돌들도 나를 사랑한다. 예전 사람이 천만금으로 화원이나 정자를 짓거나 고향 떠나 세상 곳곳으로 벼슬살이하며 노닐어도 결국 그들은 즐길 수 없었다. 하지만 우리가 이제껏 명산대천을 유람하려고 마음먹어도 갑자기 그럴 수도 없으니, 어디에 자그마한 모옥에 한 풍경 있어 마음 풀어놓으며 흥취 즐기면서 오래오래 살아도 날마다 새로울 수 있겠는가?[41]

정판교는 그래도 원림을 조성할 수 있는 선비였지만, 돈이라곤 없는 가난한 선비는 그저 남의 원림만 쳐다보며 감탄할 수밖에 없었다. 어떤 선비는 어쩔 수 없이 되지도 않을 원림을 머릿속에 떠올리며 그 속을 두루 돌아다니기도 했다. 『이원총화履園叢話』 권20에는 이런 기록이 있다.

---

41 十笏茅齋, 一方天井, 修竹數干, 石筍數尺, 其地無多, 其費亦無多也. 而風中雨中有聲, 日中月中有影, 詩中酒中有情, 閑中悶中有伴, 非唯我愛竹石, 卽竹石亦愛我也. 彼千金萬金造園亭, 或游宦四方, 終其身不能歸享. 而吾輩欲游名山大川, 又一時不得卽住, 何如一室小景, 有情有味, 歷久彌新乎?

> 오석림吳石林은 원림을 대단히 좋아했지만 집안이 몹시 가난하여 원림을 조성할 수 없었다. 이 때문에 『무시원기無是園記』를 지었으니, 이 글은 『도화원기桃花園記』와 『소원부小園賦』의 풍격을 갖추고 있다.[42]

원림 조성은 고대 선비들의 생활 속에서 중요한 부분을 차지했다. 또 원림은 선비들이 추구하는 다양한 삶의 모습과 멋을 집중적으로 반영했다. 선비들의 원림이 가진 독특하고도 색다른 조형造型과 그 안에 내포된 깊은 의미는 중국의 원림 예술에 광채를 더했다.

3. 선비와 산천 유람

고대 선비들이 길을 떠났다는 말은 대개 산천을 유람하며 자연의 풍광을 보고 즐기는 것을 의미했다. 산천 유람으로 식견을 넓힐 수 있었음은 물론, 번뇌를 잊고 몸과 마음을 자연에 순응시키며 정서를 도야할 수 있었으니, 고대 선비들의 생활 속에서 가장 만족할 만한 일이었다.

중국의 옛 선비들은 이미 산천과 자연의 아름다움을 알고 있었다. 선진 시대에 공자도 산과 강을 좋아했다. 『논어論語』「선진先進」에는 어느 날 공자가 제자들과 함께 장래 희망에 대해 이야기를 주고받은 기록이 있다. 증점

42 吳石林癖好園亭, 而家奇貧, 未能構園, 因撰『無是園記』, 有『桃花園記』, 『小園賦』風格.

曾點이 '(제 희망은) 늦은 봄, 봄옷을 걸치고 관례를 치른 이 대여섯에 동자童子 예닐곱과 함께 기수沂水에서 목욕을 하고 무우舞雩에서 바람 쐬고 콧노래하며 돌아오는 것입니다.'라고 말하자, 공자는 증점의 생각에 고개를 끄덕이면서 '나도 증점과 함께 하리라!'라고 말하는 장면이 있다. 공자는 경관이 좋은 물이 있으면 기꺼이 가까이해서 반드시 생각에 잠기며 구경을 하곤 했다. 또 산에 오르기도 좋아하여 '태산에 오르니 세상이 좁은 줄 알았다.'는 말을 남기기도 했다. 『논어論語』「옹야雍也」에는 '지혜로운 자는 물을 좋아하고, 인자로운 자는 산을 좋아한다.'는 기록도 있다.

『시경』이나 『초사楚辭』, 한나라 때의 시와 부에는 산수의 아름다움을 묘사한 글들이 적지 않다. 그러나 선진 시대부터 한에 이르기까지 사람들의 자연 산천에 대한 감상 태도는 아직 완전한 자각에 이르지 못하였다. 자연 경관을 이상적인 인격에 빗대어 '덕성을 비교'하는 표현이 주를 이루었던 것이다.

예컨대 공자는 경관이 좋은 물이 있으면 반드시 생각에 잠겨 바라보았는데, 누군가 그 까닭을 묻자 그 자리에서 당장 논증을 했으니, 군자가 물을 좋아하는 것은 흐르는 물에는 아홉 가지 미덕, 곧 덕德, 의義, 도道, 용勇, 법法, 정正, 찰察, 선善, 지志가 있기 때문이라고 공자는 말했다. 사실 물 자체에는 이런 덕성이 있을 리 없다. 다만 공자가 물에서 깨닫고 느낀 것일 뿐이다.

굴원이 쓴 『귤송橘頌』도 전편이 귤나무가 가진 상징으로 주인공의 미덕을 표현했다. 또 『이소』에 나오는 자연 경관은 더욱 방대한 도덕적 상징체계이다. 왕일王逸의 『초사장구楚辭章句』「이소경서離騷經序」에 나오는 '아름다운 새와 향기로운 풀은 충성스럽고 의로운 선비요, 사나운 짐승과 냄새나는 물건은 교묘한 말로 아첨하는 알랑쇠요, 마음을 갈고 닦은 아름다운 미인은 군왕이요, 복비宓妃와 일녀佚女는 어질고 덕망 높은 신하요, 규룡과 난새 봉황은 군자요, 갑자기 부는 바람과 무지개는 도량이 좁고 간사한 사람이다.'[43]는 구절도 같은 예이다.

한나라 때는 문학 작품에 자연을 관조하는 태도가 나타나 약간의 변화가 발생하기 시작했다. 자연에 대한 관조는 이미 공리적인 목적이나 덕성을 비교하는 따위의 속박을 벗어났으며, 자연 산수에 대한 심미 의식의 자각에 이르러 사물과 정경을 세밀하게 묘사한 문학 작품을 출현시켰다. 예컨대, 매승枚乘의 『칠발七發』 가운데 파도를 묘사한 부분은 그 형상이 생동하는 듯하며, 치밀하기가 대단한 경지에 이르렀다. 그가 쓴 다른 작품인 『양왕토원전梁王菟園傳』은 토원 주위의 자연 경관을 생동감 있게 묘사한 것으로 이름을 날렸다.

동한 이후, 선비들의 자연 산수에 대한 자각 의식은 뚜렷하게 강화되었으니, 두독杜篤의 『수양산부首陽山賦』, 반고의 『종남산부終南山賦』, 장형張衡의 『귀전부歸田賦』 등은 모두 이런 변화가 드러난 작품이다. 한나라 말기, 자연 경관에 대한 묘사는 시가에서도 갈수록 중요한 위치를 차지하여 선비들의 산수에 대한 의식을 뚜렷이 각성시켰다. 위진 시대에 이르러 마침내 산수에 대해 스스로 깨달은 심미관이 형성되었다.

이러한 변화의 원인은, 먼저 사람들이 오랫동안 자연과 접촉하는 과정을 통해 점차 자연 경관에 대한 감성적인 인식을 심화시켰으며, 게다가 풍부한 체험과 경험이 쌓였기 때문이다.

다음으로, 한나라 말기에 사회는 요동치고, 사람들이 대량으로 죽어나가자 선비들의 근심과 걱정은 전에 없이 돌출했으며, 엄하고 혹독한 현실이 사람들을 압박하자 어쩔 수 없이 근심과 걱정을 극복할 방법을 찾고 마음의 짐을 풀고 벗을 길을 찾아야 했기 때문이다. 바로 이때, 그들은 혼탁하고

---

43 善鳥香草, 以配忠貞; 惡禽臭物, 以比讒佞; 靈修美人, 以媲于君; 宓妃佚女, 以譬賢臣; 虯龍鸞鳳, 以托君子; 飄風雲霓, 以爲小人.

어두운 현실 저 너머에 이처럼 산뜻하면서도 빼어나게 아름다운 자연 풍광이 존재한다는 것을 알았던 것이다. 선비들은 현실을 변화시킬 충분한 용기도 힘도 없었다. 그들은 고민에서 벗어나고 인생의 즐거움을 한껏 누리기 위해 어쩔 수 없이 산수풍경을 감상하며 즐겨야 했다. 학계에서는 위진 시기를 종종 '인간 각성의 시기'라고 부른다. 인간 각성은 여러 방면에서 드러났으니, 인격의 아름다움과 자연의 아름다움이 가장 두드러지게 표현되었음을 알 수 있다. 청산녹수 사이를 한가롭게 거니는 일이 사람에게 주는 쾌감을 말한 진晋나라 응거應璩의 다음 글이 있다.

> 아무런 구속도 없이 자유롭게 연못가를 거닐고 녹음 짙은 버드나무 아래에서 시를 읊고 글을 쓴다. 봄날에 새로 돋은 풀잎 엮어 가슴에 장식으로 달고 아름다운 꽃 꺾어선 햇볕을 가린다. 하늘 높이 나는 새도 떨어뜨리고 깊은 물에 노니는 물고기도 낚는다. ……이야말로 얼마나 즐거운 일이랴! 공자가 소韶를 듣고는 석 달 동안 고기의 맛을 잊을 정도였다는 말도, 초나라 사람이 세속을 벗어나 경대의 산수에서 노닐며 차마 떠날 마음을 잊으며 즐긴 일도 큰 잘못이나 지나침은 아니라 하겠다.[44]

자연에 빠진 즐거움은 공자가 순 임금 때의 악곡인 소악韶樂을 듣는 일, 그리고 초楚의 나라님이 경대京臺에서 노니는 즐거움을 뛰어넘었으니, 그야말로 인생의 큰 즐거움이었다. 자연 산천의 아름다움을 감상하고 즐기는 일은 위진 시대 선비들에게는 하나의 유행이었다. 『진서晋書』의 기록들을

---

44 逍遙陂塘之上, 吟詠苑柳之下, 結春芳以崇佩, 折若華以翳日. 弋下高雲之鳥, 餌出深淵之魚, …… 何其樂哉. 雖仲尼忘味于虞韶, 楚人流遁于京臺, 無以過也!

보자.

> (완적阮籍은) 몇 달이고 두문불출하며 책을 읽기도 하고, 산에 오르고 물을 찾아 노닐며 온종일 집에 돌아가기를 잊기도 했다.[45]
>
> 『진서晋書』「완적전阮籍傳」

> (양호羊祜는) 자연 풍광을 좋아하여 아름다운 경치를 만나면 반드시 현산峴山으로 올라가 술상을 차리고 시를 읊으며 하루 종일을 지내도 싫증을 내지 않았다.[46]
>
> 『진서晋書』「양호전羊祜傳」

> (손통孫統은) 천성이 자연을 좋아하였다. 그는 은령鄞令이 되기를 원했으나, 결국은 다시 오녕吳寧으로 돌아왔다. 또 그는 집이나 직장에는 마음을 두지 않고 마음 내키는 대로 돌아다녔으니, 이름난 산과 아름다운 강은 속속들이 모르는 게 없었다.[47]
>
> 『진서晋書』「손작전孫綽傳」

진晋나라가 왕실을 남쪽으로 옮긴 뒤, 북쪽의 수많은 선비들도 남쪽으로 내려왔다. 강남의 이름난 산과 아름다운 물은 그들에게 비할 데 없는 즐거움을 안겨 주었다. 더구나 회계會稽 일대는 풍광이 더욱 아름다워 헤아릴 수조차 없을 만큼 명승지가 많았다. 그들은 각처를 유람하며 시야를 한껏

---

45 (阮籍) 或閉戶視書, 累月不出; 或登臨山水, 經日忘歸.

46 (羊祜)樂山水, 每風景, 必造峴山, 置酒言詠, 終日不倦.

47 (孫統)性好山水, 乃求爲鄞令, 轉在吳寧. 居職不留心碎務, 縱意游肆, 名山勝川靡不窮究.

넓혔다. 『세설신어』「언어」에 나오는 구절을 보자.

고장강顧長康[고개지顧愷之]이 회계에서 돌아오자 어떤 이가 산천의 아름다움을 물었다. 그는 '온갖 바위가 빼어나게 아름답고 숱한 골짜기에는 앞을 다투어 물이 흐르고 있었으며, 풀과 나무는 얼마나 무성한지 마치 꽃구름이 그 위를 덮고 있는 것 같았소'라고 대답했다.

왕자경王子敬은 '회계에서 길을 건노라면 산과 내의 풍광이 서로 비치고 어울리며 만든 아름다운 경치가 수도 없이 많아서 눈 쉴 틈 없이 감상하여야 합니다. 가을에서 겨울로 넘어가는 때의 그 풍광은 참으로 잊을 수 없소.'라고 말했다.[48]

회계의 멋진 산과 내는 수많은 선비들을 이곳에 와서 살도록 끌어들였다. 『진서晋書』「왕희지전王羲之傳」에는 '회계에는 풍광이 아름다운 곳이 많아서 수많은 명사들이 이곳에서 살았다. 사안도 벼슬살이 전에는 이곳에서 살았다. 손작孫綽, 이충李充, 허순許洵, 지둔支遁 등 뛰어난 문장으로 세상에 알려진 이들이 모두 여기 거주하며 왕희지와 가까이 지냈다.'고 기록하고 있다. 또 손작은 이곳에서 '산천을 두루 돌아다닌 지 십여 년이 되었다.'는 기록도 있다.

동진의 이름난 선비 집안 사씨謝氏는 산수를 한껏 즐기는 가풍이 있다. 『진서晋書』「사안전謝安傳」의 기록을 보자.

48 顧長康從會稽還, 人問山川之美, 顧云: '千岩竟秀, 萬壑爭流, 草木蒙籠其上若雲興霞蔚.' 王子敬云: '從山陰道上行, 山川自相映發, 使人應接不暇, 若秋冬之際, 尤難爲懷.'

(사안은) 일찍이 임안臨安[49] 산 속으로 가서 석실石室에 앉아 깊은 골짜기를 내려다보다가 느릿느릿 한탄하며 '이곳이 백이伯夷의 뜻과 어찌 멀겠는가!'라고 말했다. 그는 이전에 손작 등과 더불어 바다에 들어가 노닐었다. 바람이 불고 물결이 일렁거리자 모두 두려워했으나 사안은 시를 읊조리며 태연자약했다.[50]

사현도 산수를 좋아했고 고기잡이에도 능숙했다. '집 안에 할 일이 없으면 낚시질로 하루를 보냈다. 이렇게 해서 하루에 농어를 마흔일곱 마리나 낚기도 했다.'는 기록이 『태평어람』 권834에 있다.

남조 때는 선비들이 산천을 유람하는 풍습이 더욱 성행했다. 『남사南史』「은일전隱逸傳」에는 '공순지孔淳之는 회계 섬현剡縣에 살았다. 그는 천성으로 산수를 좋아하여 나들이를 나가면 언제나 골짜기 깊은 데까지 들어가 열흘이 되어도 돌아올 줄 모를 때가 많았다.'는 기록이 있다. 또 '유응지劉凝之는 천성이 산수를 좋아해 잠깐 처자를 데리고 강호를 유람하다가 형양衡陽에 은거했다. 높은 마루에 올라보니 인적이 없는지라 그곳에 작은 집을 짓고 머물렀다.'는 기록도 있다. 게다가 '도홍경은 이름난 산을 두루 돌아다니며 선약을 찾았다. 몸은 날렵하고 천성은 산수를 좋아하여 물이 흐르는 골짜기를 지날 때면 언제나 그곳에 누워서 시 읊조리기를 그치지 않았다.'는 기록도 있다.

남조의 선비 가운데 산수를 사랑하여 두루 돌아다니기를 즐긴 이 가운데 특출한 선비는 유명한 시인 사영운謝靈運이다. 사영운은 오랫동안 회

49 저장성 항저우 서쪽에 있음.

50 (謝安)嘗往臨安山中, 坐石室, 臨浚谷, 悠然嘆曰: '此去伯夷何遠!' 嘗與孫綽等泛海, 風起浪涌, 諸人幷懼, 安吟嘯自若.

계에서 대대로 살아온 '명문 귀족' 출신이다. 그는 어려서부터 공부를 좋아해 온갖 서적을 두로 읽었으며 재주도 넘쳐흘렀다. 동진 말기에 그는 낭야왕琅邪王 사마덕문司馬德文과 유유 밑에서 벼슬을 했다. 그는 진나라 말기의 어두운 정치 현실과 부패한 조정을 직접 눈으로 보았다. 게다가 유유가 진나라를 차지하면서 문벌이 높은 선비 집안에 대하여 얕잡아 억압하는 조치를 취하자 사씨 가문은 점차 정치적으로 우세한 위치를 상실했다. 사영운의 마음은 답답하고 괴로웠으며 벼슬도 싫고 미워하게 되었다. 이리하여 그는 온통 산천을 유람하는 데 마음을 쏟았다. 『송서宋書』「사영운전謝靈運傳」에는 그가 영가永嘉 태수로 있을 때 '영가군에는 아름다운 산천이 많았다. 이런 자연을 천성적으로 좋아한 영운은 태수의 직분은 생각지 않고 자기 마음대로 여러 현을 두루 돌아다니고 유람을 하며 걸핏하면 열흘을 넘기곤 했다. 이에 백성들이 소송을 심의하자 다시는 벼슬에 마음을 두지 않았다.'는 기록이 있다. 또 그는 산천을 유람하면서 험난한 길을 두려워하지 않았으며 '산을 찾아 고개를 오르며 반드시 깊고 험한 곳을 찾았으며 깎아지른 산봉우리가 험해도 오르지 않은 곳이 없었다.'는 기록도 있다.

사영운이 유람한 산천의 범위는 상당히 광범해 저장의 영가永嘉와 회계, 장시의 여산과 파양호鄱陽湖, 게다가 동악東岳 태산泰山에도 발자취를 남겼다. 자연의 풍광을 감상하기 위해 사영운은 일찍이 저장 승현嵊縣의 석문산石門山에 집 한 채를 지었다. 사방이 겹겹산으로 둘러쳐진 이곳엔 맑고 깨끗한 못 주위에 나무들이 빽빽하고 깊게 우거져서 그 경치가 자못 빼어났다. 사람의 마음을 탁 트이고 유쾌하게 하는 선경이었던 것이다. 사영운이 산천을 유람하면서 몸에 걸친 옷가지도 꽤 멋이 있었다. 그는 '곡병립曲柄笠'이라는 삿갓도 일부러 만들었다. 이 삿갓엔 휘우듬한 자루가 달려서 목 위에 단단히 걸리게 했는데, 햇볕도 막을 수 있고 산에서 부는 바람에도 쉬이 벗겨지지 않았다. 얼핏 보면 농사꾼이나 나무꾼의 정취도 풍기지만 이름난 선비의 품위 있는 멋도 넘친다. 또 그는 산에 오르내릴 때 신는 나막신도 설계해 만들었다. 산에 오를 때는 앞받침을 떼어내고 내려올 때는 뒷받침을 떼어내 힘을 덜고 몸의 균형도 유지할 수 있었으니, 사람들은 이 나막신을 '사공극謝公屐'[51]이라 불렀다.

사영운상謝靈運像

사영운은 외로움을 달가워하지 않은 인물이었다. 그는 산천을 유람할 때면 언제나 많은 사람들을 이끌고 다녔다. 한번은 수백 명을 거느리고 유람을 나선 적이 있었다. 영남산寧南山을 출발하여 기세도 드높이 위풍당당 나무를 베어내며 길을 내어 단번에 임해臨海에 이르렀다. 임해 태수 왕수王秀가 소식을 듣고 도적떼가 민가를 습격하여 약탈하는 줄 알고 급히 병사를 이끌고 나섰다가 명성도 드높은 사영운이라는 걸 알자 마음을 놓았다. 사영운은 나들이의 흥취가 무르익었던 터라 왕수를 불러 함께 유람을 하며 시 한 수를 건넨다. 『송서』「사영운전」에는 '자네가 사는 이 곳 지세 험준하나, 나그네가 산에 오르기엔 적합하네.'[52]라는 시구가 전한다.

사영운은 유람하는 곳마다 시를 남기기를 좋아했다. 지금까지 전하는 사영운이 쓴 시 백여 수 가운데 산천을 묘사한 시가 예순 수 남짓이나 된다. 사영운은 중국문학사에서 산천을 읊은 시를 가장 많이 창작한 시인으

51 사영운이 발명한 나막신이라는 뜻.

52 邦君難地險, 旅客易山行.

로 산천을 노래한 시의 새로운 장을 열었다. 그가 쓴 산천을 노래한 시의 특징은 치밀한 관찰이 깊은 경지에 이르렀으며 묘사가 섬세하고 치밀하며 시에 쓰인 언어가 웅대하고 아름다우며 정교하기까지 하다. 그가 쓴 대부분의 시는 마치 한 폭의 산수화처럼 갖가지 아름다운 풍광을 하나하나 펼쳐 보이고 있다. 사영운이 산천을 읊은 시 가운데 지금까지 사람들이 즐겨 입에 올리는 아름다운 구절은 적지 않다.

연못에 봄이 돌아와 풀이 돋자
정원 버드나무에 우는 새도 울음소리 달라졌네.

池塘生春草, 園柳變鳴禽.　　　　『登池上樓』

흰 구름은 검은 바위를 안고 있고,
푸른 조릿대는 맑은 물결에 아양을 떠네.

白雲抱幽石, 綠筱媚淸漣.　　　　『過始寧墅』

새 울음소리에 밤이 깃든 것 알겠고,
떨어지는 나뭇잎에 바람 부는 것 알겠네.

鳥鳴識夜棲, 木落知風發.　　　　『石門岩上宿』

들이 한없이 넓으니 강기슭 모래밭 깨끗하고,
하늘이 높으니 가을 달 밝도다.

野曠沙岸淨, 天高秋月明.　　　　『初去郡』

당인유기도唐人遊騎圖

수당 이후, 밖으로 나들이를 즐기는 선비들이 더 늘었다. 나들이를 할 때 대부분의 선비들은 말을 탔지만, 어떤 선비들은 당나귀나 노새, 혹은 소를 타기를 좋아했다. 예컨대 문인 왕적王績은 벼슬을 그만두고 고향으로 돌아와 술을 마구 마시며 마음 내키는 대로 즐거운 생활을 했는데, 소를 타고 술집으로 찾아와서 술을 마시거나 유숙하기도 했다.

당나라의 수도 장안은 선비들이 모여들던 곳이었다. 장안성 남쪽은 풍광이 뛰어나게 아름다웠으며 멋진 원림도 적지 않았다.

두보도 장안에 머물 때 걸핏하면 이곳으로 와서 멋진 경치를 감상하곤 했다. 천보 12년(753년) 초여름, 두보는 친구 정건鄭虔과 말을 타고 이곳으로 나들이를 왔다가 길을 따라 펼쳐진 맑고 푸른 강물과 짙푸른 초목, 시골집 울타리에 송이송이 핀 꽃들을 감상했다. 그들은 농가에 손님으로 찾아들어가서 윗옷에 꼽았던 장식물을 떼어주고 술을 시켰다. 주인은 강에서 잡아온 물고기로 흥을 돋우었으나 돈은 받지 않았다. 이튿날 이른 아침 돌아오는 길에서도 어제의 흥이 가시지 않았던 두보는 이곳의 아름다운 풍광과 순박한 인심에 취하여 아예 이듬해에 이곳으로 거처를 옮기고 만다.

백거이는 아름다운 자연과 명승지를 찾아 유람하기를 대단히 좋아했다. 그는 항주杭州 자사로 있을 때, 서호西湖의 아름다운 경치에 취해 공무로 바쁜 중에도 틈틈이 짬을 내어 마음껏 유람했다. 항주 서호의 매혹적인 풍광은 그에게 깊은 인상을 남겼다. 백거이의 시문 가운데는 항주를 노래한 것만 해도 2백 편 안팎이다. 백거이는 늘그막에 낙양에서 조용히 살면서 서호를 유람하던 정경을 늘 회상하곤 했다. 그는 가슴속 깊은 정을 『억강남憶江南』으로 드러냈다.

강남은 아름다운 곳,
아름다운 풍광 벌써부터 알고 있었네.
해 뜨는 때 강기슭에 핀 신선한 꽃은 불보다 더 붉고,
봄이 오면 강물은 그 빛깔 쪽보다 더 푸르렀네.
어찌 강남이 그립지 않으랴?

강남을 생각하면,
가장 그리운 곳은 항주라네.
산사山寺에 달 밝은 밤이면 계화 향 좇아 나서고,
군정郡亭에 올라 팔베개하고 오르내리는 물결을 바라보았었네.
어느 때 다시 가 놀아볼거나?

江南好,
風景舊曾諳.
日出江花紅勝火,
春來江水綠如藍,
能不憶江南?

江南憶,

最憶是杭州.
山寺月中尋桂子,
郡亭枕上看潮頭,
何日更重游?

왕지환시의화王之渙詩意畵

당나라 때는 수많은 선비들이 명산대천을 유람한 경험을 갖고 있다. 대시인 이백이야말로 바로 그런 인물 가운데 하나이다. 그는 평생 명산을 찾아 유람하기를 즐겨 벌써 몇 차례나 천하를 마음껏 돌아다녔다. 서쪽으로 아미峨嵋에서 동쪽으로는 천태天台까지, 북쪽으로 유주幽州에서 남쪽으로 형산衡山에 이르기까지 그는 중국의 거의 모든 지역에 발자취를 남겼다. 게다가 그는 조국의 아름다운 산하를 노래한 불후의 시를 수없이 많이 썼다.

이백은 스물다섯에 이상을 실현하고 자기의 재능을 펼칠 큰 뜻을 품었으니, 『상안주배장사서上安州裴長史書』에는 '칼 차고 떠나네, 먼 길 떠난다고 어버이께 아뢰네.'라고 노래하고 있다. 고향인 쓰촨을 떠나 길고 긴 유람의 생애가 시작된 것이다. 그는 삼협三峡을 떠나 강 동쪽을 따라 내려가서 양양襄陽에 도착했다. 그는 현산峴山, 습가지習家池, 산공루山公樓 등 고적을 마음껏 유람했다. 여산을 찾은 이백은 그곳의 장엄하고 아름다운 풍광에 도

취하여 열정적으로 여산을 찬미했다. 지금도 전하는 『망여산폭포望廬山瀑布』는 이때 노래한 작품이다.

> 햇빛이 향로봉香爐峰 비추니 자줏빛 안개 피어오르고,
> 멀리 보이는 폭포는 긴 내를 걸친 듯.
> 물줄기 내리쏟아 길이 삼천 척,
> 하늘에서 은하수 쏟아지는 듯.

> 日照香爐生紫煙,
> 遙看瀑布掛長川.
> 飛流直下三千尺,
> 疑是銀河落九天.

그 후 이백은 옛 초나라 땅으로 가서 황학루黃鶴樓와 앵무주鸚鵡洲 등 명승지를 유람했다. 그리고 다시 장사長沙와 악양岳陽으로 갔다. 악양에 갔을 때는 바로 중양重陽 좋은 시절이라 함원산銜遠山과 장강長江을 삼킨 동정호洞庭湖를 마음껏 둘러보았다. 더구나 동정호에서는 배를 띄우기도 했다. 또 상강湘江을 거슬러 올라가 오늘날 후난 영원현寧遠縣인 창오蒼梧에 이르렀다. 훗날 이백은 강하江夏로 가서 황주적벽黃州赤壁과 악성鄂城의 서산西山을 유람했다. 이 일대는 옛 사람들이 남긴 유적이 수없이 많았다. 이백은 여러 차례 시를 지어 굴원屈原, 미형禰衡, 주유周瑜, 유량庾亮 등 역사적인 인물을 노래했으며, 이 인물들을 통해 자신의 포부를 드러냈다.

천보 원년(742년), 이백은 당나라 현종의 누이와 하지장의 추천을 받아 한림원으로 들어가서 뛰어난 문장으로 황제의 명령을 다듬는 일을 했지만 정식으로 벼슬을 받지는 못해 어용 문인으로 당 현종을 따라 놀고 즐기며 시를 지었을 따름이었다. 이백은 이들이 이렇게 부려먹자 달가워하지 않았

고, 한 해 반이 지나자 답답하고 슬픈 마음으로 장안을 떠나 두 번째 긴 떠돌이 생활을 시작했다.

같은 해 4월, 이백은 낙양에서 두보를 만나 친구가 된다. 얼마 후 이백은 양원梁園[53]에 이른다. 이때 두보는 『증이백贈李白』을 노래하며 이백과 작별을 한다. 이 시에서 두보는 한림원을 떠나 산천을 유유자적 유람하는 이백을 못내 부러워한다. 이백은 오늘날 허난 상추商丘에서 뒷날 다시 만나 함께 아름다운 풍광을 찾기로 기약한다. 그 후 이백은 양원을 중심으로 선경을 찾아 십 년이나 유력하였다.

이백상李白像

이백은 한 평생이 순탄치 않아서 당나라 전성기부터 쇠퇴기까지 온갖 곡절을 다 겪었다. 애초에는 나라를 위하여 뜨겁게 일하려고 마음먹었다. 그러나 걸핏하면 불행한 일이 닥쳤으며 심지어는 남의 죄에 말려들어 변방으로 유배되기도 했다. 그러나 이백은 자연을 사랑하고 유력을 즐겼으며, 풍부하고 다채롭고 자유로운 떠돌이 생활은 그의 마음을 한없이 넓게 만들었다. 광범위한 교우 관계와 그가 겪은 숱한 사건들은 그의 식견을 넓혔으며 삶을 푸지게 했다. 이백의 시는 웅장하고 호방한데다 아름답고 기이하며 뛰어난 기상이 넘쳤다. 조국의 장엄하고 아름다운 산천도 이백의 열정적인 찬

53 오늘날 허난河南 카이펑開封.

夕陽無限好, 只是近黃昏
(석양은 한없이 아름답지만,
황혼으로 다가갈 따름이네.)

송으로 매혹적인 모습에 더욱 빛을 더했다.

당나라 때의 문인 유종원은 좌절할 때면 자연에 마음을 의탁하여 근심과 걱정을 풀고 자기의 사상을 더 높은 경지로 승화시키곤 했다.

유종원은 어려서부터 총명하여 열일곱에 진사를 뽑는 시험에 합격해 교서랑校書郎으로 난전위蘭田尉가 되었다가 나중에 감찰어사監察御使에 올랐다. 당 순종順宗이 자리에 있을 때, 유종원은 왕숙문王叔文 등이 벌인 혁신운동에 참여했으나 환관 무리의 반대로 실패하고 만다. 개혁을 지지하던 당 순종은 자리에서 물러나고 왕숙문은 피살되었으며 유종원은 소주邵州 사마司馬로 좌천된다. 그러나 아직 임지에 도착하기도 전에 다시 영주永州 사마로 더 좌천된다.

영주는 오늘날 후난 영릉현零陵縣으로, 그 당시에는 외딴 곳이라 사람도 드문 지방이었다. 게다가 도처에 말벌이나 독사가 지나는 사람들을 습격하는 곳이었다. 고생스러운 생활을 한 지 반년도 안 되어 늙은 어머니가 병으로 세상을 떠나자 유종원은 참으로 낙담했다. 하지만 영주는 비록 외딸고 궁벽한 곳이긴 하지만 자연 경관은 볼 만하여 이곳 남쪽엔 유명한 구억산九嶷山이 있었으며, 북쪽으로는 형산衡山에 딸린 나지막한 산봉우리들과 솟구치며 내달리는 상강湘江과 소강瀟江이 경계를 넘어 흘렀으며, 구역 안의 모든 곳엔 산과 언덕이 기복을 이뤄 골짜기도 깊고 그윽하여 그 사이로 강물이 여기저기 흘렀다. 유종원이 처음 영주에 왔을 때는 성 안 동쪽 산에 있는 용흥사龍興寺에 머물렀다. 영주의 아름다운 경관에 유종원은 큰 위안을 받아 울적하던 마음은 점차 평온을 되찾았다. 그는 아름다운 경관을 보기 위하여 살고 있던 곳 서쪽으로 창이 있는 복도를 내고 '서헌西軒'이라 이름을 붙였다. 또 동편으로 '동정東亭'을 세웠다. 해가 서쪽으로 기울 때면 새들은 숲으로 날아들었다. 그는 언제나 이곳에서 성 밖의 산천을 관상하며 잠시라도 온갖 걱정을 잊곤 했다.

유종원상柳宗元像

유종원은 한가할 때면 친구와 함께 멀리 교외로 나가 아름답기 그지없는 산천을 바라보며 가슴에 쌓인 답답함과 괴로움을 풀었다. 빼어난 경관을 만날 때마다 그는 아쉬움에 못내 발길을 돌리지 못했다. 그는 산천을 유력하며 받은 감명을 여덟 편의 글로 남겼으니, 이것이 바로 사람들의 입에 널리 오르내리는 '영주팔기永州八記'이다. 이 여덟 편의 글은 모두 각각 독립된 글이지만 앞뒤가 서로 연관되어 유기적으로 구성된 예술품으로 한 폭 한 폭 아름답고 다채로운 그림처럼 영주의 빼어나게 아름다운 자연 풍광을 우리 앞에 펼쳐 보인다. 동시에 유종원은 자기의 마음을 이 풍경 속으로 이입해 드러내니 참으로 그 생생함이 감동적이다. '영주팔기' 제1편 『시득서산연유기始得西山宴游記』는 그가 한가할 때 유람한 정경을 묘사하고 있다.

느릿느릿 천천히 아무런 목적도 없이 여러 곳을 다니면서 날마다 친구와 함께 높은 산에도 오르고 깊은 숲에도 들며 구불구불한 시냇가도 돌아다녔다. 무릇 물이 있고 괴석이 있는 곳이면 아무리 멀어도 가지 않는 곳이 없었다. 이런 곳에 이르면 풀을 깔고 앉아서 술잔 기울여 취하도록 마셨다.[54]

하루는 서쪽 산꼭대기에 올라 고개를 들어 먼 곳을 바라보니 눈에 보이는 사방의 땅이 마치 자기 발아래 있는 듯하여. '청산과 녹수가 서로 휘돌아 감겨서, 저 멀리 하늘 끝까지 이어졌으니, 눈을 들어 주위를 둘러보아도 모두 이와 같구나.'[55]라고 노래했다. 제4편 「소석담기小石潭記」는 소석담의 아름다운 풍경에 대한 묘사와 석담 부근의 한없이 깊고 고요한 분위기를 과장하여 작가 자신의 고적하고 괴로운 심정을 토로했으니, 석담에 고인 물의 깨끗함을 쓴 문장은 참으로 그 모습이 핍진하다. '물이 얼마나 맑고 깨끗한지 돌들이 그 바닥까지 보인다.'[56], '석담엔 물고기가 수백 마리도 넘는데 모두가 공중을 떠다니며 어디에 매임이 없는 듯하다. 햇빛이 바닥에 깔린 돌까지 비추어도 돌 위에 비친 물고기 그림자는 가만 멈추어 움직임이 없다. 그러다가는 갑자기 먼 곳으로 헤엄치며 빨리 움직이니 마치 나들이 나온 사람과 즐거움을 함께 하는 듯하다.'[57]는 표현들이 그러하다. 또한

54 施施而行, 漫漫而游, 日與其徒上高山, 入深林, 窮回溪, 幽泉怪石, 無遠不到. 到則披草而坐, 傾壺而醉.

55 縈青繚白, 外與天際, 四望如一.

56 水尤青冽, 全石以爲底.

57 潭中魚可數百許頭, 皆若空游無所依. 日光下澈, 影布石上, 佁然不動, 俶爾遠逝, 往來翕忽, 似與游者相樂.

작가는 소담 곁에 앉아 있지만 사방에 있는 대나무에 에워싸여 고요하고 쓸쓸하기가 사람 하나 없는 듯하여, '으스스한 기운이 뼈에까지 사무치며 슬픔과 서러움이 밀려들기도 한다. …… 이곳에 오면 주위가 너무 써늘하여 오랫동안 머무를 수 없다.'[58]고 표현한다.

두목시의화杜牧詩意畵

유종원이 자연 속에 노닐며 쓴 글들은 자연의 아름다움을 재현했을 뿐만 아니라 그 표현이 생동감 있어 소리 내어 읽으면 자연의 소리를 듣는 것 같고 풍경 속에 들어와 있는 것 같다. 더욱이 작가는 자기에게 닥친 독특한 신세, 사상과 감정을 자연 풍광과 한데 얽어 밀접하게 관계를 짓고 자연스럽고 교묘하게 자신의 깊고 심오한 경지를 잘 드러내고 있으니 그 수준은 정말 대단하다. 유종원은 산천을 유력하면서 외롭고 쓸쓸한 유배생활 속에서도 정신적인 기쁨을 얻을 수 있었다. 그리고 그가 산천을 유람하며 쓴 글들은 문학사에 한 떨기 진기한 꽃이 되었다.

고대 선비들이 산수山水에 온통 마음을 쏟았던 까닭은 빼어나게 아름

58 凄神寒骨, 悄愴幽邃 …… 其境過淸, 不可久居.

다운 자연 풍광이 근심과 걱정을 풀어주었을 뿐만 아니라 삶에 대한 뜨거운 사랑과 이상을 끓어오르게 했기 때문이다.

소식도 유종원과 이력이 비슷했다. 역경에 처해도 편안한 마음으로 멋지게 산천을 유력하며 활달하여 어떤 것에도 얽매이지 않으려는 인생관을 구체적으로 실현했다.

송나라 신종 원풍 2년(1079년), 소식은 '오대시안烏臺詩案'[59]으로 죄를 뒤집어쓰고 감옥에 갇혀 모진 고초를 겪는다. 세밑에 풀려난 그는 황주[60]로 단련부사團練副使에 임명되지만 공적인 일에 결재를 할 수 없었으니, 사실은 모든 권력이 박탈된 것과 마찬가지였다. 소식은 황주에 이른 뒤 어려운 생활을 헤쳐 나가고자 친구의 도움으로 황무지가 된 옛 주둔지 몇 십 무畝를 얻어 개간해 씨를 뿌렸다. 이 땅은 동쪽을 향해 경사를 이루었는데, 소식은 이에 자기의 호를 '동파거사東坡居士'라고 스스로 이르게 된다. 황주에서 지낸 다섯 해 동안 소식의 속마음은 울분으로 답답하기 짝이 없었다. 그는 노장老庄과 불교를 늘 공부하며 이런 번민에서 벗어나고자 했다. 또 적지 않은 친구와 사귀면서 우정의 따스함을 맛보기도 했다. 이 당시 산천 유람은 자기의 마음을 다스리는 가장 좋은 방법이었다.

소식은 황주 부근의 고적을 두루 돌아다녔다. 황주 서북쪽 강변에 있는 산은 바위의 색깔이 붉어서 사람들은 적벽赤壁이라 불렀다. 소식은 전후 두 차례 적벽을 유람하고서 우리의 마음을 흔드는 『적벽부赤壁賦』와 『염노교念奴嬌』「적벽회고赤壁懷古」를 썼다. 이 작품은 중국 고대 문학의 경전이라 할 만하다. 작가는 풍경 묘사와 감정 표현을 하나로 녹여 적벽의 절묘한 풍광을 묘사했다. 또 눈앞에 펼쳐진 전경을 보고 인생에 대한 오묘한 이치를

59 송대 소식이 시정을 풍자한 시를 지었다는 이유로 어사대의 감옥에 갇힌 사건.

60 오늘날 후베이 황강黃崗.

깨달았으며, 이렇게 생긴 감정을 잘 표현하고 있다.

적벽야유赤壁夜遊

황주에 머무는 동안, 소식은 여산도 돌아보았다. 그는 일찍이 여산을 그리워했으나 장엄하고 아름답기 그지없는 여산을 직접 보자 기뻐 소리치지 않을 수 없어서, '지금은 꿈이 아니로구나, 정말로 여산에 왔구나.'[61]라고 노래했다. 소식은 여산의 아름다운 경치에 취하여, 본래 시상이 샘솟던 그였지만 마침내 '보통 때는 보지 못했던 것, 이제는 그 많은 좋은 경치 보기에 눈 쉴 틈 없네.'[62]라고 하거나 '뛰어난 풍광 아마도 다 셀 수 없으리라.'[63]라고 노래했다. 그는 개선사開先寺 쌍폭雙瀑을 '청옥 계곡을 가르며, 두 마리 흰 용이 날아오르는구나.'[64]라고 묘사하면서 차마 그 자리에서 움직이지 못했으며 마침내 그 맑고 깨끗함 속으로 뛰어내리고 싶은 생각까지 한다. 서림西林에서는 그 유명한 『제서림벽題西林壁』을 지었다.

이리 보니 연산連山이요 저리 보니 홀로 선 봉우리라,

---

61 如今不是夢, 眞个在廬山.

62 平日所未見. 殆應接不暇.

63 奇勝殆不可勝紀.

64 劈開青玉峡, 飛出兩白龍.

멀고 가까움, 높고 낮음에 따라 그 모습 다르네.
여산의 참 모습을 알지 못함은,
이 몸이 이 산 속에 있기 때문일세.

橫看成嶺側成峰, 遠近高低各不同.
不識廬山眞面目, 只緣身在此山中.

촉산행려도蜀山行旅圖

중국 고대 선비 가운데 자연과 산천을 뜨겁게 사랑해 '명산대천을 두루 다니며 마음을 확 트이게 하고 식견을 더욱 넓히고자' 애쓴 이가 또 있다. 명나라 때 저명한 지리학자요 여행가인 서하객徐霞客이 바로 그렇다.

서하객의 이름은 홍조弘祖요 자는 진지振之이다. 하객은 달리 일컫는 또 다른 이름이다. 어려서부터 내용이 기이한 책을 매우 좋아해 장엄하고 아름다운 각지의 산과 들, 기이한 봉우리와 깊은 골짜기를 묘사한 책을 볼 때마다 마음은 이를 그리워하여 마침내 몸소 그곳으로 가 보기로 작정했다. 그는 일찍이 '대장부가 아침엔 푸른 바다 북해北海에 있다가 저녁이면 창오蒼梧[65]에 이르러야지 어찌 한 곳에 자기를 묶어 두겠는가?'라고 말하면서 명산대천을 향해 나아가기로 결심을 했다. 만력 35년(1607년), 서하객의 나이 스물하나가 되자 유람이 시작되었다. 서른 해 남짓, 그는 온갖 고초를 다 겪으며 북으로는 유연幽燕[66]에 이르렀으며, 남으로는 민월閩粵[67]에까지 발길이 닿았으며 서쪽으로는 전남滇南[68]에 미쳤으니, 그는 중국의 거의 모든 지역에 두루 발자취를 남겼다. 이르는 곳마다 그는 보고 들은 바를 기록했다. 서하객이 세상을 뜬 뒤, 다른 사람에 의해 이 기록은 『서하객 여행기』로 정리됐다. 이 책은 내용이 풍부해 각지의 역사와 지리, 세상 사람들의 인심과 풍속, 지형, 수문水文과 기상 등 여러 방면에 대한 지식을 다루었다. 더구나 지형과 수문, 식물 등에 관한 내용은 참으로 진귀해 과학 문헌으로서의 가치가 대단했다. 청나라 때의 학자 전겸익은 이 책을 일러 '세상에서 진짜로 가치가 높고 진기한 책이다.'라고 이르며 찬탄했다.

중국 고대 선비들 가운데 서하객처럼 지형을 고찰하기 위하여 유력하고 탐험한 이는 결코 많지 않았다. 대다수의 선비들은 도시의 시끄러움을 멀리하고 명예와 이익에 속박된 삶의 번거로움을 떨치기 위하여 산천을 유력했다. 또 가슴에 쌓인 답답함과 괴로움을 덜어내고 대자연 속으로 나아가 평안과 자유를 얻어 자기의 정신이 평형에 이르고 정서를 도야하기 위해서 산천을 유력하기도 했다. 북송의 곽희郭熙가 『임천고치林泉高致』「산수훈山水訓」에서 말한 대로였다.

> 군자가 이렇듯 산수를 좋아하는 것은 무슨 까닭인가? 시골의 전원은 소박한 성정을 기르기에 늘 머무르고자 하는 곳이며, 맑은 샘이 솟는 곳이나 암석은 큰 소리로 외칠 수 있기에 즐겨 가는 곳이 된다.

65 광시 장족자치구에 있는 현 이름.

66 오늘날 허베이 성 북부와 랴오닝 성 남부에 있던 주.

67 오늘날 푸젠 성과 광둥 성.

68 오늘날 윈난 성.

낚시나 땔나무하기로 속세를 떠나 은거하며 유유하게 지냄은 언제나 마음에 들어 하는 바이다. 원숭이나 학, 이런 길짐승과 날짐승은 울기도 하고 날기도 하나니, 인간이 언제나 함께 하고자 하는 바이다. 속세의 떠들썩함과 구속은 우리가 언제나 싫어하는 바이다. 하지만 신선이나 성인이 머무는, 구름과 연기와 노을과 안개가 있는 곳은 우리 인간이 머물고 싶은 곳이지만 언제나 볼 수는 없다.[69]

청나라 때의 이어도 『한정우기』에서 유력遊歷의 즐거움을 이야기했다. 그는 '여행을 하며 즐기는 방법'을 유력을 통해 알아내기도 했다.

'역려逆旅'라는 두 글자는, 먼 곳으로 여행을 하면 여정 중에 겪는 환경이 모두 '역경逆境'이기에 붙여진 이름이다. 그러기에 먼 곳으로 여행을 하면서 어려움을 겪지 않으면 집안에 살면서 겪는 즐거움도 알 수 없다. 이러한 정황과 재미는 하나하나 맛을 보아야만 한다. 나는 일찍이 변새邊塞를 유력하고 돌아오자 마을 사람들이 소식을 듣고 내게 이렇게 물었다.

"변새를 유력하니 즐겁습디까?"

"즐거웠습니다."

그곳에 갔다가 무서워 돌아온 이가 한 마디 했다.

"그곳은 불모의 땅으로 사람들도 우리와는 달랐습니다. 모래벌판에서 벌어진 전쟁을 보곤 깜짝 놀랐으며, 전투를 시작하는 북소리며 나팔소리에 혼이 빠질 지경이었습니다. 그런데 뭐가 즐거웠단 말이

69 君子之所以愛夫山水者, 其志安在? 丘園養素, 所常處也, 泉石嘯傲, 所常樂也, 漁樵隱逸, 所常適也, 猿鶴飛鳴, 所常觀也. 塵囂繮鎖, 此人情所常厭也, 烟霞仙聖, 此人情所常願而不得見也.

오?"

나는 그에게 이렇게 말했다.

"집을 떠나 보지 않았을 때는 세상이 모두 같아서 먹고 마시고 쓰는 것도 모두 우리와 같은 줄 알지만 온 세상을 돌아보면 다른 점이 너무 많다는 걸 알게 됩니다. 또 큰 도시만 훑어보고 변방은 둘러보지 않으면 온 세상이 다 같은 줄 알지만 온 세상은 그 모습이 조금씩 다 다릅니다. …… 어느 한 곳을 지나면서 유람하며 그 지방의 풍속과 인심을 이해하게 됩니다. 또 어느 지방을 지나면서 그 지방의 명승지도 보게 됩니다. 그러면서 이제까지 먹어 보지 못한 것을 먹어 보게 되고, 맛보고 싶었던 음식도 맛보게 됩니다. 게다가 남은 것은 집으로 가지고 돌아와서 아내와 아이들에게 줄 수도 있습니다. 이는 마치 서한 때 왕후가 내린 맛있는 음식을 얻은 듯, 한 가족을 배부르게 할 수 있으니, 인생에서 가장 즐거운 일이라 하겠습니다."[70]

이어는 여행하면서 겪는 괴로움을 견문을 넓히고 사회를 체험하는 즐거움으로 여겼다. 그리하여 생활을 더욱 소중히 여기고 삶을 더욱 뜨겁게 사랑하게 된다고 믿었다.

고대 선비들은 빼어나게 아름다운 산천을 마음껏 돌아보는 유람으로

---

70 '逆旅'二字, 足概遠行, 旅境皆逆境也. 然不受行路之苦, 不知居家之樂, 此等況味, 正須一一嘗之. 余游絶塞而歸, 鄉人訊曰: '邊陲之游樂乎?' 予曰: '樂'. 有經其地而憚焉者曰: '地則不毛, 人皆異類, 睹沙場而氣索, 聞鉦鼓而混搖, 何樂之有?' 予曰: '向未離家, 謬謂四方一致, 其飮饌復飾皆同于我, 及歷四方, 知有大謬不然者. 然止游通邑大都, 未至窮邊極塞, 又謂遠近一理, 不過稍變其制而已矣. ……過一地, 卽覽一地之人情, 經一方, 則睹一方之勝槪, 而且食所未食, 嘗所欲嘗, 蓄所余者而歸遺細君, 似得五侯之鯖, 以果一家之腹, 是人生最樂之事也.

대자연과 가까워졌다. 하지만 대부분 유람은 갖가지 경력과 관계가 있다. 타향에서의 벼슬살이 때문에 유람을 할 수밖에 없었고, 먼 곳으로 폄적되었거나 글을 쓰기 위해 사방을 탐방하기도 했다. 어떤 유람이든 모두 고통과 즐거움을 양쪽 모두 체험하게 마련이다. 선비들이 유람을 하게 된 배경이 서로 달랐기에 그들이 가졌던 생각의 갈피도 복잡해, 어떤 이는 활달하고 낙관적이었으며, 다른 이는 괴롭고 고적했으며, 혹은 유유자적했다. 인구에 회자되는 마치원馬致遠의 『천정사天淨沙』「추사秋思」는 나그네의 처량한 마음을 진실하게 드러내고 있다.

말라빠진 등나무와 노목으로 찾아드는 갈까마귀,
자그마한 다리, 흐르는 물, 집 한 채.
가을바람 부는 옛길에 수척한 말,
서쪽으로 기우는 해,
아득히 먼 곳으로 떠난 나그네 애간장을 태우네.

枯藤老樹昏鴉,
小橋, 流水, 人家,
古道西風瘦馬,
夕陽西下,
斷腸人在天涯.

6장 선비의 회합과 결사結社

중국 고대 선비들은 원래 물질이 주는 즐거움을 멀리하고 정신적인 가치를 추구하는 전통이 있었다. 공자는 '군자는 도道를 추구할 뿐 먹을거리를 추구하지 않는다.'고 했다. 또 '먹어도 배부름을 구하지 않고 사는 곳도 편안한 곳을 구하지 않았다.'고 했으니, 도道와 의義를 떨침에 상당히 높은 수준을 요구했다. 게다가 공자는 우정을 아주 소중히 여겨서 친구와의 회합을 즐겼다. 그는 '친구가 있어 먼 곳에서 찾아오니 어찌 기쁘지 아니하랴!'라고 『논어論語』「학이편學而篇」에서 말했다. 그야말로 친구를 기쁘게 맞는 모습이 마음에서 우러나온다. 공자의 사상은 중국 고대 선비들의 생활 방식에 큰 영향을 끼쳤다. 고대 선비들은 나라를 걱정하고 백성을 염려하는 사회적 책임감과 사회에 참여하려는 강렬한 의식뿐만 아니라 마음을 터놓을 수 있는 친구에게도 거짓 없는 참된 정을 뜨겁게 갖고 있었다. 이런 감정을 드러내는 방식으로 그들은 시문詩文 쓰기 이외에 회합과 결사를 즐겼다.

1. 선비와 회합

회합은 고대 선비들이 정을 나누고 우정을 증진시키는 방법 가운데 하나였으니, 선비들은 회합을 통해 고담준론을 펼치거나 술을 마시며 시를 읊기도 했다. 또 악기를 연주하고 아름다운 경치를 함께 감상하기도 했다. 회합은 이들의 몸과 마음을 안정적으로 변화시키면서 정신적인 즐거움도 주었다.

고대 선비들의 유명한 회합으로 동한 말기의 '서원西園 모임'을 들 수 있다. 서원은 조조가 업鄴[1]에 살 때 원림이었다. 원림 안의 풍광이 뛰어나게 아름다워 조비曹丕와 조식은 건안의 시인 왕찬, 유정劉楨, 진림陳琳, 서간 등과 늘 이곳에서 모임을 갖곤 했다. 훗날 조비는 『오질에게 보내는 편지與吳質書』에서 당시 모임의 정경을 '지난 날 우리가 함께 나들이를 나가면, 수레가 꼬리를 이었고 쉴 때엔 자리가 서로 잇닿았었지.', '우리가 서로 잔을 돌리며 술을 마실 때면 현악에 관악이 일제히 반주를 했고 얼마나 기분 좋게 마셨는지 온통 붉어진 얼굴로 자기가 방금 지은 시를 고개를 들어 읊었었지. 술에 몹시 취해 즐거움에 푹 빠질 때면 이 즐거움이 참으로 얻기 힘든 즐거움이라는 것을 깨닫지도 못했지.'라고 회상했다. '서원의 모임'은 선비들 사이의 친밀함이 구체적으로 나타난 것이다. 조비, 조식과 건안의 선비들이 비록 지위는 서로 달랐지만 시를 지어 읊조리는 것으로 말하면 그들은 모두 친구였다. 건안 22년(217년), 전염병이 돌아 문인들 여럿이 병으로 세상을 뜨자 조비는 '지난해 전염병으로 사랑하는 친구 서간, 진림, 응양應瑒, 유정 등이 한꺼번에 세상을 버리니 참으로 마음 아프다.'는 글로 슬픔을 드러냈다.

---

1 허난성 안양현安陽縣 북쪽에 있는 옛 지명.

위魏와 진晋의 어름에 늘 함께 했던 선비들의 이름난 모임으로 '죽림칠현竹林七賢'이 있다. 칠현이란 혜강, 완적, 산도, 향수, 유령, 완함, 왕융을 가리킨다. 『삼국지三國志』「위서·왕찬전魏書·王粲傳」에는 『위씨춘추魏氏春秋』 내용을 인용해 이들이 '서로 의가 좋고 다정하여 죽림에서 노닐었으니, 칠현이라 불렀다.'고 기록했다. 『세설신어世說新語』「임탄任誕」에도 '이 일곱 명은 늘 죽림에 모여 제멋대로 기분 좋게 술을 마시며 호방하게 행동했으니, 세상 사람들이 죽림칠현이라고 일렀다.'는 기록이 있다. 죽림칠현은 의기투합하여 세속에 얽매임 없이 언제나 함께 모여 술을 마시며 현학을 논했다. 죽림칠현은 함께하는 정치 강령도 없었으며 학문에 대한 명확한 목표도 없었다. 그러했기에 사마씨가 조정을 독점하며 조씨가 세운 위나라 정권을 넘겨받자 죽림칠현은 각자 제 갈 길을 골라 갔던 것이다.

서진 때 몇몇 선비들은 부호 석숭의 금곡원金谷園에서 자주 모임을 가졌으니, 사람들은 이들을 '이십사우二十四友'라 불렀다. 이들 가운데는 유명한 시인 구양건歐陽建, 반악, 육기, 육운, 지우摯虞, 두육 등이 있다. 석숭이 손수 편찬한 『금곡시서金谷詩序』에 모임의 정경을 이렇게 기록하고 있다.

> 나와 여러 선비들은 …… 밤낮 나들이에 잔치에 걸핏하면 자리를 옮기기도 했다. 각자 시를 읊으며 가슴속 회포를 풀었으며, 시를 지어 읊지 못하면 벌주 석 잔을 내렸다. 사람의 목숨이 영원하지 않음을 알고 언제 죽음이 닥칠지 모르는 두려움으로 관직과 성명, 그리고 나이를 기록하고 또 시를 써서 뒷날에 알리려고 한다.[2]

이들 모임은 조정에 알랑거리며 권세와 이익을 탐하며 정치적으로 출세하려는 의도를 가진 이들도 전혀 배제하지는 않았다. 그러나 모임의 주요 내용으로 볼 때, 행락과 문학 창작 활동을 주로 했음을 알 수 있다. '금곡아집金谷雅集'은 뒷날 선비들의 모임에 직접적인 영향을 주었으며, '난정아집蘭

亭雅集'이 가장 유명하다.

동진 때 선비들은 걸핏하면 '수계사修禊事'를 이용해 모임을 가졌다. '수계修禊'란 『주례』의 기록에 의하면, 해마다 삼월 상순 사일巳日에 병을 쫓아내고 재난을 막기 위하여 무당이 강가에서 거행하는 의식을 말한다. '계禊'는 깨끗이 한다는 뜻을 가진 '결潔'과 같은 말이다. 위진 이후 수계를 위한 행사는 해마다 삼월 삼일을 정해 거행했다. 이날 사람들은 묵은 때를 깨끗이 벗겨내고, 씻는 것 말고도 갖가지 경축 행사를 가졌다. 선비들은 냇가에서 모임을 갖고 흐르는 물에 술잔을 돌리며 시 짓기를 즐겼다. 이것을 유상곡수流觴曲水라 했다.

난정심승蘭亭尋勝

2 余與衆賢 …… 晝夜游宴, 屢遷其坐. …… 遂各賦詩, 以敍中懷. 或不能者, 罰酒三斗. 感性命之不永, 懼凋落之無期, 故列具時人官號, 姓名, 年紀, 又寫詩著後.

영화永和 9년(353년) 늦은 봄, 유명한 서예가 왕희지와 이름난 선비 사안, 손작 등은 회계 산음 난정蘭亭에서 수계 모임을 가졌다. 풍속에 따라서 이들은 구불구불 흐르는 시냇가에 줄지어 앉아 물길 따라 자기 앞에 온 술잔을 기울이며 시를 읊었다. 난정의 모임에 참가한 선비는 모두 마흔 둘이었다. 이 가운데 스물일곱은 시를 지었으나 열다섯은 시를 짓지 못하고 벌주 석 잔을 받았다. 여기서 왕희지는 시적인 정취와 그림 같은 풍광이 넘치는 활동을 쓴 그 유명한 『난정서蘭亭序』를 남겼다.

> 영화 9년, 계축년 삼월 초, 회계군 산음현 난정에서 모임을 가지니, 물가에서 재앙을 멀리하고 복을 바라는 활동을 하기 위함이라. 늙은이도 있고 젊은이도 있으니, 명성도 덕망도 있고 재기도 넘치는 이들이 숱하게 모여들었다. 이곳에는 높은 산과 험준한 고개도 있고 울울창창 우거진 숲과 높이 큰 대나무도 있다. 급히 흐르는 맑은 물도 있어 난정 좌우를 눈부시게 비추며 돌아 흐른다. 이 물을 구불구불 물길 만들어 정자로 끌어 들이고, 술잔을 물길에 띄워 함께 마시며 즐긴다. 사람들은 물가에 줄지어 앉으니 관악기 현악기 연주가 없어도 행사는 성대하고 활기에 넘친다. 술잔 기울이며 시를 읊으니 모두가 그윽하고 품위 있는 감정을 멋지게도 표현한다. 오늘은 맑은 날에 바람도 산들산들 불어온다. 하늘을 보니 가없이 넓고 땅을 보니 온갖 물상이 이처럼 가짓수도 많다. 눈 가는 데까지 살펴보니 가슴이 확 트이고, 눈여겨보고 귀 기울여 들으니 참으로 즐겁구나![3]

---

3 永和九年, 歲在癸丑. 暮春之初, 會于會稽山陰之蘭亭, 修禊事也. 群賢畢至, 少長咸集. 此地有崇山峻嶺, 茂林修竹, 又有淸流激湍, 映帶左右, 引以爲流觴曲水, 列坐其次. 雖無絲竹管絃之盛, 一觴一吟亦是以暢敍幽情. 是日也, 天朗氣淸, 惠風和暢, 仰觀宇宙之大, 俯察品類之盛, 所以游目騁懷, 足以極視聽之

난정 모임은 중국 고대 선비들의 모임 방식에 매우 큰 영향을 끼쳤다. 봄볕이 맑고 아름다우며 날씨마저 깨끗하게 갠 날 선비들이 선뜻 서로 만나 술잔 기울이며 마음 터놓고 이야기를 나누기도 하고, 먹물 듬뿍 묻혀 붓을 휘두르기도 했다. 한 잔 술에 시 한 수 있는 이런 분위기에서 인생의 즐거움도 맛보고 창작의 영감도 얻었던 것이다.

소식도 『화왕승지和王勝之』에서 '유상곡수가 날마다 아니어든, 새로운 시 읊어 난정의 모임을 이으려네.'[4]라고 노래했다. 뒷날 선비들은 난정의 고사를 항상 본뜨곤 했다. 청나라 가경嘉慶 2년(1797년) 팔월 상사上巳에, 이름난 학자 완원阮元은 난정에서 추계秋禊를 거행했다. 『연경실 4집硏經室四集』 두 번째 권은 '멋진 손님들 함께 하여 간단한 설명 들으면 모두 마음속으로 깨닫고 이해한다. 함께 즐기며 물결 위에 다시 잔 띄우고 추계의 예를 펼친다.'라고 기록하고 있다.

고대 선비들이 모임을 갖는 주된 목적은 글로 친구가 되어 서로 마음을 탁 터놓고 정을 나누며 학문을 갈고 닦는 데 있었다. 동시에 모임을 빙자하여 자연 산천을 유람하며 사람과 빼어난 풍광을 이해하고 깨달으며 큰 즐거움을 얻는 데 있었다.

남조의 저명한 문인 사영운이 그의 아우뻘인 사혜련謝惠連, 과 동해東海의 하장유何長瑜, 영천潁川의 순옹荀雍, 태산泰山의 양선지羊旋之와 더불어 '글을 지어 서로 함께 감상하는 모임을 갖고 함께 자연을 유람했으니, 세상 사람들은 이들을 일러 사우四友라고 불렀다.'는 기록이 『송서宋書』「사영운전謝靈運傳」에 전한다.

진陳나라 태건太建 초년, 선비 이상李爽은 장정견張正見, 하철賀徹, 완탁

娛, 信可樂也.

4 流觴曲水無多日, 更作新詩繼永和.

의간정猗玕亭에서의 유상곡수流觴曲水

阮卓 등과 글 모임을 통해 친구가 되었다. 그 뒤 채응蔡凝, 유조劉助 등이 여기에 참가했으니, 이들은 모두 당시 선비들이었다. 『진서陳書』「서백양전徐伯陽傳」의 기록을 보면, 이들은 '나들이에 잔치를 벌이면 시를 읊었으며, 이것을 모으니 책이 되었다.'고 한다. 서백양이 이 책에 붙인 서문은 한때 세상에 널리 알려졌었다.

2. 선비와 문학 결사

동진 이후, 선비들은 잦은 회합 활동 중에 새로운 결사結社를 왕성하게 일으켰다. '사社'의 품은 뜻은 비교적 복잡하다. 천바오량陳寶良은 1996년 저장인민출판사에서 낸 『중국의 사社와 회會』에서 '사社'를 다섯 가지로 나누었다.

1. 땅을 맡아 다스리는 신

2. 고대 향촌의 바탕이 되는 행정 단위

3. 민간에서 지신에게 제사 지내는 날 거행하는 갖가지 영신을 하며 벌이는 축제[5]

4. 생각이 같고 지향志向이 서로 통하는 이들이 맺은 단체

5. 직업에 따른 단체

따라서 선비들이 만든 결사라면 생각이 같고 서로 지향이 통해 맺어진 문화 활동 단체를 가리킨다 하겠다.

선비들이 만든 가장 이른 시기의 결사는 동진의 '백련사白蓮社'이다. '백련사'는 태원太元 11년(386년), 스님인 혜원慧遠이 주도하여 만든 승려와 속인이 하나가 된 종교적인 단체이다. 여기에 참가한 자는 주속지周續之, 뇌차종雷次宗 등 선비 여섯에 승려 열둘, 모두 열여덟 명으로 '십팔현十八賢'이라고 부르기도 했다. 『송서宋書』「주속지전周續之傳」에는 주속지가 현학에 정통했고, 『노자老子』와 『주역』을 공부했으며 여산에 들어가 승려인 석혜원을 모

5 의장을 갖추고 풍물을 울리며 고을의 신상을 모시고 나와 동네를 돌던 마을의 축제.

셨다는 기록이 있다. 백련사의 출현은 당시 유학과 현학 그리고 불교가 서로 결합된 상황이 반영됐음을 알 수 있다. 백련사는 뒷날 문인들과 승려들이 시를 통해 서로 모임을 가진 효시로서 의미를 가진다.

당송 이후, 과거제가 시행되면서 선비들 사이에는 접촉과 왕래가 잦았으며, 모임과 결사도 더욱 빈번했다. 송나라 때 선비들이 맺은 결사로 비교적 이름난 것이 '강서시사江西詩社'였다. 강서시사는 시를 쓰는 이들이 만든 단체로서, 유명한 시인 황산곡黃山谷을 비롯하여 진사도, 반대림潘大臨, 사일謝逸, 홍명洪明, 홍추洪芻, 여본중呂本中 등 스물다섯 명이 여기에 참가했다.

황산곡은 바로 황정견으로, 자는 노직魯直, 자호는 산곡도인山谷道人으로 분녕分寧[6] 출신이다. 시문으로 이름을 날렸으며, 장뢰張耒, 조보지晁補之, 진관秦觀과 더불어 '소문사학사蘇門四學士'로 불렸다. 그의 시는 두보를 스승으로 하여 수사修辭와 구절 만들기를 중시했으며 '글자 하나라도 유래가 없는 것이 없다.'[7]라고 『답홍구부서答洪駒父書』에서 강조했다. 또 문학 작품은 출처를 따져서 만들고 환골탈태하여 남의 글이라도 다듬어서 새로운 의미가 담긴 훌륭한 글이 되게 해야지, 케케묵은 말로 흐물흐물 넘어가는 데 반대했다. 황정견을 우두머리로 하는 강서시사는 시단에 활기를 불어넣었으며, 이들의 시는 창작을 촉진하는 데 일정한 역할을 했다. 강서시사에 참가한 스물다섯 명 대다수는 강서 사람이 아니었으나 이렇게 부른 이유는 황정견 때문이었다.

원나라 때 선비들도 시로 친구가 되어 결사를 맺곤 했다. 원나라 사람 원각袁桷은 『청용거사집清容居士集』에서 '내 일찍이 글을 쓰면서 뜻을 같이

---

6 오늘날 장시 수수修水.

7 無一字無來處.

시로써 친구를 사귀는 선비

하는 벗들 만났고 또 여러 번 만나서 토론도 벌였으나, 나중에는 병이 들어서 모임을 그만 두었다.'고 말했다. 원나라 말기 푸젠 흥화부興化府에서는 선비들이 '호산문회壺山文會'를 조직해 글을 주고받으며 즐거움을 나누었다. 『고금도서집성古今圖書集成』「방여회편·직방전 '흥화부부'方輿會編·職方典 '興化府部'」의 기록에 의하면 호산문회는 '매달 한 번씩 모임을 갖고 시를 지어 읊거나 바둑을 두고 거문고를 연주하기도 했으며 청담을 나누며 즐거움을 삼았다. 이리하여 풍류와 아취가 한때 유행했다.'고 한다.

원대에는 시사詩社가 매우 성행했는데, 가장 규모가 큰 것은 '월천음사月泉吟社'였다. 이 모임을 앞장서서 만든 이는 오청옹吳淸翁, 즉 오위吳渭였다. 청나라 때 고사기高士奇가 쓴 『천록지여天祿識餘』에는 월천음사의 시회詩會 활동을 이렇게 기록하고 있다.

포양浦陽의 오청옹吳淸翁이 일찍이 월천음사를 만들었다. 그리고 향리의 어르신 방봉方鳳, 사고謝翶, 오사제吳思齊 등을 모시고 이들과 함께 모임을 시작했다. 지원至元 병술년 시월 보름날, '봄날 전원의 온갖 흥취'를 주제로 오언, 그리고 칠언 율시의 시를 모은다고 문서로써 이 지방에 널리 알렸다. 다음해 정해년 정월, 이천칠백삼십오 권의 시가 모아졌다. 이들 작품을 방봉, 사고 등의 어른들이 심사하고 평가하여 이백팔십 명을 뽑았다.[8]

이것이 문인들의 규모로는 자못 큰 첫 번째 시회라 참가자만도 2,735명이나 되었으며, 여기서 뽑힌 자가 280명이었으니, 중국 동남쪽 시단을 흔든 사건이라 하겠다. 원나라 말기 이런 시사는 더욱 많아졌으며 그 활동도 잦았다. 『명사明史』「장간전張簡傳」에는 '해마다 봄이 되면 저장에서 시문으로 존경을 받는 사대부들은 시사를 설립하여 문장이 뛰어난 명사 한두 명을 초빙하면 각지의 이름난 이들이 모여들어 밤낮을 가리지 않고 잔치를 열었다. 비교적 잘된 시는 푸짐한 상금을 받기도 했다.'는 기록이 있다.

명나라 때에는 선비들이 모임과 시문을 통해 친구가 되려는 풍조가 더욱 보편화되었다. 이때 적지 않은 도시와 명승지에는 모두 시사 활동이 있었다. 예컨대 무석無錫에는 '벽산음사碧山吟社'가 있었으니, 소보邵寶의 『벽산음사도기碧山吟社圖記』에는 '모임이 있으면 오로지 시만 이야기했다. 시가 완성되면 잔치가 열렸는데, 좋은 안주 몇 쟁반과 밥 한 대접에 술 여덟아홉

---

8 浦陽吳淸翁嘗樹月泉吟社, 延鄕之遺老方鳳, 謝翶, 吳思齊輩主于家, 至元丙戌小春望日, 以春日田園雜興爲題, 預以書告浙東西以詩名者, 令各賦五七言律詩, 至丁亥正月望日收卷, 月終得詩二千七百三十五卷, 屬方, 謝諸公品評之, 中選者得二百八十人.

차례 돌면 그만이었다.'는 기록이 있다.

가정 연간에는 시사를 결성하는 풍조가 매우 크게 성행했다. 저장에는 '호사湖社'와 '월산시사越山詩社'가 있었으며, 항주杭州에는 이름도 널리 알려진 '서호팔사西湖八社', 즉 자양시사紫陽詩社, 호심시사湖心詩社, 옥잠시사玉岑詩社, 비래시사飛來詩社, 월암시사月岩詩社, 남병시사南屏詩社, 자운시사紫雲詩社, 동소시사洞宵詩社 등이 있었다.

서호팔사는 정기적으로 모임을 가졌으며 규약도 있었다. 시사 활동의 주요한 내용은 술을 마시고 시를 읊조리며 자연 풍광과 도 그리고 예술에 대한 이야기를 나누는 것이었다.

만력 말년에서 명나라 말기에 이르기까지 선비들이 시사를 결성하는 풍조는 시들지 않고 줄곧 성행했다. 당시 이들의 결사는 일반적으로 지방의 군과 읍을 경계로 맺어졌지만 지역의 한계를 뛰어넘는 결사도 있었다. 북경과 남경에는 각지의 선비와 문인들이 모이는 곳이기에 이런 동호회가 비교적 보편화되었다. 숭정 연간에 회계의 서개미徐介眉는 사방의 선비를 규합했으며 도성에 있는 자도 여기 끌어들였다. 처음엔 이 모임의 이름이 '인사因社'였으나 뒷날 인원이 더 불어나자 이름도 '광인사廣因社'로 바뀌었다. 애남영艾南英도 남경에 들렀다가 왕신오王愼五, 심미생沈眉生 등과 '우사偶社'를 결성했다.

설천방우雪天訪友

청나라 초기, 봉건 통치자는 권력을 공고히 하려고 선비들에 대한 고압 정책을 썼다. 선비들의 모임도 금지했기에 선비들의 결사 풍조도 한때 기세를 잃었다. 하지만 청나라 중기 이후, 선비들의 결사 풍조는 다시 고개를 들기 시작했으니, 양주와 항주杭州의 선비와 문인들이 만든 시와 문장 동호회가 가장 흥성하였다. 양주에 있는 마씨馬氏네 소영롱산관小玲瓏山館과 정씨程氏네 소원篠園, 그리고 정씨鄭氏네 휴원休園은 청나라 때 선비들의 풍아한 모임이 있던 중요한 장소였다. 이런 모임이 있을 때마다 시를 짓고 노래를 들으며 맛있는 요리를 맛보는 일들이 생겼다. 청나라 때 이두李斗는 『양주화방록揚州畵舫錄』 8권에 이렇게 기록하고 있다.

> 시 동호회 모임이 있는 날이면, 뜰에 설치된 각각의 책상 위에는 붓 두 자루, 먹 하나, 단연端硯[9] 하나, 연적 하나, 편지지 넉 장, 시를 짓는 데 참고할 운서韻書 한 권, 찻주전자 하나, 주발 하나, 과일 담는 찬합과 과자 담는 그릇 각 하나가 놓여 있다. 시가 완성되면 즉시 새기는 작업에 들어간다. 사흘 안에는 그래도 고쳐 쓴 것을 다시 새길 수 있다. 책으로 나오면 성 안에 두루두루 보낸다. 모임이 있을 때마다 맛있는 술과 안주가 모두 넘쳤다.[10]

항주는 서호의 풍광이 대단하여 문인 사대부들이 가보고 싶어 하는 곳이다. 명청 두 왕조 시대에 항주에서는 시 동호회가 줄곧 성행했다. 청나라 중기엔 이름도 널리 알려진 '남병음사南屛吟社'가 있었다. 이 모임은 사학

---

9 단계端溪 지방에서 나는 벼루.

10 到會期, 于園中各設一案, 上擺筆二, 墨一, 端硯一, 小注一, 箋紙四, 詩韻一, 茶壺一, 碗一, 果盒茶食盒各一. 詩成卽發刻, 三日內尙可改易重刻, 出日遍送城中矣. 每會酒肴俱極珍味.

자인 항세준과 여악 등이 주관하였다. 또 모임에 참여하는 사람이 스무 명이나 되는 '호남음사湖南吟社'도 있었다. 가경, 도광 연간에는 '잠원음사潛園吟社', '왕씨동헌음사汪氏東軒吟社' 등이 있었다.

고대 선비들의 모임에서 형성된 시 동호회는 한가로움을 달래기 위한 문화 단체로서 모임에 늘 참가하는 이 가운데는 과거를 준비하는 선비나 관리로 벼슬살이를 하는 이도 있었고, 벼슬길에서 물러난 사대부도 있었다. 이들은 이런 모임들을 통해 정신적인 즐거움을 얻었으며 선비들 사이의 정도 두텁게 했다. 아울러 문화의 번영에도 이바지했다. 명나라의 방구서方九敍가 『서호팔사시첩서西湖八社詩帖序』에서 말한 그대로이다.

> 무릇 선비라면 반드시 모임이 있어야 한다. 벼슬도 없이 가난한 때에는 동학들끼리 모임을 조직하고, 관직이나 지위가 높아지면 조정의 마음 맞는 이와 더불어 모임을 만들게 된다. 이제 조정을 벗어나 퇴임을 하게 되면 향촌에서 모임을 가지며 그윽하고 한적한 곳에 몸을 의탁하고 고요한 환경에서 자신마저 잊어버린다. 이것이 바로 세속의 분쟁을 벗어난 선비의 즐거움이다. 옛적 모임을 가진 이는 반드시 도와 예에 뜻을 같이했으며 자연의 아름다운 풍광을 찾아 가슴이 열리면 거문고와 한 잔 술에 마음을 의탁하기도 했으며 옛적 현인 은사들의 글들을 즐겨 읽었고 아름다운 시를 읊조리기도 했다.[11]

서로 맞는 뜻과 동일한 가야할 길은 선비들이 모임을 갖는 바탕이었다. 또 시를 읊고 소리 내어 노래하는 것은 선비들에게는 고상하고 우아한 흥

---

11 夫士必有所聚. 窮則聚于學, 達則聚于朝, 及其退也, 又聚于社, 以托其幽閑之迹, 而忘乎闃寂之懷. 是蓋士之無事而樂焉者也. 古之爲社者, 必合道藝之志, 擇山水之勝, 感景光之邁, 寄琴爵之樂, 爰寓諸篇, 而詩作焉.

취였으니, 시 동호회의 결성은 선비들 모임의 주요한 형식이 되었다.

문인금회도文人琴會圖

3. 선비와 그 밖의 결사

중국 고대 선비들은 시 모임을 결성해 세월을 보내기도 했지만 또 다른 방식으로 모임을 가졌다. 예컨대 나이 들어 덕도 한껏 쌓인 문인 사대부들이 벼슬살이에서 물러나 향리에서 한가로이 지내거나 나랏일에 바쁜 이들이 여가를 틈타서 서로 교유하기 위하여 결성한 갖가지 단체가 있었다.

당나라 때 시인 백거이는 회창會昌 5년(845년)에 '구로회九老會'를 세웠다. 여기엔 일흔 살 이상 노인이 아홉 명이었는데, 이들은 이원상李元爽, 승여만僧如滿, 호고胡杲, 길욱吉頊, 유상劉爽, 정거鄭璩, 장혼張渾, 노진盧眞 등이었으며, 이들 가운데 가장 나이 많은 이는 이원상으로 백서른여섯 살이었으며, 백거이는 가장 어린 일흔네 살이었다. 역사적으로 구로회와 비슷한 나이 든 이들의 모임이 늘 있었으며, 그 중에서도 송나라 때 제일 많았다.

송나라 지도至道 연간 나이 든 아홉 어른이 도성에서 모임을 가진 적이 있었다. 또 지화至和 연간에는 '오로회五老會'가 있었다. 경력慶歷 6년(1046년), 오흥에는 '육로회六老會'가 있었다. 명나라 성화成化 연간에 장성중蔣性中은 향리인 송강松江으로 돌아와 고향에 나이 들고 뜻이 맞는 사람들과 한 달에 한 번 술자리를 열었으니, 이를 일러 '앵호구로회鶯湖九老會'라 했다. 홍치弘治 초년, 하읍夏邑에는 '십로회十老會'가 있었다. 이들은 늘 모여서 바둑을 두고 거문고를 뜯기도 했으며 시를 읊고 때로는 그림을 그리기도 했다는 기록이 『조림잡조棗林雜俎』 화집和集에 전한다. 청나라 강희 연간에 장쑤 무진武進에는 '취향십로회醉鄉十老會'가 있었다. 열 분 노인들은 술을 결코 잘 마시지 못했으나 술에 기탁하여 세상일을 잊으려 했기에 '취향醉鄉'이라 불렀다고 진옥기陳玉基는 『학문당문집學文堂文集』 8권에서 말하고 있다. 건륭 14년(1749년), 무진武進에는 장백승庄伯承이 벼슬길에서 돌아온 뒤 마을의 종중

회창구로도會昌九老圖

사람들과 시를 주고받는 멋스러운 모임을 열었으니, 이른바 '남화구로회南華九老會'이다. 장백승의 손인 장우규庄宇逵는 이들이 주고받은 시를 모아 『남화구로회시보南華九老會詩譜』로 묶어냈다.

문인 사대부들이 늘그막을 즐겁고 한가하게 보내기 위하여 만든 모임은 구로회나 십로회 따위의 이름 외에도 '기영회耆英會'나 '진솔회眞率會'도 있었다. 기영회는 송나라 때 비롯되었다. 원풍 5년(1082년), 대신 문언박이 낙양에 있을 때 백거이의 구로회를 사모하여 '낙양의 사대부 중에 덕망이 있고 나이 들었다고 큰소리치는 이들은 모두 한공관에 모여서 잔치를 베풀고 경하했다.'고 한다. 이를 일러 '낙양기영회'라 했다. 여기에 참가한 자는 부필富弼, 사마광 등 열세 사람이었다. 뒤에 기영회는 '진솔회'로 이름을 고쳤다는 기록이 주밀의 『제동야어』 권20에 실려 있다.

사마광은 벼슬에서 물러난 뒤 나이 든 이 예닐곱과 더불어 성안에 있는 이름난 원림과 사찰에서 수시로 모임을 가졌으니, 모임의 이름을 '진솔회'라 했다고 역사는 기록하고 있다. 이 책에는 '진솔眞率'이라는 낱말은 『진서晋書』「양만전羊曼傳」에서 나왔다. '당시 사람들은 양고羊固의 풍성하고 맛난 음식이 양만羊曼의 진솔함만 못하다고 여겼다.'는 구절이 있다. '진솔'은 질박質朴하고도 솔직하다는 뜻이다. 이후 이 말은 선비들의 결사에 이름으로 사용되었다.

원나라 말기의 학자 도종의陶宗義는 병란을 피해 사수泗水가에 은거할 때 문인 선비들과 친교를 맺으면서 사마광을 본받아 '진솔회'로 모임을 만들었다. 명대의 대학자 양사기楊士奇는 벼슬을 그만두고 전원으로 돌아가길 바랐으나 조정에서 허락해주지 않자 한림원에 근무하는 동료들과 '진솔회'를 결성했다. 초횡焦竑의 『옥당총어玉堂叢語』 7권에는 이 모임이 열흘에 한 번 꼴로 한림원 안에서 조촐하게 열렸는데, 술은 각자 주량에 따라 마셨고 안주는 한두 가지에 그쳤으며 변변치 못한 음식으로 갖춘 바가 간단했어도 늘 즐거워했다고 기록하고 있다.

이 밖에도 노인들이 늘그막을 즐겁게 보내기 위하여 결성한 모임이 사적에는 숱하게 보인다. 일로회逸老會, 서정회敘情會, 이정회怡情會, 가락회嘉樂會, 이년회頤年會, 초복회初服會, 숭아회崇雅會, 관상회冠裳會, 임간사林間社, 격양회擊壤會, 기년회耆年會, 정사鼎社, 수준회壽俊會 등이 그러한 예다. 전통적으로 문인 사대부들의 삶은 한가함 속에서도 자못 즐거움이 넘쳤다. 그들은 생활의 정취도 각양각색이어서 스스로 즐기며 즐거움을 맛보기 위한 놀이 형식의 문인 모임도 참으로 많았다.

음식을 즐기기 위해서도 모임을 가졌다. 송나라 노응룡魯應龍의 『한창괄이지閑窓括異志』에 기록된 바에 의하면, 당시 어떤 이는 자라를 좋아하여 친구들을 불러 모아 이것을 먹었으며, 이 모임을 '단어회團魚會'[12]라 불렀다 한다. 또 쓰촨에는 여지荔枝가 대량으로 생산되었기에 여지가 익을 때면 이승李升은 잔치를 열고 사람들을 모았으니, 바로 '여지회荔枝會'였다. 게다가 어떤 이는 게[蟹]를 좋아했으니, 명나라 말기 장대는 해마다 게가 살찌는 시월이면 친구와 집안 형제들을 불러 '해회蟹會'를 만들어 함께 게를 먹었다. 이 밖에도 갖가지 주회酒會와 다회茶會가 있었다.

한가로이 노닐며 즐거이 시간을 보내기 위한 모임도 있었다. 당나라 때의 '피서회避暑會'가 그 예다. 『개원천보유사』을 보면, 장안에 사는 유일劉逸, 이한李閑, 위광衛曠 등 부잣집에서는 해마다 삼복더위 때가 되면 사방의 선비들을 불러 대접했으니, '임정林亭 내에 기둥을 세우고 비단으로 차양을 치고 자리를 마련했다. 장안에 이름난 기녀들을 불러 사이사이 앉히고 문사들을 초청했으니 피서를 위한 모임이었다.'는 기록이 보인다.

송나라와 원나라 때에는 '초복회初伏會'가 있었다. 이 모임은 문언박文彦博에서 비롯되었으니, 그는 복날이면 피서를 하곤 했다. 아침을 마치면 연못

---

12 '단어團魚'는 자라를 말한다.

에 배를 띄우고 다시 나오면 대청에서 저녁을 했다. 구경하는 이들은 연못 가에서 먹고 마시며 온종일 즐겼던 것이다. 이런 모임은 원나라 때에도 줄곧 이어졌다.

청나라 때 북경의 도연정陶然亭에서는 때가 되면 '소한사消寒社' 활동이 있었다. 이것은 해마다 겨울이 되면 몇몇 선비들이 난롯가에 앉아 술을 마시는 모임이었으니, 이들은 서로 돌아가면서 손님과 주인의 역할을 했다. 이를 일러 '소한사'라 했다. 이런 모임은 아홉 명이 아흐렛날을 정하여 이루어졌으니, 아홉을 두 번 거듭 취하여 추위를 누이려는 뜻을 담고 있다.[13]

당나라 이후 선비들은 꽃놀이를 즐겼다. 선비들은 여러 가지 꽃 중에서 유독 모란을 좋아했다. 송나라 때 장자희張鎡喜는 사대부들과 교유하면서 일찍이 남호원南湖園에서 '모란회牧丹會'를 만들었다. 그들은 사람을 호릴 만큼 아름답기 짝이 없는 모란을 보고 즐기면서 마치 신선의 세계에서 노니는 듯한 기쁨에 젖었다.

문인들은 꽃을 보고 즐기면서 시 짓기를 잊지 않았으니, 명나라 때 '옥당상화회玉堂賞花會'는 시를 읊는 자만도 마흔 명이 넘었다. 청나라 때 이일화李日華는 '죽라화조회竹懶花鳥會'를 조직했다. 이 모임은 꽃을 보고 즐기는 것을 주로 했으며, 한 해 동안 철마다 화회花會를 가졌다. 모임에서는 겸하여 음식도 나누고 술도 마시며 시를 읊기도 했으며 서화 등도 즐겼다. 이일화는 『자도헌우철紫桃軒又綴』 권2에서 '매달 새 지저귀고 꽃향기 풍기는 곳에서 먹물 듬뿍 묻혀 시를 쓰면 누구나 신선이 된다.'고 이 모임의 목적을 적었다. 이 밖에도 금기서화琴棋書畫를 좋아하는 선비들은 각종 금회琴會, 사회絲會, 화사畵社 따위를 조직했다.

지금까지 기술한 고대 선비들이 결성한 각종 비정치적인 모임을 통해,

---

13 99는 동지로부터 81일째 되는 날을 뜻한다.

고대 선비들의 생활의 정취는 그 범위가 매우 넓었으며, 그들이 추구한 청아하고 진솔한 생활 방식과 모임은 겉치레를 멀리했음은 물론 사치스러움도 화려함도 높이지 않았음을 알 수 있다. 예컨대 청나라 때 적억狄億이 결성한 국사菊社는 모임에서 마련하고 준비한 것이 지극히 간소하여, '작은 술병 열둘에 안주라야 겨우 다섯 가지로 조촐했다. …… 술과 차를 함께 차려서 술을 하지 못하는 이는 대신 차를 마시도록 했다.'고 할 정도였다. 이밖에, 문인 선비들은 모임에서 벼슬의 높고 낮음을 따지지 않고 나이의 많고 적음으로 차례를 정했다. 게다가 예의범절에 구속되지 않았으며 형식만 있는 글은 높이지 않았다. 우동尤侗의 『진솔회약眞率會約』을 예로 보자.

> 만나면 단지 한번 읍揖하면 되었으니, 한여름에도 의관을 갖추지 않고도 두 손을 맞잡아 올리며 절하면 되었다. 자리를 차려 주지도 않았으며 차를 요구하지도 않았고 잔을 들어 올리지도 않았다. 나중에 오는 자를 맞지도 않았으며 먼저 가는 자도 배웅하지 않았다. 마중이나 배웅을 하더라도 멀리 나가지 않았다. 손님은 조용히 앉아 있기도 했으며 베개를 높이 베고 눕기도 했다. 옷을 갈아입거나 소변볼 일이 있어도 주인이 곁에서 도와주지 않았다. 문장에 멋을 부리지 않아 무디고 질박할지라도 부채질에 비질에 수건으로 닦고 빗질하듯이 꾸미지 않았다고 책망하지 않았으며, 형식만 갖춘 허울뿐인 글을 쓰는 자는 나무랐다.[14]

청나라 때 적억도 『국사약菊社約』에서 '집안에 들어올 때 한 번 읍하는

14 見只一揖, 夏之日, 不衣冠則拱, 不看席, 不告茶, 不擧杯箸. 後至不迎, 先歸不送, 雖迎送, 不遠. 客或靜坐, 或高臥, 或更衣小便, 主不陪. 主無文, 撲亦朴, 不扇, 不掃, 不巾櫛, 無責焉. 虛文者罰.

외에는 지나치게 번거로운 예절은 아예 하지 않는다.'고 규정했다. 이런 규정은 선비들의 모임을 자연스럽고 평등한 분위기 속에서 이루어지게 했다.

한가로이 시간을 보내기 위한 선비들의 이런 결사 활동에서 선비들은 자기가 하고 싶은 대로 마음껏 즐거움을 누릴 수 있었다. 책을 읽거나 시를 읊기도 했으며 거문고를 타거나 바둑을 두기도 했다. 또 속세를 떠난 위치에서 경서와 사서를 논했으며 오묘한 철리를 논하기도 했다. 다만 현실 정치에 대해서는 이야기를 삼갔다. 예컨대 우동의 『진솔회약』에는 해서는 안 될 이야기 세 가지를 규칙으로 정해 놓았으니, '관리 이야기는 삼간다, 돈 이야기는 삼간다, 남녀 사이의 사랑 이야기는 삼간다.'는 것이 그것이다. 장한張瀚이 결성한 이로회怡老會에도 '조정의 정치나 시정의 비루하고 자질구레한 이야기로 자리를 더럽히지 않는다.'고 규정했다.

7장 선비와 금기서화琴棋書畵

중국 고대 선비의 삶 가운데, 금기서화琴棋書畵는 선비의 특수한 문화적 소양을 가장 잘 대표하는 생활 방식이다. 수많은 선비들은 다재다능하여 금기서화에서도 못하는 게 없었다. 동진의 왕도王導의 동생 왕전王廙은 '어려서부터 글을 잘 지었으며, 서화書畵, 음악, 궁술과 마술, 바둑과 쌍륙雙六[1], 그리고 잡기 따위에 통하지 않는 바가 없었다.'는 기록이 『진서晉書』「왕전전王廙傳」에 전한다. 또 유劉씨가 세운 송宋나라 때 왕미王微는 '어려서부터 학문을 좋아하여 글짓기와 서화, 음률에 능했으며, 병자에 대한 처방은 물론 음양 술수까지 고찰하지 않은 바가 없었다.'는 기록이 『송서宋書』「왕미전王微傳」에 남아 있다. 또 『송서宋書』「장영전張永傳」에는 오군吳郡의 장영

1 옛날의 오락 이름. 장기판 비슷한 쌍륙판에 편을 갈라 말을 늘어놓고, 번갈아 주사위 두 개를 던져 말을 써서 먼저 적의 궁 안에 들여보낸 쪽이 이김. 판의 줄이 열두 줄이라 '십이기十二棋'라고도 함.

이 '서書와 사史를 섭렵했으며, 문장에 능했고 예서를 잘 썼으며, 음률을 알고 기마와 활쏘기 등 잡기는 물론 하나를 보면 능히 열을 알아 모든 방면에 두루 통했으며 생각도 깊었다.'는 기록이 있다. 고대 선비들이 금기서화에 열중했던 것도 선비의 예술에 대한 수준과 문화적인 소양을 나타낼 뿐만 아니라 지적인 감성의 도야와 정서의 발산, 심신의 균형은 물론 친구와의 참다운 사귐도 가능하게 했기에 한결같이 여기에 집중하고 몰두했다.

1. 선비와 거문고

거문고는 고대 중국의 가장 중요한 악기로, 일반적으로는 음악을 가리키기도 했다. 선비의 삶 가운데 거문고를 뜯으며 그 가락에 귀를 기울이는 것은 멋진 정신적 즐거움이었으며, 감정을 표출하는 중요한 방식이기도 했다. 일찍이 선진 시기에, 사람들은 악기의 표현력에 대하여 깊은 이해를 하고 있었다. 순자는 『악론樂論』에서 이렇게 일렀다.

> 군자는 종고鐘鼓로써 뜻을 펼치고 거문고와 비파로써 마음을 즐겁게 했다.[2]

종고는 종鍾과 편경編磬이 내는 소리로 웅혼하고 우미하여 뜻을 펼치기에 적합하다. 거문고와 비파는 평범하나 점잖고 고상하여 소리를 추구하는 것도, 뛰어난 기교를 추구하는 것도 아니어서 정신을 수양하기에 적합하다.

---

2 君子以鐘鼓道志, 以琴瑟樂心.

은은한 거문고 소리는 신기하고도 미묘한 경지로 사람을 끌어들여 정신세계를 한껏 승화시켰기에 수많은 옛 사람들이 거문고를 찬미했다. 서한의 유향은 『금서琴書』에 이렇게 기록했다.

> 무릇 거문고는 일곱 가지 이로움이 있으니, 첫째는 도덕을 밝히고, 둘째는 귀신을 감동시키며, 셋째는 풍속을 아름답게 하고, 넷째는 마음을 잘 살피게 하며, 다섯째는 음색을 고르게 하고, 여섯째는 행동을 온화하고 예절 바르게 하며, 일곱째는 잘 가르쳐 전하는 것이다.[3]

환담桓談은 『신론新論』에서 '여덟 가지 악기 가운데 현으로 된 악기를 최고로 치는데 그 가운데 거문고를 으뜸으로 꼽았다.'고 했다. 또 송대의 주장문朱長文은 『금사琴史』에서 '이 세상 평화엔 음악이 제일이고 음악의 재미엔 거문고만한 것이 없다.'고 했다.

고대의 선비 중엔 거문고를 잘 타는 고수가 많았다. 그들은 거문고로 벗을 사귀고 사랑을 속삭였으며 거문고로 자신의 의지를 갈고 닦는 등 음악의 매력을 충분히 펼쳐 보였다.

전하는 바에 의하면, 춘추 시대 유백아兪伯牙는 거문고를 잘 탔으며 종자기鍾子期는 거문고 연주를 듣는데 뛰어났다고 한다. 유백아가 높은 산을 표현하는 곡을 연주하자 종자기는 이렇게 찬미했다.

"멋지구나, 높고 험준하기가 태산이로다!"

또 백아가 흐르는 물을 연주하자 종자기는 이렇게 찬양했다.

3 凡鼓琴, 有七利, 一曰明道德; 二曰感鬼神; 三曰美風俗; 四曰妙心察; 五曰制聲調; 六曰流文雅; 七曰善傳授.

"멋지구나, 넘실넘실 양자강이요 황하로다!"

거문고 소리로 유백아와 종자기는 서로 마음을 헤아리는 벗이 되었다. 종자기가 죽은 뒤, 유백아는 더할 수 없는 슬픔에 빠져 이렇게 말했다.

"거문고를 깨뜨리고 거문고 줄을 끊노라. 이제 다시는 거문고를 타지 않으리니, 세상에 거문고를 탈 자 다시는 없으리로다."

이것이 바로 지금껏 전해오는 유백아가 거문고를 내동댕이치며 마음이 통하는 벗을 기렸다는 고사로 『여씨춘추呂氏春秋』「본미편本味篇」에 실려 있다.

서한의 사마상여는 사부에 뛰어났으며 거문고 연주에도 능했다. 임공臨邛[4]에 있을 때, 그는 우아하고 아름다운 거문고 가락으로 재색을 겸비한 탁문군卓文君의 사랑을 받았다. 둘은 성도로 사랑의 도피를 하였으나 탁문군은 상여의 알거지처럼 가난한 형편을 피하지 않고 돈을 빌려 자그마한 술집을 열고 술을 팔았다는 이야기도 『여씨춘추』「본미편」에 실려 있다.

동한의 마융馬融은 '천성이 음악을 좋아하여 거문고를 잘 탔으며 피리도 잘 불었다. 피리소리 흘러나오면 귀뚜라미도 신이 나서 노래를 불렀으니, 서로 화답하는 것 같았다.'는 기록이 『속조담續助談』 권4 「은운소설殷蕓小說」에 전한다.

동한 말년의 채옹은 박학하고 재주도 많아 경서와 사기, 서법, 거문고 등 통하지 않는 바가 없었다. 더구나 거문고를 매우 잘 타서 '채씨오농蔡氏五弄'이라 이르는 〈유춘遊春〉, 〈녹수淥水〉, 〈유거幽居〉, 〈좌수坐愁〉, 〈추사秋思〉 등 유명한 거문고 곡을 창작했다. 게다가 『금부琴賦』 등 거문고 음악을 논한 글까지 저술했다. 채옹은 악기 제작 방법에도 정통했다. 어느 날 남쪽에서, 오인吳人이 밥을 지을 때 나뭇조각이 불에 타며 터지는 소리가 예사

---

4 오늘날 쓰촨성 충라이邛崍.

롭지 않음을 듣고는 당장 그 목재를 가져오라고 하여 거문고를 제작하였는데, 그 음질이 과연 우아하고 아름다워 감동적이었다. 이 거문고는 꼬리 부문에 불에 탄 흔적이 있기에 '초미금焦尾琴'이라고 불렀다. 채옹의 딸 채염蔡琰도 음악에 재주가 대단하였다. 『후한서後漢書』「열녀전烈女傳」에는 그녀가 '박학한데다 능변이었으며 음악에 뛰어났다.'고 기록하고 있다.

위진 시기는 음악 이론과 음악 연주 모두에서 흥성했다. 음악 이론 면에서 혜강은 『성무애악론聲無哀樂論』을 내놓아 전통적인 유가 음악관에 도전장을 던졌다.

고대 중국에서 유가는 음악이 가진 정치와 교화의 기능을 한결같이 강조해 음악 가운데 국민의 정치에 대한 체험이 녹아 있다고 여겼다. 『예기禮記』「악기樂記」에 이런 기록이 있다.

> 세상이 태평할 때의 음악은 편안하고도 즐거우니 그 정치도 평화로웠으며, 세상이 어지러울 때의 음악은 원망과 분노로 가득하니 그 때는 정치도 사리에 어긋났으며, 나라가 망할 때의 음악은 슬프고도 근심 가득하니 그 때는 백성도 곤경에 빠져 있다. 그러니 음악의 방향은 정치와 통하느니라.[5]

유가에서는 통치자가 음악 속에 반영된 국민의 정서에 따라 통치 방법을 조절해야 한다고 생각했다. '그러므로 소리를 식별하고 가늠하면 음을 알고, 음을 식별하고 가늠하면 즐거움을 알고, 즐거움을 식별하고 가늠하면 정치를 알며……'라는 '심악지정審樂知政'의 음악관은 나중에 더욱 과장해서

5 治世之音安以樂, 其政和; 亂世之音怨以怒, 其政乖; 亡國之音哀以思, 其民困. 聲音之道, 與政通矣.

성인이라면 음악 소리에서 길흉화복 등의 정보를 추측할 수 있어야 한다고 여기게 되었다. 유가의 음악관은 음악에 대해 과다한 정치 이론과 내용을 부여해 음악을 통하여 '자연의 음'을 표현하고 진실한 감정을 발산하는 데 도움이 되지 않았다. 이러한 음악관은 사람들에게 큰 속박이 되었다. 혜강으로 대표되는 선비들은 유가의 음악관에 반대했다. 그는 유명한 『성무애악론』에서 자기의 견해를 내놓았다.

혜강은 '음악은 인정에 매임이 없다.', '애락哀樂에는 주인이 없다.'고 하면서 음악은 오직 자연의 소리를 나타낼 뿐이라 했다. 또한 그는 이렇게 말했다.

> 무릇 천지가 조화하여 만물이 생장하며 추위와 더위가 갈마드는 것은 모두 오행으로 인함이다. 그러므로 문장 중에는 오색으로 표현되고 소리 중에는 오음으로 나타난다. 음악으로서의 소리가 울리는 것은 마치 냄새가 이 세상에 존재하는 것과 같다. 이 소리의 좋음과 나쁨은 비록 혼탁하고 어수선한 외부의 형세에 부딪쳐도 그 원래의 모습은 변화하지 않는다. 어떻게 인간의 사랑과 미움 때문에 본래의 바탕을 변화시킬 수 있으며 인간의 슬픔과 즐거움으로 본래의 표준을 바꿀 수 있겠는가? [6, 7]

혜강은 음악이 가진 자연적인 성질을 강조하면서, 유가에서 교화를 내

---

6 夫天地合德, 萬物貴生, 寒暑代往, 五行以成. 故章爲五色, 發爲五音. 音聲之作, 其猶臭味在于天地之間. 其善與不善, 雖遭遇濁亂, 其體自若, 而不變也, 豈以愛憎易操, 哀樂改度哉?

7 석고상은 인물의 정감을 표현하지만 석고 자체는 아무런 희로애락을 가지고 있지 않은 것과 같다.

용으로 음악을 가두는 것을 반대했으며, 동시에 음악으로 사람의 속마음과 정서를 나타낼 것도 요구했다. 그는 『여산거원절교서與山巨源絶交書』에서 이렇게 말했다.

> 오늘 단지 이 누추한 곳에서 자손들을 양육하고 때로는 친척 친지에게 인사를 드리고 일상에 대한 이야기를 나누며 탁주 한 잔에 거문고 한 곡이면 더 원할 바 없다.[8]

혜강의 '성무애락론'은 사람의 자연적인 감정을 음악에 녹이는 것은 예절과 도덕 정신에 반하는 것이라고 주장한다.

혜강은 『금부서琴賦序』에서 한 걸음 더 나아가 음악의 기능은 사람이 '자기의 감정을 멋지게 나타내고 마음속으로 깨닫도록 하는 데 있다.'고 분명히 말했다. 그가 높이 받든 것은 현실을 뛰어넘고 벗어나 도道와 하나 되는 정신적 아름다움이었다. 그는 한 편의 시에서 이렇게 읊었다.

> 제 집 찾아가는 기러기 눈으로 뒤쫓으며
> 손으로는 거문고를 타니
> 모든 것 즐거움 가득하여
> 오로지 심원한 도道에만 마음 두네.
>
> 目送歸鴻
> 手揮五弦
> 俯仰自得

8 今但願守陋巷, 教養子孫, 時與親舊敍闊, 陳說平生, 濁酒一杯, 彈琴一曲, 志願畢矣.

游心太玄　　　　　　　　『兄秀才公穆入軍贈詩十九首』

'태현太玄'이란 도가道家에서 말하는 '도道'이다. 혜강의 심미관은 분명 도가의 영향을 받아 담백하고 우아한 정신세계를 추구했다. 게다가 음악은 사람의 정신을 수양하여 평화스러운 '태화太和'의 경지로 이끌어 사람의 심신 건강에 매우 유익하다고 혜강은 믿었다. 그는 『금부』에서 이렇게 말했다.

> 온화한 표정으로 마음을 편안하게 하고 감정과 의지를 부드럽고 고요하게 하면 가난하고 외로워도 울적하지 않다.[9]

혜강의 음악관은 그의 인생관과 가치관을 반영하고 있다. 그는 중국 음악사에서 중요한 위치를 차지하고 있다.

거문고는 혜강의 삶이 추구하는 이상을 온전히 담아 그 무게를 견뎌야 했다. 요동치는 정치로 천하에 사건이 그치지 않던 위진 시기에 거문고는 혜강의 충실한 반려요 마음의 안식처였다. 그는 한 평생 거문고를 떠나지 않았다. 『진서』「혜강전」에서는 그에 대한 이런 기록이 있다.

> 언제나 도가의 양생법인 단약을 먹으며 천성을 함양하고 거문고를 타며 시를 읊었으니 홀로 그 가운데 즐거움을 느꼈다.[10]

혜강이 창작한 〈장청長淸〉, 〈단청短淸〉, 〈장측長側〉, 〈단측短側〉 등 네 수의 거문고곡을 '혜씨사농嵇氏四弄'이라 일컬으며, '채씨오농蔡氏五弄'과 합하

9　怡養神氣, 宣和情志, 處窮獨而不悶.

10　常修養性服食之事, 彈琴詠詩, 自足于懷.

여 '구농九弄'이라고 부르기도 한다. 수대隋代에는 '구농'을 연주할 줄 아는 것이 인재를 가려 관리로 채용하는 첫 번째 조건이었다.

『진서』「혜강전」에 의하면, 혜강이 사마씨司馬氏에 대한 불만을 토로해 이들의 샘을 받아 마침내 살해되는 마지막 순간을 이렇게 기록하고 있다.

> 혜강을 동시東市에 처형하려고 하자 태학 학생 3천 명이 스승을 대신하려고 했으나 허락되지 않았다. 혜강은 지는 해를 둘러보고 나서 거문고를 달라더니 천천히 타며 이렇게 말했다.
>
> "일찍이 원효니袁孝尼가 나에게 〈광릉산〉을 배우고자 했으나, 나는 그 때마다 한사코 이를 물리쳤으니, 이제 여기에서 〈광릉산〉은 끝나고 말았구나!"[11]

혜강의 마지막은 비장하기 짝이 없다. 우리의 마음을 깊이 흔드는 것은 죽음에 임해서도 여전히 편안한 마음으로 거문고를 연주하며 멋지게 인생을 마무리하는 모습이니, 그의 고결한 인격이 잘 드러난다. 이렇게 〈광릉산〉은 중국 음악사에 가장 깊이 사람의 심금을 울리는 명곡이 되었다.

혜강이 이렇게 거문고를 좋아한 까닭은 그의 험하고 사나운 생활환경과 직접적인 관계가 있다. 『진서』「완적전」의 기록은 이렇다.

> 위진 시기에는 온 세상이 편할 날 없어 온전하게 남은 선비가 참으로 적었다.[12]

---

11 將刑東市, 大學生三千人請以爲師, 弗許. 康顧視日影, 索琴彈之, 曰: '昔袁孝尼嘗從吾學〈廣陵散〉, 吾每靳固之,〈廣陵散〉于今絶矣.

12 魏晋之際, 天下多故, 名士少有全者.

혜강은 강직한 성격에 넘치는 기개를 가졌으나, 가슴 가득한 분노를 털어놓을 길 없어 오로지 거문고에 의지할 뿐이었다.

완적도 혜강과 같은 심정이었다. 그는 술로 시름을 덜기도 했지만 거문고로 울적함을 풀었다. 사서에서는 그가 '소리를 잘하고 거문고 타기를 좋아했다.'고 한다. 완적은 『영회시詠懷詩』에서 이렇게 노래했다.

혜강상嵇康像

한밤중에도 잠들지 못해
일어나 앉아 거문고를 울리노라

夜中不能寐
起坐彈鳴琴

당연히 은은한 거문고 소리는 그들의 삶에 즐거움을 줄 수 있었으며, 잠시 근심을 잊게 했다. 혜강은 이렇게 읊었다.

산림 중에 노닐기 좋아하여,
벗들 불러 함께 즐기네.
이른 아침 태화에서 출발하여,

저녁이면 신주에 머무르네.[13]
거문고 타며 시를 읊조리니,
한가함에 근심 걱정 잊었네.

托好松喬, 攜手俱遊.
朝發太華, 夕宿神州.
彈琴詠詩, 聊以忘憂.

계속해서 이렇게 읊었다.

거문고에 시 한 수로 스스로 만족하니,
먼 길 나들이 정말로 즐거워라.
숲 속 오솔길 홀로 오가며,
사람과의 아옹다옹 버리니 자신조차 잊겠네.

琴詩自樂, 遠遊可珍.
含道獨往, 棄智遺身. 『증수재입군시 贈秀才入軍詩』

『주회시酒會詩』에서는 이렇게 읊고 있다.

강가에서 맑은 술 한 잔 들고,
산들바람에 노래 한 곡 흥얼거리네.
수수한 거문고 곡조에 일렁이는 멋진 분위기,

---

13 '태화'와 '신주'는 모두 드넓은 공간과 대지를 가리킨다. 이 시에서는 혜강이 추구하는 정신적인 자유를 뜻한다.

맑은 노랫소리 바람 따라 멀리 번지네.

臨川獻清酤
微風發皓齒
素琴揮雅操
清聲隨風起

이것은 그윽하게 울리는 거문고 소리 가운데 술잔 기울이며 낮은 목소리로 흥얼거리는, 정말로 유유자적한 모습이다.

거문고 타는 혜강嵇康

위진 시대에는 수많은 선비들이 거문고를 사랑해 죽을 때까지 거문고를 곁에 두었다. 이름난 선비인 고영이 세상을 뜨자, 그의 가족은 그가 평소에 거문고를 정말로 좋아했다는 것을 알았기에 영전에 거문고를 놓고 그를 추도했다는 이야기가 『세설신어世說新語』「상서傷逝」에 기록으로 전한다. 또 고영의 친구인 장한은 빈소로 찾아와 절을 한 뒤 대성통곡을 하며 영전으로 다가가 거문고를 당겨 몇 곡을 연주한 다음 손으로 거문고를 쓰다듬으며 이렇게 말했다고 한다.

'언선彦先[14], 그래 마음에 드는가?'

말을 마치자 또 가슴 아프게 통곡한 뒤 상주와는 아무런 인사나 위로의 말도 없이 돌아갔다는 것이다.

같은 책에는 이런 기록도 있다. 왕자유王子猷는 동생 자경子敬이 병으로 세상을 떴다는 소식을 듣고도,

'슬퍼할 일 아니다.'

이렇게 말하고는 집으로 급히 돌아가는 길에서도 울지 않았다고 한다. 그는 자경이 거문고를 좋아했음을 알고, 곧바로 빈소로 들어가 자경의 거문고를 들고 조율했으나 말을 듣지 않자 거문고를 내던지며,

'자경아, 자경아, 네가 죽으니 거문고도 죽었구나!',

그러면서 한참이나 통곡했다. 한 달 남짓 지나자 그도 숨을 거두었다고 한다.

왕자유는 동생에 대한 그리움과 마음을 알아주는 이를 잃은 고통을 모두 거문고에 의탁했으니, 사실 자기의 비통함을 어쩔 수 없어 거문고 줄을 고르지 못해 분연히 바닥에 내던졌음을 누가 알았겠는가? 왕자유가 보기에 거문고는 자경의 생명을 이루는 일부요, 자경이 죽었으니 거문고도 존재할 필요가 없었던 것이다. 이처럼 거문고가 선비의 마음속에 얼마나 중요한 자리를 차지하고 있었는지 엿볼 수 있다.

위진 시대에는 선비들이 음악을 좋아하고 소중히 여기는 풍조가 성행

---

14 고영의 자字.

했으며, 악기를 잘 연주하고 노래 부르기를 좋아한 선비들이 셀 수 없을 만큼 많았다. 『진서晉書』「악지樂志」는 이렇게 기록하고 있다.

> 위진 시대에 유손씨有孫氏는 지나간 곡조을 잘 탔으며, 송식宋識은 화음에 맞춰 박자를 잘 쳤고, 진좌陳左는 반주 없이 노래를 잘 불렀으며, 열화列和는 피리를 잘 불었고, 학색郝索은 쟁箏[15] 연주에 뛰어났으며, 주생朱生은 비파를 잘 탔으니, 이들은 예술을 새로운 단계로 끌어올렸다.[16]

가오화핑高華平 선생이 낸 통계에 따르면, 위진의 역사책에만 해도 음률에 정통하여 음악을 즐기고 음을 해석할 수 있다고 고증된 선비가 140여 명에 이른다(『현학취미玄學趣味』, 후베이교육출판사, 1997년 판).

이 시기에 어떤 집안은 온 가족이 음률에 통달했다고 한다. 예컨대 진류陳留의 완씨阮氏 집안에서 태어난 건안칠자建安七子[17] 가운데 하나인 완우阮瑀는 음률을 잘 이해했으며 거문고를 탈 줄 알았다고 한다. 또 그의 아들 완적은 술을 즐겼으며 휘파람도 잘 불고 거문고도 뛰어나게 잘 탔다고 한다. 게다가 완적의 조카로서 그와 함께 죽림칠현으로 나란히 낀 완함도 비록 시정에서 권세 있는 이들과 내왕하기를 즐기지 않았지만 거문고만 타며 시를 읊조리는 이들과는 모임을 가졌다고 한다. 그는 음률의 해석에도 뛰어났으며 거문고를 잘 탔기에 많은 이들이 찾아와 듣기를 청하면 귀천을 가

---

15 거문고 비슷한 13현의 악기.

16 魏晋之世, 有孫氏善弘舊曲, 宋識善擊節唱和, 陳左善清歌, 列和善吹笛, 郝索善彈琴, 朱生善琵琶, 尤發新聲.

17 동한 말기, 건안 시기에 조씨 부자를 제외한 일곱 명의 유명한 시인, 공융孔融, 진림陳琳, 왕찬王粲, 서간徐幹, 완우阮瑀, 응양應瑒, 유정劉楨 등을 가리킨다.

리지 않고 그때마다 연주를 했다고 한다.

낭아琅玡 왕씨王氏와 진군陳郡 사씨謝氏 집안에도 음률에 정통하고 악기에 능통한 이가 많았다. 음악을 사랑하는 기풍은 남조에 이르러 더욱 성행했다. 안지추의 『안씨가훈顔氏家訓』「잡예雜藝」에 이런 기록이 있다.

> 양梁나라 초에 이르면 귀족의 자제라도 거문고를 비롯한 현악기를 연주할 줄 모르면 모자람이 있는 것으로 인식되었다.[18]

이 글처럼 거문고가 선비의 신분을 상징하고 있다.

남조의 문인 사대부 가운데 노래 잘하고 춤 잘 추는 이는 곳곳에 존재했다. 『남사南史』「왕검전王儉傳」에는 남제의 황제 소도성蕭道成이 화림원華林園에서 문무대신을 위하여 잔치를 베푼 기록이 있다.

> 각자 기예를 본받아 배웠으니, 저언회褚彦回는 비파를 연주했으며, 왕승건王僧虔과 류세륭柳世隆은 거문고를 탔으며, 심문계沈文季는 '자야래子夜來'를 불렀으며, 장경아張敬兒는 춤을 췄다.[19]

그때 사대부 집안은 좋은 가정환경에 비교적 높은 문화적 소양도 있었기에 그 자손 가운데는 많은 이들이 음악에 정통했다. 진군의 사씨네 문중의 사상謝尙은 다재다능하여 몇 가지 악기를 두루 잘 다루었으며 악기를 타면서 노래도 잘 했다. 사상의 사촌동생인 사안도 음악을 매우 좋아했으며, 거문고 연주도 뛰어났다. 그가 언제나 즐겨 썼던 거문고는 제齊나라 때

18 洎于梁初, 衣冠子孫, 不知琴者, 號有所闕.

19 各效伎藝, 褚彦回彈琵琶, 王僧虔, 柳世隆彈琴, 沈文季歌『子夜來』, 張敬兒舞.

까지 보존되었었다.

위진 시대 선비들은 음악에 대한 이해가 자못 깊었다. 그들은 늘 거문고로 친구를 사귀고 음률에 관해 토론을 벌였으며 고상한 정취를 즐겼다. 동진의 대규戴逵는 금·서·화琴·書·畵 등 못하는 게 없었으나 회계의 섬산剡山에 은거했다. 『세설신어世說新語』「아량雅量」의 기록을 보면 이렇다.

> 대규戴逵가 회계에서 도성으로 돌아오자 태부太傅 사안謝安이 그를 방문했다. 사안은 본래 그를 대수롭지 않게 여겼으나 얼굴을 마주하고 오직 거문고와 서법書法만을 이야기했다. 대규는 불쾌한 표정 하나 없었을 뿐만 아니라 거문고와 서법에 대한 이야기를 더욱 깊게 이어갔다. 사안은 대규의 한가하고 편안한 가운데 스스로 만족한 모습에서 그의 큰 도량을 알게 되었다.[20]

당시 사안은 조정의 요직에 있어서 지위가 대규에 비해 훨씬 높았다. 그러나 거문고와 서법을 토론하였기에 서로 감정이 소통하지 않을 수 없었다. 선비들이 생활 속에서 서로 마음을 통하는 데 음악을 매개로 했음을 알 수 있다. 음악에 빠진 선비에게, 음악은 영혼의 표지요 정을 나누는 끈으로 사람들 사이에 마음과 마음이 서로 일치하는 곳으로 이끌어주었다. 『세설신어』「임탄」에 이런 기록이 있다.

> 왕자유王子猷가 배를 타고 도성 가는 길에 올랐다. 아직 기슭에 오르지 않고 부두에 배가 정박해 있을 때였다. 왕자유는 환자야桓子野가 피리를 잘 분다는 말을 듣긴 했으나 그를 알지는 못했다. 그런데,

---

20 戴公(逵)從東出, 謝太傅(安)往看之. 謝本輕戴, 見, 但與論琴書. 戴旣無吝色, 而談琴書愈妙, 謝悠然知其量.

이때 환자야가 기슭을 지나가고 있었다.

'저 사람이 환자야입니다.'

왕자유는 배안에서 환자야를 아는 어떤 이가 하는 이 말을 듣고는 사람을 보내 자기의 뜻을 전하게 했다.

'당신이 피리를 잘 분다는 말을 진즉 들었소이다. 저를 위해 한 곡 들려주시구려.'

환자야는 당시 높은 벼슬을 한 적이 있었으나, 왕자유의 명성을 줄곧 들어온 터라, 즉시 수레에서 내려 배에 올랐다. 그는 접의자에 앉아 왕자유를 위해 세 곡이나 분 뒤에 수레를 타고 자리를 떴다. 두 사람 모두 한 마디 말도 나누지 않았다.[21]

왕자유와 환자야는 어떤 공리적인 목적도 없이 그저 음악으로 마음을 나누었을 뿐이다. 왕자유는 아름다운 음악을 감상하기 위한 바람이 넘쳐 예절 따위는 한 쪽으로 밀어놓았으며, 환자야는 왕자유의 피리소리를 들으려는 바람을 만족시키기 위하여 신분이나 관작 따위는 아랑곳하지 않았다. 또 아름다운 피리소리를 들으며 두 사람은 마음의 소통을 이루었으니 말을 나눌 필요조차 없었던 것이다. 형식적이고 세속적인 틀을 벗어난 이런 고상한 멋은 위진 시대의 생생한 풍모이다.

거문고를 타고 아름다운 곡을 감상하는 것은 위진 시대 선비들의 삶의 일부였다. 『세설신어』「언어」에 이런 기록이 있다.

---

21 王子猷出都, 尙在渚下. 舊聞桓子野善吹笛, 而不相識. 遇桓于岸上過, 王在船中, 客有識之者云: '是桓子野.' 王便令人與相聞云: '聞君善吹笛, 試爲我一奏.' 桓時已顯貴, 素聞王名, 卽便回下車, 踞胡床, 爲作三調. 弄畢, 便上車去, 客主不交一言.

사안謝安이 왕희지王羲之에게 이렇게 말했다.

"중년에 이르면 감상에 젖기 십상이오. 가까운 사람과 영영 헤어지고 나면 며칠 동안은 견디기 힘드오."

왕희지가 말을 받았다.

"이제 늘그막이니 그럴 수밖에 없습니다. 그저 음악으로 마음을 다스리며 시름을 풀어야겠지요."[22]

거문고는 기분을 전환시키는 작용을 하기에 '음악을 잘 모르는' 도연명도 '줄도 없는 거문고 곁에 두고, 한 잔 술 함께하는 벗을 만나면, 거문고 어루만지며 뜻을 나누었다.'고 『송서宋書』「도연명전陶淵明傳」은 전하고 있다.

중국 고대에 음악을 좋아한 선비는 셀 수 없을 만큼 많았다. 당대의 대시인 백거이도 그 가운데 한 사람이다. 그는 음악을 매우 사랑하였으며, 특히 거문고를 잘 타서 매일 이른 아침이면 정원을 청소하고 소리 내어 책을 읽은 뒤 『추사秋思』를 한 차례 연주하고서야 손님을 만나는 등 일을 보았다. 외출할 때에도 악기를 몸에 지녀서

대숲에서 거문고 타는 선비

22 謝安對王羲之說: '人到中年, 不免傷于哀樂, 每次與親戚朋友別離時, 常常數日心情不好.' 王羲之說: '晚年光景, 自然如此, 正該需要用絲竹管絃娛情養性, 排遣胸懷.

밤이 깊어 인기척 없이 고요하면 미친 듯이 탄주彈奏했다. 그는 『선야원금船夜援琴』에서 이렇게 읊었다.

백거이상白居易像

새는 깃에 들고 물고기도 잠든 밤
달빛 비치니 강물 더욱 깊네.
이 몸과 마음 깨끗하여 아무 일 없고
배에는 오로지 거문고 하나.
일곱 줄이 모두 좋은 벗이라
내 두 귀는 음률을 아네.
마음이 고요하고 소리도 은은하니
여기엔 예와 이제가 없도다.

鳥棲魚不動, 月照夜江深.

身外都無事, 舟中只有琴.
七弦爲益友, 兩耳是知音.
心靜卽聲澹, 其間無古今.

백거이는 거문고 타기뿐만 아니라 거문고 소리도 좋아해 이렇게 읊었다.

거문고 옛 곡은 〈유란幽蘭〉이라,
나를 위해 은근하니 더욱 그럴 듯하구나.
바라기는 몸과 마음 모두 평온한 것,
내 손으로 타기보다 다른 사람 연주가 듣기 더 좋구나.

琴中古曲是幽蘭, 爲我殷勤更弄看
欲得身心俱靜好, 自彈不及聽人彈

〈유란幽蘭〉은 중국에서는 오래된 거문고곡 가운데 하나이다. 전하는 바에 의하면 이 곡은 양梁나라 때 구명丘明이 만든 곡이라고 한다. 가락이 우아하고 아름답고, 수준도 높고 깊어 지금까지 전해 내려오고 있다. 백거이는 거문고곡인 〈녹수淥水〉도 매우 좋아하여, 『청탄고녹수聽彈古淥水』에서는 이렇게 읊었다.

그대의 녹수를 들으니
내 마음 평화로워라.
은은한 그 가락 알고자 해도
가만 귀 기울이니 정취 은근한 소리.
서쪽 창 너머로는 우거진 대숲
온종일 사라지지 않는 싱그러움이어라.

聞君古淥水, 使我心和平.
欲識慢流意, 爲聽疏泛聲.
西窗竹陰山, 竟日有餘淸.

백거이는 거문고곡인 〈녹수淥水〉를 들으면 우아하고 아름다운 자연 풍광에 빠진 듯 마음이 편안해지고 시원한 느낌이 들었다. 백거이는 한 평생 거문고를 좋아하였으며, 늘그막에는 아예 음악에 빠져들었다. 그는 『호청금好聽琴』에서 이렇게 노래한다.

천성이 거문고를 좋아하니
온갖 성가신 일 저 멀리 사라지네.
거문고 소리 귀로 들어오니,
온갖 걱정 가슴에서 떠나네.
마음이 평온하니 아픈 곳 깨끗이 사라지고,
심성도 건강을 회복하네.
특별히 듣기 좋은 삼락三樂이,
이 늙은이를 즐겁게 하네.

天性好絲琴, 塵機聞卽空.
一聲來耳裏, 萬事離心中
淸暢甚消疾, 恬和好養蒙.
尤宜聽三樂, 安慰白頭翁.

백거이가 보기에 성긋하고 막힘이 없으며 평온하게 흐르는 음악은 질병을 없앨 뿐만 아니라 온갖 번뇌를 멀리하고 마음을 편안하게 해 심신의 건강에 모두 이로웠다.

옛 사람들은 거문고를 타거나 거문고 소리에 귀를 기울일 때, 그윽하고 품위 있는 환경과 편안하고 고요한 마음을 대단히 소중히 여겼다. 소나무 아래 샘가, 맑은 하늘에 달 밝은 밤은 거문고를 타기에 멋진 환경으로 쳤다. 또 꽂아둔 향 하나가 타는 깨끗한 방에서 옷깃 여미고 단정히 앉아 거문고를 타면 흥취가 저절로 생긴다고 보았다. 앞서 인용한 당대의 시인 왕유가 『죽리관』에서 표현한 것은 바로 시인이 수려하고 그윽한 대숲에서 밝은 달빛을 벗해 거문고를 타며 노래까지 하면서 한가롭게 노니는, 근심걱정 하나 없이 우리를 이끄는 곳이다. 상건常建은 『강상금성江上琴聲』에서 강가에서 거문고를 타는 감명을 그리듯이 표현하고 있다.

강가에서 거문고 줄 고르니
줄 하나에 마음도 깨끗해지네.
일곱 줄 주르르 만지고 나니
숲속이 그윽하게 깊어지고,
강에 빠진 달은 더욱 밝아지며
강물은 더욱 깊어지는구나.
이제 보니 거문고는 오동나무로 만든 것,
괘[23]는 황금으로 붙였네.

江上調玉琴, 一弦淸一心.
泠泠七弦遍, 萬木澄幽陰.
能使江月白, 又令江水深.

23 괘棵는 거문고, 가야금 따위 현악기의 현을 괴는 작은 받침.

始知梧桐枝，可以徽黃金.

강가에서 거문고 타는 선비

강가에서 거문고를 타면 영혼은 깨끗하게 맑아지고 강에 비친 달은 더욱 밝게 빛을 내며 강물을 한결 깊게 한다. 거문고 가락은 연주하는 이의 마음을 속세를 벗어난 한없이 상쾌한 상태로 이끌어 준다.

송대의 대문학가 구양수는 늘그막에 영천穎川에 은거하며 세상에 얽매임 없이 자유롭게 지냈는데, 이때 그가 가장 사랑하는 물건이 거문고였다. 그는 거문고를 탈 때의 심경을 『증무공군이도사贈無功軍李道士』에서 이렇게 읊고 있다.

하늘은 도사를 위해 석 자 거문고를 내렸으니
그 가운데 만고의 소리 무궁하여라.
가락은 돌 위를 흐르는 물과 같고
흘러도 그침이 없으니 근원이 깊음이라.
손가락으로 타지만 가락엔 마음이 담겼으니
귀로는 들을 수 없으니 마음으로 듣네.
마음으로는 얻었지만 몸은 간 데 없으니
이 세상 근심 걱정 간데없어라.

天爲道士三尺琴, 中有萬古無窮音.
音如石上瀉流水, 瀉之不竭由遠深.
彈雖在指聲在意, 聽不以耳而以心.
心意旣得形骸忘, 不覺天地愁雲陰.

그윽한 거문고 가락에 취한 구양수의 마음은 거문고 줄과 하나가 된다. 심지어 자기 존재마저 잊고 거문고 가락에 자신이 추구하려는 정신적 자유를 의탁하고 있다.

정신적으로 높은 경지의 즐거움을 누리기 위해 고대 선비들의 거문고를 연주하는 환경에 대한 요구도 대단했다. 명대明代 거문고의 대가 양표정楊表正은 『탄금잡지彈琴雜識』에서 이렇게 말했다.

무릇 거문고를 타기 위해서는 높은 곳에 위치한 넓고 조용한 방이 좋다. 혹은 높은 누각도 좋고 숲속 바위도 좋다. 아니면 산꼭대기에 오르거나 물가에 나서도 좋고, 절집도 좋다. 음양의 두 기가 돋보이는 때, 산들바람에 달 밝은 밤, 고요한 방안에 향 하나 피우고 단정히 앉으면 마음은 가라앉고 가슴에 평화가 깃들어 신과 하나가 되고 영혼은 도와 일치한다. 만약 내 마음 알아주는 벗을 만나지 못해도 산들바람 밝은 달에 푸른 솔 기이한 바위가 있고 원숭이도 있으며 학도 날아와 함께 거문고 타면, 그 즐거움에 스스로 만족한다.[24]

거문고를 타기에 적합한 이런 여러 장소 가운데 환경이 고상하고 운치가 있으며 고요한 원림은 두 말할 필요 없이 이상적인 곳이다. 도연명의 원림에는 '아름다운 꽃들이 늘어서 있고 대숲은 햇빛을 가렸으며 멋진 거문고 비스듬히 놓인 곁엔 새로 거른 술도 한 병' 있었다. 이곳에서 거문고와 술 그리고 원림이 혼연일체가 되었으니, 풍경과 가락이 서로 얽혀 생활의 멋이 가득했다. 도연명은 원림에서 거문고를 타는 일을 큰 즐거움으로 여겼다. 그는 『화곽주부2수和郭主簿二首』에서 이렇게 노래하고 있다.

집 앞 우거진 숲은
한여름에도 시원한 그늘을 품었네.
때 되어 남풍이 불어오니
회리바람 내 옷섶을 여네.
오가는 이 없으니 유유자적 한가로워,
일어나 앉아 붓글씨 쓰다가 거문고도 타네.

藹藹堂前林, 中夏貯淸陰.

---

24 凡鼓琴, 必擇靜室高堂, 或昇層樓之上; 或于林石之間; 或登山巓; 或游水湄; 或觀宇中. 値二氣高明之時, 淸風明月之夜, 焚香靜室坐定, 心不外馳, 氣血和平, 方與神合, 靈與道合. 如不遇知音, 寧對淸風明月, 蒼松怪石, 巓猿老鶴而鼓耳, 是爲自得其樂也.

凱風因時來, 回飆開我襟.
息交遊閑業, 坐起弄書琴.

당대의 대시인 백거이의 낙양 원림에는 넓은 못이 하나 있었다. 그는 이 못 북쪽에 서고書庫를 지었다. 책 없이는 수양을 할 수 없었기 때문이다. 그리고 못 서쪽에는 거문고를 탈 수 있는 정자를 지었다. 거문고와 술 없이는 즐겁지 않았기 때문이다. 그는 『지상편서池上篇序』에서 원림에서 거문고를 타며 음악을 즐기는 유유자적한 삶의 즐거움을 이렇게 묘사했다.

> 연못에 봄바람 불거나 가을달 떠오르는 때, 또는 수향련水香蓮 꽃망울 버는 아침이 되면, 아니면 이슬 맑아 학이 우는 저녁, 수양버들이 살며시 바위를 어루만지면, 묵은 술 한 병 내어놓은 뒤 거문고 안고 〈추사곡〉 타면, 신명이 나지 않아도 유유자적, 다른 일은 모르네. 불콰하게 취하여 거문고도 끝나면 악동樂童에게 중도정中島亭에 오르라 하여 〈예상산곡霓裳散曲〉을 합주케 하니, 가락은 바람 따라 모였다가는 흩어지누나. 안개 속 대숲에 달빛은 파문으로 일렁이며 오래도록 조화를 이룬다. 아직 가락이 끝나지 않았어도 만족한 삶에 마음은 흐뭇하게 취하여 바위 위에 누워 잠드나니.[25]

거문고는 선비들의 마음속에 특수한 자리를 차지하고 있기에 원림을 조성할 때에도 금대琴臺, 금실琴室, 금정琴亭 등을 지었으니, 바로 선비들의

---

25 每至池風春, 池月秋, 水香蓮開之旦, 露淸鶴唳之夕, 拂楊石, 擧陳酒, 援崔琴, 彈姜〈秋思〉, 頽然自適, 不知其他. 酒酣琴罷, 又命樂童登中島亭, 合奏〈霓裳散曲〉, 聲隨風飄, 或凝或散, 悠揚于竹烟波月之際者久之; 曲未竟, 而樂天陶然已醉, 睡于石上矣.

고상하고도 우아한 멋을 엿볼 수 있다. 소주의 망사원网師園이나 이원怡園에는 한결같이 금실琴室이 있다. 연화지蓮花池에도 향금사響琴榭와 청금루聽琴樓가 어김없이 있다.

상해上海 가정嘉定에 있는 고의원古猗園에는 형태가 서로 다른 태호석봉太湖石峰 다섯이 한 줄로 늘어서 있다. 이 석봉의 한가운데엔 거문고 모양의 돌로 된 탁자가 있다. 이 다섯 개의 돌을 자세히 보면 늙은이 다섯이 거문고 가락에 귀를 기울이는 모습이다. 그래서 이름도 '오로조금五老操琴'[26]이다. 원림의 주인이 이 기이한 돌로 거문고에 대한 취미를 표현하고 있음이 분명하다.

고대 선비들이 거문고를 사랑한 것은 모두 거문고의 예술적인 면에 정통했다는 말이 아니라 거문고의 멋을 즐겼다는 뜻이다. 소식이나 원굉도가 비록 술을 잘 마시진 못했지만 술이 주는 고상한 운치를 잘 알았던 것과 같다. 『진서晋書』「도잠전陶潛傳」에는 이런 기록이 있다.

> 도연명은 일찍이 이렇게 말했다.
>
> "여름 하늘에 달이 높이 걸린 밤이면 한가하게 거닐다가 북쪽으로 난 창가에 놓인 침대에 비스듬히 누워 불어오는 선들바람 맞으니 내가 바로 희황羲皇[27]보다 낫다는 생각이 든다. 천성이 음악을 잘 알지 못하지만 줄도 없는 거문고 하나 준비하였다가 벗들과 술 마실 때면 거문고 타며 이렇게 말한다.
>
> '거문고에 담긴 멋을 내가 알거늘 어찌 거문고 뜯으며 소리를 내겠는가?'"[28]

---

26 거문고 연주하는 다섯 늙은이라는 뜻.

27 고대 인류의 시조라 일컬어지는 삼황三皇 가운데 복희伏羲를 말함.

28 (陶淵明)嘗言夏月虛閑, 高臥北窓之下, 淸風颯至, 自謂羲皇上人. 性不解音, 而

음률을 이해하지 못하면서도 거문고에 담긴 멋을 능히 알고 있으니, 도연명에게 거문고는 큰 상징성을 보이고 있다. 도연명은 자기만의 생활에서 얻은 느낌으로 거문고가 가진 깊은 뜻을 깨달았다. 진말晉末, 도연명과 주속지周續之, 유유민劉遺民 등 세 사람을 '심양삼은潯陽三隱'이라 부르는데, 『송서』「주속지전」에서는 이들의 생활에 대한 당시 사람들의 생각을 이렇게 전한다.

> 천성이 매인 데 없으니 영화도 굶주림도 마음 두지 않고, 바라는 바는 숲속 작은 시내 곁에서 거문고 타고 책 읽으며 큰 이상을 함께 하는 것이었다.[29]

청대의 선비 장의천張宜泉이 거문고에 대해 가졌던 생각도 도연명과 다르지 않았다. 그는 『춘류당시고春柳堂詩稿』에서 이렇게 읊었다.

> 회화나무 짙은 그늘에 뜨락의 한낮은 긴데,
> 문 닫고 홀로 앉아 향을 사르니 마음 즐거워라.
> 바둑돌 있다지만 꼭 두지 않아도 되고,
> 거문고 있다지만 줄 없어도 거리낄 것 없어라.
>
> 槐樹陰深庭晝長, 閉門獨坐笑焚香.
> 棋雖有子何須着, 琴卽無弦亦不妨.

畜素琴一張, 弦徽不具, 每朋酒之會, 則撫而和之, 曰: '但識琴中趣, 何勞弦上聲.'

29 性之所遣, 榮華與飢寒俱落, 情之所慕, 岩澤與琴書共遠.

거문고는 고대 선비들의 멋진 반려伴侶였다. 백거이도 거문고를 가리켜 '평생을 함께 살아온 배우자'라고 했다. 은은한 거문고 가락을 들으며 선비들의 멋은 더욱 깊어졌고 생활엔 운치가 더해졌다.

2. 선비와 바둑

바둑도 거문고와 마찬가지로 중국 고대 선비들의 생활 속에서 중요한 정신적 문화 활동을 했다. 거문고가 아름답고 오묘한 가락으로 사람의 마음을 흔들어 정신적인 즐거움을 준다면, 바둑은 침묵 가운데 깊은 생각에 빠지게 해 감정을 조절하고 지혜를 얻게 한다.

전하는 바에 의하면, 바둑은 요순 시대에도 있었다. 서진의 장화가 쓴 『박물지博物志』에는 이런 기록이 있다.

> 요堯는 바둑을 만들어 아들 단주丹朱를 깨우쳤다고 한다. 어떤 이는 순舜은 아들 상균商均이 어리석었기에 바둑으로 가르쳤다고 한다.[30]

이 전설은 비록 믿을 만한 근거는 아니지만 옛날부터 바둑은 즐거운 놀이였으며 교육적인 기능도 있었음을 설명하고 있다. 공자는 일찍이 『논어論語』「양화陽貨」에서 제자들에게 이렇게 말했다.

---

30 堯造圍棋以教子丹朱, 或曰舜以子商均愚, 故作圍棋以教之.

하루 종일 배불리 먹기만 하고 마음 쓰는 일이 없으면 어려움이 닥칠 것이니라. 바둑도 있지 않은가, 이런 것이라도 하는 것이 빈둥거리는 것보다 나으니라.[31]

맹자도 바둑을 제자들 교육에 비유했다. 바둑 솜씨가 아주 뛰어난 혁추弈秋라는 이가 있었다. 그는 두 제자에게 바둑을 가르쳤다. 그 중 한 제자는 마음을 다해 공부했으나, 다른 제자는 비록 귀로는 선생님의 가르침을 듣고 있었지만 마음은 창 밖에 날아가는 큰기러기를 활로 쏘아 맞힐 생각만 했다. 두 학생이 모두 혁추에게 공부했으나 그 결과는 매우 큰 차이가 났으니, 이것은 머리의 차이가 결코 아니었다. 이를 두고 맹자는 『맹자孟子』「고자告子」에서 이렇게 말했다.

대국도對局圖

31 飽食終日, 無所用心, 難矣哉! 不有博弈者乎? 爲之猶賢乎已.

> 바둑은 수가 비록 많지는 않지만 마음을 다하고 뜻을 모아 공부하지 않으면 터득할 수 없느니라.[32]

바둑을 군사 작전의 지력 싸움으로 표현하기도 한다. 자극성과 도전성은 물론 진정 풍부한 예술성과 창조성을 구성요소로 갖고 있기 때문이다. 동한의 마융은 『위기부圍棋賦』에서 이렇게 말했다.

> 바둑을 훑어보면, 군사를 부리는 걸 본뜬 것 같아서 석 자 바둑판이 싸움터이다. 병졸들을 모아 늘어놓고 두 편이 어슷비슷 맞먹고 있으니, 겁을 먹은 자 공을 세우지 못하고 욕심 부리는 자 먼저 쓰러진다.[33]

바둑은 그 커다란 매력 때문에 고대 문인 사대부의 깊은 사랑을 받았다.

위진남북조魏晉南北朝 시기는 바둑이 전에 없이 번성했다. 남조의 저명한 문학가 심약은 『기품서棋品序』에 이렇게 기록하고 있다.

> 한나라 위나라 명현들의 높은 품격이 바둑에서 나왔고 진晉나라 송나라 명사들은 빼어난 생각을 바둑판에서 다투었다.[34]

---

32 弈之爲數, 小數也, 不專心致志, 卽不得也.

33 略觀圍棋, 法于用兵, 三尺之局, 爲戰鬪場. 陳聚士卒, 兩敵相當, 怯者無功, 貪者先亡.

34 漢魏名賢, 高品間出, 晋宋名士, 逸思爭流.

이때 바둑을 좋아하는 사람은 매우 많아서 높은 수를 가진 이들이 계속 나왔다. 조조는 한말의 정치가요 군사전문가로, 그의 바둑 솜씨는 대단하여 중국 바둑에 이름을 날린 명수名手 산자도山子道, 왕자진王子眞, 곽개郭凱 등과 막상막하였다. 몇 년 전 안후이安徽 보저우亳州에서 조조의 조부인 조등曹騰의 묘에서 돌로 만든 바둑판이 출토되어 조씨 집안이 바둑으로도 이름을 떨쳤음을 알 수 있었다. '건안칠자' 가운데도 적지 않은 이들이 바둑에 정통했다. 그 중 왕찬이 가장 뛰어났다. 그의 기억력은 사람들 가운데 특히 뛰어나 남의 바둑을 구경하고도 능히 복기復棋할 수 있었다. 『삼국지三國志』「왕찬전王粲傳」의 기록을 보자.

> 왕찬은 일찍이 구경하던 바둑의 형세가 시원찮음을 보자 그만 판을 뒤엎으려고 했다. 바둑을 두던 이들이 믿지 못하고 수건으로 판을 가리고 그에게 복기하도록 했다. 복기가 끝난 뒤 다시 비교해 보니 한 수도 틀림이 없었다. 그의 기억력은 이와 같이 대단했다.[35]

만약 바둑에 남달리 뛰어난 재주가 없다면 판을 처음부터 다시 능숙하게 벌여놓을 수 없었을 것이다. 게다가 왕찬은 『위기부서圍棋賦序』라는 글까지 썼다. 또 건안칠자 중 한 명인 응양이 지은 『혁세弈勢』가 지금까지 전해진다. 여기서 응양은 전쟁과 바둑을 하나로 연결해 바둑의 수로 군사작전의 방법을 풀이하며, 이 둘은 서로 통하는 바가 있다고 했다. 바둑이 전쟁을 본떴다고 여기며 '군사들이 질서 있게 진을 친 듯, 온갖 깃발이 줄지어 서 있고, 남을 복종시키려는 이들이 벌떼처럼 세차게 일어나고, 끊이지 않고

35 觀人圍棋, 局壞, 粲爲覆之. 棋者不信, 以帊蓋局, 便更以他局爲之, 用相比較, 不誤一道. 其强記默識如此.

무리들이 모여들어, 물고기 비늘처럼 빈틈없이 빽빽하게 대치하며 기러기처럼 진을 짜고 있다.'고 했다. 응양은 역사상 여러 전쟁을 사례로 들며 바둑의 이치를 설명한 것이다.

위진 시기에 바둑은 일세를 풍미하여 많은 선비들이 바둑에 심취하며 마음을 수양했다. 당시 문인 명사들은 세속을 벗어난 대범한 풍모를 추구했으며, 바둑을 두는 것도 독특한 풍모의 표현이라고 보았다. 『진서』「완적전」에 이런 기록이 있다.

> 어느 날 완적이 마침 어떤 이와 바둑을 두고 있는데, 뜻밖에 다른 어떤 사람이 찾아와 완적의 어머니가 세상을 떴다는 소식을 알렸다. 완적과 바둑을 두던 상대방은 급히 몸을 일으키며 작별을 고했다. 그러나 완적은 그의 소매를 잡으며 누가 이기는지 결판을 보기를 고집했다. 판이 끝나자 완적은 두 말이나 되는 술을 들이키더니 큰 소리로 울부짖는데 피를 몇 사발이나 쏟았다. 그런 뒤 비틀비틀 집으로 뛰어갔다.

완적이 자기 어머니가 세상을 떴는데도 이렇게 행동한 것은 사리에 맞지 않는 것처럼 보이지만, 사실 그의 마음은 진정한 효자라는 것을 알 수 있다. 그는 바둑과 술로 자신의 감정을 통제하고 어머니를 여읜 마음의 고통을 덜고 있다. 그것이 비록 짧은 시간이지만 마음을 가라앉히는 작용을 한 것이다.

서진의 배하裴遐는 바둑을 몹시 사랑해 때로 자신도 잊어버릴 정도에 이르렀다. 『세설신어』「아량」에는 이런 기록이 있다.

> 주복周馥이 주인의 신분으로 잔치를 베풀며 여러 사람을 초대했다. 이 자리에 초대를 받은 배하裴遐는 다른 사람과 바둑을 두고 있었다.

주복 밑에서 일하는 사마司馬가 술을 권하는 책임을 지고 있었다. 마침 배하는 바둑을 두고 있었으므로 때때로 술을 달라하여 마셔야 했다. 사마는 마침내 화가 나서 그를 바닥으로 끌어다 팽개쳤다. 배하는 일어나 다시 제 자리로 기어 올라가서 얼굴빛 하나 변함이 없이 아까와 마찬가지로 바둑을 두었다. 훗날 왕이보王夷甫가 그에게 이렇게 물었다.

"그 때, 어떻게 얼굴빛 하나 변하지 않을 수 있었소?"

그는 이렇게 대답했다.

"그저 남몰래 참으면 그만일 뿐이외다!"[36]

묵묵히 받아들였다는 말이다. 배하가 바둑에 얼마나 몰두했으면 다른 사람이 그를 끌어다 바닥에 팽개쳐도 일어나 제자리로 돌아가서 좀 전과 마찬가지로 표정 하나 변하지 않고 바둑을 다시 둘 수 있었을까? 그가 바둑에 그만큼 중독되었다는 말이지만 그의 넓은 아량을 표현한 것이기도 하다. 이것이 바로 위진 시대 선비들의 풍모였다.

『진서晉書』「왕도전王導傳」을 보면 이런 기록도 있다.

동진東晉 남조南朝의 이름난 왕사王謝의 가족 가운데는 많은 이들이 바둑에 정통했다. 왕도王導 일가도 모두 바둑을 좋아하여, 그는 집에 있을 때는 언제나 맏아들 왕열王悅과 함께 바둑을 두었다. 왕열은 효성이 지극하여 부모의 말을 잘 따랐으나 바둑에서만은 정말로 진지하여 한 수도 양보하지 않았다. 어느 날, 한 수 때문에 아버지와

---

36 裴遐在周馥所, 馥設主人, 遐與人圍棋, 馥司馬行酒. 遐正戲, 不時爲飮. 司馬恚, 因曳遐墜地. 遐還坐, 擧上如常, 顔色不變, 復戲如故. 王夷甫問遐: '當時何得顔色不異?' 答曰: '直是暗當故耳!'

말다툼이 벌어졌으나, 누가 무어라 해도 아버지가 진즉 둔 바둑돌에 대하여 양보하지 않았다. 왕도는 웃으면서 말했다.

"우리는 한 가족이니라. 어찌 이럴 수가 있느냐?"

왕도의 둘째아들 왕념王恬도 천성이 굽힘이 없어 예법에 구속되지 않았으며, 여러 가지 기예技藝에 밝았으나 그 중 바둑을 특히 잘 두었다.

동진의 명사 사안도 바둑의 고수였다. 그는 왕희지, 왕탄지王坦之, 지둔 스님과 더불어 바둑을 즐겼다. 사안이 바둑으로 감정을 통제하고 마음을 안정시킨 이야기는 중국 역사에서 하나의 미담으로 전해진다.

384년, 전진前秦은 동원된 대규모의 병사로 동진을 공격해 두 나라는 비수淝水에서 결전을 벌이게 되었다. 동진은 사안을 적을 토벌하기 위한 대도독大都督으로 삼아 조정을 이끌게 하고 그의 조카 사현을 전방의 도독으로 내세워 군사를 이끌고 적을 맞아 싸우게 했다. 동진의 군대는 겨우 8만, 전진은 83만 대군으로 쌍방의 세력은 너무 큰 차이가 났다. 이 준엄한 형세에 도성은 두려움에 떨었지만 결전의 결과는 예측할 수 없었다. 사안은 국민들의 공포심이 가져올 무서운 결과를 알았다. 그의 속마음은 판세를 예측하며 불안했지만 겉으로는 오히려 평안하고 고요하여 두려운 기색 하나 없이 태연자약했다. 군사들의 마음을 안정시키기 위하여 그는 일부러 별장에서 바둑을 두며 매우 평온한 모습을 보였다. 이렇게 바둑을 두고 있을 때, 사현이 사람을 보내 전황 보고서를 올렸다. 사안은 그것을 다 읽고는 탁자 위에 올려놓고 기뻐하는 표정을 조금도 보이지 않았다. 그와 함께 바둑을 두던 손님이 참지 못하고 전투의 결과를 캐묻자 사안은 마음에 두지도 않았다는 듯 입을 열었다.

"아들놈이 벌써 도적들을 물리쳤다 하오."

사실 진晉나라 군사가 큰 승리를 거두었다는 소식은 사안에게 더할 수 없는 기쁨이었지만 겉으로는 변함없이 평온한 모습이었다. 『진서』「사안전」에는, 사안이 집으로 돌아갈 때 문지방을 넘다가 나막신의 굽이 떨어져 나갔으나 너무 기쁜 나머지 그것을 느끼지도 못했다는 기록이 있다. 사안은 전쟁의 판세가 위급한 때에도 바둑을 두었으니, 일부러 도리를 위반하면서까지 적을 물리칠 수 있는 대장의 도량과 비범한 지혜가 있음을 짐짓 보여주었다. 바둑은 사람의 마음을 욕심에서 벗어나 홀가분하게 만들고, 충동적인 감정을 통제하며, 초조와 긴장, 격정 등의 기분을 풀어준다고 할 수 있다. 이것이 바로 사안이 형세가 자못 험한 상황에서도 다른 일을 하지 않고 바둑을 두었던 중요한 이유였다.

위진 시대의 선비들은 현학과 청담을 숭상했다. 그런데 바둑도 현묘玄妙한 이치와 예측할 수 없는 변화가 선비들의 고상하고 운치 넘치는 취미와 자못 어울렸다. 그래서 바둑을 일러 '수담手談'이라고도 한다. 『세설신어世說新語』「교예巧藝」에 진대의 이름난 스님 지둔이 '바둑은 수담이라고도 한다.'는 구절이 있다. 또한 바둑은 속세를 초월한 느낌을 주기에 '좌은坐隱'이라고도 한다. 즉, 몸이 어느 곳에 있어도 바둑판 앞에 앉기만 하면 세속의 근심걱정을 벗어나 은사隱士와 다름이 없어진다. 『세설신어』「교예」에는 왕탄지가 바둑을 일러 좌은이라고 했다는 기록이 있다. 안지추安之推는 그의 『안씨가훈顔氏家訓』에서 '바둑을 수담이나 좌은이라고 하는데 자못 멋있는 놀이이다.'라고 말했다. 송대의 황정견은 『혁기양수정임공점弈棋兩首呈任公漸』이란 시에서 이렇게 읊고 있다.

> 바둑은 산림에 은거하는 것보다 즐겁고,
> 바둑은 속인과 나누는 이야기보다 마음 더 잘 통하네.
>
> 坐隱不知岩穴樂,
> 手談勝與俗人言.

옛 사람들이 보기에 '좌은坐隱'은 세상을 피해 몸을 숨기는 것보다 한 수 더 높은 '심은心隱'이요, 수담手談은 사슴꼬리로 먼지나 떨며 나누는 공리공담보다 훨씬 품위와 멋이 있었다. 진대晋代에 어떤 이는 바둑을 '망우초忘憂草'에 비유하기도 했다. 『진서晋書』「조납전祖納傳」에 이런 기록이 있다.

> 조납祖納이 바둑에 지나치게 빠지자 그의 친구인 왕은王隱이 그에게 이렇게 권했다.
>
> "우禹는 촌음을 아꼈다는데 바둑에 너무 빠지지 말게."
>
> 이 말에 조납은 이렇게 대답했다.
>
> "나는 그저 근심을 잊었을 따름이오."

위진 선비들의 바둑에 대한 이런 비유로 볼 때, 그들이 바둑을 두는 것은 마음의 평화와 인격의 독립을 추구하고 생활에 멋을 더하기 위했음을 알 수 있다.

남조 시기에는 일찍이 볼 수 없을 만큼 바둑이 활발했다. 남조의 많은 황제들이 바둑을 좋아했으며 친히 바둑을 장려했기에 바둑은 온 사회로 전파되었다.

남조의 송문제宋文帝는 바둑광이었는데, 황문시랑黃門侍郎 양현보羊玄保도 바둑을 좋아했다. 언젠가 송문제와 양현보가 내기 바둑을 두었다. 송문제는 만약 양현보가 이기면 선성 태수로 임명한다는 조건을 걸었다. 바둑을 둔 결과 양현보가 이겼다. 송문제는 양현보를 선성 태수로 임명했다. 송문제는 내기 바둑의 명수인 저사장褚思莊을 양현보와 붙게 해서 기보棋譜를 가지고 도성으로 돌아오도록 했다. 송문제는 자기 앞에서 복기하는 저사장을 통해 바둑 연구를 했다.

남조에서 재위 기간이 가장 길었던 양무제梁武帝 소연蕭衍은 바둑에 중독이 되었을 정도였다. 『양서梁書』「무제기武帝紀」에는 '천성으로 바둑을 좋아하여 날마다 바둑으로 날이 새었다.'는 기록이 있다. 양무제는 바둑에 재간이 있는 사람을 높이 평가하여 적지 않은 기사棋士들이 바둑으로 행운을 잡았다. 당시 바둑계 고수였던 도개到漑, 주이朱異, 진경지陳慶之, 육운공陸雲公 들은 걸핏하면 양무제를 모시고 바둑을 두었다. 양무제는 때로 신하들과 내기 바둑을 두며 즐기기도 했다. 산기상시散騎常侍 도개의 원림에는 기묘하게 생긴 돌이 있었다. 양무제는 그와 이 돌을 걸고 내기 바둑을 두었다. 도개는 내기 바둑에서 지자 이 돌을 양무제에게 바쳤다. 『남사南史』「도개전到漑傳」은 '돌을 옮기는 날 도성에 사는 많은 이들이 구경을 나왔는데, 이 돌을 도공석到公石이라 불렀다.'고 기록한다.

남조의 바둑이 흥성하게 된 큰 까닭은 '품기品棋', 즉 기사에게 등급을 매겼기 때문이었다.

일찍이 삼국 시대에 위魏나라 사람 한단순邯鄲淳은 『예경藝經』「기품棋品」에서 바둑의 수를 다음과 같이 아홉 단계로 나누었다.

> 대체로 바둑의 수는 아홉 단계로 나눌 수 있다. 첫째는 입신入神, 둘째는 좌조坐照, 셋째가 구체具體이다. 그리고 넷째는 통유通幽, 다섯째는 용지用智이며 여섯째가 소교小巧이다. 또 일곱째는 투력鬪力, 여덟째가 약우若愚, 마지막 아홉째가 수졸守拙이다.[37]

바둑 등급제의 출현과 폭넓은 시행은 기사들의 경쟁심을 자극해 바둑 발전에 도움을 주었다. 남조 때에는 기사들에게 수에 따라 등급을 부여했으니, 예컨대 『남사南史』「양현보전羊玄保傳」에는 '양현보는 바둑을 잘 두었으

---

37 夫圍棋之品有九: 一曰入神, 二曰坐照, 三曰具體, 四曰通幽, 五曰用智, 六曰小巧, 七曰鬪力, 八曰若愚 九曰守拙.

니, 3품이다.'고 기록했으며, 『남제서南齊書』「소혜기전蕭惠基傳」에는 '낭아瑯玡의 왕항王抗은 1품, 오군吳郡의 저사장과 회계의 적송자赤松子는 둘 다 2품이다.'라고 기록했다.

양대梁代에도 바둑이 크게 성해, 양무제는 두 번에 걸쳐 바둑의 품계를 평가하여 결정했다. 『양서梁書』「유운전柳惲傳」에는 바둑에 대해 이렇게 기록하고 있다.

> 유운柳惲은 바둑에 재간이 있었다. 황제는 칙령을 내려 유운에게 기보를 정리하고 우수한 자와 열등한 자를 차례로 늘어놓으라고 일렀다.[38]

또한 『남사南史』「유운전柳惲傳」에도 '양무제가 바둑을 좋아해 유운에게 기보를 평가하게 하니 품에 오른 자가 278명이나 되었다. 우열에 따라 차례를 정했으며, '기품棋品'도 세 권에 이르렀다.'는 기록이 있다. 품에 올라 자격을 가진 고수들이 이렇게 많았으니, 양조 때 바둑이 얼마나 성행했는지 알 수 있다. 양무제 대동大同 말년에는 '육운공은 양무제의 명을 받아 기품棋品을 정리하고 고치니, 도개, 주이 다음 세대의 것은 모두 등록되었다.'는 기록이 『남사南史』「육운공전陸雲公傳」에 전한다. 이때에는 과거에 이미 정해졌던 기품에 대하여 교정을 진행했던 것이다. 이렇게 품계를 정한 뒤에, 기사들의 등급을 책자로 만들어 기재하고 공문서로 기록했다. 남조 때에는 바둑을 전문적으로 관장하는 기구까지 설립했다. 『남제서南齊書』「왕심전王諶傳」의 기록을 보자.

---

38 柳惲奕棋, 帝每勅侍坐, 仍令定棋譜, 第其優劣.

명제明帝는 바둑을 좋아하여 '바둑자치주'를 만들었다. 그리고 건안왕建安王 휴인休仁을 바둑자치주의 대중정大中正으로, 왕심王諶과 태자우솔太子右率 심발沈勃, 그리고 상서수부랑尙書水部郞 유규지庾珪之와 팽성승彭城丞 왕항王抗 등 모두 네 사람을 소중정小中正으로 삼았다. 그리고 저사장褚思莊과 부초지傅楚之를 불러 기사들의 등급의 높낮이를 판정하는 책임을 지게 했다.[39]

여기서 말하는 중정이라는 관직은 각지의 관리들을 조사해 심사하는 중정과는 서로 다른데, 주로 각지에 있는 바둑의 명수들을 현장에서 조사하고 심사하고 추천하는 책임을 진 관원을 말한다.

이때 북조의 바둑은 비록 남조만큼 흥성하지는 않았지만 그래도 꽤 많은 바둑의 고수들이 있었다. 역사에는 북제北齊에 이절二絶이 있었다고 기록한다. 그 가운데 한 명은 화성畵聖 양자화楊子華이고 다른 한 명은 바둑의 명인 왕자충王子沖이다.

남북의 바둑 고수들도 교류가 있었다. 북위의 효문제孝文帝 태화太和 연간에 북쪽의 국수 범영아范寧兒는 사절단을 따라 남조로 왔다. 제무제齊武帝의 명으로 국수 왕항이 그와 대진을 벌였으나 뜻밖에도 지고 말았다(『북사北史』「범영아전范寧兒傳」). 이로써 북조의 바둑 수준이 낮지 않음을 알 수 있다.

양진남북조兩晉南北朝 시대에 가로세로 열아홉 줄로 완전한 바둑판이 출현했다. 이 바둑판은 지금까지도 계속해 쓰고 있다.

39 明帝好圍棋, 置圍棋州邑, 以建安王休仁爲圍棋州都大中正, (王)諶與太子右率沈勃, 尙書水部郎庾珪之, 彭城丞王抗四人爲小中正, 朝請褚思庄, 傅楚之爲淸定訪問.

당대에는 바둑이 더욱 널리 보급되었다. 당의 황제 중 적지 않은 이가 바둑을 좋아했다. 현종 때에는 기대조棋待詔라는 관직을 특별히 만들었다. 화대조畵待詔, 서대조書待詔와 더불어 9품 벼슬인 이들은 한림원에 소속되었다. 기대조의 품계는 높지 않았지만, 이 제도는 바둑이 중국 고대 문화에서 자기 위치를 확립했음을 보여준다.

당시 이름난 기대조에는 왕적신王積薪, 고사언顧師言, 왕숙문 등이 있다. 왕적신은 바둑 솜씨가 대단했다.

개원 초, 바둑의 명수 풍왕馮汪은 천하무적이라고 불렸다. 그는 태원위太原尉 진구언陳九言의 저택인 '금곡원金谷園'에 기원을 차려놓고 각지의 고수들을 연달아 격파했다. 왕적신도 찾아와 맞서 싸웠다. 그는 풍왕과 아홉 판을 벌여 마침내 승리를 거머쥐었다. 왕적신은 이 아홉 판을 다 기록했으며, 게다가 주해와 더불어 평까지 붙였다. 『금곡원구국보金谷園九局譜』라고 이름 붙여진 이 기보棋譜는 당나라 때까지 큰 영향을 끼쳤으나 송대 이후 사라지고 말았다. 당나라 말기의 시인 한악韓偓은 이렇게 읊었다.

> 팔에 힘 빠진 자는 8행시를 쓰지 말며,
> 눈이 침침한 자는 9국 바둑을 보지 마소.
>
> 手風慵寫八行書,
> 眼暗休看九局棋.

바둑판의 판세가 얼마나 복잡한지 눈이 침침한 사람은 잘 알아보지도 못할 정도라는 것을 알 수 있다. 왕적신은 이 밖에도 『기세도棋勢圖』, 『풍지도風池圖』, 『기결棋訣』 등 바둑에 관한 저서를 썼다. 그의 바둑에 대한 정밀하고 심오한 실력은 평소에 부지런히 공부한 결과였다. 밖에 나갈 때에도 바둑판을 가지고 다녔으며, 길에서도 바둑에 대해 보통 백성이라도 그와 대국하기를 바라면 기꺼이 친구가 되기를 마다하지 않았다. 그의 손에서 바둑알이 떠나지 않았고 바둑에 대해 늘 깊이 생각했기에 그의 바둑 실력은 끊임없이 향상되어 당나라 제일의 고수가 되었던 것이다.

이렇게 바둑이 당나라 정부의 지지를 받자, 문인 사대부들은 바둑을 둘 줄 모르는 이가 거의 없게 되었다.

여기에 당나라는 시가의 황금시대여서 숱한 선비들이 바둑에 관한 시를 읊었다. 두보도 바둑을 좋아하여 친구와 어울리면 바둑을 두었다. 그는 늙마에 청년 시절의 바둑 친구 민상인旻上人과 마주 앉아 바둑을 뜨던 정경을 돌이켜 생각하며 시를 읊기도 했다.

바둑판은 그윽한 골짜기 댓잎 따라 일렁였고,
속세 떠나 호수에 배 띄우고 노닐기도 했었지.

棋局動隨幽澗竹, 袈裟憶上泛湖船.

안사의 난 이후, 두보는 몇 년 동안 떠돌이 생활을 하다 주변 경관이 아름다운 성도의 교외 완계浣溪 가로 왔다. 이곳에서 그는 친구들이 그를 위해 지어 준 초당에 머물렀다. 비로소 편안히 지낼 곳이 생긴 것이다. 그는 『강촌江村』에서 한가하고 여유로운 생활을 이렇게 묘사했다.

맑은 강물 굽이굽이 마을을 안고 도니,
긴 여름 강촌엔 만사가 고요하네.
지붕 위를 나는 제비 즐겁게 오가고,
물에는 갈매기 짝지어 화목하게 나네.
아내는 종이 위에 바둑판 그려 바둑 둘 준비하고,
어린 아들은 바늘 두드려 낚시할 생각이네.

친구들 먹을 양식 내게 주니,
늙은 몸 이 밖에 무얼 더 바라랴?

清江一曲抱村流, 長夏江村事事幽.
自去自來梁上燕, 相親相近水中鷗.
老妻畫紙爲棋局, 稚子敲針作釣鉤.
但有故人供祿米, 微軀此外更何求?

이 시에서 두보의 아내는 손수 바둑판을 그리고, 늙은 부부는 조용히 바둑을 둔다. 아이는 곁에서 똑딱거리며 낚싯바늘을 만들고 있으니, 참으로 즐겁고 화목한 모습이다. 또한 훗날 두보는 바둑 친구 유십구라는 맞수를 만나게 된다. 그는 『유십구동숙劉十九同宿』에서 이렇게 노래했다.

적을 물리친 승리의 깃발도 내 일이 아니고,
관직 내리는 나라님 성지에도 내 이름 없네.
나와 함께 하기는 오직 숭양嵩陽 유 처사뿐,
바둑으로 술내기 날이 밝았네.

紅旗破賊非吾事, 黃紙除書無我名.
唯共嵩陽劉處士, 圍棋賭酒到天明.

백거이도 바둑에 정통했다. 그는 시와 술, 거문고와 바둑을 벗으로 삼았으며, 그 중에서도 바둑을 가장 멋진 즐거움으로 여겼다. 그는 『관사한제官舍閑題』에서 '봄을 보내는 데는 술 한 잔이 제일이고, 세월 보내는 데는 바둑만한 게 없네.'[40]라고 노래했으며, 『맹하사위촌구거기사제孟夏思渭村舊居寄舍弟』에서는 '흥이 솟으면 몇 잔 술 마시고, 한가하면 한 판 바둑 두네.'[41]

라고 읊었다. 그는 바둑 친구와 함께 걸핏하면 밤을 지새우기도 했다. 강주에서는 바둑 친구 곽허주郭虛舟와 사귀어 '해 지면 한두 잔 술이요, 밤이면 서너 판 바둑이라.'[42]라고 노래했다.

백거이와 멋진 친구 원진은 서로 존경하여 오가는 정이 더욱 두터웠으며 시에서 함께 이름을 날렸으니, 사람들은 그들을 '원백元白'이라 불렀다. 그들은 모두 바둑을 매우 좋아했다. 장경長慶 원년(821년), 원진은 좋아하는 친구들을 자기 집으로 초청해 바둑대회를 열었다. 이 대회는 하룻밤을 꼬박 새며 진행되었다. '주인은 일부러 침상을 마련해 두었지만 모두 거들떠보지도 않고, 밤을 새워도 피로한 줄 몰랐다.'[43]고 한다. 닭이 새벽을 알리고 새벽달이 서쪽으로 져도 흥취는 여전했다. 원진이 보기에 바둑의 즐거움은 보통 사람이 알 수 있는 것이 아니었다. 그러기에 '이 가운데 있는 한없는 흥취, 오직 속되어 풍류를 모르는 이가 알까 두려워.'[44]라고 노래했다. 원진의 『수단승여제기류회숙폐거견증이십사운酬段丞與諸棋流宿弊居見贈二十四韻』 전편 48구에서는 이 바둑대회를 열정으로 노래했다.

만당晩唐의 유명한 시인 두목도 바둑에 조예가 깊었다. 그는 국수 왕봉王逢과 매우 사이가 좋아서 언제나 바둑에 대해 함께 토론하고 연구했다. 그는 『송국기왕봉送國棋王逢』에서 이렇게 읊었다.

> 뛰어난 솜씨는 그대를 따를 자 천하에 없고,
> 한가하기로는 이 세상에 나밖에 없구려.

---

40 送春唯有酒, 銷日不過棋.

41 興發飮數杯, 閑來一局棋.

42 晩酒一二杯, 夜棋三數局.

43 眼床都浪置, 通夕共忘疲.

44 此中無限興, 唯怕俗人知.

그대와 헤어진 뒤 창문에 눈보라 치는 밤이면,
간들간들 흔들리는 등불 아래 '오도吳圖'를 다시 두지요.

絶藝如君天下少, 閑人似我世間無.
別後竹窗風雪夜, 一燈明暗復吳圖.

'오도吳圖'란 삼국시대의 기보棋譜이다. 두목은 눈보라가 몰아치는 밤, 혼자 창가에 앉아 기보를 연구했으니, 그가 얼마나 바둑에 몰두했는지 알 수 있다. 그는 다른 시인 『송국기왕봉送國棋王逢』에서 이렇게 노래한다.

나이 일흔되려면 앞으로 일만 날 남았으니,
국수인 자기子期와 바둑으로 보내면 좋겠구려.

得年七十更萬日, 與子期於局上消.

일만 날이면 약 30년, 두목이 이 시를 쓸 때가 그의 나이 불혹不惑이라는 것을 알 수 있다. 그는 자기가 일흔까지 살게 된다면 일만 날을 왕봉과 수담으로 소일할 수 있으며, 그렇다면 자기 삶에 만족하겠다는 내용이다.

오대에는 전쟁이 자주 일어나 수많은 선비들이 산속에 숨어 살며 바둑으로 세월을 보냈다. 정운수鄭云叟는 소실산少室山에 은거하며 '바둑을 좋아하여 어쩌다 마음 맞는 친구를 만나면 눈보라가 치는 날도 밤을 새워가며 손발이 트는 줄도 피로한 줄도 모르고 바둑을 두었다.'는 기록이 『구오대사舊五代史』「정운수전鄭云叟傳」에 기록으로 전한다.

또한 오대의 화가 이성李成은 그림만 아니라 바둑에도 능해 고향에 은거하면서 온종일 '제멋대로 즐겁게 술을 마시고는 복받쳐 오르는 의기에 꿋꿋이 노래 부르며 선비들과 온종일 바둑을 두었다.'고 한다.

남당南唐 회화 속의 대국도對局圖

당시 선비들 가운데는 돈을 거는 내기 바둑이 성행했다. 그런데 '후당後唐의 진사 진보극陳保極은 바둑을 두는 방식이 올바르지 못하여 다른 이와 바둑을 두다가도 자기가 지면 손으로 판을 마구 쓸어버리고 내기로 걸었던 돈을 움켜쥐고는 건네주려고 하지 않았다.'는 기록이 『구오대사舊五代史』「진보극전陳保極傳」에 전한다.

송대에도 바둑이 더욱 널리 보급되었다. 수많은 정치가, 문학가, 과학자들이 모두 바둑 애호가였다. 구양수도 바둑을 좋아했는데 늘그막에는 더욱 심했다. 그는 자호自號를 육일거사六一居士라 했으니, 그가 가까이 하는 여섯 가지 중에 바둑도 그의 생활에서 빠질 수 없었다.[45] 그가 남긴 『몽중작夢中作』이라는 시를 보자.

45 그 여섯 가지는 바둑 한 판을 비롯해 장서 1만권, 금석문 1천 권, 거문고 1대, 술 1병, 그리고 자기를 가리키는 1옹翁을 말한다.

서늘한 밤 피리소리에 온 산에 달이 뜨니,
어둔 길에 온갖 꽃이 사람을 미혹시키네.
바둑 끝나고도 가까운 이 세상 떠난 줄 몰랐지만,[46]
술자리 끝나려 하니 공교롭게도 고향 생각나는구려.

夜涼吹笛千山月, 路暗迷人百種花.
棋罷不知人換世, 酒闌無奈客思家.

구양수가 가장 사랑했던 다섯 가지는 거문고, 바둑, 책, 술 그리고 금석문이었다. 이 다섯 가지는 그에게 예술적인 만족과 정신적인 즐거움을 주었다. 그는 이에 대해 『육일거사전 六一居士傳』에서 이렇게 감개무량하며 말했다.

> 내 취미는 이제 다 말했노라! 이 다섯 가지에 푹 빠졌을 때에는 태산이 앞에 있어도 보이지 않고 번갯불이 기둥을 뽑아도 놀라 당황하는 일이 없나니, 동정호洞庭湖 넓은 곳에 구소九韶가 울려 퍼진다 해도, 탁록涿鹿 평원에 큰 전투가 벌어진다 해도 내 즐거움과 멋진 기분을 만족시키지 못하리라.[47]

---

46 진晉 나라 때, 왕질王質이 산에 나무를 하러 갔다가 산속에서 바둑을 두는 두 아이를 보고 도끼를 내려놓은 채 바둑 구경을 했다. 아이가 왕질에게 대추를 한 알 주었는데, 입안에 넣으니 배고픈 줄 몰랐다. 바둑이 한 판 끝나자 집으로 돌아가려고 도끼를 보니 이미 다 썩어버린 뒤였다. 집으로 돌아와 보니, 아는 이는 모두 세상을 떠나고 새로운 세상으로 바뀌어 있었다는 고사가 있다.

47 吾之樂可勝道哉! 方其得意于五物也, 泰山在前而不見, 疾雷破柱而不驚, 雖響九奏于東庭之野, 閱大戰于涿鹿之原, 未足喩其樂且適也.

송대의 저명한 정치가요 문학가인 왕안석王安石은 바둑을 휴식의 한 방편으로 여겨 바둑으로 자기 감정을 다스렸다. 그는 『기棋』에서 이렇게 노래했다.

바둑이 진심을 어지럽힌다 하지 말게,
잠시 인연 있어 내가 이겼을 뿐.
한 판 끝나면 바둑알 상자에 담으니,
바둑판 어디에 승부 있으랴.

莫將戲事擾眞情, 且可隨緣道我贏.
戰罷兩奩收黑白, 一枰何處有虧成.

왕안석이 보기에, 바둑에서의 마지막 결과는 바둑알을 원래 있었던 상자에 거두어들일 뿐 승부도 득실도 없으니, '진심을 어지럽히는 일'은 아예 있을 수 없었다. 왕안석이 바둑에 대해 가졌던 생각을 꿰뚫어 보면, 그의 인생에 대한 대범하고도 활달한 태도를 어렵지 않게 발견할 수 있다.

송대의 저명한 시인 황정견도 바둑광이었다. 그는 『혁기양수정임공점弈棋兩首呈任公漸』(其一)에서 이렇게 노래했다.

가끔은 처리해야 할 공무도 없으면,
지치도록 바둑 두다가 술 한 잔 함께 하네.
바둑은 산림에 은거하는 것보다 즐겁고,
바둑은 속인과 나누는 이야기보다 마음 더 잘 통하네.
책상 위 가득한 책에 먼지 가득하고,
말 수레 타고 찾아온 손님 문밖에서 머문 지 오래네.
싸움터에서 이긴 장수도 교만하면 필패니,

평화로운 마음 마침내 적수를 물리치네.

偶無公事負朝暄, 三百枯棋共一樽.
坐隱不知岩穴樂, 手談勝與俗人言.
薄書堆積塵生案, 車馬淹留客在門.
戰勝將驕疑必敗, 果然終取敵兵翻.

이 시를 통해 그가 바둑에 얼마만큼이나 빠졌는지 알 수 있으니, 공문서에 가득 쌓인 먼지, 문 밖에 매인 지 오래 된 말과 수레 등 아무것도 돌보지 않고 오로지 바둑판 위에서만 겨루고 있다.

위와 같은 제목의 두 번째 시에서, 황정견은 이렇게 노래한다.

해야 할 공무도 찾아오는 손님도 없는 날이면
자리에 앉아 병법을 논하며 바둑 실력 겨뤄 보네.
마음은 사뿐사뿐 거미줄처럼 푸른 하늘을 노닐고,
몸은 마른 나뭇가지 오르는 허물 벗은 매미라네.

偶無公事客休時, 席上談兵校兩棋.
心似蛛絲遊碧落, 身如蜩甲化枯枝.

시인은 바둑에 온 정신을 집중해 이미 자기 자신도 잊은 상태에 이르렀으니, 만약 바둑에 몰입하지 않았다면 이런 경험을 할 수 없었을 것이다.

육유도 바둑을 몹시 좋아해 바둑을 찬미하는 아름다운 시구를 숱하게 남겼다.

한 뙈기 작은 밭에 약초도 심지 않고,

스님과 가만히 마주 앉아 바둑만 두네.

畦地閑栽藥, 留僧靜對棋. 『用短』

낮잠 자는 아이 재우려 귀 익은 시구 읊고,
늦은 밤엔 손님 잡아놓고 못다 둔 바둑 두네.

午枕爲兒哦舊句, 晩窗留客算殘棋.『閑中書事』

가는 세월에 신나게 두는 바둑은 듬성듬성 대숲에서,
가는 봄에 한껏 취한 마음은 흐드러진 꽃 속에서.

消日劇棋疏竹下, 送春爛醉亂花中.『書懷』

한 잔 술 마다하며 달콤한 잠에 빠지고 싶지만,
바둑 마주하면 고민 덜고 고요에 잠기네.

懶愛擧杯成美睡, 靜嫌對弈動機心. 『幽居』

위 시들을 자세히 보면, 바둑이 육유의 생활에 수많은 즐거움을 보태고 있음을 알 수 있다.

명청 시기에는 상품 경제의 발달로 도시가 날로 번창하고 상인과 시민 계급이 크게 발전하자 바둑도 시민 문화 속으로 들어가 그들의 사랑을 받았다. 게다가 문인 사대부 계층에서도 바둑을 잘 두는 이가 헤아릴 수 없을 정도로 많았다. 바둑을 두고, 감상하고, 평하는 것은 선비들의 생활에서 빠질 수 없는 내용이었으며, 그들의 재능과 지혜를 드러내는 중요한 방법이기도 했다.

명대의 대천재 당인은 화가 문징명, 심주沈周 등과 함께 바둑을 두고 시를 썼다. 그는 『기시棋詩』에서 바둑에 깊이 빠진 바둑광을 이렇게 묘사하고 있다.

> 버드나무 그늘 짙어 여름 해는 더딘데
> 마을 저쪽 언덕에 높이 선 집 곁엔 물결 잔잔한 연못.
> 이웃 늙은이 이른 아침부터 바둑판 들고 와서
> 어제 못 다한 바둑 승패를 겨루자 하네.
>
> 楊柳陰濃夏日遲, 村邊高館漫平池.
> 鄰翁挈盒乘淸早, 來決輸贏昨日棋.

명대의 저명한 소설가로 『서유기西游記』를 쓴 오승은吳承恩은 시문에 능했을 뿐만 아니라 바둑에도 정통했다. 그는 바둑의 국수와 사귀기를 좋아했으며 바둑의 수도 높였다. 그가 쓴 장시인 『국기가증포경원國棋歌贈鮑景遠』과 『후위기가증소이後圍棋歌贈小李』 등에서는 국수 포일중鮑一中(포경원鮑景遠을 말함)과 이부李釜의 뛰어난 바둑 솜씨를 열정적으로 칭송하면서 그들 사이의 두터운 우정도 표현하고 있다.

명대에는 바둑의 고수들이 숱하게 많았으므로 바둑 솜씨도 각자 특색을 지녀 바둑에 대해 전문적으로 평가한 서적도 잇달아 등장했다. 왕세정의 『혁지弈旨』, 풍원중馮元仲의 『혁단평弈旦評』 등이 바로 바둑 전문 서적이다. 이들은 역대 바둑 명인들을 종합하여 평가한 책으로 품평에 들어간 명대의 바둑 명인만 해도 서른 명이 넘었다.

명대의 바둑 명인들 가운데 가장 유명한 이는 명나라 말기의 과백령過百齡이다. 그는 무석 양계梁溪 사람으로 이름은 문년文年이었다. 천성이 총명해 독서를 좋아했으며 열한 살 때 이미 바둑의 이치를 통달해 어른들과 대국을 벌여도 성적이 괜찮았다. 또 바둑의 제2인자라는 엽향고葉向高를 이기기도 했다. 나중에 과백령은 도성으로 가서 당시 국수였던 임부경林符卿을 대파하고 '천하에 첫손 꼽히는 기사'의 자리를 확보했다. 과백령이 쓴 『관자보官子譜』, 『삼자보三子譜』, 『사자보四子譜』 등의 바둑 서적은 바둑 기술을 높이는 데 크게 기여했다.

청대는 중국 바둑의 역사에서 가장 흥성했던 시기이다. 이때 젊은이부터 노인까지 수많은 기사들이 서로 다투어 경쟁을 벌여 바둑 고수들이 끊임없이 나타났으며, 과백령을 이어 황용사黃龍士가 새로운 바둑왕이 되었다. 황용사는 이름을 규虯, 또는 하霞라고 불렀으며 자는 월천月天으로 장쑤 태현泰縣 사람이다. 어려서부터 총명하기가 다른 사람보다 훨씬 뛰어나서 열여섯에 국수가 되었다. 그는 과연 천재 기사라 일컬을 만했으니, 당시 바둑계에서 고수라고 널리 명성을 얻고 있던 성대유盛大有와 벌인 일곱 판의 격전에서 연전연승하며 바둑계를 깜짝 놀라게 했다. 그 후에도 그는 각지의 고수들을 꺾으며 바둑계에 위세를 떨쳤으나 아깝게도 한창 젊은 나이에 일찍 세상을 떠났으니, 바둑계에 큰 손실이었다.

하지만 보통 선비들로 말한다면, 그들의 바둑 실력은 전문적인 바둑 국수들과 견줄 수 없었다. 선비들이 바둑을 두는 주된 목적은 기분 전환과 감정의 조절로 생활 속에서 즐거움을 더하기 위해서였다.

남송의 왕십붕王十朋은 소흥 27년(1157년)에 진사에 급제해 벼슬이 용도각龍圖閣 학사學士에 이르렀다. 늘그막에 벼슬을 그만두고 고향으로 돌아와 조상 대대로 내려오던 집을 특별히 손질하여 책을 읽고 손님을 맞으며 바둑을 두는 공간으로 삼았다. 그가 쓴 『매계집梅溪集』에는 「혁기弈棋」라는 제목의 시가 있다.

아무래도 늙으니 더욱 안타까워

바둑판 앞에 두고 시름을 달래네.
즐거운 손님은 음악에 귀 기울이며
한 판 바둑에 마음 한가하네.

光景老尤惜, 忍銷枰羿間,
娛賓文絲竹, 一局戰淸閑.

왕십붕은 비록 늙마에 남은 시간이 귀하긴 했지만 그래도 바둑을 두어야 했다. 친구가 찾아오면 악기를 연주하고 바둑을 두면서 함께 즐거움을 누렸다.

물론 바둑을 두는 즐거움도 대단하지만 바둑을 구경하는 재미도 두는 즐거움 못지않았다. 수많은 고대 선비들은 바둑 구경을 즐겼다. 송대의 대문호 소식은 한 평생 '사람보다 나은 세 가지'로 '바둑', '술', '노래 부르기'를 들었다. 그런데 그는 바둑 구경을 좋아했으며, 다른 사람이 술 마시는 모습도 보는 것으로 만족했으니, 이로써 바둑과 술이 주는 즐거움을 누렸다. 그가 쓴 시 「관기觀棋」 서序 부분은 이렇다.

나는 평소 바둑을 잘 알지 못하여 홀로 여산廬山의 백학관白鶴觀을 거닐곤 했다. 그 안에 사람들은 대개 문을 닫고 낮잠을 즐겼다. 그런데 솔숲 사이로 흐르는 냇가에서 들려오는 바둑 두는 소리가 마음을 즐겁게 했다.[48]

48 予素不解棋, 獨游廬山白鶴觀, 觀中人皆闔戶晝寢, 獨聞棋聲于古松流水之間, 意欣然喜之.

솔숲 사이를 흐르는 시냇가에서 두는 바둑은 바둑을 두는 사람은 물론 구경하는 사람까지도 영혼을 맑게 하고 생활이 주는 번뇌를 말끔히 잊게 한다. 소식은 이렇게 노래했다.

오로봉 앞 백학관 옛 터,
길게 드리운 소나무 그늘에 정자 하나,
바람도 해도 맑고 깨끗하여
나 홀로 거닐어도 만나는 이 없네.
바둑 두는 이 누구일까,
문 밖엔 두 켤레 신발,
사람 소리는 들리지 않고,
바둑알 놓는 소리 때때로 들리네.
바둑판 앞에 두고 마주 앉았으니
누가 이 맛을 알겠는가?

五老峰前, 白鶴遺址, 長松蔭亭, 風日淸美.
我時獨遊, 不逢一士.
誰歟棋者, 戶外屨二.
不聞人聲, 時聞落子, 紋枰對坐, 誰究此味?

소식이 바둑 구경을 통해 추구한 것은 정신적인 즐거움이지 결코 승부가 아니었다. 그는 '이기면 물론 즐겁지만 져도 또한 기쁘니, 즐겁고도 기쁘구나, 이대로 즐길 일이로다.'라고 했다.

청나라 초기의 이어도 바둑 구경이 자기와는 관계없이 심심풀이에 딱 좋은 활동이라고 생각했다. 그는 『한정우기』에서 '바둑을 잘 두기보다도 구경을 잘 하는 게 낫다. 이쪽이 이겨도 나는 즐겁고 저쪽이 져도 나는 걱정할 필요가 없으니 나는 항상 이기는 쪽에 있는 셈이다.'라고 말했다.

청대에도 적지 않은 선비들이 산 위에 앉아 호랑이 싸움을 구경하는 쾌감으로 바둑 구경을 했다. 곽등郭登은 이렇게 노래한다.

죽지 않고 살려고 저리도 진지하여
계략 쓰기에 온 정신 기울이네.
보아하니 모두가 쓸 데 없는 짓,
팔짱 끼고 구경하는 이 우스워 배꼽 잡겠네.

怕死貪生錯認眞,
無籌多少費精神.
看來總是爭閑氣,
笑殺旁觀袖手人.

왕부지王夫之도 이렇게 노래한다.

이기고 짐은 어린애 장난 같은 것,
곁에서 유유자적 바둑판 구경하네.
……
곁에서 구경하니 더 잘 보이는구나,
한 판 바둑으로 누가 이길지 나는 아네.

勝負如兒戲, 閑情壁上觀.
……
旁觀有明眼, 一著誰爭先.

석개石介도 이렇게 읊었다.

모두들 바둑을 잘 둔다는데,
오로지 너와 나 둘 줄 모르네.
그들의 다툼 곁에 앉아 지켜보니,
검은 돌 흰 돌 이리도 분명하네.

人皆稱善羿, 伊我獨不能.
試坐觀勝敗, 黑白何分明.

바둑을 읊은 이 시들을 보면, 사람 사이의 다툼에 자기도 모르게 빠져들지만 이를 벗어나 명예나 이익을 탐내지 않는 삶의 이상을 추구했던 선비들의 바둑을 구경하는 태도를 알 수 있다.

그러나 고대 선비들이 바둑을 구경하며 쓴 시들을 두루 살펴보면, 이들이 바둑을 인생과 세상살이의 상징으로 여겼으며, 바둑 구경을 통해 인생의 이치와 사회의 흥망과 변화를 살피고 있음을 발견할 수 있다.

송대의 저명한 철학자 소옹邵雍이 쓴 『관기대음觀棋大吟』은 전편이 180운韻 1,800자로, 자수로 따지면 고대의 이름난 장시 『공작동남비孔雀東南飛』보다 많다. 소옹은 박학다식해 천문天文과 수리에도 정통했으며 일찍이 팔괘도상八卦圖像으로 천간지지를 자연과 사회의 변화에 대응해 해석했다. 『관기대음』은 바둑을 역사적 사건과 관련시켜 세상살이가 바둑판과 같아서 바둑 구경을 잘하면 세상을 알 수 있다고 보았기에, '죽고 사는 것은 모두 서로 다른 일이지만, 이기고 지는 것은 모두 이 한 판에 달렸네.'[49]라고 노래

49 死生共抵兩家事, 勝負都由一著棋.

했다. 이 시에서 그는 고금의 중요한 역사적 사건 일흔 가지 남짓과 쉰 명이 넘는 역사적 인물까지 노래하며 풍부함과 다양함을 드러내고 있다. 소옹은 바둑에 대한 글을 통해 사회와 역사에 대한 자신의 생각을 표현하였다.

청대의 전겸익은 바둑 구경을 좋아해 고수들의 바둑을 보면 밤낮을 가리지 않고 구경했다고 한다. 그는 바둑 구경을 주제로 한 시를 많이 썼다. 『관기절구6수위왕유청작觀棋絶句六首爲汪幼靑作』, 『금릉후관기절구6수金陵后觀棋絶句六首』,『무릉관기6절구武陵觀棋六絶句』 등이 바로 그가 쓴 시이다. 전겸익이 쓴 바둑 구경을 주제로 한 시는 어떤 것은 유유자적하는 멋을, 또 다른 것은 바둑을 통해 자기 마음을 표현하고 있다. 전겸익은 명청 어름을 살았으니, 청나라는 이미 자리를 잡고 주씨가 세운 명나라는 이제 기울어 다시는 돌아올 수 없는 때였다. 왕조의 바뀜은 전겸익을 더욱 슬프게 했다. 그는 오로지 바둑을 구경하며 시를 읊음으로써 가슴속에서 끓어오르는 슬픔과 원망, 고국에 대한 그리움을 표현했다. 그가 쓴 『후관기절구6수』를 보자.

> 적막한 바둑 끝장 서늘한 기운 감도는데,
> 진회[50]에도 가을 깊어 찬 물결 흐느끼네.
> 등불에 비친 늙은이 그림자가 처량한 한밤,
> 기우는 바둑에 보이는 건 내 조국이어라.
>
> 寂寞枯枰響泬寥, 秦淮秋老咽寒潮.
> 白頭燈影涼宵裏, 一局殘棋見六朝.

---

50 난징南京을 지나 양자강으로 흐르는 운하의 이름, 진秦나라 때 만들었으며 양쪽 기슭은 유람지로 유명함. 여기서는 난징南京을 가리킴.

거문고를 타는데도 그윽한 환경을 중히 여겼듯이 고대 선비들은 바둑을 두는데도 멋진 분위기를 요구했다. 마음 맞는 친구가 약속이나 한 듯 찾아오면 술 한 잔 기울이다 재미있는 이야기에 웃음꽃 피우며 바둑판을 마주하면 호기로운 흥취가 넘치고 더할 수 없이 기쁘고 유쾌한 기분이 된다. 백거이는 걸핏하면 친구와 자리를 마련해 술을 기울이며 바둑을 두었다. 명대의 오관吳寬도 이렇게 읊었다.

강주 사마[51]는 벼슬도 좋아하지 않지만
손님 맞으면 웃으며 머무르게 하네.
바둑 책엔 책마다 즐거움 가득한데
기쁨이 어찌 술자리에만 있겠는가.
불콰하면 문득 춤도 추고,
장난삼아 예쁜 꽃 찾아 머리에 비스듬히 꽂네.

江州司馬不愛官, 笑領諸客來盤桓.
棋枰書卷各有適, 適意豈在陳杯盤.
酒酣耳熱忽起舞, 戲折名花斜揷冠.

술과 바둑은 종종 떼려야 뗄 수 없을 만큼 관계가 밀접해 친구를 만나면 술이 있어야 했으며, 그러면 바둑을 두는 흥도 더욱 감칠맛이 났다. 당의 두순학도 이렇게 노래했다.

술잔에 들어온 대나무 그림자,

51 백거이를 가리킴.

바둑돌 놓는 소리에 댓잎 솨솨.
복숭아 오얏처럼 꽃송이 없어도,
말쑥하고 멋스럽기 이 선비와 함께 하네.

酒入杯中影, 棋流局上聲,
不同桃與李, 瀟灑伴書生.

바둑은 깊은 생각을 요구하는 활동으로, 이를 통해 서로가 소리 없는 언어인 바둑으로 마음을 주고받는다. 정신과 기력을 한 곳에 집중해 심사숙고하기 때문에 '고요'는 바둑을 두는 이들이 추구하는 이상적인 경지이다. 당대의 두순학은 '마주 앉아서도 상대방이 보이지 않고, 온 마음 다 쏟기를 전장에서 병사 부리듯 하네.'[52]라고 노래하며 상대의 존재를 잊고 자기 존재도 잊을 정도로 바둑에 빠져든 모습을 그리고 있다. 백거이의 『지상이절지일池上二絶之一』도 고요한 바둑판의 모습을 묘사하고 있다.

두 스님 마주 앉아 바둑을 두는데,
바둑판 위에는 대나무 그림자 시원하네.
대나무 가려 사람은 보이지 않고,
때때로 들리는 바둑돌 내려놓는 소리.

山僧對弈坐, 局上竹蔭淸.
映竹無人見, 時聞下子聲.

52 對面不相見, 用心如用兵. 『관기觀棋』.

대숲 깊은 곳에서 들려오는 건 오직 바둑 두는 소리뿐, 바둑 두는 사람은 보이지도 않는다. 조용하고 시원한 곳에서 바둑으로 세월을 보낸다는 건 정말로 즐거운 일이다. 고요한 가운데 두는 바둑은 주위가 그윽하고 조용해야 할 뿐만 아니라 바둑을 두는 사람의 마음도 고요하고 편안해야 한다. 그래야 온통 조화된 고요함이 된다. 명대에 고계는 『위기圍棋』에서 이렇게 읊었다.

> 우연히 소일하는 손님과 함께
> 바둑 두러 대숲에 드네.
> 바둑돌 놓는 소리에 선학은 꿈을 깨고
> 바둑 끝나자 오동나무는 그늘을 드리우네.
> 마주 앉았어도 오랫동안 말을 잊고
> 상대방 공격하려 깊은 생각에 빠졌네.
> 여기에 참 즐거움 있으니,
> 바둑 밖에서 즐거움 어이 찾으랴.

> 偶與消閑客, 圍棋向竹林.
> 聲敲驚鶴夢, 局罷轉桐陰.
> 坐對忘言久, 相攻運意深.
> 此間原有樂, 何用橘中尋.

대숲에서 바둑을 두니, 바둑돌 놓는 소리가 맑고 깨끗해 잠든 학이 깜짝 놀라 잠을 깬다. 바둑 끝나니 벌써 해는 서쪽으로 기울었지만 두 사람은 깊은 생각에 빠져 한 마디 말도 없으니, 오직 그들만이 바로 여기에 즐거움 있는 줄 알 뿐 다른 이들은 알지 못한다. 주위도 고요하고 마음도 고요하지만 바둑판 위는 용맹스런 병사들이 목숨을 걸고 싸우는 해결하기 어려운 싸움판이다. 고요한 가운데 일어나는 움직임이요, 이런 움직임 속에 자리 잡은 고요함이니, 고요함과 움직임이 서로 어울려 빚어내는 참으로 그윽한 즐거움이다. 이런 고요함 속에서 들리는 바둑돌 놓는 소리는 마치 음악처럼 쟁쟁하게 귀를 울리며 사람들에게 형용할 수 없을 정도로 아름다운 즐거움을 준다.

청의 장조는 『기론棋論』에서 일 년 4계절 자연이 내는 소리를 묘사했는데, 바둑돌 놓는 소리도 여기 포함시켰다.

> 봄에는 새소리요 여름에는 매미소리라. 가을에는 벌레 우는 소리요 겨울에는 눈 내리는 소리라. 한낮에 듣는 바둑돌 놓는 소리, 달 아래서 듣는 퉁소 소리. 산속에서 듣는 솔바람 소리. 물가에서 듣는 노 젓는 소리, 이 소리들을 위해 두 귀는 헛되이 만들어지지 않았다. 만약, 귀에 들리는 소리가 제멋대로 되먹은 아이가 지르는 욕설이나 우악스런 여인네가 내뱉는 악담이라면 정말 귀머거리로 사는 게 나을 것이다.[53]

옛 사람들은 바둑을 두는데 가장 좋은 환경으로 고요함뿐만 아니라 아름다운 풍경까지도 요구했다. 멋진 환경과 그윽한 분위기가 서로 어울려야 비로소 바둑을 두는 고상한 흥취가 우러날 수 있었다. 아름다운 풍경은 사실 자연 그대로의 산천과 자연 그대로의 삶, 바로 그것이다. 앞에서 인용한 두보의 『강촌江村』은 바로 바둑을 두는 환경을 노래한 전범이 되는 작품이다. 두보의 유명한 시구 '초강 무협 비구름 오락가락, 대자리에 앉아 성근

53 春聽鳥聲, 夏聽蟬聲, 秋聽蟲聲, 冬聽雪聲. 白晝聽棋聲, 月下聽簫聲, 山中聽松聲, 水際聽款乃聲, 方不虛生此耳. 若惡少斥辱, 悍妻詬誶, 眞不若耳聾也.

발 걷고 바둑 구경하네.'[54]는 작가가 바둑 구경을 하면서 받은 산천의 아름다움과 바둑의 멋을 읊은 것이다.

수많은 선비들은 대자연 속으로 나아가 빼어나게 아름다운 자연 가운데 노닐면서 바둑 두는 것을 즐겼으니, 이렇게 하면 그들의 마음이 참으로 상쾌해졌기 때문이었다. 백거이는 '어드메 봄이 깊었는가, 봄이 깊으면 바둑을 겨루리라.'[55]라고 읊었으며, 명대의 장이녕張以寧도 '솔바람 살랑살랑 도사가 입은 옷도 가벼워라, 바위에 앉아 바둑을 두니 웃음소리 맑아라.'[56]라고 노래했다.

고대의 선비들은 서로 다른 날씨와 시간에 두는 바둑에 대해 특별한 느낌을 받았다. 비가 올 때면 창 밖에 내리는 빗소리와 방 안에서 들리는 바둑 두는 소리가 서로 뒤섞여 그 움직임과 고요함이 서로 조화를 이뤄 별난 멋이 난다고 생각했다.

두목은 『송위기왕봉送圍棋王逢』에서 이렇게 노래한다.

> 바둑돌 딸그락 한 수 물려 달라 다툼소리에,
> 한껏 어울리는 처마에 듣는 빗소리, 바람에 흔들리는 댓잎 소리.
>
> 玉子紋楸一路饒, 最宜簷雨竹簫簫.

또한 온정균溫庭筠은 『춘일방이십사처사春日訪李十四處士』에서 이렇게 노래한다.

---

54 楚江巫峽半雲雨, 淸簟疏簾看弈棋.

55 何處春深好, 春深博弈家. 『화춘심이십수和春深二十首』.

56 松風冉冉羽衣輕, 石上談棋笑語淸. 『제관혁도題觀弈圖』.

한 판 바둑 끝나지 않았는데 빗방울 내려치고,
푸른 수초 우거진 연못엔 이제 막 어둠이 내리네.

一局殘棋千點雨, 綠萍池上暮方還.

위장韋庄의 『장년長年』을 보면,

넓은 연못에 길손은 낚싯대 드리우고
난간엔 봄비 속에 스님과 마주 앉아 바둑 두네.

十畝野塘留客釣, 一軒春雨對僧棋.

사마광도 『약객約客』에서 이렇게 노래한다.

매실 익어가는 때 온 마을에 비 내리고,
푸른 풀 가득한 연못엔 곳곳에 개구리 울음.
온다던 그는 밤 깊도록 오지 않아,
홀로 바둑을 두니 등불도 가물가물.

黃梅時節家家雨, 青草池塘處處蛙.
有約不來過夜半, 閑敲棋子落燈花.

비는 대자연에게는 생기를 더해주고, 사람에게는 아름다운 마음을 품게 한다. 비 오는 날 두는 바둑은 특별한 즐거움을 준다. 청의 장조가 읊은 시는 참으로 감동적이다.

봄비 내리는 날은 책 읽기에 좋고,
여름비엔 바둑 두기 제격이라.
가을날 내리는 비는 갈무리하기 좋고,
겨울비엔 마땅히 한 잔 술이라.

春雨宜讀書, 夏雨宜弈棋,
秋雨宜檢藏, 冬雨宜飮酒.

눈 내리는 날 두는 바둑도 멋이 있다. 정곡鄭谷은 『교원郊園』에서 이렇게 노래한다.

봄날엔 안개 속에 도롱이 입고 강가에서 낚는 고요,
눈 오는 겨울엔 한 판 바둑에 깊어가는 밤.

煙蓑春釣靜, 雪屋夜棋深.

황도黃滔도 『제우인산재題友人山齋』에서 이렇게 읊었다.

푸른 이끼 낀 바위 위에서 한 잔 차 마시며 글을 쓰고,
눈 내리는 날이면 창가에 앉아 시를 읊으며 바둑을 두네.

句成苔石茗, 吟弄雪窗棋.

선비들은 깊은 밤 고요함 속에서 바둑 두기를 좋아했다. 백거이는 『곽

허주상방郭虛舟相訪』에서 이렇게 노래했다.

저녁 술 한두 잔에
밤 깊도록 두는 서너 판 바둑.

晩酒一兩杯, 夜棋三數局.

허혼許渾도 『증고처사贈高處士』에서 이렇게 썼다.

한밤에 두는 바둑은 손님을 묵어가게 하고,
봄날 권하는 한 잔 술은 스님을 취하게 하네.

夜棋留客宿, 春酒勸僧傾.

요컨대 자그마한 바둑판은 광활한 역사적 시간과 공간을 감싸 안고 있으며, 삶의 덧없는 변화까지도 굴절되어 있으니, 고대 선비들은 바둑에 심취하여 역사를 깨닫고 인생을 체험했다. 아름다운 풍경 속에서 두는 바둑은 선비들의 고상한 멋이었다. 소식이 『사마군실독락도司馬君實獨樂圖』에서 묘사한 그대로이다.

푸른 산은 집 뒤를 둘러싸고,
흐르는 물은 집 앞에 있어라.
그 가운데 자그마한 원림 있으니,
꽃과 대나무는 꾸밈 없어도 아름다워라.
꽃향기는 가는 곳마다 따라오고,
대나무 푸른 빛깔은 술잔에 어렸어라.
한 잔 술로 남은 봄을 즐기고,

한 판 바둑으로 긴 여름 해를 보내리.

青山在屋上, 流水在屋下.
中有五畝園, 花竹秀而野.
花香襲杖履, 竹色侵盞斝.
樽酒樂餘春, 棋局消長夏.

3. 선비와 서예

서예는 중국 고대 문화의 보물이다. 고대 선비들 삶 속의 네 가지 고상한 것 가운데 서예는 특수한 위치를 차지한다. 선비들이 거문고를 타고 바둑을 두며 그림을 그리는 것은 수준이 높지 않아도 그런대로 괜찮았지만 글씨를 잘 못 쓰면 체면이 서지 않았을 뿐만 아니라 과거에도 통과하기 어려웠기 때문이다. 수와 당唐은 과거에서 선비를 가려 뽑는 기준으로 서예가 있었으니, 과거에 응하는 선비들의 서예 실력의 높낮이는 성적의 높고 낮음을 가리는 요소가 되었다.

당대 과거에는 '명자明字'라는 시험 과목이 있었다. 『신당서新唐書』「선거제상選擧制上」에는 '당나라에는 과거를 통해 선비를 뽑아 쓰는 제도가 있었는데……시험 과목에는 명자明字가 있었다.'는 기록이 있다. 당대에 선비가 예부에서 시행하는 시험에 통과하면 단지 벼슬 자격만 주어질 뿐이었다. 다시 이부에서 치르는 시험에 통과해야만 관직에 임명될 수 있었다. 이부에서 시행하는 시험의 내용은 '신身, 언言, 서書, 판判' 네 가지였는데, 그 가운데 '서書'란 바로 서예였다. '무릇 서예는 먼저 구술시험을 쳐서 통과한 다음 '설문說文', '자림字林' 등 스무 가지를 치러서 열여덟 가지를 통과해야 합격'

이라는 규정이 당대에는 있었다. 이부에서는 관원이 될 이를 전형할 때 특별히 '서예' 실력을 중시해 '해서의 필법이 아름답고 힘찬' 이를 뽑았다.

이름난 서예가는 특별한 대접을 받아서 중앙에 임명되었다. 우세남虞世南은 일찍이 당 태종의 시서侍書, 즉 서예 고문이라는 높은 자리에 임명되었다. 그가 세상을 뜨자, 당 태종은 한숨을 쉬며, '우세남이 없으니 이제 함께 서예를 논할 자가 없구나!'라고 말했다고 한다. 유명한 서예가 저수량褚遂良과 유공권柳公權도 시서를 맡았었다.

서예 실력이 선비들의 앞날과 관계가 있었기 때문에 옛 사람들은 서예 훈련을 중시했다. 당대에는 서예를 전문으로 하는 학교를 설립하여 서예에 대한 교육을 진행하기도 했다. 이것을 '서학書學'이라고 했는데, 서학박사로부터 가르침을 받았다. 학습 내용은, 『당육전唐六典』 권21에 의하면, '석경石經', '설문說文', '자림字林'을 전문적으로 가르쳤으며, 그 밖의 것도 함께 가르쳤다고 한다. 전문적으로 가르치는 학교에서 공부하는 외에 기타 학교에서도 학생들에게 서예를 훈련시켰다. 유명한 서예가 우세남과 유공권도 일찍이 귀족 자제들을 가르치는 학교인 홍문관에서 해서를 가르쳤다.

서예 공부는 공리성과 실용성이 뚜렷하였기에 역대 선비들의 서예 학습 기풍은 매우 성하여 많은 이들이 부지런히 쉬지 않고 온갖 고통도 기꺼이 참으며 연습에 매진했다.

동한의 장지張芝는 어려서부터 공부를 좋아했다. 그는 서예 실력을 높이기 위하여 하루 종일 쉬지 않고 글씨 공부를 했다. 그는 날마다 붓글씨를 연습한 뒤 집 앞 연못에서 붓과 벼루를 씻었다. 이렇게 한 해 한 해가 지나자 연못의 물이 검게 변하여 '묵지墨池'가 되었다. 장지는 '금초今草'라는 서체를 만들었다. 글자가 아무리 많아도 한 번에 내려썼기에 '일필서一筆書'라고도 한다. 장지는 '초성草聖'으로 존경을 받았다.

당대의 대서예가인 회소는 가난한 집안 형편에 종이 살 돈을 마련하지 못하자 1만 그루 남짓한 파초를 심어 그 잎을 종이 삼아 고된 글쓰기 연습을 했으며, 닳아서 못 쓰게 된 붓만 해도 몇 광주리나 되었다. 그는 이 붓들을 땅에 묻고 '필총筆冢'이라 불렀다.

중국 고대 선비들은 붓글씨를 연습하는 과정에 붓글씨가 갖는 예술의 아름다움도 발견했으며 새로운 필체를 창조하기도 했다. 그리하여 서예는 감상, 정서 도야, 생활을 아름답게 하는 데 큰 작용을 했다.

고대 서예의 역사에는 이름난 서예가가 쏟아져 나왔다. 또 여러 가지 유파도 생겼으며, 수많은 선비들이 서예를 발전시키고 빛내기 위해 자기의 재능과 지혜를 바쳤다. 서예로 글자를 익혔고 글자로 친구를 사귀었으며 자기의 감정을 표현했으니, 서예는 선비들의 생활에서 빠질 수 없는 큰 부분이었다.

중국 서예의 역사에서 첫 번째로 손꼽히는 공인된 서예가는 진의 이사李斯이다. 진은 중국을 통일한 뒤, 중앙집권제를 공고히 하고 강화하기 위한 일련의 조처를 밀고 나갔다. 그 가운데 하나가 자체字體에 대한 통일된 규범을 만드는 것이었으니, 진의 자체에 맞지 않는 것을 버림으로써 천하를 하나로 통일했다. 이사는 주대부터 내려온 대전大篆을 바탕으로 '번잡한 것은 버리고 알맞은 것은 취해', 새로운 자체인 '진전秦篆', 즉 '소전小篆'을 새로 만들어 온 세상에 통일된 표준 문자로 삼았다. 진시황을 따라 천하를 순유할 때, 이사가

이사李斯의 역산각석嶧山刻石

자기 서체로 쓴 태산의 석각石刻이 아직까지 남아 전해지고 있다. 이사의 자체는 그 형식이 간결하고도 명쾌하며 가지런하고도 단정한데다 생동감 있고 힘이 넘쳐 '학자로서 최고의 서예가'라는 평판을 얻었으며, 후세의 서예에 커다란 영향을 미쳤다.

진대의 소전은 관청에서 쓰는 규범이 되는 자체였으나, 이 글자의 큰 장식성으로 인하여 생활 속에 널리 쓰이지 못하여 보급되기 어려웠다. 출토된 진대의 죽간竹簡을 보면 민간에 보편적으로 유통된 것은 예서隸書였음을 알 수 있다. 동한의 허신許愼이 쓴 『설문해자』에 의하면, 예서는 진시황 때 처음으로 생겼음을 알 수 있다. 당시 관청의 일은 번거롭고 소전은 쓰기에 복잡하고 힘들었으나 예서는 쓰기에 간편하고 쉬웠기 때문이라고 이 책은 기록하고 있다.

전하는 말에 의하면, 예서는 정막程邈이 발명했다. 정막은 진대의 아전으로서 죄를 범하여 운양雲陽 감옥에 갇히게 되었다. 감옥에 갇힌 그는 십년의 심사숙고 속에 전서에 대한 연구와 개조를 진행하여, '소전의 자체를 간략하게 변화시켜 예서를 만들었다.'고 한다. 그는 이 새로운 서체를 진시황에게 올렸다. 진시황은 대단히 즐거워하며 정막을 감옥에서 풀어주었음은 물론 어사御史로 승진시켜 문서와 기사記事를 담당하게 했다.

한대에 예서는 일상생활 속에서 광범위하게 사용되었다. 이때 쓰인 예서의 두드러진 특징은 질박하고 자연스러웠으며 정밀하고 세밀하였다. 또 일부러 섬세하고 정교하게 꾸미려고 하지 않아서 웅혼한 기백이 넘쳤다. 한대에는 서예를 전문으로 하는 이름난 이들이 나타났다. 또 어떤 이는 서예에 이름난 이들이 쓴 보배가 될 만한 훌륭한 글씨를 전문적으로 모아서 갈무리하기도 했다. 『한서漢書』「진준전陳遵傳」에는 '붓글씨에 재주가 있는 진준이 보낸 편지를 소장하는 것을 사람들은 영광으로 알았다.'는 구절이 있다. 서예가 이미 독립된 예술로 자리 잡았음을 말해 준다.

위진남북조 시기에 서예는 크게 발전했다. 한나라 말기에서 위나라 초기에 살았던 종요鍾繇는 저명한 서예가이다. 그는 여러 글씨체에 정통했으며 옛것을 버리고 대담하게 새것을 만들 줄 알아서 옛 사람들이 이룩한 기초 위에 예서의 글자체를 바꾸었다. 예서와 해서를 서로 다른 두 가지 글자체로 나눈 것이다. 이리하여 해서를 최후로 정형화시켰다. 종요는 훗날 '해서의 비조'로 불리게 되었으며, 동한의 이름난 초서의 대가 장지와 함께 '종장鍾張'이라는 호칭을 받았다. 게다가 그는 동진의 왕희지와 함께 '종왕鍾王'이라 불리기도 했다.

왕희지상王羲之像

중국 서예의 역사에서 동진의 왕희지는 명성이 최고였으며 가장 영향이 큰 서예가이다.

왕희지의 자는 일소逸少로 동진 사족의 수령인 왕도의 조카로서 벼슬이 우군장군友軍將軍에 이르렀기에 사람들은 그를 왕우군王友軍이라고 불렀다. 그는 일곱 살에 서예의 대가 위부인衛夫人을 스승으로 모시고 붓글씨를 배우기 시작하여 열셋에 벌써 이름을 날렸다. 그는 선대가 쓴 좋은 글씨를 받아들이고 당대 서예가와 민간 '속자俗字'의 정화를 바탕으로 새로운 글자체인 행서를 만들어냈다. 그가 쓴 글씨는 의기양양하기가 하늘에 흐르는 구름이요 씩씩하고 늠름하기가 놀라 뛰는 용이다. 그리하여 평화롭고 자연스러운 모습을 보이며 뛰어난 아름다움을 함축하고 있기에 왕희지의 필적을 보면 그가 조금도 마음에 두지 않고 휘갈긴 것처럼 보이지만 모든 것이 혼연일체로 전혀 꾸민 흔적이라곤 없음을 느끼게 된다. 그가 쓴 글씨는 당시에도 보물로 여겨졌다. 『진서』「왕희지전」의 기록을 보면, 왕희지는 거위를

거위를 기르는 왕희지

좋아했는데, 산음에 사는 한 도사가 황희지의 글씨를 손에 넣고자 특별히 멋진 거위를 길렀다고 한다. 과연 왕희지는 깃털이 깔끔하고 자태가 아름다운 이 거위를 보자 기쁨에 넘쳐 사려고 했다. 그러자 이 도사는 『도덕경』을 써 주시면 여기 있는 거위를 몽땅 다 드리겠다고 제안했다. 거위를 참으로 사랑했던 왕희지는 흔연히 써 주기로 하고 거위를 데리고 집으로 돌아왔으며, 이를 즐거움으로 생각했다는 것이다. 이것이 바로 왕희지가 자기가 쓴 글씨를 거위와 바꾼 고사이다.

왕희지를 대표하는 서예 작품으로 가장 수준이 높은 것은 『난정서』이다. 『난정서』는 동진 영화永和 9년(353년), 왕희지와 마흔 명 남짓한 명사들이 회계 산음에서 글을 짓기 위해 모였을 때 쓴 글씨이다. 『난정서』는 매우 심오한 경지에 이르렀으며 여러 가지 아름다움이 조화와 통일을 이루어 '천하제일의 행서'라는 명예를 얻었다.

왕희지의 서예는 뛰어난 예술적인 수준으로 뒷사람들의 찬상을 깊이 받았다. 그는 '서성書聖'으로 높임을 받고 있다. 양무제는 '왕희지가 쓴 붓글씨는 마치 용이 천문을 오르는 듯 필세가 당당하고 자유분방한데다 힘이 넘쳐서 대대로 보배로 삼을 만하며 글씨의 모범으로 영원히 남을 것이다.'라고 말했다.

당의 태종 이세민은 왕희지의 글씨를 훌륭히 여기며 마음속으로 공경하여 『진서晉書』를 편찬할 때에는 친히 왕희지의 전기에 찬사를 덧붙여 썼다. 여기에 '고금을 찬찬히 살펴보아도 전서와 예서까지도 깊이 연구하여 더할 나위 없이 완전한 글씨는 오로지 왕일소뿐이구나!'라고 했다. 게다가 당태종은 『난정서』 친필을 두루 찾아 결국 손에 넣게 되자 날마다 감상하며 즐기다가 세상을 떠나기 전에는 『난정서』 친필을 소릉昭陵에 함께 묻어달라고 유언까지 했다. 오늘날 보이는 『난정서』는 『난정서』를 좋아했던 누군가가 쓴 모사본이다.

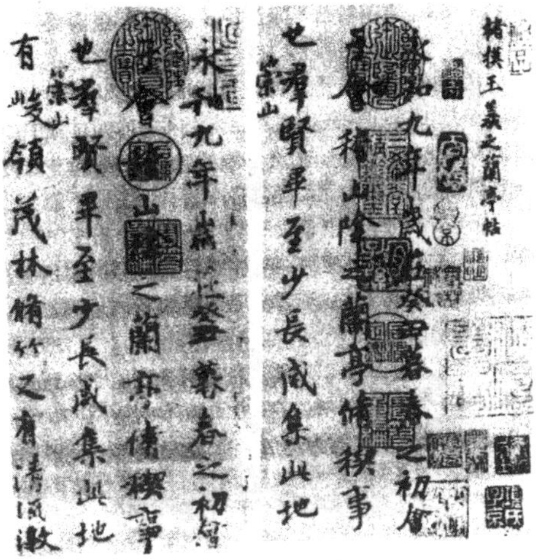

왕희지의 〈난정서蘭亭序〉

왕희지는 동진의 명문가 낭야琅邪 왕씨이다. 이 집안에는 글씨를 잘 쓰는 이가 자못 많았으니, 왕희지의 일곱 아들 가운데 다섯이나 서예에 능했다. 그 가운데 가장 두드러진 이는 작은아들 왕헌지王獻之였다. 왕헌지는 어려서부터 아버지에게 서예를 공부했는데, 정말로 진지하고 착실했다. 한번은 글씨를 쓰고 있는 그의 등 뒤로 아버지가 살금살금 다가가 갑자기 그의 손에 든 붓을 잡아 당겼다. 하지만 생각과는 달리 왕헌지가 붓을 얼마나 힘차게 잡고 있었던지 뺏을 수가 없었다. 왕희지는 감탄하며, '이 아이가 이제 크게 이름을 날리겠구나!'라고 말했다는 기록이 『진서』「왕희지전」에 전한다.

왕헌지가 쓴 행서는 필체가 정연하다. 게다가 장지도 공부하여 초서에도 정통했다. 그가 쓴 초서는 필세가 살아있는 듯 생기가 넘치고 붓놀림이

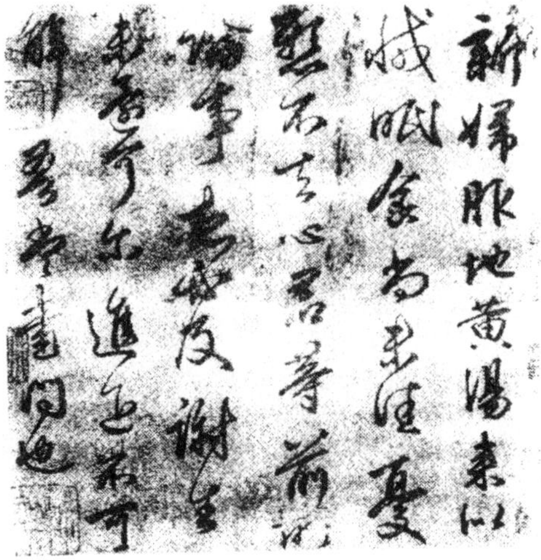

왕헌지王獻之의 〈지황탕첩地黃湯帖〉

자유롭고 거침이 없어 글자 하나하나가 일필로 이루어지기도 했다. 게다가 두 글자를 거침없이 단숨에 쓰기도 했다. 양무제 소연은 왕헌지의 글씨에 대한 『서평書評』에서 '왕헌지의 글씨는 누구도 흉내를 낼 수 없을 만큼 뛰어나게 아름답다.'며 상찬을 아끼지 않았다. 당의 장회관張懷瓘은 『서단書斷』에서 왕헌지가 쓴 행서를 일러 '맺고 끊음, 글자체의 풍부한 변화 등의 필법이 따로 우뚝 솟은 봉우리처럼 그 뛰어나기가 저 하늘가에 높이 돌출하였으니, 그 빼어난 모습은 이루 헤아릴 수조차 없다.'고 말했다.

왕헌지의 글씨도 그의 아버지와 함께 나란히 이름을 날렸다. 세상에서는 이들 부자를 일러 '이왕二王'이라고 일컬었다. 왕씨 부자는 중국 서예 발전에 참으로 커다란 역할을 했다.

당대는 서예가 아주 흥성했던 시기로, 그 특징은 여러 가지 서체의 한결같은 훌륭함으로 뛰어난 인물이 속출했다는 것이다. 당나라 초기에 선비들은 서예를 공부하면서 모두 '이왕'을 존경하는 스승으로 모셨다.

구양순歐陽詢의 행서는 왕희지 서체의 영향을 깊이 받았다. 또한 그는 여기에 위진남북조의 비각碑刻을 융합해 자기의 독특한 글씨체인 '구체歐體'를 창조했다. 구양순의 서예 공부는 참으로 고생스러웠다. 한번은 먼 길을 떠났다가 서진의 서예가인 삭정索靖이 쓴 비석을 보곤 그 비범한 필세에 깊이 탄복하였다. 비석 앞에 말을 세우고 거듭 감상하다가 한참이나 지나서야 발길을 돌렸다. 몇 발자국을 가다가 다시 몸을 돌려 돌아와 또 자세히 살피며 배우다가 이제는 바닥에 깔개를 펼치고 앉아서 거듭 생각하고 탐구하는 것이었다. 그는 비석 곁에서 이틀을 머물며 삭정의 필세를 완전히 익힌 다음에야 자리를 떴다.

서예사의 발전으로 볼 때, 서예의 풍격은 언제나 시대의 모습에 큰 영향을 받았다. 당나라 전기, 즉 '정관의 치貞觀之治'에서 '개원성세開元盛世'까지는 정치의 안정과 사회경제의 높은 발전으로 대외적으로 경제와 문화의 교류가 빈번했으며 선비 계층의 사상도 개방되었으니, 이에 따라 서예도 웅혼하고 강건한 특징을 보이고 있다. 안진경顔眞卿, 유공권의 해서와 장욱張旭, 회소의 광초狂草는 이런 특징을 매우 잘 드러냈다.

안진경상顔眞卿像

안진경은 왕희지를 이어 서예계에 큰 영향을 끼친 또 다른 서예 대가이다. 그의 글씨는 치우치지 않고 똑바르지만 얽매임이 없으며, 법도에 어긋남이 없으나 우아하면서도 거침없는 멋이 있다. 그가 쓴 글씨는 좌우가 기본적으로 대칭을 이루며 한 글자 한 글자 모두 정면으로 사람을 대하고 있는 것 같은 형상으로 장중하고도 정대한 기개를 드러내고 있다. 안진경이 쓴 해서는 글자와 글자 사이, 그리고 행과 행 사이가 비교적 밀접하게 관계를 맺고 있으며 전체가 꽉 차서 알차고 잘 가꾸어진 힘찬 기운이 있다.

당대 또 한 명의 해서 대가 유공권은 서예에 대한 깊은 지식과 이해를 갖고 있었다. 그는 왕희지를 공부하기 시작하여 안체와 구체, 위비魏碑의 장점까지 모두 받아들여 마침내 세상에서 흔히 일컫는 '유체柳體'라는 자기만

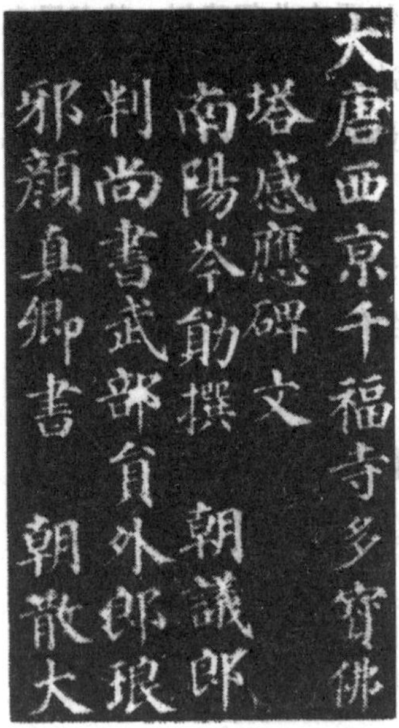

안진경의 〈다보탑비多寶塔碑〉

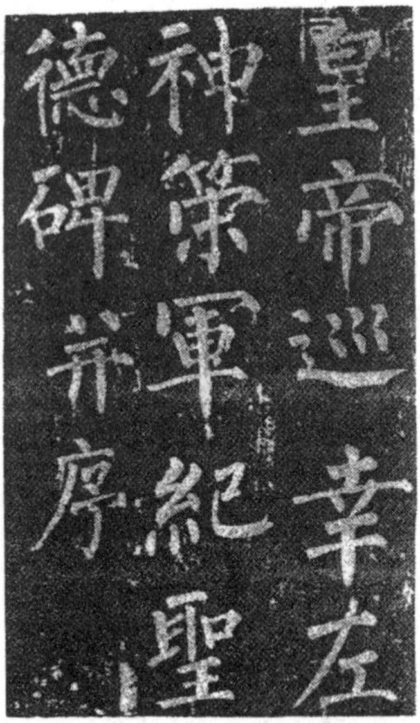

유공권柳公權의 <신책군비神策軍碑>

의 독특한 서체를 만들어냈다. 그가 쓴 해서는 강건한 필세를 바탕으로, 글자의 모양은 대체로 날씬하고 수척하지만 힘이 넘치고 그 필치는 수려하고 장대한 아름다움을 느끼게 한다. 훗날 사람들은 그와 안진경의 글씨를 '안근유골顔筋柳骨'이라고 함께 찬양했다. 이들은 당대 서예의 전형적인 풍격을 대표한다.

당대의 여러 서법 가운데 성과가 가장 큰 것은 초서였다. 초서는 장초章草로부터 발전해 왔다. 전하는 이야기에 의하면, 동한 장제章帝 때 제의 재상 두도杜度가 상주문을 올릴 때, 쓰는 속도가 느린 예서에 비하여 아주 간편하고 쓰는 속도도 훨씬 빠른 초체를 썼다고 한다. 한장제는 이 글씨체를 정말 좋아해 '장초'라는 이름이 붙게 되었다. 또 초서는 일찍이 진한 시기에 일상생활 속에서 실제로 사용되었으며, 한나라 원제 때에 이르러 사유史游가 『급취장急就章』을 써서 크게 이름을 떨쳤는데, 이런 까닭으로 장초라는 이름이 붙게 되었다는 사람도 있다. 훗날 장초는 다시 금초로 대체된다. 초서에 능했던 선비로는 한의 장지, 진의 왕희지, 그리고 당의 장욱과 회소 등이 있다.

초서는 일종의 비정형적인 글씨체로 필획은 웅장하고 호방하여 글씨를 쓰는 사람의 성품과 기분을 용이 하늘을 오르는 듯 봉황이 춤을 추는 듯 신바람이 나서 마음 내키는 대로 표현하고 발산하여 쾌감을 준다.

장욱은 일찍이 안진경의 스승이었다. 그는 해서에 단단한 기초를 가지고 있었으나 가장 큰 공적을 이룬 분야는 광초狂草[57]이다. 장욱은 평소 갖가지 자연 현상과 동식물의 변화를 주의 깊게 관찰했으며, 이것이 그가 쓴 초서의 예술적 특징으로 나타나고 있다. 그가 쓴 초서는 필법이 마음 내키는 대로였으며 필세는 끊이지 않고 이어져서 변화를 헤아릴 수 없지만 분명한 리듬과 거침없는 기세로 장대한 아름다움을 자아낸다. 후세 사람들은 이백의 시와 배민裴旻의 검무劍舞, 장욱의 광초를 당대의 '삼절三絶'이라고 일렀다.

장욱상張旭像

당나라 때의 초서 대가로 회소도 있다. 그는 일찍이 장욱의 제자였다. 회소의 글씨는 소나기에 회오리바람이 몰아치듯, 놀란 뱀이 굽이치듯 했다. 이백은 『초서가행草書歌行』에서 '회소라고 불리는 젊은 스님, 초서로는 천하에 견줄 자 없네.'[58]라고 노래하며 회소를 찬양하였다. 또 회소와 같은 시대를 살았던 어사 이주李舟도 '장욱을 사람들은 장 미치광이라고 불렀다. 이

57 초서의 일종으로, 매우 휘갈겨 쓰며, 변화가 아주 많음.

58 少年上人號懷素, 草書天下稱獨步. 『초서가행草書歌行』.

제 회소를 나는 미친 중이라고 부른다. 미치광이가 미치광이를 이었다고 안 된다고 할 자 누구인가?'라고 말했다. 후대의 사람들은 회소와 장욱을 함께 일컬어 '장전소광張顚素狂'[59] 또는 '전장광소顚張狂素'[60]라고 부른다.

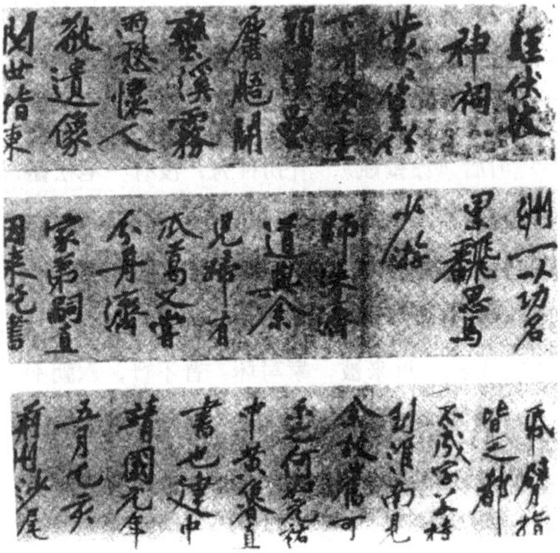

황정견의 〈복파신사시伏波神祠詩〉

송대 이후엔 서예의 대가가 쏟아져 나와 우수한 서예 작품을 수없이 후세에 남겼다. 황정견은 이 시대 가장 유명한 서예가였다. 그의 작품은 안진경의 영향을 많이 받았으나 자기만의 새로움을 만들었으니, 흡사함을 추구했으나 모양을 그대로 좇지는 않았다. 그가 쓴 글씨는 필획의 구조가 글자의 중심으로 필세가 모이도록 하여 긴 붓을 쭉 펼쳐서 성김과 빽빽함이 대비되었으니 강렬하면서도 교묘하여 호탕함 속에 멋이 넘쳤다. 사람들을 이를 일러 '복사식 서체輻射式 書體'[61]라고 했다.

---

59 장 미치광이와 미치광이 회소라는 뜻.

60 미친 장과 미친 회소라는 뜻. 결국은 바로 앞의 각주와 같은 뜻.

61 수레바퀴 모양으로 중앙의 한 점에서 여러 방향으로 힘을 내쏘듯이 쓰는 서체.

원대元代 최고로 이름을 날린 서예가는 조맹부趙孟頫였다. 그는 갖은 고생을 겪으며 글씨 공부를 했다. 그는 옛 사람의 서법을 익히며 10년 동안 문 밖으로 나오지도 않았다고 한다. 서예 기법에 정통하자 붓놀림이 놀랄 만큼 빨라져서 하루에 1만 자를 쓰면서도 한 자도 틀린 글자가 없었다고 한다. 그가 쓴 글씨는 물이 흐르듯 융통성이 있으면서도 필세에 자못 힘이 넘친다. 사람들은 그의 글씨를 '조체趙體'라고 이른다.

명나라 초기에는 봉건 통치자가 선비들을 억누르고 동시에 어르는 정책을 같이 썼다. 하지만 법망은 촘촘하고 빽빽해 걸핏하면 선비들에게 죄를 덮어 씌웠다. 그러다 보니 문단에서는 태평세월을 노래하며 나라님을 칭송하는 글이 유행했다. 이런 글을 '대각체臺閣體'라 한다. 대각체로 글을 쓰는 풍조는 서예의 글씨체도 침염시켰다. 서예에서 대각체는 단정하고 청려淸麗하며 세련되어 본보기가 될 만한 자체로 자리를 잡았지만 개성도 없고 강인한 생명력도 부족했다. 명나라 중엽을 넘어서자 상품 경제의 발달로 사람들은 개인의 자유를 추구하려는 욕망이 날로 강해졌다. 문학에서도 사람들의 자유로운 생활을 추구하는 작품이 대량으로 나타났다. 서예에서도 개인의 감정을 중시하여 자신을 옥죄는 '대각체'와 선명한 대비를 이루는 작품이 나타났다. 당시 문화 예술의 중심이었던 소주에는 축윤명祝允明과 문징명文徵明을 대표로 하는 오문서파吳門書派가 출현했다.

축윤명의 자는 희철希哲이다. 그는 오른손 엄지에 손가락이 하나 더 있는 육손이였기에 자호를 지산枝山이라고 했다. 그와 서정경徐禎卿, 당인, 문징명을 '오중사재자吳中四才子'라 한다. 축윤명은 타고난 성품이 소탈하고 쾌활했으며 행동도 수수하고 털털하여 예법에 얽매임이 없었다. 그가 공부한 서법은 범위도 광범하여 진당晉唐 이래 중요한 서예가의 작품에서 그 장점을 모두 받아들여 자기 작품 속에 융합해 독특한 풍격을 형성했다. 축윤명이 가장 높이 이룩한 성과는 초서였다. 그가 미친 듯 휘갈긴 초서는 자유분방하고 마음대로 내달아 얽매임이 전혀 없었다. 심지어는 행과 행 사이의 장벽도 깨뜨렸으니, 새로운 형식의 필획 구조였다. 그는 '명대 초서의 제1인자'로 불린다.

문징명은 명대의 걸출한 서화가이다. 서예에서는 해서와 행서에 더욱 두드러졌다. 그의 해서는 당唐과 진晉의 여러 대가의 서법을 이어받아 필획이 늘씬하고 아름다우며 글자의 형태가 단정하고 장중하다. 그가 여든두 살에 쓴 『전후적벽부前後赤壁賦』는 한 획이라도 허투루 쓰지 않은, 시원하고 빼어난 아름다움을 갖춘 완벽한 경지에 이른 작품으로 감상하는 사람들에게 큰 즐거움을 주고 있다.

청대의 몇몇 서예가는 자체의 변화를 중시해 다른 이와 전혀 다른 개성이 두드러진 서체를 이루었다. 청나라 초기 부산傅山은 판에 박은 듯 생기라곤 하나도 없는 '관각체館閣體'를 매섭게 비판했다.

> 멀쩡한 필법이 요즈음 몇 사람에 의해 마구 쓰이고 있다. 진나라 서법이면서 진나라 서법이 아니고, 육조이면서 육조가 아니다. 또 당이면서도 당이 아니고 송과 원이면서도 송과 원이 아닌데도, 아직도 우쭐거리며 뽐내고 있다.[62]

그는 '사녕사무四寧四毋'라는 정곡을 찌르는 주장을 했다.

> 서투르더라도 기교를 부리지 말라, 보기 흉하더라도 교태를 부리지 말라, 불완전할망정 튀려고 하지 말라, 비록 꾸밈이 없이 솔직할지언정 솜씨를 부려 처리하지 말라.[63]

---

62 好好筆法, 近來被一家寫壞, 晋不晋, 六朝不六朝, 唐不唐, 宋元不宋元, 尙曖曖姝姝.

63 寧拙毋巧, 寧醜毋媚, 寧支離毋輕滑, 寧眞率毋安排.

이렇게 부산은 힘차고 웅혼한 글씨체를 추구하였다. 그가 쓴 행서와 초서는 대부분 붓을 한 번도 떼지 않고 이어서 내려 썼으며, 용이 하늘을 오르듯, 봉황이 춤을 추듯 붓놀림이 빠르고 막힘이 없으며 멈춤과 바뀜이 자유분방하여 부드러움이라곤 전혀 없는데도 화려한 느낌을 준다.

청나라 초기 팔대산인 주탑朱耷은 서書화畵에 모두 능한 기인이었다. 그는 명나라 황실의 후예로서 명이 망하고 청이 들어서자 한때 중이 되었다가 도사가 되기도 했다. 그의 서화는 참으로 특색이 있다. 그는 낙관으로 사용한 '팔대산인'을 언제나 붙여 썼기에 마치 '곡지哭之'나 '소지笑之'처럼 보이게 했으니, 이로써 나라 잃은 아픔을 표현했다. 그가 쓴 행서와 초서는 언제나 몽당붓을 사용했지만, 원활하면서도 획의 처음과 끝에 붓끝의 흔적이 날카롭게 나타나지 않도록 써서 굵기가 골랐으며 필획이 균형을 이루었다. 또 글자와 글자 사이는 필획을 떼지 않고 연속해서 쓴 것이 많지 않아서 웅혼하면서도 튼튼하고 오만하면서도 힘이 넘치는 풍모를 보인다.

청나라 양주팔괴揚州八怪 가운데 한 사람인 정판교는 글자를 괴상하게 쓰기로 이름났다. 그는 난초와 대를 잘 그렸으나 붓글씨는 정서, 초서, 예서, 전서, 행서를 뒤섞어 썼기에, 자기 스스로 '육분반서六分半書'라고 일컬었다. 글자의 배치도 조각돌을 길바닥에 마구 늘어놓은 듯했지만 그 가운데 질서가 있고 자연스런 멋도 우러나왔다. 정판교와 같은 시대를 살았던 시인 장사전蔣士銓은 한 편의 시에서 이렇게 노래했다.

판교는 글자를 써도 난을 치는 듯하여,
오른쪽으로 삐치는 사선은 기이하고 예스러워 훨훨 나는 모양이네.
판교는 난을 쳐도 글자를 쓰는 듯하여,
수려한 잎에 몇 송이 꽃 아름다운 모습일세.

板橋作字如寫蘭, 波磔奇古形翩翻.

板橋寫蘭如作字, 秀葉疏花見委致.

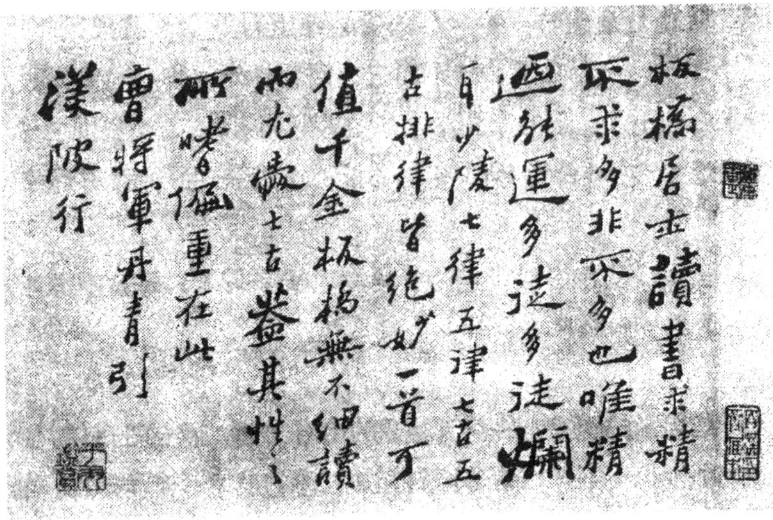

정판교鄭板橋의 〈판교자서板橋自序〉

속담에 '말은 마음의 소리요, 글씨는 마음의 그림이다.'고 일렀다. 서예는 대체로 선비들 마음의 구체적인 표현이었다. 선비들은 언제나 자기의 마음을 필묵에 쏟아 부어 신이 나면 글씨를 썼으며 아름다운 작품으로 만들었다.

당대의 저명한 서예가 안진경은 조카 안수명顔秀明이 안사의 반군에게 살해되었다는 소식을 듣자 비분을 참지 못하고 붓을 들어 『제질수명문고祭侄秀明文稿』를 썼다. 그는 끓어오르는 격렬한 감정으로 꾸밈 하나 없이 한달음에 완성했다. 글 속 여러 곳에 지우고 다시 쓴 흔적은 글쓴이의 통절한 심정이 맺힌 곳이다. 이 글의 필사본이 있었다고 하지만 전하지 않는 걸 보면 아마 필사본이 처음 쓴 원고의 정감 넘치는 호방함에는 미치지 못하여 사람들이 중시하지 않았던 것 같다.

정판교는 일찍이 산동에서 열 몇 해 현령을 지낸 적이 있다. 이때 그는 부패한 관리들과 어두운 사회의 모습을 눈으로 직접 보았다. 유현濰縣에서 현령으로 근무할 때, 어느 해 재해가 발생했을 때 그는 자기 마음대로 식량 창고를 열어 재해를 당한 사람들을 구제했다가 윗사람의 노여움을 사서 관직에서 물러나야 했다. 양주로 돌아온 그는 온종일 글씨를 쓰고 그림을 그리며 가슴에 쌓인 울분을 토로했다. 그의 서화는 언제나 대범하여 소소한 데 구애를 받지 않았으며 고상하여 속태를 벗어난 기풍이 넘쳤다. 건륭 26년(1761년), 정판교는 〈거석난죽도巨石蘭竹圖〉를 그리고 이렇게 제자題字했다.

> 온종일 글씨를 쓰고 그림을 그리면서 휴식을 갖지 못하면 피로함으로 걸핏하면 다른 사람에게 짜증을 내기도 했다. 하지만 사흘만 붓을 들지 않으면, 또 종이 한 폭을 가져다가 울적한 기분을 풀어야 했다.[64]

한 폭의 그림에 쓴 이 제자는 높이 솟아 가파르고 험한 바위 위쪽에 바위의 생김새에 따라 글씨를 늘어놓아 큰 글씨, 작은 글씨, 길쭉한 글씨, 넓적한 글씨가 모두 한결같지 않고 들쭉날쭉, 비뚤배뚤, 이리 기우뚱 저리 기우뚱하여 마치 넓은 바다에 파도가 내달리며 뛰어오르듯 거센 기세가 막을 수 없을 만큼 대단해, 정판교의 울적한 기분을 마음껏 발산시키고 있는 모습이다.

고대 선비들은 생활 속에서 술을 멀리하지 못했다. 기쁠 때는 좋은 친구로, 견딜 수 없이 슬플 때는 자기 마음을 알아주는 절친한 친구로 술을 가까이 했다. 술은 시흥詩興을 돋우기도 했으며 그 힘을 빌려 붓을 휘두르

---

64 終日作字作畵, 不得休歇, 便要罵人. 三日不動筆, 又想一幅紙來, 以抒其沈郁之氣.

기도 했으니, 이때 쓴 붓글씨는 더욱 표일飄逸하고 거침이 없었다.

'천하에 제일가는 행서'라는 『난정서』는 왕희지가 '좋은 날씨에 부드러운 바람, 화창한 분위기' 속에서 상쾌한 기분에 술기운까지 불콰할 때 쓴 것이다. 글씨를 다 쓴 뒤에 왕희지는 자기가 쓴 글씨가 이렇게 아름다운 작품인 것을 보고 경탄을 금치 못했다. 그는 여러 번 고쳐 썼으나 처음에 쓴 작품의 예술적 경지에는 끝내 이르지 못했다. 서예에서 어떤 글씨를 흉내내어 그대로 쓰는 것과 창작은 전혀 다르다는 것을 알 수 있다. 특별한 분위기나 환경, 거기서 얻어진 기분에서 멀어지면 작가 자신이라 해도 서예 작품의 멋을 다시 살리기 힘들다는 것을 알 수 있다.

술로 흥을 돋우며 시를 읊고 글씨를 쓰는 일은 당대唐代에도 선비들에게 유행했으며, 모든 선비들은 이를 멋으로 여겼다. 옛날부터 전해오는 『등왕각서滕王閣序』는 '당나라 초기의 뛰어난 인물', 이른바 초당사걸初唐四傑 가운데 하나인 왕발王勃이 불콰하게 취한 뒤 술의 힘을 빌려 '순식간에 글씨를 완성하고 한 점도 더하지 않았다.'는 바로 그 글이다.

『신당서新唐書』「왕발전王勃傳」에는 '발勃은 글씨를 쓸 때면 먼저 몇 되나 되는 먹을 간 뒤에, 술을 실컷 마시고 잠이 들었다가 깨어나 붓을 들어 썼으나 단 한 자도 고치지 않았다. 사람들은 발을 가리켜 배로 글을 쓰는 사람이라고 했다.'는 기록이 있다.

당대唐代 초서의 두 대가인 장욱과 회소는 모두 술을 마셔야 글씨를 잘 쓰기로 유명했다. 장욱은 타고난 성품이 법규에 얽매이지 않고 자유로웠으며 술을 몹시 좋아했다. 술에 취하면 소리를 지르며 내닫기도 했다. 또한 취한 김에 붓을 들어 빠른 속도로 휘갈겨 썼으며, 감정이 격해지면 머리카락에 먹물을 묻혀 글씨를 쓰기도 했다. 술이 깬 뒤, 신통한 힘이 글씨를 쓰게 했다고 여기며 고쳐 쓸 생각을 하지 않았다. 당대의 시인 이기李頎는 『제장욱題張旭』이란 시에서 장욱이 술에 취하여 붓을 휘두르는 모습을 생동감 있게 묘사했다.

장공은 본래 술을 좋아하고
활달하여 남에게 알랑거릴 일 없네.
늘그막까지 초서와 예서에 매달리니,
사람들은 태호정太湖精[65]이라 불렀네.
머리 풀고 침상에 누웠다가
크게 몇 마디 부르짖기도 했지.
신이 나면 하얀 벽에 먹물 흩뿌리며
유성 같이 붓을 휘두르기도 했네.

張公性嗜酒, 豁達無所營.
皓首窮草隸, 時稱太湖精.
露頂據胡床, 長叫三五聲.
興來灑素壁, 揮毫如流星.

장욱의 제자인 회소는 스님이지만 불교 계율에 구애됨이 없이 술을 마시고 고기를 먹었고, 제멋대로 거침이 없었기에 사람들은 그를 '술에 빠진 중'이라고 불렀다. 마종곽馬宗霍은 『서림기사書林紀事』에 이렇게 기록했다.

> 회소는 술이 취해 신이 날 때면 절의 벽이나 마을의 담장, 치마와 저고리, 그리고 온갖 그릇에 가리지 않고 글씨를 썼다. 그리고는 '술 취해 신이 나면 두세 줄, 술 깨면 이제 쓸 수가 없네.'라고 말하곤 했

---

65 장욱의 자는 백고伯高로 오군吳郡, 오늘날 장쑤성 쑤저우蘇州 사람이다. 바로 이곳에 태호太湖가 있었기에 사람들은 그를 가리켜 이렇게 불렀다.

다.[66]

동파선생품연도東坡先生品硯圖

사실 술은 정신적인 속박에서 벗어나 아무런 얽매임이 없는 상태에 이르게 한다. 회소가 쓴 글씨는 필세가 웅장하고 거침없었으며 기분에 따라 자유자재였으니, 개성과 기분을 마음껏 펼칠 수 있었다. 그러기에 술 한 잔 거나하게 마신 뒤 북받치는 감정으로 빠르게 쓴 글씨는 사람의 기분을 멋지게 풀었다. 회소가 '한 잔 술로 내 인격을 수양하고 빠르게 쓴 초서로 내 마음을 후련하게 한다.'고 말한 그대로이다.

중국 고대 선비들 가운데 술이 불콰하여 붓 휘두르기를 좋아한 이 가운데 송나라 때의 대문호 소식도 있다. 소식은 술을 좋아했지만 주량은 별로였다. 그는 언제나 몇 잔만 마시면 취해서 잠을 잤고, 깨어난 뒤엔 비바람 몰아치듯 붓을 휘두르곤 했다. 그는 '신명이 나서 붓을 휘둘러 백 장이나 되는 종이에 다 쓰니 멋진 말이 순식간에 온 나라를 다 돌아다닌 것 같다.'고 했다. 여기서 말한 '신명'이란 술을 마신 뒤에 떠오른 영감이며 평소에 온갖 고통을 겪으며 연습을 한 결과였다. 황정견은 『제자첨화죽석시題子瞻畵竹石

66 每酒酣興發, 遇寺壁, 里墻, 衣裳, 器皿, 靡不書之, 嘗自敍云: '醉來得意兩三行, 醉後却書書不得.'

詩』에서 이렇게 노래했다.

시를 쓰시는 동파 어른께서는
불쾌하면 가슴 속에서 먹물을 쏟아내시네.

東坡老人翰林公,
醉時吐出胸中墨.

남송의 시인 육유는 자호를 방옹放翁이라 했다. 육우도 술에 취한 뒤 붓을 들어 마구 휘갈기기를 좋아했다. 그가 술에 취해 글씨를 쓰는 것은 나라를 걱정하는 마음을 열어 펼치며 가슴에 쌓인 울분을 풀기 위함이기도 했다. 그가 쓴 시를 보자.

한 평생 술을 즐긴 건 맛 때문이 아니라
술 취하여 온갖 일 잠시라도 잊기 위함일세.
술 깨어보니 손님은 다 가고 나 홀로 쓸쓸하고 슬퍼서
베갯머리에서 걸핏하면 붓 휘두르며 나라 걱정에 눈물 흘리네.

平生嗜酒不爲味, 聊欲醉中遺萬事.
酒醒客散獨凄然, 枕上屢揮憂國淚.

청나라 초기 팔대산인 주탑은 타고난 성품이 제멋대로였으며 술잔이 손에서 떠나지 않았다. 전하는 이야기에 의하면, 그는 술을 보면 반드시 마셨으며, 마시면 취하도록 마셨으며, 취하면 틀림없이 붓을 들었으며, 붓을 들어 쓴 글씨는 하나도 빠짐없이 훌륭한 작품이었다고 한다. 따라서 그가 쓴 글씨를 좋아하는 사람들은 지묵紙墨을 미리 준비한 뒤 주연을 베풀어 그를 모셨다. 주탑은 술이 거나하면 소매를 걷어붙이고 붓을 잡고 큰소리를 미친 듯 외친 뒤 신나게 휘두르며 몇 폭이나 되는 멋진 작품을 그 자리에서 만들어냈다.

고대 선비들은 술을 마신 뒤 휘두른 글씨로 세상에 전하는 훌륭한 작품을 만들어낼 수 있었지만 뛰어난 경지에 이른 모든 예술 작품이 술의 자극이 있어야만 만들어낼 수 있었던 것은 아니다. 예술 창작은 끊임없는 노력과 고생스러운 연찬을 필요로 한다. 그런데 고대 선비들의 음주에는 종종 여러 원인이 있었다. 생활이 편안하고 즐거워서, 이루지 못한 큰 뜻에 속이 끓어올라서, 현실 정치에 대한 불만으로, 술을 핑계 삼아 화를 피하고 제 몸을 보신하기 위하여 등……. 한 마디로 사람의 희로애락은 모두 술을 마시며 풀 수 있었으며, 술을 마신 뒤 쓰는 붓글씨는 마음속의 온갖 감정을 푸는 방식 가운데 하나였다. 선비들은 훌륭한 작품을 창작하기 위하여 술을 마시는 것이 결코 아니었다. 술에 취해 쓴 훌륭한 작품이 얼핏 보기에는 아무런 생각도 없이 손이 가는 대로 쓴 것 같지만, 사실은 튼튼한 예술적 기초가 있었기 때문에 가능했으며, 술은 그저 하나의 매개일 뿐이었다. 명나라 때 장축張丑은 『청하서화방清河書畫舫』「말집末集」에서 '술기운을 빌리는 것은 욱旭과 소素[67]가 남긴 풍속으로 서예에 능통한 자가 말할 수 있는 것이 아니다.'라고 말한 바 있다.

서예를 익혀 글씨를 쓰는 일은 고대 선비들의 생활에서 중요한 핵심이었다. 서예 공부는 기분을 조절하고 잡념을 없앴으며 예술의 아름다움을 감상할 줄 알게 했을 뿐만 아니라 심신의 건강한 활동에도 도움이 되었다. 붓글씨를 쓰는 데는 손과 눈, 마음과 기氣가 한데 어우러져야 하며, 손목과 팔, 어깨와 온몸이 조화를 이루어야 한다. 또 운필運筆을 할 때에는 정신을

67 장욱과 회소를 가리킴.

한 곳으로 모으고 힘을 잘 조절해야 한다. 이렇게 해야 몸과 마음에 무어라 딱 잘라 말할 수는 없어도 섬세하고 묘한 '양생' 효과를 볼 수 있으며 몸의 건강도 촉진된다. 청나라 때 주성련周星蓮은 『임지관견臨池管見』에서 이렇게 말했다.

> 서예는 기운을 북돋우고 생기를 일으킬 수 있다. 조용히 앉아서 해서를 수십 자 또는 수백 자 쓰고 나면 우쭐함도 조급함도 다 사라진다. 행서나 초서를 자기 멋대로 휘둘러 기분이 통쾌해지면 영혼이 환해지는 것 같다.[68]

옛날부터 지금까지 거의 모든 서화가들은 오래 살았다. 이들은 거의 모두 성품도 진솔眞率하고 평온한데다 한가했다. 서화로 몸과 마음을 닦으며 다스린 효과가 있음을 알 수 있다.

4. 선비와 회화繪畵

회화는 중국 고대 선비들의 삶 속에서 네 가지 멋진 일 가운데 하나였다. 역대 선비들 가운데는 재주나 기술이 대단한 회화의 대가가 숱했다. 그들이 그린 뛰어난 작품은 중국 예술의 보고가 되어 찬란한 빛을 더했다.

동진東晉의 고개지는 중국 회화사에 지금까지 그림이 전해오는 가장 이

---

68 作書能養氣, 亦能助氣. 靜坐作楷書數十字或數百字, 便覺矜躁俱平; 若行草, 任意揮灑, 至痛快淋漓之時, 又覺靈心煥發.

화룡점정畵龍點睛

고개지상顧愷之像

른 시기의 이름난 화가이다. 그가 그린 명작 〈여사잠도女史箴圖〉는 중국에 현존하는 가장 오랜 두루마리 그림이다. 고개지는 주로 '초상화'를 그렸는데, 인물의 얼굴 표정을 그리는 데 굉장한 주의를 기울였다. 그가 그린 인물엔 언제나 몇 년 동안 눈을 그려 넣지 않았는데, 사람들이 그 까닭을 물으면, '사람의 몸뚱이와 다리, 팔은 그렇게 중요하지 않소. 살아있는 듯 생생하게 그리려면 그 열쇠는 눈동자를 그리는 데 있소.'라고 대답하곤 했다.

당대唐代에 가장 뛰어난 화가는 '화성畵聖'이라 일컬어지는 오도자이다. 오도자는 인물화에 능했다. 그가 그린 인물은 비례가 정확하고 그 형상이 핍진했으며, 필묵의 선이 정밀하고 세세한데다 필세가 막힘없이 순조로워 입고 있는 옷이 마치 산들바람에 휘날리는 것 같았다. 이것이 바로 역사에 유명한 '오대당풍吳帶當風'[69]이다.

중국 고대에는 이름난 화가가 셀

69 오도자가 그린 벽화나 인물화를 멀리서 바라보면 옷자락이 바람에 날리는 듯이 보였기에 붙여진 이름이다.

수 없을 만큼 많았다. 송나라 때의 동원董源, 범관范寬, 미불, 원나라 때의 조맹부, 명대의 동기창董其昌 등을 들 수 있다.

오도자상吳道子像

그러나 일반적인 선비들로 말하면, 그들이 그림을 그리는 것은 기분을 전환하고 감정을 조절하며 정신생활을 푸지게 하고 아름다움을 맛보고 누리기 위한 것이었다. 그래서 송대의 선비들은 서화書畫를 '고상한 놀이'나 '먹물놀이'라고 불렀다. 또 많은 선비들은 그림에 희로애락과 삶의 이상과 포부를 기대며 사회와 인생에 대한 생각을 표현했다.

회화의 내용면에서, 고대 선비들은 산수화에 대해 특히 사랑을 쏟았음을 알 수 있다. 산수화는 육조六朝 시대부터 독립된 시험 과목이 된 이래 줄곧 번창하여 쇠할 줄 몰랐다. 선비들의 산수화는 자연을 간단히 그대로 본떠서 그리는 데 그치지 않고 화가의 갖가지 감정을 응축했다. 고대 선비들이 보기에 산수 자연의 모습엔 감정과 정서가 매우 풍부했다. 구양수는 이렇게 읊었다.

맑은 바람과 밝은 달은 본시 값이 무한하고,
멀리 흐르는 강과 가까운 산은 모두 정이 있다네.

清風明月本無價,
遠水近山皆有情.

또한 남북조 시대의 왕미는 『서화敍畫』에서 이렇게 노래했다.

가을하늘 구름을 바라보니
생각이 높아지고
봄바람 맞으니
마음이 넓고 커지네.

望秋雲, 神飛揚.
臨春風, 思浩蕩.

청대의 운수평惲壽平도 『구향관화발甌香館畫跋』에서 이렇게 말했다.

봄 산은 웃는 듯,
여름 산은 푸른 기운이 넘치는 듯,
가을 산은 곱게 단장한 듯,
겨울 산은 잠자는 듯.

春山如笑, 夏山如怒, 秋山如粧, 冬山如睡.

그들이 볼 때, 하늘의 구름이나 가을바람, 사시사철 늘 보이는 산은 자연적인 존재지만 인격을 가진 자연으로서 감정의 색채가 넘쳤던 것이다. 그러기에 중국의 산수화는 영혼의 예술이요, 생동하는 예술이라 말할 수 있다.

고대 선비들은 산수화를 통해 세속을 뛰어넘는 자유로운 인격을 실현하려는 소망을 표현하고 있다. 송대 산수화의 대가 곽희는 『임천고치林泉高致』에서 이렇게 말했다.

내 마음은 산수山水에 머물러 있어서, 안개와 노을을 벗하려고 자나 깨나 늘 그리워하면서도 그 모습을 직접 듣지도 못하고 보지도 못하고 있다. 이제 그림에 절묘한 솜씨를 가진 이가 있어서 멋지게 그려낼 수 있다면 집을 나서지 않고 앉아서도 계곡을 흐르는 맑은 물도 볼 수 있고 원숭이와 새의 소리도 그대로 들을 수 있을 것이다. 산과 물의 풍광도 일렁이며 눈길을 사로잡을 것이다. 이 어찌 사람을 기쁘게 하는 것이 아니고, 산수에 대한 나의 애타는 바람을 만족시키는 게 아니겠는가?[70]

곽희는 산수화는 '갈 수 있고', '바라볼 수 있으며', '놀 수도 있고', '머물 수도 있는' 특징을 표현할 수 있어야 한다고 말했다. 여기서 산수화가 선비들에게 다른 무엇과도 비교할 수 없는 정신적인 고향, 이상적인 쉽터를 제공했다는 사실을 알 수 있다. 선비들이 산수화를 통해 얻은 즐거움은 그들이 그림에 쓴 시문을 통해서 엿볼 수 있다. 예컨대 송나라 때의 화가 미우인米友仁이 『제동원하산도題董源夏山圖』에 쓴 시문을 보자.

숭산에 봄비 내리자,
푸르름이 짙어 쏟아지려네.
숲이 깊어 지나는 이 없어도,
시냇물 휘도는 곳에는 시를 읊는 이 있네.
해 지자 옛 모습 사라지고,

---

70 林泉之志, 烟霞之侶, 夢寐在焉, 耳目斷絶. 今得妙手鬱然出之, 不下堂筵, 坐窮泉壑; 猿聲鳥啼, 依約在耳; 山光水色, 滉漾奪目. 此豈不快人意, 實獲我心哉?

하늘이 푸르니 저녁 구름도 맑구나.
어디선가 매미 울음소리
외딴 곳에 살아도 언제나 만족일세.

崇山過新雨, 蒼翠濃欲滴.
林深不通人, 溪回有吟客.
日落古道空, 天青暮雲碧.
何處一聲蟬, 幽棲仍自得.

원대의 화가 황공망은 『위원청용장폭爲袁淸容長幅』에서 이렇게 읊었다.

산에 들어와 기이한 골짜기를 바라보니,
고즈넉한 정취 그 끝은 어디인가.
푸른 산 너머로 한 줄기 물 흐르고,
수많은 바위는 물속에 비단으로 잠겨 있네.
호젓한 숲엔 높이 선 잡목들,
농익은 단풍이 빛나네.
오두막에 계신 손님 한 분,
분명 속세를 떠난 사람이구려.

入山眺奇壑, 幽致探何窮.
一水青岑外, 千岩綺照中.
蕭森淩雜樹, 爛爛映丹楓.
有客茅茨里, 居然隱者風.

명의 당인은 『춘산반려도春山伴侶圖』에 이렇게 시문을 스스로 붙였다.

봄 산과 벗한 이 두세 사람,
술 메고 풍경 찾아도 지루하지 않네.
멋지기로는 샘솟는 못가 바위,
부드러운 풀 위에 가만 앉았으니 고요하기 티끌 하나 없구려.

春山伴侶兩三人, 擔酒尋畫不厭頻.
好是泉頭池上石, 軟莎堪坐靜無塵.

이 산수화가 표현하려는 경지는 고대 선비들이 이상향으로 여기는 곳이다. 여기서 말하는 '티끌 하나 없구려.'는 외딴 곳에 살면서 속세를 떠난 사람이 되니, 세속의 명리와 번뇌에서 멀리 떨어진 자연으로 돌아가서 사람과 자연이 하나 되는 이상의 실현이라 하겠다.

중국 고대 선비들이 그린 회화는 예술로 모자라는 듯 하면서도 당당한 예술일 수밖에 없다. 그들은 산수를 그리면서 자신의 꿈과 감정을 그림에 기탁했다.

그들은 '사군자'라는 영예를 안고 있는 매화, 난초, 국화, 대나무를 그리길 좋아했다. 이들 사군자는 모두 고결한 인품을 상징한다.

매화는 한겨울에 성장하며 된서리에도 굴하지 않고 큰 눈에도 버티며 모진 추위를 두려워하지 않기에 한결같이 화가들의 사랑을 받아왔다.

원대의 화가 왕면王冕은 매화를 그리는 데 뛰어났다. '평생 매화 사랑 버릇도 깊어, 나막신 신고 눈길을 걷노라.'[71]라고 『제월하매화題月下梅花』에 썼다. 그는 매화를 읊은 시를 수없이 많이 썼다. 그가 편찬한 『죽재집竹齋集』

71 平生愛梅頗成癖, 踏雪行穿一雙屐.

에는 매화를 읊은 체제가 다른 시가 거의 아흔 수나 된다. 왕면은 묵매墨梅를 더욱 잘 그렸다. 그는 일찍이 〈묵매도墨梅圖〉를 그렸는데, 이 그림에는 막 꽃망울을 터뜨리려는 가지가 화폭 중앙에 비스듬히 누웠는데, 오래됐지만 힘이 넘치는 가지는 몇 자나 길게 뻗어 있다. 그림의 왼쪽 위 귀퉁이에는 왕면이 쓴 한 편의 시가 있다.

왕면상王冕像

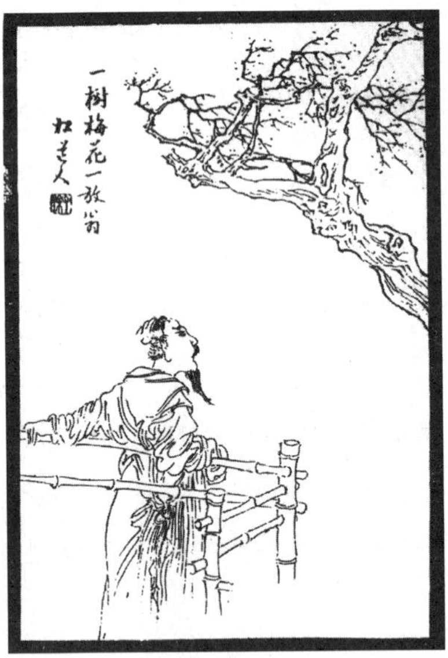

一樹梅花一放翁
(매화 한 그루마다 방옹放翁이 있으리.)

내 집 세연지 곁 매화나무 한 그루 그리니,
송이송이 핀 꽃 엷은 먹물로 물들였네.
그대 잘 생겼다고 젠체하지 마소,
산뜻한 향기만 하늘과 땅에 가득해야 하오.

吾家洗硯池頭樹, 個個花開淡墨痕.
不要人誇好顏色, 只留清氣滿乾坤.

시와 그림이 서로 어울려 눈부시게 빛을 발하고 있다. 또한 그는 매화에 기대어 자기의 감정을 표현했으며 가슴에 품고 있는 뜻을 드러냈다. 왕면은 『매보梅譜』를 저술했는데, 이 책에는 매화를 그리는 북송의 승려 화광華光의 이야기가 실려 있다.

노스님이 매화를 그릴 때면, 먼저 향에 불을 붙이고 조용히 앉아서 삼매경에 빠지며 마음을 고요히 다스린 뒤 붓을 들어 한 번에 그린다. 어떤 사람이 난처하게 하려고 장난삼아 물었다.

"옛적에 자유子猷는 대나무를 좋아하더니, 선생께서는 어찌 매화에 빠졌소?"

노스님은 정색을 하며 대답했다.

"이 즐거움을 경박하게 사는 놈들이 어찌 알겠느냐!"

그러자 물었던 이는 어쩔 줄 몰랐다.[72]

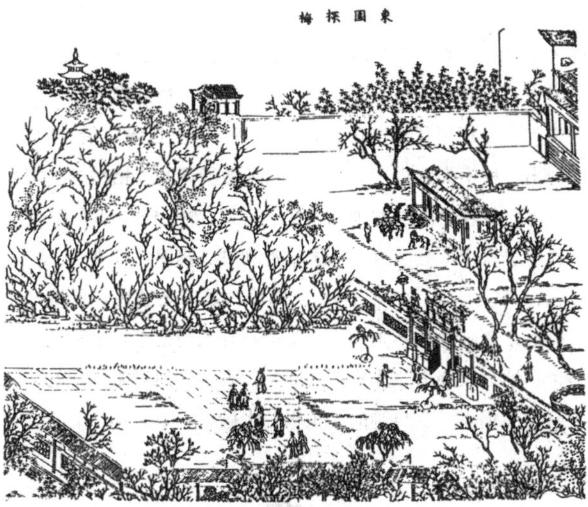

동원탐매東園探梅

72 老僧畵時, 必先焚香默坐, 禪定意靜, 就一掃而成. 人或難戲之曰: '昔子猷好竹, 師何僻于梅乎?' 老僧正色曰: '眞趣安許輕薄子所知耶!' 問者悚然.

여기서 말하는 '이 즐거움'은 바로 화가의 마음속에 있는 정신적인 희망이며 가슴에 품은 뛰어난 기상의 표현이기도 했다. 이것은 어쩌면 '경박하게 사는 놈들'은 이해할 수 없는 일인지도 모른다.

청대 '양주팔괴' 가운데 하나인 왕사신汪士愼도 매화를 잘 그렸다. 그는 일찍이 〈소향도疏香圖〉 한 폭을 그렸는데, 붓에 먹을 묻혀 거친 매화 가지가 힘 있게 뻗친 모습을 그리고는 한 편의 시를 곁들였다.

자그마한 뜰에 매화 몇 그루 심었더니,
화폭에 옮기지 않았는데도 매화 성근 그림자 옷에 가득 어리네.
눈송이 된 하얀 물보라 달빛 어려 더욱 맑으니,
동풍 부는 날이면 하루 종일 향기 가득하여라.

小院栽梅一兩行, 畫空疏影滿衣裳.
冰華化雪月添白, 一日東風一日香.

그의 친구인 나빙羅聘이 여기에 덧붙여 이렇게 읊었다.

다만 분과 연지가 얼굴을 더럽힐까 염려되어,
아름다운 여인의 엷게 화장한 모습 그렸구려.

唯恐脂粉汚顏色, 寫出佳人淺淡妝.

난초도 중국 고대 문인 화가들이 관심을 갖고 눈여겨 본 소재였다. 중국 고대에 난초는 아름다운 물상의 상징으로 여겼다. 『역易』「계사係辭」에 이르기를, '마음을 함께 하는 말은 그 향기가 난초와 같다.'[73]라고 했다. 난이 풍기는 향기를 마음을 함께하는 말에 견준 것이다. 중국인들은 예부터 난초의 꽃을 귀중하게 여겼다. 『좌전左傳』「선공 3년宣公三年」에는 '난이야말로 으뜸가는 향기를 가졌다.'[74]라고 기록했으며, 황정견도 『서유방정書幽芳亭』에서 '난초 꽃 향기가 온 나라에 가득하니 국향國香이라 이르노라.'[75]라고 했고, 굴원은 난을 특별히 사랑해 군자君子에 비유하였다. 후세 문인들도 아름다운 언어로 서로 앞 다투어 난을 찬양했으며, 난을 통해 자신을 드러내고 뜻을 밝히기도 했다. 속세에 물들지 않고 자중자애하는 도도하고도 고결한 인품을 구체적으로 드러냈던 것이다.

송대의 화가 미불은 진작부터 난을 그렸던 화가였다. 그는 난초와 매화와 소나무와 국화를 한 장의 종이에 그렸다.

원대의 정사초鄭思肖도 난을 잘 그렸다. 정사초는 일찍이 묵란을 폭이 한 자나 되는 긴 그림으로 그린 뒤, '참으로 군자로다, 절대로 소인이 아니로다.'[76]라고 제題를 붙였다. 정사초는 망하여 없어진 송나라의 백성으로, 원元이 중국을 통일한 다음에는 난을 그려도 언제나 흙을 그리지 않았으며 뿌리도 그리지 않았다. 어떤 이가 그 까닭을 묻자 그는 '어떤 놈이 흙을 훔쳐갔다는 것을 너는 아직도 모르는가?', 라고 호통을 쳤다. 송나라가 망한 후의 복잡한 심경을 그는 이렇게

정사초상鄭思肖像

---

73 同心之言 其臭如蘭.

74 蘭有國香.

75 蘭之香蓋一國, 則曰國香.

76 純是君子, 絶無小人.

표현했던 것이다. 정사초는 자기가 그린 뿌리 없는 묵란에 이렇게 시를 붙였다.

언제나 고개 숙여 희황에게 묻노니,
그대는 어디 있다가 여기 왔느뇨?
아직 그리기 전에 코를 벌려도
옛날 그 향기가 온 누리에 가득하구려.

向來俯首問羲皇, 汝是何人到此鄉?
未有畫前開鼻孔, 滿天浮動古馨香.

시 속에 나오는 '희황羲皇'은 물론 아득한 옛날의 복희씨를 말하지만, 여기서는 예스럽고 우아한 묵란을 가리킨다. 작가는 송나라가 망해 없어지자 흙도 뿌리도 없어진 난초를 향해, 그대는 누구이며 몸 둘 곳 없는 이 땅에 왜 왔는가라고 묻는다. 이 시의 마지막 두 구절은 화가가 붓을 들기 전에 코를 벌려도 온 세상에 가득한 짙은 향기를 맡을 수 있었으니, 그 향기엔 옛날의 정신이 묻어 있었다. 분명히 시 속의 난향은 이젠 자연적인 속성을 가진 것이 아니라, 사회적인 속성을 부여해 고결하고 굳은 인격의 상징으로 옛날의 향기를 추구하며, 옛 조국에 대한 그리움을 표현하고 있다. 이 시에서 쓰인 '고古'는 고국을 뜻하는 '고故'와 한자는 비슷한 음으로 몇 가지 의미로 쓰이는 글자이다.

정사초의 〈묵란도墨蘭圖〉

고대 선비들의 회화 속

에서 국화도 자주 볼 수 있는 소재이다. 국화는 늦은 때에 꽃을 피운다. 봄볕이 따스해 온갖 꽃이 다투어 피는 시절에는 모습도 보이지 않다가, 초목이 으스스 시들어 떨어지는 가을이 되면 머리를 들고 가슴을 앞으로 내밀며 꽃잎이 버는 국화의 모습은 참으로 멋이 있다. 이런 까닭에 국화는 문인화가들의 추앙과 찬미를 받아왔다. 진晉의 성공수成公綏는 『국송菊頌』을 써서, '푸른 잎 국화는 그윽한 향에 아름다운 빛깔로 그 향기는 난초나 혜초蕙草보다 낫고, 무성하기는 송백松柏을 뛰어넘는구나.'라고 국화를 찬양했다. 국화를 보고 즐기는 것은 선비들의 생활 속에서 고상하고 우아한 멋 가운데 하나였다. 도연명의 유명한 시구인 '동편 울바자 아래에서 국화 꺾다가, 유연히 남산을 바라보노라.'에서 '국화'와 '남산'은 이 시를 쓴 작가의 인격이 남과 다른 것으로 대비되고 있다.

도연명의 국화 사랑

원대의 화가 정사초도 일찍이 국화를 그리고 거기에 자기 시를 붙였다.

> 꽃이 피어도 온갖 꽃무리에 함께 있지 않고,
> 홀로 성근 울타리 아래 있어도 그 멋은 끝이 없네.
> 차라리 가지 끝에 향기 품고 시들지언정,
> 어찌 불어오는 북풍에 떨어지랴!

花開不並萬花叢, 獨立疏籬趣未窮.
寧可枝頭抱香死, 何曾吹墮北風中!

이 시는 앞에 나온 정사초의 시와 마찬가지로 작가가 국화에 대한 찬상을 통해 자신의 기개와 절조를 굳게 지키며 원의 통치에 무릎 꿇지 않겠다는 결심을 드러내고 있다.

고대 선비들의 회화 가운데 가장 자주 볼 수 있는 것은 대나무이다. 청죽青竹은 곧은 데다 마디도 있어서 정직과 기절氣節을 상징한다. 또 대나무의 속이 비었음은 겸허를 상징하며, 뛰어나게 아름다우며 우뚝 솟은 모습은 멋있고 재능이 있음을 상징한다. 게다가 대나무는 겨울에도 잎이 시들어 떨어지는 일이 없이 서리를 우습게 알고 눈에도 굽히지 않기에 백절불굴의 강인한 의지를 상징한다. 일찍이 선진 시기에도 대나무는 '군자'라는 이름과 관련을 지었다. 『시詩』「위풍·기오衛風·淇奧」를 보자.

일렁이는 기수淇水의 깊은 물 바라보니,
푸른 대나무 아름답고 무성한 모습이로다.
훌륭한 군자로다,
깎은 듯 다듬은 듯,
쪼아낸 듯, 갈아낸 듯,
훤하고도 빛나도다.

瞻波淇奧, 綠竹猗猗,
有斐君子, 如切如磋,
如琢如磨, 赫其烜兮.

고대 선비들은 대나무를 통해 군자의 갖가지 성격을 보았기에 대나무를 기르고 그리기를 즐겼다. 백거이도 대나무 기르기를 좋아했으니, 그가 쓴 『양죽기養竹記』를 보자.

> 대나무의 특성은 현자賢者와 비슷하니, 왜 그런가? 대나무의 뿌리는 매우 튼튼하나니, 이 단단한 뿌리 때문에 인품과 덕성을 세울 수 있다. 덕을 닦으며 수양을 하는 이는 대나무의 뿌리를 보면 의지가 굳은 사람을 떠올리게 마련이니라. 대나무는 날 때부터 곧게 뻗으니, 곧게 뻗은 본성에 따르면 사회적으로 인정을 받는 사람이 될 수 있느니라. 덕을 닦으며 수양을 하는 이는 곧게 뻗은 본성을 보면 정직하여 한 편으로 치우치지 않고 일을 처리하는 사람을 떠올리게 마련이니라. 대나무는 속이 비어 있나니, 마음을 비우면 도道의 존재를 깨달을 수 있느니라. 덕을 닦으며 수양을 하는 이는 대나무의 빈 마음을 보고 마음을 비워 도를 추구하는 이를 생각하게 마련이니라. 대나무의 마디는 매우 단단하나니, 단단한 마디를 본받아 제 뜻을 세울 수 있느니라. 덕을 닦으며 수양을 하는 이는 위험할 때나 평안할 때나 한결같이 명예와 절조를 갈고 닦으려는 자를 생각하게 마련이니라. 바로 이와 같기에, 덕을 닦으며 수양을 하는 이는 거의 모두가 대나무를 자기 집 정원에 심어 본보기로 삼느니라.[77]

이것이 바로 대나무가 가진 '네 가지 큰 미덕美德'이다. 선비들 가운데

---

77 竹似賢, 何哉? 竹本固, 固以樹德, 君子見其本, 則思善健不拔者; 竹性直, 直以立身, 君子見其性, 則思中立不倚者; 竹心空, 空以體道, 君子見其心, 則思應用虛受者; 竹節貞, 貞以立志, 君子見其節, 則思砥礪各行, 夷險一致者. 夫如是, 故君子人多樹之爲庭實焉.

대나무의 굳은 의지와 곧추 높이 솟아 있는 모습을 음미하고 즐기며, 대나무를 자기 자신에게 비유해서 그리며, 자기 자신을 스스로 격려하기를 좋아하는 이는 셀 수 없을 만큼 많았다. 당나라 때 소열蕭悅은 대나무를 잘 그렸는데, 일찍이 백거이에게 한 폭의 대나무 그림을 보낸 적이 있었다. 백거이는 매우 즐거워하며 특별히 『화죽가畫竹歌』를 지어 읊었다.

> 식물 가운데 대나무 그리기 힘들어,
> 고금에 그린 이 많아도 그럴듯하지도 않네.
> 소열이 그린 것이 오직 그대로이니,
> 역사 이래 오직 한 사람이로다.
> 다른 이 그린 대나무 몸통이 너무 굵으나,
> 소열이 그린 대나무 가느다란 줄기 하나하나 우뚝 솟았네.
> 다른 이 그린 대나무 우듬지 죽은 듯 늘어졌으나,
> 소열이 그린 가지 생생하여 잎사귀마다 꿈틀대네.
> 뿌리 없어도 마음 좇아 생기고,
> 푸른 순 없어도 붓을 대면 자라나네.
> ……
> 머리 들어 얼핏 보니 그린 것 같지 않고,
> 고개 숙여 귀 기울이니 소리 들리는 듯하네.
>
> 植物之中竹難寫, 古今雖畫無似者,
> 蕭郎筆下獨逼眞, 丹靑以來唯一人.
> 人畫竹身肥臃腫, 蕭畫莖瘦節節竦.
> 人畫竹梢死羸垂, 蕭畫枝活葉葉動.
> 不根而生從意生, 不筍而成由筆成.
> ……

擧頭忽看不似畫, 低頭靜聽疑有聲.

정판교鄭板橋

이 시를 통해 소열이 그린 대나무가 비슷해도 너무 비슷한 나머지 그대로 진짜와 같아서 생동감이 넘치는 최고의 경지에 도달한 작품임을 알 수 있다.

송대에는 대나무를 잘 그린 화가가 매우 많았다. 염세안閻世安은 바람과 비, 안개와 눈 속에 있는 대나무의 서로 다른 모습을 잘 그렸다.

소식도 대나무 그림의 대가로, 그가 그린 대나무 그림의 선과 필세는 그야말로 힘이 넘쳤다.

중국 고대 선비들 가운데 대나무 그리기를 몹시 좋아한 이 가운데 정판교鄭板橋를 지나칠 수 없다. 판교는 이름이 섭燮이며, 양주 흥화興化 사람으로 강희와 건륭 연간에 살았다. 그는 살면서 언제나 대나무를 떠나지 않았으며, 신선한 죽순, 그것도 '강남 사람들이 잉어에 곁들여 먹는다는 싱싱한 죽순'을 먹기 좋아했다. 그는 대나무를 심었으니, '내 집은 초가 두 칸이라, 남쪽엔 대나무 심었으니 여름날 대숲에 새잎 돋으면 그늘이 사람을 가린다. 그 속에 자그마한 침상을 두면 더위 식히기 그만이다.'라고 했으며, 보는 것도 대나무니, '아침에 일어나 대숲을 보면, 안개를 비추는 해의 그림자와 이슬이 한데 어울려 대나무 듬성한 가지와 촘촘한 잎 사이에 움직이며 흐른다.'라고 했다. 게다가 대나무 그리기도 좋아했다. 정판교의 대나무 그리기는 종이로 바른 창호에 햇살과 달빛으로 투사된 정원의 대나무 그림자를

정판교의 옛집

묘사하는 것으로 시작되었다. 그는 일찍이 그가 그린 대나무 그림 한 쪽에 쓴 화제畵題에 '나는 대나무를 그리면서 스승을 모시고 배운 적이 없다. 그저 종이로 바른 창호나 벽에 햇빛이랑 달빛으로 비치는 그림자를 많이 그렸을 뿐이다.'라고 고백했다. 그는 나중에 벼슬길에 올라 산동山東 범현范縣과 유현濰縣에서 현령을 지낸 적이 있었지만, 그 때에도 대나무 그리기를 잊지 못했다. 그는 청죽의 고결함과 고매함을 높이 우러러 기렸다. 또한 그는 〈죽석도竹石圖〉를 그리고 스스로 글을 붙여 대나무를 사람에 비유하였다.

> 대개 대나무의 몸매는 가늘면서도 힘이 넘치며 홀로 도도하여 그 가지는 눈에도 무릎 꿇지 않고 하나같이 하늘로 뻗어 있으니, 세속에 굴하지 않고 세상을 뛰어넘는 선비의 호방한 기개를 보는 듯하다. 그러기에 판교는 붓을 들어 대나무로써 제 영혼을 그렸을 뿐만 아니라 또 대나무로써 자신의 삶을 그렸다. 가는 몸매에 넘치는 도도함은 바로 그의 영혼이었으며, 세속에 굴하지 않는 호방한 기개는 그의 삶이었다. 바위에 기댔지만 바위에 구속되지 않았으니, 이는 바로 절개와 지조를 말함이다. 빛깔이 화려하지 않지만 전체의 모습에서 머

물러 막히지 않음은 바로 그 인품을 말한다. 대나무도 판단할 수 있다면 내가 제 뜻을 잘 안다고 말할 것이다. 바위에도 영혼이 있는 듯, 나를 위해 고개를 끄덕이고 있다.[78]

정판교는 특별히 대나무의 꿋꿋하고 굳센 품격을 아름답고 훌륭하게 여겨 시로 찬미했다.

푸른 산을 꽉 잡고 풀어주지 않는 것은
뿌리가 하마부터 바위틈에 있음이라.
천만 가지 시련에도 굳세고 꿋꿋하여라,
동서남북 무슨 바람이 불어와도.

咬定青山不放松, 立根原在破崖中.
千磨萬礪還堅勁, 任爾東西南北風.

정판교는 오로지 대나무만 사랑한 것이 아니라 난초에도 두터운 애정을 쏟아서, 대나무 아래쪽엔 언제나 난초 몇 그루를 보태어 화폭에 활기가 그대로 살아나게 했다. 난초에 대한 그의 평가도 수준이 높았다.

네 계절 꽃들은 끝없이 피어도,
때 되면 향기로운 냄새 곧 사라지누나.

---

78 蓋竹之體, 瘦勁孤高, 枝枝傲雪, 節節干霄, 有似乎士君子豪氣淩雲, 不爲俗屈. 故板橋畵筆, 不特爲竹寫神, 亦爲竹寫生. 瘦勁孤高, 是其神也; 豪邁淩雲, 是其生也; 依于石而不囿于石, 是其節也; 落于色相而不滯于梗概, 是其品也. 竹其有知, 必能謂余爲解人; 石如有靈, 只當爲余肯首.

정판교의 〈죽석도竹石圖〉

산속엔 오직 난초와 대나무 있어,
봄 겪고 여름 지나 또 가을이요 겨울이네.

四時花草最無窮, 時到芬芳過便空.
唯有山中蘭與竹, 經春歷夏又秋冬.

정판교는 대나무와 난초를 서로 비교해 이들의 비슷한 점을 집어냈다.

대나무는 줄기와 잎이 모두 푸르다. 난초도 역시 그러하니 색깔에서 서로 닮았다. 난초는 그윽한 향기가 있으며, 대나무는 꿋꿋한 절개가 있으니, 고매하고 너그러운 품성에서 서로 닮았다. 대나무는 추위와 더위를 견디면서도 시들지 않고, 난초는 네 계절 모두 꽃을 피우면서도 생기를 간직하나니, 장수한다는 점에서 서로 닮았다.[79]

정판교는 대나무와 난초를 그리면서 바위로 사이사이에 장식하기를 좋아했으며, 그림 한 쪽에는 시를 써서 하고 싶은 말을 남겼다. 그가 쓴 글씨

79 竹幹葉皆青翠, 蘭花葉亦然, 色相似也; 蘭有幽芳, 竹有勁節, 德相似也; 竹歷寒暑而不凋, 蘭發四時而有蕊, 壽相似也.

체는 산뜻하고 필력은 거세고 날카로워서 그림과 서로 잘 어울려 자못 조화를 이루었다. 『죽란석화竹蘭石畵』에 쓴 정판교의 글을 보자.

> 네 계절 시들지 않는 난초,
> 온갖 고통에도 늘 푸른 대나무,
> 만고불변하는 바위,
> 오랜 세월 지나도 바뀌지 않는 사람,
> 이 세 가지와 선비를 네 가지 아름다움으로 기록하노라.

> 四時不謝之蘭,
> 百節長青之竹,
> 萬古不移之石,
> 千秋不變之人,
> 寫三物與大君子爲四美也.

정판교는 대나무와 난초, 바위를 빌려 자기의 감정을 드러내고, 흉금과 절조를 표현했으며, 회화의 정취를 필묵에 담아 인격의 아름다움을 빗대어 나타냈다. 정판교의 그림은 세속에 아첨하지도, 권세 있는 자에게 알랑대지도 않았으며, 다만 그가 그린 대나무에는 백성들의 고통을 안타까워하는 마음만이 숨어 있다. 일찍이 그는 '내가 난초를 치고 대나무를 그리고 바위를 화폭에 옮기는 것은 이 세상에서 땀 흘려 일하는 이들을 위로하기 위해서였지 편안하게 사는 이들을 위해서가 아니었다.'라고 했다.

고대 선비들은 매화와 난초, 대나무와 국화를 그리며 감정을 표현했을 뿐만 아니라 화조花鳥를 그려 심경을 드러냈다. 청나라 초기의 팔대산인 주탑은 명나라 황실의 후예였다. 어렸을 때부터 총명하기가 보통 사람보다 훨씬 뛰어나 여덟 살에 시를 지었고 서예와 전각에도 능했으며 그림에도 뛰

주탑朱耷의 그림

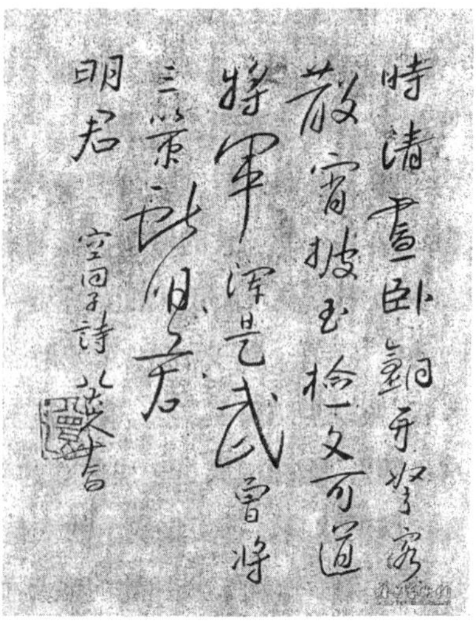

주탑의 서예 작품

어났다. 남보다 훨씬 탁월한 재능과 가정환경은 그의 앞날을 보장했다. 그러나 명이 망하고 청이 들어서자, 그에게 아름답게 펼쳐질 앞날은 물거품이 되고 말았다. 청이 들어선 뒤, 그는 청나라 정부의 박해를 모면하기 위하여 귀머거리인 체 벙어리인 체 대문간에 커다랗게 '벙어리 아啞자'를 써 붙이고서 온종일 그림을 그리고 시를 쓰며 가슴에 맺힌 울분과 분노를 풀었다. 팔대산인이 그린 그림은 거의가 '청에게 당한 뒤의 황폐한 풍경'으로 눈에 뜨이는 것이 모두 처량하다. 그가 그린 물고기, 구관조, 오리, 고양이들은 모두 묽은 먹물로 형체를 드러내지만 눈은 과장하여 그렸다. 특히 눈동자를 검고 크게 찍었으며 심지어 네모나게 그리기도 했다. 예컨대 그가 그린 〈하화수조도荷花水鳥圖〉를 보면, 화폭 중앙에 거꾸로 세운 바위가 하나 있고, 그 위엔 의지할 곳 없어 목을 움츠리고 모멸적으로 눈을 부라린 물새가 웅크려 앉아 있고, 그 아래쪽엔 흠이 있는 연蓮이 비스듬히 서 있으니, 쓸쓸하고 외로우며 썰렁하기 그지없다. 이 그림에서 그는 사실 하늘과 땅이 뒤집혀도 어쩔 도리 없이 당해야 하는 세상에 대한 분노를 토로한 것이다.

팔대산인八大山人

팔대산인이 그린 그림에는 〈모란공작도牧丹孔雀圖〉도 있다. 모란과 공작들은 본래 부귀富貴와 길상吉祥을 표현하는 소재지만 팔대산인은 오히려 슬프고 참혹하게 그렸다. 화면 상단은 바위가 아래쪽으로 떨어질 듯 가파르게 놓여 있고 거기엔 몇 송이의 모란과 대나무 잎이 아래쪽으로 늘어졌다. 하단에는 공작 두 마리가 아래쪽은 뾰족하고 날카롭고 위쪽은 둥글고 부드러운 모습으로 엇갈려 서 있다. 자못 불안정한 죽순 모양의 돌덩이하며, 게다가 더욱 기괴한 것은 공작의 꼬리에 오로지 세 개뿐인 깃털이다. 알고 보면, 그는 깃털 셋뿐인 공작으로 '삼안화령三眼花翎'[80]을 쓴 청대의 관리를 나타낸 것이다. 어깨를 잔뜩 움츠린 공작 한 마리와 목을 길게 뺀 다른 공작은 몰골도 누추해 아름다움이란 전혀 찾을 길 없다. 아래쪽에 날카롭게 거꾸로 서 있는 돌들은 자세가 불안정해 곧 쓰러질 것을 암시한다. 이 그림은 팔대산인의 당시 통치자에 대한 태도를 분명히 보여주고 있으니, 다분히 정치 풍자적인 작품이라 하겠다.

고대 선비들은 그림을 그리는 데 낙관을 즐겨 사용했다. 이것도 일종의 감정을 표현하는 방식이다. 송나라와 원나라 이전에는 '그림의 빈 곳을 기워주는 구실'을 낙관이 맡았다. 그래서 그림은 낙관을 해치지 않고, 낙관은 그림에 거치적거리지 않는 독립된 부분이었다. 명과 청에 이르러 낙관 방식에 큰 변화가 일어났으며, 그 형식도 다양해지고 변화도 복잡다단해졌다. 예

80 청대에 고급 관리가 썼던 모자.

컨대 석도石濤의 낙관은 이상한 모양으로 뛰어났으니, 때로는 화면을 질러나가기도 하는 등 독창적인 길을 열었다. 그가 그린 〈회양결추도淮揚潔秋圖〉는 그림의 위쪽에 수백 자나 되는 제사題詞를 써서 양주의 역사적인 변천을 서술하고 개인적인 감동을 드러내고 있으니, 그림과 글이 서로 빛나게 어울려 자못 장관이다.

낙관 배치의 절묘함에 있어서 정판교를 빼놓을 수 없다. 그의 낙관은 위치가 언제나 그림과 함께 뒤섞여 있어서, 그림인 듯 낙관인 듯 혼연일체가 되어 화면의 부족한 점을 메우고 제사題詞의 형식도 푸지게 했으니, 구도에 있어서 새롭고 독특한 길을 열었다고 할 수 있다. 정판교는 대나무와 난초와 바위를 잘 그렸는데, 낙관을 바위 위에 잘 썼다. 그가 그린 〈난죽석도蘭竹石圖〉가 바로 그렇다. 화면의 주요 부분은 바위 하나로 그리고, 그 아래는 난초와 대나무로 사이사이를 메웠으며, 바위 위쪽은 빈 공간을 널찍이 남겼으니, 바로 이 빈 곳 위쪽에 정판교는 제시題詩를 남겼다.

> 나이 들어서도 변함없이 화공이 되어
> 제시를 붙이니 바위는 더욱 빛을 발하네.
> 멀리서 바라보니 암벽에 글자를 새긴 듯,
> 난초 잎 댓잎 그 속에 감추어져 있네.

> 老去仍然作畫工, 題詩題上石玲瓏.
> 遠看却似磨崖刻, 藏在蘭條竹葉中.

정판교가 쓴 글씨는 소박하고 예스러우며 푸짐하기까지 해 확실히 암벽에 새긴 것 같은 멋이 있다. 이 그림에서 낙관은 화면의 구도를 안정시키고 성김과 빽빽함을 조정할 뿐만 아니라 그림의 경지를 푸지게 하고 확장시켰다.

낟인은 처음에는 단지 신용을 주기 위해서였으니, 이 그림을 누가 그렸는지 알려 주는 구실을 했다. 낙관의 발전에 따라 인장印章도 복잡해져 자신과 다른 형태와 글자체로 문인 화가의 예술적인 풍격과 생활에서의 멋까지도 분명하게 드러냈다. 여기에 '한장閑章'[81]이 있었으니, 그 내용은 융통성이 있고 다양해, 어떤 것은 열 자에서 스무 자까지 이르렀다. 예컨대 명나라 때의 당인 같은 이는 '강남제일풍류재자江南第一風流才子'라고 스스로 새겨 쓰기도 했다. 또한 석도는 '수진기봉타초고搜盡奇峰打草稿'[82]라고 했으며, 정판교는 '한부득전만료보천기채恨不得塡滿了普天飢債'[83]라고 새겨 썼다. 이러한 낙관식의 낟인은 화가의 감정과 의지를 분명하게 밝히고 그림을 감상하는 사람들에게 화가의 속셈을 직접 설명한 것이다.

중국 고대에 수많은 선비들이 그림을 그린 까닭은, 그림으로 감정을 표현하고 친구들과 사귀기 위해서였다. 그들은 그림을 통해 감정을 드러냈으며 이상적인 인격을 찬미하고 추구했다. 선비들이 그린 그림은 직업적인 화가가 그린 그림과는 사뭇 달랐으니, 그림 그리기에 요구되는 규율과 속박도 비교적 적었기에 마음먹은 대로 먹물을 뿌리고 붓을 휘둘러 생활에 순한 멋을 더할 수 있었다.

81 정식 인감이 아닌 별호나 격언 등의 문자를 새긴 도장.

82 '기묘한 봉우리를 다 찾아 밑그림으로 그리다.'는 뜻.

83 '온 세상 배고파서 진 빚을 다 갚아주고 싶은 마음 정말 간절하다.'는 뜻.

8장 선비와 청루青樓의 여자

중국 고대 선비들의 생활을 살피고 밝히기 위해서는 그들과 청루 여자들과의 교제를 이야기하지 않을 수 없다. 청루 여자란 창기娼妓를 말한다. 청루란 말은 처음엔 권문세가를 가리켰다. 조식이 쓴 『미녀편美女篇』에는 '청루는 큰 길을 향하여 있으며 높다란 문이 몇 겹으로 닫혀 있다.'고 했다. 당대 이후에 '청루'는 기녀들이 사는 곳으로 점차 광범위하게 쓰였다. 원나라 때 하정지夏庭芝가 쓴 『청루집青樓集』은 기녀들의 전기를 모은 작품이다.

중국 고대에는 기녀에도 관기官妓, 영기營妓, 사기私妓, 가기家妓 등 몇 가지 다른 유형이 있었다. 춘추시대 제齊나라 재상이었던 관중管仲은 '여려女閭'를 설치했다고 한다. 가장 이른 시기의 관기의 모습을 보여주는 셈이다. '여閭'는 '문門'과 같은 뜻으로 궁중에서는 문을 만들어 저자를 세우고 여자들을 이곳에 살게 했으니, 이것이 바로 관에서 창기를 운영했던 가장 이른 시기의 모습이었다. 한무제 때는 영기, 곧 군기軍妓를 만들었으니, 오자목이 쓴 『몽량록』 권20에는 '군사 가운데 아내가 없는 자를 보살피기 위해서' 영기를 두었다는 기록이 있다. 당송 이후에는 관에서 운영하는 창기가 자못 흥성했으며, 원나라와 명나라 때까지도 여전히 쇠할 줄 몰랐다. 그러다가 청대에 이르러 처음으로 창기가 타파되었다. 사기는 보통 늦어도 당대에는 이미 출현했다고 알고 있다. 당나라 때의 손계孫棨가 장안의 기녀에 대하여 쓴 『북리지北里志』에는 사기에 관한 내용이 있다. 예컨대 왕단아王團兒는 '자기가 양모가 되어 여아女兒 여럿을 데리고 있었다.'라고 기록하고 있는데, 이 '여아' 가운데 몇몇은 바로 자기가 보살피는 사기였다. 송대에는 사기가 한층 더 발전하였다. 주밀이 쓴 『무림구사武林舊事』에는 남송 항주杭州에 희춘루熙春樓를 비롯한 열여덟 군데의 주루酒樓가 있었으며, '이곳에는 모두 사기가 수십 명씩 있어서, 유행하는 옷을 화려하게 걸치고 애교스러운 웃음으로 아름다움을 뽐냈다. 여름이면 쟈스민을 머리에 꽂았으며, 봄에는 거리를 가득 메우며 난간에 기대어 손님을 불러들였으니, 이를 일러 매객賣客이라 불렀다.'는 기록이 있다. 『몽양록夢梁錄』 권20에도 이런 기록이 있다.

송대宋代의 가기家妓

> 경정景定(1260년-1264년) 이래 술을 저장하는 곳에서는 술을 팔 수 있는 방법을 강구하여, 관기 및 사기 중 괜찮은 기녀 가운데 상층 중급에 이른 자를 뽑았다. 이들은 확실히 자태가 곱고 뛰어났으며, 복사꽃 뺨에 앵두 같은 입술과 섬섬옥수에 아름다운 눈웃음을 흘리며 곱게 노래를 부르면 그야말로 운치가 넘쳐 아무리 들어도 싫증이 나지 않았다.[1]

명청 시대에도 사기는 줄어드는 일이 없었으며, 이제는 몸을 팔아먹고 사는 천박한 기녀도 출현했다.

가기家妓는 왕공 귀족들이 집안에 모아 밥을 먹이며 챙기는 여자들로 위진남북조 시기를 거쳐 수당 시기에는 관료와 귀족들 집에는 많으면 가기가 수백에 이르기도 했지만, 송명 이후에는 그 숫자가 줄어들었다.

여러 유형의 기녀가 이렇게 합법적으로 존재했기에, 고대 선비들이 기생과 함께 즐기는 풍습은 성행했고 선비와 기녀의 사귐을 종종 멋있는 이야기로 여기기도 했다. 선비들은 잔치가 있거나 유람을 떠날 때면 기녀를 데리고 가서 흥을 돋우기를 좋아했다. 동진의 명사 사안도 기녀를 데리고 놀러가는 일이 있었다. 뒷날 문인들은 이 일에 대하여 언제나 흥미진진하게 말들을 했으며, 마음이 쏠리는 즐거운 일로 취급했다. 이백도 이렇게 노래했다.

> 사안謝安도 동산에 살던 때 기녀와 함께 했지.
> 비단 병풍 뒤에는 꽃 같은 미녀가 웃으며 있었지.
>
> 謝公自有東山妓, 金屛笑坐如花人.

또 그는 이렇게 노래했다.

> 나 오늘 사안의 기녀 데려다가
> 소리 높여 노래하며 인파를 지나리라.

---

1 自景定(1260년-1264년) 以來, 諸酒庫設法賣酒, 官妓及私名妓女數內, 揀擇上中甲者, 委有娉婷秀媚, 桃臉櫻脣, 玉指纖纖, 秋波滴溜, 歌喉宛轉, 道得字眞韻正, 令人側耳聽之不厭.

我今攜謝妓, 長嘯絶人群.

이백의 『강상음江上吟』를 보자.

백목련으로 만든 노櫓에 사당沙棠으로 만든 배,[2]
옥피리 금피리 부는 기녀 양쪽에 앉았네.
맛 나는 술이야 동이마다 담아 두고,
기녀 데리고 물결 따라 가는 대로 두리라.

木蘭之枻沙棠舟, 玉簫金管坐兩頭.
美酒樽中置千斛, 載妓隨波任去留.

고대 시가 가운데는 기녀를 소재로 한 것이 수없이 많다. 통계에 의하면, 『전당시全唐詩』에 실린 49,403수의 시 가운데 기녀와 관계된 내용이 2,000여 수를 차지한다. 게다가 『전당시』에는 기녀 작가 21명이 쓴 136수의 시도 실려 있다.

지적해야 할 점은, 고대 선비들이 기녀를 데리고 놀았다고 성관계를 위주로 한 것은 결코 아니었으며 대체로 마음을 주고받는 사귐이었다는 사실이다. 당나라 이전에, 창기娼妓는 '창기倡伎'라고도 썼으니, 매음賣淫하는 여성을 가리킨 것만은 전혀 아니었다. 『설문해자』에는 '창倡'자를 '倡은 풍류를 뜻한다. 사람 인人을 변으로 삼았으며, 소리는 昌으로 한다.'라고 풀이했다. '기伎'의 본뜻은 반려 곧 짝이 되는 동무를 말했으니, 『광운廣韻』「지운紙韻」

2 사당목沙棠木으로 만든 배. 주로 놀잇배를 가리킴.

에도 '기伎, 여야侶也'라고 풀이했다. 그러기에 창기는 가무와 안색을 파는 이를 주로 가리켰으며, 여기에 몸을 파는 여자도 가리켰다. 고대의 기녀, 그 중 관기와 몇몇 고급 기녀는 자색도 남보다 뛰어났으며 재주도 많고 예술적 재능도 굉장했을 뿐만 아니라 일정한 문화적 소양도 있어서 노래 잘하고 춤 잘 추며 말솜씨도 뛰어났다. 예컨대 당대 장안의 기녀는 '말솜씨가 대단했으며 지식도 상당했다.'라고 『북리지』「서序」는 기록하고 있다. 따라서 고대의 수많은 선비들이 기녀와 사귄 주된 이유는 그들이 노래하고 춤추는 것을 보기 위해서였으며, 그들과 술을 마시고 한담을 하고 때로는 농탕을 치고 밖으로 유람을 하기 위해서였다. 예를 들어 당대에 과거에 급제한 자는 자은사 탑에 자기 이름을 새기고 잔치에 참가하는 외에도 평강리平康里로 놀러 갈 수 있었는데, 평강리는 장안의 기녀들이 모여 사는 곳이었다. 『개원천보유사』의 기록을 보자.

> 장안에는 평강平康이라는 동네가 있다. 기녀들이 거주하는 곳으로 장안에 있는 젊은 협객들이 이곳에 모여들었다. 또 해마다 새로 합격한 진사들도 축하의 글이 적힌 붉은 색 하장賀狀과 이름이 적인 종이를 가지고 이곳으로 놀러 왔으니, 사람들은 이곳을 풍류수택風流藪澤이라고 했다.
>
> 장안의 진사 정우鄭愚, 유참劉參, 곽보형郭寶衡, 왕충王沖, 장도은張道隱 등 십여 명이 예의와 범절에 구애되지 않고 함부로 행동하고 말하며 놀았다. 해마다 봄이 되면, 사람을 호릴 만한 아리따운 기녀 네댓을 뽑아 소가 끄는 자그마한 수레에 태우고 이름난 원림과 연못이 있는 곳을 찾아, 그곳에서 들풀을 깔고 옷과 모자를 벗은 채 큰소리로 웃고 떠들었으니, 이를 일러 그들은 스스로'전음顚飮'이라 일렀다.[3]

고대 선비들의 기녀와의 사귐을 보면 문화적 소양이 높고 정신세계가 풍부한 남성일수록 육체적인 욕망이 적었으며 우정과 마음을 중요시하며 교류했음을 알 수 있다.

청나라의 주석수周錫綬는 『유몽속영幽夢續影』에서 '진실로 여자를 좋아하는 자는 음탕할 수가 없으며 참으로 여자를 사랑하는 자는 도를 지나칠 수가 없다.'라고 말했다.

고대의 많은 선비들은 기녀와의 사귐을 통해 우정을 나눴으며, 어떤 이는 서로 사모한 나머지 평생토록 좋은 관계를 유지했다. 『태평어람』 권274에는 구양첨歐陽詹이 태원太原 기생과 맺은 죽어도 변하지 않는 이야기가 실려 있다.

구양첨은 당나라 덕종 정원 연간에 진사로 급제한 뒤, 태원으로 유람을 떠났다가 청루의 여자와 사귀어 정도 들고 마음도 맞았다. 구양첨은 떠나기에 앞서 도성으로 돌아가 일을 처리한 후에 그녀를 맞아들이기로 굳게 약속했다. 구양첨은 도성으로 돌아온 뒤 국자감에 사문조교四門助敎로 임명되었다. 그런데 아무 소식이 없자 이 여자는 그를 끝없이 그리워하다가 그만 병이 들어 일어나지 못하고 말았다. 깊은 병을 앓으면서도 그녀는 억지로 몸을 일으켜 앉아서 한 움큼 머리카락을 잘라 자그마한 상자에 담아 친구에게 건네며, '난 더 살지 못할 것 같아, 만약 구양첨이 오면 이걸 신표로 주면 좋겠어.'라고 말했다. 그리고 마지막으로 시를 한 수 남겼다.

헤어진 뒤 얼굴빛 말이 아니옵니다,
그대 그리워하고 미워하기 반반,

---

3 長安有平康坊, 妓女所居之地, 京都俠少萃集于此, 兼每年新進士, 以紅箋或箋名紙游謁其中, 時人謂此爲風流藪澤. 長安進士鄭愚, 劉參, 郭寶衡, 王沖, 張道隱等十數輩, 不拘禮節, 傍若無人. 每春時, 選妖妓三五人, 乘小犢車, 指名園曲沼, 藉草裸形, 去其巾帽, 叫笑喧呼, 自謂之'顚飮'.

그 시절 쪽진 머리 보고 싶거든
이 몸 위해 상자 열어 머리카락 보소서.

自從別後減容光, 半是思郞半恨郞,
欲識舊時雲髻樣, 爲奴開聚縷金箱.

원진상元稹像

얼마 되지 않아 구양첨은 이 여자를 맞아들이기 위해 사람을 보냈다. 그 친구는 지금까지의 상황을 구양첨이 보낸 사람에게 알렸다. 이 사람은 그 상자를 가지고 도성으로 돌아갔다. 이야기를 다 들은 구양첨은 이 상자를 열어 그녀가 남긴 시를 읽더니 그만 참을 수 없는 슬픔에 쓰러지고 말았다.

당대의 저명한 시인 원진과 백거이는 서로 깊은 우정으로 교제했다. 그들은 젊었을 적에 함께 청루에 놀러간 적이 있었다. 원진은 청루에서 만난 명기 설도薛濤와 사랑에 빠졌다. 설도의 원적은 장안이었는데, 아버지가 일찍 세상을 버리자 성도로 옮겨 살았다. 그녀는 어려서부터 총명한데다 재주도 많고 지혜도 넘쳤다. 여덟 살에 벌써 시를 읊었으며 열여섯 살엔 관기의 신분이 되었다. 설도가 쓴 시는 소재도 광범한데다 문장 가운데 어구의 풍격도 청신해많은 문인과 학자들이 그녀와 시를 주고받았다. 원진은 동천감찰어사東川監察御史로 임명되어 쓰촨으로 갔다가 설도와 서로 알게 되었다. 이때 설도의 나이 마흔으로, 두 사람은 시를 주고받으며 깊이 사랑에 빠졌다. 원진은 『기증설도寄贈薛濤』에서 설도의 아름다움을 기렸다.

금강 물 매끄럽고 아미산 빼어나니,
문군[4]과 설도가 태어났구나.
말솜씨 뛰어나기 앵무새 혀를 가져왔고,
글 솜씨는 멋지기 봉황의 깃털이구려.
수많은 시인 문사들 붓을 멈추고,
높은 벼슬아치 이곳으로 자리 옮기고 싶다네.
헤어져 그리운 아득한 강 저 편
꽃창포 피고 오색구름 높겠지요.

錦江滑膩峨眉秀, 幻出文君與薛濤.
言語巧偸鸚鵡舌, 文章分得鳳凰毛.
紛紛詞客多停筆, 個個公侯欲夢刀.
別後相思隔煙水, 菖蒲花發五雲高.

설도도 원진에게 시를 보냈으니, 그 사랑이 정말로 진지하다.

시 속에 사물 묘사야 사람마다 다 하지만,
섬세한 감정 묘사는 나만이 할 수 있습니다.
달빛 아래 꽃을 읊으면서 꽃의 절망을 안타까워하고,
비 내리는 아침 축 늘어진 버들가지 시로 씁니다.
외로운 나 누각 안에 갇혔으니,

4 탁문군卓文君을 가리킴.

그저 편지로만 내 심정 전하는구려.
제 나이 벌써 이만큼인데 돌아갈 곳조차 없으니,
그대에게 멋진 사나이 모습 가르치고 싶습니다.

詩篇調態人皆有, 細膩風光我獨知.
月下詠光憐暗淡, 雨朝題柳爲欹垂.
長教碧玉藏深處, 總問紅箋寫自隨.
老大不能收拾得, 與君開似教男兒.

그런데 원진은 훗날 절동浙東으로 자리를 옮겨 벼슬을 하면서 유채춘劉采春이라는 기녀와 사귀게 되자 설도와는 왕래를 끊고 말았다. 원진의 경박함과 매정함은 설도를 크게 실망시켰다. 그녀는 『춘망시春望詩』에서 이렇게 노래했다.

설도薛濤

꽃잎은 바람에 시들어 가고,
만날 날은 더욱 아득하여라,
사랑하는 이와는 맺지 못하고,
풀잎만 부질없이 맺었어라.

風花日將老, 佳期猶渺渺,
不結同心人, 空結同心草.

원진에 비하면 백거이의 기녀에 대한 태도는 훨씬 숨김없이 솔직하다. 백거이의 한 평생은 처음부터 끝까지 거의 기녀와 함께 했다. 그는 수많은 가기를 거느렸을 뿐만 아니라 벼슬을 하며 각지로 돌아다닐 때에도 수많은 청루 여자들과 친분을 맺었다. 백거이는 적지 않은 곳에서 기녀들과 함께 놀고 잔치를 벌였으며, 즐거웠던 일들을 담은 시들을 남겼다. 소주에서 『군재순일가시명연정좌객시군료郡齋旬日假始命宴呈座客示郡寮』라는 시를 남긴 것이 한 예이다.

심양潯陽의 기녀

음악소리 들리자 주인은 손님에게 식사하자 권하고,
사이사이엔 기녀들이 노래로서 흥을 돋우네.
모인 이들 모두 오중吳中의 풍류남아요,
기녀들 모두 강남의 아름다운 여인이네.

侑食樂懸動, 佐飮妓席陳.
風流嗚中客, 佳麗江南人.

백거이는 늘그막에도 자기 곁에 진결지陳結之, 소만小蠻, 번소樊素 등의 가기가 있었다. 백거이가 쓴 기녀와 관계된 시 가운데 사상성이나 예술성에서 가장 수준이 높은 것은 『비파행琵琶行』이다.

이 시는 원화 10년(815년), 백거이가 개혁을 요구하다가 집권자의 눈에 거슬려 장안에서 구강九江으로 귀양을 가는 도중에, 답답하고 괴로운 마음으로 오른 배에서, 옛날 장안의 기녀가 비파를 타며 처량한 신세로 전락한 자신의 신세를 하소연하자 작가의 감정에 강렬한 공명을 일으켜 쓰게 되었다. 백거이는 유배지인 타향에서 겪는 고독과 비파를 치던 기녀의 아픔을 하나로 묶어서, '나도 아득히 먼 곳으로 영락한 몸, 서로 만났다고 어찌 예부터 알던 사이라야 하겠소.'[5]라 읊었으니, 이런 인생의 이치를 깨치고 자기도 모르게 뜨거운 눈물을 흘리며 옷깃을 흥건히 적셨다.

만당 시인 두목과 기녀의 관계도 참으로 밀접했다. 당나라 문종文宗 대화大和 7년(833년), 두목은 회남淮南 절도사 우승유牛僧孺의 부름에 응하여 양주로 와서 서기 직책을 맡았다. 양주는 당대에 남북 교통의 요충지로서 도시가 번성했으며 상업도 흥성했기에 곳곳에 기루가 있었으며 기녀들도 이곳으로 구름처럼 모여 들었다. 날마다 밤이 되면, '기루 위에는 언제나 짙은 적색 사등롱 수도 없이 걸렸고, 거리엔 단 몇 발자국이라도 걸으며 진주와 비취로 늘어진 발을 올리면 모두 아름다운 여자들이라 마치 선경에 온 듯하다.'고 『당궐사唐闕史』는 전한다. 멋있는 용모에 노래와 춤을 좋아했던 두목은 날마다 밤이 되면 기루에 드나들며 여색에 깊이 빠졌다. 훗날 두목은 장안으로 자리를 옮긴다. 이때 우승유는 그를 전송하며 사랑에 빠져 절제하지 못하면 몸에도 해롭다며 일깨운다. 두목은 그런 일이 없었다고 손사래를 친다. 그러자 우승유는 작은 광주리를 열게 해 자기 부하가 올린 밀고와 올라온 보고서를 꺼낸다. 거기에는 '어느 날 밤, 두 서기는 어느 집 연회에 참가하였으나 병은 걸리지 않았음.', 또는 '아무 날 밤, 두 서기는 아무개네 집에 갔으나 별일 없었음.' 등의 보고서가 있었다. 알고 보니 우승유는 두목이 밤만 되면 청루로 가는 것을 알고는 자기 부하를 보내 남몰래 뒤를 밟으며 그를 보호했으며, 그 때마다 기록하게 했던 것이다. 그러니 우승유는 두목의 행동을 손바닥 보듯이 환히 알고 있었던 셈이다. 두목은 이를 보자 부끄러움에 말 한 마디 할 수 없었다. 그러나 두목은 장안으로 떠난

5　同是天涯淪落人, 相逢何必曾相識.

뒤, 양주의 미녀를 여전히 잊지 못하고 그리워했다. 그가 쓴 『증별이수贈別二首』는 떨치지 못하는 정감을 표현한 것이다.

다정도 지나치면 무정인 듯,
술잔 앞에 두고도 웃음 나오지 않는구려.
촛불도 마음 있어 이별을 아쉬워하는가,
우리 위해 밤새 눈물 흘리는구려.

多情却似總無情, 唯覺樽前笑不成.
蠟燭有心還惜別, 替人垂淚到天明.

두목이 꽃다운 나이의 기녀와 맺은 사랑은 한없이 깊어, 헤어질 때에는 두 사람이 서로 슬피 바라보며 아무런 정이 없었던 듯 웃으려야 웃을 수도 없었으며, 촛불만이 이들 연인의 심사를 아는 듯 날이 밝도록 말없이 눈물을 흘렸다. 두목이 숨김없이 사실대로 드러낸 감정은 진지하고도 열렬했다는 점은 꼭 말하고 싶다. 두목은 늘그막에 『견회遣懷』라는 시에서 양주에서 있었던 로맨틱한 생활을 마치 깨달음을 얻은 듯 반성하고 있다.

두목상杜牧像

강호에서 실의에 빠져 날마다 술을 마셨네.
초왕楚王도 손안에 드는 허리 가는 미녀를 좋아했었지.
십 년 지나 생각하니 양주 생활 한 바탕 꿈이라,
얻은 것은 청루에 남긴 별것 아닌 이름뿐이어라.

落拓江南載酒行, 楚腰纖細掌中輕.
十年一覺揚州夢, 贏得青樓薄幸名.

고대 선비들이 기녀들과 놀기를 즐긴 것은 아름다운 용모도 예술적인 재능도 모두 갖춘 기녀와 함께라면 정신적인 안정도 얻고 잠시라도 갖가지 실의와 불쾌를 잊을 수 있었기 때문이다. 선비들은 동시에 자기가 새로 지은 시를 기녀들에게 부르게 했으며, 기녀들도 이름난 선비들의 작품을 남보다 앞장서 불러 유행에 뒤지지 않고 자기의 몸값도 올리기를 바랐다.

송대宋代의 기녀妓女

북송의 유영도 기녀를 위해 사詞를 잘 지었던 선비였다. 유영의 자는 기경耆卿, 본명은 삼섭三變이었으며, 형제 가운데 일곱 번째였기 때문에 유칠柳七이라고도 불렀다. 그는 몇 차례나 과거에 응했으나 뜻을 이루지 못하자 오랫동안 청루에 드나들며 기녀들 속에 노닐면서 순탄치 못한 벼슬길에 대한 번뇌를 벗어나려고 했다. 유영은 기녀와의 만남이 잦다보니 그들이 아득히 먼 곳으로 버려졌다는 느낌을 함께 갖게 되었고,

이런 까닭에 그는 예의범절에 관한 풍속이나 습관이 주는 속박에서 벗어나 진실한 마음을 드러낼 수 있었다. 그는 자기 처지를 생각하며 기녀를 이해하고 동정할 수 있었으며, 그녀들의 불행을 글로 쓸 수 있었다. 또 글 속에 그녀들의 사상과 감정, 그들이 추구하는 행복을 반영할 수 있었다. 예컨대 그가 노래한 『미선인迷仙引』이 바로 그렇다.

겨우 성년[6]이 되어,
쪽진 머리에 비녀 꽂고 노래와 춤 배웠네.
잔치 벌어지면 존경하는 어르신 앞,
왕손 공자公子들은 그에 맞는 칭찬을 주었네.
까닭 없이 웃음으로 응대하여
돌아온 천금도 돌아보기 귀찮다네.
두려운 것은,
이 내 청춘 쉬이 가고 세월도 헛되이 보내는 것.
벌써 임의 은혜 입었으니
나의 주인 되어주기 바라오.
붉은 노을 핀 저 먼 곳까지도,
기녀로서 맺은 사연일랑 영원히 버리고,
함께 손잡고 돌아간들 어떠리오.
사람들이 첩이라 보지 않게 하시고,
지극한 정 변하지 마옵소서.

才過笄年, 初綰雲鬟, 便學歌舞.

6 옛날 여자가 성년이 되는 연령인 15세.

席上尊前, 王孫隨分相許.

算等閑, 酬一笑, 使千金慵覷.

常見恐, 容易舜華偸換, 光陰虛度.

已受君恩顧, 好與花爲主.

萬裏丹霄, 何妨攜手同歸去, 永棄却, 煙花伴結.

免教人見妾, 朝雲暮雨.

유영柳永의 〈우림령雨霖鈴〉 사의화詞意畵

이 사는 노래하고 춤추는 기녀가 억지로 웃음을 팔 수밖에 없는 삶을 벗어나고 싶은 간절한 소망과 보통 사람으로서의 존엄한 생활을 얻으려는 염원을 진실하게 반영하고 있다. 지체 높은 집안의 자제들이 기녀와 노닐며 돈으로 그들을 사서 향락만을 추구하는 것과 달리 유영은 평등한 입장에서 기녀와 사귀었다. 그러기에 그가 마음을 터놓고 사귄 아리따운 기녀는 참으로 많았다. 이들은 떨어지지 않는 아교와 옻처럼 만나면 즐겁고 기쁘기 그지없었으며, 헤어질 때면 차마 헤어지지 못해 슬픔으로 넋을 잃곤 했다. 유영의 『우림령雨林鈴』은 이런 정경을 생동감 있게 표현했다.

입추 지나자 매미도 이렇게 슬프고 애처롭게 우는구려.
정자를 앞에 둔 지금은 저녁,
한바탕 소나기도 막 그쳤소.
변경汴京 성문 밖 송별연 베풀어진 장막에서 술을 마시니,
마음은 울적하여 차마 헤어지지 못하는데,
뱃사공은 가기를 재촉하는구려.
서로 손 마주잡고 쳐다보는 눈에 눈물 가득,
끝내 한 마디 말도 못하고,
하고픈 수많은 말도 입에서 나오지 않는구려.
이제 천 리 먼 곳으로 떠나려하니,
저녁 인개는 남쪽 하늘 가득 깔렸구려.
예부터 정 많은 이가 가장 아파하는 것은 이별이거늘,
하물며 처량한 가을이오니,
이 이별의 아픔을 어찌 참을 수 있겠소?
오늘밤 술 깨면 이 몸 어디에 있을까요?
버들가지 늘어진 언덕일까요?
새벽바람 서늘한 그믐달 아래일까요?
이번에 떠나 여러 해 지나면, 아름다운 시절 좋은 풍경 헛되리니,
설령 가슴 가득 정이 있어도
뉘와 더불어 하소연할까요?

寒蟬凄切,對長亭晚,驟雨初歇.
都門帳飮無緖,方留戀處,蘭舟摧發.
執手相看淚眼,竟無語凝噎.
念去去千裏煙波,暮靄沈沈楚天闊.

多情自古傷離別,更那堪冷落淸秋節.
今宵酒醒何處,楊柳岸,曉風殘月.
此去經年,應是良辰好景虛設.
便縱有千種風情,更與何人說?

이 사는 유영이 사랑하는 여인과 이별할 때의 차마 헤어지지 못하는 심정을 거짓 없이 참되게 묘사하고 있다. 풍경 묘사나 사건 서술이나 감정 표현, 복잡한 사연이나 내용이 켜켜이 분위기를 두드러지게 하여 결코 허구가 아니라 실제로 사건을 보는 유영의 우수한 예술적 기법을 드러내고 있다. 유영은 미문美文에 치우치지 않고 수식이 없는 창작 방법에 뛰어나 말을 하는 듯 알기 쉬운데다 통속적인 면도 피하지 않았으니, 멀리 떨어진 연인을 그리워하는 『접련화蝶戀花』가 바로 그런 예이다.

높은 누각에 기대어 서니 바람은 솔솔,
저 멀리 하늘가 바라보려니 가는 봄 아쉬운 마음은
흐릿흐릿 하늘 끝에 어렸네요.
석양 속에 푸른 풀빛과 아지랑이,
말 없는데 누가 난간에 기대선 내 마음 알겠습니까?
한바탕 마음껏 취해 보리라,
술잔 앞에 두고 노래를 불러도,
억지로 하는 이 일이라 맛이 없네요.
날로 야위고 수척해져도 끝내 후회하지 않으렵니다.
차라리 그녀 위해 핼쑥해졌으면 좋겠습니다.

佇倚危樓風細細, 望極春愁, 黯黯剩天際.
草色煙光殘照裏, 無言誰會憑闌意?

擬把疏狂圖一醉, 對酒當歌, 强樂還無味.

衣帶漸寬終不悔, 爲伊消得人憔悴.

유영이 시로 표현한 연인에 대한 그리움은 정말 감동적이다. 이 시의 마지막 두 구절은 왕궈웨이王國維가 『인간사화人間詞話』에서 인용했으며, 예로부터 지금까지 커다란 일을 성사시킨데 비유해 학문을 하는 자가 반드시 거쳐야 하는 경지로 보았다.

유영은 평등한 자세로 기녀와 사귀었다. 게다가 그가 쓴 시는 형식은 물론 내용도 자못 특색이 있어서 그 당시 널리 풍미했으며, 기녀들뿐만 아니라 사회 각계 인사들도 다투어 읊었다. 엽몽득은 『피서록화避暑錄話』에서 '무릇 우물이 있는 곳에서는 유영의 사를 노래했다.'라고 했다. 늘그막에도 가난하기 짝이 없었던 유영은 오랫동안 객지에서 머물다 세상을 떠났다. 그가 죽자 기녀들이 한 푼 두 푼 모아 그의 장례를 치렀다고 한다.

북송의 유명한 문학가 구양수도 기녀와 교류가 있었다. 그는 기녀와 나눈 정을 무척 소중하게 여겼다. 『송비류초宋稗類鈔』 권17에는 구양수와 기녀 사이에 오간 이야기가 실려 있다.

구양수가 여음汝陰에서 조용히 살고 있을 때, 참으로 영리하고 재주 있는 기녀가 둘 있었다. 이들은 구양수가 지은 사를 모두 외우고 있었다. 구양수는 그녀를 참으로 좋아하여, 어느 날 잔치를 베푼 자리에서 이 기녀에게 언젠가 여음으로 다시 올 때 태수가 되어 오리라고 약속했다. 몇 년 뒤, 구양수는 과연 양주에서 여음으로 태수가 되어 돌아왔다. 그러나 아무리 해도 이 기녀를 찾을 수 없었다. 그 이튿날, 동료들과 호숫가 힐방정擷芳亭에서 술잔을 기울이며 시 한 수를 남겼다.

소홍저창아취소小紅低唱我吹簫
(소홍小紅은 나지막이 노래하고
나는 퉁소 불어 반주하네)

펄펄 날리는 버들솜 벌써 아름다운 봄날을 데려갔는데,
해당화는 이리도 늦게 온 나를 미워하는구나.[7]

송나라 때 문단의 '소문사학사蘇門四學士', 즉 황정견黃廷堅, 진관, 조보지, 장뢰, 이들의 글귀는 하나하나 모두 아름다웠다. 또한 이들은 모두 노래 잘하는 기녀를 매우 사랑해 청루에 자주 드나들었다. 황정견은 '강서시파江西詩派'의 창시자이다. 그가 쓴 사詞는 예술적으로 운치가 있고 고아高雅했다. 그 가운데는 기녀의 생활을 묘사한 아름답고 요염한 작품도 있다. 이창령李昌齡은 『낙선록樂善錄』에서, '황노직黃魯直[8]은 아름다운 말을 잘 골라 썼기에 시와 사를 한 번 쓰면 사람들이 다투어 널리 퍼뜨렸다.'라고 기록했다. 한번은 형양으로 가는 길에 영기였던 진상陳湘을 우연히 만났다. 진상이 노래 잘 부르고 춤을 잘 추는데다 시와 서에도 능통한 것을 안 황정견은 특별히 『완랑귀阮郎歸』 한 수를 건넸다.

---

7 歐陽修閑居汝陰時, 二妓深穎, 而文公歌詞盡記之, 筵上戲約他年當來作守. 後數年公自維揚果汝陰, 其人已不復見矣. 視事之明日, 飮同官湖上, 有詩留擷芳亭云: '柳絮已將春色去, 海棠應恨我來遲.'

8 노직은 황정견의 자.

사뿐사뿐 아리따운 여인,
나부羅敷[9]인 듯, 상강의 명월주인 듯,
일어나 쪽진 머리 또 다시 빗으며
자태를 다듬으며 화장하는 모습

책을 읽는 이처럼 진지하네.
노래하는 모습, 춤추는 자태
호남에서는 겨룰 이 없네.
백발의 이 몸 싫어할 리 없으니,
함께 배 타고 오호로 돌아가세.

盈盈嬌女似羅敷, 湘江明月珠.
起來綰髻又重梳, 弄妝似學書.
歌調態, 舞工夫, 湖南都不知.
它年未厭白髭須, 同舟歸五湖.

황정견은 이 작품을 통해 진상과 백년가약을 맺기 바라는 마음을 드러냈다. 후에 황정견은 의주宜州에 이르러 다시 『맥산계驀山溪』를 보내 자기의 마음을 드러냈다.

가을 날 강 위엔 한 잎 돛단배 그림자,

---

9 조趙나라 수도 한단邯鄲의 진秦씨 집안 딸로 조왕의 속관인 왕인王仁의 아내가 됨. 조왕의 유혹을 '맥상상陌上桑'을 쟁箏으로 연주해 물리치고 절개를 지켰다고 함.

나 꿈속에서도 그대를 좇네.
아름다운 노래 흥성거리던 춤,
이제는 술을 마셔도,
그 시절은 아니네.
생각 없이 마구 글을 써도
꿈은 여전히 헛된 것,
그저 옛날과 같이 그리워할 뿐이네.

江上一帆秋, 夢猶尋, 歌梁舞地.
如今對酒, 不似那回時, 漫書寫, 夢來空, 只有相思是.

선비는 청루의 여자와 비록 우연히 만나기는 했지만 때로는 사랑의 불꽃을 튀겼다. 하지만 선비가 진심으로 기녀를 처첩으로 맞이하려 해도 결코 쉬운 일이 아니었다. 가정의 책망과 사회의 비난 때문에 그들은 감히 경솔하게 일을 저지르지 못했다. 그저 기녀와 오가며 맺은 멋진 풍류를 가슴 깊이 숨겨두고 끝없는 그리움만 새길 뿐이었다. 이것이 바로 고대 시와 사 속에 서로 그리워하는 내용이 많은 이유이다.

'소문사학사' 가운데 하나인 진관도 나그네의 수심과 이별의 슬픔, 쓸쓸한 그리움을 담은 사詞를 많이 썼다. 진관의 자는 태허太虛, 훗날엔 소유少游라고 바꿨다. 또한 그의 호는 회해거사淮海居士로 글을 잘한다는 명성이 대단했다. 사람들 마음속에 진관은 멋과 정이 넘치는 재주 있는 남자였다. 당시 성행하던 설화 대본 중에는 진관과 소소매蘇小妹의 사랑 이야기가 있었고, 『홍루몽』에는 가보옥賈寶玉이 '꿈속에서 하늘을 돌아다닐 때', 진가경秦可卿의 집에서 본 것이 바로 '송학사宋學士 진태허가 쓴 대련 한 폭'이라고 썼다. 진관이 쓴 사 가운데 『작교선鵲橋仙』이 가장 그리움을 잘 나타낸 작품으로 유명하다.

꽃구름은 자기의 깜찍스러움을 드러내는데,
별똥별은 직녀의 시름과 한을 전하려고,
까마득히 넓은 저 은하를 이 밤에 건너는가,
가을 맑은 밤 단 한 번의 만남이지만
인간 세상 숱한 만남보다 나아라.
정이야 물처럼 부드럽고
시간이야 꿈처럼 즐겁지만
어찌 차마 고개 돌려 오작교로 돌아갈거나.
두 사람 맺은 정 오래오래 마음에 새기면,
어찌 아침저녁으로 꼭 만나야 할까.

纖雲巧弄, 飛星傳恨, 銀漢迢迢暗度, 金風玉露一相逢, 便勝却人間無數.
柔情似水, 佳期如夢, 忍顧鵲橋歸路.
兩情若是久長時, 又豈在朝朝暮暮.

글쓴이는 인간의 사랑을 하늘 위로 옮겨 은하수를 통해 사랑의 영원함을 연결하고, 견우와 직녀가 칠석에 만나 차마 헤어지지 못하는 모습을 상상하고 있다. 마지막으로 현실 속에서 살아가는 인간을 향해, 인생은 유한하고 인정은 쉽게 변하는데, 어떻게 해야 차마 헤어지지 못하는 두 사람의 사랑을 영원히 간직할 수 있는지와 같은 엄숙한 문제를 던지고 있다. 이에 대해 글쓴이는 반문 형식으로 대답한다. '두 사람 맺은 정 오래오래 마음에 새기면, 어찌 아침저녁으로 꼭 만나야 할까.'라며 두 사람이 맺은 사랑이 변하지 않고 오래 가는 여부는 아침저녁으로 항상 만나는 데만 있지 않다고 노래한다. 이 글은 한결같고 진지한 사랑을 뜨겁게 노래하고 있으며, 자기와 사랑하는 여인 사이에 만날 수 없는 아픈 심정도 슬그머니 드러내고 있다.

진관은 기녀에게 종종 참사랑을 쏟아 부었다. 그러했기에 기녀들도 그를 그리워하고 사랑했다. 진관이 쓴 『우미인虞美人』은 기녀에게 건네기 위해 쓴 작품으로 참으로 감동적이다.

> 벽도는 천상에서 이슬 먹고 자랐으니,
> 보통의 꽃이랑 견줄 수 없네.
> 험한 산 깊은 곳 물 굽이 도는 데,
> 그림 같은 가지 하나에,
> 누구 위해 피었는가.
> 산들바람 가랑비에 사랑은 한이 없는데,
> 뜻밖에도 사랑하는 마음 어쩌지 못해,
> 그대 생각에 깊이 취한들 또 어떠하리.
> 오직 두렵기는 술 깬 뒤
> 타는 애간장이네.
>
> 碧桃天上栽和露, 不是凡花數.
> 亂山深處水縈回.
> 可惜一枝如畫, 爲誰開.
> 輕寒細雨情何限, 不道春難管.
> 爲君沉醉又何妨. 只怕酒醒時侯, 斷人腸.

양식楊湜은 『고금사화古今詞話』에서 진관이 쓴 이 사의 내력을 기록했다.

> 젊은 시절 진소유가 도성에서 지낼 때, 지체 높은 벼슬아치가 잔치

> 를 베풀었다. 이 자리에서 굄을 받는 기녀 벽도碧桃가 나와 느릿느릿 잔을 권했다. 진소유는 그 뜻을 알아차리고 다시 벽도에게 잔을 들어 권했다. 그러자 지체 높은 벼슬아치가 '벽도는 본래 술을 좋아하지 않네.'라고 말했다. 소유에게 술을 억지로 권하지 말라는 뜻이었다. 그러나 벽도는 '오늘은 이 분과 함께 취하고 싶사옵니다!'라고 말하며 소유가 건넨 큰 술잔을 들어 한 번에 마셨다. 소유는 그 자리에서 『우미인』을 써서 건넸다. 이르기를 '벽도는 천상에서 이슬 먹고 자랐으니…….'[10]

이 사를 쓴 경과나 그 내용으로 볼 때, 진관이 기녀 벽도를 진심으로 동정하고 사랑했음을 알 수 있다. 사의 윗부분에서 지은이는 특유의 예민함과 깊은 사랑으로 벽도의 속마음을 드러내 보인다. 그는 쌍관어雙關語[11]를 써서 '벽도碧桃'가 천성이 고결하지만 어지럽고 느글느글한 세상에 빠진 것을 탄식했으며, '벽도'는 비록 견줄 바 없이 아름답지만 아무 곳에나 살지 못해 사람들이 그 아름다움을 볼 수 없고 오로지 적막하게 홀로 피어 더할 나위 없이 애처롭다고 여겼다. 지은이는 이 사의 뒷부분에서 벽도의 내심에서 우러나온 독백으로 모순되지만 안타까운 심정을 이야기하고 있다. 벽도는 마음에 드는 사람[진관]과 비록 서로 마음이 통하지만 안타깝게도 마주 손잡고 함께 갈 수는 없다. 그러나 자신은 이미 매인 몸이기에 아픔은 끝이 없고, 이런 고민을 풀려고 술을 찾을 수밖에 없다. '그대 생각에 깊이 취한다.'는 구절로 벽도의 심정이 얼마나 복잡한지 알수 있다. 마지만 구절인

10 少秦少游寓京師, 有貴官廷飮, 出寵妓碧桃侑觴, 勸酒倦倦. 游領其意, 復擧觴勸碧桃. 貴官云: '碧桃素不善飮.'. 意不欲少游强之. 碧桃曰: '今日爲學士拚了一醉!' 引巨觴長飮. 少游卽席贈『虞美人』, 詞曰: '碧桃天上栽和露…….'

11 한 말로 두 가지 이상의 의미를 나타내 보이는 중국 문학의 표현 기법.

'오직 두렵기는 술 깬 뒤, 타는 애간장'은 고통스러운 벽도의 슬픈 울음이며 어쩔 수 없는 작가의 탄식이다. 당시 한낱 보잘것없이 나약한 선비와 기녀는 한 가족으로 맺어지기 어려웠으니, 그들은 인생의 불행을 슬퍼하며 사랑의 고통을 서로 토로하는 것 말고 무얼 할 수 있었겠는가?

진관이 쓴 사는 사랑을 묘사함에 참으로 진실하였기에 청루 여자들이 다투어 그의 작품을 노래했다. 어떤 기녀는 그의 사를 좋아하여 남몰래 사랑하였으며 심지어는 목숨을 바치기도 했다. 청나라의 조익은 『해여총고陔餘叢考』에서 이와 관련한 이야기를 기록하고 있다.

> 진소유가 남쪽으로 귀양을 가게 되어 장사長沙에 이르렀을 때이다. 어떤 기녀가 이제껏 진소유의 사를 몹시 좋아하여 평생 그에게 몸을 의탁하기를 원하여 그 어미에게 청하였다. 진소유는 사를 써서 건넸다. '빈강郴江은 다행히도 침산郴山을 휘돌았지만, 누구를 위해 소상瀟湘으로 흘러가는가.' 그러나 세상사 너무 가혹하여 누구도 감히 귀양지로 함께 가지 못했다. 소유는 등주藤州에서 세상을 떠나 주검으로 장사에 이르러 그 기녀 앞에서 하룻밤을 지내게 되었다. 기녀는 그가 가는 길을 위해 제사를 다 지낸 후에 제 스스로 목숨을 던져 그를 따랐다.[12]

고대 선비들은 미모와 재주를 두루 갖춘 청루의 여자를 좋아해 자주 왕래했으니, 바로 정신적인 즐거움과 심신의 편안함을 얻기 위함이었다. 청

---

12 秦少游南遷至長沙, 有妓女平生酷愛秦學士詞, 至是知其爲少游, 卽請于母, 願托以終身. 少游贈詞'郴江幸自繞郴山, 爲誰流下瀟湘去'者也. 念時事嚴切, 不敢諧往貶所. 及少游卒于藤, 喪還, 將至長沙, 妓前一夕得諸夢, 卽詣于途, 祭畢歸而自縊以殉.

나라 때 위영衛咏은 이것을 일러 '색은色隱'이라고 했다. 그는 '분홍색 아리따운 여자를 마음을 알아주는 친구로 삼는 편'이 산속에 은둔하는 것보다 낫다고 여겼다. 위영이 쓴 『열용편悅容編』에는 고대 선비들이 기녀와 노닐 때의 마음가짐을 매우 잘 나타내고 있다.

> 사안謝安의 나막신, 혜강嵇康의 거문고, 도연명陶淵明의 국화는 모두 자신을 맡겼기에 특별한 취미가 된 것이다. 예부터 여색 때문에 은거했다는 말은 들어본 적이 없다. 그런데 은거하는 데에 여색에 견줄 만한 것이 어디 있겠는가! 아름다운 얼굴을 보기만 해도 명예와 이익을 추구하던 마음은 금세 사라지고 만다. 눈곱만한 이익을 평생 좇던 자도 아무런 취미를 가지지 않았기에 모두 실의에 빠졌다. 진정한 영웅호걸은 아름다운 여인을 가슴에 안고 산림으로 들어갈 수 있어야 한다. 이런 여인을 자기를 알아주는 벗으로 삼아야 긴 해를 보낼 수 있다. 말귀를 알아듣는 꽃이 있으면 고요한 밤에 꾼 영혼의 꿈도 잠자리를 둘러싼 짙은 안개나 노을과 같다. 아름다운 여인 가운데도 별천지가 있음을 알아야 하나니, 아름다운 절경에서 진리를 찾고 욕심을 끊으며, 은거함이 어떠한가?[13]

침착하고 냉정하게 말하면, 이런 '색은'에 관한 이야기는 대부분이 감정이 풍부한 선비의 주관적인 희망이다. 집에 마누라가 있는 선비가 '분홍색

---

13 謝安之屐也, 嵇康之琴也, 陶潛之菊也, 皆有托而成其癖者也. 古未聞以色隱者. 然宜隱孰有如色哉! 一遇冶容, 令我名利心俱淡. 視世之奔蝸角蠅頭者, 殉胸中無癖, 悵悵靡托者也. 眞英雄豪杰, 能把臂入林, 借一個紅粉佳人作知己, 將白日消磨. 有一種解語言的花竹, 淸宵魂夢, 饒幾多枕席上烟霞. 須知色有桃源, 絶勝尋眞絶欲, 以視買山而隱者何如?

아리따운 여자를 마음을 알아주는 친구로 삼는다.'는 말은, 오늘날 '혼외정사婚外情事' 아니면 '다른 여자와 딴살림 차리기'라 할 수 있으니, 어찌 될 법한 일이랴? '연분홍 아리따운 여자'라면 돈을 들여 거둬야 할 터이니 보통 선비라면 아마 감당도 못할 것이다. 설사 거둘 수 있어도 집안이나 자기 신분을 걱정해야 했다. 그러기에 권세를 손에 쥔 고관대작 외에는 '색은'이란 보통의 선비에게는 한낱 달콤한 꿈일 뿐이었다.

당인唐寅이 그린 관기官妓

명나라에서 청나라로 넘어오는 시기, 격렬한 정치 투쟁의 소용돌이 속에서 민족끼리 의견마저 일치하지 않아 충돌이 일어나자 사회 저명인사들의 활약도 대단하여, 조정을 넌지시 비꼬고 타이르는 등 눈부시게 아름다운 기개와 절조로 조야를 놀라게 했다. 충신과 간신을 구별할 줄 알고 대의大義가 무엇인지를 잘 아는 몇몇 청루의 기녀들은 이름난 선비들의 풍모를 흠모해 스스로 몸을 허락하기도 했다.

명나라 말기의 이름난 선비 진정혜陳貞慧는 장쑤 의흥 사람으로 자는 정생定生이라 했다. 아버지는 동림당東林黨에서 활약하다 위충현魏忠賢의 미움을 사서 자리에서 물러났다. 진정혜는 강직하고 기개가 있었으며 악을 알기를 원수 보듯 했다. 숭정 6년(1633년), 그는 남경南京에서 열린 회시에 참가했다가 진회秦淮의 명기 이정려李貞麗와 친분을 맺고 지음知音이 되었다. 이정려는 비록 홍등가에 사는 여자였지만 호방하고 의협심이 강해 동림당과

복사復社에 참여한 선비들을 마음속으로 존경하고 있었다. 그녀는 진정혜에 대해서도 일찍이 익히 들은 바 있었던 터라 우러러 사모하고 있었다. 두 사람은 서로 얼굴을 안 다음 흉금을 털어놓게 되었다. 그리고 너무 늦게 알게 된 것을 한탄하며 친구의 중개로 평생 함께하기로 약속한다.

이향군상李香君像

후방역侯方域과 이향군李香君의 이야기도 자못 감동적이다. 후방역의 자는 조종朝宗이다. 그는 세도 있는 집안 출신으로, 그의 아버지와 숙부는 모두 동림당 핵심으로서 엄당閹黨과 투쟁할 때에도 가계가 단절되고 감투가 떨어지는 것도 두려워하지 않았기에 많은 사람들이 존경하고 사모했다. 숭정 12년(1369년), 후방역은 남경에서 '진회팔염秦淮八艶' 가운데 하나인 이향군을 알게 되었다. 이향군은 키는 크지 않았지만 살갗은 옥색玉色이었으며 슬기로운데다 수려한 말은 참으로 재치가 넘쳐서 사람들은 그녀를 '향선추香扇墜'라고 불렀다. 후방역과 이향군은 얼굴을 마주한 뒤 한참동안 마음을 터놓고 이야기를 나누었다. 그들은 너무 늦게 이제야 만난 것을 한탄했다. 후방역은 헤어질 때 이향군에게 한 편의 시를 전하며 이별을 아쉬워했다.

남국의 아름다운 여인의 옥패,
소매 안에 감추지는 마오.
바람 따라 둥글부채 일렁이면,
흔들흔들 온몸 향기 가득하리.

南國佳人佩, 休教袖裏藏.

隨風團扇影, 舞動一身香.

후방역은 겉으로는 선추扇墜[14]를 노래하지만, 사실은 이향군을 찬미하고 있다. 나중에 후방역과 이향군은 백년가약을 맺었다. 혼례를 올리는 날, 경사를 축하하러 온 손님 가운데 완대월阮大鋮이라는 이도 예물을 가지고 왔다. 완대월은 원래 동림당원이었으나 나중에는 위충현 밑으로 들어가서 현량하고 충성스러운 사람들을 살해해 악명 높았다. 후방역은 완대월이 진작 회개의 뜻을 표시했기에 마음을 두지 않았으나, 이향군은 반대로 분노를 가라앉히지 못하고 완대월을 통렬히 비난하며 예물을 물리쳤다. 이향군이 보인 거침없는 기개에 후방역은 그녀를 더욱 존경하게 되었다.

훗날 완대월은 부끄럽고 분했던 일을 앙갚음하려고 무고하게 죄를 덮어씌워 후방역을 감옥에 집어넣고 이향군에게는 다른 곳으로 시집을 가도록 압박했다. 이향군은 결코 무릎을 꿇지 않고 완대월이야말로 '위씨네 패거리'라며 욕설을 퍼부었다. 완대월은 분하고 부끄러운 나머지 이향군을 흠씬 두들겨 눈 속에 내다버렸다. 그러나 이향군은 의인들에 의해 구출되었다.

후방역과 이향군의 사랑 이야기는 뒷날 청나라 초기의 작가 공상임孔尙任이 쓴 『도화선桃花扇』으로 세상에 더욱 널리 알려졌다.

명나라 말에서 청나라 초에 살았던 유명한 문인 전겸익錢謙益은 진회의 명기 유여시柳如是와 사랑이 깊어져 부부가 되었다. 두 사람은 나중에 함께

14 부채 자루에 옥이나 상아 따위를 매달아 쓴 장식품. 후방역이 처음 이향군을 보았을 때, 이향군이 있는 누각을 향해 자기의 '선추'를 던져 서로 만났다고 한다. 이향군을 사람들이 '향선추香扇墜'라고 불렀으니. 결국 이 시는 이향군을 노래한 시가 된다.

학문을 탐구해 더욱 훌륭해졌다. 게다가 유여시는 전겸익을 위해 정성을 다해 시중을 들었으며 심지어는 우인들을 방문하기도 했다. 일대의 명사 전겸익과 명기 유여시의 결합은 사상과 취미, 식견과 포부에서 의기투합하는 바가 많았다. 더욱이 그들은 서로 존경하여 평등한 입장에서 마주했으니, 이것은 고대 사회에서 참으로 보기 드문 일이었다.

명나라 말기 문단의 재주꾼 모양冒襄의 자는 벽강辟疆이었다. 그는 남경에 있을 때에 진회의 미녀 동소완董小宛과 친분을 맺었다. 그 뒤에 전겸익의 도움으로 동소완을 기적妓籍에서 없애고, 두 사람은 마침내 부부가 되었다. 혼례를 올린 뒤에도 그들의 생활은 아름다웠으며 기쁨이 언제나 넘쳤다. 장명필張明弼이 쓴 『모희동소완전冒姬董小宛傳』에는 이런 내용이 있다.

> 날마다 아름다운 동산이나 서재에 앉아 거문고를 타거나 차를 마시며 인물과 산수를 품평하고 금석과 골동품을 감별하면서 시를 읊다가 멋진 시구가 떠오르거나 시와 역사를 수집하면 반드시 벼루를 들어다 그 자리에서 기록했다. …… 함께 얻은 즐거움에 이들 두 사람은 세상에는 이런 즐거움이 없을 것이라고 늘 말하곤 했다.[15]

그러나, 봉건시대에 기녀는 필경 사회의 밑바닥에서 남성들의 노리갯감으로 굴욕을 당해야 하는 무리였으며, 선비들 가운데도 기녀를 우습게 아는 이들이 있었다. 당나라 때 기녀 이단단李端端은 용모가 별로였다. 당시 선비 최애崔涯는 그녀를 장난삼아 놀리며 이렇게 노래했다.

> 코는 굴뚝처럼 생겼고 귀는 흡사 가마솥이라.

---

15 日坐畵苑書圃中, 撫桐瑟, 賞茗茶, 評品人物山水, 鑑別金石鼎彝, 閒吟得句與采輯詩史, 必捧硯席爲書之. …… 相得之樂, 兩人恒云天壤間未之有也.

鼻似煙窓耳似鐺.

이단단은 목구멍에 풀칠하기 위해 이 길을 택한지라 너무 가슴이 아팠다. 그녀는 길가에 서서 슬피 울며 최애에게 어떻게 해 주기를 간절히 바랐다. 그러자 최애는 다시 시를 써서 그녀를 아름답게 묘사했다.

선비 중에는 기녀를 노리개로 생각하는 야박한 사나이가 적지 않았다. 바로 앞에서 그런 행동을 한 원진 말고도 당나라 때 『북리지北里誌』를 쓴 손계도 배신자였다. 손계는 정 많은 기녀 왕복양王福孃을 알고 있었다. 그녀는 몸매가 우아하고 행동거지에 품위가 있었으며 사람됨이 사리에 어긋남이 없었다. 손계는 이런 복양에게 큰 호감이 있었다. 어느 날 술자리에서 복양은 슬픔에 잠겨 술도 마시지 않고 걱정이 이만저만 아니었다. 술자리에 있던 손님들은 그 까닭을 알지 못했다. 손계가 그 자리에서 까닭을 묻자 복양은 '청춘도 몇 날, 곧 늙을 터인즉, 이 좋은 날이 얼마나 계속되리오?'라고 말을 마쳤고, 슬픔에 눈물이 그칠 줄 몰랐다.

그러던 어느 날 복양은 손계에게 붉은 색깔의 종이에 편지를 써서 보냈다. 한 편의 시로 손계에 대한 사랑의 감정을 대담하게 표현한 편지였다.

날마다 슬픔에 잠겨도 아직 어쩌지 못한 것은
속마음을 그대께 전하지 못 해서지요.
엎질러진 물 꼭 주워 담으라는 말은 아니오니,
오직 묻노니 그대 마음은 어떤지요?

日日悲傷未有圖, 懶將心事話凡夫.
非同覆水應收得, 只問仙郎有無意?

이와 달리 손계는 기녀와 알고 지내는 것은 그저 기쁨과 즐거움을 얻기 위해서였을 뿐, 기녀와 진짜로 결합하면 집안을 욕되게 할 수 있다고 생각했다. 그는 이런 글을 남겼다.

> 나는 미안한 마음에 이렇게 말했다.
>
> "그대 뜻을 나는 알고 있습니다. 하지만 내가 꼭 그렇게 해야 하는 것은 결코 아니지요. 그대는 어떻게 생각하고 있습니까?"
>
> 그녀는 눈물을 흘리며 대답했다.
>
> "다행인 것은 제가 교방에 소속된 기녀가 아니라는 점입니다. 마음이 내키신다면 일이 백을 쓰시면 충분합니다."
>
> 대답은 하지 않고 나는 붓을 들어 편지지 뒷면에 이렇게 시를 썼다.
>
> 그대는 어찌 이런 생각을 했단 말이오,
> 농으로 한 말이니 결코 믿지 마시오.
> 진흙에서 핀 연꽃 더럽지 않다지만,
> 집안에 옮기면 오래가지 못하지요.
>
> 그녀는 이 시를 읽은 뒤 흐느껴 울면서 다시는 입을 열지 않았다. 이로부터 마음은 시들해지고 말았다.[16]

---

16 余因謝之曰: '甚知幽旨, 但非擧子所宜, 何如?', 又泣曰; '某幸未系教坊籍, 君子倘有意, 一二百賣耳.' 未及答, 因授予筆, 請和其詩. 予題其箋後曰: '韶妙如何有遠圖? 未能相爲信非夫. 泥中蓮子雖無染, 移入家園未得無.' 覽之因泣, 不復言, 自是情意頓薄.

손계가 보기에 복양은 비록 진흙탕에 몸을 담고 있어도 때는 묻지 않은 연꽃이라지만 자기 집 뜰에 옮겨심기에는 적합하지 않았다. 훗날 손계는 다시 몇 차례 청루로 가서 복양을 찾았지만 그녀는 보이지 않았다. 그러던 어느 날, 손계는 친구들 집에서 베푼 잔치에서 복양과 우연히 만날 수 있었지만 이야기를 나눌 기회는 만들지 못했다. 훗날 복양의 동생이 복양이 쓴 시를 손계에게 건넸다.

> 오랫동안 입은 사랑에 이 몸 의탁하려고,
> 벌써 제 간절한 마음을 여러 번 말씀 올렸지만.
> 진흙탕에서 피어난 연꽃이라 옮겨 심을 수 없다기에,
> 오늘 떠나오니 원망하지 마소서.

> 久賦恩情欲托身, 已將心事再三陳.
> 泥蓮旣沒移栽分, 今日分離莫恨人.

이때 복양은 이미 권문세가로 시집을 가버린 뒤였다. 손계는 시를 읽은 뒤 뭔가 잃어버린 듯 낙담하며 발길을 돌렸다.

손계처럼 야박한 사나이는 언제나 존재한다. 송나라 때는 필사본 소설 가운데 사랑을 배반한 사나이를 규탄하는 이야기들이 출현했다. 예컨대 화본話本으로 된 『왕괴王魁』가 바로 그렇다. 이야기의 대강은 이렇다.

> 산둥山東 제녕부濟寧府에 사는 선비 왕괴는 과거를 치르기 위하여 도성에 왔다가 우연한 기회에 기녀 교계영敫桂英을 만나 둘은 그만 사랑에 빠진다. 교계영은 돈을 마련하여 왕괴가 시험을 잘 치를 수 있도록 도와준다. 왕괴는 단 한 번에 장원으로 급제한다. 그런데 생각지도 않게 왕괴는 변심하여 최상국崔相國의 딸을 아내로 맞아들인다.

교계영은 끓어오르는 분노를 참을 길 없어 그만 스스로 목숨을 끊고 만다. 왕괴는 이 소식을 듣자 속으로 기뻐한다. 그러나 누가 알았으랴, 교계영의 혼령이 나타나서 왕괴를 저승으로 끌고 가서 잘못을 따질 줄이야.

이것은 선비가 기녀를 희롱한 뒤에 버리는 이야기의 전형이다. 이 이야기는 손계가 저지른 일과 마찬가지로 몇몇 선비들이 기녀들을 업신여긴 마음을 반영하고 있다. 왕괴의 이야기는 누구든 기녀를 우롱한 뒤 책임을 지지 않는다면 거기에 알맞은 보상을 해야 한다는 원리를 알려준다.

9장 위진魏晋 시대 선비의 생활

중국 고대 선비들의 생활을 고찰하려면 위진 시대 선비들에 대해 관심을 기울이지 않을 수 없다. 위진 시대 선비들은 그들만의 독특한 생활 태도와 생활 방식을 갖고 있었으니, 선비들의 생활을 다룬 역사에서는 참으로 두드러진 위치를 차지하고 있다. 또한 위진 시대 선비들이 생활 속에서 드러내 보인 정신적인 풍모는 어느 면에서는 중국 고대 선비들의 전형적인 모습을 대표하고 있다.

1. 위진 시대 선비들의 생활관 – 귀적의貴適意

『세설신어』「식감」에는 이런 이야기가 실려 있다.

장계응張季鷹이 제왕齊王의 동조속관東曹屬官으로 전임되었다. 그는 수도인 낙양에서 가을바람이 부는 것을 보자 고향땅 오중吳中의 나물요리와 농어회가 먹고 싶었다. '마음대로 할 수 있는 것을 삶의 머리로 삼아야 할진대, 내 어찌 고향을 멀리 떠나 천 리 밖에서 벼슬을 하며 명성과 감투를 탐하랴!', 이렇게 말하면서 수레에 올라 고향으로 돌아갔다.[1]

이것은 사람들이 잘 아는 이야깃거리이다. 장한이 당시 낙양의 혼란스러운 모습을 보고 자기 목숨을 지키기 위해 고향의 맛을 떠올리며 낙양을 떠났기에 '팔왕의 난八王之亂'에서도 살아남을 수 있었다고 생각할 수 있다. 그러나 위진 시대 선비들의 생활관과 그들의 생활 방식을 결합해 보면, 장한의 이 행동은 분명 위진 선비들의 '제 뜻에 맞게 사는 것이 가장 고귀한 것'이라는 생활 태도의 전형적인 모습이라는 생각이 든다.

위진 시대 선비들의 '제 뜻에 맞게 사는 것이 가장 고귀한 것'이라는 생활관의 형성은 당시 사회적인 배경과 깊은 관계가 있다. 먼저 한나라 말기부터 계속된 변란變亂으로 사람들이 대량으로 죽자, 이들은 '인생이 이렇게 짧은가'라고 깊이 느꼈다. 또 생활에 대한 근심과 걱정은 한나라 말기 이후 래 사회적인 경향이었다. 이것은 선비들이 쓴 시문詩文 곳곳에서 발견할 수 있다. 예컨대 학계에서 동한 중후기 선비가 쓴 것으로 공인된 『고시십구수』는 주요 내용이 나그네나 외지에 나간 남편에 대한 그리움을 담은 것이다. 환령 시기[2]의 사회적 배경과 결부하면 이 시의 작가는 대부분 도성으로 유

---

1 37쪽 참조.

2 후한 환제와 영제가 재위한 시기로 기원후 132년~189년에 해당.

학 온 선비들임을 알 수 있다.

『고시십구수』에는 선비들의 애수와 슬픔, 불만과 원망이 넘쳐흐른다. 시인은 자기 자신이 직접 겪은 경험을 바탕으로 삶과 죽음이란 인생에서 가장 중요한 문제를 솔직하게 사람들 앞에 풀어 보인다. 예컨대 『구거상동문驅車上東門』은 낙양에 온 나그네가 북망산 무덤 앞에서 일어난 인생에 대한 걱정과 탄식을 노래한 시이다. 그는 이렇게 노래한다.

수레를 몰아 상동문[3] 나서서
멀리 북망산 바라보니
버드나무 잎사귀는 이렇게 우수수 떨어지고,
송백은 묘지로 가는 넓은 길 양쪽에 가득하구나.

驅車上東門, 遙望郭北墓.
白楊何蕭蕭, 松柏夾廣路.

교외에 있는 여러 경관 중에서 시인이 본 것은 빼곡히 들어찬 무덤이었으며, 오래된 무덤 사이사이에 늘어선 버드나무가 우수수 떨어뜨리는 잎사귀였으며, 답답한 모습의 송백이었다. 그리고 이들이 주는 처량함과 음산함이었다. 시인이 눈앞에 펼쳐진 무덤을 보고 생각한 것은 이러했다.

사람이 한번 세상을 떠나면,
아득하여 한없이 멀고 긴 밤이어라.

---

3 낙양洛陽의 성문 중 하나로 '건춘문建春門'이라고도 부름. 후한의 수도 낙양에는 모두 열 두 개의 성문이 있었는데, 그 가운데 동쪽으로 난 세 개의 성문 중 하나가 상동문임.

저 세상에서 깊이 잠들면
천 년 만 년 영원히 깨어날 수 없으리라.

下有陳死人, 杳杳卽長暮.
潛寐黃泉下, 千載永不悟.

어떤 사람도 귀착점은 모두 이러하니, 누구도 이런 자연의 법칙을 뛰어넘을 수 없음을 시인은 깨닫고 있다. 죽음을 기다리는 일은 서럽고도 슬픈 일이지만, 도가의 양생법에 따라 단약丹藥을 먹고 신선을 찾아나서도 아무 소용이 없다.

단약을 먹고 신선이 되려다가
약을 잘못 쓰는 일 많으니,
좋은 술 마시고
좋은 옷 입는 게 더 낫다네.

服食求神仙, 多爲藥所誤.
不如飮美酒, 被服紈與素.

시인은 이렇게 끝맺으며 빨리 생활을 즐기라고 한다.

『고시십구수』를 통해 세세히 맛볼 수 있는 것은 시인의 능숙한 풍경 묘사나 감정 표현의 수법뿐만 아니라 인생의 본질인 삶과 죽음에 대한 언급이다. 이 시가 우리를 감동시킬 수 있었던 것은 삶에 대해 느끼는 강렬한 두려움과 근심 때문이다. 시인은 '군자는 어떻게 살아야 되는가를 걱정하지 가난을 걱정하지 않는다.'[4]는 따위의 설교나 '부귀해도 방탕해서는 안 되고 빈천해도 지조를 허물어서는 안 된다.'[5]는 따위의 신조를 포기하고 내면의 세계를 대담히 드러냈으며, 전통적인 도덕과 규범에 대해서는 등을 돌리고 인간의 천성과 욕망에 대해서는 긍정하는 모습을 보였다. 사람의 한평생이 이렇게 짧지만 보배롭고 귀중하며, 역병으로 죽는 일이 언제나 기약 없이 찾아온다면, 심지어는 밤낮으로 신나게, 그것도 지치지 말고 유한한 인생을 마음껏 즐겨야 한다고 믿었다.

> 한평생 백 년도 안 되는데,
> 언제나 천 년 살 걱정이네.
> 낮은 짧고 괴로운 밤은 긴데,
> 어찌 촛불 켜고 놀지 않으랴!

> 生年不滿百, 常懷千歲憂,
> 晝短苦夜長, 何不秉燭遊!

삶이란 본래 아침에 저녁 일을 보장할 수 없는데도 자기 몸 이외의 돈이나 재물을 그렇게나 아낀다면 얼마나 불쌍하고 우스꽝스러운 일인가?

> 어리석은 자 재물을 아끼지만,
> 다음 세대 사람들은 그를 비웃네.

> 愚者愛惜費, 但爲後世嗤.

---

4 君子憂道不憂貧. 『논어論語』「위령공편衛靈公篇」.

5 富貴不能淫, 貧賤不能移. 『맹자孟子』「등문공하滕文公下」.

살림살이가 옹색하고 궁핍해도 『청청릉상백靑靑陵上柏』에서는 이렇게 노래한다.

말술 마다 않고 우리 즐기세,
야박하게 말고 푸짐하게 즐기세.

斗酒相娛樂, 聊厚不爲薄.

지나친 구속은 쓸모없으니 그저 마음 닿는 대로 힘차게 행동하자는 것이다. 『생년불만백生年不滿百』에서는 이렇게 노래한다.

때 되면 즐기세,
어찌 기다리기만 할 것인가?

爲樂當及時, 何能待來玆?

『동성고차장東城高且長』에서는 이렇게 노래하니 감상해 보자.

연燕나라 조趙나라에 그 많은 미녀들,
그녀들 얼굴 옥처럼 아름다워라.

燕趙多佳人, 美者顔如玉.

이리하여 이렇게 생각하도록 한다.

아름다운 여인과 함께 하늘 나는 제비 되고 싶어라,

진흙 물어다 그대와 함께 지낼 둥지 만들고 싶어라.

思爲雙飛燕, 銜泥巢居室.

요컨대 맛이 매우 좋은 술을 마시며, 화려한 옷차림으로 아름다운 여인과 짝을 이뤄 부귀를 누리는 것이 환령 시기 선비들이 추구하던 이상적인 생활이었다. 이전엔 이런 것들이 흘낏 볼 가치도 없거나 입을 열기가 곤란한 것들이었지만, 이제는 솔직하고 거리낌 없으니 선비들의 이상이 깨진 뒤 그들의 가치관에 커다란 변화가 왔음을 알 수 있다.

고시의 작가들이 삶을 염려하고 걱정하는 탄식과 여기서 생긴 적당히 때를 맞춰 삶을 즐기려는 생각은 실제 삶에 대한 끝없는 그리움을 내포하고 있다. 이것은 진한 이래 선비들이 처음으로 무한한 시간과 공간 속에서 사람의 생명이란 너무 짧고 약하다는 것을 강렬하게 체험한 결과였다. 한 걸음 더 나아가 생명에 대한 의식을 각성시켰으니, 이런 생각은 위진 시대 선비들의 생활관 형성에 직접 영향을 끼쳤다.

동한 왕조 때 황건黃巾 농민 봉기가 실패로 돌아가자 동탁董卓은 도성으로 올라가 국정을 독점했으며, 각지의 군벌은 병사를 이끌고 자립해 서로 치고 받는 싸움을 벌여 황하 유역은 전쟁이 그칠 날이 없었다. 사회는 일찍이 볼 수 없었던 혼란에 빠져들었다. 전란은 인구의 대량 사망을 가져왔으며 생산과 경제를 극도로 망가뜨리고 쇠퇴하게 만들어 일부 지역에서는 화폐도 통용될 수 없었다. 또한 건안 22년(217년), 악성 전염병이 크게 돌아 수 없이 많은 사람이 목숨을 잃었으니, 그 비참함은 전에 없던 일이었다. 『후한서後漢書』 「오행지五行志」에는 '집집마다 썩어빠진 송장으로 괴로워했으며, 울부짖는 통곡으로 애처로웠으니, 온 집안이 다 죽은 집도 있고 온 가족이 목숨을 버린 경우도 있었다.'는 기록이 있다. 건안 시기를 살았던 선비들은 제 눈으로 이런 참상을 직접 보면서 참으로 비통한 마음 금할 수 없었을 것이다. 그들은 있는 사실을 그대로 적은 실록의 시문을 숱하게 썼으며, 일찍이 보기 힘든 사회적인 큰 재앙을 기록으로 남기는 데 힘을 쏟기도 했다. 예컨대 왕찬의 『칠애시七哀詩』도 그 가운데 하나이다.

문을 나서면 보이는 것 없고,
백골만 들판을 덮었네.
길가엔 굶주린 여인이,
안고 온 아이를 풀밭에 버리네.

出門無所見, 白骨蔽平原.
路有飢婦人, 抱子棄草間.

조조도 출정하는 길에 고향을 지나며 '고향 땅 백성들 거의 다 세상을 떠났구나. 온종일 걸어가도 아는 이 보이지 않으니 참으로 처참하여 가슴 아프도다.'[6]라고 말했다는 기록이 『삼국지三國志』「위서·무제기 魏書·武帝紀」에 전한다. 또한 그는 『호리행蒿里行』에서 이렇게 노래했다.

갑옷에는 서캐와 이가 들끓고,
죽은 백성 수도 없네.
백골은 들에서 이슬에 젖고,
가도 가도 닭 우는 소리 들리지 않네.
살아남은 백성 백에 하나,
생각하니 창자가 끊어질 듯 아프구나!

---

6 舊土人民, 死喪略盡. 國中終日行, 不見所識, 使吾淒愴傷懷.

鎧甲生虮虱，萬姓以死亡.
白骨露于野，千里無鷄鳴.
生民百遺一，念之斷人腸!

진림은 『음마장성굴행飮馬長城窟行』에서 '그대 설마 장성 아래 가보지 않았겠는가, 죽은 이들 뼈들이 서로 버티고 있다네.'[7]라고 놀라며 탄식했다. 이 밖에도 건안 시대 선비들은 정치에 발을 들여놓았다 박해를 당하기도 했다. 그들의 삶에 대한 걱정과 근심은 『고시십구수』보다 더 짙었으며, 생각의 갈피도 더 복잡해졌다. 하지만 그 가운데 미움과 분노의 감정은 『고시십구수』보다 드물게 나타난다.

『고시십구수』와 일맥상통하는 건안 시대에 나온 시문도 삶에 대한 걱정과 근심을 주제로 삼았다. 예컨대 조조는 『단행가短行歌』에서 '술 한 잔 앞에 두고 노래를 부르자, 우리 인생 살아야 몇 해를 살 것인가, 그저 아침 이슬 같은 것, 지난날엔 고초도 많았소.'[8]라고 노래했고, 공융은 『잡시雜詩』에서 '사람은 본래 천명이 있다지만, 다만 살 날 얼마 남지 않았으니 한스럽구나.'[9]라고 노래했고, 조식은 『증백마왕표贈白馬王彪』에서 '사람이 태어나 한 세상 살다가, 이렇게 가니 아침 이슬 보는 것 같네.'[10]라고 노래했고, 왕찬은 『칠애시七哀詩』에서 '남쪽 패릉覇陵[11] 높은 곳에 올라, 고개 돌려 장안을 바

7 君獨不見長城下, 死人骸骨相撑拄.

8 對酒當歌, 人生幾何, 譬如朝露, 去年苦多.

9 人生自有命, 但恨生日希.

10 人生處一世, 去若朝露晞.

11 한 문제文帝의 능.

라보며, 황천으로 간 사람을 생각하니, 슬픈 마음에 한숨이 솟네.'[12]라고 노래했고, 서간은 『실사』에서 '사람의 이 한 세상, 늦봄의 풀처럼 덧없어라.'[13]라고 노래했으며, 유명한 여류시인 채염은 장편 서사시 『비분시悲憤詩』에서 그녀 개인이 당한 불행을 핍진하게 묘사했다. 또한 시 속에는 비정상적인 자연의 섭리로 도탄에 빠진 비참한 운명에 대한 개탄으로 가득 넘치고 있다. 이리하여 '죽고 싶어도 죽을 수 없고, 살고 싶어도 할 수 있는 것 하나 없으니, 저 푸른 하늘이시여, 무슨 잘못 있어, 이런 재앙을 받아야 합니까!'[14]라고 그녀는 불행한 운명에 슬프게 탄식하며 '사람의 한 평생 얼마나 된다고, 근심 걱정으로 한 평생 지나는군요.'[15]라고 노래하기도 했다.

삶에 대한 걱정과 근심은 한나라 말기 이래 하나의 사회적인 경향이 되었다. 건안 시대 선비들의 이런 의식은 말할 것도 없이 『고시십구수』에서 직접 영향을 받은 것이다. 그러나 앞 시대를 살았던 선비들과 비교하면, 그들이 직접 겪은 현실은 더욱 비참하고 고통스러웠으며 죽음이 그들 마음에 새긴 자취도 참으로 심각했다. 이것 때문에 그들의 삶에 대한 걱정과 근심은 더욱 깊어졌다. 건안 시대 선비들의 삶에 대한 영탄詠嘆은 그들의 갖가지 슬픔과 원망을 드러냈을 뿐만 아니라 사회의 근본적인 문제에 눈을 돌린 것이다. 그들이 비교적 넓은 공간에서 인생을 사색하며 쓴 작품에는 북받치는 슬픔과 격한 분위기가 짙으며, 선명한 시대적 특징과 작자의 성격적인 특성도 잘 드러나 있다. 유협劉勰이 『문심조룡文心雕龍』「시서時序」에서 건안 시대 문학을 평하면서, '건안 시대의 문장을 보면 강직한 기개를 드러내기를 좋아함을 알 수 있다. 여러 해에 걸쳐 계속된 난, 쇠미해진 풍속, 충만

---

12 南登覇陵岸, 回首望長安, 悪彼泉下人, 喟然傷心肝.

13 人生一世間, 忽若暮春草.

14 欲死不能得, 欲生無一可, 彼蒼者何辜, 乃遭此厄禍!

15 人生幾何時, 懷憂終年歲.

한 애원哀怨 따위가 격앙된 기개를 더욱 간결하고 고고하게 만들었다.'고 말한 그대로였다. 삶에 대한 걱정과 근심 속에서 한말 위진 시대의 선비들은 생명을 가진 자는 쉽게 사라진다는 생각을 가졌으며, 따라서 그들은 짧은 인생을 자유롭게 살고자 했다.

한나라 말기 선비의 때 맞춰 즐기며 살려는 생각은 상당히 오랜 기간 동안 지주계급의 썩어빠진 생각으로 비판을 받아왔다. 당연히 오늘날에도 이런 생각이 긍정적이고 진보적이었다고 말할 수는 없다. 그러나 지적해야 할 점은 이런 생각을 동한 후기의 특정한 사회적 배경과 관련해 고찰하면, '때 맞춰 즐기며 살려는 생각'은 어두운 현실 속에서 자기의 꿈은 깨지고 앞날엔 희망이 보이지 않는 상황에서 나타난 일종의 반역적인 심리에서 발생했다는 것을 알 수 있다. 다시 말해 선비들의 삶에 대한 강렬한 집착은 삶과 죽음에 대해 달관하게 만들었으며, 삶에 대한 강렬한 걱정과 근심은 위진 시대 선비들을 각성시킨 중요한 원인이 되었다.

선비들이 추구하는 사상으로 볼 때, 위진 시기에 사회는 요동쳤으며 널리 떨치던 유가의 이상은 현실과 심하게 어긋났다. 유가의 사상이 신성한 후광을 잃어 수많은 선비들이 다시는 그 앞에 굴복해 무릎을 꿇지 않았다. 그런데 바로 이때 도가 사상을 특징으로 하는 현학 사조가 일시적으로 유행했다. 선비로서 현학의 영향을 받지 않은 이가 거의 없었으니, 그들은 유학을 공부하다가 다시 현학을 공부하기도 했으며, 유학과 현학을 함께 연구하기도 했다. 게다가 당시의 정치 투쟁은 날카롭고 격했으며, 생존 환경도 악화되어 선비들의 정치 참여에 대한 열정은 약해졌다. 이리하여 사회에 대한 관심으로부터 자기 자신에 대한 관심으로 눈길이 이동했으며, 삶과 죽음에 대한 이야기를 꺼리는 데서 삶과 죽음에 맞서는 쪽으로 방향을 바꾸어 죽음의 존재를 깨닫고 짧은 삶 속에서 마음껏 즐기는 생활을 원하게 되었다. 이것이 바로 '제 뜻에 맞는 것이 가장 고귀한 것'이라는 생각을 갖게 된 배경이다.

지금까지 이야기를 정리하면, '제 뜻에 맞는 것이 가장 고귀한 것'이라는 생활관은 일정한 의미에서 위진 시대 선비들을 각성시킨 지표라고 결론 내릴 수 있다. 위진 시대 선비들이 각성했다는 판단은 루쉰魯迅에서부터 시작해 왕야오王瑤, 첸무錢穆, 리쩌허우李澤厚 등 여러 사람의 충실한 연구와 발전으로 이미 학계에서는 대부분의 학자들이 인정하는 바이다. 근래 몇몇 학자들이 이에 대해 고개를 갸우뚱하지만, 위진 시대 선비들의 '제 뜻에 맞는 것이 가장 고귀한 것'이라는 생활관에 대해 객관적인 분석만 해도 위진 시대 선비들이 각성하지 않았더라면 문학사에 쓸쓸하고 적적하며 비장한 '건안 시대의 웅혼한 풍격'은 출현할 리 없었다는 것을 알아차리기 어렵지 않다. 이들의 각성이 없었다면, 위진 시대 선비들이 유가에서 정한 명분과 유가의 교훈을 준칙으로 하는 도덕관념에 이렇게 대담하게 도전할 수 없었을 테고, 세상의 풍속을 업신여기고 깔볼 수 없었을 것이다. 또한 가양가색으로 개성화되고 다양화된 생활 방식은 출현하지도 않았을 것이다. 이 모든 것이 '제 뜻에 맞는 것이 가장 고귀한 것'이라는 생활관과 거의 직접적인 관계를 갖고 있다. 당연히 위진 시대 선비들도 물고기와 용이 한데 섞이듯이 훌륭한 선비와 그렇지 않은 선비가 함께 있어, 어떤 선비는 한껏 타락하여 가무와 여색에 빠져 아무 뜻 없이 일생을 흐리멍덩하게 보냈으니, 그들의 됨됨이는 용렬하고 질이 낮아서 '대범하다', '제 뜻에 맞는 것이 가장 고귀하다는 것을 인생관으로 삼는다.'는 그들의 말은 모두 거짓으로 진정 각성한 선비들과 함께 논할 수는 없다.

위진 시대 선비들의 각성으로 탄생한 '제 뜻에 맞는 것이 가장 고귀한 것'이라는 말 속에 담긴 뜻은 대단히 풍부하다. 이른바 '제 뜻에 맞는 것이 가장 고귀한 것'이라는 말은 선비들이 자기 뜻에 맞느냐 맞지 않느냐로 문제를 고려하고 처리할 때, 일단 제 뜻에 맞지 않으면 조금도 주저함 없이 제 뜻대로 일을 한다는 의미이다. 이런 삶의 태도는 위진 시대 선비들의 삶에 대한 가치 체계의 중심을 분명하게 '자아'로 기울어지게 했다. 이런 생활관은 몇 가지로 요약할 수 있다.

(1) 세속에 구속됨이 없이 드러내는 대담한 개성

위진 시대 선비에 대해 논한 저서 중에서 선비들의 생활상이 '세속에 구속됨이 없이 대범하다.'는 이야기를 하지 않은 책은 거의 없다. 세속에 구속됨이 없이 대범하다는 말은, 자유롭고 활달하며, 풍속이나 습관에 얽매이지 않으며, 누가 뭐라 해도 내 방법대로 산다는 뜻이다. 표면적으로 소극적이고 퇴폐적이며 세상을 업신여기고 공경하지 않으며 향락만 탐하는 썩어빠진 의식으로 비칠 수 있지만, 사실 위진 시대 선비들의 대범함에는 풍부하고 깊은 뜻이 있다. 선비들의 세속에 구애받지 않는 대범함은 위진 시대를 대표하는 사회 풍조였으며, 선비들 마음이 밖으로 표현된 것이었다. 정치 정세, 전통 관념, 사회 풍속 등 여러 요인으로 인한 제약 때문에 선비들은 제 마음을 직접적으로 표현할 수 없었기에 얽매임이 없는 자유롭고 활달한 행동거지와 말을 요구했다. 이렇게 된 원인은 당연히 개인의식의 각성으로 '세속에 구애됨이 없이 대범하게' 살려는 생활 방식을 추구했기 때문이다. 위진 시대 선비들의 개인에 대한 의식의 각성은 사회적인 혼란과 정신적인 자유라는 좁은 틈바구니에서 자라난 것이다. 그러기에 시대적인 특색을 선명하게 지니고 있으며, 그 독특한 표현은 선비들의 강렬한 의식이 자기 존재, 즉 개인적인 가치의 발견에 이르렀음을 뜻한다.

『세설신어世說新語』「품조品藻」에 이런 기록이 있다.

환온桓溫은 젊었을 때 은호殷浩와 마찬가지로 명망을 떨쳤다. 그러기에 마음속에 언제나 일종의 경쟁심이 있었다. 어느 날 환온이 은호에게 이렇게 물었다.

"너와 나를 견준다면 누가 더 세다고 생각하느냐?"

은호는 이렇게 대답했다.

"저는 오랫동안 제 자신과 상대하여 싸워 왔습니다. 차라리 제 자신과 견주고 싶습니다."[16]

은호와 환온의 대화에서 나타내려는 바는 강렬한 자아의식과 개인적인 인격 추구이다. 은호는 솔직하게 자아를 인정한다. 이런 긍정은 외부의 표준과 규범을 벗어나 자신의 인격적인 가치를 직접 드러낸 것이다. 그야말로 이런 자아의식을 갖추면서 인간이 가장 소중하게 여길 것은 인간과 인간 사이에 존재하는 서로 다른 특징이지 모두 같은 존재는 아니라는 사실이다. 『세설신어』「품조」에 기록된 예를 보자.

환현桓玄이 유근劉瑾에게 물었다.

"저와 사謝 선생님을 견주면 어떻습니까?"

이어서 또 물었다.

"현구자賢舅子와는 어떻습니까?"

그러자 유근은 이렇게 대답했다.

"아가위, 배, 귤, 유자는 모두 제 맛이 따로 있소이다."[17]

사람은 제각기 자기 인격을 추구하면 그만이지 다른 사람의 규범에 따라 살 필요는 없다는 말이다. 『세설신어世說新語』「방정方正」에도 이런 이야기가 있다.

16 桓公(溫)與殷侯(浩)齊名, 常有競心, 桓問殷: '卿如何我?' 殷云: '我與我周旋久, 寧作我.'

17 桓玄問劉瑾: '我如何謝太傅?', '何如賢舅子敬?' 劉瑾回答說: '楂, 梨, 橘, 柚, 各有其美.'

유자숭庾子嵩은 왕이보王夷甫를 '경卿'이라고 높여 불렀다. 그러자 왕이보가 유자숭에게 이렇게 말했다.

"군君은 그런 말로 부를 수 없네."

유자숭은 이렇게 대답했다.

"경이 나를 군이라고 부르려면 마음대로 그렇게 하시면 되고 나는 내 마음대로 경을 경이라고 부르는 것이오. 나는 내 마음대로 그렇게 부르면 되는 것이고, 경은 경의 방법대로 그렇게 부르면 되는 것이오."

유자숭이 보기에 왕이보와 자기, 두 사람은 서로 상관없는 독립된 개체일 뿐이므로 왕이보를 '경'이라 칭하는 것은 자유다. 마찬가지로 네가 나를 '군'이라고 부르는 것도 네 자유인데, 어째서 꼭 자기 기준을 가지고 나에게 요구하느냐?는 말이다. 위진 시대 선비들의 자아 인정은 사람과 사람 사이에 존재하는 차이를 인정했을 뿐만 아니라 대담하게 자기의 장점을 인정하고 억지로 생떼를 쓰거나 일부러 겸손으로 치장하지도 않았다. 다시 『세설신어』「품조」를 보자.

대사마大司馬 환온桓溫은 도성으로 돌아온 뒤, 유진장劉眞長에게 이렇게 물었다.

"회계왕會稽王의 공리공담이 예상을 뛰어넘어 큰 발전을 보였다는데, 사실이오?"

유진장이 대답했다.

"장족의 발전을 보였습니다. 하지만 여전히 일류는 못 됩니다."

그러자 환온이 물었다.

"그럼 일류는 어떤 사람이오?"

유진장은 이 물음에 이렇게 대답했다.

"바로 우리와 같은 이들이지요!"[18]

이런 이야기도 있다.

무군撫軍[19]이 은호殷浩에게 물었다.

"그대를 배일민裵逸民과 견주면 어떤가?"

한참 뜸을 들인 뒤에야 은호는 이렇게 대답했다.

"당연히 내가 낫지요."[20]

위진 시대 선비들은 작품에서 자기를 표현하면서 우쭐거리기를 좋아했다. 『세설신어世說新語』「문학文學」에 나온 이야기를 보자.

손흥공孫興公이 '천대부天臺賦'를 써서 범영기范榮期에게 보도록 건네며 이렇게 말했다.

"자네 이 작품을 땅으로 던져보게나. 분명 금으로 만든 악기 소리를 낼 걸세."

범영기가 입을 열었다.

"그 소리가 제 소리를 내지 못할까 걱정이네."

그러나 손흥공이 쓴 뛰어나게 아름다운 구절을 볼 때마다 이렇게 말했다.

---

18 桓大司馬(溫)下都, 問(劉)眞長(惔)曰: '聞會稽王語奇進, 爾邪?' 劉曰: '極進, 然故是第二流中人耳!' 桓曰: '第一流復是誰?' 劉曰: '正是我輩耳!'

19 간문제簡文帝 사마욱司馬昱을 가리킴.

20 撫軍(簡文帝)問殷浩: '卿定何如裴逸民(頠)?' 良久答曰: '故當勝爾.'

"이거야말로 우리들이 당연히 써야 할 말이로구나."[21]

위진 시대 선비의 자기 인정과 자기 자신을 위한 떠벌림은 간혹 약간 오만방자한 모습을 보였다. 게다가 어떤 이는 일부러 사람을 놀라게 할 만한 행동을 해서 세속에 젖지 않았음을 보여주려고 했다.

『세설신어』「임탄」에 있는 이야기를 보자.

완중용阮仲容, 보병교위步兵校尉 완적阮籍은 도남道南에서 살았으나, 다른 완씨 성을 가진 이들은 모두 도북道北에서 살았다. 도북에 살고 있는 완씨들은 모두 부유했으나, 도남에 사는 완씨들은 비교적 가난하여 생활이 어려웠다.

7월 7일, 이 날, 도북에 살고 있는 완씨들은 옷을 내다 햇볕을 쏘였다. 모두가 화려하고 진귀한 비단옷가지였다. 하지만 완중용은 뜰 안에 대막대기를 이용하여 헤진 반바지를 내다 걸었다. 어떤 이가 이 방법이 너무 기괴하여 고개를 갸우뚱했다. 그러자 그는 이렇게 대답했다.

"난 아직 세속에 얽힌 정을 떨칠 수 없어서 잠깐 이렇게 해 본 것일 뿐이오!"[22]

『세설신어世說新語』「배조排調」에는 동진의 학륭郝隆에 대한 이야기가 있

21 孫興公(綽)作『天臺賦』成, 以示范榮期(啓), 云: '卿試擲地, 要作金石聲.' 范曰: '恐子之金石, 非宮商中聲!' 然每至佳句, '應是我輩語.'

22 阮仲容(咸), 步兵居道南, 諸阮居道北. 北阮皆富, 南阮貧. 七月七日, 北阮盛曬衣, 皆紗羅錦綺. 仲容以竿挂大布犢鼻褌于中庭. 人或怪之, 答曰: '未能免俗, 聊復爾耳!'

다. 학륭의 생각은 더욱 독창적이어서, 7월 7일 다른 이들은 책을 햇볕에 내다 말렸으나 그는 오히려 햇볕 쏟아지는 곳에 누웠다. 햇볕 아래 배를 드러낸 것이다. 어떤 이가 그 까닭을 묻자, 그는 정색을 하고 진지하게 '나도 책을 내다 말리는 거요!'라고 대답했다. 자기 뱃속을 가득 채운 것이 바로 학문이라는 의미였다.

위진 시대 선비 가운데는 유령이 가장 오만방자했다고 볼 수 있다. 『세설신어』「임탄」의 기록을 보자.

> 유령은 술을 마시면서 절제하지 못하고 언제나 멋대로 행동을 했다. 어느 날, 집 안에서 옷을 하나도 걸치지 않고 술을 마시고 있는 모습을 본 어떤 이가 나무라자 유령은 이렇게 대답했다.
>
> "나는 천지를 내 집으로 삼았소. 그리고 이 방은 내 바지와 저고리로 삼았는데, 그대는 무슨 까닭으로 내 바짓가랑이 속으로 들어왔단 말이오!"[23]

고대 선비들의 오만방자한 행동은 위진 시대에만 나타난 것이 아니라, 이전에도 '행동거지가 일반적인 길을 벗어난 선비'들이 적지 않았다. 그러나 그들은 대부분 미치광이 같은 짓을 간언諫言의 수단으로 삼아 세력이 있는 자를 도덕적인 규범으로 이끌려는 목적에 충실했을 뿐이었다.

공자가 『논어』「양화」에서 '옛날의 광狂은 자그마한 예절에 구애됨이 없음을 말했다.'[24]라고 말한 대로 그들의 뜻에 따른 직언을 의미했다. 또한 상商나라 말기 기자箕子는 주왕紂王에게 간언을 올린 뒤 등을 돌린 채 머리

---

23 劉伶恒縱酒放達, 或脫衣裸形在屋中, 人見譏之, 伶曰: '我以天地爲棟宇, 屋室爲褌衣, 諸君何爲入我褌中?'

24 古之狂也肆.

를 풀어헤치고 미친 체하여 죽음을 모면했다. 한나라 말기의 동방삭東方朔에게도 '광인狂人'이라는 칭호가 있었다는 기록이 『사기史記』「골계열전滑稽列傳」에 있다. 진한 어름에 이좌거李左車는 당시의 성어成語를 인용하고 있으니, 즉 '성인도 미치광이의 말을 믿는다.'[25]라는 말이 『사기史記』「회음후열전淮陰侯列傳」에 있다. 여기서 말하는 '미치광이의 말'은 '직언直言'과 매우 밀접한 관계임을 설명하고 있다.

그런데 우리가 위진 시대를 살았던 완함, 학륭, 유령 등의 미치광이 짓을 통해 알 수 있는 것은 그들이 벌인 미치광이 짓은 완전히 공리적인 속박을 벗어난 자유로운 미치광이 짓이라는 것이다. 그들은 세속을 벗어나 사회적인 책임감도 털어버린 뒤, 미치광이 짓을 통해 현실에 대한 불만과 자아 해탈을 표현했다. 또한 개인적인 의식의 각성을 드러냈다. 다시 말해 '나'를 가장 위에 있다고 보았으며, 공명이나 금전 따위를 그 아래 있다고 여기며 아무런 거리낌 없이 자기를 표현했다. 『세설신어』「문학」에는 은호殷浩가 '벼슬이란 것은 본래 썩어서 냄새나는 물건이오. 그러니 이런 걸 얻는다는 것은 꿈에라도 송장 보듯 해야 하오. 또 재물이란 것도 똥이나 마찬가지요. 그러니 이런 걸 얻으면 꿈에라도 더러운 물건 보듯 해야 하오.'라고 한 말이 기록으로 남아 있다.

위진 시대 선비들은 대담하게 자아를 인정했으며, 전통적인 예법과 제도가 사람의 본성을 속박하는데에 강력하게 맞섰다. 유가에서 정한 윤리와 도덕규범에 의하면, 사람에겐 독립된 가치도 지위도 없이 모든 사람은 단지 도덕의 도구로 존재할 뿐이다. 이런 의미에서 보면 사람은 사람이 될 수 없다. 봉건적인 예법의 속박 아래서는 사람이 자유롭게 생각할 권리는 억제되고 제 뜻에 따른 창조성은 압살 당하게 마련이다. 그저 현상에 안주해 통치

25 狂夫之言, 聖人擇焉.

자에게 복종하고 외압을 참고 견딜 뿐이다. 그런데 위진 시대 선비들은 사람의 본성을 옭아맨 속박을 용감하게 부수고 대담하게 '나는 바로 나다.'라고 목소리를 높였으니, 이야말로 역사의 진보라고 말할 수 있다.

(2) 생명 의식의 각성

위진 시대 선비들은 자아의 존재와 자아의 가치를 의식하면서 삶과 죽음에 대한 생각도 깊이를 더했다. 생명 의식의 각성은 위진 시대 선비들의 자아의식 각성의 표현이기도 하다.

죽음은 개체의 존재에 대한 부정이며, 죽음에 대한 의식은 개개인의 생명 의식의 깊숙한 곳에 잠재해 생명 자체에서 출발한 죽음에 대한 두려움과 여기서 유발된 삶에 대한 근심과 걱정이다. 동한 이전 사람들은 죽음에 대해 모호하지만 신비스럽게 생각했다. 공자는 일찍이 '죽음이란 이와 같구나.'라고 슬프게 탄식했지만, 구체적인 문제에 부닥치면 '삶도 모르는데 어찌 죽음을 알겠는가.'라며 회피하는 모습을 보였다.

장자는 유가처럼 삶과 죽음의 문제에 대해 피하면서 말을 아끼려고 하지 않았다. 그는 삶과 죽음에 대하여 말하기를 피하지 않았고, 삶과 죽음은 생명이 발전하는 자연 과정이며, 생명은 겉으로 드러난 모습일 뿐이라고 생각했다. 또 죽음이란 생명이 잠복한 상태라고 인식했다. 삶과 죽음은 밤과 낮이 갈마드는 것처럼 순환하며, 기가 모였다 흩어지듯이 어느 누구도 맞설 수 없는 자연의 법칙이라고 생각했다. 인류는 이렇게 삶에서 죽음, 다시 죽음에서 삶으로 이어지는 쉼 없는 발전 과정에 있다는 것이다. 장자의 이런 극단적인 자연주의적 삶과 죽음에 대한 사상은 '모두가 하나같이 삶과 죽음을 갖고 있다.'는 상대주의 철학으로 그를 이끌었다. 낱낱의 사람을 빠짐없이 자연 상태로 돌아가게 한다는 주장은 혼돈한 세상에서 하늘이 정한 운명에 따르게 해서, 삶과 죽음의 구별을 없애고 비현실적인 이상으로 현실의 고통을 가리고 죽음의 두려움도 없앤다.

한漢나라 말기부터 정치는 암흑 속을 헤매고 사회는 요동쳤으며 천재天災에 사람으로 인한 재해까지 쉬지 않고 겹쳐 많은 사람들이 죽었다. 오직 한 사람만을 최고 권위자로 여기는 유가 사상도 요동치기 시작해 그들이 부추기던 가치관과 도덕관도 점차 의심을 받았다. 이리하여 생명의 존재가 시도 때도 없이 위협당하는 상황에 처하자 선비들은 죽음에 대한 강렬한 깨달음을 얻었으며, 이제 죽음에 대해 감히 입을 열었던 것이다. 게다가 이렇게 짧은 삶에 대해 한탄도 했다. 바로 생명 의식을 각성하기 시작했다는 말이다. 동한 중후기에 유행한 『태평경太平經』에 이런 이야기가 있다.

> 무릇 세상 사람들의 죽음은 작은 일이 아니다. 일단 죽으면 이 세상의 해와 달을 영원히 볼 수 없다. 살과 뼈는 한 줌 흙으로 변하니, 참으로 죽음은 큰일이다. 이 세상에 한 번 받아 태어난 생명을 두 번 다시 얻을 수 없다. 다시 태어난 사람은 오로지 도를 통한 사람뿐이다. 죽은 뒤 다시 태어난다는 것은 몸뚱이를 떠난 사람에게나 해당된다. 이건 하늘이 편애해야지, 사실은 몇 만 명 중에 한 명도 없다. 그러기에 보통 사람은 일단 죽으면 다시 태어날 수는 없다.[26]

양한兩漢이 정세가 안정되고 번창하던 시기에는 사회도 안정되어 사람들의 생명에 대한 정서도 비교적 평온했다. 이것은 사람들이 현실 정치에 대해 갖는 믿음과 관계가 있다. 『태평경』처럼 죽음에 대한 공포와 삶에 대한 미련은 한나라 말기 사회적인 동요가 사람들의 생명에 대한 정서를 뒤흔들

---

26 凡天下人死亡, 非小事也, 壹死, 終古不得復見天地日月也, 脈骨成塗土. 死命, 重事也. 人居天地之間, 人人得壹生, 不得重生也, 重生者獨得道人, 死而復生, 尸解者耳, 是者, 天地所私, 萬萬未有一人也. 故凡人壹死, 不復得生也.

고 있음을 반영한다. 한나라 말기 이후 선비들의 시와 부, 문집 등을 살펴보면 고달픈 삶에 대한 쓸쓸함과 슬픔을 노래한 작품이 끊이지 않는다. 진대晉代에 만들어진 『열자列子』「양주편揚朱篇」에는 양주가 한 말이 실려 있다.

> 온갖 물상의 다른 점은 살아 있는 모습이요, 같은 점은 이들이 모두 죽는다는 점이다. 살아 있는 모습을 보면, 현명한 자와 어리석은 자, 그리고 귀한 자와 천한 자, 이렇게 서로 다르다.
>
> 하지만 죽으면 모두 썩어 없어지나니, 이 점은 서로 같다. …… 십 년을 살아도 언젠가는 죽고 백 년을 살아도 언젠가는 죽는다. 어진 이도 죽고 성인도 죽으며 흉악한 사람도 죽고 어리석은 사람도 죽는다. 요와 순도 죽으면 썩어 문드러지고 걸과 주도 죽으면 썩어 문드러지나니, 이런 차이를 그대는 아는가?[27]

위진 시대 선비들은 죽음에 대해 피하지 않고 말했다. 이때 죽음은 어느 곳에서나 볼 수 있는 흔한 일이었다. 위진 시대를 살았던 사람들은 각자의 생명이 끝없이 긴 우주의 강 가운데 정말로 짧고 보잘것없음을 인식했으며, 따라서 그들은 언제나 생명에 대한 근심과 걱정에 잠겼다. 위진 시대 선비들은 특별히 삶을 슬프게 생각하고 느꼈다. 외계의 사물과 부딪치기만 하면 말할 수 없는 애수에 잠겼으며, 시들어 떨어지는 생명을 생각하고 죽음을 떠올렸다. 심지어 맑고 시원한 날씨에 따뜻하고 부드러운 바람이 부는 화창한 날 친구들의 모임에서도 그들은 짙은 우정과 아름다운 풍치에만 마음이 움직인 것이 아니라 쉬이 지나가는 짧은 생명에 대해서도 한탄했다.

---

27 萬物所異者生也, 所同者死也. 生則有賢愚, 貴賤, 是所異也; 死則有臭腐, 消滅, 是所同也. …… 十年亦死, 百年亦死. 仁聖亦死, 兇愚亦死. 生則堯, 舜, 死則腐骨; 生則桀, 紂, 死則腐骨, 孰知其異?

또 기쁨의 감정이 솟을 때도 버리기 힘든 생명에 대한 감정을 숨기지 못했다. 그 유명한『난정서』가 바로 대표적인 작품이다.

영화 9년(353년) 3일 3일, 왕희지王羲之, 사안, 손작 등 동진의 명사 마흔둘은 회계 난정蘭亭에 모여 '수계修禊'의 관습에 따라 아름다운 시냇가에 늘어 앉아 자기 앞으로 냇물을 따라 흘러온 술잔을 기울이며 즐거이 시를 읊었다. 왕희지의 『난정서』는 그림과 같이 아름다운 시적인 정취가 넘치는 모습을 기술했다. 이 글의 전반부는 난정을 둘러싼 우아하고 아름다운 환경과 친구들과의 모임, 그리고 술을 마시면서 시를 읊는 즐거운 심정을 묘사했다. 그런데 가없이 넓고 큰 우주와 자연 앞에서 그들은 자신의 생명이 너무 하잘것없고 짧다는 것을 깊이 깨닫고 삶의 종착을 생각하면서 한없는 슬픔이 자연스레 솟아남을 금할 수 없었다. 『난정서』의 뒷부분은 이렇게 말하고 있다.

난정蘭亭의 유적遺跡

그들이 접촉한 사물에 기쁨을 느낄 때, 잠시 우쭐대고 즐거워하며 만족하지만, 늙어 쇠약해질 날 곧 다가옴을 느끼지 못하는구나. 자기가 좋아하던 사물에 대하여 싫증을 느끼면 마음도 눈앞에 놓인 상황에 따라 변화하여 자기도 모르게 슬픔에 잠기게 될지니라. 이전에 즐겁게 느꼈던 일들도 금세 흘러간 먼 옛날의 일이 되어버리니 슬픔을 느끼지 않을 수 없구나. 더구나 사람의 수명은 하늘의 이치에 딸린 것이거늘, 결국 모든 것은 물거품일 따름이니라. 옛 사람은 '삶도 죽음도 큰일이구나!'라고 말했으니, 이 어찌 슬프고 가슴 아픈 일이 아니리요?[28]

작가는 빼어나게 아름다운 자연 풍광 속에서 삶과 죽음을 생각했다. 물론 우리를 슬픔에 빠뜨리는 이야기지만, 그들은 이런 슬픔에 빠지는데 그치지 않고 유한한 생명을 우주와 자연 속으로 융화시키려 한다. 그리고 한없이 넓은 세상과 무한한 우주로부터 삶의 의의를 깨닫고 있다. 『난정서』는 가벼운 기분으로 즐겁게 만난 문인들 이야기로 시작해 짧은 인생에 대한 한탄으로 전환하고 있으니, 생명에 대해 이미 가진 깊은 그리움과 아쉬움을 작가는 이렇게 표현했으며, 개인의 슬픔을 초월해 인류의 장구한 역사에 대한 각성에까지 이르고 있다. 생명 의식의 각성은 자아의식이 각성했다는 중요한 지표다. 생명 의식의 각성이 있어야만 인격의 진정한 완성과 독립을 추구할 수 있었던 것이다.

기약 없이 찾아오는 죽음은 마치 거대한 그림자처럼 위진 시대 선비들의 마음을 뒤덮었으며, 생활 속에서도 언제나 죽음에 대한 두려움과 삶에 대한 애착이 얽힌 복잡한 심리 상태를 드러내곤 했다. 그들이 즐겨 부른 만가輓歌는 바로 이런 심리 상태의 표현이었다.

만가란 죽은 이를 애도하는 노래이다. 처음에 만가는 상여를 옮기는 이들이 걸음을 맞추며 흥얼거리던 간단한 곡조였으나 뒷날 가사에 따라 고정된 장례곡이 되었다. 위진 시대에는 만가가 크게 유행해 몇몇 문인들은 만가를 부르며 이름을 날리기도 했다. 『세설신어』「임탄」에는 『속진양추續晋陽

28 當其欣于所遇, 暫得于己, 快然自足, 曾不知老之將至; 及其所之旣倦, 情隨事遷, 感慨系之矣! 向之所欣, 俯仰之間, 已爲陳迹, 猶不能不以之興懷, 況修短隨化, 終期于盡. 古人云; '死生亦大矣.' 豈不痛哉!

秋』를 인용하여 '양담羊曇은 노래를 잘 불렀고, 환윤桓尹은 만가輓歌에 능했으며, 원산송袁山松은 『행로난行路難』으로 이를 이었으니, 세상 사람들은 이들을 일러 삼절三絶이라 불렀다.'라고 일렀다. 양소통이 편찬한 『문선文選』에는 '만가'를 특별히 모아서 편집하고 있으니, 여기에는 무습繆襲, 육기, 도연명 등 여러 사람이 쓴 작품이 실려 있다. 이는 만가가 이미 위진 시대에 시의 형식으로 유행했음을 설명한다.

만가는 위진 시대 선비들이 세속적인 예법을 깔보고, 대담하고 혁신적인 것을 좋아하는 성격적 특징이 있었다. 그런데 수많은 노래 가운데 선비들은 무슨 까닭으로 만가를 유달리 사랑했을까? 그것은 위진 시대 선비들이 짧고 고달픈 삶 속에서 인생의 무상함을 깨닫고 슬픔과 고통 중에 만가를 부름으로써 고통을 덜고 마음의 균형을 유지할 수 있었기 때문이었다. 예컨대 육기는 『서인만가사庶人輓歌辭』에서 영구를 안장하는 장면을 세밀하게 묘사하면서 참으로 슬프기 짝이 없는 감정과 분위기를 돋을새김으로 드러낸다. 이 글에서 그는 '아비어미는 관 어루만지며 대성통곡하고, 형제자매는 영구를 바래며 흐느껴 우는구나.'[29] 하면서 '상엿소리는 영구 실은 수렛소리에 섞이고, 시끄러운 소리가 더욱 슬프게 하네.'[30]라고 노래했음이 『선진한위진남북조시先秦漢魏晋南北朝詩』「진시晋詩」권5에 기록으로 남아 있다.

영구를 묘지로 보내기 위해 부른 만가는 삶과 죽음에 대한 감정을 드러내 노래하기에 적합했다. 위진 시대 선비들이 만가를 부른 것은 상여가 묘지로 향하거나 영구를 안장할 때뿐만 아니라 유람을 가서도 불렀다. 『세설신어世說新語』「임탄任歎」에는 "원산송은 유람을 가면 곁에서 수행하는 이들에게 만가를 부르게 했다. 세상 사람들이 이르기를 '원산송은 길을 가면

---

29 父母拊棺號, 兄弟扶筵泣.

30 挽歌夾轂唱, 嘈嘈一何悲.

서도 장송葬送을 한다.'라고 했다."는 기록이 있다. '유람'은 원래 느긋하고 자유로운 일이다. 그러나 원산송은 오히려 슬프고도 마음 아픈 만가를 불렀으니, 대담하고 기발할 뿐만 아니라 더 중요한 것은 이것이 슬픔과 걱정을 떨쳐버리는 방식이라는 점이다. 만가가 사람의 마음에 슬프고 참혹할수록 근심과 걱정은 더욱 철저하게 발산되었다.

위진 시대 선비들의 자아의식이 각성함에 따라 그들의 삶과 죽음에 대한 생각에도 변화가 생겼다. 그들은 감히 죽음에 맞닥뜨려 목청을 돋우어 만가를 노래했다. 그런데 한번 죽으면 다시는 살 수 없는 것, 그래도 하늘이 무너지고 땅이 꺼지는 애통함에서 벗어나야만 했으니, 이미 간 자는 자연으로 돌려보내고 대자연과 하나가 되었다고 생각했다. 도연명의 『만가시3수輓歌詩三首』는 죽음 앞에서 한없는 슬픔과 고통으로부터 나온 격렬한 감정을 편안하고 고요함으로 되돌린 심적 상태를 표현하고 있다. 그 가운데 세 번째 노래를 보자.

> 황량한 초원 가없이 넓은데,
> 백양나무는 바람에 우수수.
> 으스스 추운 9월,
> 모두들 나를 저 먼 곳 성 밖으로 보내네.
> 사람 사는 곳 어디에도 없고,
> 높이 쌓아올린 무덤만 오래도록 서 있네.
> 말도 하늘 향해 슬피 울고,
> 나무들은 바람 따라 흔들리네.
> 무덤 문 한 번 닫히면,
> 천 년이 지나도 다시 열릴 리 없네.
> 천 년이 지나도 다시 열릴 리 없으니,
> 지혜로운 자도 어쩔 수 없네.

나를 메고 왔던 이들도,
이제는 모두 집으로 돌아가고,
친척들 몇은 아직 슬픔에 잠겼지만,
그들도 벌써 노래를 끝냈다네.
죽은 뒤엔 어디로 갈까,
이 몸뚱이 그저 산과 함께하리라!

荒草何茫茫，白楊亦蕭蕭.
嚴霜九月中，送我出遠郊.
四面無人居，高墳正嶕嶢.
馬爲動哀鳴，林風自蕭條.
幽室一已閉，千年不復朝.
千年不復朝，賢達無奈何.
向來相送人，各以歸其家.
親戚或餘悲，他人亦已歌.
死去何所道，托體同山阿.

이 시는 도연명이 살았을 때 자기를 위한 만가로 지은 것이다. 이 만가에서는 먼저 가을바람이 스산하게 부는 추운 9월, 상여를 멘 사람들이 먼 교외로 주검을 옮기고 있다. 참으로 가슴 아픈 순간이다. 말도 하늘 향해 길게 울며 하느님도 불공평하다고 한스러워하고 있잖은가? 그런데 저자는 그저 슬픔에만 빠지지 않고 죽음은 자연 법칙이니 두려워할 일이 아니라며 우리에게 이른다. '천 년이 지나도 다시 열릴 리 없다.'는 구절을 연달아 두 번이나 사용한 것은 결코 간단한 반복이 아니니, 죽은 자는 이미 떠나서 마침내 한 줌 흙으로 돌아간다는 자연의 이치를 강조한다. 마지막 몇 구절은 도연명이 편안한 마음으로 죽음을 바라보고 있음을 잘 표현하고 있다. '나를 메고 왔던 이들도, 이제는 모두 집으로 돌아가고, 친척들 몇은 아직 슬픔에 잠겼지만, 그들도 벌써 노래를 끝냈다네. 죽은 뒤엔 어디로 갈까, 이 몸뚱이 그저 산과 함께 하리라!' 이쯤 되면 상여를 묘지로 옮길 때의 슬픔은 보이지 않고, 사람들은 (사실은 도연명은) 죽음에 대한 인식이 점점 묽어지고, 어떤 이는 비록 '슬픔에 잠겨 있지만', 다른 이는 노래를 부르게 된다. 사람들이 성하고 쇠함이 끊임없이 잇달아 바뀌는 이치는 물론 삶과 죽음의 원리를 알았기에 가능한 생각이다. 사랑하는 사람을 영원히 볼 수 없으니 참으로 슬프지만 사랑하는 사람도 자연으로 돌아갈 것인즉, '이 몸뚱이 그저 산과 함께하는 것'도 삶의 필연적인 귀착이니, 아무리 슬픔에 잠긴들 무슨 소용 있으랴? 우리는 '다른 사람은 이미 노래를 끝냈다네.'라는 구절은 장자의 '북을 두드리며 노래를 부른 것'과 완전히 일치하지 않는다고 생각한다. 장자의 죽음에 대한 생각에는 상대적인 맛이 풍긴다. 소위 『장자庄子』「제물론齊物論」의 '어려서 죽은 아이보다 더 장수하는 자는 없고, 팽조彭祖[31]는 일찍 죽은 자가 된다.'[32]는 구절은 장수와 요절의 차이를 없앤 일종의 터무니없는 말이다. 그런데 위진 시대 선비들의 생명 의식의 각성으로 그들은 사람의 존재를 귀하게 여기고 사람의 감정을 소중히 여겼으며 감정이 있어야 희로애락이 있을 수 있다고 생각했을 뿐만 아니라 투철하고도 너그럽게 삶을 보았다. 그리하여 사랑하는 사람이 세상을 떠났지만 그들은 슬픔을 편안한 마음으로 맞았으며, 마음의 균형과 냉정함을 유지할 수 있었다. 이것이 바로 위진 시대 선비들의 품격 가운데 가장 빛나는 부분이라고 할 수 있다.

31 800년을 살았다는 전설의 인물.

32 莫壽乎殤子, 而彭祖爲夭.

(3) 약을 먹고 술을 흠뻑 마시는 풍조

위진 시대 선비들의 생명 의식에 대한 두드러진 각성은 삶에 대한 애착으로 나타난다. 그들이 약을 먹고 술에 흠뻑 취한 까닭은 바로 여기에 있다. 위진 시대 선비들이 약을 먹는 풍속은 하안이 앞장서서 이끌었다. 『세설신어』「언어」에 『한식산론』을 이렇게 인용하고 있다.

> 한식산 처방은 한나라 때 나왔지만 먹는 자는 적어서 전하는 바가 없다. 위魏나라 상서尙書 하안何晏이 처음으로 신비스러운 효험을 보자 세상에 널리 퍼지기 시작하여 이를 먹는 자가 잇달았다.[33]

하안이 앞장서서 먹은 한식산은 자석영紫石英, 백석영白石英, 적석지赤石脂, 종유석鐘乳石, 유황硫黃을 주성분으로 모두 열다섯 가지 원료를 배합하여 만들었다. 한식산은 질병을 치료하여 제거하고 수명을 더욱 늘리며 자태를 아름답게 가꾸어 주는 등 감각기관을 자극하는 효과가 있다. 한식산은 죽음을 두려워하면서 삶에 연연한 위진 시대 선비들 입장에서는 참으로 얻기 힘든 묘약이었다. 선비들이 약을 먹는 것은 모두 소중한 삶을 위해서였지만 구체적으로 두 가지 이유 때문이었다.

첫째는 질병을 다스리고 몸을 건강하게 해서 장수하려는 것이다. 예컨대 하안은 가무와 여색에 빠진 생활로 체력이 소진해졌지만 이 약을 먹은 뒤 마음은 탁 트이고 몸은 강해졌다. 혜강도 '언제나 천성을 함양하고 약을 먹으며 장수를 도모했다.'고 『진서』「혜강전」은 기록한다. 또 왕희지도 오래

33 寒食散之方雖出漢代, 而用之者寡, 靡有傳焉. 魏尙書何晏首獲神效, 由是大行于世, 服者相尋也.

살기를 피하여 도사들과 함께 각지를 돌아다니며 '약을 먹고 약초를 구하기 위하여 천 리를 마다하지 않았다.'고 『진서』「왕희지전」에 있다.

위진 시기에는 수많은 선비들이 약을 먹는 행렬에 참가했다. 그들이 약을 먹는 주관적인 희망은 장수에 있지만, 약을 먹은 뒤 강렬한 약물반응과 잘못된 뒤처리로 후유증을 남겼으며, 심지어 목숨을 잃기도 했다.

예컨대 황보밀의 경우가 그랬다. 그는 갖가지 학설에 두루 정통했으며 '훗날 풍습성 관절염에 걸렸으나 여전이 손에서 책을 놓지 않았다.'고 한다. 진晉의 무제武帝는 그를 도성으로 불러 벼슬을 주려고 했으나 벼슬길에 마음이 없었던 황보밀은 간절하게 소를 올려 자기의 형편을 아뢴다. 그 가운데 그가 약을 먹은 뒤처리를 맞갖게 하지 못해 말할 수 없는 고통에 시달리며 이제는 거의 불구가 될 지경이 되었다는 말도 있다. 또 그는 '한식산을 먹고 지켜야 할 바를 어겨서 그 해독으로 고통을 당하기 하마 일곱 해가 되었나이다. 한겨울에도 맨몸으로 얼음을 먹으며 더위에는 거북하기 짝이 없는데다 기침까지 하여 학질에 걸린 듯 열병에 걸린 듯 하고 부종浮腫으로 온 몸이 쑤시고 무겁나이다.'라고 아뢴다. 황보밀은 몸만 극도로 망가진 게 아니라 마음도 말할 수 없이 황폐해지고, 정서가 극도로 불안정해서 스스로 목숨을 끊으려고 했으나 숙모 때문에 뜻을 이루지 못했다는 기록이 『진서晉書』「황보밀전皇甫謐傳」에 전한다.

약을 먹고 당하는 고통이 크고 위험해도 잘만 다스리면 정신을 맑게 하고 말로는 형용할 수 없는 쾌감을 주었기에 약을 먹는 이가 많을 수밖에 없었다. 게다가 몇몇 선비들은 약을 먹으면서 변화무쌍하고 예측하기 힘든 정치의 소용돌이 속에서 자신을 보호하고 허물을 숨기기 위한 방편으로 삼기도 했다.

서진 말에 일어난 팔왕의 난 때, 왕융은 이 다툼 속으로 말려들까 겁이 나서 '거짓으로 약을 먹고 취한 체하며 변소에 빠져서 화가 미치지 않았다.'는 이야기가 『진서晉書』「왕융전王戎傳」에 기록으로 전한다. 그리고 『진서晉

書』「하순전賀循傳」에는 동진 진민陳敏의 난 때 나라님의 조서라며 하순賀循을 단양丹陽 내사內史에 명했으나, 하순은 두려움에 '다리도 성하지 못한데다 손도 붓을 잡지 못하며 한식산을 복용한 뒤 맨몸으로 지낸다며 사의를 표명하자 진민도 마침내 더는 위협하지 않았다.'는 기록이 있다. 약의 복용은 몸을 건강하게 하고 화를 피하는 작용을 했지만 그 때문에 선비들이 치러야 할 대가도 컸다. 그들은 거의 구사일생의 위험을 무릅쓰고 약을 먹었다. 이런 점은 어떤 면에서는 어지러운 세상을 살면서 생명에 대한 갈구와 마음의 왜곡을 반영한다.

술도 위진 시대 선비들의 강렬한 생명 의식의 구체적인 모습이다. 술은 위진 시대 선비들의 생활에서 떼려야 뗄 수 없는 존재였다. 일상생활이든 친구들과의 모임에서든 술은 없을 수 없었으며 약을 먹는 것도 술과 관계가 있었으니, 한식산을 복용한 뒤엔 약의 독성과 에너지를 발산시키기 위해 고급 독주를 마셔야 했다. 게다가 날마다 몇 차례나 술을 마셔서 몸은 줄곧 약간 취한 상태를 유지해야 했다. 위진 시대 선비들 사이에 음주가 성행하고, 술에 대한 광적인 열기, 술에 대한 시문詩文이 많은 것은 모두 예전엔 볼 수 없었던 일이었으니, 이미 4장에서 소개한 바 있다. 여기서 강조하는 바는 위진 시대 선비들이 술로 실현하려는 것은 바로 생명 의식이었다는 점이다.

한말 이후 사회는 불안하게 요동치고 선비들의 생존 환경은 악화되었다. 그러자 그들은 짧은 생명, 쉽게 사라질 인생에 대해 깊이 생각하며 다시는 오지 않을 인생에 매우 강렬한 미련을 가졌다. 동시에 그들은 신선이 되려고 양생하며 약을 먹었지만 결국은 죽음의 신을 향해 나아가야 한다는 사실을 의식하게 되었다. 그러나 술로 죽음의 공포로부터 잠시나마 벗어날 수 있었다. 이것은 바로 술이 가진 마취 작용이 다른 어떤 것에도 없었기 때문이었다.

위진의 난세에 살았던 선비로 말하면, 술은 공기나 물과 마찬가지로 중요했다. 그 많은 이들이 보기에 술만 있으면 한 평생을 즐길 수 있었던 것이다. 예컨대 공융은 '찾아오는 손님이 항상 가득해도, 항아리에 술만 있으면, 나는 걱정 없어라.'[34]라고 했다는 기록이 『후한서』「공융전」에 있다. 또 『진서』「혜강전」에는 혜강이 '탁주 한 잔에, 노래 한 곡 타니, 내 바람은 더할 것 없어라.'[35]라고 노래했다는 기록이 있다. 게다가 『세설신어』「임탄」에는 장한이 '죽은 뒤 이름을 날리느니, 지금 이 자리의 술 한 잔이 낫네.'[36]라고 말했으며, 필탁은 '한 손엔 게의 집게발을 들고, 다른 한 손엔 술잔을 들고, 술독에 빠져 헤엄치더라도, 한 평생 만족하리라!'[37]라고 했으며, 왕침王忱도 '사흘을 마시지 않으면, 몸과 마음이 서로 떨어져 있는 것 같다.'[38]고 했고, 왕효백王孝伯은 '이름난 선비는 기이한 재주가 필요 없다. 그러나 일이 없을 때면 언제나 마음껏 술을 마시고 『이소』를 숙독하면 이름난 선비라 일컬을 수 있느니라.'[39]라고 했다는 기록들이 있다.

위진 시대 선비들이 이처럼 술에 푹 빠진 것은 술이 그들의 생활에 적잖이 교묘한 작용을 했기 때문이다.

첫째, 자기 개성을 내세워 속되지 않음을 드러냄

위진 시대 선비들은 자아의식이 매우 강하고 기발해 새로운 주장을 내세워 자기의 뛰어난 바를 과시하기를 좋아했다. 그리하여 수많은 선비들이

---

34 坐上客恒滿, 樽中酒不空, 吾無憂矣.

35 濁酒一杯, 彈琴一曲, 志意畢矣.

36 使我身後有名, 不如卽時一杯酒.

37 一手持蟹螯, 一手持酒杯, 拍浮酒池中, 便足了一生.

38 三日不飮酒, 覺形神不復相親.

39 名士不必須奇才. 但使常得無事, 痛飮酒, 熟讀離騷, 便可稱名士.

행동거지를 기괴하고 세속에 얽매이지 않고 대범하게 했으며 세상의 예법을 우습게 알았다. 술은 이름난 선비들의 풍격을 드러내고 개성을 돋보이게 할 수 있었다. 이리하여 유령은 '죽으면 당장 나를 묻어라.'라고 말하며 마셨고, 완적은 '예순 날을 흠뻑 취하도록' 마셨으며, 필탁은 한밤에 남몰래 친구 집에 들어가 술을 훔쳐 마셨으며, 호무보지胡毋輔之 등 팔달은 밤낮 벌거벗고 술을 마셨으며, 심지어 완함阮咸 등 몇 명은 돼지와 함께 술을 마시기도 했다. 완적阮籍과 유령처럼 이런 기괴한 음주 방식으로 마음에 쌓인 고민을 술로 씻어내려는 이들이 더 있었다. 『세설신어』「임탄」에는 "왕효백이 왕대王大에게 '완적을 사마상여와 견주면 어떠냐?'고 묻자, 왕대는 '완적은 마음속에 불평과 불만이 엉켜 있기에 술로 씻어내야 합니다.'고 대답했다."는 구절이 있다. 또 다른 이는 방탕한 몸뚱이로 향락만을 일삼으면서 개성을 드러낸다고 했지만 그 품격은 완적이나 유령과는 전혀 달랐다.

둘째, 인생을 마음껏 즐기면서 자유롭게 감정을 토로

위진 시대 선비들은 인생이란 짧지만 고달프다고 생각하며 술에서 고통을 잊고 즐거움을 얻을 수 있다고 믿었다. 그리고 술이야말로 삶에 밀도를 더한다고 생각했다. 위진 시대에는 현학이 유행했으며, 현학의 사유 방식은 술에 새로운 의미를 부여했다. 현학은 '귀무貴無'를 소중히 여겼다. 천지 만물이 생성된 모체는 '무無' 또는 '도道', 즉 혼돈이라고 생각했다. 그것은 형태가 없는 것으로 보이거나 만져지지도 않지만, 이 우주 안에 있는 모든 사물은 여기서 나왔거나 그것이 주재해 마침내 도에 이르러야 한다고 여겼다. 신비로운 이 자체는 모든 사물 가운데 존재하지만 그 존재를 우리의 감각 기관으로 느끼거나 증명할 방법이 없다. 직관으로만 파악해야 한다.

그런데 술을 마신 뒤에는 말로 형용할 수 없는 몽롱함에 빠지게 된다. 이런 기분은 그들이 이해하고 있는 현학의 본체인 '무'인 '자연'에 매우 근접된 상태이다. 천지 만물이 나와 하나가 된 이런 기분 속에서 인간은 잠시라도 규범의 속박에서 벗어나 본능적인 충동, 생활에서 겪는 은원恩怨, 정치적 시비 따위를 모두 잊고 온 우주와 혼연일체가 되어 하늘하늘 신선이 되는 자기 존재 속에서 생명의 고귀함을 느끼게 된다. 현학의 이성은 술을 마신 뒤의 몸과 마음의 느낌과 하나가 될 뿐만 아니라 술을 마시는 기풍까지 촉진시켰다. 게다가 어느 정도 우주와 사회 그리고 생명에 대한 이해를 깊게 했으며, 깊이 생각해 시비를 가리는 힘을 높였다. 동진의 왕온은 '술이야말로 우리를 몽롱한 가운데 자기 자신을 잊게 한다.'고 했으니, 여기서 '자기 자신을 잊는다.'는 말은 자기 생각이 높은 경지에 이른다는 뜻이다. 왕회도 '술은 정말로 사람을 경승지로 이끈다.'고 했다. 경승지란 뭐라 표현할 수 없을 만큼 아름답고 묘한 경지이다. 왕온과 왕회가 앞에서 한 말은 모두 『세설신어』「임탄」에 기록으로 남아 있다. 인생의 즐거움이 이렇게 모두 술 속에 있다는 말들이다.

셋째, 재앙을 일부러 피하기 위함

위진 시기에는 아직도 수많은 선비들이 명성을 얻으려 하지 않고 은거하며 제 몸을 보전하는 방편으로 술을 선택했다. 한말 이래 악화된 생존 환경으로 선비들의 마음속에 곤혹과 두려움이 자리 잡았다. 이때 술로 마음의 긴장을 해소시켰으며, 정치상의 시비가 일으키는 말썽에서 벗어나 자신을 보전하고 숨길 수 있었다.

『진서』「완적전」에는 '위魏에서 진晉으로 바뀌는 시기에 세상엔 여러 가지 일들도 많아서 이름난 선비들 가운데 온전한 자가 많지 않았다. 이런 까닭으로 완적은 세상일에 간여하지 않고 늘 취하여 살았다.'는 기록이 있다. 또 '종회鍾會는 몇 번이나 당시의 사건에 대하여 그의 의견을 물었다. 그의 대답을 핑계 삼아 죄를 내릴 생각이었던 것이다. 그러나 그는 언제나 술에 한껏 취하여 화를 모면했다.'는 기록도 있다.

『진서晉書』「완유전阮裕傳」에는, 동진 초에 완유는 대장군 왕돈의 부름을 받았으나, 완유가 보기에 왕돈에게는 '나라님에게 복종하지 않으려는 마음'이 있음을 알아차리고는 온종일 술을 마시고 취하여 그 직책을 맡지 않았다는 기록이 있다. 같은 책 속의 「고영전」에는 고영이 제왕 사마경의 주부主簿가 되었으나, '사마경이 권력을 독차지하며 오만하고 방자한 모습을 보이자 고영은 화가 자기에게 미칠까 두려워하며 온종일 정신을 잃도록 술을 마시며 일을 보지 않았다.'고 기록하고 있다. 고영은 훗날 중서시랑中書侍郞에 올랐다. "그 자리에 오르고 나서 다시는 술을 마시지 않자 어떤 이가 '전에는 취했는데 지금은 깨어난 까닭이 뭐요?'라고 묻자 고영은 덜컥 겁이 나서 다시 술을 마시기 시작했다."는 기록도 있다. 완유와 고영은 모두 권세 있는 자 아래서 일했으나, 윗사람의 음모와 마음대로 휘두르는 권력에 말려 그 손아귀에서 빠져나올 힘도 방법도 없자 술을 한껏 마심으로써 재앙을 피했다. 더욱이 고영은 '전에는 취했다가 훗날 깨어나서는 다시 술을 더욱 마시는 방법'을 반복하는 방법을 몸으로 실현한 전형적인 인물이 되었다.

이상 세 가지 점을 훑어볼 때, 위진 시대 선비들에게 술의 교묘한 쓰임은 사실 진정한 '자아'를 찾는 것이었다. 이것은 바로 자아의식이 각성했음을 설명한다. 그런데 술의 작용은 결국 유한해서 잠깐이면 끝나고 만다. 술이 깨고 나면 눈앞에는 여전히 냉혹한 현실이 자리 잡고 있다. 이것은 그들이 아무리 해도 벗어날 수 없는 것이기에 술에서 깨어나면 여전히 곤혹과 두려움에 빠질 수밖에 없었다. 완적은 온종일 깊이 취하여 사마 씨의 굴레를 매번 피하며 요행히도 목숨은 부지했지만 지나고 나면 떨리는 가슴으로 몸과 마음이 모두 두려워 생기를 잃곤 했다. 그는 『영회시』에서 이렇게 노래했다.

두려움이 잠깐이라고 하지만,

마음은 소문 따라 흔들리네.
한 평생 살얼음 밟았으니,
타는 내 가슴 그 누가 알리요?

但恐須臾間,
魂氣隨風飄.
終身覆薄氷,
誰知我心焦?

술로 재앙을 벗어나 자기를 보호하려는 것은 그저 인격의 전도顚倒만 가져올 뿐이었다.

이제 도연명과 술에 대하여 살펴보자. 도연명은 술과 특별한 인연을 가진 선비로 '남산인격南山人格'의 모습과 일치하니, 그가 술을 마시는 것은 신경을 마취시켜 정신없이 취한 가운데 재앙을 모면하거나 흐리멍덩하게 취한 상태에서 세상을 보내며 한껏 즐기려는 것이 아니었다. 그는 솔직 담백하여 명예와 이익을 가벼이 여겼으며 시대사조인 현학을 자기의 사상과 생활 속에 교묘하게 융합하여 외물外物과 자아自我의 한계에 관통했다. 이리하여 자연의 기운을 자신의 영혼에 부었으며, 더구나 자신의 느낌과 깨달음으로 세상을 바라보았다. 그는 정신적인 자유를 얻고 인격의 완성에 이르렀을 뿐만 아니라 생명에 대한 의식에 대해서도 진정한 깨달음에 도달했다. 그는 『음주飮酒』7에서 이렇게 읊었다.

잔 하나로 비록 나 홀로 마셔도,
잔 비우니 술 항아리도 비어가네.
해 지자 온갖 물상 움직임 멈추고,
새들도 숲속 둥지로 돌아와 우는구나.

동쪽 툇마루 아래에서 휘파람 부니,
새삼 참 삶을 알겠네.

一觴雖獨進, 杯盡壺自傾.
日入群動息, 歸鳥趨林鳴.
嘯傲東軒下, 聊復得此生.

이 시를 읽으면 그의 거리낌 없이 평온한 마음과 상쾌한 기분, 생명 의식의 약동을 느낄 수 있다. 사람들은 도연명의 시에는 '작품마다 술이 있다.'고 말하지만, 도연명의 시에서 노래한 술은 사람을 곤드레만드레 취하게 하여 괴이한 행동을 하게 하는 술이 아니라 한 잔 마신 뒤에 드러나는 한없이 맑고 깨끗한 천성을 노래한 술이다. 『송서宋書』 본전本傳은 이렇게 말하고 있다.

> 그는 음악을 잘 몰랐지만 아무런 장식도 없는 거문고는 가지고 있었다. 거문고에 현絃이 없어도 적당하게 취하기만 하면 거문고를 어루만지며 제 뜻을 기탁하곤 했다.[40]

이어지는 이야기는 다음과 같다.

> 지위는 높으나 자리를 낮추려는 이들이 그가 있는 곳으로 오면 술부터 차렸다. 도연명은 취하기만 하면 손님들에게 이렇게 말하곤 했다.

---

40 不解音聲, 而畜素琴一張, 無弦, 每有酒適, 輒撫弄寄其意.

"난 취했으니, 잠이나 자야겠소. 그대들은 이제 가도 좋소."[41]

이야말로 취한 뒤 드러난 솔직하고 진실한 도연명의 품격이 아니라고 누가 말할 것인가! 위진 시대 선비들이 마음껏 술을 마시는 모습에서 우리는 그들의 생명의식에 대한 각성은 물론 그들의 서로 다른 품격도 감지할 수 있다.

(4) 남이 뭐라던 자기 방식대로 살고자 하는 생활 태도

위진 시대 선비들의 자아의식이 각성하면서 그들의 생활 태도에도 뚜렷한 변화가 일어났다. 이러한 변화로 선비들이 유교의 가르침에 대해 고개를 끄덕이던 모습이 사라지고 유가에서 설정한 이상적인 인격을 더 이상 추앙하지 않았다. 참혹한 정치 투쟁과 통치자의 고압적인 다스림에 선비들은 살아남기가 참으로 힘들다는 것을 느꼈다. 『진서晉書』「속석전束晳傳」에는 '충성은 제 몸을 온전히 보존해 주지 못하고, 재앙은 앞날을 예측해 주지 못하느니라.'[42]라는 구절이 있다.

앞날에 대한 비관과 실망은 선비들의 주류 사상이 되었다. 양한 이래 나라님을 섬기고 나라님의 은혜에 보답해야 한다는 생각과 '지조와 절개'에 대한 관념은 점차 엷어졌다. 이때 현학 사조의 유행으로 선비들의 삶에 대한 생각은 노장의 무위자연을 향해 기울었으며 '달생임성達生任性'[43]의 궤도로 향했다. 어떤 학자는 위진 시대 선비들의 인생관을 무위론無爲

---

41 貴賤造之者, 有酒輒設, 潛若先醉, 便語客: '我醉欲眠可去.'

42 忠不可以衛己, 禍不可以預度.

43 삶에 통달하여 구속됨이 없이 본성에 따라 멋대로 행동함. '달생達生'은 『장자』 '달생편'에 나오는 말.

論, 과욕론寡欲論, 종욕론從欲論, 낙생론樂生論, 안명론安命論 등 여러 가지로 설명했다(장상하오張祥浩 지음, 『위진 선비들의 인생관 연구魏晋士人人生觀探討』, 중국철학사연구, 1984년 제4기). 사실 위진 시대 선비들의 인생관의 중심 문제는 '욕欲'이니, '욕'을 버리든 제멋대로 따르든 그들은 모두 자신을 위해 눈을 기울였다. 요동치는 사회에서 자기 목숨도 보전하기 힘든 형편에서 '나라님을 위한 삶'은 '자기 자신을 위한 삶'으로 변했으며 양한 이후 굳어진 삶에 대한 이론은 깨졌으니, 이것은 인간이 각성했다는 의미이며 어느 만큼은 진보가 있었다는 말이다. 사실 이렇게 서로 다른 인생관은 위진 시대 선비들이 삶 속에서 자기 뜻에 맞는 생활을 추구했다는 의미이기도 하다. 산림에 파묻혀 은거하는 선비들의 '과욕寡欲'은 그들이 자기 뜻에 맞게 생활했음을 말한다. 또 명문 귀족 자제들의 '절제하지 않는 생활'도 그들의 뜻에 따라 생활했음을 뜻한다.

『세설신어世說新語』「서일棲逸」의 기록을 보자.

> 광록光祿 완유阮裕는 동산에서 여유 있고 느긋하게 살면서 마음도 항상 만족했다. 바로 이때에 어떤 사람이 우군右軍 왕희지王羲之에게 그 까닭을 묻자 왕우군은 이렇게 대답했다.
>
> "이 분은 이제껏 이해득실과 영욕에 개의치 않았소. 설령 옛날 은사라 해도 겨우 이 분과 같았을 것이외다!"[44]

같은 책「용지容止」에는 양조梁祚의 『위국통魏國統』을 인용해 유령에 대하여 말하고 있다.

---

44 阮光祿(裕)在東山, 蕭然無事, 常內足于懷. 有人以問王右軍(羲之), 右軍曰: '此君近不驚寵辱, 雖古之沈冥, 何以過此!'

제멋대로 마구 놀아났으며 유유하게 홀로 막힘이 없이 언제나 스스로 만족하여 온 우주가 좁은 듯이 행동했다.[45]

이렇게 만족하고 유쾌하게 생활한 것을 보면 그들이 인생을 스스로 만족하면서 살려는 의도를 쉽게 읽어낼 수 있다. 외재한 일의 성취를 추구하던 이들이 내재한 욕구에 자족하는 모습을 보인다는 것은 생명에 대한 가치의 방향이 자기에게 기울었다는 말이다.

위진 시대 선비들이 제 마음과 뜻에 따른 인격과 정신을 받들고, 그들의 생활 속에서의 행동이 보통 사람들이 보기엔 사리에 맞지 않았지만 그들은 오히려 익숙해져 예사롭게 여겼으니, 그 까닭은 자기 뜻에 맞았기 때문이었다.

예컨대 손통 같은 이는 자연 속에 노닐기를 좋아하여 어느 곳에 가든 신나게 놀았다. 언젠가 유람에서 돌아오는 길에 아직도 들뜬 기분이 채 가시지 않은 느낌이라 갑자기 오던 길을 다시 돌아가 즐겼다는 이야기가 『세설신어』「임탄」에 기록으로 남아 있다. 친구와 사귀는 데도 이와 같아서 '혜강과 여안呂安은 사이가 좋았는데, 그리울 때면 천 리를 마다하지 않고 수레를 준비하라고 명했다.'라고 『세설신어』「간오」에 기록이 있다.

또한 『세설신어世說新語』「임탄任誕」에는 왕자유가 눈 내리는 밤에 친구를 찾아간 이야기가 실려 있다. 왕자유는 눈보라가 몰아치는데도 하룻밤이나 걸리는 길을 달려 친구를 찾아 간다. 그러나 문 앞에 이르자 들어가지 않고 발길을 돌린다. '흥이 다했다.'는 것이 이유였으니, 참으로 '자기 마음에 따라 행동한 것'이라 할 수 있다. 왕자유의 행동은 비록 일반적인 도리

45 肆意放蕩, 悠焉獨暢, 自得一時, 常以宇宙爲狹.

걸어서 명승지 유람하기

에는 좀 어긋나는 점이 있어도 자연스럽고 솔직하여 조작한 느낌이라곤 전혀 없다. 오히려 위진 시대 선비들은 내재한 정신에 기탁하기를 소중히 여겼으며, 그들의 호방하고 숨김이 없는 사람 됨됨이와 품격을 드러냈다 하겠다.

'자기 뜻에 맞는 것을 소중히 여긴다.'는 말은 나를 중심으로 문제를 해결하고 처리하려는 자세이며, 남이 무어라하든 내 방식대로 살고자 하는 생활 태도로서 외재의 표준을 전혀 고려하지 않는다는 말이다. 이런 점은 필연적으로 유가의 도덕관념이나 예법, 세속적인 의식과 충돌을 일으키게 마련이니, 이것은 남녀 사이의 관계를 표현한 글 가운데 더욱 두드러진다.

남녀 사이의 규율과 경계가 엄격했던 봉건 시대에 수많은 계율과 관념은 남녀 사이의 정상적인 왕래를 속박했지만 위진 시대 선비들은 오히려 대담하게 남녀 사이를 둘러싼 제한과 속박을 깨뜨리며 이 금단의 영역에 맑고 깨끗한 공기를 몰아넣었으니 참으로 정신이 번쩍 들게 하는 일이 아닌가!

예컨대 완적이 안면도 없는 이웃집 여자의 장례에 목을 놓아 우는 것이 형수와 이별하는 듯 솔직하고 진실하여 어떤 이가 그를 비웃으며 비꼬자, 완적은 '예법이란 것이 어찌 우리만을 위하여 있단 말이냐!'라고 말했다 한다. 『세설신어』「임탄」에는 또 '완적의 이웃에 아리따운 용모를 가진 어떤 부인이 술집을 했다. 완적은 왕안풍王安豊과 함께 걸핏하면 이곳으로 가서 이 부인과 함께 술을 마셨다. 언젠가 완적이 취하여 이 부인 곁에 잠이 들었다. 부인의 남편이 처음엔 의심하였으나 살펴보니 완적에게 다른 뜻이 없음을 알았다.'는 기록이 있다.

위진 시대에는 '제 뜻대로 사는 것을 중히 여기는' 사회적인 풍조에 따라 여성도 적적함을 달가워하지 않고 전통적인 도덕과 예절을 용감하게 깨뜨리고 자기의 사상과 감정을 대담하고 솔직하게 표현했으며 자기만의 아름다움을 드러내 보였다. 그들은 자기의 감정에 따라 행동했으며 남녀 사이의 차이에 개의치 않았다. 『세설신어世說新語』「혹닉惑溺」의 기록을 보자.

> 안풍후安豊侯 왕융王戎의 아내는 왕융을 '경卿'이라고 부르곤 했다.[46] 그러자 왕융은 자기 아내에게 이렇게 말했다.
>
> "당신이 남편을 '경'이라고 부르는 것은 예절로 보아서도 존경하는 말이 아니오. 이제부터는 그렇게 부르지 마시오."
>
> 왕융의 아내는 남편의 이 말에 이렇게 받았다.
>
> "서로 친하고 사랑하니까 경을 경이라 부르는 게 아니오. 내가 경을 경이라고 부르지 않는다면 누가 경을 경이라 부르겠소!"
>
> 왕융의 아내는 누가 무어라 하든 개의치 않고 아예 이렇게 불렀다.[47]

왕안풍의 아내는 예절과 도덕의 규범을 완전히 무시하고 자기 마음대로 '경卿'이라고 남편을 스스럼없이 불렀다. 이는 그녀가 남편에 대한 사랑

---

46 상대방을 '경'이라고 부르는 것은 동년배끼리 친숙함을 표시하기 위한, 예법에 구속되지 않는 호칭.

47 王安豊婦, 常卿安豊. 安豊曰: '婦人卿婿, 于禮爲不敬, 後勿復爾.' 婦曰: '親卿愛卿, 是以卿卿, 我不卿卿, 誰當卿卿?' 遂恒聽之.

을 '경'이라는 낱말로만 표현할 수 있다고 생각했기 때문이었으니, 어찌 다른 사람들이 이러쿵저러쿵하는 말을 걱정할 것인가? 왕안풍의 아내가 '경'이라고 남편을 부른 일은 그녀가 대담하게 사랑을 추구했다는 말이며, 그녀와 남편과의 삶이 멋으로 가득했음을 반영한다.

요컨대 '자기 뜻대로 사는 삶이 멋지다.'는 위진 시대 선비들의 삶에 대한 방식에서 우리는 자아의식의 각성을 엿볼 수 있으며, 동시에 삶에 대한 이런 생각이 선비들의 생활을 다양화시킴은 물론 개성적으로 만들었으니, 참으로 멋진 일이 아닌가!

마땅히 지적해야 할 것은, 위진 선비들의 각성에는 한도가 있었으니, 그들은 단지 사회에서 그들이 마땅히 해야 할 의무 외에도 '자기 뜻에 맞는 것을 소중히 여기는' 생활을 추구했으며 생활은 멋과 흥미도 있어야 한다고 생각했다는 것이다. 또 공적인 사회생활 외에도 자기의 정신세계와 생존공간이 있어야 한다고 믿었다. 그러나 각자는 마땅히 사회에서 주체가 되고 사회의 목적이 되어야 하며 대다수의 개인의 요구에 따라 사회를 개조해야 한다고는 생각하지 못했다. 인문학 이론 가운데는 '사람이 목적이다.'라는 명제가 있다. 문화란 사람에 의해 좌우되고 사람을 위해 창조되었으며, 사람과 문화 사이에는 서로 창조하고 선택하는 관계에 있다고 생각한다. 그러나 근본적으로 문화가 사람을 창조하고 선택하는 것이 아니라 사람이 문화를 창조하고 선택한다. 사람이 목적이고 문화는 도구이다. 도구는 목적에 부합해야 하고 문화는 사람에게 복종해야 한다. 목적을 떠나 도구의 우열을 판단할 수 없으며 사람을 떠나 문화의 옳고 그름을 판단할 수 없다. '사람이 목적이다.'는 명제는 대다수 사람들을 위한 목적으로 구체화되었을 때만 의의가 있다. 위진 시기 선비들의 각성은 개인의식의 각성이었지 개인의 주체의식의 각성은 아니었기 때문에 이런 각성은 사회 개조의 의의는 지니지 못했다.

전반적인 추세로 볼 때, 위진 시대 선비들의 사회 참여 의식은 갈수록 희박해져 세상을 피해 숨어사는 이도 점점 많아졌으며, 벼슬을 하는 이도 제 할 일을 멀리한 채 몸은 벼슬길에 있지만 마음은 은자의 삶을 고상하게 여겼다. 이런 현상의 원인은 여러 가지다. 명문세족의 세력이 팽창하자 그들의 관심은 조정과 국가의 이익보다는 가족의 이익에 쏠렸으며, 현학의 유행은 수많은 선비들을 실현되지도 않을 쓸 데 없는 이야기에 열중하게 했으니, 이것도 위진 시대 선비들의 절조가 모자라고 품격이 낮은 원인으로 언제나 지적받고 있다. 하지만 시각을 달리해 보면, 위진 시대 선비들이 정치와 일정한 거리를 두었던 것은 악화된 그들의 생존 환경과 직접적인 관계가 있다. 그들은 정치적 원한으로 인하여 쉴 새 없이 이루어지는 살해와 박해 속에서 정치투쟁의 잔혹함과 한없이 짧은 인생을 알게 되었다. 그리하여 그들은 생명을 소중히 여기며 삶을 마음껏 즐겨야 함을 깨달았다. 또 인성人性을 속박하는 유가의 도덕은 미워했으나 노장의 자연스럽고 꾸밈이 없는 인격은 숭상했다. 가치 지향과 생활 방식에서도 그들은 공명과 이익 중시에서 경시하는 쪽으로, 그리고 세상에 적극적으로 뛰어들려는 데서 속세를 초월하기를 간절히 바라는 쪽으로 나아가기를 간절히 바랐다. 따라서 그들은 거침없는 행동으로 자기 자신을 드러냈으며 생활에서의 멋도 다양해졌다. 또 진솔하고 자연스럽고 세속에 얽매이지 않는 삶의 모습을 추구했다. 이것이 바로 '위진 시대의 풍격'이었다.

이렇게 볼 때, 위진 시대 선비들의 정치 참여 의식과 공명을 향한 진취적인 기상은 점차 사라졌지만 개인의식은 오히려 각성했다고 볼 수 있다. 이런 점에서 우리는 위진 시대 선비들의 개인의식의 각성을 시대적인 진보라고 생각해야지 '인격의 위축'이라고 보면 안 된다. 선비들의 정치 참여 의식을 지나치게 강조한 기존의 글들에서는 정치에 대한 열정이 넘치지 않는 선비는 선비로서의 자격이 없다고 여겼다. 사실 봉건시대에 숱하게 벌어졌던 이른바 '정치투쟁'은 서로 다른 정치 집단이 권리와 이익을 두고 벌인 투쟁이었다. 단지 선비들은 여기에 휩쓸려, '치국평천하治國平天下'라고는 하지만 사실은 희생 제물이 되었으니, 위진 시대에 피살된 그 많은 선비들이 명확한 증거가 아니겠는가? 흉악한 정치 투쟁의 소용돌이에 휩쓸려 빠져 죽기보다 자신의 안전과 제 뜻에 맞는 생활을 찾고 자기만의 정신적인 뜰을 지키는 것이 훨씬 낫다고 여겼으니, 이것이 바로 위진 시대 선비들의 자아의식의 각성이다.

이제 '5·4' 시기 사회를 휩쓴 신사조를 이야기해야겠다. 5·4시기에 사람들은 봉건제도와 봉건가족의 속박, 인성의 압박에 반대하는 동시에 '개인의 자유'라는 구호를 내걸었다. 리다자오李大釗는 1919년 7월 1일에 쓴 『나와 세계』에서 이렇게 호소했다.

> 지금 우리들이 요구하는 것은 해방된 나, 자유로운 나입니다. 그리고 사람들이 서로 사랑하는 세계입니다. 나와 세계 사이에 있는 가정, 계급, 그리고 문벌 따위는 모두 진보를 가로막고 생활을 번거롭게 하기에 마땅히 버려야 할 것입니다. 우리는 나라를 사랑하는 운동보다는 사람을 사랑하는 운동을 더 소중히 여겨야 합니다.

봉건의 족쇄에서 벗어나기 위하여 '5·4' 시기는 가장 큰 목소리를 쏟아냈으니, 루쉰이 『상서傷逝』에서 '나는 나 자신의 것일 뿐이다. 그 누구도 내 권리를 간섭할 수 없다.'라고 한 말은 바로 자아의식의 각성인 셈이다. '5·4' 신문화 운동을 적극적으로 주장하고 널리 알린 후스胡適도 『입센주의』에서 '개인의 천성을 꺾으며 자유로운 발전을 막는 것보다 더 큰 사회적 죄악은 없다.'고 말했다.

'5·4' 시기와 위진 사회는 차이점이 참으로 많기는 하지만 개인의식의 각성이라는 문제는 함께 갖고 있다. 개인의식의 각성은 사회를 개조하는 데 직접적인 작용이 없을 수도 있다. 그러나 개인의식의 각성은 사회와 민족과 국가와 가족이 존재하고 발전하는 전제이자 기초이기에 위진 시기 사람들의 각성은 높이 평가할 일이지 말살할 일은 결코 아니다. 개인의식이나 자아의식의 각성은 마땅히 강조되어야 한다. 이런 각성은 설령 한계가 있다 해도 중국 고대 선비들의 형상과 인격 형성에 커다란 작용을 했으며 중국 선비들의 발전에도 깊은 영향을 끼쳤기 때문이다.

2. 위진의 은사와 그 품격

벼슬살이와 은거하는 삶은 중국 고대 선비들 생활의 중심 내용이었다. 벼슬살이와 은거하는 삶은 유가와 도가의 서로 다른 인생철학에 뿌리를 두고 있다. 벼슬길은 바로 '치국평천하治國平天下', 곧 유가에서 말하는 이상적인 인격을 실현하는 것이었다. 이와는 달리 벼슬길에서 물러나 자연에 묻혀 은거하며 속세의 굴레를 벗어나려는 일은 도가에서 말하는 자연적인 인격의 실현이었다. 위진 시기에는 세상을 피해 은둔하려는 풍조가 매우 성행했다. 선비들의 은둔으로 형성된 은둔 문화는 중국 고대 선비들의 품격과 사회생활, 문학과 미학, 예술 등에 깊은 영향을 끼쳤다.

가. 은사와 급변하는 정세

은둔과 정치는 이제껏 떼려야 뗄 수 없는 깊은 관계에 있었다. 공자는 『논어論語』「위령공衛靈公」에서 '나라에 도가 있으면 나아가 벼슬살이를 하고, 나라에 도가 없으면 자신의 재능을 감춘다.'[48]라고 했다. 이른바 '유도有

48 邦有道, 則仕 ; 邦無道, 則可卷而懷之.

道', '무도無道'라는 말은 정치 상황을 가리킨 말이었으니, 위진 시기에 은둔 풍조가 성행한 궁극적인 원인 가운데 가장 중요한 점은 '무도한' 정치 상황이었다.

은둔 풍조는 동한 중후기에 형성되었다. 당시 정치는 부패하고 사회는 어둡고 캄캄하여 수많은 선비들이 은둔의 길을 택했다. 『후한서後漢書』「일민열전서逸民列傳序」는 '한漢도 중기로 오면서 쇠퇴하여 왕망王莽이 황제의 자리를 빼앗자 선비들에겐 쌓인 의분이 대단했다. 이때 벼슬을 팽개치고 손에 손을 잡고 떠난 자가 셀 수 없을 만큼 많았다.'는 기록이 있다. 더욱이 당파 싸움의 소용돌이 속에서 사회에 대한 관심으로 정치에 열정적으로 참여한 선비들이 숱하게 살해되자 사람들은 동한 정부를 믿지 않았다. 『후한서後漢書』「순한종진열전荀韓鍾陳列傳」에는 '한漢 중기 이후, 환관이 권력을 쥐고 멋대로 오로지했다. 그러기에 세상 사람들은 은거한 자를 고결하다고 보았으며, 할 말을 하는 이를 뜻이 높은 선비라 일렀다. 하지만 선비가 입을 다물고 있으면 농사를 짓는 이나 소를 치는 이들도 그들을 비웃었다. 그러자 정국은 날로 더 혼란해지고 사회 풍조는 옛 것을 높이 받들었다.'는 기록이 있다. 재앙을 피하기 위하여 선비들은 제 목숨을 지킬 수 있는 안전지대로 잇달아 몸을 숨겼던 것이다.

위진 시기에는 정치 투쟁이 참으로 날카로워서 이런 소용돌이에 말려든 선비들은 자칫 조심하지 않으면 목숨을 잃을 수도 있었다. 서진 때만 해도 비명에 간 선비로 장화, 육기, 육운, 반악, 유곤劉琨, 곽박郭璞, 구양건 등 여럿이었다. 여러 무리의 선비들이 피살되자 선비들에게 심각한 정신적 위협이 되어 공포 분위기를 조성했다. 그들은 현실에 불만이 있었지만 반항할 힘이라곤 없었기에 오직 화를 피하기 위하여 어쩔 수 없이 은둔의 길을 택했다. 『진서晉書』「원굉전袁宏傳」은 '세상이 지금 온통 엎어지고 자빠지고 있으니 은둔하는 것이 얼굴 내미는 것보다 낫다. 하지만 만물이 현명한 나라님에 의해 다스려질 때에는 침묵보다 말이 더 낫다.'고 했다. 이것이 바로 선비들의 보편적인 심리였던 것이다.

그런데 봉건 정권의 존재와 발전은 선비들의 지지를 떠날 수가 없었으니, 위진 시대에도 사회가 요동칠 때면 계책에 능한 선비들의 힘이 더욱 중요한 작용을 했다. 정권을 장악한 이들은 인재를 끌어 모으기 위해 벼슬길에 나서기를 원치 않는 선비들에게 자기의 통제에 순응하도록 강제하며 으름장을 놓기도 했다. 건안칠자 가운데 한 사람인 완우도 그 예이다. 그는 벼슬길에 나서기를 원치 않았으나, 『삼국지三國志』「위서·완우전魏書·阮瑀傳」에 『문사전文士傳』에서 인용한 글을 보면, '(조조는) 일찍이 완우의 명성을 알고 불렀으나 몸을 피하며 응하지 않자 볼 때마다 재촉했다. 그러자 완우는 산속으로 도망갔다. 이에 태조는 사람을 시켜 산에 불을 놓아 완우를 손에 넣었다.'는 이야기가 있다.

사마의도 유감스럽게 으름장 때문에 벼슬길로 오른 예이다. 사마의는 조조의 으름장을 피하고 자신을 보전하기 위하여 어떤 희생도 아랑곳하지 않았다. 『진서晉書』「후비전后妃傳」에는 '선제 초 위무魏武의 명을 중풍이 들었다며 물리치고 집에서 책에 햇볕을 쏘이다가 갑자기 내리는 비를 만나자 자기도 모르게 벌떡 일어나서 책을 거두었다. 집 안에는 오직 한 여종이 이를 보고 있었다. 그러자 사마의의 부인은 거짓으로 중풍을 핑계 삼은 것이 발각되어 화가 미칠 것을 두려워하며 그 자리에서 여종을 죽여 비밀이 새지 않게 했다.'는 기록이 있다.

여기서 생각할 수 있듯이, 당시 선비들은 벼슬을 하지 않으려고 해도 그럴 수 없었다. 위魏에서 진晉으로 넘어오는 때에 조씨曹氏와 사마씨司馬氏 사이의 정권을 둘러싼 투쟁은 자못 날카롭고 격해져 사마씨는 자기와 정치적인 견해를 달리하는 선비들을 잔혹하게 살육하는 동시에 쓸모 있다고 생각하는 선비들은 강제로 불러들였다. 『세설신어』「언어」에는 사마씨가 이희李喜를 불러 관직에 임용한 이야기가 실려 있다.

사마경왕司馬景王[49]이 동쪽을 정벌할 때의 일이다. 그는 상당군上黨郡에 사는 이희李喜를 불러 종사중랑從事中郞에 임명했다. 이희가 오자 그는 이렇게 물었다.

"돌아가신 아버님께서 그대를 불러 벼슬을 주려고 했지만 오지 않았소. 그런데 지금 내가 부르니 온 것은 무슨 까닭이오?"

이 물음에 이희는 이렇게 대답했다.

"돌아가신 그 어르신께서는 존경과 예의로써 저를 불렀기에 예에 따라 진퇴를 결정할 수 있었습니다. 그러나 지금 공께서는 법으로써 저를 옭아매고 있으니 저는 그저 법을 어길까 두려워 이렇게 온 것입니다."[50]

사마소 시기에 이르자 사마씨가 위魏를 대신하여 거의 모든 일을 결정하자 많은 선비들이 사마씨 곁으로 몰려들었다. 그러나 사마씨는 무릎을 꿇지 않은 선비들에게는 위엄으로 으름장을 놓는 정책을 펼쳤다. 『진서晋書』 「유의전劉毅傳」에는 '문제文帝가 유의劉毅에게 상국相國의 속관으로 일하라고 했으나 병을 핑계로 몇 해나 버티며 나오지 않았다. 그 당시 사람들이 유의가 위씨魏氏에게 충성을 바치고 있다고 말하자 문제는 화가 나서 더욱 벼슬길로 나오라고 윽박질렀다. 유의는 두려움에 문제의 명령에 응했다.'는 기록이 있다.

죽림칠현 중의 한 사람인 향수도 위魏나라와 진晋나라 어름에 은거하

49 삼국 시대 위나라 사람으로 사마의司馬懿의 아들.

50 司馬景王東征, 取上黨李喜, 以爲從事中郎, 因問喜曰: '昔先公辟君不就, 今孤召君, 何以來?' 喜對曰: '先公以禮見待, 故得以禮進退; 明公以法見繩, 喜畏法而至耳!'

며 벼슬을 하지 않았으나 그의 친구 혜강이 피살된 뒤 사마씨의 거칠고 사나운 위세에 눌려 어쩔 수 없이 벼슬길에 나선 예이다.

영가永嘉의 난으로 서진西晉이 무너지고 동진東晉이 다른 지방으로 물러나 유유가 진을 대신했던 백 년 남짓한 동안에도 정치 상황은 전과 다름없이 아주 나빴다. 동진의 정권은 전적으로 권문세가에 의지해 지탱해서 정치에 야심을 가진 이들이 각축을 벌이는 무대를 제공했다. 여기저기에서 연달아 일어나는 난리와 원한에 의한 살해로 수많은 선비들이 목숨을 잃었다. 많은 선비들은 이 모든 것을 꿰뚫어보았다. 그들의 정치에 대한 태도는 근심과 걱정으로 초조하던 마음에서 관심을 두지 않거나 사리사욕을 버리는 쪽으로 바뀌었다. 또 열렬하게 정치에 참여하려는 데서 소극적으로 물러나 은거하려는 태도로 마음을 바꾸었다. 루쉰이 「위진시대의 품격과 문장 및 약과 술의 관계」라는 글에서 말한 그대로 당시 사람들은 '난리에도 익숙하고 신하의 군주 자리 찬탈에도 익숙했다.' 그런데도 그들은 오로지 대자연 속에서 사는 즐거움과 멋을 찾았으며, 이로써 정신의 위로와 마음의 균형을 얻을 수 있었다. 바로 오로지 은둔을 통해서만 인격의 완전함을 유지하고 온전한 자아를 실현할 수 있었던 것이다.

위진 시대 선비들이 은둔했던 목적은 자아를 보전하는 데 있었다. 탕용통湯用彤 선생은 『위진현학논고魏晋玄學論考』에서 '벼슬길이 반드시 자기를 보존해주지는 않았다. 오히려 자연에 은둔하면서 천수를 다하고 세상을 뜰 수 있었다.'고 말했다. 벼슬길에서 은둔에 이르는 과정은 정치에 대한 열정이 식어가는 과정으로, 유가의 이상적인 인격으로 충만해 '치국평천하'를 이루려는 선비의 입장에서는 분명히 고통스러운 선택일 수밖에 없다. 어떤 선비는 전원이나 산림에 묻혀 말없이 한 평생을 보내야하는 은둔을 그리 달가워하지 않고 은둔을 벗어나 다시 벼슬길로 나섰다가 그 길이 순탄하지 않으면 또다시 원림으로 돌아가기도 했다. 이렇게 벼슬살이와 은둔의 교체는 선비들이 정치에서 떠나지 못하는 속내를 반영한다. 또 유가의 이상

은거도隱居圖

적인 인격과 노장의 자연적인 인격이 선비들의 마음속에서 격렬하게 충돌하고 있음을 반영한다.

도연명은 벼슬길에 나섰다가 은둔의 길로 들어서는 등 고통스러운 선택을 몇 차례나 겪었다. 도연명은 전후 네 차례 벼슬길에 올랐다. 첫 번째는 그의 나이 스물아홉이던 태원太元 18년(393년), 강주 제주祭酒[51]에 임명되었을 때였다. 송서宋書 본전本傳은 도연명이 '하잘것없는 벼슬을 참지 못하고 얼마 되지 않아 돌아가고 말았다.'고 기록했다. 아마 도연명의 성격이 강직하고 솔직해서 하찮은 감투가 주는 갖가지 구속을 견딜 수 없어 자리를 버리고 집으로 돌아갔을 것이다. 두 번째 벼슬길로 융안隆安 2년(398년)을 전후로 환현군막桓玄軍幕에 임명되었으나 약 3년 뒤에 벼슬을 그만두고 물러났다. 세 번째 벼슬길은 원흥元興 3년(404년), 건위장군建威將軍 유경선劉敬宣의 막하로 들어간 것이었다. 같은 해 8월 도연명은 팽택현령彭澤縣令으로 임명되었으니, 이것이 그에게는 네 번째이자 마지막 벼슬길이기도 했다. 하지만 그는 겨우 80일 남짓 현령의 자리를 지키다가 결국은 자리를 물러나 은둔한 뒤 다시는 벼슬길에 나서지 않고 스무 해가 넘는 길고 긴 은둔 생활을 시작했다.

51 주州의 교육장에 해당.

도연명은 짧은 십 년 남짓 되는 기간 중에 무슨 까닭으로 몇 차례나 벼슬길에 나섰다가 물러서기를 반복했을까? 가장 주요한 까닭은 정국의 불안정이었다. 십 년 남짓 되는 기간은 바로 동진東晋의 정국이 요동을 치던 시기로 당시의 권신이었던 사마도자司馬道子와 그의 아들 사마원현司馬元顯이 조정을 독차지하여 부패가 말할 수 없을 정도였다. 이어서 사마원현은 자기 아버지와 정권을 두고 쟁탈전을 벌였는데, 야심을 품고 있던 환현桓玄이 이들 부자가 싸우는 틈을 타서 군사를 일으켜 이들을 격파하고 진나라 정권을 찬탈한 뒤 스스로 초제楚帝라 일컫는다. 훗날 무인 출신의 유유가 환현을 무너뜨렸다. 이제 진의 정권은 유유의 손아귀로 들어갔다. 이렇게 정치적인 변화를 예측할 수 없던 때에 도연명이 벼슬길에 자주 올랐다는 것은 그가 정치에 큰 관심을 갖고 정치를 통해 무언가 이루려는 생각이 있었음을 의미한다. 그러나 도연명의 이상은 거듭 허사로 돌아갔으며 정치에 쏟은 그의 열정은 그만 야심을 가진 자들이 세상을 차지하기 위한 도구로 쓰일 뿐이었다. 그는 부패한 정치를 꿰뚫어보고 결연히 자연으로 돌아가 은거했다. 도연명이 동진의 정치 투쟁이 가장 격렬할 때 몇 차례나 나섰던 벼슬길은 중국 고대 선비들이 적적함을 바라지 않고 나라의 장래를 걱정하는 강렬한 의식과 공을 세워 뜻을 이루려는 웅장한 뜻을 가지고 자기의 포부를 실현하기를 희망했음을 다시 한 번 증명한다. 그런데 이상과 현실은 언제나 하나일 수 없었으니, 도연명의 훌륭한 점은 올바른 도량으로 정치에서 입은 상실감을 극복하고 고요한 전원생활로 자아의 가치를 찾았다는 데 있다. 이런 점에서 도연명은 자아의 완성을 이룩했다.

동한 말년 이래 은둔하려는 풍조는 더욱 성행했으니, 이는 은둔과 정치와의 밀접한 관계를 분명하게 설명한다. 어떤 의미에서 은둔은 정치투쟁의 부산물이라 할 수 있다. 포부와 이상을 가진 지식인이 진정으로 정치적 말썽을 벗어나기란 말처럼 쉬운 일이 아니다. 도연명은 자연으로 돌아와 은둔한 뒤에 다시는 세상사에 관심을 두지 않았을까? 루쉰은 「위진시대의 품격과 문장 및 약과 술의 관계」에서 이렇게 말했다.

> 『도집陶集』 속의 「술주述酒」는 당시의 정치를 이야기한 글이다. 이렇게 볼 때 그는 세상사를 잊고 있거나 무관심했던 게 결코 아니었음을 알 수 있다. 그러나 그의 태도는 혜강嵇康이나 완적阮籍보다는 훨씬 자연스러워서 사람을 불러 모아 눈길을 끄는 데 이르진 않았다.

요컨대 중국 고대 선비들은 태어날 때부터 정치와는 뗄 수 없는 인연을 맺었으니, 그들은 정치 참여를 농부의 밭갈이와 같은 것으로 여겼다. 그러나 벼슬살이의 결과로 자기의 독립적인 인격을 잃었을 뿐만 아니라 정치의 소용돌이가 그들을 삼키고 말았으니, 현실에 대한 불만에다 자신을 보전하기 위한 마음으로 그들은 자연스레 은둔의 길을 택할 수밖에 없었다.

나. 위진 시대 은사의 은둔 방식

(1) 산속에서 승려처럼 고행하며 은둔하는 방법

범엽范曄은 『후한서後漢書』「일민열전逸民列傳」에서 선비들의 은둔 원인을 논급했다.

> 어떤 이는 향촌에 은거함으로써 자신이 품은 뜻을 추구했으며,
> 어떤 이는 몸을 피하여 선뜻 나서지 않음으로써 도道를 보존했으며,
> 어떤 이는 자신을 고요한 곳에 놓음으로써 조급함을 진정시켰으며,
> 어떤 이는 위태로움에서 멀리 떨어짐으로써 안녕을 도모했으며,

어떤 이는 인간 세상의 규범 따위를 낮봄으로써 세속을 부끄럽게 하고 자신의 절조를 드러내 보였으며,

어떤 이는 자기의 모든 재산을 욕보임으로써 자기의 순결함을 분명하게 나타냈다.

그런데, 그들이 열악한 생활 형편에 직접적인 노동으로 인한 피로와 수척한 몰골에도 기꺼이 속세를 떠나 자연에 묻혀 지내는 것을 보면, (우리는 아마 이런 물음을 던질 수 있을 것이다.)

"아무리 그래도 물고기나 새들과 사이좋게 지내며 풀이나 나무와 함께 있어야 즐거움을 꼭 얻을 수 있단 말인가?"

하지만 곰곰 생각해 보면, 이것은 바로 그들의 본성이 그러하기 때문이라고 말할 수 있을 것이다.[52]

당연히 역사 속에서 선비들이 은둔한 까닭은 대체로 위에서 보인 몇 가지를 넘지 않았다는 것을 말할 수 있다.

선비들의 은둔은 사회와 정치적인 원인 외에도 개인의 주관적인 성격도 자못 중요했다. 소위 성격이란 천성을 뜻하니, 타고난 바탕에 사회와 역사적인 조건의 작용으로 형성된 품성과 취미, 흥미 등을 가리킨다. 고대의 은사의 경우, 은둔이 추구하는 바는 정신과 사상의 자유이며 인격의 독립과 완전함의 실현이었다. 『진서晋書』「은일전隱逸傳」에 실린 40여 명의 은사를 보면 성격에서 비슷한 점이 꽤 많다. 그들은 대체로 노장의 무위자연 사상을 신봉하여 잡된 생각이 없이 깨끗하고 맑은 마음과 물욕이 없는 생활을 추구했으며, 심신을 닦고 인격을 수양하는 것을 중시하여 세속의 비루함

---

52 或隱居以求其志, 或回避以全其道, 或靜己以鎭其躁, 或去危以圖其安, 或垢俗以動其槪, 或疵物以激其淸. 然觀其甘心畎畝之中, 憔悴江海之上, 豈必親魚鳥樂林草哉? 亦云性分所至而已.

수저청추樹底聽秋

과 번거로움에서 한사코 벗어나고자 했다. 예를 들어, 오조俉朝는 '젊어서도 대단한 지조와 절개가 있었으며 세상사에 신경을 쓰지 않고 조용히 살면서 편안한 마음으로 도를 즐겼으며', 임욱任旭은 '곧은 지조와 절개를 다듬으며 세속에 물들지 않았으며', 맹루孟陋는 '젊었지만 곧은 지조와 절조가 매우 뛰어났으며 벼슬을 하지 않고 채소뿐인 반찬으로 살면서 오직 책만으로 삶을 즐겁게 살았으며', 초수譙秀는 '젊은 나이에도 침묵하며 세상일에 간여하지 않았다.'고 한다. 그러면서 이렇게 수많은 선비들이 조정이나 관이 몇 차례 불러도 나오지 않았던 것이다. 평안한 마음으로 생활하기 위하여 많은 선비들은 깊은 산속으로 들어가 바위굴을 은둔지로 삼았다.

은둔을 위해 산림을 찾았던 일은 옛날부터 있었으나, 동한 말기부터 그 수가 부쩍 늘었던 것은 전란을 피하기 위한 원인 외에도 대자연에 대한 동경 때문이었다. 예컨대 영천穎川 사람 호소胡昭는 지조를 지키며 벼슬길에 나서지 않았어도, 조조는 사공승상司空丞相의 자리에 오르자 여러 번이나 예를 갖추어 그를 불렀다. 호소는 조조의 명령에 응하여 나왔으나 자기는 한낱 야생으로서 이 나라에 큰 쓸모가 없으니 도로 돌아가기를 간절히 원했다. 그러자 조조는 사람은 사람마다 서로 품은 바 뜻이 다르고 나아가 벼슬하는 일과 물러나 집에 있는 일에 취미를 달리하니, 억지로 그의 뜻을 꺾을 수 없어 의리로 보아 자기가 굽히지 않을 수 없다고 말했다는 기록이

『삼국지』「위서·관녕전」에 전한다. 이리하여 호소는 육혼산陸渾山에 은거하며 손수 농사를 짓고 경서를 읽으며 즐겁게 살았다.

산촌에서의 은거가 그렇게 쾌적하지만은 않았으니 많은 선비들은 보통 사람이 견디기 어려운 고달픈 생활을 했다. 『삼국지三國志』「위서·관녕전魏書·管寧傳」에는 『위략魏略』을 인용하여 주석한 부분에 초선의 은둔 생활을 기록하고 있으니, 참으로 전형적인 모습이다. 그가 산중에서 겪는 은둔 생활의 모습을 보자.

> 배가 고파도 굽실거리며 먹기를 구하지 않았으며 날이 추워도 아첨하며 입성을 구하지 않았으니, 풀을 결어서 치마로 삼았으며 맨머리에 맨발로 다녔다. 밖에 나갔다가 여인을 보면 몸을 피했으며 꼭 가야할 때에만 나갔다. 또 달팽이처럼 자그마한 집을 손수 지어서 언제나 깨끗이 다듬었다. 나무를 엮어 침대로 하고 풀을 엮어서 이불로 삼았다. 겨울이 되면 불을 지펴 쬐며 홀로 음영했다. 배가 고프면 다른 이의 손님이 되어 배를 채우면 그만이지 돈을 요구하지는 않았다. 길을 가다가도 사람을 만나면 언제나 샛길로 몸을 피했다. 그 까닭을 묻자 '자연에 숨어 지내는 이는 짐승과 같은 무리입니다.'라고 대답하였다.[53]

위魏와 진晉의 어름에 살았던 손등도 산림에 은거했던 유명한 선비였다. 그는 급군汲郡 북산 토굴에 은거하며 여름에는 풀잎으로 엮은 옷을 입었

---

53 饑不苟食, 寒不苟衣, 結草以爲裳, 科頭徒跣. 每出, 見婦人則隱翳, 須去乃出. 自作一瓜牛廬, 淨掃其中, 營木爲床, 布草蓐其上, 至天寒時, 構火以自炙, 呻吟獨語. 饑則出, 爲人客作, 飮食而已, 不取其直. 又出于道中, 邂逅與人相遇, 輒下道藏匿. 或問其故, 常言'草茅之人, 與狐兎同群.'

으며 겨울이면 머리를 풀어헤쳐 몸을 덮었다. 역경易經을 즐겨 읽었으며 거문고를 잘 탔다. 이를 본 사람들 모두 그를 좋아해 가까이하려고 했다. 『진서』「완적전」에는 혜강이 세상을 피해 숨어사는 생활을 동경하며, 손등의 명성을 사모해 세 해나 따르며 손등의 뜻을 헤아리려고 하였으나 기어코 대답을 얻지 못했다는 기록이 있다.

서진과 동진 시기에도 산림에 은둔한 선비들이 참으로 많았다. 『진서晋書』「은일전隱逸傳」에는 산림에 은둔한 선비들의 이야기가 실려 있다.

공손봉公孫鳳은 '창려昌黎의 구성산九城山 골짜기에 은거하면서 겨울에도 홑옷을 입고 잠도 땅을 침대 삼아 잤다. 여름이면 음식을 모두 하나의 그릇에 가득 담아 두었다가 음식물에서 냄새를 멈추게 한 뒤에야 그것을 먹었다. 거문고를 벗 삼아 시문을 읊으면서도 언제나 즐겁게 유유자적하면서 지냈다.'는 기록이 남아 있다.

장충張忠은 태산泰山에 은거하면서 '편안하고 고요한 마음, 욕심을 비우고 잡된 생각을 없앤 맑은 마음을 가지고 깊은 골짜기에 땅을 파고 토굴에서 살았다.'는 기록이 있다.

곽우郭瑀는 임송臨松 해곡薤谷에서 석굴을 파고 은거하며 잣을 복용하며 건강하게 장수했다고 한다.

산야에서 은거하는 생활은 참으로 어렵고 힘들었지만 성격 자체가 세상 물욕을 탐내지 않고 속세를 벗어나서 독립된 인격을 추구하고자 하는 선비에게 이런 고통은 오히려 즐거움이었다. 그들 가운데 어떤 이는 자기 스스로 노동을 하면서 자급자족했다.

곽문郭文은 서진 말년에 은거했던 선비였다. '그는 낙양이 함락되자 오흥吳興 여항余杭의 대벽산大辟山 깊은 골짜기 사람도 없는 곳 큰 나무에 기대어 거적을 덮고 살았어도 아무 거리낌이 없었다. …… 언제나 사슴 갖옷에 갈포 두건을 걸치고 술과 고기는 입에 대지 않는 것으로 이름이 났으며, 콩과 보리를 구별하여 심었다. 또 댓잎과 나무열매를 채취하여 소금과 바꾸어 살았다.'고 전한다.

어떤 선비는 제자들에게 학문을 가르치며 지식과 교양을 널리 펼치기도 했다. 송섬宋纖은 '주천酒泉 남산南山에 은거하며 사람이 마땅히 해야 할 도리를 밝혀 연구했으니 그 제자가 삼 천 남짓이나 되었다.'고 하며, 곽우는 '『춘추묵설春秋墨說』, 『효경착위孝經錯緯』를 썼으며 제자가 천여 명이나 되었다.'고 한다. 이렇게 산림에 은거했던 선비들은 인격적인 면에서도 정신이나 학문의 연마를 소중히 여겼기에 비록 은둔했어도 여전히 자기의 뜻을 굽히지 않았으며 제 몸을 욕되게 하지도 않았다. 물질적인 향락을 멀리하고 정신적인 가치를 소중히 여겼던 것이다. 그들은 『논어論語』「미자微子」에서 말한 것처럼 '먹어도 맛있는 것을 찾지 않았으며 입어도 거칠고 낡은 옷을 찾았다.' 또 그들은 다른 사람이 주는 선물도 받지 않았다.

적탕翟湯은 '독실한 행동에 소박하였으며 청렴한데다 인지하고 겸손했다. 게다가 세상일에 관심을 두지 않고 일을 해야만 밥을 먹었다. 또 다른 사람이 선물을 건네면 비록 작은 그릇 하나라도 결코 받지 않았다.'고 한다.

곽문도 여항 깊은 산골짜기에 은거하면서 일찍이 여항 현령이 그를 예방하여 갖옷을 선물로 건넸지만 끝내 손을 내밀지 않았다. 어쩔 수 없이 현령은 그 옷을 곽문의 집에 억지로 남겨두고 떠났지만 한 번도 입으려 하지 않아 결국은 갖옷이 썩어 문드러지고 말았다고 한다.

자연으로 돌아가서 자연에 순응하며 사는 것은 산림에 은거하는 선비들에게는 바로 삶의 이상이었다. 그러나 산림에 은거하며 사는 것도 결코 쉽지는 않았으니, 그들은 언제나 삶의 오라에 묶여 살다가 때로는 자기의 뜻을 굽히기도 했다.

『송서宋書』「대옹전戴顒傳」에는 대발戴勃과 대옹戴顒 형제 이야기가 실려 있다. 이들 두 형제는 동려현桐廬縣 깊은 산중에 은거하는 가운데 형의 발이 병에 걸렸지만 고칠 약을 대지 못하자, 동생인 옹은 은거할 생각을 버리고 형에게 이렇게 병이 심해도 손쓸 수 없으니 자기가 관직을 구하여 돕겠다고 하였다. 그러나 해우령海虞令에게 부탁하여 일이 막 되려고 하는 때에 형인 발이 죽자 모든 것이 끝나고 말았다. 그러나 그 뒤에 대옹은 다시는 산림에 들어가 은거하지 않았다. 나중에 그는 오하吳下[54]에 자리를 잡으려고 마음먹었다. 이곳 선비들이 그를 위하여 거처를 지어주고 돌을 쌓고 물을 끌어들이고 나무를 심고 내를 만들었으니 자연 그대로였다. 대옹은 어렵고 힘든 산림에서의 은둔 생활을 끝내고 원림에서 생활하게 되었으니 그 생활 조건은 크게 면모를 일신했음이 분명하다.

물질적인 욕망이 넘쳐흐르고 황금만능주의가 성행하던 위진 시대에 산림에 은둔한 선비들이 모진 어려움 속에서도 지조와 절개를 지키며 명예와 이익에 초연해서 독립된 인격을 온전히 유지할 수 있었다는 것은 실로 거룩

유음어정柳蔭漁艇

54 양자강 하류 남안 일대.

한 일이었다.

(2) 벼슬길에 있으면서도 없는 것처럼, 은둔하는 것 같지만 은둔하지 않는 벼슬살이 방법

위진 시대 선비들이 은둔하는 또 다른 모습이 있다. 관료로서 스스로 고결하고 청렴하게 살아 은둔하는 삶과 다름없이 사는 선비들이다.[55] 이런 이들은 예부터 있었으니, 양웅의 『법언法言』「연건淵騫」에 '유하혜柳下惠가 바로 관리를 하면서도 은둔하는 삶을 사는 게 아니오?'라고 물었다는 구절이 있다. 서한의 동방삭은 공개적으로 벼슬길에 있으면서도 없듯이 은둔하는 방식으로 사는 선비에 대하여 이야기했다. 『사기史記』「동방삭전東方朔傳」의 기록을 보자.

동방삭이 입을 열었다.

'나 동방삭 같은 사람은 조정에서 세상을 피해 살고 있습니다. 옛사람은 깊은 산속에 있어야 세상을 피하는 것으로 알고 있습니다만.'

이렇게 말하면서 좌석에 끼었다가 술이 거나하게 취하면 땅에 털썩 주저앉아 노래했다.

'세속에서도 은거하고 금마문에서도 세상을 피하네. 세상을 피할 때가 어찌 깊은 산속 오두막뿐이랴, 금마문 깊은 궁중에서도 온몸을 피할 수 있네.'

금마문이란 궁중으로 들어가는 문으로 문간에는 동마銅馬가 세워

55 몸은 벼슬길에 있지만 마음은 은자처럼 담박한 것, 또는 그런 선비를 조은지사朝隱之士라 일렀다.

져 있었기에 사람들이 이렇게 불렀다.[56]

동방삭은 세상을 조롱하길 즐겨서 때로는 사람들이 그의 말을 짐작할 수도 없었지만, 이 말을 유명한 '답객난答客難'으로 분석하면 그의 참다운 생각의 표출이었음을 단정할 수 있다. '답객난'에서 동방삭은 자기가 좋은 때를 타고나지 못하여 재주가 있어도 황제에게 높이 평가받지 못함을 한탄했다. 이것은 '지금 천하는 넓어서 수많은 선비들이 정성을 쏟아 분주히 다니며 하는 유세가 마치 수레의 바퀴살이 수레바퀴통으로 모이듯, 다투어 중앙의 조정을 향해 온갖 계책을 올리는 이들이 셀 수 없을 만큼 많았기' 때문이었다. 하지만 황제의 권력도 어마어마하게 컸다. 일을 일으키고 일을 처리하는 일이 황제에게는 손바닥 뒤집듯 쉬운 일이었다. 이런 판국에 '장의張儀와 소진이 나와 같은 때 태어나서 지금 살아 있다면, 그들은 조그만 일을 처리하는 말단 벼슬조차도 차지하지 못했을 것인즉, 어떻게 상시랑常侍郎 자리를 감히 넘보겠느냐!'라고 했다. 이왕 이렇게 된다면 왜 제 홀로 살지라도 독립된 인격을 유지할 수 있는 은사가 되려고 아니 하겠는가? 이렇게 동방삭은 전원으로 돌아가 은거할 마음이 있었으나 눈앞에 보이는 녹봉에 미련이 남아 어쩔 수 없이 '벼슬길에 있으면서도 없는 것처럼, 은둔하는 것 같지만 은둔하지 않으며 벼슬살이하는 방법'을 택했던 것이다.

위진 시기에는 이런 바람이 성행했다. 말할 필요도 없이 현학이라는 사상적 경향이 여기에 큰 물결을 일으키는 작용을 했다. 현학이 주장하는 무위자연에 대한 숭상, 세상을 떠나서 홀로 사는 것에 대한 표방, 세상살이의 번거로움에 간여하지 않으려는 생각 따위는 선비들이 유가에서 정한 도덕

---

56 朔曰: '如朔等, 所謂避世于朝廷間也. 古之人, 乃避世于深山中.' 時坐席中, 酒酣, 据地歌曰: '陸沈于俗, 避世金馬門. 宮殿中可以避世全身, 何必深山之中, 蒿廬之下.' 金馬門者, 宦[者]署門也, 門傍有銅馬, 故謂之曰'金馬門'.

과 규범에서 벗어나고 현실 사회에서 멀어지려는 데 만병통치약이었다. 자연과 유가의 규범 중 산림에 은거했던 선비들은 당연히 자연을 선택했다. '유가의 도덕과 규범을 넘어 자연에 자신을 맡기는 것'은 유가의 윤리와 근본에 대한 멸시는 물론 도전이기도 했지만 은둔하는 이가 가야할 귀착점이기도 했다.

자연에 대한 추구와 영탄은 위진 시대 은사들을 가장 선명한 형상으로 구성했다. 자연을 동경하는 사상의 지배 아래 그들은 나라를 걱정하고 나라님에게 충성을 바치려는 사명의식은 점차 묽어지고 '세상 번거로움에서 벗어나 태화太和의 세계에서 노니는' 자유로운 삶을 갈망했다. 이런 은일의 풍조는 선비로서 관료 생활을 하는 이에게도 큰 영향을 끼쳤다. 그러나 초선焦先, 손등 등이 산림에 은둔하는 방식은 큰 고통을 피할 수 없었기에 특별한 권한을 가진 관료들과 문벌이 좋은 집안의 자제들은 감히 실천할 수 없었다. 자연으로 돌아가 은둔할 생각은 없지만 자연에 묻혀 사는 고상함과 우아함은 맛보고 싶거나, 마음껏 향락에 빠지면서도 겉으로는 깨끗한 마음으로 세상을 살아가고 있음을 드러내고 싶거나, 이렇게 벼슬살이와 명리를 떠난 삶을 어떻게 조화시키며 감투와 은일이 빚는 갈등은 어떻게 해결할 것인가? 이리하여 '벼슬길에 있으면서도 없는 것처럼, 은둔하는 것 같지만 은둔하지 않으며 벼슬살이하는 방법'이 자연스레 생겨났다.

죽림칠현 가운데 한 사람인 향수는 이런 면에서 전형적인 선비였다. 그는 혜강이 피살된 뒤 당시의 수도인 낙양으로 가서 군郡의 병적 기록을 공손히 올리자, 문왕文王 사마소는 그에게 '듣자하니, 그대는 은거하며 세상에 나오지 않을 생각이라는데 무슨 까닭으로 이곳 도성까지 왔소?'라고 물었다. 그러자 그는 '소부巢父와 허유許由는 세상을 낮보며 도도하게 행동한 인간들이니 우러러보고 칭찬할 일이 없습니다.'라고 대답했다. 향수는 비록 감투를 쓰기 위하여 핑계를 찾았지만, '조정에 들어가서도 직무를 맡지는 않았으니, 용적容迹일 따름이었다.'라고 『진서晋書』「향수전向秀傳」은 기록하고 있다. '용적'이란 바로 '조은朝隱'을 뜻한다. 향수는 또 『장자주庄子注』에서 '명冥'의 개념을 내놓으며 '조은'에 대한 이론적 근거를 제공했다. 이른바 '명'이란 '물아양망物我兩忘'을 말한다. 그가 보기에 은둔과 벼슬살이는 모두 흔적이 있으니 '명'과는 상대적이다. 보통 사람 눈에는 은둔과 벼슬의 차이가 분명하지만 성인에게는 은둔과 벼슬에 어떤 우열이나 고저가 있을 수 없다. 마음에 그윽한 뜻만 있고 정신이 초연하여 거침이 없다면 꼭 산림에 은거해야 하는 것은 아니었다.

진晉나라 때 유명한 학자 곽상郭象은 『장자』를 주해했는데, 그는 조은에 대해 이론적 근거를 제시했다. 그는 도가에서 말하는 '무위無爲'가 '산림에 은거하며 아무것도 하지 않는 것'을 결코 의미하진 않는다고 생각했다. 그는 '이른바 무위라는 것은 말없이 두 손을 맞잡아 올린 채로 가만히 있는 것이 절대 아니다. 또 이른바 속세를 벗어난다는 것은 산림에 숨어사는 것만이 아니다.'라고 말했다. 곽상이 말하려는 바는, 만약 '무위'가 '산림에 은거하며 아무것도 하지 않는 것'이라고 한다면 권력을 독점한 통치자는 '무위'의 학설을 가까이할 수 없게 된다. 그러나 위진 시대 관료나 선비, 권문세가 출신들은 걸핏하면 '무위'를 즐겨 말했다. 그래야만 '무위'에 새로운 해석을 더해 통치 집단의 필요에 부합할 수 있었다.

이 밖에도 곽상은 이상적인 인격에 대한 설명을 통해 이상과 현실을 하나로 묶어서 이론상으로 조은을 지지했다. 도가에서는 가장 이상적인 인격을 갖춘 사람이란 '속세에서 멀리 떨어진', '사람 사는 세상을 초월한' 신선이나 성인을 말했지만 곽상이 이상적으로 본 '성인'은 '세속에 맞는', '인간 세상에 있는' 제왕이었다. 그는 '밖에서 노니는 자는 말할 것도 없이 안에 종속되고, 사람의 무리에서 떨어진 자는 또 세속에 합치된다.'고 말했다. 곽상은 『소요유주逍遙游注』에서 '인간의 무리에서 멀리 떨어지고' '세상살이를 초월한' 것을 훌륭하게 보는 관점을 비판했다.

곽상이 보기에 '인간의 무리에서 멀리 떨어지고', '세상살이를 초월한'

것 자체가 '속된 것 가운데 하나'였던 것이다. 그러기에 장자의 이른바 '신인神人', '지인至人' 등의 초현실적인 인물과 '성인聖人', '성왕聖王' 등의 현실적인 인물이 대립된다는 논법은 틀렸다는 것이다. 그는 이 두 가지가 본래 하나라고 여겼다. '무릇 신인이란 지금 말하는 성인이니', '무위자연에 스스로를 맡기는 자는 마땅히 제왕이 되고', '무심하게 사물에 순응하며 자기를 잊은 자는 곧 왕이다.'라고 했다.

이렇게 초현실과 현실 사이를 소통시키면, '바로 이 세상'이 곧 '밖으로 나온 세상'이 된다. 그러기에 이 두 가지는 능히 소통할 수 있기에 바로 성인은 능히 '사물을 주재하려고 하지 않고 사물의 흐름에 맡기는' 데 위치한다. '성인은 비록 조정에서 위에 있지만 그 마음은 산림 가운데 있는 것과 마찬가지이다.' 곽상은 성인은 뭐든지 할 수 있기에 그가 '사물을 주재하려고 하지 않고 사물의 발전에 순응'하면 될 수 있다고 보았다. 오로지 '무심無心'하면 안의 일 때문에 성인의 인격에 어떤 손상도 있을 리 없다. 단지 '순물順物'하면 성인의 온갖 행위는 '천리天理요 자연自然'이다. 그러기에 성인은 '휘형揮形'[57]하면 할수록, 인간 세상에서 부귀영화를 누리면 누릴수록 더욱 '평범함을 뛰어넘어 성스러운 경지에 들어갈 수 있다.' 이렇게 장자가 말한 초현실적인 '신인神人'은 일단 변화를 하면 현실 생활 속에서 제왕, 사족士族, 관료가 되었다.

향수와 곽상의 논증을 거쳐서 조정에서 관리로 있으면서도 은일의 생활을 하는 것은 정당한 이유를 얻었으며, 이렇게 그들은 당당하게 '조은' 할 수 있었다. 『세설신어』「배조」에는 사안이 벼슬살이를 하면서도 은둔 생활을 한 이야기가 실려 있다.

57 자신의 행동거지를 구속하지 않음.

사안은 원래 산림에 은거하기를 바랐다. 하지만 윗사람의 부름을 거절할 수 없어서 환온桓溫 아래로 들어가 사마司馬 노릇을 하게 되었다. 이때, 어떤 이가 환온에게 약초를 보냈다. 이 약초 가운데 원지遠志라는 약초가 있었다. 환온은 이 약초를 사안에게 보이며 이렇게 물었다.

"이 약초는 소초小草라고도 하오. 어떻게 한 가지 약초에 두 가지 이름이 붙을 수 있소?"

사안은 그 자리에서 즉시 답을 하지 못했다. 당시, 이 자리에 함께 있던 학륭郝隆이 나서며 말했다.

"그건 해석하기 어렵지 않습니다. 나서지 않으면 원지요 벼슬길에 나서면 소초입니다."

이 말에 사안은 심히 부끄러워했다.[58]

학륭이 한 말에는 사안을 조롱할 뜻이 있다곤 하지만 약초로 벼슬살이와 은둔은 서로 모순되는 것이 아니라는 것을 넌지시 가리키고 있으니, 은둔이라는 것이 반드시 산 속으로 들어갈 필요가 없음도 말하고 있다. 이것이 바로 '조은'의 본질이다. 조은이라는 명분 아래, 많은 선비들이 애초의 뜻을 접고 은둔에서 벗어나 벼슬길에 올랐던 것이다.

하지만 식견이 있는 선비의 눈에는 '조은'이 단지 잇속을 좇는 무리와 문벌 좋은 집안의 자제들의 지위와 명리에 대한 미련을 감추는 허울에 불과할 뿐이기도 했다. 조은에 낀 자들은 자기 행동에 대해 항상 당당한 이유

---

58 謝公始有東山之志, 後嚴命屢臻, 勢不獲已, 始就桓公司馬(桓溫). 于時人有餉桓公藥草, 中有'遠志', 公取以問謝: '此藥又名小草, 何一物而有二稱?' 謝未卽答. 時郝隆在座, 應聲答曰: '此甚易解, 處則爲遠志, 出則爲小草.' 謝甚爲愧色.

가 있었다. 주속지는 진晋과 송宋 어름에 살았던 뜻이 높은 선비로서 일찍이 도연명과 함께 은둔했다가 훗날 다시 벼슬길에 나선 인물이었다. 『고현전高賢傳』「주속지전周續之傳」에는 어떤 사람이 "처사의 몸으로 걸핏하면 벼슬살이하니 어쩐 일이오?"라고 묻자, 그는 "마음에 감투 쓸 생각만 가득한 자는 자연에 은둔하는 게 질곡이지만 공명과 이익을 잊은 자는 시끌벅적한 저자에 살아도 은둔이오."라고 대답하니, 세상에서는 그를 두고 '마음이 활달하여 구애됨이 없는 사람'이라고 일렀다는 이야기가 실려 있다.

그런데 몇몇 식견이 있는 선비들은 조은에 대해 전혀 그렇게 생각하지 않았다. 동진의 저명한 은사 손작은 회계에 살며 산천을 유람하기 십여 년에 『수초부遂初賦』를 지어 제 뜻을 드러냈다. 벼슬길에 나서 관직에 오른 산도[59]를 낮보던 그는 다른 사람에게 '저는 산도를 도무지 이해할 수 없습니다. 벼슬아치지만 벼슬아치 같지 않고, 은사지만 은사 같지 않으니 말이외다.'라고 말했다는 기록이 『진서晋書』「손작전孫綽傳」에 전한다.

조은의 풍조가 유행하자 은둔한 선비들은 현실정치의 비평자도 함께 일할 동반자도 되지 못했다. 심지어는 반항의 무리로 해석되었다. 오히려 정치가 한 단계 평안한 곳으로 가는 데 역할을 했다. 어떤 통치자들은 자기가 덕망 높은 정치를 베풀고 있다는 것을 널리 알리기 위하여 은사들과 교분을 맺고 그들의 이야기를 듣기를 좋아했다. 『진서晋書』「손혜전孫惠傳」에 손혜는 팔왕의 난 때 자기가 가진 정국에 대한 견해를 펼치려고, '자기가 남악에 숨어사는 뛰어난 선비 진비지秦秘之라고 동해왕 월에게 편지로 속여 말했다.'는 기록이 있다. 사마월司馬越은 이 글을 받아본 뒤 과연 그를 뽑아 썼다. 또 어떤 은사는 조정의 한낱 장식품으로 치장되기도 했다. 『진서晋書』「환현전桓玄傳」에는 '환현은 어느 때나 품위나 몸가짐이 속되지 아니하고

---

59 진晋 나라 때 문인으로 죽림칠현 중의 한 사람. 자는 거원巨源.

훌륭한 선비가 있게 마련인데 유독 자기가 살고 있는 시대에는 이런 이가 없다고 생각했다. 이리하여 그는 황보밀의 6대손인 황보희皇甫希에게 저작랑著作郞이라는 관직을 맡기며 재물까지 주었으나 그는 사양하며 받아들이지 않았다. 사람들은 그를 인격이 높고 깨끗한 선비라고 이르면서 특별히 충은充隱이라 불렀다.'는 기록이 있다. 충은이란 필요한 숫자를 채운 사람이라는 뜻이다. 이때의 은사란 벌써 꽃병에 꽂힌 한 송이 꽃처럼 장식품으로 변하고 말았으니, 세속을 떠나 홀로 높은 지조를 가졌던 그들만의 품격은 이미 하나도 보이지 않았다.

이러다 보니 충은할 선비는 조정에도 있었고 산림에도 있었다. 유劉씨가 세운 송宋나라 때, 뇌차종은 여산에 은거하며 벼슬길에 나서지 않았으나 조정과의 관계는 매우 밀접하여 통치자가 특별히 그를 중시했다. 원가元嘉 25년(448년), 송 문제文帝는 뇌차종에게 표창을 내리기로 하고 종산鍾山 자락에 그를 위해 '초은관招隱館'이라는 집을 장만한 뒤 도성으로 불렀다. 게다가 황태자와 여러 왕들에게 『상복경喪服經』을 강의해 달라고 청하기도 했다.

양梁 나라 때 도홍경은 비록 모산茅山에 은거하고 있었으나 조정에 늘 관심이 있었다. 그는 양무제와 서로 선물을 주고받으며 가깝게 지냈으나 나랏일에 참여하지는 않았다. 『남사南史』「도홍경전陶弘景傳」에는 '국가의 길흉사나 다른 나라를 공격할 일이 있을 때면 미리 자문을 구하지 않을 때가 없었다. 그러다보니 한 달에도 여러 번 글이 오가곤 했으니, 사람들은 그를 일러 산중재상이라 했다.'는 기록이 보인다. 도홍경의 산림에 묻힌 이런 생활은 세상일에 전혀 마음을 두지 않았던 은사들과 비교한다면 그야말로 가짜 은사라 하겠다. 하지만 조은 이론으로 분석한다면 이치에도 맞고 논리도 그럴 듯해진다.

위진 시기에는 시간과 돈에 여유가 있으면서 약방의 감초처럼 끼어들기를 좋아하여 은사들을 보살피며 돈을 뿌리는 이들도 있었다. 『진서晋書』「극초전郄超傳」에는 '부귀영화를 물리치고 은거하는 이가 있으면 그을 위하여 집을 지어주고 생활용품을 마련해 주며 가축과 하인까지 대 주는 등 돈을 뿌리면서도 아까워하지 않는다는 말을 듣기를 천성으로 좋아했다.'라는 구절이 보인다. 이런 이들을 은사라고 일컫지만 실은 배불리 먹으며 세월을 보내는 늙은이만도 못하였다. 하기야 높은 감투에 두터운 녹봉을 받아 물질적으로 넉넉하면서도 산림에 은둔하는 멋도 얻는 것이야말로 이들 삶의 꿈이었다.

왕강거王康琚는 『반초은反招隱』에서 '소은은 숲속에 숨지만 대은은 조정이나 저잣거리에 숨나니, 백이는 수양산에 숨었고, 노자는 주하사柱下史되어 몸을 숨겼구나.'라고 말했다. 그런데 현실, 특히 끊임없이 변화하는 정치 상황 속에서는 사람의 마음가짐도 같지 않다. 벼슬을 하면서도 사무는 처리하지 않고 빈둥대는 이도 있었으니, 『진서晋書』「유념전劉恬傳」에서 이른바 '관직에 몸담고 있으면서도 관의 일을 돌보지 않고 일을 당해서도 일이 없는 것처럼 일했다.'는 그대로였다.

『남사』「원찬전」에는 '(원찬은) 재능이 있었으나 의협심이 강하고 자유분방하여 세속에서 멀리 떨어져 맑은 마음으로 깨끗하게 살기를 좋아하여 비록 그의 이름이 대단했지만 개의치 않았다. 그는 홀로 원림을 거닐면서 시를 읊고 술잔을 기울이며 유유자적했다. 빈둥거리면서 아무런 구속을 받지 않고 노닐다가 마음이 내키면 돌아가기를 잊고 여유로웠다.'는 기록이 있다. 역시 몇몇 선비들이 조은을 통하여 가능하면 정치상의 시비에서 멀리 떨어져서 화를 면하고 목숨을 부지하려는 목적이 있었음을 알 수 있다.

『남제서南齊書』「왕수지전王秀之傳」의 기록을 보자.

> 찬지瓚之[60]는 일찍이 벼슬이 오병상서五兵尚書에 이르렀으나 아직껏 높은 지위에 있으며 권력을 쥔 벼슬아치들에게 굽신거리지 않았다. 강담江湛과 하언何偃은 '왕찬지는 지금 조은朝隱을 하고 있다.'라고 했

다. 유원경柳元景이나 안사백顔師白 같은 권세 있는 자를 좇으라고 했으나 찬지는 끝내 이 말을 받아들이지 않았다.[61]

왕찬지는 조정의 대신이었으나 권력을 쥔 높은 벼슬아치들과 오가지 않았으니, 이것은 이들에게 빌붙어 알랑거린다는 의심에서 벗어나 자기를 보호할 목적 때문이었다. 유원경柳元景과 안사백顔師伯은 폐위되었던 적이 있는 황제 유자업劉子業을 다시 폐위시키려고 모반하다가 피살되었다. 이로 인하여 그들과 가까웠던 조정의 벼슬아치들은 목숨을 건진 자가 하나도 없을 정도였다. 하지만 왕찬지는 이들과 왕래가 잦지 않았기에 화를 면할 수 있었다. 이것은 정치 지형이 복잡할 때는 조은이 일정한 역할을 했음을 설명하는 예이다.

완적도 조은으로 자기를 보전하려고 했다. 그는 정시正始 3년(242년)부터 경원景元 3년(262년)까지 몇 차례나 벼슬길에 나서서 태위 장제蔣濟의 속관, 조상曹桑의 참군, 상서랑을 역임했으며, 사마의가 고평릉高平陵의 정변으로 조정을 독점한 뒤로는 태부종사중랑太傅從事中郎, 산기상시散騎常侍, 동평대장군종사중랑東平大將軍從事中郎, 보병교위步兵校尉 등을 맡았었다. 완적은 비록 이렇게 많은 직책을 맡았지만 입에 올릴 만한 정치적인 공적은 거의 없었으며, 사람들은 그가 술 좋아하고 거문고 타기를 즐기며 방탕하기 그지없었다는 것만 잘 알고 있었다. 이것은 완적의 처지가 대단히 미묘한데다 위험했기 때문이었다. 그의 정치적 성향으로 말한다면 조씨가 세운 위나라 일파였다. 그러나 조씨 무리는 부패하고 무능하여 근본적으로 사마씨의 맞수가 아니었다. 공개적으로 조씨들 편에 섰다가 목숨을 조씨네 순장품으

---

60 왕수지의 아버지.

61 (王)瓚之歷官至五兵尚書, 未嘗詣一朝貴. 江湛謂何偃曰: '王瓚之今便是朝隱.' 及柳元景, 顔師伯令僕貴要, 瓚之竟不候之.

로 바치려고 하지 않았다. 게다가 사마씨 무리도 완적의 명성이 대단하여 그를 죽이면 여론의 매는 물론 선비들의 지지도 잃으리라는 것을 알고 있었다. 그리하여 그들은 완적에게 벼슬자리는 주면서도 한편으로는 제멋대로 하도록 내버려두었다. 그러니까 완적에게 어떤 공적을 강요하지도 않았으며 그저 덕망이 있는 선비를 대접한다는 태도만 보였을 뿐이다. 완적은 사마씨의 이런 속셈을 꿰뚫고 있었다. 그는 이런 추세에 맞추어 사마씨가 자기에게 준 생활공간을 잘 이용하여 감투를 쓰고도 일에는 간여하지 않고 불콰하게 취하는 일이 예사였으며 상궤를 곧잘 벗어나곤 했다. 그러나 사마씨는 이에 대해 결코 따지지 않았다. '예법을 싫어하고 멀리하기를 원수 대하듯이 했으나 황제도 그를 감쌌다.'고 『진서』「완적전」은 기록하고 있다. 완적의 조은은 정말 소탈하여 걸릴 게 전혀 없는 것 같지만 그는 정신을 차리고 경계를 늦추지 않았다. 그의 『영회시』를 보면 정치적인 강압에 대한 공포와 진정한 은둔 생활에 대한 그리움을 엿볼 수 있다. 아래에 보이는 두 편의 시가 이를 증명한다.

동원의 아름다운 나무
도리桃李 아래로 길이 생겼네.
가을바람 불어 콩잎 날리니,
이때부터 시들기 시작하는구나.
번화하면 쇠락하나니,
당상엔 무성한 잡초.
말 몰아 이곳 떠나,
수양산 자락으로 가려네.
내 한 몸도 어쩌지 못하는데,
어찌 처자식 그리워하랴.
들풀에 서리 내려 얼었으니,

한 해도 저무는구나. (영회시 3)

嘉樹下成蹊, 東園桃與李.
秋風吹飛藿, 零落從此始.
繁華有憔悴, 堂上生荊杞.
驅馬舍之去, 去上西山趾.
一身不自保, 何況戀妻子.
凝霜被野草, 歲暮亦云已.

해 뜨니 또 밤이 오고,
밤이 지나니 또 아침 오는구나.
얼굴빛은 보통 때와 다르고,
마음은 훼손되어 가라앉는구나.
가슴은 부글부글 활활
모두 내가 부른 화로다.
인간 만사 변화무쌍해도
지혜와 계략은 모자람이 많네.
내 혼도 눈 깜짝할 새에
바람 따라 사라질까 두렵네.
한 평생 살얼음 딛나니,
타는 내 마음 누가 알아주랴! (영회시 33)

一日復一夕, 一夕復一朝.
顏色改平常, 精神自損消.
胸中懷湯火, 變化故相招.
萬事無窮極, 知謀苦不饒.

但恐須臾間，魂氣隨風飄.

終身履薄氷，誰知我心焦!

두려움에 슬픔마저 가득한 시구를 통해 겉으로는 세속에 구애됨이 없는 대범함을 보는듯하지만 마음속으로는 고통과 근심으로 애타는 완적을 만나게 된다. 그는 비록 조정에서 벼슬을 했지만 온갖 수단을 부리며 명예를 좇는 무리는 결코 아니었다. 어쩔 수 없이 그렇게 할 수밖에 없었던 것이다. 열악한 환경 속에서 자기의 독립된 인격을 지키기 위해 무진 애를 썼으나 사마씨의 정치적인 억압으로 끝내 마지막 진지를 지켜내지 못했다. 그러기에 완적의 '조은'을 구체적으로 분석한다면, 재물과 벼슬에만 눈이 먼 무리들과 함께 이야기할 수 없을 것이다.

(3) 명예도 욕심도 버리고 전원에 은둔하는 방법

지금까지 위진 시대 선비들이 은둔하는 두 가지 방식을 보았다면, 산림에 은거하는 방식은 오래되고 전통적인 것이다. 그 원천을 거슬러 오르면 주나라 때 좁쌀 하나라도 먹지 않겠다며 수양산으로 숨은 백이伯夷와 숙제叔齊에까지 이른다. 그 뒤에도 난세를 만나면 어김없이 산림에 은둔하는 이가 있었다. 위진 시대에 이르러서도 적지 않은 이들이 산림에 은둔했다. 하지만 산림에 은둔하는 생활은 보통 사람은 실로 상상하기 힘든 고생이었다. 한나라 무제 때, 회남왕 유안의 문객인 회남소산淮南小山이 지었다는 『초은사招隱士』도 자연에 머물며 돌아오지 않으려는 선비를 부르려는 데 뜻이 있었다. 이 시는 산림 속의 깎아지른 듯 우뚝 선 바위에 높고 험한 산세, 늘 엷게 펼쳐진 구름, 이리 저리 얽힌 나뭇가지, 무성한 잡초, 큰소리로 으르렁거리는 흉악한 짐승과 원숭이들이 무리지어 울부짖는 모습들을 생동감 있게 묘사하여 읽는 이를 두려움에 떨게 한다.

조은朝隱은 비록 재물이나 감투를 잃지 않으면서도 산림에 은둔하는 것처럼 고결함을 간직할 수 있다고는 하지만 기껏해야 정신적인 지향이기에 '심은心隱'이라 하겠다. 자연 현장에 직접 드는 것도 아니니 자연의 아름다움을 즐길 수도 없거니와 인격의 완성과 독립을 진정으로 얻을 수도 없었다. 산림에서의 은둔이나 조은도 모두 모자람이 있는 이상, 이제 사람들은 더욱 이상적인 은둔 환경을 요구하기 시작했다. 동한 시대에 장형이 『귀전부歸田賦』에서 묘사한 곳이 바로 은둔하기에 이상적인 곳이었다.

> 도성에서의 벼슬살이 하마 오래 되었지만 임금님 보필할 멋진 지략 없다. …… 하늘의 도리란 헤아릴 수 없을 만큼 미묘하다는 것을 깨쳤으니, 어부 따라 산천으로 돌아가 함께 즐겨야겠다. 더러운 사회로부터 멀리멀리 떠나면 세상의 쓸데없는 일과도 오랫동안 멀어지겠지.
>
> 때는 바로 봄이 한창, 온화한 날씨에 활짝 갠 날. 높은 언덕이나 낮은 풀밭이나 나뭇잎 무성하고 풀들은 잘 자라고 있다. 물수리는 물위로 날개 펼친 채 낮게 날고, 꾀꼬리는 나뭇가지에 앉아 구성지게 노래를 한다. 호수엔 원앙이 서로 목을 기대며 비비고 있고, 하늘엔 온갖 새들이 날아오른다. 새들의 지저귐 듣기에 아름답고 즐겁다. 봄볕 받으며 이 들판을 거닐면 내 마음 한껏 유쾌하다.
>
> 호숫가에서 목청 높여 노래 부르고 나지막한 언덕에서는 시를 읊조린다. 흰 구름 사이로 화살 날리고 푸른 냇물에는 낚싯대 드리운다.[62]

62 游都邑以永久, 無明略以佐時. …… 諒天道之微味, 追漁夫以同嬉. 超埃塵以遐逝, 與世事乎長辭. 于是仲春令月, 時和氣淸; 原隰郁茂, 百草滋榮. 王雎鼓翼, 鶬鶊哀鳴. 交頸頡頏, 關關嚶嚶. 于焉逍遙, 聊以娛情. 爾乃龍吟方澤, 虎嘯山丘, 仰飛纖繳, 俯釣長流.

그러나 장형은 은둔하려는 전원이 갖추어야 할 갖가지 경관을 어렴풋이 떠올렸을 뿐, 구체적인 것은 전혀 없다.

동한 말기에 중장통은 은거할 원림에 여러 가지 경관의 배치까지도 명확하게 내놓았다. 『후한서後漢書』「중장통전仲長統傳」에는 '좋은 논밭에 너른 집, 집은 산을 등지고 강을 바라보는 곳에 있다. 집 바로 앞으로는 도랑이 휘감아 흐르고 주위에는 온통 대나무이다. 앞으로는 남새밭이요 뒤로는 열매 맺는 나무 자라는 밭이다.'라는 기록이 있다. 이런 원림이 장형이나 중장통에게는 겨우 하나의 꿈이요 바람이었지만, 건안 시기에 조조는 업하鄴下에 벌써 규모가 자못 큰 원림을 갖고 있었다. 조씨네 형제들과 건안제자는 이곳에서 베풀어진 잔치를 즐기며 시를 읊곤 했다. 조식은 『증왕찬贈王粲』에서 '단정하게 앉아서 깊은 생각에 잠겼다가는 옷을 걷어붙이고 서원으로 나들이 갔다. 나무들은 봄꽃 터뜨리고 푸른 연못엔 물결 길게 일렁였다.'고 일렀다. '푸른 연못'이란 원림 서쪽에 있던 현무지玄武池를 말한다. 유연림劉淵林은 『위도부魏都賦』에서 '현무지는 업성鄴城 서원에 있다. 어량魚梁에, 낚시터, 대숲, 포도나무 등 갖가지 과일나무도 있었다.'고 주석했다. 풍광이 빼어나게 아름다운 원림에서 건안시대의 문인들은 산수 사이를 한가롭게 노닐며 유유하게 고결한 멋을 가꾸었으니, 원림 안에는 깊은 산림이 주는 황량함이나 위험, 앞날을 예측할 수조차 없는 생활의 고달픔도 없었다. 그러나 조씨네 서원은 선비들을 위하여 조성한 것은 결코 아니었으니, 선비들은 이곳에서 조씨 부자와 함께 '풍월을 사랑하고 연못과 동산을 지나치게 가까이 했으며 나라님의 은총과 영광을 노래하고 술잔치의 즐거움을 읊었으니', 그들이 표현한 것은 베풀어진 모임에 대해 규정에 따른 일종의 응답일 뿐이었다. 그러니 그들은 단지 조씨네 권력에 빌붙어 아첨하는 무리이며 장식품으로 독립된 인격이라곤 없었다.

위진 시대 선비들의 은둔사상과 인격을 대표할 수 있는 것은 그들이 개인적으로 조성한 원림에서 찾을 수 있다. 이런 원림이 있었기에 선비들은 정치에서 멀리 떨어져서, 다시 말해 세속에서 멀리 떨어져서 생활의 정취와 취미를 맘껏 드러내었으며 정신의 자유와 심신의 즐거움을 얻을 수 있었다. 위진 시기에 원림에 은둔하기를 즐긴 이들은 두 부류로 나눌 수 있으니, 조정에서 벼슬살이를 하는 이들이 그 하나였다. 이들은 비록 벼슬살이를 하고 있지만 마음은 산림 속에 있는 것과 다름이 없었다. '심은'의 소망을 현실로 만들기 위하여 그들은 속속 원림을 조성했다. 실제로는 '조은'이었던 셈이다.

서진에서 가장 유명한 개인 원림은 석숭의 '금곡원金谷園'이다. 낙양성 교외에 조성된 금곡원은 산림에 맑은 샘, 열매 맺는 나무와 약초가 어우러진 곳이었다. 『전진문全晉文』 33권에는 '기름진 밭 십 경頃에 양 이백 마리, 돼지와 닭, 거위와 오리 등이 있었다.'고 기록한 것으로 보아, 호화스러운 원림이라 할 수 있다. 석숭은 서진의 부호로서 일찍이 형주 자사, 태복太僕, 정로장군, 위위衛尉 등을 지냈던 인물이다. 그와 왕개王愷의 부를 비교한 이야기는 예로부터 유명한데, 근본적으로 그는 은사가 아니었던 셈이다. 그러나 그는 의협심이 강하고 친구 사귀기를 즐겼다. 그는 문인들 중에서 매력이 자못 넘쳤던 인물로 당시 문인들의 모임인 '이십사우二十四友'의 우두머리였다. '금곡원'은 바로 이들이 늘 모여서 놀며 즐기던 곳이었다.

동진 시기에는 선비들이 현학을 숭상하는 풍조가 더욱 뜨거워진데다 '조은'도 이론적인 뒷받침을 받았기에 원림 조성은 벼슬을 가진 선비들에게는 현학을 몸으로 깨닫고 앎을 더 깊이하며 세속의 굴레를 벗어나는 예사롭지 않은 행동이었다. 사안, 왕희지王羲之, 허순許詢, 손작, 극초郗超, 사영운 등 명문가 출신 고급관리들은 거의 크고 작은 자기들만의 원림을 정성을 다해 가꾸었다.

그 가운데 사안이 이런 면에서 대표적이었다. 그는 본래 은둔할 마음을 가지고 있었으니, 『진서』「사안전」에 '(사안은) 젊은 시절부터 벼슬에 뜻을 두지 않았기에 조정에서 그를 사도부司徒府로 불러들여 좌저작랑佐著作郎에 임명했으나 갖은 구실을 붙여 받아들이지 않았다. 그는 일찍이 왕희지 등과 교유하며 회계산 주위의 산천을 유람하며 배를 띄우기도 했으며 시를 읊기도 했지만 세상일에는 아무런 뜻이 없었다.'는 기록이 있다. 훗날 그의 동생 사만謝萬이 관직에서 쫓겨나자 사안은 겨우 벼슬에 뜻을 가졌지만, 이미 그의 나이 마흔이 넘은 뒤였다. 그는 비록 높은 벼슬을 얻었으나 원림을 향한 그리움은 한결같이 깊었다. '토산土山에 별장을 조성하고 주위에 대숲이 무성하면 조카들을 불러 잔치를 베풀며 노닐었다.'고 『진서』「사안전」은 전한다. 관료로서의 선비의 원림 조성은 분명 '조은'의 특징을 갖춘 것이었다.

당시 원림을 조성하여 은둔하기를 즐긴 또 다른 이는 초야에 묻힌 선비들이었다. 그들은 정치에서 멀리 떨어져 정신적인 자유와 인격의 완성을 위해 이런 은둔 방식을 선택했다. 예컨대 사마씨와 함께 일할 마음이 없었던 혜강은 '집안에는 버드나무 온통 무성하게 심고 냇물을 감싸 흐르게 하였으니, 여름철엔 맑고 시원하기 그지없어 언제나 이곳에서 거침없이 지냈다.'고 『세설신어』에 기록하고 있다. 짐작건대 혜강은 규모가 별로 크지 않은 원림을 갖고 있었던 듯하다.

또한 강동 육씨陸氏는 대대로 오吳 나라에서 벼슬을 했다. 진晉이 오를 멸하자 육기와 육운 형제는 화정에 있는 원림에서 십여 년을 은거했다.

이렇게 스스로 원림을 조성한 사람들과는 달리 은둔 생활을 통해 삶의 진정한 즐거움을 얻었음은 물론 독립된 인격을 드러낸 이는 도연명이었다. 앞에서 이미 말했듯이 도연명이 몇 차례 벼슬길에 나섰던 것은 당시의 정치 상황과 밀접한 관계가 있었다. 하지만 결국 도연명이 은둔의 길을 택했던 것은 몇 가지 까닭이 있었다.

도연명이 가진 사상으로 볼 때, 그는 어려서부터 유가 사상의 훈도를 받았음이 분명하다. 일찍이 그는 『음주飮酒』에서 '어려서는 세속에 관심이 없고, 육경에 빠진 즐거움으로 보냈네.'[63]라고 노래했다. 유가에서 말하는 '수제치평修齊治平'의 이상은 도연명에게 큰 영향을 주었다. 그러기에 그는 일찍

은거하는 선비

이 '백성들을 크게 구하려는 뜻'을 표시했다. 도연명이 보기에 벼슬길은 영원히 변할 수 없는 진리의 길이었기에 몇 차례나 자연을 떠나 벼슬길에 오른 것도 정당한 일에 속할 수밖에 없었다.

그러나 도연명은 청소년기에 유가의 사상과 교양을 받기도 했지만 도가 사상의 영향도 받았다. 그는 스스로 '어려서부터 세속에 적응하지 못했으며 타고난 성격이 자연을 좋아했다.'고 말했다. 또 '성질이 자연과 닮았다.', '성격은 강직했으나 재주는 졸했다.'고 말하기도 했다. 이렇게 자연으로 돌아가서 자연에 순종하려는 '위운임화委運任化'[64]의 삶의 태도는 모두 도가 사상의 특징이다. 도가 사상의 영향을 받은 도연명은 공명심으로 충만하여 정치 무대에서 크게 수완을 드러낼 욕심을 가진 인물이 아니었다. 『진서晋書』「도연명전陶淵明傳」에 '(도연명은) 한가하고 조용한 가운데 말이 적었으며 명예와 돈을 원하지 않았다.'는 기록이 있을 정도이다. 이 때문에 그는 수시로 자기 삶의 좌표를 조

---

63 少年罕人事, 游好在六經.

64 운명의 조화를 피동적으로 받아들이며 하늘이 정해준 운명을 따름.

정하며 벼슬길에 나서다가 산림에 은거 했으니, 모두 자기 마음에 맞느냐 맞지 않으냐를 기준으로 삼았다.

도연명의 벼슬길은 비록 『잡시雜詩』에서 노래한 '힘차고 굳센 뜻 세상에 널리 펼치려, 날개 저으며 멀리 날고 싶은.'[65] 포부를 실현하기 위해서였다 할지라도, 어느 면에서는 생계를 위한 벼슬길이기도 했다. 안연지顔延之는 『도정사뢰陶征士誄』에서 도연명이 벼슬길에 나선 것은 '늙은 어머니와 어린 자식을 모시고 거두기 위해서였다.'고 단정했다. 도연명 자신도 가정 형편이 빈궁해 벼슬길에 나설 수밖에 없었다는 말을 여러 차례 했다. 그는 『여자엄등소與子儼等疏』에서 '어려서는 가난의 어려움에 허덕였으며 집안이 궁핍에 빠질 때마다 사방을 돌아다녔다.'고 했으며, '일찍이 동남쪽 구석진 곳까지 멀리 나들이를 했으니, …… 누가 그렇게 시켰을까? 굶주림이 나를 여기까지 몰았던 것이다.'라고 말하기도 했다. 『귀거래혜사歸去來兮辭』에서 그는 이렇게 일렀다.

> 우리 집은 빈궁하여 씨를 뿌리고 밭을 갈아도 자급할 수 없었다. 어린 아이들도 많아서 쌀독에는 언제나 저장된 양식이 남아 있을 때가 없었다. 또 살아가기 위하여 필요한 모든 것을 해결할 방법도 없었다. 친구들은 내게 벼슬길로 나서라고 한사코 권했다. …… 집안 아저씨도 우리 집 가난한 형편을 아는지라 조그마한 마을에 벼슬아치로 파견되도록 힘쓰기도 했다. …… 지난 날 내가 이렇게 벼슬을 하며 나를 부린 것은 모두가 고픈 배를 채우기 위해서였다.[66]

---

65 猛志逸四海, 騫翮思遠翥.

66 余家貧, 耕植不足以自給. 幼稚盈室, 缾無儲粟, 生生所資, 未見其術.. 親故多勸余爲長吏, ……家叔以余貧苦, 遂見用于小邑. ……嘗從人事, 皆口腹自役.

도연명의 이런 고백으로 보건대, 그가 벼슬길에 나선 것은 결코 공을 세우려는 집착이 아니라 생활에 원인이 있었음을 알 수 있다. 이런 점을 알아차리지 못하거나 말하지 않으려 하거나 그의 '정치적인 포부'만을 지나치게 강조하면 도연명을 바로 이해할 수 없다. 사실 도연명은 한 평생 모두 평온하여 세상 물욕과는 거리가 먼 생활을 위해 뛰어다녔다. '먹고 입는 것은 삶에서 머리를 차지하는데 이것을 도모하지 않고서 어찌 편안하기를 바라랴?'라는 그의 말 대로였다. 먹고 살기 위하여 도연명은 벼슬길에 나섰으나 명리를 탐하지는 않았으며, 더욱이 몇 됫박 되지 않는 쌀을 위하여 허리를 굽히려 하지도 않았다. 또 관리 사회의 더러움과 어두움에도 익숙하지 않았다. 게다가 그는 몸도 건강하지 않았다. 『진서』「도연명전」에는 그가 '어려서는 가난과 병에 시달렸으며', '각질脚疾'까지 있었다고 기록하고 있다. 그는 서른을 갓 넘었는데도 수척하고 약해서 이리 부딪치고 저리 부딪치며 여기저기 뛰어다니면서 남에게 매어 살아야 하는 벼슬살이를 감당할 수 없었다. 더구나 대자연과 전원생활에 대한 뜨거운 사랑이 있었기에 도연명은 마침내 세속을 떠나 고향으로 돌아왔다. 전원으로 돌아와서야 그는 인생의 참 즐거움을 누렸다. 『귀원전거』에서 노래한 대로였다.

> 어려서부터 세속에는 관심이 없었으니,
> 천성은 본디 자연을 사랑하였네.
> 속세에 잘못 빠져들고 보니,
> 벌써 열세 해 지났구나.
> 조롱에 갇힌 새는 숲을 그리워하고,
> 연못의 물고기는 태어난 곳 그리는구나.
> 남쪽 저 멀리까지 밭 일구며
> 본성대로 살려고 고향에 왔네.
> ……

오랫동안 새장에 갇혀 지내다,
이제야 자연으로 돌아왔네.

少無適俗韻, 性本愛丘山.
誤落塵網中, 一去十三年.
羈鳥戀舊林, 池魚思故淵.
開荒南野際, 守拙歸園田.
……
久在樊籠中, 復得返自然.

도연명의 은둔 생활을 보면 분명 속세를 벗어난 고고함을 느낄 수 있다. 이제 그의 인격의 특징을 세 가지 방면에서 살펴보자.

첫째, 자연에 따르고 자유를 추구하는 자연적인 인격이다. 도연명은 삶 속에서 강개하고 격앙된 어조로 호언장담하지 않았으며, 정치에 대한 지나친 열정을 드러내지도 않았다. 그는 공정한 마음으로 생활을 대하고 인생과 마주했을 뿐, 갖가지 수단으로 명예와 이익을 추구하지도, 부자연스럽게 조작하거나 과장하여 행동하지도 않았다. 그는 자기 삶의 방식에 대한 선택을 전적으로 그의 성격과 기질에 따랐을 뿐 결코 세속을 기준으로 삼지 않았다. 도연명의 사상은 정통 유학이 아니라 노장의 '자연'이나 위진 시대 현학과 일정한 관계가 있었다. 천인커陳寅恪 선생은 일찍이 '도연명의 사상은 위진 시대 청담을 답습하여 발전 변화한 결과요, 그 집안에서 믿어온 도교의 자연에 의해 다시 만들어진 새로운 자연에 대한 학설이었다.'고 지적한 바 있다. 이어서 그는 이른바 '새로운 자연에 대한 학설'이란 '오로지 자연의 변화 속에서 정신의 융합을 얻으려는 것이니, 바로 대자연과 하나가 되는 것이다.'라고 말했다. 우리는 도연명의 자연적인 인격은 도가의 소극적인 무위인 '자연에 그저 맡기는' 것이 아닌 마음에서 우러나는 자연에 대한 뜨거운 사랑과 친근감임을 알았다. 『귀거래혜사歸去來兮辭』에서 '본성이 자연 그대로이니, 이는 억지로 되는 일이 아니다.'라는 그의 말 대로이다. 그는 적극적이고 능동적으로 대자연을 찾았으니 그 정신은 언제나 더 높은 곳을 향해 있었다. '비쩍 마른 목에 누르스름한 얼굴빛깔로' 어쩔 수 없이 실의에 빠진 장자와 비교한다면, 도연명의 전원생활은 그윽하고 고요하며 멋과 즐거움이 넘쳤다. 『남사南史』「도연명전陶淵明傳」에는 '도연명의 아내 적씨翟氏도 흥취가 같았기에 고난 속에서도 굴하지 않고 평안을 얻었으니, 남편은 앞에서 밭을 갈았고 아내는 뒤에서 김을 매었다.'고 기록했다.

둘째, 가식이 없는 원래의 순수하고 소박한 현실적인 인격이다. 도연명은 남산에 은거함으로써 진정 삶의 즐거움을 느꼈다. 이곳은 고요하고 평온한 전원의 풍광이 있었을 뿐만 아니라 자연스럽고 참된 인간관계를 몸소 체험할 수 있는 곳이었기 때문이다. '오랫동안 새장에 갇혀 지내다, 이제야 자연으로 돌아왔네.', '속세에 잘못 빠져들고 보니, 하마 열세 해 지났구나.'라는 시에서 가리키는 '새장'이니 '속세'니 하는 시어는 모두 한결같이 속박되어 자유롭지 못한 경지를 가리킨다. 도연명이 가장 깊이 느낀 두려움의 대상은 관리사회였다. 이곳엔 자질구레하여 번거로운 공무뿐만 아니라 허위와 더러움이 널려 있었다. 평화롭고 고요한 전원에서만이 정신적인 독립과 자유를 얻을 수 있었으며 자기 인격의 독립을 실현할 수 있었다. 그러기에 '새장'과 '자연', '속세'와 '자유'라는 전혀 다른 생존 환경과 인간관계는 서로 다른 영향을 미쳤다. 명예와 이익의 굴레를 벗어버린 도연명이 은둔했던 다른 선비들보다 높은 위치에 설 수 있었던 것은 그가 참되고 자유로운 생활을 체험했다는 데 있다.

도연명의 마음속에서 '가식이 없는 참[眞]'과 '소박함[朴]'이 가진 함의는 그윽하고 고요한 자연 환경이며, 그 다음으로는 참된 인간관계였다. 인구에 회자되는 『음주飮酒』5는 바로 작가가 '가식이 없는 참'을 느낀 후의 즐거움을 표현한 시이다.

마을에 초가 지어 살아도,
시끄러운 수레 소리 들리지 않네.
묻노니, 그대여 어찌 사는고?
마음이 속세에서 멀리 떠났으니 사는 곳도 외진 곳.
동편 울바자 아래에서 국화 꺾다가,
유연히 남산을 바라보네.
산 풍경 언제나 좋으니,
새들은 짝을 지어 둥지로 돌아오네.
여기 가식 없는 참다움 있으니,
설명하려 해도 할 말을 잊고 말았네.

結廬在人境, 而無車馬喧.
問君何能爾, 心遠地自偏.
彩菊東籬下, 悠然見南山.
山氣日夕佳, 飛鳥相與還.
此中有眞意, 欲辨已忘言.

도연명이 보기에, '참다움'이란 말로 표현할 수 없을 만큼 절묘하기에 말로 해명할 필요가 없었던 것이다. 『장자』「제물론」은 '말을 하여도 말로 안 되는 것이 있다.'[67]라고 했다. 또 '대언불변大言不辯'이라고도 했다. 도리의 본질은 제 스스로 깨달아야지 언어로 설명할 도리가 없다는 말이다. 또한 『장자庄子』「외물外物」에서는 '말이란 것은 뜻을 얻기 위하여 존재한다. 그러니

67 辯也者, 有不辯也.

뜻을 얻은 뒤에는 말이 필요 없게 된다.'고 했다. 언어의 목적은 뜻을 밝히고 참뜻을 구하는 데 있으니, 참뜻을 구하고 난 뒤에는 다시는 언어로 표현할 필요가 없다는 뜻이다. 같은 이치로, 도연명의 '참다움'은 그 자신이 몸소 깨달아 얻었기에 말로 설명할 필요가 없었다.

'가식 없는 참'과 '소박함'을 아울러 가진 다른 시를 보자.

반듯한 집터는 십여 무,
초가 여덟아홉 칸 지었네.
느릅나무 버드나무 그늘은 뒤 처마를 가리고,
복사나무 오얏나무 집 앞에 꽃 피웠네.
어둑어둑 저 멀리 사람 사는 마을엔,
하늘하늘 연기 피어오르네.
골목 안에서는 개 짖는 소리,
뽕나무 가지에서는 닭 우는 소리.
뜰에는 티끌 하나 없고,
텅 빈 방엔 한가로움 가득하네. 『귀원전거歸園田居』1

方宅十餘畝, 草屋八九間.
楡柳陰後檐, 桃李羅堂前.
曖曖遠人村, 依依墟里烟.
狗吠深巷中, 鷄鳴桑樹巔.
戶庭無塵雜, 虛室有餘閑.

이 시에서 우리는 반듯한 집터, 초가, 느릅나무와 버드나무, 복사나무와 오얏나무, 마을, 하늘하늘 피어오르는 연기, 골목 안 등의 경물이 조성한 한 폭의 맑고 고요하며 평온하고 한적하여 오히려 생기 넘치는 전원의 풍경을 마주한다. 이런 경물들이 주는 진실함과 자연스러움, 꾸밈없는 소박함은 도연명이 추구해온 '가식이 없는 원래의 순수하고 소박함'의 참된 표현이다. 또한 그는 소박한 정취를 소박한 경물 속에 담았고, 평범함을 통해 심오함에 이르렀으며, 질박함을 통하여 풍성한 감정을 보았으니, 전원에 은둔하는 즐거움을 참으로 맛보았던 것이다.

도연명이 전원의 풍광을 뜨겁게 사랑했던 것은 바로 이곳에 자연스럽고 참된 인간관계가 있기 때문이었다. 도연명은 남산에 은거하면서부터 거짓이나 꾸밈이 없는 참마음을 가진 이들을 수없이 만났으며, 이들과의 교류를 큰 즐거움으로 삼았다. '거짓이나 꾸밈이 없이 참마음을 가진 이'라는 말은 마음이 순박하고 가진 취미도 속되지 않은 사람을 가리킨다. 시골 마을 전원에서 '거짓이나 꾸밈이 없이 참마음을 가진 이'들과의 교류는 부와 권력을 가진 자들의 생떼나 조작도 없었으며, 관계 때문에 벌이지는 일력이나 못된 목적으로 남을 속이는 일도 없었다. 오로지 사람의 진정과 질박함, 간결함과 단순함만이 있을 뿐이었다. 도연명은 『이거이수移居二首』1에서 이렇게 노래한다.

이웃 사람들 노상 찾아와서
큰 소리로 지나간 일 이야기하고,
아름다운 글 더불어 맛보면서
의심나는 곳 있으면 함께 풀었네.

隣曲時時來, 抗言談在昔.
奇文共欣賞, 疑義相與析.

도연명은 이런 '거짓이나 꾸밈이 없이 참마음을 가진 이'들과 사이가 매우 좋았기에 서로 자주 왕래했으며, 아무런 얽매임 없이 지난 일을 터놓고 나누거나, 남의 글을 품평했으며, 한 잔 술에 시를 읊기도 했다. 그들은 서로 대등하게 대해 쓸데없는 인사치례로 건네는 말이나 예절 따위는 지키지도 따지지도 않았다. 『귀전원거오수歸田園居五首』 두 번째 수에서 그는 '만나도 잡다한 말 오가지 않고, 그저 뽕과 삼 크는 이야기만 나눈다네.'[68]라고 노래했다. 전원의 맑음과 신선함, 산촌에 사는 농부들의 순박함과 유순함은 도연명의 자연을 닮은 진솔한 천성과 맞았기에 자연으로 돌아와 진실하고 소박한 삶을 살고자 했던 그의 오랜 희망은 이곳에서 실현될 수 있었다. 동시에 도연명은 직접 농사를 짓는 가운데 노동의 어려움을 한껏 맛보았을 뿐만 아니라 그와 노동에 종사하는 이들 사이의 사랑도 더욱 깊어졌다. 그는 『귀원전거』3에서 이렇게 노래했다.

> 남산 아래 콩 심었더니,
> 잡초만 무성하고 콩 줄기와 잎은 드문드문.
> 새벽에 일어나 김뿐인 밭 다스리고,
> 달빛에 젖으며 괭이 메고 돌아오네.
> 좁은 길에 무성한 잡초,
> 저녁 이슬은 옷을 적시네.
> 옷 젖는 거야 애석할 리 없으나,
> 바라는 농사는 잘 되었으면.
>
> 種豆南山下, 草盛豆苗稀.
> 晨興理荒穢, 帶月荷鋤歸.
> 道狹草木長, 夕露霑我衣.

---

68 相見無雜言, 但道桑麻長.

衣霑不足惜，但使愿無違.

이 시에서 도연명은 노동의 어려움만 묘사한 게 아니라 자기의 심원心願까지도 표현했다. 저녁 이슬에 옷이 젖으면 유쾌할 리 없지만 그는 '애석할 리 없다.'고 했다. 그저 마음으로 바라는 바만 잘 되면 괜찮다는 것이다. 그가 '바라는 바'는 유가에서 말하는 세속에 더럽혀지지 않은 자신의 순결이자 안빈낙도의 사상이며, 도가에서 말하는 원래의 상태로 돌아간 순박함과 순수함이고 자연에 순응하려는 마음이기도 하다. 이 둘이 하나로 용해되어 도연명만의 사상적 특징을 이루고 있다. 한마디로 도연명은 '참됨'과 '소박함'을 추구하는 가운데 자기의 삶의 경지를 승화시켰으며, 전원생활을 통하여 가식이 없는 원래의 순수하고 소박한 현실적인 인격을 펼쳐 보였다.

셋째, 안빈安貧하고 수졸守拙하는 굳은 인격이다. 고대에는 진정한 은사로 안빈하고 수졸하지 않는 이는 없었다. '안빈'이란 가난을 평안한 마음으로 받아들이는 생활을 말한다. 『논어』「위령공」에는 '공자는 군자에게 안빈하라.'고 했다는 기록을 남기고 있다. '수졸'이란 우졸하지만 교활한 수단을 쓰지 않으면서도 만족한 상태를 말한다. 벼슬길에 나서지 않고도 고결한 생활을 하면 바로 '수졸'이 된다. 도연명은 『귀원전거』1에서 '남쪽 저 멀리까지 밭 일구며, 본성대로 살려고 고향에 왔네.'라고 노래했다. 그런데 은사가 안빈하고 수졸하며 굳은 인격을 유지하기란 그렇게 쉬운 일이 아니다. 외로움과 가난은 언제나 그들을 고통에 시달리게 했다. 그러나 도연명은 이것을 오히려 자기의 의지와 인품을 시험하는 계기로 받아들였으니, 중국 고대 은사의 모범으로 삼기에 부끄러움이 없다.

도연명이 은거하면서 그의 생활은 결코 부유하지 않았으며 온갖 재앙이 그칠 새 없이 닥쳐서 가정 형편은 더욱 궁핍해지는 등 상황은 점점 나빠졌다.

『원시초조시방주부등치중怨詩楚調示龐主簿鄧治中』을 보자.

비바람 겹치니 그 위세 맹렬하고,
거둬들인 곡식일랑 세금 바치기도 부족하네.
여름엔 먹을 것 없어 하루 종일 배고프고,
겨울밤엔 이불 맞갖잖아 밤새 추위에 떠네.

風雨縱橫至, 收斂不盈廛.
夏日抱長饑, 寒夜無被眠.

『잡시雜詩』8을 보자.

몸소 밭 갈고 씨 뿌리며 게으른 적 없건만,
추위와 굶주림에 언제나 변변찮은 음식이었소.

躬親未曾替, 寒餒常糟糠

음주飮酒16도 보자.

낡은 오두막엔 찬바람만 드나들고,
앞뜰은 잡초로 뒤덮였구나.

弊廬交悲風, 荒草沒前庭.

도연명이 쓴 시에는 이런 궁핍한 생활을 묘사한 시가 적지 않다. 더욱이 늘그막에 이르러 그의 삶은 거의 궁지에 빠져서 아무런 대책을 찾을 수 없었다. 심지어 이웃을 다니며 '걸식'을 해야만 했다. 도연명으로서는 정말로 참기 힘든 상황이었다.

고픈 배가 나를 몰아냈지만,
어디로 가야할지 모르겠네!
걷고 걸어서 여기까지 와서는,
인기척 겨우 했지만 입이 열리지 않네.

饑來驅我去, 不知竟何之!
行行至斯里, 叩門拙言辭.

이렇게 노래하자 마음씨 착한 주인은 도연명이 찾아온 뜻을 알아챘다. 그러자 도연명은 『걸식乞食』이라는 세목의 시에서 이렇게 이어서 노래한다.

주인이 내 마음 알아보곤,
아낌없이 건네니 어찌 헛걸음이랴.
해지는 줄 모르고 우스갯소리까지 하며,
술잔이 넘치도록 자꾸만 권하네.

主人解余意, 遺贈豈虛來.
談諧終日夕, 觴至輒傾杯.

주인의 뜨거운 접대는 도연명의 어쩔 줄 몰라 쩔쩔 매던 마음을 누그러뜨렸다. 그는 예전에도 그랬던 것처럼 흉금을 털어놓으며 마음껏 마시고 웃었다. 쓸데없이 겉만 번지레한 부귀를 영광으로 알며 문벌을 귀히 여기던 진송晋宋 시기에, 사람들, 특히 선비들은 자신의 빈궁함을 까닭으로 다른 이들이 멸시할까 두려워서 언제나 그 가난을 깊이 감추고 숨기며 드러내지 않으려고 했으나, 도연명은 마음에 거리낄 것 없이 드러냈으며 누구를 원망하거나 자신에 대하여 후회하는 일도 전혀 없었으니, 정말로 고대 선비들 가운데서도 보기 힘든 인물이었다.

도연명의 고결했던 인품을 말할 수 있는 예가 또 있다. 『남사』「도연명전」에는 도연명이 '굶주림으로 수척해져 드러누워 지내는 날이 많았다.'는 기록이 보인다. 이런 사정을 안 강주자사江州刺史 단도제檀道濟는 도연명을 찾아가, '무릇 현자는 처세를 함에 있어서, 황제가 우둔하고 조정의 기강이 무너져 질서가 없어지면 벼슬길을 물러나 은거하게 마련이고 조정이 맑고 깨끗하면 다시 나와서 보좌를 해야 합니다. 지금은 맑고 깨끗한 세상인데도 어찌하여 이렇게 사서 고생을 하십니까?'라고 입을 열었다. 도연명은 '저도 어찌 현자가 되기를 감히 바라지 않았겠습니까만 뜻이 이르지 못했소.'라고 대답한다. 도연명의 대답은 기지가 넘친다. 단도제는 지금이야말로 '맑고 깨끗한 세상'이라고 했지만, 도연명은 결코 그렇지 않다는 것이다. 그러나 그는 함께 말씨름을 할 생각은 전혀 없이 그저 '천하가 맑고 깨끗하다면 당신 같은 현자들이나 벼슬살이하라!, 나는 그대처럼 포부가 원대하지 않으니라!'라고 말할 뿐이었다. 도연명은 화를 내며 나무라지도 비관하지도 않았다. 하지만 그 말 속에는 약간의 비웃음이 숨어 있다. 그래도 그 뜻은 자명하다. 그의 안빈하고 수졸하는 고결한 인격은 역시 우뚝하다.

선비들의 은둔 생활은 그들의 벼슬길과 함께 생겨나서 함께 발전해 왔다. 중국 고대의 선비들 가운데 은둔한 이들은 참으로 많았으며, 은둔하게 된 까닭이나 은둔 방식도 다양하였으나 오로지 도연명의 은둔은 유가와 도가 양쪽 사상의 알맹이를 모두 받아들이면서 현학 사상의 영향도 입었다. '안빈'은 그의 은둔 생활에서 정신적 버팀목이었으며, 자연을 숭상한 '참됨'과 '소박함'의 추구는 그의 은둔 생활의 중심 내용이었다. 이로써 도연명은 나무랄 데 없는 인격은 물론 인격의 독립까지도 유지할 수 있었다.

옮기고 나서

인터넷 서점 '땅땅'에서 이 책을 만났을 때, 이 만남은 우연이었지만 이미 나에게는 필연이었다. 본문의 내용 가운데 어느 한 단락도 미리 보여주지 않았지만, 멀리는 선진先秦 시기부터 가까이는 청淸 나라에 이르기까지 오랜 세월에 걸쳐 살았던 옛 선비들의 갖가지 생활 모습을 참으로 다양한 각도에서 바라본 차례의 작은 제목들은 나를 사로잡기에 충분했다.

주문한 지 한 달도 더 지나서 손에 들어온 이 책을 한 차례 훑어본 나는 우리말로 옮기기로 마음을 먹었다. 중국 옛 선비들이 살아온 삶의 모습이 이 땅에서 살아온 우리 선비들의 모습과 별반 다르지 않았을 뿐만 아니라 지금도 이 땅에는 꼿꼿하게 세상을 살려는 '선비'들이 많다는 내 믿음을 지울 수 없었던 것도 번역을 결심하게 된 이유 가운데 하나였다.

모두 아홉 개의 장으로 결어진 이 책에서 첫 번째 장은 이 글 전체의 내용을 간략하게 추려서 서술한 꼭지이다. 생활 속에서 정신적인 자유와 아울러 문화적인 품위를 자못 높이 보았던 중국 선비들의 자세한 생활 모습을 알려면 여기서 그치지 않고 앞으로 펼쳐질 내용으로 시선을 옮겨야 한다.

두 번째 장은 책을 가까이하며 사랑한 선비들의 모습을 보여준다. 수제치평修齊治平의 유가적 이상을 실현하기 위하여 벼슬길로 나서려는 선비들은 국가가 요구하는 높은 수준에 도달하려면 독서를 멀리할 수 없었다. 그러나 이런 공리적인 목적 외에도 독서는 자기를 바로 세우며 인격을 갈고 닦는 데 없어서는 안 될 양식이었기에 옛 선비들은 갖은 어려움을 무릅쓰고 책을 읽고 베꼈으며 책을 갈무리하기에 온 정성을 쏟았다.

세 번째 장은 선비와 벼슬길을 다룬 꼭지이다. 이 글에서 보여준 통계에 의하면, 당나라 고조 무덕 원년(622년) 최초로 장원에 오른 손복孫伏부터 청나라 광서 30년(1904년) 마지막으로 장원에 오른 유춘림劉春霖까지 무려 1,300년 가까운 동안 과거에 장원으로 급제한 이는 모두 504명에 불과했다. 우리는 이 장에서 과거에 급제하여 벼슬길에 오른 선비와 낙방하여 실의에 빠진 선비들의 희비를 만날 수 있다. 여기에 더하여 벼슬길에 오른 선비들의 영욕은 물론 낙방한 선비들의 선택도 눈여겨 볼만하다.

네 번째 장은 '선비의 의衣와 식食'을 다루었다. 차례를 보면 이 장에 딸린 작은 꼭지들이 제법 많다. 복식과 음식은 시대적 특징뿐만 아니라 선비들의 성격적인 특성까지 다양하게 보여줄 수 있기에 선비들의 생활에 관심을 가진 이들은 물론 다른 분야에 관심을 가진 이들에게도 다양한 정보를 제공해 주리라 믿는다.

자연과 하나가 되려고 했던 중국 선비들의 모습은 선비들의 주거와 행동을 다룬 다섯 번째 장에서 한껏 만날 수 있다. 독자들은 이들이 추구했던 정신적인 이상이 우리나라 선비들의 이상과 다르지 않음을 발견할 수 있을 것이다.

여섯 번째 장은 선비의 회합과 결사를 다룬 꼭지이다. 물질이 주는 즐거움보다는 정신적인 가치를 추구했던 선비들의 오랜 전통은 마음 맞는 이들과 함께하며 그들의 생활을 한껏 즐겁고 푸지게 만들었다.

선비와 금기서화琴棋書畵는 떼려야 뗄 수 없는 관계를 가지고 있다. 예술과 문화에 대한 소양은 선비가 선비일 수 있는 바탕이기에 옛 선비들은 금기서화를 연마했으며 이를 통하여 심신을 수련했다. 일곱 번째 장에서 독자들은 선비와 금기서화에 얽힌 갖가지 일화를 통하여 중국 문화에 한 발자국 더 가까이 다가갈 수 있을 것이다.

여덟 번째 장은 '선비와 청루의 여자'를 다룬 꼭지이다. 문화적 소양이 자못 높아서 금기서화에도 능했던 기녀와 선비 사이에 오간 사랑과 이별은 지금도 가슴을 울린다.

마지막 장은 중국 고대 선비들의 모습을 전형적으로 보여주는 위진 시대 선비들을 다루었다. 독자는 자기 뜻에 맞는 것을 소중하게 여겼던 선비들의 갖가지 일화를 이곳에서 만날 수 있다.

역사 속 인물을 만나는 일은 언제나 우리를 행복하게 만든다. 천 년 전 인물도 이미 지나간 과거가 아니라 우리 앞에 생생한 모습으로 부활한 현재이기 때문이다. 그런 점에서 역사는 우리를 두려움에 빠뜨리며 옷깃을 여미게 만든다. 사람이 살아야 할 바른 길은 예나 이제나 다름이 없지만 단지 절제를 잃은 욕망이 허투루 된 길을 선택하게 만들 뿐이다. 진실로 포장된 거짓은 언젠가는 제 모습을 드러내게 마련이다. 지식인이 가야 할 길은 올곧은 옛 선비들이 갔던 길이다. 오늘의 지식인이 바로 옛적 그 선비가 아니겠는가.

이 책은 선비를 사랑하는 이 땅의 많은 이들에게 도움을 주리라 믿는다. 중국 선비들과 우리나라 선비들의 삶의 모습이 많은 점에서 교집합으로 만나고 있기에 선비 문화를 주제로 한 여러 가지 축제를 진행하는 이들에게도 일러주는 바 클 것이다. 더구나 내가 사는 소백산 아래 자그마한 마을 이곳 영주榮州에서는 해마다 '선비문화축제'가 열리고 있으니, 이 책이 한국전쟁 뒤 내 잔뼈를 키운 두 번째 고향 영주에 대한 작은 보답이 되리라 스스로 위안한다.

번역은 힘들었다. 특히 한시를 우리말로 옮기면서 깨어지는 운율을 일으켜 세우려고 안간힘을 썼지만 언제나 캄캄한 밤이었음을 부끄러움을 무릅쓰고 고백한다. 하지만 채우고 기워야할 부분이 어디 이것뿐이었겠는가,

종아리를 걷어올리고 여러분의 채찍을 기다린다.

그러나 번역은 고통스러웠지만 행복했다. 무엇보다 우리 곁에 돌아와 이렇게 살아야 한다며 가르침을 전하는 역사 속 인물들을 만날 수 있었을 뿐만 아니라 이 글을 읽고 즐거움에 빠질 독자들이 분명 있으리라는 믿음 때문이었다.

이 책이 독자들과 만나기까지 고마운 이들도 한둘이 아니다. 원저자 쑨리췬孫立群 교수는 바쁜 연구와 강의 속에서도 짬을 내어 옮긴이의 물음에 하나하나 빠지지 않고 회신을 주었다. 언제나 스승이 되어 주었던 오랜 친구 석암石庵과 격려를 아끼지 않았던 원당原塘도 있다. 호수가 내려다보이는 산방의 열쇠를 건네며 공부하다 힘들면 와서 쉬라고 힘을 주던 심곡深谷도 있다. 우리말로 옮겨진 글을 가장 먼저 읽고 도움말을 준 아내에게 새삼 고마움을 전한다. 이 책을 꼼꼼하게 읽으며 독자와 만나게 해준 '인간사랑' 식구들에게도 감사드린다.

2014년 여름

이 기 홍

중국 고대 선비들의 생활사

발행일 1쇄 2014년 8월 30일
지은이 쑨리췬 孫立群
옮긴이 이기흥
펴낸이 여국동

펴낸곳 도서출판 인간사랑
출판등록 1983. 1. 26. 제일-3호
주소 경기도 고양시 일산동구 백석로 108번길 60-5 2층
전화 031)901-8144(대표) | 977-3073(영업부) | 031)907-2003(편집부)
팩스 031)905-5815
전자우편 igsr@naver.com
페이스북 http://www.facebook.com/igsrpub
블로그 http://blog.naver.com/igsr
인쇄 인성인쇄 **출력** 현대미디어 **종이** 세원지업사

ISBN 978-89-7418-744-6 93910

* 책값은 뒤표지에 있습니다. * 잘못된 책은 바꿔드립니다.

* 이 책의 내용을 사용하려면 저작권자와 도서출판 인간사랑의 동의를 받아야 합니다.

이 도서의 국립중앙도서관 출판시도서목록(CIP)은 서지정보유통지원시스템 홈페이지(http://seoji.nl.go.kr)와 국가자료공동목록시스템(http://www.nl.go.kr/kolisnet)에서 이용하실 수 있습니다.(CIP제어번호: CIP2014023037)